EL GRAN FRAUDE LUNAR

Evidencia irrefutable de que las misiones
del programa Apolo fueron falsas

Waldemar Figueroa de Jesús

Waldemar Figueroa de Jesús

EL GRAN FRAUDE LUNAR

Evidencia irrefutable de que las misiones
del programa Apolo fueron falsas

bubok
EDITORIAL

© Waldemar Figueroa de Jesús
© El gran fraude lunar. Evidencia irrefutablede que las misiones
del programa Apolo fueron falsas

ISBN papel: 978-84-685-4111-2
ISBN PDF: 978-84-685-4112-9

FSC

Impreso en España
Editado por Bubok Publishing S.L.
equipo@bubok.com
Tel: 912904490
C/Vizcaya, 6
28045 Madrid

Siempre que te encuentres del lado de la mayoría, es hora de hacer una pausa y reflexionar.

Mark Twain

Índice

Capítulo 3: Los olvidadizos, contradictorios... y disparateros... "expertos" de la NASA....................92

Capítulo 4: Las limitaciones tecnológicas de la época de Apolo... y de la actualidad también....................122

Prefacio

Primeramente, es imperativo aclarar algo muy importante: que este servidor no es un científico, ni un astrofísico, ni nada por el estilo; de hecho, ni siquiera he estudiado dichas disciplinas habiendo adquirido únicamente un bachillerato en contabilidad, y eso una década antes de finalizar este libro. Ahora bien, antes de soltar el libro y descartarlo como una pérdida de tiempo, permítame explicar que ése es *precisamente* el punto de este trabajo: que no hace falta ser un científico, ni un astrofísico, o ni siquiera haber pasado de la educación secundaria, para detectar o entender que las misiones TRIPULADAS a la Luna —nueve según la historia oficial— que la NASA o la Agencia Nacional de la Aeronáutica y del Espacio de EE.UU. supuestamente emprendió de 1968 (Apolo 8) a 1972 (Apolo 17), fueron *totalmente* falsas siendo nada más que un elaborado, y carísimo, proyecto de propaganda o de guerra sicológica llevado a cabo con fines puramente políticos y geoestratégicos y no en el nombre de la ciencia o de "toda la humanidad" como esa agencia ha mantenido desde el inicio del programa Apolo en 1961. Y es que, aunque sí hay varios asuntos cuya complejidad exige un conocimiento profundo de, entre otras cosas, la astrofísica, termodinámica, tecnología de comunicaciones y la cohetería, lo cierto es que para develar la mayoría de la evidencia en contra de los supuestos alunizajes tripulados del siglo XX —que, dicho sea de paso, ha sido meticulosamente recopilada por decenas de personas a través de los años— lo más importante es poseer solo dos cosas: un ojo perspicaz y una mente abierta.

Así es, con tan solo estas dos cosas *cualquier* persona con un conocimiento básico puede descifrar este gran acertijo, pues las misiones del programa Apolo produjeron más de 6,000 fotografías y sobre 130 horas de video y audio grabaciones de todas sus supuestas hazañas en el espacio y la Luna, dejando atrás un larguísimo e interesantísimo rastro de claves para escrutar. Más aún, entre los 380 kilogramos de rocas "lunares" supuestamente traídas a la Tierra por los "caminantes lunares" se encuentra una de las mejores, sino la mejor, pieza de evidencia en contra de todo el programa Apolo. Como veremos a continuación, este amplio archivo audiovisual y físico contiene tantas anomalías, contradicciones y errores que el autor se mantiene firme en que, tal y como dice en la portada de este libro, la evidencia en contra de la NASA y los Apolo-creyentes es irrefutable. ¡Y hay una montaña de evidencia!: todo desde artículos de periódicos y portales de noticias reconocidos, incluyendo de la misma NASA, hasta testimonios grabados de los presuntos exploradores lunares.

Cambiando un poco de tema, si se está preguntando por qué la ausencia de una página de agradecimientos, esto se debe a que, aunque casi todas las personas con quien hablé de este tema expresaron un genuino interés por el libro, solo dos de ellos; mi madre, y mi primo James Cordero Ramírez; me apoyaron en la creación de este proyecto. Tan arraigado está este mito que aún en la primera mitad del siglo XXI casi nadie se atreve a cuestionarlo abiertamente. Bueno. Pensándolo bien, sí hay alguien además de mi madre y Jimmy a quien debo agradecerle por haberme motivado —aunque sin haberlo planificado— a escribir este libro: un usuario de *You Tube* cuyo correo electrónico es alex.capps@ thefirearmblog.com. Resulta que en su video titulado *Top Five*

Overrated Guns o "Las Cinco Armas Más Sobre Estimadas" Alex se burló de todos aquellos que no eran de EE.UU. al decir que el sistema métrico era para "aquellos que no han puesto una bandera en la Luna", insinuando que el 95 por ciento restante de la humanidad no debía de ostentar su adopción de ese sistema más avanzado y más fácil de usar que el arcaico y complejo sistema anglosajón de unidades porque, según lo que nos han enseñado desde pequeños, su nación disfruta del honor de haber sido la única en poner seres humanos en otro cuerpo celeste. Irónicamente, fue gracias al repulsivo chovinismo de ese aficionado de las armas que este servidor se motivó a investigar y a investigar, y consecuentemente a desmentir, y a desmoronar totalmente, el programa Apolo el cual, como veremos a continuación, es tan real como el Apolo de la mitología griega y romana. Así que este libro se lo dedico principalmente a Alex, y a todos los demás ignorantes de EE.UU., para demostrarles que su dogma del "*excepcionalismo* americano", con hombrecitos blancos plantando las barras y estrellas en la Luna en el siglo XX, no es tan sólido como ellos creen.

Asimismo, esto es para demostrarle al mundo entero que, como dice la canción de Cultura Profética, "no todo lo que se ve es realidad, no todo lo que se escucha es la verdad", incluso aquello pregonado desde esas esferas consideradas como prestigiosas e incuestionables: el Estado y la comunidad científica-académica. Por eso este libro le exhorta a desaprender todo lo que cree, o que hasta hace poco estuvo creyendo, respecto a la historia de la exploración espacial, porque, como verá a continuación, el fraude no se limita exclusivamente al programa Apolo, ni tampoco al programa Skylab o "Laboratorio Celestial" que le siguió, de hecho, Apolo ni siquiera fue el primero de los fraudes espaciales, ni los estadounidenses los únicos en hacerlos, pero nos estamos adelantando demasiado. Ahora bien, le aconsejo, estimado lector, que no se equivoque: el hecho de que este libro esté cargado de comentarios sarcásticos no significa que esta sea una obra de ciencia ficción o de comedia. No señor. Los temas que se estarán analizando aquí son muy, muy serios, e incluso perturbadores (especialmente aquellos discutidos en los capítulos 9 y 11), y ameritan nuestra atención. Así que prepárese porque lo que verá a continuación es el mejor ejemplo de los extremos a los que llegan los poderosos para engañar a las masas. Sinceramente, este servidor le garantiza que el recorrido no será aburrido.

Introducción

Era el 20 de julio de 1969 o 21 de julio para el hemisferio oriental, a las 20:17 UTC (tiempo universal coordinado) o 4:17 p.m. en Cabo Kennedy (actualmente cabo Cañaveral, Florida), o 3:17 p.m. en Houston (Texas), en el centro de control de toda la operación, cientos de millones de personas a través de todo el mundo vieron en sus televisores imágenes "en vivo", en blanco y negro y de malísima calidad, de un feo aparato o "nave" estadounidense de aspecto similar a un arácnido —aunque en este caso de cuatro patas— supuestamente pisando el suelo de la "Luna" luego de haberse separado del módulo de comando y servicio (MCS), el *Columbia*, casi dos horas y media antes. Según la versión oficial del evento, el

Desde la izq.: Neil A. Armstrong (comandante), Michael Collins (comandante de módulo de comando y servicio) y Edwin E. "Buzz" Aldrin Jr. (piloto de módulo lunar).

Columbia y su tripulación de tres hombres había comenzado su viaje cuatro días antes tras ser lanzados, a bordo del poderoso cohete Saturno V, desde Cabo Kennedy en la Florida. "El Águila ha aterrizado (alunizado)" dijo el expiloto militar y comandante de la misión, Neil Armstrong para avisarle a Houston del evento. Por si las dudas, Armstrong no estaba hablando en código, sino que se estaba refiriendo a la "nave" que supuestamente lo había llevado allí: el "módulo lunar" (ML) cuyo nombre oficial era *Eagle* o "Águila". Aunque la Sociedad Astronómica de Australia ha estimado que unos 600 millones de personas o casi el 19 por ciento de la población mundial en aquel entonces presenciaron el evento, es probable que dicha cifra esté exagerada, esto debido a la relativa ausencia de televisores en África, Asia y Latinoamérica en aquella época. Según la NASA, el número fue alrededor de 530 millones de personas. De todos modos, casi cuatro horas después, a las 02:56 UTC/10:56 p.m. Cabo Kennedy/9:56 p.m. Houston, estos millones de televidentes vieron, aunque con un poco de dificultad (debido a la pobre calidad de la transmisión), cómo Armstrong, comenzaba a bajar cuidadosamente por la escalerilla del "módulo lunar". La versión oficial nos asegura que Armstrong hizo un alunizaje perfecto, algo verdaderamente insólito considerando que esa fue la primera vez que dicho aparato fue manejado en la "Luna". Exactamente a las 2:56:15 UTC, Armstrong dio su primer paso en la "Luna" diciéndole al mundo la ya muy célebre frase: "Este es un pequeño paso para un hombre, (pero) un gran salto para la humanidad." Veinte minutos después, el compañero de Armstrong, Edwin E. Aldrin, también conocido como "Buzz" Aldrin, salió del módulo lunar para llevar a cabo su "actividad extra-vehicular", o EVA por sus siglas en inglés, la cual duraría poco más de dos horas y media antes de regresar al módulo lunar. Durante ese tiempo los dos astronautas desempeñarían una serie de tareas que incluirían colectar rocas "lunares", tomar fotografías (más de cien en total), plantar la bandera estadounidense, por supuesto, y además contestarían una llamada radiotelefónica del presidente Richard M. Nixon felicitándolos por su "inmensa hazaña" y declarando grandilocuentemente que, de ese momento en adelante, "los cielos se han convertido en parte del mundo del hombre". ¡Guau! La versión moderna de la torre de Babel. Increíblemente, durante todo el evento nada fallaría: ninguno de los dos astronautas sufriría ninguna caída severa o cualquier otro problema adaptándose a la reducida gravedad lunar (1/6 parte de la gravedad terrestre), y la señal de televisión siempre se mantendría estable o sin sufrir serias interrupciones. Recuerde que estamos hablando de la década de los sesenta.

Fig. 2. Una de las imágenes transmitidas supuestamente en vivo desde la Luna y mostrando a Neil Armstrong a punto de dar su primer paso en ese cuerpo celeste.

El cuento continúa diciéndonos que Armstrong y Buzz regresaron al módulo lunar en donde durmieron durante unas siete horas y luego se prepararon durante tres horas más antes de despegar, en la segunda etapa o parte superior de la "nave", hacia la órbita lunar en donde debían hacer el complicadísimo —y también extremadamente peligroso— re-acoplamiento con la parte superior de la cápsula *Columbia*. Milagrosamente, Armstrong y Aldrin hicieron el acoplamiento perfectamente y luego abandonaron el *Eagle* y se reunieron con su compañero Michael Collins, el piloto del módulo de comando. Una vez adentro del *Columbia* el *Eagle* fue eyectado hacia la "Luna" y los tres astronautas emprendieron el larguísimo viaje de alrededor de 385,000 kilómetros para retornar a la Tierra.

La versión oficial continúa asegurándonos que los astronautas dejaron atrás una serie de instrumentos científicos entre estos unos *retrorreflectores* o paneles para reflejar láseres desde la Tierra y un "Paquete de Experimentos Pasivos Sísmicos" para medir temblores lunares. Asimismo, los astronautas dejaron una placa grabada fijada en la escalerilla de la primera etapa o la etapa de descenso del módulo lunar mostrando dos dibujos de la Tierra (de sus hemisferios occidental y oriental, respectivamente) y una inscripción con las firmas de los astronautas y del presidente Nixon que dice:

> Aquí hombres del planeta Tierra pisaron por primera vez la Luna, julio 1969 D.C. Vinimos en paz para toda la humanidad.

Pero eso no fue todo, pues también había un parcho de la malhadada misión de Apolo 1, una "bolsa conmemorativa" con una réplica de una hoja de olivo (supuestamente como símbolo de paz) y, en las palabras de la NASA, "un pequeño disco (de silicón) llevando declaraciones de los presidentes (Dwight D.) Eisenhower, (John F.) Kennedy, (Lyndon B.) Johnson y Nixon y mensajes de buena voluntad de líderes de 73 países alrededor del mundo". Para enfatizar la posición hegemónica de EE.UU., "El disco también lleva(ba) un listado del liderato del Congreso y... de la alta administración de la NASA" y aclara que "Los mensajes de los líderes extranjeros felicitan a los Estados Unidos y a sus astronautas y además expresan su esperanza de paz para todas las naciones del mundo." Y también incluye "un mensaje altamente decorativo del Vaticano... firmado por el Papa (Juan) Pablo." ¿Acaso las autoridades en Washington esperaban que algunos exploradores o turistas extraterrestres pasasen por, o regresasen al Mar de la Tranquilidad, el supuesto lugar del alunizaje? O quizás el mensaje iba dirigido exclusivamente hacia las masas de EE.UU. y Occidente. Después de todo, las décadas intermedias del siglo XX (particularmente los años 50) vieron un auge de la ciencia ficción, particularmente de películas acerca de invasiones lanzadas por civilizaciones extraterrestres como *War of the Worlds* ("La Guerra de los Mundos") y *The Invasion of the Body Snatchers* ("La Invasión de los Usurpadores de Cuerpos").

Según la versión oficial, el 24 de julio a las 16:51 UTC la nave *Columbia* culminó exitosamente, y sin ningún contratiempo o avería, el descomunal tramo equivalente a más de 30 veces el diámetro de la Tierra. Tras separase del módulo de servicio, la cápsula terminó cayendo —con la asistencia de paracaídas— en el océano Pacífico en un punto 340 kilómetros al sur del atolón de Kalama/Johnston a unos 1,500 kilómetros al oeste de Hawái. Allí los tres astronautas fueron recogidos por *Seals* o miembros de las fuerzas especiales navales de EE.UU. para luego ser llevados en helicóptero al portaaviones USS *Hornet*. Notablemente, los astronautas no requirieron de mucha asistencia para poder pasar por la incómoda escotilla de la cápsula y estos salieron vistiendo los "trajes de aislamiento biológico" (BIG por sus siglas en inglés) los cuales imposibilitaban que se vieran sus rostros. Según la NASA, el propósito de dichos overoles era "prevenir la propagación de especies exóticas que los astronautas podrían haber adquirido durante su viaje o mientras estaban en la Luna". Una vez en el USS *Hornet*, los astronautas fueron recibidos eufóricamente por el presidente Nixon y, por supuesto, por equipos de prensa nacionales e internacionales. En otro dato curioso, los astronautas se mostraron muy ágiles en todo momento, caminando y saludando muy energéticamente hasta llegar a la "estación móvil de cuarentena" construida exclusivamente para aislar a los tres hombres y, a su vez, evitar un posible contagio con una bacteria o virus desconocido.

Poco después, Nixon sostuvo una breve charla con Armstrong, Aldrin y Collins antes de la tradicional ceremonia de corte de un pastel. Y así concluyó la misión de Apolo 11, indudablemente la cúspide no solo de la NASA, sino de los Estados Unidos. Después de Apolo 11 otras seis misiones lunares se llevarían a cabo poniendo un total de 24 hombres "fuera de la órbita baja terrestre", doce de ellos en la Luna y, todas menos una de ellas; la misión número 13; serían rotundamente exitosas. Al menos eso es lo que dicen la NASA y los libros de historia de casi todos los países del mundo.

Fig. 3. Dibujos mostrando la secuencia supuestamente seguida por Apolo 11.

Luego de 21 días de cuarentena más tres días adicionales de descanso, Armstrong, Collins y Aldrin, junto con sus esposas, hicieron varias apariciones en público visitando a Nueva York, Chicago y a Los Ángeles el mismo día: el 13 de agosto. Como era de esperarse, los tres "héroes" fueron recibidos con gran entusiasmo y exaltación por dondequiera que pasaron. De hecho, en la cena de honor que se les celebró embajadores de 83 naciones diferentes, más sobre 40 gobernadores y oficiales del gobierno central estadounidense, los homenajearon. Pero eso fue solo el comienzo de una gira mundial que duraría 45 días; la gira del "Gran Salto"; la cual los llevaría a un total de 23 países, entre estos México, la ahora difunta Yugoslavia, Zaire (actualmente la República Democrática del Congo) y Australia. Según algunos estimados, hasta 100 millones de personas vieron a los supuestos exploradores lunares durante estas visitas. A juzgar por la recepción en casi todos estos países, EE.UU. había convencido al mundo de que su supuesta hazaña fue real, esto en gran parte gracias al silencio de las autoridades soviéticas. Pero no todos quedaron verdaderamente convencidos.

Houston, Tenemos un Problema

Aunque el día después de la misión, el 21 de julio (aunque, como fue mencionado al principio de esta sección, para la mayor parte del mundo el "alunizaje" fue ese mismo día) todos los países del mundo aceptaron —al menos públicamente— el "alunizaje" sin titubear, es imperativo aclarar que no todo marchó perfectamente para la campaña propagandista de EE.UU., pues, como se adujo anteriormente, hubo varias, indudablemente cientos de millones (¿Quizás sobre mil millones?) de personas, que nunca creyeron en el supuesto viaje tripulado a la Luna. De hecho, algunos periódicos de la época, particularmente de Países Bajos/Holanda, heroicamente cuestionaron, o al menos se mostraron escépticos, ante la versión dada por la NASA/EE.UU. Más aún, cuando la gira del "Gran Salto" llevó a los astronautas a Suecia el recibimiento de los lugareños fue tan frío que Edwin E. Aldrin se quedó sorprendido, tanto así que años más tarde él escribiría en su libro autobiográfico *Return to Earth* o "Regreso a la Tierra" (pág. 66) que: "Las personas alineadas a lo largo de la calle eran extremadamente corteses, pero *sin ningún entusiasmo* (énfasis añadido)." Cuarenta años mas tarde, la Institución de Ingeniería y Tecnología de Reino Unido llevó a cabo una encuesta para determinar qué porciento de la población británica creía en el alunizaje tripulado: un 25% de los 1,009 (o 252) participantes respondieron que no creían que seres humanos pisaron la Luna de 1969-1972.

Pero las dudas no se limitaron únicamente a Europa, pues aún dentro del mismo EE.UU. —donde, por razones obvias, el porcentaje de escépticos siempre ha sido mucho menor que en el resto del planeta (solo un 6 % de la población)— también ha habido escépticos que han expresado sus dudas acerca de Apolo 11, aún desde el 1969. Uno de ellos le dijo a un joven de unos 23 años que

11

"él no lo creía (las imágenes del alunizaje) ni por un minuto, (por) que esos 'tipos de la televisión' podían hacer que cosas se vieran reales, aunque no lo fueran". Impresionado por lo que había escuchado, el oriundo de Arkansas recordaría esas palabras durante el resto de su vida. ¿Y quién era ese joven? Pues William Jefferson "Bill" Clinton, el cuadragésimo segundo presidente de EE.UU. quien en su libro autobiográfico *My Life* o "Mi Vida" (2004) escribió que "Durante mis ocho años en Washington, yo vi algunas cosas en la TV que me hicieron preguntarme si él no estaba muy adelantado para sus tiempos." ¿Acaso Clinton estaba admitiendo indirectamente que él también dudaba de la veracidad de los "alunizajes tripulados"?

Otro que expresaría sus dudas, aunque más abiertamente, fue el Dr. Brian T. O'Leary, un cadete espacial que entrenó junto con algunos de los astronautas del programa Apolo antes de renunciar en 1968. En el documental de la cadena Fox titulado *Conspiracy Theory: Did we land on the Moon?* o "Teoría Conspirativa: ¿Aterrizamos en la Luna?" (2001), O'Leary dijo que "respecto a las misiones Apolo, yo no puedo decir con un cien por ciento de seguridad si estos hombres caminaron en la Luna". Yendo aún más lejos, O'Leary también dijo que "es posible que la NASA pudo haberlo encubierto (el alunizaje) solo para recortar gastos y ser los primeros en el espacio". ¡¿Qué?! ¡¿Que uno de los escogidos para ser un astronauta admitió en televisión que no estaba totalmente seguro de que sus compañeros estuvieron en la Luna?! Esto por sí solo representa un fuerte golpe a la reputación de la NASA, esto debido a que O'Leary fue uno de los pocos potenciales astronautas que no tenía experiencia militar lo que significa que él no entró al programa con la misma mentalidad de obediencia ciega de sus compañeros y, por ende, probablemente observó varios detalles que levantaron sus sospechas.

O sea que, en medio de la *apolomanía*, cuando prácticamente todo el mundo (literalmente) estaba, pues, espaciado, había mucha gente que sospechaban que el gobierno estadounidense les estaba tomando el pelo. Esto es verdaderamente impresionante, y a la vez muy alentador considerando el hermetismo mediático y el limitadísimo acceso a la información que existía en aquel entonces. Pero ¿qué pudo haber llevado a todos ellos a cuestionar o dudar de la versión que se les estaba imponiendo? Recordemos que esto ocurrió durante el punto más tenso de la Guerra Fría por lo que Washington, principalmente a través de la NASA y sus agencias noticiosas, y con la complicidad de sus aliados anticomunistas o derechistas, bombardeaban constantemente a los habitantes de todo el mundo no solo con bombas, sino también con imágenes, boletines y reportajes acerca de la "carrera a la Luna" entre las dos superpotencias del momento; Estados Unidos y la Unión Soviética (URSS); siempre recordándoles a ellos que el último, o los "comunistas" de Rusia, eran una amenaza para la humanidad.

Nuevamente debemos preguntarnos ¿qué vieron o detectaron esas personas para ir en contra de la corriente, nada menos que del "líder del mundo libre" y de la "ciencia", y también de todo el planeta, pues hasta el Vaticano y esos malvados soviéticos lo habían aceptado? Bueno. Pues suficientes cosas extrañas o anómalas en todas esas horas de video/audio-transmisiones producidas por la NASA. En el caso de Apolo 11, se trata de alrededor de dos horas y media del "descenso", "alunizaje", "actividad extra-vehicular" y finalmente el "despegue" hacia la "órbita lunar". Asimismo, a esta misión hay que sumarle varios minutos más de video filmado "en el espacio", supuestamente mientras los astronautas iban rumbo a, y regresaban de nuestro satélite natural.

Quizás fue la pobre calidad de las imágenes televisadas, las cuales recordemos eran en blanco y negro (¿Por qué si las televisiones a color existían desde los años 40?), lo que llevó a estos observadores más intuitivos a deducir que el estado relativamente primitivo de la tecnología de cohetes, telecomunicaciones y de información durante los años sesenta descartaba cualquier posibilidad de hacer todo lo que el gobierno estadounidense les estaba mostrando en sus pantallas. Quizás percibieron desde un principio la presencia de un aire de fantasía en torno a todo lo que estaban viendo: dos seres humanos en un ambiente verdaderamente hostil, sin los elementos más básicos para la existencia humana manejando una nave de aspecto frágil y caricaturesco y posándola en la faz de un cuerpo celeste a casi 400,000 kilómetros de la Tierra sin ningún problema. Una señal que les llegaba desde esa distancia en vivo y también sin ningún problema de continuidad. Tal vez lo que los convenció fueron los ordinarios brincos de 43 centímetros que daban los "astronautas", coincidiendo con lo que un hombre promedio puede brincar en la Tierra y no con los que deberían de producirse en la reducida gravedad lunar. O quizás fue la conferencia de prensa de los tres astronautas, un evento de alrededor de 45 minutos que solo puede describirse como patético, esto porque el comportamiento de los tres presuntos héroes de la humanidad delató una gran inseguridad e incomodidad de su parte.

Así es. El 25 de mayo de 1961, Kennedy le dijo al congreso estadounidense "Creo que esta nación debe comprometerse a lograr la meta, antes de que acabe esta década, de aterrizar (alunizar) un hombre en la Luna y regresarlo sano y salvo a la Tierra" y luego les dijo a cientos de espectadores en la universidad Rice de Texas que:

> Aceptamos ir a la Luna. Aceptamos ir a la Luna en esta década y hacer otras cosas, no porque son fáciles, sino porque son difíciles…ese reto es uno que estamos dispuestos a aceptar, *uno que no estamos dispuestos a posponer, y uno que pretendemos ganar…* " (Énfasis añadido.)

Afortunadamente para Washington, tan solo cinco meses y medio antes de 1970, Apolo 11 logró el primer alunizaje tripulado de la historia prácticamente a la perfección.

Pero no se equivoque, la realidad es que la gran mayoría de la humanidad se tragó el cuento del programa Apolo, quedando verdaderamente pasmados y, en algunos casos, incluso llegando a envolverse emocionalmente con lo que veían en la televisión. Por ejemplo, tras escuchar que "el *Águila* había aterrizado" ("alunizado"), el reconocido ancla Walter Cronkite del noticiario de la cadena CBS exclamó "Estamos en casa. ¡Hombre en la Luna!" y luego él y su invitado especial, el astronauta Walter Schirra de Géminis 6A y Apolo 7, se vieron limpiándose lágrimas. Durante su reportaje especial del "alunizaje", la cadena ABC informó que "más de 17,000 personas", entre ellos "familias enteras", habían solicitado asientos para "volar a la Luna" a través de la Pan American World Airways (Pan Am). En el segmento, el presentador dice, mientras muestra una tarjeta, que él sostenía, pero no había comprado, "una reservación para un vuelo a la Luna" y, tras reírse brevemente, continúa narrando que se trata de una *Moon Card* o "Tarjeta Lunar" la cual tenía un costo de unos $28,000 por un viaje de ida y vuelta por cada "pasajero lunar". Por si las dudas, $28,000 de 1969 es equivalente a poco más de $190,000 en dólares corrientes (2018). O sea, que los que reservaron su "vuelo lunar" definitivamente no pertenecían a la clase media. El reportaje prosigue con un enlace con la oficina de boletos de Pan Am en Nueva York para entrevistar a algunos de los "clientes felices" que depositaron grandes sumas de dinero para convertirse en los primeros turistas lunares los cuales incluían personas de todas las edades.

Irónicamente, una de las potenciales turistas lunares más jóvenes, como de unos 9 a 12 años, dijo "Yo solo espero ir muy, muy pronto. Y espero que no esté tan vieja (…)" presuntamente para el momento del viaje. Aunque parezca cruel, ¿Se habrá desilucionado la niña? Después de todo, ya van cincuenta años de su entrevista en la Pan Am. Otro que indudablemente tuvo que haber quedado muy desilucionado fue el pequeño Andrew (de unos 8 a 10 años) o el pasajero # 2,331, quien todavía no ha podido cumplir su deseo de ver los cráteres lunares. Y es que, aunque la NASA finalmente lograse poner seres humanos en la Luna para el 2029, Andrew estará demasiado viejo —con alrededor de 70 años— para poder ir, aunque quién sabe, quizás él se ha conservado muy bien… si ha administrado bien su herencia.

Figs. 4 y 5. Escenas del frenesí de la *apolomanía*. Según la popular revista *Life*: alrededor de "medio millón de espectadores del lanzamiento" "equipados con casetas de campaña, sacos de dormir y remolques para acampar" se aglomeraron en Cabo Kennedy para ver el lanzamiento.

Fig. 6. Dibujo del folleto de la NASA titulado Referencia para la prensa de las naves Apolo (Apollo Spacecraft News Reference) narrando que "Durante su auge, más de 20,000 firmas industriales, empleando más de 350,000 personas, estuvieron produciendo equipo para el programa estadounidense Apolo/Saturno bajo contratos con la Administración Nacional de la Aeronáutica y el Espacio."

AT ITS PEAK, MORE THAN 20,000 INDUSTRIAL FIRMS, EMPLOYING MORE THAN 350,000 PERSONS, WERE PRODUCING EQUIPMENT FOR THE U.S. APOLLO/SATURN SPACE PROGRAM UNDER CONTRACTS WITH THE NATIONAL AERONAUTICS AND SPACE ADMINISTRATION.

P-313

Ahora retornemos al asunto de esos 385,000 (más o menos) kilómetros de distancia que nos separan de la Luna, esto para explicar mejor cuán grande es esa distancia, pues la verdad es que los ceros a la derecha del primer número simplemente no sirven para dimensionarlo bien. Trescientos ochenta y cuatro mil kilómetros es una distancia tan grande que dentro de ésta se pueden alinear pegados *todos los planetas* (incluyendo la Tierra) junto *con casi todos los planetas enanos* de nuestro sistema solar: doce de un total de trece (Figura 7). El único que quedaría excluido sería Ceres, el más pequeño de los planetas enanos. Tenga en mente que el más grande de todos estos cuerpos celestes, Júpiter, tiene un tamaño once veces mayor que nuestro planeta y que el segundo más grande, Saturno, es sobre nueve veces mayor que la Tierra.

Entre la Tierra y la Luna hay alrededor de 385,000 km... ...suficiente espacio como para acomodar a todos los planetas de nuestro sistema solar.

Pero las sospechas, y de hecho el número de *apoloescépticos*, irían aumentando poco a poco con el paso de los años con las consecuentes misiones tripuladas a la "Luna" que se llevarían a cabo hasta diciembre de 1972, pues cada una de ellas iría dejando una que otra clave de que algo no estaba bien, de que lo que se le estaba vendiendo al mundo entero como "el logro de ingeniería más sobresaliente de la humanidad" en realidad no era más que un sórdido producto de la Guerra Fría, una obra de ficción o, mejor dicho, de ciencia ficción, para exaltar la marca USA.

Pero quizás los estadounidenses no deben sentirse tan mal, ya que las misiones de Apolo sí merecen al menos un lugar en las páginas del famoso libro de récords Guinness; no por haber llevado seres humanos al punto más lejos de su historia, ni por haber puesto los primeros seres vivientes en la Luna, sino por haber hecho la película y el programa de guerra sicológica más vistos, y más caros, de todos los tiempos. ¿El costo total? Pues $20,443,600,000 lo cual al ajustarse para la inflación da la astronómica suma —en dólares de 2016— de $117,887,187,961.72.

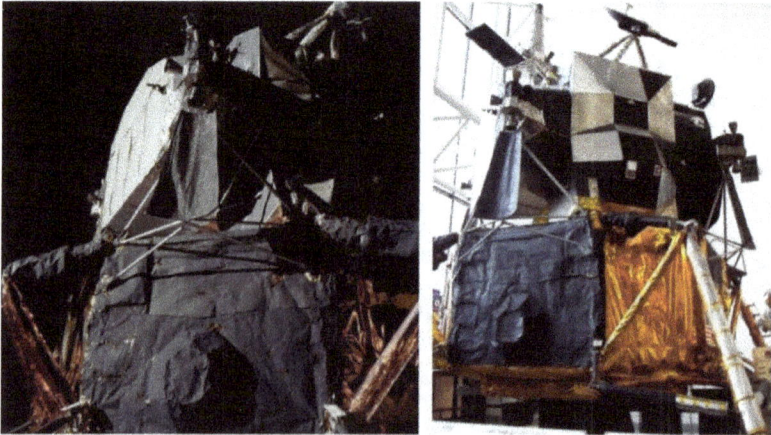

Fig. 8. Sección ampliada de la foto AS11-40-5915 mostrando el "módulo lunar *Eagle* (*Águila*)" y el módulo lunar del Museo Nacional del Aire y el Espacio en Washington D.C. ¿Parece esto una nave que pueda aguantar las intensas vibraciones generadas por un motor de empuje máximo de 45.04 kN? Sinceramente, para este servidor esta cosa se asemeja más a una chiringa maltratada por el viento que a una nave espacial verdadera.

Así que comencemos la interesante y entretenida búsqueda de las pruebas de fraude por parte del gobierno estadounidense. Dicho proceso consistirá en un análisis minucioso de algunas anomalías, contradicciones y elementos problemáticos contenidos por la versión oficial de las misiones de Apolo, e inclusive algunas misiones previas, y también posteriores a este programa, como, por ejemplo, las de los proyectos Mercurio (1958-1963), Géminis (1961-1966) las cuales presuntamente pusieron a los primeros astronautas estadounidenses en el espacio. Así es, en estas misiones también se pueden percibir varias cosas muy extrañas y sospechosas.

Como esta tarea abarca una serie de disciplinas que van desde el relativamente sencillo estudio de la fotografía hasta las complejas o complicadísimas ciencias de la cohetería y la astrofísica, entre otras cosas, el autor hará uso de algunas fuentes relacionadas, o que al menos han citado o entrevistado a peritos en las antedichas disciplinas. Por ejemplo, para enfrentar el asunto de las anomalías fotográficas y de video, se recurrirá a David S. Percy, un miembro de la Sociedad Real de Fotografía de Reino Unido y director del excelente documental *What Happened on the Moon?-An Investigation into Apollo* (2000) o "¿Qué fue lo que sucedió en la Luna?-Una Investigación de Apolo". Percy, junto con su esposa, Mary Bennett, también ha escrito el libro: *Dark Moon: Apollo and the Whistle-blowers* o "Luna Oscura: Apolo y los Soplones." Lamentablemente, ambas obras, como todas las demás acerca de este tema, solo están disponibles en inglés.

Para lidiar con las anomalías relacionadas con la cohetería se recurrirá al experto de misiles de Rusia, Guenadi Ivchénkov y a William Charles o "Bill" Kaysing, ex director de publicaciones técnicas para la División Rocketdyne de la compañía North American Aviation (NAA), una de las empresas encargadas de fabricar las naves y sistemas de propulsión para la NASA en los años cincuenta y sesenta. Kaysing también escribió el libro *We Never Went to the Moon. America's Thirty Billion Dollar Swindle* o "Nunca fuimos a la Luna. La estafa de treinta mil millones de dólares de Estados Unidos", el segundo libro dedicado exclusivamente a cuestionar los supuestos alunizajes tripulados. Por si las dudas, el primero en escribir un libro *apoloescéptico* fue James J. Cranny con *Did Man Land on the Moon?* o "¿El hombre aterrizó en la Luna?" publicado en 1970, es decir, tan solo un año después de Apolo 11. Y, por último, pero no menos importante, se recurrirá a otros expertos como el inventor Ralph René, el físico y autor del interesantísimo (y, en mi opinión personal, el mejor) libro *apoloescéptico*, *Американцы на Луне: великий прорыв или космическая афера?* o "Americanos en la Luna: ¿una gran hazaña o una farsa cósmica?" (Lamentablemente, solo está disponible en ruso.), Alexander Popov, el investigador Gerhard Wisnewski, autor de *One Small Step? The Great Moon Hoax and the Race to Dominate Earth from Space* o "¿Un Pequeño Paso? — La gran farsa lunar y la carrera para dominar a la Tierra desde el espacio" y escritor del documental *Die Akte Apollo* o "El Acto Apolo", (que lamentablemente solo está disponible en alemán) y el brillante estudiante de astrofísica de Australia, Jarrah (se lee "Yara") White cuya interesantísima serie de videos en *You Tube*; *Moonfaker* o "Farsante Lunar"; jugaron un papel decisivo en la conversión de este servidor, y seguramente de otras personas que han pasado la mitad o la mayoría de sus vidas creyendo en los mitos del Apolo moderno.

Otro investigador digno de reconocimiento fue Jack White, un fotógrafo y exejecutivo publicitario con más de 50 años de experiencia reconocido por su análisis de las fotos relacionadas con el asesinato de John F. Kennedy. Su minucioso escrutinio del archivo fotográfico del programa Apolo hizo posible muchas de las secciones de este libro. Respecto a René, él es miembro de la Mensa International la cual, contrario a la idea negativa que dicha palabra le evocaría a un habitante de México, Centroamérica y Ecuador, es una sociedad dedicada al "intercambio intelectual" entre personas de alto cociente intelectual y que tiene miembros en más de cien países. René también es tenedor de una patente aprobada por la NASA (Su libro, muy jocoso de hecho, se llama *NASA Mooned America!* o "¡NASA le Enseñó el Trasero a Estados Unidos!"). Contrario a las calumnias de los defensores de la NASA como el astrónomo Phil Plait, quien irónicamente se describe a sí mismo como un escéptico,

EL GRAN FRAUDE LUNAR

el ingeniero Jay Windley y otros de (mucho) menor intelecto como Shane Killian, un ultraderechista que también se ha autodenominado un escéptico, todos estos investigadores/documentalistas son o han sido hombres serios que colectivamente han encontrado grandísimos agujeros en la versión oficial del supuesto alunizaje tripulado del siglo XX, y que siempre han expuesto sus argumentos de un modo elocuente, convincente y, por lo general, disciplinadamente. Cabe señalar que, con el fin de ser justo con el lector, he optado por incluir algunos de los puntos y contraargumentos de los Apolo-creyentes, particularmente de los más serios como, por ejemplo, Jay Windley y Amy Shira Teitel.

Para concluir, los descubrimientos de los antedichos *apoloescépticos* contienen la clave, o más bien claves, para desmoronar, de una vez por todas, este gran fraude de la historia.

1

Las anomalías fotográficas y cinematográficas de los "alunizajes"

Como vimos en la sección anterior, el 20/21 de julio de 1969 el gobierno estadounidense le mostró al mundo entero imágenes televisadas y "en vivo" de una supuesta expedición tripulada a la Luna. Siguiendo la versión oficial del evento, solo dos de los astronautas de la misión Apolo 11, Neil Armstrong y Edwin "Buzz" Aldrin, pisaron el suelo lunar en donde llevaron a cabo una "actividad extra-vehicular" (EVA por sus siglas en inglés) que se extendió durante dos horas y cuarto, todo esto mientras el tercer astronauta, Michael Collins, piloteaba el módulo de comando y servicio (CSM) *Columbia* el cual permanecería orbitando el satélite natural a más de 2,000 metros sobre su superficie durante la fase lunar de la misión. Para producir una documentación visual de su supuesta hazaña —pues de qué vale ir tan lejos sin traer de vuelta unas cuantas fotos— la NASA (Administración Nacional de la Aeronáutica y del Espacio) nos informa que los astronautas iban equipados con tres cámaras Hasselblad 500EL o una para cada uno de ellos y una o más "cámaras de televisión lunar" fabricadas por las compañías Westinghouse y RCA. Indudablemente, para nuestros propósitos estas cámaras, o más bien sus fotografías o videograbaciones, son los elementos más importantes de todas las misiones del programa Apolo, ya que estas dejarían un larguísimo y excelente rastro de evidencia detallada y, en la mayoría de los casos, a todo color, para probar que EE.UU. jamás puso, o ni siquiera envío seres humanos, a la Luna.

Ahora enfoquemos nuestra atención brevemente sobre las famosas Hasselblads 500EL/70 utilizadas por la NASA, aún desde las misiones del proyecto Mercurio. Extrañamente, aunque dichas cámaras fueron modificadas para cumplir con las especificaciones de la NASA, lo cierto es que esas modificaciones se hicieron principalmente para facilitar su uso con guantes presurizados y dentro de lugares estrechos y una que otra cosa para hacerla segura dentro de un ambiente de oxígeno puro (100%) el cual es altamente inflamable, pero no se hizo casi nada para protegerla de las amenazas más grandes para todo equipo fotográfico: la radiación cósmica y los drásticos y extremos cambios de temperatura que se registran en la Luna. Como nuestro satélite natural prácticamente no tiene una atmósfera que modere las temperaturas, estas pueden variar de 150 a 180 °C bajo el Sol a -150 a -180 °C bajo la sombra. Reconociendo el gran daño que ambos fenómenos pueden causarle a un delicado rollo fotográfico o de videocinta, en 1997 un reportero de la cadena británica Sky TV News le preguntó al portavoz de la NASA, Brian Welch, acerca del tipo de fotografías que se utilizaron en las misiones Apolo. Brian respondió diciéndole que:

> la película fue producida especialmente para la NASA por Kodak, (el proceso) implicó el uso de finos geles y emulsiones (…) la idea era que tenía que resistir (las condiciones presentes) en un vacío, resistir extremos de calor y frío en la superficie de la Luna.

Pero, hablando sin rodeos, Welch estaba mintiendo. Y es que, a excepción del fabricante de la película, todo lo demás que él dijo en ese párrafo fueron puras fabricaciones: el proceso no usó ningún tipo de "finos geles", ni "emulsiones" especiales para resistir las condiciones presentes en un vacío y los extremos de calor y frío. En realidad, el tipo de película usada por la NASA no fue nada más que Ektachrome 64 ASA o 160 ASA de 70mm que se hacía fotosensible mediante un proceso que, según HJP Arnold, era "esencialmente el mismo que el de una película ordinaria en aquellos tiempos". ¿Quién era HJP Arnold? Pues el asistente del director administrativo de Kodak Ltd. de 1966 a 1974 y escritor de varios libros como *Philip's Astrophotography: An Introduction to Film and Digital Imaging* o "La Astrofotografía de Felipe: Una Introducción al Escaneo Digital y de Película" y otros de astronomía y *a favor de la NASA* como *Man in Space: An Illustrated History of Space Flight* o "El Hombre en el Espacio: Una Historia Ilustrada de los Vuelos Espaciales".

Y este es tan solo uno de los engaños que encontramos al hurgar en el asunto de la "evidencia" fotográfica de los supuestos alunizajes tripulados. Resulta que, gracias al surgimiento del internet, millones de personas han podido analizar minuciosamente algunas de los miles de fotografías producidas durante el programa Apolo y, como veremos a continuación, algunos de ellos han podido encontrar no una, sino varias anomalías en esas imágenes. Dichas anomalías abarcan desde problemas con la iluminación y los ángulos y el tamaño de las sombras, hasta problemas con la perspectiva y el posicionamiento de los vehículos e importantes puntos de referencia. Contrario a la falsa impresión que el elenco del programa "educativo" *Mythbusters* o los "Cazadores de Mitos" y los creadores del programa NVIDIA han intentado presentar con sus experimenticos bajo condiciones inadecuadas y hasta cuestionables, la gran mayoría de estas anomalías no pueden atribuirse al albedo o luminosidad del regolito o la capa de polvo compuesta mayormente de residuos de meteoritos, que cubre la superficie lunar. De hecho, en ambos experimentos, más aquel dirigido por uno de los acérrimos defensores de la NASA, Jay Windley, y mostrado en el documental *The Truth Behind the Moon Landings* o "La Verdad Detrás de los

Alunizajes" (2003), el albedo del suelo o superficie en la que se tomaron las fotos o grabaciones fílmicas era mucho mayor que el albedo correspondiente a la Luna el cual oscila entre el 7 y el 10%.

En un experimento verdaderamente científico, el reconocido *apoloescéptico* Jarrah (se lee "Yara") White, demostró que la mezcla de carboncillo y cemento de marca Portland usada por los *Mythbusters*, al igual que el suelo desértico de los pináculos de Trona (California) en donde Windley y su equipo filmaron *The Truth Behind the Moon Landings* generaban un albedo sobre cuatro veces superior al de la Luna. Además, él comprobó, usando las mismas palabras de uno de los anfitriones de *Mythbusters*, que el regolito es tan oscuro como el asfalto. Pero las incongruentes sombras son tan solo uno de los problemas más evidentes del archivo fotográfico del programa Apolo. Aún más problemático para los Apolo-creyentes es el hecho de que, a excepción de unas veinte o treinta fotografías, todas las fotografías atribuidas a ese programa —más de 6,000— quedaron perfectas o casi perfectas. Lo que nos trae a la primera de las anomalías fotográficas del programa Apolo:

Número 1: La impresionante nitidez de las fotos "lunares". Absolutamente ninguna de las fotos exhibe el más mínimo rastro de opacidad o "empañamiento" severo, uno de los efectos más detectables de exposición a la radiación, esto a pesar de que, como ya sabemos, las Hasselblads de los astronautas no fueron diseñadas para proteger a los rollos que llevaban en su interior de la radiación cósmica. Este dato por sí solo debe ser suficiente para levantar sospechas, ya que a través de los años se han visto casos demostrando claramente que la radiación cósmica es sumamente dañina para todo equipo fotográfico/cinematográfico. Por ejemplo, durante la filmación del documental *Space Station 3D* o "Estación Espacial 3D" (2002), Robert Uhlig del periódico británico *The Telegraph* les informó a sus lectores (*A truly star-studded movie.* 26/4/2002) que los astronautas "tenían que correr para rodar la película antes de que se nublara por los altos niveles de radiación en el espacio." "Tuvimos que llevar la película a la estación, lanzarla desde el transbordador, rodarla, devolverla al transbordador y tomarla de nuevo, todo en el mismo vuelo a la estación espacial, o se habría arruinado," dijo el director de la película, Toni Myers.

¿Y qué pasó con esas innovadoras emulsiones y "finos geles" mencionados por Welch? Pero… Un momento. ¿Y qué hay con todas esas transmisiones en vivo desde la Estación Espacial Internacional? Después de todo, esas videocámaras están operando precisamente en el mismo lugar y bajo las mismas condiciones en las que las videocámaras de Myers filmaron *Space Station 3D* ¿Acaso la NASA y las demás agencias espaciales envueltas en el proyecto están involucradas en una mega-conspiración para engañarnos? No. Nada por el estilo. La estación espacial sí está transmitiendo video imágenes constantemente hacia la Tierra, pero el equipo cinematográfico de la estación —cuatro videocámaras comerciales— *no graban video a bordo de la ISS,* esto porque "todo el video se transmite al suelo en tiempo real; *cualquier grabación deseada del video ocurre como operaciones de tierra".* Al menos eso es lo que dice *High Definition Earth Viewing* (HDEV) u "Observación de la Tierra en Alta Definición", un breve reportaje del portal nasa.gov (https://www.nasa.gov/mission_pages/station /research/experiments/917.html) describiendo un experimento científico homónimo iniciado en 2014. En las propias palabras de la NASA, el HDEV busca determinar si el equipo cinematográfico, específicamente cuatro videocámaras de diferentes marcas japonesas, posee: "la habilidad… de sobrevivir y funcionar en el ambiente extremadamente radioactivo de la órbita baja terrestre." Luego de señalar lo "extremadamente radioactiva" que es la órbita baja terrestre, el artículo continúa diciendo que:

> Las cámaras COTS (comerciales y disponibles para la venta), el codificador COTS y otros componentes electrónicos *están encerrados en una caja presurizada para proporcionar un nivel de protección del entorno espacial a los componentes electrónicos.* La caja

contiene nitrógeno seco a presión atmosférica. (Énfasis añadido.)

O sea, que casi medio siglo después del programa Apolo la NASA ha admitido que todavía la cinematografía espacial se encuentra en su fase experimental.

Para entender mejor lo que se está discutiendo en esta sección, ahora veamos una ilustración mostrando algunos datos básicos de la Hasselblad 500EL/70 y su supuesto uso en la Luna y también las condiciones climáticas de dicho cuerpo celeste. Como puede ver, el autor ha hecho un collage con una fotografía, supuestamente de un astronauta con dicha cámara en la Luna, junto con una Hasselblad 500EL/70 y su placa Réseau (1C, fondo a la derecha). Note que las cámaras debían ir fijadas al pecho, esto para evitar o reducir el riesgo de daños o rayados al lente y a la visera de los astronautas. Además note las temperaturas que puede alcanzar el día lunar.

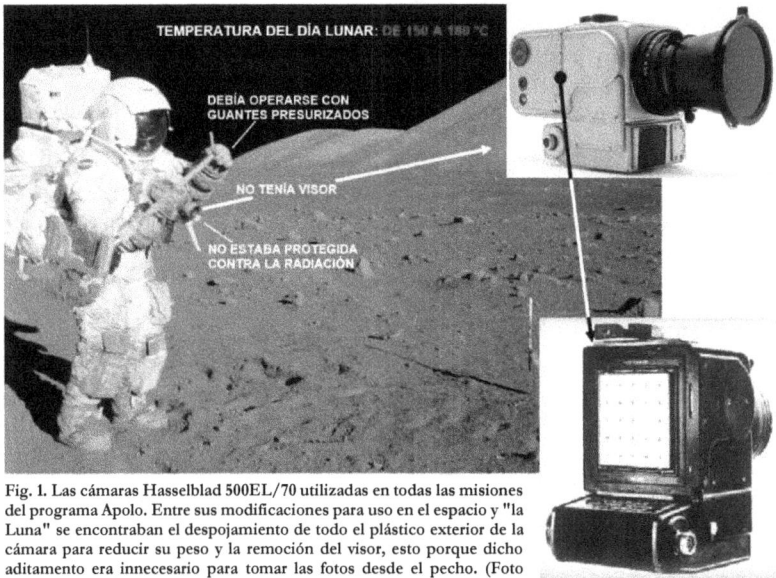

Fig. 1. Las cámaras Hasselblad 500EL/70 utilizadas en todas las misiones del programa Apolo. Entre sus modificaciones para uso en el espacio y "la Luna" se encontraban el despojamiento de todo el plástico exterior de la cámara para reducir su peso y la remoción del visor, esto porque dicho aditamento era innecesario para tomar las fotos desde el pecho. (Foto AS17-134-20426.) C) Placa Réseau o placa transparente puesta en el plano focal de las Hasselblads el cual contenía 25 retículos o "cruces" para medir distancias y para corregir cualquier distorsión en las fotos.

Ahora veamos lo que le ocurre a una fotografía luego de estar expuesta a un "ambiente extremadamente radioactivo". En la siguiente página el autor muestra una comparación entre seis fotos de la época del programa Apolo, una de Apolo 11 y las demás de las sondas del programa Surveyor ("Topógrafo") (1966-1968) y del programa Lunojod de la URSS (1970-1973).

El análisis comenzará con una de las fotografías más icónicas de Apolo 11, la de "Buzz Aldrin" comenzando a bajar la escalerilla del módulo lunar, la AS11-40-5866 (Figura 3A), una foto de una calidad espectacular, bien colorida y perfectamente enfocada, algo verdaderamente impresionante considerando que, según la NASA, los astronautas, en este caso "Neil Armstrong", tomaron las fotos con sus Hasselblads fijadas a sus trajes espaciales, pero este asunto se discutirá en otra sección de este capítulo. Al lado de la AS11-40-5866 hay cuatro fotos tomadas por la sonda estadounidense Surveyor III en 1967 (Figura 3B), mientras que la imagen en el centro izquierdo de la página (Figura 3C) muestra una sección de uno de los panoramas captados por el primer aparato automático que se controló a distancia fuera de la Tierra: el explorador soviético Lunojod 1 (1970). Como podemos ver, la foto de Apolo 11, bueno pues, opaca, a todas las demás fotografías cuya calidad se ve deteriorada considerablemente por un tipo de niebla blancuzca que arropó gran parte de éstas. Esto simplemente no tiene sentido porque, para recalcar, las cámaras Hasselblad no contenían ningún tipo de protección contra la radiación, algo abundante en el espacio y, por supuesto, en la Luna esto debido a que ese cuerpo celeste no tiene una magnetósfera para repeler la radiación. Además, recuerde lo que dijo Robert Uhlig en su artículo acerca del proceso de filmación en la Estación Espacial Internacional. Usted sabe, eso de que "Los astronautas… tenían que correr para rodar la película antes de que se nublara por los altos niveles de radiación en el espacio". ¡Y eso fue en el 2002!

Pregunta: ¿Si dentro de la Estación Espacial Internacional, una estructura diseñada específicamente para operar en la órbita baja terrestre con seres humanos alojándose durante periodos largos, y empleando tecnología de los años ochenta y noventa, no cuenta con la protección suficiente como para preservar un rollo de película del siglo XXI, entonces cómo rayos vamos a creer que astronautas, supuestamente caminando en la Luna la cual, dicho de paso, es aún más radiactiva que la órbita baja terrestre, pudieron tomar fotos y grabar películas sin problemas?

Fig. 2. Desde la izq. Foto de "Aldrin" bajando del módulo lunar Eagle (AS11-40-5866) al lado de algunas de las fotos tomadas por la sonda Surveyor III enviada a la Luna en 1967. Note el contraste de los colores y la legibilidad de la parte visible de "UNITED STATES" en la foto de "Aldrin". C) Sección del panorama 4 (Lunación 2. Sesión 1.) tomada por el explorador soviético Lunajod 1.

Fig. 3. Basándose en la información anterior, el autor ha alterado la foto AS11-40-5866 para darle al lector una idea aproximada de cómo debía verse la foto tras ser expuesta a la intensa radiación presente en la Luna. Recuerde que las cámaras hasselblad no contenían ningún tipo de protección contra la radiación.

Tras ver tal evidencia, considero apropiado citar un pasaje del libro de Bennett y Percy:

Es absolutamente extra-ordinario que una película que puede aguantar temperaturas extremas y dañinos rayos X — una extensa latitud de exposición, nunca llegó al mercado abierto. ¡De seguro si Kodak hubiese lanzado tal producto éste hubiese sido un éxito comercial!

Por si las dudas, la muy pobre calidad de la cinematografía de las misiones del programa Apolo se debe al hecho de que, según la NASA, las transmisiones desde la "Luna" fueron filmadas a 10 pies por segundo, una decisión sumamente extraña considerando que a esa velocidad cualquier movimiento se ve entrecortado o tieso. Por esta razón, en aquel entonces el estándar análogo de televisión para la mayor parte del hemisferio occidental y naciones asiáticas como Japón y Corea del Sur —el NTSC (Comité Nacional de Sistema de Televisión)— era de 30 pps. Tal discrepancia requería que dichas señales fuesen convertidas a 30 pps lo cual se hacía usando un convertidor de escaneo que grababa y luego proyectaba cada toma dos veces más, en efecto añadiéndole veinte tomas adicionales a cada segundo. Entonces la imagen "acelerada" a 30 pps era proyectada en un monitor cuya imagen era filmada por otra cámara cuya imagen era transmitida a Houston y de ahí al resto del mundo. En otras palabras, lo que millones de televidentes vieron el 20/21 de julio de 1969 fue una proyección de otra proyección lo que degradó considerablemente la calidad de la imagen final.

Número 2: Las incongruencias en las sombras y la iluminación. Desde que las primeras fotos "lunares" fueron mostradas al público, varios expertos y personas muy intuitivas se percataron de que muchas de ellas contienen sombras extrañas o que no corresponden con lo que lógicamente debía ser su trayectoria en un lugar sin atmósfera y en donde solo hay una fuente de luz durante el día: el Sol. La luz, la cual está compuesta de radiación electromagnética, viaja en líneas rectas y al chocar con objetos opacos proyecta sombras que en su *punto de inicio* tienen que ser paralelas antes de converger o unirse en un *punto común* en el horizonte. Antes de proseguir es imperativo aclarar, y también recalcar, una serie de cosas. Primero, que las únicas fuentes de luz visibles en la Luna son el Sol durante el día —cuando los astronautas supuestamente caminaron en el satélite natural— y la Tierra durante la noche. Ambos duran un promedio de 14 días terrestres. Segundo, que las cámaras de los astronautas nunca incluyeron ningún tipo de flash, esto para evitar un fuego dentro de la atmósfera de oxígeno puro del módulo de comando y servicio y del módulo lunar y aunque estos sí llevaron linternas, dichos aparatos fueron utilizados únicamente en el interior de las antedichas naves.

Otro dato importante es el hecho de que una serie de factores, principalmente la distancia y el contorno de la superficie, pueden alterar las sombras a tal punto que en algunos casos podría parecer que múltiples sombras producidas por una sola fuente de luz se están intersecando —en el horizonte lejano— en un ángulo de noventa grados. No obstante, dicho fenómeno no puede ocurrir con objetos que están juntos, o a una distancia más o menos igual de lejos, de los rayos de luz. En otras palabras, es *absolutamente imposible* que dos o más sombras generadas por una sola fuente de luz y proyectadas desde una distancia similar, o más o menos similar, y sobre una superficie lisa o casi lisa, terminen intersecándose en un ángulo de noventa grados. Este último punto es de suma importancia porque las sombras —o más bien la orientación de las sombras que aparecen en los paisajes "lunares" supuestamente fotografiados por los doce astronautas que "caminaron" en nuestro satélite natural— han desatado una candente controversia entre los *apoloescépticos* y los Apolo-creyentes. Y es que un análisis minucioso de estas sombras revelará que sí existen problemas muy serios con ellas como, por ejemplo, sombras que se intersecan inexplicablemente o a distancias muy cortas de su punto de inicio, de tamaños desproporcionales con el objeto/sujeto que las proyecta, e incluso sombras en lugares donde no deberían estar, o viceversa: la ausencia de sombras en lugares en donde debían estar. Otro aspecto igual de problemático es el de la iluminación la cual sigue patrones tan erráticos y extraños como los de las sombras. Por ejemplo, tomas en las que los astronautas, o una buena parte de ellos, están bañados de luz mientras que su entorno está en relativa oscuridad o en las que el lado de ellos, o de sus equipos o vehículos que está mirando hacia la cámara está bien iluminado aun teniendo el "Sol" a sus espaldas.

Como todos podemos comprobar fácilmente con una cámara o teléfono móvil con cámara, cualquier foto de un sujeto u objeto con el Sol o cualquier otra fuente de luz detrás dejará una imagen desagradable en la que los detalles y colores del sujeto/objeto serán reemplazados por una silueta oscura rodeada por un halo de rayos de luz. El único modo de contrarrestar dicho efecto es mediante el uso de una o más fuentes de luz adicionales para iluminar la parte frontal del sujeto/objeto lo cual, como ya sabemos, lo hacen aparatos como el flash o focos teatrales o reflectores. Próximamente veremos una clara evidencia del uso de dichos aparatos en las fotografías supuestamente tomadas en la Luna. ¿Qué se supone que veamos? Pues claves como charcos de luz en el suelo alrededor de los "astronautas" y objetos con múltiples sombras o sombras en direcciones incongruentes.

Entre las fotos que mejor revelan estas anomalías se encuentra el icónico retrato de Edwin "Buzz" Aldrin y la foto de Alan Shepard sosteniendo la bandera estadounidense durante Apolo 14. Sin duda la foto más famosa de todas es la primera oficialmente titulada como "Aldrin posa para retrato/reflejo de Armstrong en la visera" o, siguiendo la clasificación de la NASA, la AS11-40-5903 (Figura 4). Cabe señalar que tal designación representa lo siguiente: AS es para "Apollo-Saturn" seguido por el número de la misión, el número del centro —en este caso el 40— es el del rollo de fotografías y los últimos dígitos son para las fotografías mismas. Lamentablemente para la NASA y sus apologistas, el retrato de "Aldrin" es la más problemática de todas las fotos del Apolo, no porque contiene la mayor cantidad de anomalías o errores, sino porque es la más fácil de desmentir, pues la foto contiene un error bien notable y otros que apenas se pueden percibir. Primeramente, al ver a "Aldrin" lo primero que salta a la vista es el hecho de que la iluminación no tiene nada de natural, pues "Aldrin", o más bien su lado izquierdo, está completamente bañado de luz. Lo mismo ocurre con el suelo justo a su alrededor, particularmente a su derecha donde puede verse un "charco" de luz. Ambos fenómenos son una clara evidencia de que el sujeto o "Aldrin" está parado bajo una intensa luz artificial. No puede haber otra explicación porque la Luna prácticamente no tiene atmósfera y, por consiguiente, carece de nubes que puedan causar tal concentración de luz en un sitio en particular.

¿Cómo es eso posible cuando hasta la misma foto muestra, a través del reflejo de la visera de "Aldrin", que "Armstrong" sí la tomó desde el pecho? La respuesta a esto es muy simple: el reflejo en la visera fue añadido después de la toma original, posiblemente siendo pintado en el primer duplicado. ¿Por qué estoy tan seguro? Pues porque el retículo central de la foto nos lo está diciendo. Para clarificar, los retículos son unos puntos de mira en forma de cruz, en este caso negros, que venían marcados en la placa Réseau, o placa transparente puesta en el plano focal de las cámaras Hasselblad de la NASA. Dichas marcas se utilizaban para medir distancias y para corregir cualquier distorsión en las fotos. Cada foto contenía un total de 25 retículos distribuidos equitativamente entre cinco filas con una "cruz grande" justo en el centro lo que significa que siempre tenían que aparecer en la misma posición en todas las fotografías tomadas en la "Luna", o al menos en las partes más claras de la imagen. Al ver bien a "Aldrin", podemos determinar rápidamente que el retículo central se encuentra sobre su pierna derecha, de hecho, casi sobre la bota. Esto comprueba decisivamente que la foto fue tomada desde un ángulo más alto que el que la NASA ha alegado.

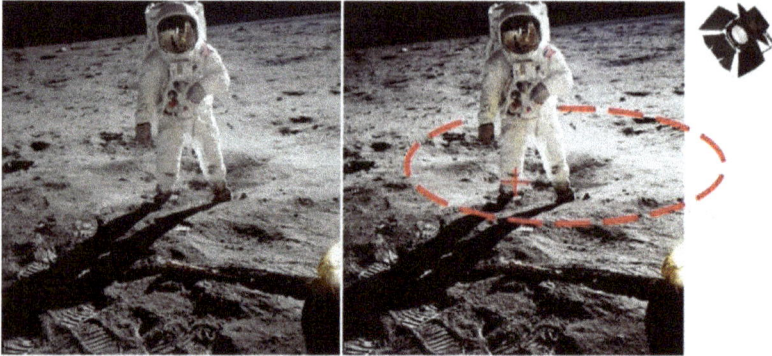

Fig. 4. Desde la izquierda: foto titulada "Aldrin posa para retrato/reflejo de Armstrong en la visera" (AS11-40-5903) tal y como aparece en la galería de Apolo (apolloarchive.com/apollo_gallery.html). La misma foto de "Aldrin", pero con el contraste aumentado un 40% para mostrarla tal y como apareció originalmente en 1969 y con el retículo central resaltado. Note el brillante charco de luz detrás de "Aldrin". ESTO CLARAMENTE NO FUE PRODUCIDO POR LA LUZ SOLAR. Además, esto evidencia que la NASA ha alterado las fotos originales.

Pero todavía no hemos acabado con el icónico retrato de Aldrin, pues resulta que éste contiene muchas anomalías interesantes. ¿Y dónde se encuentran? Pues en la visera de "Aldrin" (Figura 5), específicamente en el reflejo de "Armstrong" y el Eagle. Primeramente, al observarlo de cerca uno puede notar que "Armstrong" tiene la cámara fijada en el pecho lo cual, como ya hemos comprobado, era imposible porque dicho ángulo jamás hubiese permitido la toma de dicha foto. En segundo lugar, las sombras son problemáticas. Por ejemplo, la sombra de la pata o "almohadilla de alunizaje" del módulo lunar NO ESTÁ PROYECTADA SOBRE ARMSTRONG, sino que, como por arte de magia, lo evade completamente y, aunque en el retrato se ve que la sombra de "Aldrin" va hacia el lado se encuentra a las 7 en punto, en el reflejo ésta está, usando el léxico militar, como a las 6 en punto o yendo casi hacia el frente. Y, por último, aunque en el retrato se ve claramente que el brazo izquierdo de "Aldrin" está doblado hacia la cintura, en el reflejo NO ESTÁ DOBLADO, SINO EXTENDIDO HACIA ABAJO. Otra observación es que las sombras no son perfectamente paralelas, sino que tienden a converger en el horizonte en un espacio que en realidad no es muy extenso, pues fíjese que la segunda etapa o tope del módulo lunar se extiende por detrás de "Armstrong".

Fig. 5. Sección ampliada para mostrar el "reflejo" de "Armstrong" en la visera de "Aldrin". Note las anomalías que aparecen en dicho "reflejo":

1) La cámara está fijada en el pecho de "Armstrong".
2) La sombra de la pata o "almohadilla de alunizaje" del módulo lunar NO ESTÁ PROYECTADA SOBRE ARMSTRONG.
3) El brazo izquierdo de "Aldrin" NO ESTÁ DOBLADO tal y como se ve en el retrato.
4) La sombra de "Aldrin" va hacia el frente NO HACIA EL LADO.

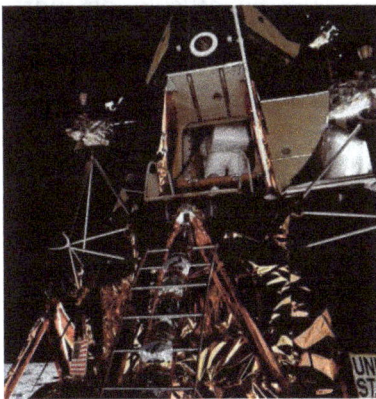

Fig. 6. Foto de "Aldrin saliendo de la escotilla del ML" o módulo lunar (AS11-40-5862). Note la intensidad de la luz dentro del módulo lunar la cual alumbra por completo la parte trasera de "Aldrin". Esto sencillamente es imposible con una luz reflejada desde el suelo. Extrañamente, esta foto NUNCA APARECIÓ EN LAS PUBLICACIONES ORIGINALES, O DEL 1969 (*National Geographic*, *Life*, etc.).

Fig. 7. Foto del vehículo explorador lunar (*Lunar Roving Vehicle*) de la misión de Apolo 16 (AS16-117-18819) mostrando sombras divergentes. Al enfocar la atención en el suelo alrededor de la rueda delantera derecha del todoterreno lunar podemos ver que las sombras de ésta y de la cámara de televisión (que está laminada en oro) son perpendiculares. Clara evidencia de más de una fuente de luz. B) Aunque esta sección del "módulo lunar *Antares*" de Apolo 14 (izquierda) está detrás del "Sol", la parte que debería estar en TOTAL OSCURIDAD está totalmente iluminada, mostrando claramente "UNITED STATES" en el costado izquierdo del aparato (AS14-66-9305). Crédito intelectual 1ra imagen: *Hunchbacked*.

En un intento por contestar las preguntas formuladas por las mentes más inquisitivas, la NASA ha empleado una serie de teorías que una persona generosa puede describir como muy creativa, pero que alguien muy suspicaz (como este servidor) describiría como un insulto a la inteligencia del lector. En un artículo del portal cibernético NASA SCIENCE (*The Apollo Chronicles: Dark Shadows* o "Las Crónicas de Apolo: Las Sombras Oscuras". 1/3/2003), el Dr. Tony Phillips nos informa que "las sombras pueden ser traviesas", una clara insinuación de que no debemos confiar en los hallazgos de los expertos fotográficos que se han molestado en analizar las fotografías de las misiones del programa Apolo, esto debido a fenómenos que, según él y otros "expertos" de la NASA, solo ocurren en la Luna. El más "travieso" de estos es el "efecto de oposición" postulado por el "experto" de óptica atmosférica Les Cowley. He aquí una sinopsis de su teoría hecha por Phillips:

Granos de polvo lunar se pegan para formar estructuras esponjosas como torres ("fluffy tower-like structures"), llamadas 'castillos de hadas' ('fairy castles') (¡!) los cuales crean sombras profundas. *Algunos* investigadores creen que la superficie lunar está salpicada con estas torres microscópicas. (Cuando están) directamente opuestas al Sol (…) cada torre de polvo esconde su propia sombra por lo que esa área se ve más brillante en contraste con sus alrededores. (Énfasis añadido.)

Reconociendo que todo esto puede ser un poco confuso para una persona común y corriente, Phillips continúa:

¿Suena simple? Pues no lo es. Otros factores aumentan el resplandor. La superficie lunar está salpicada de *spherules* (¿*esférulas*? o pequeñas esferas) cristalinas [imagínelas como gotas de rocío lunar] y minerales cristalinos, los cuales pueden reflejar la luz solar hacia atrás. Y luego está la "retro-dispersión coherente" ("coherent backscatter") — máculas de polvo lunar más pequeños que una onda de luz solar difractada, dispersando los rayos de vuelta hacia el sol. "Nadie sabe cuál factor es el más importante," dice Cowley.

¿"Estructuras esponjosas como torres" (suena mucho más estúpido en inglés), "castillos de hadas"? Discúlpenme, pero estos términos no me parecen muy científicos. Antes de proseguir, es imperativo aclarar que dicha tesis es sumamente problemática porque ésta implica que la superficie lunar es mucho más luminosa de lo que han establecido los astrónomos. Recordemos que el consenso actual respecto al albedo de la Luna es que este es muy bajo: solo un 7%, mientras que el de la Tierra es de alrededor del 36%.

¿Y en qué se basó Cowley para llegar a esta conclusión? ¿En un experimento controlado o en una mera suposición? La absurda naturaleza de su tesis se puede comprobar fácilmente al comparar las fotografías con el video metraje de todas las misiones "lunares":

en estas *nunca* se puede ver el más mínimo rastro de este "efecto de oposición" o "retro-dispersión coherente". Todo lo contrario. Como fue mencionado al principio de este libro, sus tomas son mayormente oscuras y opacas. ¿Será que ambos fenómenos solo pueden captarse en las fotografías? De ser así, ¿entonces por qué no han sido captados por las cámaras de la sonda y del explorador chinos Chang 'e 3 y *Yutu*? Después de todo, su equipo fotográfico es muchísimo más avanzado que cualquier equipo del siglo XX. En resumidas cuentas, esto suena como un patético intento de parte de la NASA de salvar su abatida reputación mediante explicaciones seudocientíficas, o, mejor dicho, cuentos "de hadas".

Número 3: La perfecta composición de algunas fotos como la icónica AS15-88-11866. Antes de empezar esta sección es imperativo cubrir ciertos elementos importantes acerca del proceso de filmación y toma de fotografías en la "Luna". Primeramente, no es posible discutir dicho asunto sin un conocimiento básico del equipo no solo fotográfico y fílmico, sino también indumentario como el traje "espacial", pero, sobre todo, los guantes presurizados que los astronautas supuestamente usaron mientras filmaban o tomaban fotos. Como ya sabemos, las cámaras Hasselblad 500EL/70 utilizadas en el programa Apolo fueron modificadas para facilitar su manejo con guantes presurizados. Entre estas modificaciones se encontraba el despojamiento de todo el plástico exterior de la cámara para reducir su peso y la remoción del visor, esto porque dicho aditamento no era necesario si las fotos debían tomarse desde el pecho, y aunque sí existían visores para uso desde la cintura en aquel entonces, el astronauta no hubiese podido verlos desde su voluminoso y dificultoso casco y visera.

Este último punto es quizás el más importante de todos los que se están abordando aquí dado que tomar una fotografía sin un visor es lo mismo que dispararle a un blanco distante sin usar las miras: algo extremadamente impreciso. Tan solo fíjese una cámara en el pecho —de tal manera que no podrá removerla instintivamente de ahí, por supuesto— y, para hacerlo más interesante, póngase unos buenos audífonos, esto para simular el silencio absoluto de un vacío (el ruido solo puede percibirse a través del aire) y también unos anchos guantes invernales, esto para simular, aunque crudamente, los engorrosos guantes presurizados de un traje espacial. Luego comience a tomar fotos. Preferiblemente cien. Para facilitarle un poquitito la tarea, usted podrá pedirle ayuda al sujeto que estará fotografiando. Recuerde que al menos 95 de las fotos tienen que quedarle prácticamente perfectas, o sea, sin cabezas picadas, empañadas, desenfocadas u opacas. Ah. Por poco se me olvida aclarar que la cámara debe ser una anticuada o sin capacidad de exposición automática. Le garantizo que luego de verificar los resultados de este experimento usted quedará convencido de que cumplir con el objetivo designado es imposible. Y es que, como ha dicho David Percy quien recordemos es un fotógrafo profesional, las fotografías, o al menos las de buena calidad, no ocurren espontáneamente, éstas tienen que planearse y medirse con relativa precisión antes de pulsar el disparador. Además, el sujeto/objeto que aparecerá en la imagen debe estar bien posicionado e iluminado en el momento indicado. Pero mi explicación es solo la más simple, pues la de Percy es mucho más compleja y la del investigador Gerhard Wisnewski definitivamente es la más jocosa, pero indudablemente la más instructiva. En su libro *One Small Step?* o "¿Un Pequeño Paso?", Wisnewski usa la siguiente analogía:

> Imagínese que va a Londres con su esposa un fin de semana. Como a ella le encantan las fotos vacacionales ella le ha pedido que documente el viaje fotográficamente. No hay problema, piensa usted. Pero su esposa tiene una mente sádica, así que ella se asegura de que su tarea no sea tan fácil como pensaba. Mientras toma las fotos de ella en los escalones de Westminster Abbey y parada al lado de un Bobby (guardia), a usted no se le permite mirar por el visor de su cámara réflex. De hecho, para que usted de verdad obedezca sus deseos, su esposa ha removido el espejo. Más

aún, ¡usted no puede aguantar la cámara a la altura de la cabeza para ayudarlo a "apuntar" porque su esposa la ha fijado firmemente a su pecho! Y, como si fuera poco, el tiempo de exposición, la apertura y el enfoque no están ajustados automáticamente. La cámara sí tiene un exposímetro, pero sus lecturas se ven en el visor el cual no puede ver.

Creo que ya tiene una buena idea del gran reto que debe ser tomar fotos en el espacio, o cuerpo celeste sin atmósfera bajo condiciones aún peores que esas. ¡¿Y la NASA pretende que el mundo entero crea que Armstrong —el único con una cámara en Apolo 11— tomó exactamente 121 fotos durante su "actividad extra-vehicular", casi todas perfectas, cuando su misión tuvo una duración total de 151 minutos?!

Ahora enfoquemos nuestra atención sobre la foto mencionada al principio de esta sección, la AS15-88-11866 o la del "Piloto del módulo lunar de Apolo 15, James Irwin, saludando la bandera de EE.UU.", supuestamente tomada por David R. Scott, durante la tercera y última "actividad extra-vehicular" de esa misión.

Fig. 8. La envidia de todo fotógrafo comercial: la AS15-88-11866 o "Piloto del módulo lunar de Apolo 15, James Irwin, saludando la bandera de EE.UU." y la AS15-92-12447 (Fig. 14). Por su deslumbrante composición dichas fotos solo pueden catalogarse como un *pack shots* o fotos comerciales de la NASA organizado aquí en la Tierra. Pero esta no es la única clave de que esto fue un elaborado montaje, ya que hay al menos dos claves más: 1) la iluminación del lado en sombra del módulo lunar, 2) **LA FALTA DE UNA ANTENA** en los **DOS** bultos o "sistemas portátiles de preservación vital" (PLSS por sus siglas en inglés) de los astronautas, equipo **ESENCIAL** para la comunicación con "Houston".

Cabe señalar que indudablemente esta ha sido la más compleja, y mejor organizada de todas las fotos de la colección del programa Apolo, pues citando a Percy y a Bennett:

> Las fotografías simplemente no ocurren. Muchas cosas tienen que organizarse. Esto requiere un periodo de tiempo para preparar una toma comercial de un producto, toma grupal, (e) incluso fotos de bodas. NASA deseaba carteles de alta calidad, tarjetas y material de publicidad esencial incluyendo artículos de revista bien ilustrados (…) para asegurar más fondos.

Ambos continúan:

> Luego de toda una vida en el negocio (de la fotografía), es nuestra opinión profesional que, para organizar bien la escena (AS15-88-11866), a una agencia de publicidad le tomaría un 'largo día' — por lo menos. Los ingredientes de astronauta, bandera y LM (Módulo Lunar) [junto con un 'Estados Unidos' iluminado en el lado *en sombra* del LM], la antena en forma de paraguas, y el buen perro Rover (de "lunar rover" o explorador lunar) están todos muy perfectamente organizados para ser una mera instantánea. (…) (E)l agrupamiento mismo tiene que ser *dirigido*. Esta es una categoría de fotos que simplemente no se componen por sí solas. (…) Todo aquí está apenas superpuesto para crear una toma bien compuesta. (Énfasis en el original.)

Percy y Bennett continúan señalando que, si la NASA de veras coordinó esta escena con los astronautas, entonces dicho proceso debió de haber quedado documentado en las transcripciones de las comunicaciones entre Houston y los astronautas, ya que existen otros ejemplos de los astronautas solicitando direcciones para posicionar la videocámara como ocurrió durante la misión de Apolo 11 (4:13:58 de la transcripción oficial). Ninguna transmisión de esa índole ha aparecido.

Pero lo más increíble de todo es que esta no fue la primera, sino la segunda vez que Scott e Irwin (según la NASA) organizan y fotografían tal escenario. Así es, la NASA nos asegura que la primera vez fue durante "actividad extra-vehicular " número 2 cuando los astronautas tomaron la foto AS15-92-12447. Y, a juzgar por la impresionante semejanza de ambas tomas —las únicas diferencias significativas fueron los colores y un leve cambio en la posición del "astronauta" en este caso "Scott"— los resultados fueron casi sobrenaturales. Como ha observado Jack White, todos los elementos cayeron como "notas idénticas en una escala musical... Hasta el astronauta que posaba había logrado la misma pose con los dedos, hombros y dedos de los pies en la misma relación." (Figura 9)

El objetivo de Washington sí se logró, pues, a través de los años, la foto ha sido utilizada por diversos tipos de publicaciones para promover la hegemonía estadounidense. Indudablemente, el ejemplo más sobresaliente —y arrogante— de su explotación propagandística ha sido el libro del ex asesor de seguridad nacional (de EE.UU., por supuesto) Zbigniew Brzezinski, titulado *Die einzige Weltmacht. Amerikas Strategie der Vorherrschaft* o "El Gran Tablero. La Primacía Estadounidense y sus Imperativas Geoestratégicas" el cual la enseña orgullosamente en su portada. Curiosamente, la icónica foto de Apolo 15 no aparece en la portada del original que, naturalmente, fue escrito en inglés. Quizás el segundo ejemplo más sobresaliente lo fue un artículo del periódico británico *The Guardian, China plans manned moon misión* (30/12/2011); el cual básicamente ridiculiza al gobierno chino por atreverse a planificar una ambiciosa exploración tripulada de la Luna (para el 2025) subtitulando la foto con "Estados Unidos es el único país que ha puesto hombres en la Luna" y luego comenzando el artículo con "Casi 40 años después de que el frío (¡!) suelo gris de la Luna fuera perturbado por los humanos, la superficie lunar se convirtió en un destino oficial una vez más". Pregunta: ¿Si sus hermanos anglosajones ya pusieron seres humanos en la Luna y, por consiguiente, lo pueden hacer otra vez con relativa facilidad, entonces por qué reaccionar tan defensivamente? ¡¿Acaso están insinuando que nuestro satélite natural le pertenece únicamente a EE.UU.?!

Fig. 9. Comparación de la foto de arriba con la primera foto (izq.). Note las similitudes en el posicionamiento del explorador lunar y de los "astronautas". ¡Esto no se puede hacer a ojo! Crédito: AULIS.

Número 4: La presencia de manchas de un líquido en varias fotos "lunares" de Apolo 16. Al examinar las fotografías de la misión Apolo 16 se puede ver claramente que varias tomas de las "actividades extra-vehiculares" muestran manchas de un líquido. Según el experto y productor del documental *Moon Hoax Now* o "Farsa Lunar Ahora", Jet Wintzer, el líquido solo pudo haber sido jugo de naranja. Ahora bien, hay que aclarar que, según la NASA, los astronautas sí llevaban jugo de naranja en un paquetito dentro de sus cascos para hidratarse y que dicho paquetito se encontraba cerca de uno de los oídos de los astronautas los cuales tomaban su contenido a través de un sorbeto. Las fotografías en cuestión son varias de los rollos 114 y 116 de la cámara 39 operada por John Young quien, dicho sea de paso, ya había tenido problemas con el sistema de hidratación cítrica. Para comprobar su hipótesis Wintzer presenta un segmento del video de la segunda "actividad extra-vehicular" durante la cual Young sufre un derramamiento de jugo sobre la lente de su cámara. Asombrosamente, en el video se ve el momento exacto en el que esto ocurre y el compañero de Young,

Charles Duke, lo ayuda a limpiar la lente. Esto es verdaderamente asombroso porque en el vacío del espacio y de la Luna todo líquido fuera de un ambiente controlado se expande y se convierte en un gas *inmediatamente*. ¡Pero en el video ambos hombres lo limpian con un paño improvisado!

Basándonos en los datos anteriores, podemos concluir que el jugo que Young derramó fuera de su traje tenía que haber hervido al tocar la superficie del lente. Pero esto no ocurrió. De hecho, ¡cuando Duke termina de pasarle un "paño" al lente de la cámara, Young le dice a él que le quedó un poco de jugo en su dedo! Estimado lector, si esto de veras hubiese pasado en la Luna los televidentes hubiesen visto algo verdaderamente traumatizante, pues además de ver el jugo gasificándose, ellos hubiesen presenciado la muerte instantánea y espantosa de Young, esto porque la ranura por la que se filtró el jugo también hubiese ocasionado el escape del oxígeno, y consecuentemente una drástica reducción de la presión, dentro de su traje espacial.

Fig. 10. Secciones ampliadas de tres de las decenas de fotos arruinadas por lo que aparentemente fue el jugo naranja de John Young: "Charles Duke" al lado del vehículo explorador lunar (AS16-114-18453), la AS16-114-18454 y "Vista distante del módulo lunar" (AS16-114-18455).

La primera indicación del funesto destino del astronauta hubiese sido la dramática expansión de su traje espacial, seguido por el sonido entrecortado (hasta que se acabe el oxígeno del traje) de sus jadeos muy nerviosos, su cara tornándose azul por falta de oxígeno a la vez que sus ojos se inflan hasta reventar fuera de sus cuencas, cubriendo el interior de su visera con una gelatinosa masa roja y blanca que luego comienza a hervir o a gasificarse. Finalmente, Duke, quien seguramente estaría gritando desconsoladamente por la muerte de su comandante y compañero explorador lunar, hubiese visto los restos y el traje espacial de Young caer al suelo, convirtiéndose así en la primera muerte en la Luna.

Número 5: La fenomenal cantidad de fotografías tomadas por los astronautas. Sabiendo ya lo extremadamente difícil, sino imposible, que es lograr unas buenas tomas bajo las condiciones en las que supuestamente trabajaron los astronautas, no debe sorprender a nadie que varios fotógrafos, tanto profesionales como aficionados, hayan escrutado el proceso de fotografía "lunar" más a fondo. Uno de ellos fue el especialista Jack White quien escribió un artículo (*Apollo Investigation*. aulis.com) afirmando que, tras realizar un "estudio de tiempo y movimiento" —un método que emplea aritmética básica para determinar el tiempo que toma cada tarea de una operación determinada— él descubrió un detalle muy importante: que la cantidad de fotos supuestamente tomadas por los astronautas mientras estaban en la Luna simplemente no pudo haberse logrado dentro del tiempo limitado que ellos tenían para desempeñar sus "actividades extra-vehiculares".

Yendo aún más lejos, White afirma que sus cálculos han demostrado que, aunque la *única* tarea de los astronautas hubiese sido tomar fotos de la superficie lunar estos jamás hubiesen obtenido los excelentes resultados que, según la NASA, se lograron en las misiones "lunares". ¿Y qué exactamente fue lo que hizo White? Pues dividir el total de fotos tomadas entre la duración total de cada "actividad extra-vehicular". He aquí sus resultados:

Los doce astronautas que supuestamente pisaron la Luna tomaron un total de 5,775 fotografías distribuidas de la siguiente manera:

Apolo 11	121
Apolo 12	504
Apolo 14	374
Apolo 15	1,021
Apolo 16	1,765
Apolo 17	1,986

Que el total de horas disponible para tomar dichas fotografías fue 4,834 distribuidas de la siguiente manera:

Apolo 11	1 AEV	2 horas, 31 minutos	151 minutos
Apolo 12	2 AEVs	7 horas, 50 minutos	470 minutos
Apolo 14	2 AEVs	9 horas, 25 minutos	565 minutos
Apolo 15	3 AEVs	18 horas, 30 minutos	1,110 minutos
Apolo 16	3 AEVs	20 horas, 14 minutos	1,214 minutos
Apolo 17	3 AEVs	22 horas, 04 minutos	1,324 minutos

Y que al dividir ambos totales se obtiene un promedio de 1.19 fotos por minuto. ¡O sea, una foto cada 50 segundos!

Y eso no es todo. Recuerde que la misión de los astronautas no consistía únicamente en tomar fotos, esa ni siquiera era una de sus funciones principales. He aquí un resúmen de White de la secuencia de tareas de la "actividad extra-vehicular" de Apolo 11:

(...) Inspeccionar (el) ML (módulo lunar) para detectar daños, desplegar (y plantar la) bandera, desempacar y montar equipo de radio y televisión, operar la cámara de TV [360 panorama de 360 grados], establecer contacto con la Tierra [incluyendo charla ceremonial con el presidente Nixon], desempacar y montar numerosos paquetes de experimentos, encontrar / documentar /colectar 47.7 libras

EL GRAN FRAUDE LUNAR

(21.6 kilogramos) de muestras de rocas lunares, caminar a varios lugares, concluir experimentos, regresar al ML.

Al tomar en cuenta el tiempo que dichas tareas hubiesen requerido, el cual podía oscilar entre dos y hasta ocho horas (pues, según la versión oficial, la última misión, Apolo 17, produjo tres "actividades extra-vehiculares" con un total de 22 horas en la Luna), la ratio de fotos por minuto aumenta considerablemente ¡dando un promedio de dos fotos! Obviamente, los datos anteriores comprueban, particularmente en el caso de Armstrong, que la larga y excelente recopilación de fotos "lunares" no fue el producto de una extraordinaria habilidad de *multitasking* o *multifuncionamiento* de los astronautas, sino de un equipo de fotógrafos profesionales trabajando bajo condiciones bien controladas. Lo cierto es que dos astronautas solos jamás hubiesen podido lograr tal hazaña, ni siquiera con un cohete ajustado a sus "sistemas portátiles de preservación vital".

Número 6: La notable discrepancia entre las fotografías y el video metraje. Como Bennett y Percy han comprobado en *What Happened on the Moon?*, quizás la señal más obvia de que la "evidencia" fotográfica y de video de los supuestos alunizajes tripulados fue falsificada puede detectarse al comparar las fotos de las "actividades extra-vehiculares" con los videos supuestamente filmados al mismo tiempo. Definitivamente, la evidencia más contundente se encuentra en la famosa escena de los "salto-saludos" de Apolo 16. En ella se ve cuando Charles Duke insta a John Young a que haga un "gran saludo naval" para fotografiarlo. Young accede dando no uno, sino dos saludos en los que brinca frente a la bandera estadounidense (120:25:42-52). Según el video, ambos brincos son fotografiados por Duke.

En la figura 11A podemos ver una de las dos fotos, supuestamente la que fue tomada durante el segundo brinco: la AS16-113-18340. Recuerde que estamos hablando de LA SEGUNDA FOTO. Esto es muy importante porque en el video se ve claramente que justo antes de dar el segundo brinco Young barre el suelo con sus botas. Además, se puede ver que la altura de su casco está casi a la par con la de su bulto o "sistema de preservación vital". Sin embargo, al yuxtaponer ambas imágenes podemos ver instantáneamente que estas no pudieron haberse tomado simultáneamente como sostienen la NASA y los Apolo-creyentes. En primer lugar, debemos preguntarnos: ¿Adónde se fueron el polvo y las huellas debajo de los pies de Young? ¡El suelo no muestra la más mínima perturbación! Y luego: ¿Qué pasó con su casco que su posición cambió tan drásticamente? Reveladoramente, aunque Jay Windley ha intentado refutar los argumentos de Bennett y Percy en su portal pro-Apolo (clavius.org), él nunca ha atendido estas dos flagrantes anomalías.

Fig. 11. ¿Qué es lo que no cuadra aquí? Sección ampliada de la foto supuestamente del segundo "salto-saludo" de "John W. Young" (AS16-113-18340) yuxtapuesto con el segmento de video supuestamente filmado simultáneamente. Note la nube de polvo de unos 40 centímetros levantada por Young en la toma de video y la ausencia no solo de dicha nube, sino también la relativa nitidez de las huellas justo debajo de él en la foto, esto a pesar de que el polvo fue levantado cuando él barrió el suelo con los pies antes de saltar.

Otro error de continuidad ha sido detectado entre las fotos supuestamente de Jack Schmitt y Eugene Cernan al lado de la bandera estadounidense (AS17-134-20383, 20384 y 20387) durante la primera "actividad extra-vehicular" mostrada abajo. Al ver la parte del video (04:19:40 en adelante) mostrando a Cernan tomándole una foto a Schmitt (B), se puede ver claramente que las arrugas de la bandera no concuerdan con las arrugas que aparecen en las fotos, esto debido a que en el video las arrugas de la esquina derecha superior están protuberantes o APUNTANDO HACIA SCHMITT lo cual se puede deducir por la mayor luminosidad de esa parte del nilón (las banderas eran del tipo común y corriente o de nilón). Sin embargo, en las fotos puede verse claramente que las arrugas están orientadas hacia la dirección contraria o HACIA CERNAN. Más aún, en la AS17-134-20383 y AS17-134-20384 el ángulo de la toma no coincide en nada con la posición de la cámara que se ve en el video en el cual la cámara está apuntando hacia EL FRENTE, NO HACIA ARRIBA.

Fig. 12. Fotografía, supuestamente mostrando el momento en que Schmitt va a tocar la bandera (AS17-134-20383). Note la diferencia entre la posición de la mano izquierda de Schmitt en el video, pero, sobre todo, la posición de la cámara de Cernan (En su pecho). C) Foto supuestamente mostrando el momento exacto en que Schmitt posa al lado de la bandera para una toma incluyendo la Tierra. Nuevamente note que el ángulo de la cámara (D) no coincide con el de la foto donde se puede ver que Schmitt está más cerca.

Para rematar, Bennett y Percy han concluido que dicho ángulo simplemente era imposible considerando la inflexibilidad del traje espacial más el voluminoso "sistema portátil de preservación vital" que los "astronautas" llevaban en sus espaldas, esto porque su peso y la reducida fricción los hubiese halado directo al suelo. Sin embargo, en el video (Figura 12D) se ve claramente que Cernan no tuvo ningún problema para ñangotarse o ponerse de cuclillas.

Número 7: Indicios de alteración de las fotografías. A través de los años, y especialmente desde la llegada del internet, muchos expertos y aficionados se han dado a la tarea de analizar más de cerca las fotografías "lunares", y también "espaciales" en el archivo cibernético de la NASA —*The Project Apollo Archive*— usando las novedosas herramientas de formateo de la imagen. Gracias a esta aplicación hoy en día cualquiera que tenga acceso a una laptop básica puede descubrir detalles y errores fotográficos y cinematográficos desde cualquier lugar con wifi y con una facilidad que simplemente era inimaginable durante la época del programa Apolo. Quizás la mejor de estas herramientas ha sido la que permite la corrección o modificación de la imagen mediante el ajuste del contraste o del resplandor, esto porque hay ocasiones en las que, al jugar con dichas opciones, uno puede toparse con rastros de alteración que son totalmente invisibles a plena vista como, por ejemplo, ennegrecimientos mal hechos, rayos de luz muy tenues o de origen sospechoso, e inclusive objetos ocultos o deliberadamente mal clasificados. A continuación, veremos dos ejemplos descubiertos por el atento y persistente Jack White. Estos son (número 1) el crudo ennegrecimiento de la foto AS16-118-18894 la cual supuestamente muestra al módulo lunar *Orion* tras desacoplarse del módulo de comando y servicio *Casper* y (número 2) el ennegrecimiento aún más crudo de la foto AS11-44-6581 la cual supuestamente muestra un suceso similar ocurriendo con el módulo lunar *Eagle* y el módulo de comando y servicio *Columbia*. Antes de continuar, debo aclarar que cuando aumenté el contraste y resplandor de ambas fotos no fui capaz de obtener los mismos resultados que White y otros investigadores lo que me llevó a sospechar inmediatamente que las fotos fueron retocadas por la NASA, algo que ya han hecho previamente con la foto AS16-107-17446 conocida por muchos como la foto de "La Roca C" mostrada abajo.

Fig. 13. La famosa y controversial foto AS16-107-17446 ("Charlie Duke en la estación 4 en Stone Mountain") la cual originalmente mostraba una "C" claramente visible en la roca más grande de la parte inferior izquierda (A y en el centro), pero que en las versiones más recientes dejó de mostrar dicha letra. Los Apolo-creyentes afirman que lo que se ve en la roca no es una C, sino un pelo el que apareció al digitalizarse la imagen y que la imagen B es la correcta. ¿Habrá sido esto un intencional descuido de utilería? Además, fíjese que el VEL hizo un giro de 90° dando la impresión de que fue movido y puesto allí y, si se fija en los retículos, notará que la segunda marca desde la izquierda está DEBAJO de la antena del VEL.

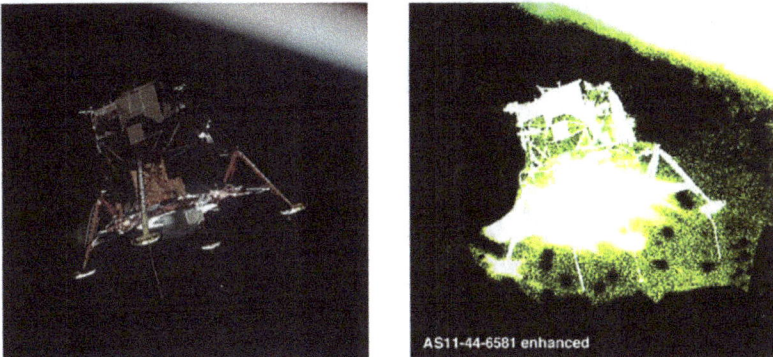

Fig. 14. Foto del "módulo lunar", supuestamente rumbo a la Luna. Note la extraña silueta o "aura" alrededor de "la nave". Esto es un obvio ejemplo de alteración: un recorte y pega de una sección de una foto sobre un fondo completamente negro.

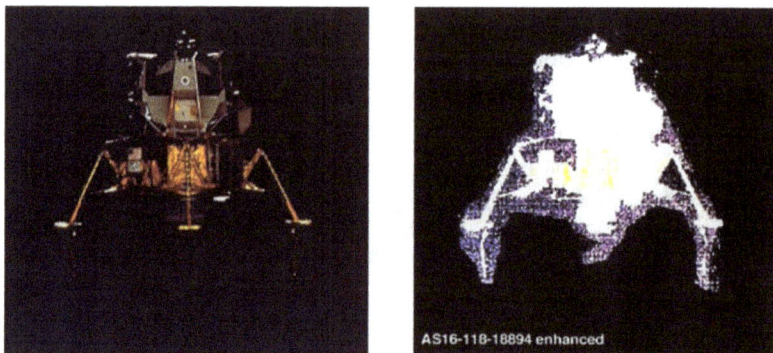

Fig. 15. Otra foto del "módulo lunar", supuestamente rumbo a la Luna. Esta vez el "aura" alrededor del "módulo lunar" parece ser un trabajo de ennegrecimiento muy chapuceado.

Lamentablemente, todo parece indicar que todas las fotos más incriminadoras han sido retocadas, aunque es muy probable que todavía existan fotos sin retocar o en su estado original. Afortunadamente, en 2016 el autor pudo hallar dos de esas fotografías. Se trata de la AS15-91-12343 y la AS17-148-22742 supuestamente tomadas por los astronautas de Apolo 15 y 17 mientras se encontraban a decenas de miles de kilómetros de la Tierra.

Fig. 16. Foto AS15-91-12343 supuestamente tomada por uno de los astronautas de Apolo 15 mientras se encontraban a unos 50,000 kilómetros de la Tierra y la misma foto altamente resaltada, esta vez por el autor.

Fig. 17. Foto AS17-148-22742, supuestamente tomada con una Hasselblad portátil, y también resaltada por el autor. Nuevamente, note el "aura" alrededor de la Tierra en la 17B.

Como puede ver, en ambas fotos hay un "aura" de un tono más oscuro con un borde muy bien definido alrededor de la Tierra. ¿Un agujero negro?

Novedad: Al intentar revisar dichas fotos en el verano de 2019, ¡descubrí que ambas habían sido alteradas!

Además de estas interesantes pruebas de fotos compuestas, la investigación de White también ha revelado otras cosas interesantes como daños causados durante el proceso de alteración de las fotos, e incluso la adición de detalles que nunca estuvieron en las originales. He aquí solo dos de ellos. El primero es el de la foto AS14-66-9306 la cual muestra unos retículos falsos en la parte superior izquierda (Figuras 18A y B). Esto es importantísimo porque, como ya sabemos, dichas "cruces" estaban marcadas en la placa Réseau o placa transparente puesta en el plano focal de las cámaras Hasselblad y, por ende, no podían ser removidas o alteradas de ninguna manera durante la toma o el revelado de las fotos. ¡No obstante, al ampliar esta foto se puede ver claramente que varios de los retículos alrededor del "Sol" y de la parte superior de la nave tienen "reflejos" distorsionados!

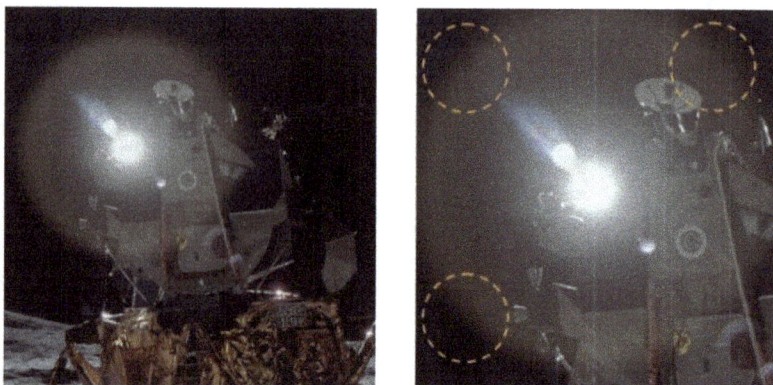

Fig. 18. Secciones ampliadas de una foto del módulo lunar *Antares*. Además de la obvia anomalía en la intensa iluminación del lado opuesto al "Sol" y el extraño fenómeno de la luz "solar" brillando *a través* del "metal" de *Antares*, note las "sombras" de los retículos (B). Según Jack White, esto solo pudo haber sido causado por la superposición de una transparencia con retículos falsos añadida en un cuarto oscuro.

Imagínese que usted ha entregado un proyecto para su jefe considerándolo perfecto, pero más tarde se percata de que se le olvidó un detalle de tal importancia que, de ser descubierto, arruinaría todo el trabajo. Determinado a salvar su reputación, usted toma la decisión de reemplazar la parte problemática con una versión modificada *después* de la fecha límite. Así que, cuando el jefe no está pendiente, usted se acerca a su escritorio y hace la sustitución dejando todo de tal manera que él ni siquiera sospeche que alguien cambió los documentos. Aunque esto se trata de un acto de muy poca ética, lo cierto es que todos hemos tenido momentos en los que hemos contemplado seriamente hacer algo similar. Y la NASA no ha sido la excepción. De hecho, la agencia ha sido sorprendida cambiando o alterando fotos para añadir detalles cruciales para mantener la versión oficial del alunizaje tripulado. Uno de estos casos fue el de la modificación de la AS15-85-11470 la cual contenía un error que, aunque no muy fácil de discernir, tenía el potencial de derrumbar todo el montaje del programa Apolo. ¿Cuál fue ese error? Pues que las sombras de las ruedas del "vehículo explorador lunar" eran consistentes con las que proyectarían *llantas de caucho*. Esto es importantísimo porque, como ya sabemos, las extremas temperaturas de la superficie lunar son verdaderamente catastróficas para todo material hecho de caucho por lo que las ruedas de cualquier vehículo operando allí tienen que ser de tela metálica reforzada. Y las fotos sí lo demuestran... ¡pero algunas de sus sombras no! Por eso los técnicos de la NASA se dieron a la tarea de alterar las sombras, añadiéndoles detalles consistentes con lo que debería verse alrededor de una rueda de tela metálica.

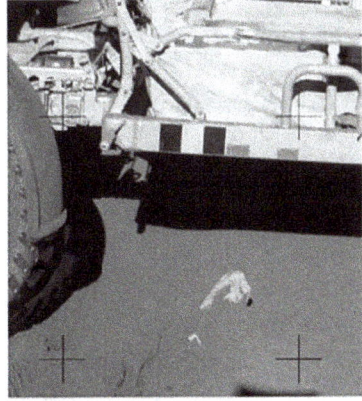

NASA alters Apollo photo AS15-85-11470

Fig. 20. Comparación de dos imágenes de lo que debería ser una misma foto. La leyenda dice que "NASA alter(ó) la foto..." en cuestión, hecho comprobado por la roca que aparece en el fondo de la segunda imagen (der.). White se topó con esta alteración fotográfica en el 2010 tras revisar el archivo oficial cibernético de la NASA (el cual recopiló desde el 2001) y comparar la susodicha imagen con la que había guardado en sus archivos. Curiosamente, un aficionado de su portal cibernético, aulis.com, se percató del verdadero motivo detrás de tal alteración: cambiar las sombras para que concuerden con las de unas ruedas de tela metálica. Lo más curioso es que aún después del retoque las sombras continúan siendo incorrectas.

Número 8: El truco mágico de Eugene Cernan y Harrison Schmitt. Sé que al leer esto se preguntará a qué rayos me estoy refiriendo así que permítame explicarle. Resulta que los "astronautas" de Apolo 17 hicieron algo que no se puede explicar lógicamente: ambos hicieron dos trucos de magia simultáneamente durante la toma de las fotos AS17-134-20452, 20453 y 20454. Aparentemente estas fotos captaron el momento exacto en que Schmitt brincó al asiento izquierdo de un vehículo explorador lunar. El truco de "Cernan" fue el mero acto de haber tomado la secuencia de fotos, pues al analizarse detenidamente no queda más remedio que concluir que esto era imposible. Este descubrimiento nos llega gracias al canal *Moonfakery* (*You Tube*) cuyo análisis ha revelado que la secuencia del brinco de Schmitt nunca hubiese podido lograrse con una Hasselblad 500 EL/70 la cual era de operación manual.

Usando como referencia un segmento de video mostrando a un astronauta montándose en un vehículo explorador lunar y la escena de las "Olimpiadas lunares", un ridículo momento en el que John Young y Charles Duke de Apolo 16 se pusieron a brincar detrás de su explorador lunar (una escena sumamente extraña que se abordará en otro capítulo), el investigador ruso concluyó que un verdadero brinco al asiento no hubiese tomado más de 1.5 segundos, o medio segundo más de lo que hubiese tardado una Hasselblad 500 en tomar *una sola foto*. Recuerde que en este caso estamos hablando de TRES fotografías y que el ritmo de una foto por segundo solo hubiese sucedido en el mejor de los casos, esto debido a los dificultosos guantes presurizados. Pero, como fue mencionado anteriormente, este fue tan solo el primero de dos trucos mágicos, ya que "Schmitt" también hizo su propio acto de magia... ¿quizás porque se sentía excluido? Su truco fue hacer desaparecer el "recogedor de muestras del vehículo explorador lunar" ("LRV sampler").

Pero eso no es todo. Si se fija bien, podrá notar otra anomalía o, mejor dicho, problema, con la batería del todoterreno lunar.

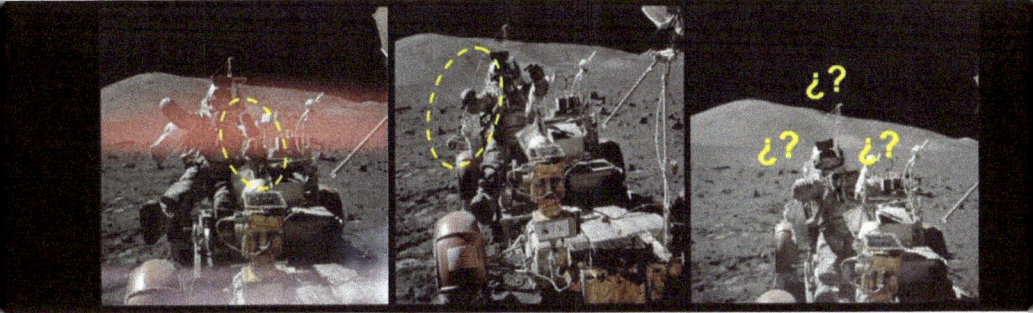

Fig. 21. Secuencia de "Schmitt brincando al asiento del explorador LMP en la estación 9" (AS17-134-20452, 20453, 20454) que debería titularse como la "Secuencia abracadabra" por el simple hecho de que el "brinco" entero no pudo haber tardado más de dos segundos mientras que la Hasselblad 500 EL/70 que supuestamente se usó para tomar estas fotos SOLO PODIA TOMAR UNA FOTO POR SEGUNDO lo que significa que la presencia de una tercera foto es imposible. Pero este no es el único problema aquí. Note que el "palo" metálico o el "recogedor de muestras del vehículo explorador lunar" ("LRV sampler") va primero de su mano izquierda, luego a su mano derecha y finalmente desaparece por completo en la tercera imagen. Crédito intelectual: *Moonfakery*.

¡Pero aún hay más! Si nos enfocamos en el bolsillo de la pierna derecha de Schmitt podemos ver que éste va de estar lleno u abultado a vacío y luego aparece lleno otra vez. ¿Será que Schmitt pretendía lanzarse al mundo del espectáculo con un gran debut lunar? Bueno. Al parecer esto de la magia fue solo un capricho pasajero de Schmitt porque en 1975 él comenzó una exitosa carrera política tras convertirse en senador de Nuevo México.

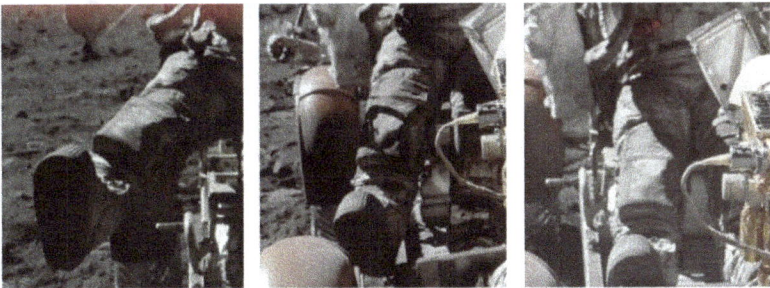

Fig. 22. La misma secuencia anterior (AS17-134-20452, 20453, 20454), pero esta vez enfocada en el bolsillo de la pierna derecha de Schmitt. Fíjese cómo éste va de estar completamente lleno a abultado, a parcialmente vacío, para luego aparecer lleno otra vez.

Número 9: LAS FOTOS AS16-116-18722 Y AS16-116-18724, LAS FOTOS DE LA PUERTA. Si hay dos fotos que comprueban más allá de toda duda que las llamadas fotos lunares fueron tomadas aquí en la Tierra estas son la antepenúltima y última foto del rollo 116 (Figuras 23 y 24), supuestamente de la misión Apolo 16. Según White, la NASA sostiene que ambas imágenes quedaron dañadas por el sol mientras el rollo estaba siendo cambiado por los astronautas, en este caso John Young o Charles Duke. Pero, como White ha señalado, en realidad ninguna de las fotos fue arruinada por el sol porque en ambas se puede ver una segunda imagen fantasmagórica y "SOLO UNA IMAGEN PASANDO POR EL LENTE DE LA CÁMARA puede registrar una imagen" lo que significa que estas son dos exposiciones dobles. ¡O sea, dos exposiciones dobles mostrando una pared y una puerta! Houston… ¡ahora sí que tenemos un gran problema! ¿Será que uno de los fotógrafos anónimos del programa Apolo quiso dejarnos un mensaje?

Fig. 24. La NASA alega que esta imagen (AS16-116-18722) fue el resultado de los rayos del Sol dándole a la lente, pero de ser así la foto no hubiese mostrado una silueta con líneas tan definidas. Para cualquier fotógrafo profesional esto es una obvia exposición doble mostrando no solo líquido derramado, sino también lo que parece ser una pared con una puerta abierta. B) Segunda exposición doble mostrando el líquido derramado y la extraña silueta (AS16-116-18724).

2

Las extrañas anomalías de la "Luna" de Apolo

Además de la clara alteración y montaje de las escenas fotografiadas y grabadas de las misiones del programa Apolo, hay una multitud de anomalías físicas presentes en las fotos e imágenes televisadas presentadas al mundo entero "en vivo" de las supuestas expediciones tripuladas a la Luna. Dichas anomalías van desde paisajes "lunares" que se transforman, hasta unas inexplicables variaciones en el tamaño y la intensidad de la luz del "Sol". Así es, los archivos de las misiones del programa Apolo están repletos de fenómenos que contradicen varias verdades científicas y lo más increíble de todo es que, al igual que en el caso de las tomas con obvios problemas de iluminación, el mundo del siglo XXI continúa aceptando, e incluso utilizando estas imágenes para "comprobar" que seres humanos han ido a la Luna. He aquí una lista de estas anomalías comenzando por la más básica.

Número 1: ¿De qué color es la Luna? Sí. Usted ha leído bien. Acaba de formularse esta pregunta porque, aunque usted no lo crea, ¡LA NASA NUNCA NOS HA PROVEIDO UNA FOTO CORRECTA DEL SUELO LUNAR! Ahora bien, antes de que tire el libro al suelo gritando "¡Herejía!", es imperativo que entienda algo muy, muy importante: que los soviéticos *siempre* han estado más avanzados en la cohetería y la exploración espacial que los estadounidenses. ¿No lo cree? Pues tan solo vea esta lista de hitos de la exploración espacial:

1er satélite: Sputnik..4/10/1957
1er misil balístico intercontinental: R7................................21/8/1957
1er animal en orbitar la Tierra (Perra Laika): Sputnik 2..........3/11/1957
1er alunizaje de objeto hecho por humanos: Luna 2.........13/9/1959
1^{ras} fotos de lado oscuro de la Luna: Luna 3.....................4/10/1959
1ra órbita y retorno a la Tierra de animales vivos (Perros): Sputnik 5...19/8/1960
1er hombre en el espacio: "Yuri Gagarin" *.......................12/4/1961
1ra mujer en el espacio: Valentina Vladímirovna Tereshkova (Vostok 6)...16/6/1963
1er equipo de tres hombres en orbitar la Tierra: Voskjod 1..12/10/1964
1er paseo espacial: Alekséi Arjípovich Leónov y Pável Beliáyev en Voskjod 2...18/3/1965
1er alunizaje suave: Luna 9...31/1/1966
1^{ras} fotos de la superficie lunar: Luna 9....................................2/1966
1ra órbita lunar de un artefacto humano: Luna 10.............24/8/1966
1er acoplamiento de dos naves tripuladas y traslado de tripulación a otra nave: Soyuz 5...4, 1967-69
1ra órbita lunar de criaturas vivas (Tortugas, moscas, plantas, bacterias): Zond 5...9/1968
1ra muestra de suelo lunar (100 gramos): Luna 16.............12/9/1970
1er despliegue de un vehículo explorador fuera de la Tierra: Luna 17 y Lunojod 1..20/11/1970

Ya ve la razón por la cual siempre añado la palabra "tripulado" luego de alunizaje: porque cuando los estadounidenses supuestamente llegaron a la Luna ya los soviéticos la habían explorado —aunque, por supuesto, de forma muy limitada— con naves y vehículos de control remoto. Y, por si las dudas, desde el 2011 los astronautas de EE.UU. han estado viajando a la Estación Espacial Internacional a bordo de la nave Soyuz de Rusia. Ahora tornemos nuestra atención nuevamente al tema del verdadero color de la Luna.

En febrero de 1966, la sonda soviética Luna 9 hizo el primer alunizaje "suave" o controlado en la región del Océano de tormentas, tomando varias fotos del lugar. Aunque las fotografías fueron en blanco y negro, los científicos de la URSS fueron capaces de determinar que nuestro satélite natural estaba compuesto de rocas porosas como si fueran volcánicas y "oscuras, del color de chocolate" (BBC, 3/2/1966). En agosto de 1969, casi un mes después del supuesto alunizaje de Apolo 11, la sonda Zond 7 (si sospecha que esta es la misma palabra en ruso usted ha acertado) tomó varias imágenes, un puñado de ellas a color, desde la órbita lunar. Todas las imágenes a color mostraron una superficie marrón claro (Figura 1). Sin embargo, al ver las fotos de las misiones estadounidenses rápidamente nos topamos con una "Luna" de un matiz muy diferente o GRIS PIZARRA (Figura 2). ¿A qué se debe esta notable diferencia? ¿Será que la cámara soviética era superior en la captación de colores? ¿O acaso se trata de algo mucho más siniestro? Bueno. Antes de contestar esto, debemos hacernos la siguiente pregunta: ¿Por qué rayos iba la URSS a publicar imágenes que contradecían claramente a las fotografías de Apolo 11 justo después de la histórica misión (fraude o no la misión quedó plasmada en la historia) cuando la *apolomanía* estaba en todo su apogeo? Antes de concluir que esto no fue más que un

Fig. 1. Foto de la Tierra tomada por el Zond 7 en 1969.

ejercicio de guerra sicológica de los soviéticos, recuerde que su programa espacial fue el primero en llegar a la Luna hecho confirmado por observatorios como Jodrell Bank de Reino Unido, el más grande del mundo en aquel entonces. Más aún, ya hemos visto evidencia contundente de que el archivo fotográfico y de video de todo el programa Apolo es, describiéndolo diplomáticamente, de dudosa reputación.

Reveladoramente, en diciembre de 2013 la sonda Chang 'e 3 de China y el vehículo explorador que llevaba, el *Yutu*, confirmaron los hallazgos de las sondas soviéticas al transmitir imágenes lunares a color algo muy significativo porque la sonda china alunizó en Mare Imbrium, la misma región supuestamente explorada por Apolo 15 en 1971.

Fig. 2. Los cambiantes matices de la Luna. (Desde la izq.) Foto tomada por la sonda china Chang 'e 3 (2013) versus una foto de la misión Apolo 15 (AS15-88-11894). Note cómo el color va de marrón a gris pizarra. ¿Sera que la Luna de Apolo es de concreto en polvo (C)?

Entonces ¿Cuál es la causa de esta gran discrepancia en los colores? Bueno, según el profesor Leonid Konoválov de la Universidad Panrusa Guerásimov de Cinematografía (VGIK por sus siglas en ruso), esto se debió a la subdesarrollada tecnología del equipo utilizado por la NASA en aquel entonces, en este caso del equipo

EL GRAN FRAUDE LUNAR

fotográfico de las sondas del programa Surveyor ("Topógrafo") (1966-1968). Tras investigar las cámaras de TV de las sondas estadounidenses —que, dicho sea de paso, eran en blanco y negro— Konoválov llegó a la conclusión de que las cámaras sufrían de una seria limitación producto de una "torpeza" en el diseño de los filtros de color: el uso de un filtro naranja. Resulta que el filtro en cuestión solo podía transmitir una longitud de onda de hasta 580 nanómetros lo que significa que cualquier color que emitiese una longitud de onda superior a ese límite, como por ejemplo el rojo o un tono rojizo, no se registraría tal y como lo debe percibir el ojo humano y, por consiguiente, dichos matices se oscurecerán viéndose casi gris. Y, efectivamente, esto fue lo que ocurrió con el regolito cuyo matiz es *marrón oscuro* hecho que fue comprobado en septiembre de 1970, un año y dos meses después de Apolo 11, cuando Luna 16 envió a la Tierra una cápsula con 105 gramos de regolito. En resumidas cuentas, Konoválov expresó que:

> la pérdida parcial de color, especialmente notable en el suelo lunar [el cual se tornó completamente gris], fue causada por una selección incorrecta de una triada de filtros para la separación de colores. En lugar de usar filtros con rojo, verde y azul — filtros con azul, verde y amarillo fueron usados.
> Así, en 1966, cuando las primeras fotografías fueron recibidas del Surveyor, en las cuales el suelo era completamente gris, la decisión sin duda se tomó que las imágenes del suelo lunar simulado serían de una Luna en blanco y negro. Y el regolito falso sería representado de color gris.

Así es. ¡El mito de la Luna gris persiste gracias a que la NASA interpretó mal (pues ese era el propósito de los filtros) unas imágenes en blanco y negro!

Número 2: Los astronautas que no podían ver estrellas. Si hay un aspecto de las primeras misiones espaciales estadounidenses que debe levantar sospechas rápidamente es el hecho sumamente extraño de que casi ninguno de los astronautas fue capaz de ver estrellas durante su supuesto viaje espacial o estadía lunar. Tan increíble cómo suena —pues si hay algo que abunda en el espacio son las estrellas— este fenómeno catalogado por el investigador Ralph René como "daltonismo estelar" o "astro-daltonismo" estuvo afligiendo a los astronautas de EE.UU. desde sus primeros momentos fuera de nuestra atmósfera. Ni Alan B. Shepard, ni Virgil "Gus" Grissom reportaron haber visto estrellas. De hecho, tan solo un puñado de los astronautas reportó haber visto estrellas. Uno de ellos fue Michael Collins quien durante su supuesto paseo espacial en 1966 (Géminis 10) expresó lo siguiente:

> ¡Dios mío!, las estrellas están por todos lados, por encima de mí en cada esquina, hasta debajo de mí, más o menos, allá abajo al lado de ese oscuro horizonte. *Las estrellas son brillantes y* (también) *son fijas.* (Énfasis añadido.)

Note el sentido de asombro y emoción que denotan sus palabras. Además de Collins, los otros dos astronautas de la época que mencionaron las estrellas fueron John Glenn y Neil Armstrong, pero sus declaraciones carecían de la emoción y la viveza de la descripción de Collins dando la impresión de haber sido hechas de pasada o con muy poco interés. Mientras el módulo de comando y servicio supuestamente orbitaba la Luna, Armstrong le dijo al centro de control en Houston: "Ahora somos capaces de ver estrellas otra vez y *reconocer constelaciones...* El cielo está lleno de estrellas, justo como las noches... en la Tierra." Sin embargo, ¡cuando él y sus dos compañeros, Aldrin y Collins —sí, el mismo Collins citado previamente— aparecieron en una conferencia de prensa llevada a cabo después de su presunto retorno a la Tierra (12 de agosto de 1969) ellos declararon que ninguno de ellos recordaba haber visto estrellas! Cabe señalar que los astronautas hicieron tal afirmación luego de que un miembro de la audiencia les preguntara si "pudieron ver las estrellas en la corona solar a pesar del resplandor". La respuesta exacta de Armstrong fue la siguiente:

Nosotros *nunca* fuimos capaces de ver estrellas desde el suelo lunar o del lado de día de la Luna por ojo o sin mirar a través de (equipo) óptico. *Yo no recuerdo durante el periodo de tiempo que estuvimos fotografiando la corona solar* (¡!) qué estrellas podíamos ver. (Énfasis añadido.)

¡Entonces Collins lo secundó diciendo: "Yo no recuerdo haber visto ninguna (estrella)"! Pero esa no fue la única vez que algún miembro del equipo de Apolo 11 negara haber visto estrellas. El año siguiente, 1970, Armstrong fue entrevistado por Patrick Moore de la BBC (British Broadcasting Corporation) y cuando Moore le preguntó cómo se ve el cielo desde la Luna Armstrong le respondió que:

El cielo es negro oscuro... La Tierra es el único objeto visible además del Sol que se puede ver, aunque ha habido reportes de que se han visto planetas, yo mismo no vi planetas desde la superficie, pero yo sospecho que pueden ser visibles (¡!)

¿Qué? ¿Que él "sospecha" que los planetas eran visibles? ¿Y qué pasó con las estrellas? ¿Cómo es posible que no haya podido ver las estrellas a simple vista desde la "Luna" si desde la ventana del módulo de comando y servicio las pudo ver tan bien que él podía reconocer constelaciones? En la Luna no hay atmosfera, ni contaminación ambiental, ni otras fuentes de luz además del Sol o la Tierra que puedan obstruir o complicar la percepción visual de las estrellas lo que significa que ese sería un lugar perfecto para observarlas. ¡Si Armstrong, Aldrin o Collins querían ver las estrellas lo único que tenían que hacer era mirar en una dirección opuesta al Sol y ya! La observación de las estrellas es aún mejor en su lado oscuro o la faz que nunca apunta hacia la Tierra, esto por la obvia razón de que allí el firmamento no está obstruido por nuestro planeta.

Fig. 3. Momento exacto durante la conferencia de prensa de Apolo 11 en el que Armstrong declara que nunca recordó haber visto las estrellas mientras se encontraban en "el suelo lunar". Note el lenguaje corporal de Aldrin (izq.) y Collins. Cabe señalar que el comportamiento de los tres siguió un patrón similar durante casi toda la conferencia.

Sorprendentemente, encontrar otra declaración como la de Collins en los archivos de la NASA es casi tan difícil como encontrar fotos espaciales con estrellas. Según los defensores de la NASA, la ausencia de estrellas en las fotos espaciales o lunares se debe a que una cámara solo puede captar los objetos más brillantes y, a menos que no se esté enfocando *únicamente* hacia una zona sin el Sol, la Luna, o cualquier otro objeto o cosa brillante o que refleje la luz, las estrellas más distantes o menos visibles jamás se registrarán. Pero, tal explicación solo se basa en las condiciones experimentadas aquí en la Tierra cuya atmósfera contiene gases y partículas que afectan adversamente la percepción visual de los astros, y aunque hay varias fotos tomadas desde el espacio mostrando la Tierra o un satélite, o la Estación Espacial Internacional en donde no se puede ver ni una estrella, esto se debe a que el gran brillo de la Tierra o, a la inversa, la baja luminosidad de las estrellas en la zona, no permite que se vean. No obstante, hay constelaciones y estrellas cuya luminosidad es tan fuerte que estas deben reflejarse en una fotografía, especialmente en el vacío de un cuerpo celeste como la Luna. Más aún, como Collins, y ciertamente todo ser humano con la vista en buen estado puede confirmar, el ojo humano sí es capaz de ver estrellas muy brillantes, con o sin instrumentos, aún durante el día (principalmente durante la mañana o el atardecer). Menciono a Collins porque él supuestamente estaba piloteando el módulo de comando, el *Columbia*, a más de cien kilómetros sobre la Luna una altura desde la cual Collins debió de ver muy, muy bien no una o dos, sino una miríada de estrellas. Si todavía tiene dudas, mire lo que dijo la misma NASA en 1972 en un reporte sobre Apolo 9 (*APOLLO PROGRAM Flight Summary Report, Apollo Missions AS-201 through APOLLO 16, June 1972*):

> La tripulación tuvo un éxito notable en la observación de objetos utilizando la mira de alineación óptica de la tripulación (COAS). Su éxito parece confirmar la tesis de que la agudeza visual del ojo humano aumenta en el espacio. Un ejemplo es *su avistamiento del satélite Pegasus II en un rango de aproximadamente 1,000 millas*. (Énfasis añadido.)

Todo esto nos lleva al siguiente caso: el del documental *For all mankind* o "Para toda la humanidad", una película de 80 minutos exaltando a la NASA y a su supuesta gran hazaña lunar y que consiste esencialmente en segmentos de video y audio grabaciones hechas durante las misiones Apolo conectados secuencialmente y ocasionalmente complementados por la narración de algunos de los astronautas que figuraron en ellas. Sinceramente, la película es de muy buena calidad: la narración suena bastante natural y las escenas, supuestamente grabadas en micro-gravedad "rumbo a la Luna" fueron muy bien editadas razón por la cual fue nominada para un Oscar por mejor documental en 1990. Pero, al igual que la galería de fotos "lunares", y también "espaciales" mencionadas en los capítulos anteriores, *For all mankind* sufre de una total ausencia de estrellas inclusive en las supuestas anécdotas o narraciones de los astronautas.

Así es, extrañamente en toda la película de 80 minutos NUNCA se dice nada acerca de las estrellas. solo hubo una mención de las estrellas, esto a pesar de que los protagonistas del documental supuestamente estuvieron en el espacio durante varios días. Mientras hablaba de la Tierra en una escena melodramática, Eugene Cernan (Géminis 9A, Apolo 10 y 17), en un deplorable intento por sonar filosófico, se refirió al orbe que habitamos como una "estrella". ¡Así es, Cernan, el astronauta de mayor edad de todo el equipo de Apolo dijo tal disparate! Irónicamente, los astronautas que se alardean de haber sido los únicos en haber viajado más allá de la órbita baja terrestre, son los únicos que, por lo general, no podían ver astros. Peor aún, uno de ellos ni siquiera era capaz de clasificar correctamente a su propio planeta hogar. No Cernan. La Tierra no es un "planeta estrella", es simplemente nuestro planeta hogar.

¿Por qué tanta fobia a las estrellas? Pues porque las estrellas son excelentes puntos de referencia para la navegación lo que significa que si la NASA hubiese intentado replicarlas algún astrónomo o aficionado de la astronomía tarde o temprano habría descubierto el fraude al ver que las posiciones de las estrellas en las tomas de la NASA no son compatibles con sus observaciones.

Número 3: El Sol demasiado grande y la Tierra demasiado chiquita. Aunque la Luna y la Tierra están separados por alrededor de 400,000 kilómetros, la distancia que separa a ambos cuerpos celestes del Sol es prácticamente la misma: 151,000,000 kilómetros. Cuatrocientos mil no compone ni la mitad de un por ciento de 151,000,000 lo que significa que si un ser humano fuese a la Luna él o ella debería ver al Sol de la misma manera que se ve aquí en la Tierra. En cambio, si esa misma persona mirase hacia su planeta hogar la situación sería totalmente diferente: la persona debe ver la Tierra como una gigantesca y resplandeciente esfera, o "canica azul", permanentemente fijada en el cielo lunar, esto debido a que la Tierra es casi cuatro veces más grande que la Luna; 12,742 km de diámetro versus 3,474 km de diámetro.

O sea, que desde la superficie lunar se debe ver una Tierra gigante y un Sol pequeño. Sin embargo, al ver las fotos y el video de las misiones del programa Apolo podemos notar que en algunas tomas del "Sol" éste aparece de un tamaño claramente más grande que el que vemos en la Tierra. En el caso de la "Tierra", ¡ésta se ve de un tamaño *menor* al del Sol aquí en la Tierra! De hecho, en algunas fotos parece que el "Sol" está mucho más cerca de la Tierra.

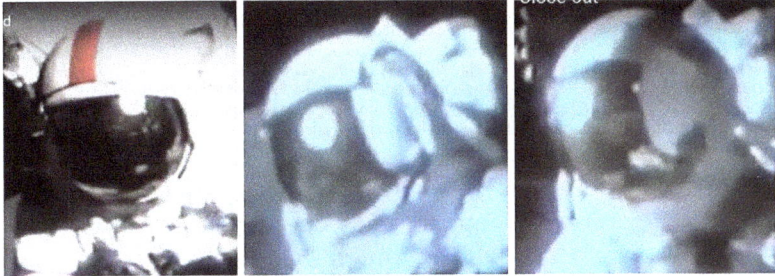

Fig. 4. Tomas ampliadas de video de las "actividades extra-vehiculares" de Apolo 17. Note cómo el reflejo del "Sol" cambia de tamaño yendo de pequeño a enorme (hasta abarcar casi una cuarta parte de la visera del "astronauta") en tan solo unas horas.

Fig. 5. Basándose en la información científica, más fotos de la súper Luna disponibles, el autor ha usado una de las escasísimas fotografías presuntamente mostrando la Tierra desde la superficie lunar durante el programa Apolo; la foto de "Jack Schmitt y la bandera estadounidense con la Tierra arriba" (AS17-134-20384); para hacer una representación más correcta de cómo debió haberse visto la Tierra en realidad.

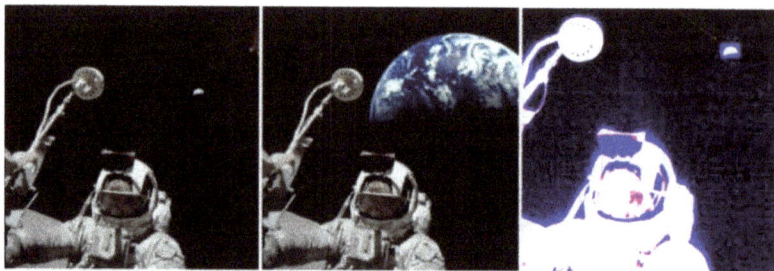

Fig. 6. Foto de "Schmitt" en el "vehículo explorador lunar" (AS17-134-20471) la cual, por razones obvias, el autor ha apodado como la foto del *selfi* lunar. Note la diminuta "Tierra" en el "espacio". B) Ahora compárelo con la Tierra que este servidor le añadió a la imagen del centro para darle una mejor idea de cómo en realidad debió de haberse visto nuestro planeta desde la Luna. C) Al resaltar la foto del "*selfi* lunar" (aulis.com), Jack White demuestra que ¡la "Tierra" que aparece en la imagen no es real, sino otra foto o dibujo PEGADO SOBRE LA ORIGINAL! Lamentablemente, la NASA ha retocado la foto.

Número 4: Montañas y cráteres nómadas y que cambian de tamaño y forma. Durante sus años de investigación del archivo fotográfico *The Project Apollo Archive*, Jack White descubrió algo sumamente interesante: que en ocasiones los paisajes lunares cambiaban de forma de una foto a otra. Efectivamente, al examinar de cerca las fotos panorámicas de lo que supuestamente son los espacios abiertos de la Luna, uno puede percatarse de que las elevaciones o montes en el horizonte cambian de tamaño, estirándose ¡e inclusive moviéndose de sitio! Lo mismo ocurre con algunos "cráteres" los cuales aparecen en una foto y luego desaparecen en otra foto de lo que debería ser el mismo lugar. Más aún, la forma de las montañas también cambia yendo de superficies lisas a superficies escarpadas o dentadas y también hay secuencias donde el fondo es igual, pero EL PRIMER PLANO ES TOTALMENTE DIFERENTE. Pero tal fenómeno, el cual puede detectarse al armar secuencias panorámicas, no está limitado únicamente a las formaciones "naturales". Resulta que también hay secuencias panorámicas en las que el módulo lunar hace giros de ochenta y noventa grados de un rollo al otro. Algo similar ocurre con la bandera (¿banderas?) de Apolo 16 la cual hace una rotación de hasta los 180 grados.

Fig. 7. Dos fotos del "monte Hadley" (AS15-85-11428 y AS15-85-11454), presuntamente tomadas durante la primera "actividad extra-vehicular" de Apolo 15. Note que, aunque ambas fotos fueron tomadas en el mismo lugar, y desde un ángulo casi idéntico, el "cráter" solo aparece en una de ellas. ¿Será que un micro meteorito impactó esa zona mientras el astronauta estaba tomando las fotos?

Y eso no es todo. Hay otras secuencias en las que puede verse claramente cómo el mismo módulo lunar SE MUEVE de su ubicación original. Esto definitivamente no podía ocurrir dado que una vez completado su "alunizaje" la "nave", o más bien la nave entera o con la fase de descenso y de ascenso acopladas, nunca más podría moverse de sitio.

Fig. 8. ¿Adónde se fue el *Challenger*? Al yuxtaponer estas fotos del vehículo explorador lunar de Apolo 17 (AS17-134-20443 y AS17-143-21933) podemos ver que en la foto de la izquierda el módulo lunar no aparece en donde debería estar.

¿Pero qué pudo haber causado todo esto? Bueno. Empezando por el caso de las banderas, siempre podrá argumentarse, aunque la versión oficial lo rechace rotundamente, que los astronautas decidieron desviarse de su extenuante itinerario para jugarle una broma a sus colegas de la NASA y también al resto de la humanidad. ¿Pero qué hubiesen ganado con tal chiquillada? ¿Y cómo explicar lo de los montes y los módulos lunares que cambian de tamaño o posición? ¿Terremotos lunares? Bueno, según la NASA, todas las misiones que lograron alunizar fueron (¡Sorpresa!) prácticamente perfectas con todo, incluso los elementos, cooperando con las naves y los astronautas lo que significa que no hubo ningún terremoto lunar. Y no. La gravedad lunar no pudo haber causado que las montañas, cráteres o módulos lunares se estirasen o se movieran. Aparentemente, aquí tenemos un fenómeno digno de los anales de la franquicia *Ripley ¡aunque usted no lo crea!*

Fig. 9. ¿No nota algo diferente? ¡Fíjese que lo que es una gran montaña detrás del *Challenger* en la AS17-143-21924 se ha transformado en una colina! Mire la vista DESDE EL INTERIOR DEL MODULO LUNAR (AS17-147-22488) ¡LA MONTAÑA SE HA ENCOGIDO!

Número 5: La extraña selectividad del suelo al marcar las huellas. Indudablemente, una de las cosas que más ha llamado la atención de todos los observadores de las fotos del programa Apolo ha sido las huellas supuestamente dejadas por los astronautas en la Luna. Y es que, al observar las "estaciones" o áreas de trabajo de los astronautas, uno simplemente no puede evitar ver las numerosas y bien detalladas huellas que aparecen regadas por varias partes del suelo "lunar" o regolito.

Según el libro *Lunar Sourcebook* o "Libro de Consulta de la Luna", el regolito es "un término general para (referirse a) la capa o manto de material rocoso fragmentado y no consolidado" y "de carácter altamente variado… incluyendo detritos rocosos de todas

clases" e incluso "ceniza volcánica" que cubre toda la superficie lunar y cuya constitución es arenosa o como un polvo. Curiosamente, en la gran mayoría de las huellas se puede ver prácticamente cada detalle de la suela de sus botas, como si los astronautas hubiesen dado cada paso con una gran cautela. Tenga esto en mente porque, según Ralph

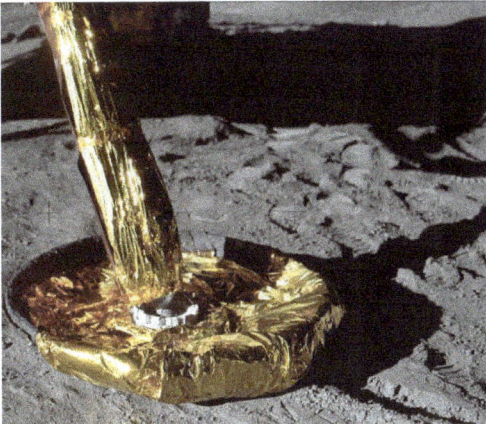

René, la única manera en que uno puede crear huellas así de claras es pisando arena o tierra humedecida y, como nos recuerda el investigador, las condiciones ambientales de la Luna con sus altísimas temperaturas durante el día más el vacío en el que se encuentra definitiva-mente no permitirían ningún tipo de humedad: todo líquido se evaporaría instantáneamente.

Fig. 11. Sección ampliada de la foto AS11-40-5918 mostrando varias huellas de botas en la zona debajo del "*Eagle*". Note que, a pesar de encontrarse a meros centímetros de las huellas de los "astronautas", la pata o "almohadilla de alunizaje" no ha dejado la más mínima huella en el "regolito" algo verdaderamente increíble considerando que el módulo lunar debía pesar 2,553 kg en la Luna. Además, note que la "almohadilla de alunizaje" está TOTALMENTE INMACULADA Y SIN DAÑO O MARCA ALGUNA.

Capítulo 2

Pero la presencia de tales huellas es sumamente problemática por otra razón: su cercana proximidad al motor del módulo lunar y a las áreas donde se encontraba el vehículo explorador lunar. Y es que la lógica dicta que, si el peso de los astronautas era suficiente para imprimir huellas bien definidas en el regolito, entonces objetos mucho más pesados como el todoterreno lunar y el módulo lunar definitivamente debieron de haber dejado huellas profundas —o más bien, muy profundas— y bien definidas en el suelo justo al lado de los vehículos "lunares". Asombrosamente, en muchas fotos mostrando dichos vehículos se puede notar un rastro de huellas de los "astronautas" pero ni una huella de las ruedas del todoterreno lunar ni de las "almohadillas de alunizaje" del módulo lunar.

Fig. 12. Foto del todoterreno "lunar" (AS17-137-20976) que aparentemente llegó al lugar SIN DEJAR HUELLAS. Note las numerosas huellas de botas claramente marcadas más abajo en la esquina derecha de la foto. B) Foto del "LRV (vehículo explorador lunar) en su lugar de estacionamiento final" (AS17-143-21933). Note la total ausencia de huellas vehiculares —ni al frente ni detrás del todoterreno— esto a pesar de que el suelo era lo suficientemente polvoroso como para grabar las huellas de los "astronautas". Por si las dudas, tanto el número del rollo, como la distancia del "módulo lunar" confirman que el subtítulo no pudo haber sido una equivocación.

Esto es verdaderamente increíble porque el peso promedio de un astronauta, con todo su equipo por supuesto, era 90.7 kilogramos, o más o menos 15.2 kg, en la Luna (la gravedad lunar es solo una sexta parte o 16.8% de la gravedad terrestre), o menos de la mitad de los 210/35 kg que pesaba el explorador lunar *sin los astronautas* y solo

74

una pequeña fracción de los 15,200/2,553 kg que el módulo lunar debía pesar luego de alunizar.

Tanto en su libro *Dark Moon: Apollo and the Whistle-blowers* o "Luna Oscura: Apolo y los Soplones", como en su excelente documental *What Happened on the Moon?-An Investigation into Apollo* o "¿Qué fue lo que Sucedió en la Luna? - Una Investigación de Apolo", David Percy habla de la mano oculta de lo que él ha denominado los "soplones" del programa espacial estadounidense. Básicamente, en este caso un soplón es una persona o personas cuya insatisfacción con su deshonesta tarea los había llevado a manifestar su incomodidad y oposición mediante claves sutiles e ingeniosas como, por ejemplo, la inserción de pequeños "errores" o anomalías en algunas fotografías. Jack White descubrió que una secuencia de fotos que muestran una de estas claves... y hay que admitir que es tan creativa como lo es jocosa.

¿Y de qué se trata esta clave? Pues, mire abajo y lo descubrirá.

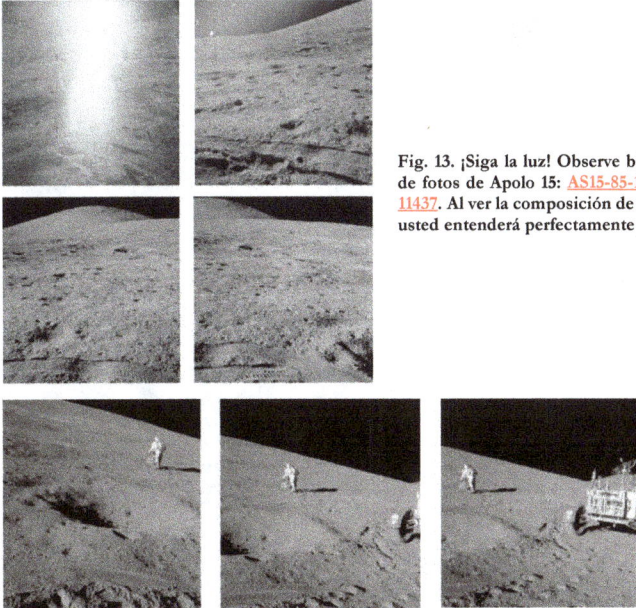

Fig. 13. ¡Siga la luz! Observe bien esta secuencia de fotos de Apolo 15: AS15-85-11431 a la AS15-85-11437. Al ver la composición de la próxima página usted entenderá perfectamente por qué lo digo.

¿Dónde están las huellas del vehículo explorador lunar aquí (AS15-85-1437)?

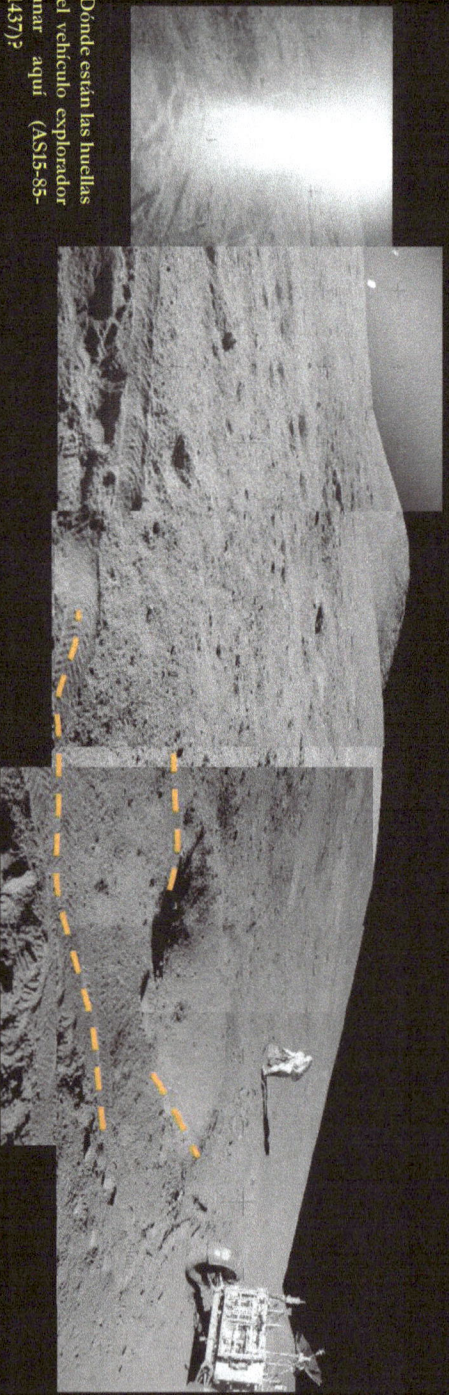

Fig. 14. Ahora que todas las piezas están en su debido lugar podemos ver lo que alguien —o seguramente varios miembros del equipo fotográfico— nos quisieron decir subliminalmente: que esto no fue fotografiado en la Luna. Si esto hubiese pasado de verdad —lo cual es físicamente imposible— los dos astronautas hubiesen destrozado el todoterreno y, por causa de la gravedad muy reducida de la Luna, ellos hubiesen salido gravemente heridos o —si no se abrocharon los cinturones (pues supuestamente los vehículos sí tenían cinturones— expulsados del vehículo. Pero quizás los investigadores que descubrieron esta foto y yo estamos equivocados y David Scott y James Irwin de repente, y negligentemente, optaron por probar los límites de su "buggy lunar"; supuestamente el primero en ser enviado a la Luna. ¿O quizás ellos iban apurados para poder cumplir con la rigurosa cuota de fotografías de la NASA? Recuerde que debían tomar al menos una foto por minuto.

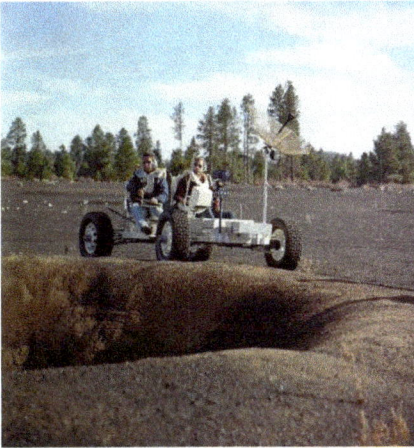

Fig. 15. Aparentemente, todas esas horas de adiestramiento en Cinder Lake, Arizona no fueron suficientes para capacitar a David Scott y a James Irwin en el manejo del todoterreno lunar. (S70-53283) Pregunta: ¿Si ninguno de los dos podía manejar un simple todoterreno, entonces cómo rayos fueron capaces de alunizar con el módulo lunar?

Número 6: La presencia de luces y reflejos extraños. Aunque ya hemos visto varias anomalías con el "Sol" y la "Tierra", lo cierto es que también ha habido otras anomalías en el "cielo lunar" que merecen más atención, principalmente la aparición de luces que apenas son visibles para el ojo humano, rayos de luz intensa y de reflejos verdaderamente extraños (¿o quizás reveladores?) en las viseras de los "astronautas". Irónicamente, las fotos que nunca captaron estrellas sí pudieron captar una serie de luces inexplicables en el "cielo lunar". Recordemos que la Luna prácticamente no tiene atmosfera lo que significa que en sus cielos no hay contaminantes o partículas capaces de reflejar la luz. También recuerde que, según la NASA, los astronautas no utilizaron ningún tipo de luz artificial durante sus "actividades extra-vehiculares", lo único que los alumbró fue el Sol. No obstante, antes de continuar debe señalarse que la opinión de los expertos en la fotografía está dividida respecto a estas luces/reflejos con algunos de ellos opinando que esto puede atribuirse al resplandor del Sol en el lente (*lens flare*), sin embargo, otros expertos como Jack White se han mantenido firmes en que tal fenómeno no explica dichas luces/reflejos.

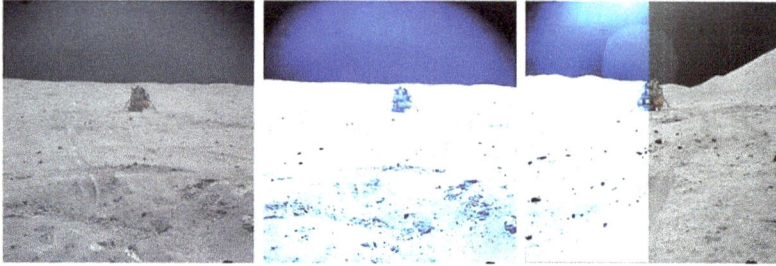

Fig. 16. ¿Auroras boreales en la Luna? ¿O serán focos iluminando unas maquetas en un estudio? (AS16-117-18815 y AS17-134-20506.) Note la forma de domo de las luces superiores y que las esquinas superiores de las fotos están claras lo que significa que el "empañamiento" fue causado únicamente por la luz. Según White, las cámaras Hasselblad tenían un obturador pentagonal y, por consiguiente, cualquier tipo de fulgor en el lente hubiese dejado un reflejo de forma pentagonal y NO EN FORMA DE DOMO.

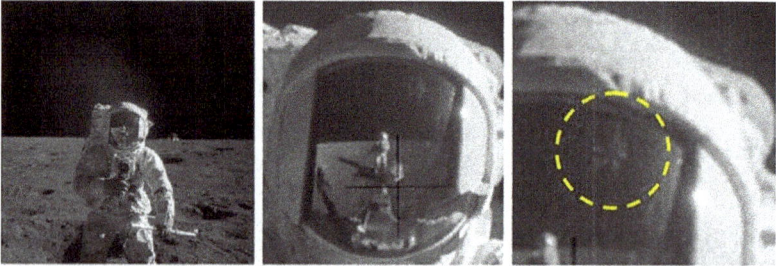

Fig. 17. Foto de "Pete Conrad" fotografiando a "Alan Bean" (AS12-48-7071). Note que en la parte superior de su visera (a nuestra derecha) se ve el reflejo de algo sumamente extraño que parece estar flotando por en el espacio. ¿Será una criatura extraterrestre? ¿Un ovni? ¿O quizás un satélite? No. Ninguna de las anteriores. Con toda probabilidad lo que estamos viendo aquí no es otra cosa que el reflejo de un foco teatral con "puertas de granja" (barn doors) fijado a un tipo de montura elevada.

Número 7: El misterio de las fotografías que no se arruinan en la Luna. En el capítulo 1 se explicó que, por estar prácticamente sin una atmósfera, o casi ninguna atmósfera, las temperaturas en la Luna pueden variar de un candente 180°C bajo el Sol a un heladísimo -180°C bajo la sombra. Esto significa que durante un larguísimo día lunar —equivalente a más o menos 14 días terrestres— el regolito o suelo arenoso, y ni hablar de cualquier metal expuesto al sol, se

tornará extremadamente caliente, inclusive al punto de derretir algunos objetos o materiales frágiles en cuestión de minutos. Y esto nos trae al siguiente enigma: ¿Cómo es posible que a los astronautas se les hubiese ocurrido dejar algo tan delicado como fotografías en la "superficie lunar"? Así es. En dos ocasiones, una hecha públicamente y otra que la NASA se niega a reconocer, los "astronautas" dejaron fotos en la "Luna". La primera vez —la cual fue descubierta por Jack White, y que la NASA se niega a reconocer— fue cuando "David Scott" y "James Irwin" de Apolo 15 dejaron unas fotos —posiblemente cuatro o más— en una de las "almohadillas de alunizaje" del *Falcon*. El motivo detrás de este acto posiblemente nunca se sabrá. Al ampliar considerablemente y modificar el resplandor y contraste de la foto AS15-87-11839 se pueden ver dos imágenes, aunque bastante borrosas: una de una foto de un módulo lunar y un astronauta y otra de un retrato de un hombre en un traje "espacial", pero sin un casco, en lo que parece ser el interior de una nave espacial.

Fig. 18. Foto mostrando el "*Falcon*" (AS15-87-11839). Note que, además de su endeble y feo aspecto, la "nave" tiene unas fotos en la "almohadilla de alunizaje" de la derecha. Al ampliar dicha sección se puede ver, aunque con bastante esfuerzo, que la foto de la izquierda muestra a un módulo lunar y a un astronauta y posiblemente algún tipo de equipo en la parte central inferior, mientras que la foto de la derecha muestra a un hombre en un traje "espacial", pero sin un casco, en lo que parece ser el interior de una de las naves espaciales.

La segunda vez que se dejaron fotos, esta vez con el beneplácito de la NASA, fue durante Apolo 16 cuando Charles Duke dejó una foto de él y su familia en el "suelo lunar". En un segmento del documental *Moonwalkers: The Men of Apollo* ("Caminantes lunares: los hombres de Apolo"), Duke relató cómo él y sus compañeros de la NASA tuvieron una idea "para que la familia entera estuviese envuelta" en el vuelo por lo que él y uno de sus compañeros tomaron la foto y la envolvieron en filme transparente. En la parte posterior de la foto la familia escribió: "Esta es la familia del astronauta Duke del planeta Tierra quien aterrizó en la Luna en abril, 1972." Como diríamos en Puerto Rico: "¡Qué lindo!" Pero, como dijo el investigador Gerhard Wisnewski: "Todo en este cuento da la impresión de ser una de esas leyendas conmovedoras que han sido diseminadas por el mundo (para) impresionar a los más ingenuos." Wisnewski llegó a esta conclusión tras deducir correctamente que el intenso calor de la Luna hubiese hecho que la fotografía se encorvase y dañase dentro de poco tiempo algo que Duke "de seguro hubiese sabido (muy) bien". "¿Alguna vez ha dejado una foto a color al sol brillante en su alféizar? ¿O puesto una en el horno?" añadió.

Al parecer, alguien del equipo de la NASA se percató de que el cuento original de la foto familiar de Duke ya no era sostenible, así que la agencia diligentemente se movilizó para corregir su grave error. La corrección la hicieron fabricando nuevas imágenes mostrando la foto derritiéndose y luego añadiéndolas al archivo fotográfico del programa Apolo. ¡O sea, que el álbum de Apolo "parió" más fotos! ¿Cómo se puede estar tan seguro de ello? Pues porque al analizar de cerca dichas fotos; de la AS16-117-18842 a la 18844 (Figura 19); uno puede ver fácilmente que no fueron tomadas al mismo tiempo que la secuencia original, particular-mente de la AS16-117-18839 a la 18841. En varias de ellas se ve una piedrita junto unas huellas del explorador lunar que no estaban en el suelo anteriormente. De hecho, la presencia de la piedrita es un enigma, pues ¿cómo pudo recogerla un astronauta con guantes presurizados, más unos 50 kg de equipo en su espalda y la dificultosa cámara Hasselblad en su pecho? Las fotos están en secuencia lo que significa que los "astronautas" no hicieron ninguna otra actividad tras dejar la foto. El hecho de que el rollo 117 contiene 8 fotos de este pedazo del suelo lo confirma.

Fig. 19. "Retrato de la familia de Duke en el suelo lunar" (AS16-117-18841) y una foto que le sigue: la AS16-117-18843. Note la presencia de una piedrita y de unas huellas del explorador lunar que no estaban en el suelo anteriormente.

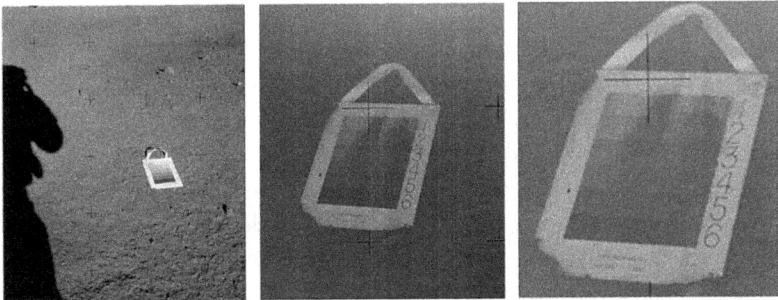

Fig. 20. Foto AS12-48-7036 y sección ampliada de la AS12-48-7038 mostrando la gráfica geológica de colores de rocas. Si dicha hoja fue hecha de plástico —lo cual es muy probable— entonces el intenso calor del suelo lunar debió de haberle encorvado las esquinas rápidamente lo cual no es aparente en la foto 7038. Lo que sí podemos ver es un leve daño a las esquinas inferiores, pero no a las esquinas superiores las cuales están en MUY AFILADAS, pues, como podemos ver en la segunda ampliación de la 7038, la esquina izquierda no está chamuscada, solo está cubierta de polvo. Además, LOS NÚMEROS ESTÁN CLARAMENTE LEGIBLES. Y aunque ciertamente el intenso frío de la sombra del "cráter" hubiese salvado la hoja casi de inmediato, nuevamente debemos preguntarnos: ¿cómo pudo un astronauta con tanto equipo, y en un ambiente con menos gravedad y fricción, doblarse para agarrarla y arrojarla justo antes de que se dañara?

Número 8: Los motores que no dejan cráteres. Desde los años setenta un intuitivo exempleado de una de las empresas encargadas de fabricar las naves y sistemas de propulsión para el programa Apolo, William Charles Kaysing o "Bill" Kaysing, se percató de que algo no estaba correcto con las imágenes y explicaciones de la NASA acerca de su supuesto alunizaje tripulado. Y es que su experiencia como director de publicaciones técnicas para la División Rocketdyne de la compañía North American Aviation (NAA) le permitió detectar casi de inmediato que todo lo que estaba viendo era un montaje filmado y fotografiado en un estudio o desierto aquí en la Tierra. De hecho, Kaysing quedó tan disgustado con lo que había visto que él escribió el segundo libro cuestionando la versión oficial del programa Apolo: *We Never Went to the Moon. America's Thirty Billion Dollar Swindle* o "Nunca Fuimos a la Luna. La Estafa de Treinta Billones de Dólares de Estados Unidos".

¿Y qué exactamente fue lo que convenció a Kaysing? Pues la falta de rastros de una gran perturbación en el suelo justo debajo de los poderosos motores de las naves. Resulta que dichos motores, o más bien los motores de su etapa de descenso, supuestamente tenían una fuerza máxima de 45.04 kilo Néwtones la cual se graduaba a unos 13.34 kN al alunizar. Según los cálculos disponibles, dicho motor hubiese generado una presión de 90.321 hectopascales o 1.31 psi (libra-fuerza por pulgada cuadrada). Según los cálculos del físico Alexander Popov, dicha fuerza equivale a casi diez huracanes algo que Kaysing sabía muy bien, pues, como le dijo al investigador australiano Jarrah White (*Moon Faker: No Crater. PART 1*):

> El motor del módulo lunar (*lunar lander*) desarrollaba 10,000 libras de empuje y yo he visto muchos, muchos motores de esa capacidad en acción y son tan poderosos que moverán rocas gigantes de un lado a otro del cañón (desierto donde se probaban). Un motor de 10,000 libras de empuje hubiese cavado un hoyo hasta llegar a la roca firme y hubiese levantado una enorme nube de polvo. Y eso nunca apareció en ninguna de las películas que tomaron del llamado módulo lunar (*lunar lander*).

Increíblemente, la NASA y sus apologistas insisten en que dicha presión no es suficiente para cavar un cráter en el suelo lunar el cual, como ya sabemos, está cubierto por varias capas de regolito, una sustancia polvorosa. Sin embargo, White ha desacreditado totalmente tal tesis tras puntualizar que durante una prueba en 2008 el Pixel, una nave experimental de despegue y aterrizaje vertical —en otras palabras una versión más reciente del módulo lunar— y con una potencia similar a la que supuestamente usó el módulo lunar para alunizar; 13.34 kN o 3,000 lbf (libra unidad de fuerza); la propulsión de su motor fue tan fuerte que terminó arrancando fragmentos de concreto de la pista de aterrizaje sobre la cual despegaba. Más aún, White también ha revelado que en otras pruebas el fabricante del Pixel, Armadillo Aerospace, también ha obtenido resultados similares con naves con una potencia mucho *menor* que la del Pixel lo que significa que el motor del módulo lunar sí debió de dejar un inmenso cráter en el área de alunizaje.

Increíblemente, al ver las fotos de los módulos lunares una de las cosas que saltan a la vista del ojo observador es la total ausencia de cráteres o marcas de un incendio debajo de estas "naves". De hecho, ni la tobera muestran la más mínima señal de haber estado expuesta a gases extremadamente calientes.

Fig. 21. Fotos mostrando la sección inferior de los "módulos lunares" "*Antares*" y "*Eagle*" (AS14-66-9261 y AS11-40-5926). Note el suelo prácticamente sin perturbar debajo de la tobera del motor y la "almohadilla de alunizaje" totalmente inmaculada y sin chamuscas o partes quemadas.

Afortunadamente, la NASA cometió un gravísimo error que desmiente por completo todas sus complejísimas, y francamente absurdas teorías para encubrir estos detalles problemáticos. Ese error, o más bien errores, fueron las fotos supuestamente de una de las sondas del programa Surveyor ("Topógrafo") (1966-1968), el Surveyor III, tomadas durante la misión Apolo 12 (Figura 22). Dichas fotos, la AS12-48-7132, 33, 34 y 35, son reveladoras porque, además de pretender hacernos creer que en 1969 EE.UU. contaba con la tecnología para alunizar una nave de varias toneladas de peso con una gran precisión o a meros metros del Surveyor III, en ellas tanto Alan Bean, quien estaba posando como un "turista" al lado de la supuesta nave, como las "almohadillas de alunizaje" del "Surveyor III", se ven CUBIERTOS DE POLVO contradiciendo las teorías de los más fanáticos y "cualificados" Apolo-creyentes como Phil Webb y Jay Windley. De hecho, la misma NASA señala en el reporte de la misión de Surveyor III (*Surveyor III Mission Report /JPL TechnicalReport32-1177* | https://www.hq.nasa.gov/ alsj/a12/ Surveyor-III-MIssionRpt1967028267.pdf, p 106/118 PDF.) que:

> el fallo de los motores Vernier (tres en total) al no haberse apagado antes de alunizar parece haber causado contaminación o marcas en las superficies ópticas de la cámara (fotográfica).

Además, "la cámara de televisión también experimentó algunos problemas." Extrañamente, los autores del reporte se abstuvieron de mencionar explícitamente el causante de dicha contaminación y marcas; el polvo lunar; diciendo meramente que todo esto fue causado "posiblemente por el polvo lunar". ¡¿Pero qué otra cosa pudo haber sido?! Una vez más, esto es muy importante porque los tres motores del Surveyor III generaban *menos* empuje que el motor del módulo lunar: 9.20 kN o 2,070 lbf versus 13.34 kN o 3,000 lbf. Pero la NASA no erró del todo, pues en las fotos de Apolo 12 tampoco aparece un cráter debajo del módulo lunar de esa misión: el *Intrepid*.

Fig. 22. Foto y sección ampliadas de "Al Bean posando para una foto de 'turista' al lado de la nave espacial Surveyor III" (AS12-48-7135). Note la presencia de polvo sobre la pata de la "nave espacial" y, aunque parece que hay un pequeño cráter debajo de ésta, en realidad no hay ningún cráter, o más bien cráteres, dado que el Surveyor III supuestamente tenía tres motores, uno por cada pata, más un motor central que, según la NASA, fue expulsado deliberadamente antes de tocar el suelo.

Número 9: La presencia de formaciones terrestres en la "Luna". Según la NASA, durante la misión de Apolo 15 (verano de 1971), supuestamente la primera misión tipo J o de una duración mayor de tres días, los astronautas David R. Scott y James B. Irwin tomaron una serie de fotografías de la región Hadley-Apenninus en el norte de la Luna, su presunto lugar de alunizaje y de operaciones. Hasta ahora no hay nada de extraño con esto, pues, como ya sabemos, la toma de fotografías era una parte esencial de las misiones del programa Apolo. Sin embargo, al observar detenidamente algunas de las fotos del "monte Hadley" un detalle salta a la vista, especialmente la de aquellos muy familiarizados con la geología: la presencia de estratos en la cima de una de las "montañas" (Figura 23). Tal detalle es importantísimo porque los estratos son la "masa mineral en forma de capa de espesor más o menos uniforme, que constituye los terrenos sedimentarios" (Real Academia Española) y, como nos informa *Wikipedia*, los terrenos, o más bien las rocas sedimentarias, son "rocas que se forman por acumulación de sedimentos, los cuales son partículas de diversos tamaños que son transportadas por el agua, el hielo o el viento... "

85

Por eso "las rocas sedimentarias pueden formarse a las orillas de los ríos, en el fondo de barrancos, valles, lagos, mares, y en las desembocaduras de los ríos." La formación mostrada en la foto "lunar"; la AS15-87-11747; es una estratificación cruzada la cual se produce cuando sedimentos arrastrados por los ríos (arenas, arcillas) llegan al piedemonte de una cordillera y forman conos de deyección, terrazas y otras formas menores del relieve. O sea, que la presencia de dichas formaciones en la Luna solo puede ser posible si miles, o millones de años atrás hubo grandes cuerpos de agua en ese cuerpo celeste solo hielo concentrado mayormente en los polos lunares.

Otro detalle extraño son los "cráteres" cerca de las presuntas zonas de alunizaje de Apolo 15 y Apolo 17. Y es que dichos "cráteres" contienen un detalle sumamente revelador: miles de rocas de diferentes tamaños regadas por toda la superficie. Y ¿qué tiene de extraño eso? Pues que un cráter verdadero no debe estar cubierto por tantas rocas o fragmentos esto porque, como ha señalado un sagaz internauta *apoloescéptico* en uno de sus entretenidos videos, "lo único que puede crear un cráter es un impacto de un asteroide, pero debido a la baja gravedad de la Luna un asteroide no se destroza en billones de pedazos con todos ellos cayendo en el mismo hoyo", los pedazos "se dispersan por varias millas alrededor (de la zona de impacto)… " Tal argumento es totalmente lógico dado que los asteroides o micro meteoritos viajan a miles de kilómetros por hora generando una gran fuerza cinética al chocar.

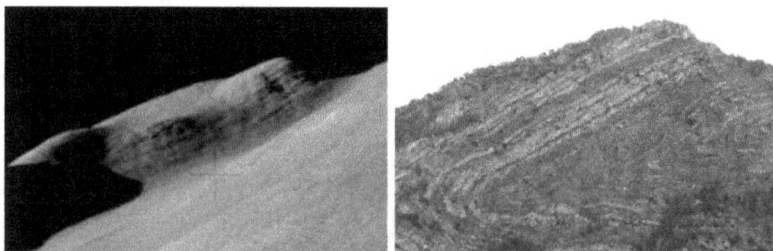

Fig. 23. Foto del "flanco este de Delta Hadley" (AS15-87-11747, también la AS15-87-11748-49) y B) una foto de los estratos de una montaña de los Alpes franceses. Note la similitud entre ambos. Crédito 2ª imagen: *Wikipedia.*

Fig. 24. Foto AS15-82-1181 supuestamente mostrando un cráter en la región de Delta Hadley. Según un internauta *apoloescéptico*, esta escena definitivamente no fue fotografiada en la Luna porque debido a la tenue gravedad lunar los miles de millones de pedazos creados por el impacto de un asteroide "se dispersan por varias millas alrededor" de la zona de impacto por lo que no pueden "caer en el mismo hoyo". Asimismo, él señaló que esto se asemeja más a una cantera ("industrial waste dump") aquí en la Tierra que a un paisaje lunar.

Número 10: ¡¿El viento y los sonidos lunares?! Sí. Esta pregunta parece ser muy ingenua por la sencilla razón de que nuestro satélite natural está en un vacío lo que significa que no hay aire y, lógicamente, si no hay aire tampoco puede haber viento. Lo mismo ocurre con el sonido: sin aire no puede haber ondas sonoras lo que significa que no pueden escucharse ruidos de ninguna índole en el espacio. Así es, esos éxitos taquilleros de Hollywood como *La Guerra de las Galaxias* y esa otra película, muy chovinista de hecho, llamada *Independence Day* o "Día de la Independencia" nos han estado engañando durante más de veinte años con sus impresionantes escenas de naves rugiendo y disparando láseres que, extrañamente, también generan ruido. Respecto a este último detalle, quisiera añadir que esto es totalmente ridículo, ya que ni los láseres más potentes, o de grado militar, hacen ruido aquí en la Tierra, pero a Hollywood —con la notable excepción de Stanley Kubrick— nunca le ha interesado mostrar la realidad de nada, sino todo lo contrario: mantener a las masas lo más desconectadas posible de ella. Coincidentemente, *Independence Day* comienza con una escena mostrando la supuesta zona del alunizaje de Apolo 11 y con parte de la audio-grabación del mensaje de "paz para toda la humanidad" supuestamente dejado en el Mar de la Tranquilidad en 1969. Dejando atrás el tema de las sandeces y chapucerías de Hollywood, ahora enfocaremos nuestra atención en las videograbaciones de las misiones del programa Apolo, especialmente sobre dos grandísimos errores que estas contienen: la presencia de viento y ruido en la "Luna". Aunque cientos de miles de personas indudablemente captaron dichas anomalías durante las transmisiones originales o "en vivo", la persona que las sacó a la luz fue el investigador Jet Wintzer en su documental *Moon Hoax Now* o "Farsa Lunar Ahora".

Las escenas reveladoras se encuentran en los videos de las "actividades extra-vehiculares" de Apolo 12, 15, 16 y 17. En las de Apolo 12, 15 y 17 se escuchan claramente sonidos que van desde martilleos hasta batacazos de objetos lanzados. El primero, el de Apolo 12, registra cada martilleo dado por Alan Bean cuando hundió un "cilindro de núcleo lunar" al lado del "módulo lunar" *Intrepid* mientras que en las otras dos escenas (Apolo 15 y 17) se escucha un objeto metálico impactando un lado del "módulo lunar" *Falcon* y los martilleos de Cernan mientras hundía otro "cilindro de núcleo lunar", respectivamente. La de Apolo 16 muestra lo que pudieran ser los dos momentos más extraños de todas las misiones, ya que estos delatan la presencia de corrientes intensas de aire saliendo por debajo del "módulo lunar" *Orion* (Figura 25) al igual que la presencia de una línea de comunicación oculta entre los astronautas y un centro de mando desconocido. Según Bill Kaysing, dichas brisas fueron ocasionadas por un sistema de aire acondicionado el cual era necesario para mantener refrescados a los astronautas (¿O, en algunos casos, actores?) dentro de sus calurosos trajes y también para moderar las altas temperaturas de los edificios, posiblemente hangares militares, en donde verdaderamente se filmaron las "actividades extra-vehiculares". Pero existe al menos un video en donde se puede ver que la bandera estadounidense se mueve levemente cuando un astronauta pasa muy cerca de ella *sin tocarla o rozarla* (Figura 26). Volviendo al asunto del sonido, cabe subrayar un dato muy curioso, y sumamente contradictorio: que, en las palabras de Charles "Pete" Conrad (Apolo 12), las vibraciones de los martilleos podían "viaja(r) a través de las manos" de los astronautas y por el "aire (dentro) del traje" así transmitiéndose hasta los micrófonos del casco, pero, extrañamente, dicho fenómeno acústico nunca ocurrió justo antes de alunizar cuando los poderosos motores de los módulos lunares estaban encendidos y generando de 45.04 kN a unos 13.34 kN de empuje. No señor. ¡En esos momentos lo único que se escuchaba era las voces de los astronautas y del personal del centro de control y el fuerte "bip" que precedía cada transmisión entre ellos!

Sin duda una de las escenas más extrañas, sino la más extraña de todas las que fueron filmadas durante las "actividades extra-vehiculares", fue la escena de la última etapa de Apolo 16 mostrada por Wintzer en *Moon Hoax Now*. Resulta que, mientras Charles Duke y John Young se encuentran moviendo equipo frente al "módulo lunar" *Orion*, en su estribor (lado derecho) se ve claramente que la "bolsa de trasplante de equipo" está columpiándose sin parar. Entonces Duke le dice a Young "Oye John. Asómate", obviamente refiriéndose a la bolsa, a lo cual Young responde moviéndose rápidamente hacia la bolsa y poniendo su cámara adentro, así deteniendo el movimiento de una vez por todas. Pero lo más extraño de toda la escena es el diálogo que se desarrolla poco después de que Young pusiera su cámara dentro de la bolsa, ya que ambos hombres comienzan a decir incoherencias. Primero Young dice: "¿Dónde está la bolsa que… ah… el buen (*good 'ol*)…?" Ambos siguen hablando de otro tema no relacionado; la cámara; cuando Duke de repente pregunta "¿La bolsa que…? ¿Qué?" Es este punto del documental cuando Wintzer asegura que esta última incoherencia se debe a que "él obviamente está oyendo una voz que nosotros no podemos oír que le está diciendo qué hacer".

Otra escena, y sin duda una de las más famosas, mostrando las llamadas "banderas vivas" de Apolo es la de la plantación de la bandera estadounidense durante la misión Apolo 15. Abajo está un cuadro con dos tomas mostrando los momentos justo después de que David Scott y James Irwin se tomaran turnos rindiéndole homenaje a la bandera (Fig. 26). Exactamente en el punto 2:38 del video de *You Tube* titulado *Apollo 15 waving flag* o "La bandera ondeante de Apolo 15" se puede ver MUY CLARAMENTE cuando la bandera de nilón empieza a bambolearse suavemente en sentido horizontal segundos después de que uno de los astronautas caminase —o más bien anduviera a saltitos— a aproximadamente un metro de ella. Notablemente, el astronauta NUNCA toca la bandera al pasar frente a ella. La silueta oscura de su bulto o, siguiéndole la corriente a la NASA, "sistema portátil de preservación vital" se ve en la figura 32A. Y es entonces, cuando el astronauta ya ha pasado que el movimiento ocurre. Respecto a esto Alexander Popov, quien recordemos es un físico, pregunta: ¿Qué la llevó a moverse, sino la corriente de aire generada por el astronauta?

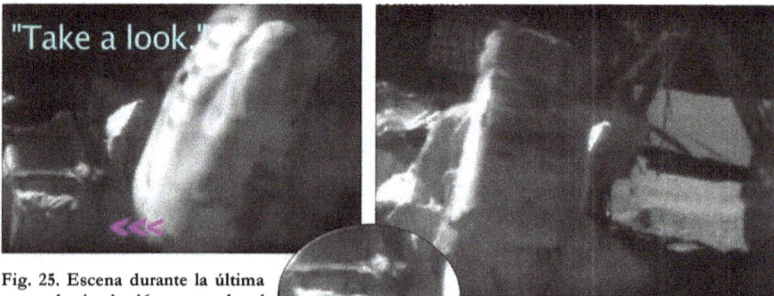

Fig. 25. Escena durante la última etapa de Apolo 16 mostrando el momento en que Charles Duke le dice a John Young "asómate" refiriéndose a la "bolsa de trasplante de equipo" la cual estaba columpiándose sin parar (B). (C) Young moviéndose rápidamente hacia la bolsa dentro de la cual puso su cámara. Crédito: *Moon Hoax Now.*

Pero eso no es todo. Resulta que en el 2017 Jet Wintzer público otro gran descubrimiento mostrando otra bandera ondeante, en esta ocasión la de Apolo 14. Por el hecho de que la escena en cuestión no muestra a los astronautas en ningún momento, esta es la mejor evidencia de las banderas ondeantes hasta el momento, pues, a diferencia del ejemplo anterior, en este caso ningún *apoloescéptico* puede dar una de sus típicas "explicaciones" que, por decirlo cortésmente, tienden a ser extravagantes o creativas. Por ejemplo, algunos de ellos afirman, incorrectamente, que la bandera de Apolo 15 se movió simplemente por una carga estática generada cuando el astronauta pasó cerca de ella. Esta teoría es incorrecta porque, como Jarrah White ha comprobado en su serie *Moonfaker (The Flags Are Alive. PART 1.)* si esa hubiese sido la causa entonces la bandera se hubiese movido *hacia* el astronauta, en lugar de alejarse de él. Volviendo al asunto en cuestión, la escena de Apolo 14 muestra los momentos anteriores al "despegue" de la etapa de ascenso de *Antares* y, como Wintzer narra en el video, ¡en ella puede verse cómo la bandera ondea, no una ni dos, sino OCHO veces! ¡De hecho, en una de ellas hasta la asta se mueve! Increíblemente, un Apolo-creyente cuyo seudónimo es "Luke S", se ha atrevido a hacer un video en *You Tube* asegurando que ¡la bandera ondea porque está siendo azotada por el aire expulsado del módulo lunar durante la despresurización! Tal explicación es totalmente insostenible porque 1) la bandera se encuentra a unos 7 metros del "módulo lunar" y 2) el video nunca muestra un levantamiento de polvo lunar. Recuerde que la gravedad lunar es solo una sexta parte o el 16.8% de la gravedad terrestre.

3

Los olvidadizos, contradictorios... y disparateros... "expertos" de la NASA

Si alguna vez usted ha escuchado a un mentiroso patológico hablando, y todos hemos conocido al menos uno de ellos, usted se habrá percatado de que cuando su cuento es cuestionado persistentemente el embustero rápidamente comienza a elaborar aún más su anécdota, añadiéndole más y más detalles con cada pregunta que se le hace. Tal reacción es totalmente natural, ya que, esencialmente, lo que la persona que miente compulsivamente desea es lo mismo que todos los otros miembros de su especie: ser respetado y admirado, y una vez empezada la mentira, la única manera de salvar su credibilidad es reforzando su posición con cuantas modificaciones o alteraciones sean necesarias. Pero esta táctica sufre de un grandísimo defecto el cual fue señalado brillantemente por el *apoloescéptico* Ralph René; "el problema con la mentira es que tu cuento cambia un poco con cada narración"; es decir que la mentirilla va creciendo más y más hasta que, como una gran burbuja, se ve a través de ella justo antes de reventar. Como puede imaginarse, por sus titánicas dimensiones la fábula o leyenda de los viajes lunares del programa Apolo nos provee un perfecto ejemplo de lo que René había escrito. De hecho, y como dicen las palabras grandes y en negrillas arriba, las crónicas del programa Apolo contienen tantos errores que uno no puede más que preguntarse cómo diablos no hubo más escépticos y críticos de la agencia en esa época. Y es que la lista de "meteduras de pata" de la NASA es verdaderamente extensa con una multitud de contradicciones, e incluso incoherencias y disparates, dichos no solo por los astronautas, sino también por los ingenieros y directores que supuestamente enviaron a esos astronautas a la Luna. Por estas razones estoy seguro de que, aunque este capítulo no tendrá tantas fotos como los otros dos que le precedieron, la creatividad y osadía de los astronautas y sus jefes en la cúpula de la NASA al encontrarse pillados o en una situación incómoda también cautivarán su atención.

Sin duda lo más llamativo de todo esto son los lapsos de memoria de los "exploradores lunares" los cuales solo pueden describirse como increíbles. Pongámoslo de esta manera: ¿Si usted hubiese viajado a bordo de un cohete hacia otro cuerpo celeste, haciendo historia al convertirse en uno de los primeros seres humanos en salir al espacio, ver la Tierra entera, en caminar, explorar y tomar fotos —decenas, y hasta cientos de ellas— de una superficie extraterrestre, usted (A) lo recordaría toda su vida o (B) lo olvidaría dentro de veinte o treinta años?

Nuevamente, recordemos lo que de veras significa un viaje espacial/lunar como los que la NASA y sus defensores nos han asegurado que ocurrieron durante las misiones del programa Apolo:

- Volar por encima de la atmósfera en la nave espacial que hasta ese momento era la más grande de la historia, flotar en micro-gravedad durante unos días, ver la Luna entera y más de cerca que todos los demás seres humanos.

- Sobrevolar u orbitar la Luna varias veces para luego hacer un peligrosísimo descenso —en una nave totalmente nueva que no ha sido probada satisfactoriamente— hacia la superficie lunar.
- Alunizar y desembarcar sin problemas, caminar, acampar, y luego recoger muchas rocas, y tomar muchas fotos en dicho lugar.
- Hacer el peligroso ascenso y larguísimo viaje de regreso a la Tierra (unos 385,000 km), atravesar la atmósfera a una velocidad (hasta 39,000 kph) y a una fuerza de 8 o más fuerzas g, convirtiéndola en la madre de todas las montañas rusas (y que también podría matarlo), para luego caer en paracaídas —desde una altura de decenas de miles metros— sobre el vasto océano Pacífico para finalmente ser recogido por unos buzos y transportado en helicóptero hasta un masivo portaaviones, donde lo esperaba nada menos que el presidente de su país.
- Posterior al viaje, realizar una gira mundial (Apolo 11) y ser entrevistado y fotografiado por la prensa e incluso por algunos de los oficiales más importantes del mundo.

Obviamente, todo el mundo, literalmente, escogerá rápidamente la opción A: la de recordarlo todo por el resto de sus vidas. Pues ¿Cómo olvidar algo como eso? ¡Recuerde que tales hazañas automáticamente le conferirían no solo un estatus de héroe nacional, sino mundial!

Creo que ya entiende mi punto: que, tras analizarlo más de cerca, solo se puede concluir que, a menos que uno sufra un serio accidente que afecte la memoria, o de un derrame cerebral, o de demencia, uno jamás puede olvidar una experiencia como esa. Increíblemente, esto es precisamente lo que les ha pasado a algunos de los "caminantes lunares" de EE.UU.: algunos de ellos han mostrado confusión, e inclusive apatía e ignorancia respecto a lo que supuestamente ha sido la experiencia más transcendental de toda la historia humana. Así que analicemos más de cerca estas inconsistencias comenzando por la más extraña: la de los astronautas que no recordaban haber visto estrellas. Pero primero veamos una foto familiar, en realidad una pintura, de todos los llamados caminantes lunares, supuestamente 24 en total. (La versión oficial sostiene que hubo 12 astronautas más que no pisaron pero sí orbitron la Luna en el módulo de comando.)

Fig. 1. Pintura mostrando todos los *Moonwalkers* o astronautas que presuntamente caminaron en la Luna. Crédito: Ed Hengeveld. Nota: la pintura no incluye los supuestos pilotos del módulo de comando y servicio ni tampoco todos los miembros de las misiones A-7, A-8, A-9, A-10 y A-13.

Otra vez el tema de las estrellas

Sí. Ya sé que el tema del "astro-daltonismo" se discutió en el capítulo anterior, pero he decidido abordarlo nuevamente por la sencilla razón de que el número de contradicciones respecto a este asunto es considerable. Resumiendo lo que se dijo en el capítulo 2, casi ninguno de los astronautas reportó haber visto estrellas durante sus viajes espaciales, inclusive algunos que presuntamente caminaron en la Luna, un cuerpo celeste sin atmósfera lo que significa que allí no hay contaminación ambiental que pueda obstruir o complicar la percepción visual de las estrellas. De hecho, durante la conferencia de prensa luego de su presunto retorno a la Tierra los tres astronautas de Apolo 11; Neil Armstrong, Edwin "Buzz" Aldrin y Michael Collins; declararon que ninguno de ellos recordaba haber visto estrellas les preguntara si "pudieron ver las estrellas en la corona solar a pesar del resplandor". Esta fue la respuesta exacta de Armstrong, supuestamente el primer humano en pisar la Luna:

> Nosotros *nunca* fuimos capaces de ver estrellas desde el suelo lunar o del lado de día de la Luna a ojo o sin mirar a través de (equipo) óptico. *Yo no recuerdo durante el periodo de tiempo que estuvimos fotografiando la corona solar* qué estrellas podíamos ver (¡!). (Énfasis añadido.)

Mientras Armstrong daba su respuesta nerviosamente, Collins lo secundó diciendo: "Yo no recuerdo haber visto ninguna (estrella)."

El hecho de que Collins haya dicho esto es verdaderamente curioso dado que, durante su presunto paseo espacial tres años antes (Géminis 10), él exclamó lo siguiente:

> ¡Dios mío!, las estrellas están por todos lados, por encima de mí en cada esquina, hasta debajo de mí, más o menos, allá abajo al lado de ese oscuro horizonte. *Las estrellas son brillantes y* (también) *son fijas.* (Énfasis añadido.)

Pero la declaración de Collins no ha sido la única acerca de las estrellas y su visibilidad en el espacio, sino la más sobresaliente, esto por la retracción que él hizo públicamente en 1969. En realidad, varios otros astronautas han comentado acerca de este asunto, aunque, reveladoramente, solo cuatro o cinco de ellos han reportado haber visto estrellas. He aquí algunas de sus declaraciones.

Desde la órbita baja terrestre:

John Young (Géminis 10, Apolo 10 y 16): "Parado allí en el vacío negro del espacio fue verdaderamente asombroso. Por dondequiera que mirábamos había estrellas, incluso debajo de nosotros. Estas eran un poco más brillantes de lo que veíamos en la Tierra, pero lo que nos impresionó era que no parpadeaban. Eso era porque no había una atmósfera que interviniera para causar lo que los astrónomos llaman cintilación."

Michael Collins (Apolo 11): el planeta Venus era tan brillante que "se veía como un bulbo de 50 vatios en el cielo."

Desde el "espacio lunar" o la "superficie lunar":

William Anders (Apolo 8): "El cielo era un tipo de gris (¡!), uno no podía ver muy bien las estrellas…" (*An Evening with the Apollo 8 Astronauts*).

Neil Armstrong (Apolo 11): "El cielo era negro profundo cuando era visto desde la Luna como lo es cuando se ve desde el espacio alrededor de la Luna (*cislunar space*) (...) La Tierra es el único objeto visible además del Sol que puede verse aunque ha habido reportes de avistamientos de planetas. Yo personalmente no vi planetas desde la superficie, pero sospecho que pueden (…) ser visibles." (Entrevista con Patrick Moore del programa *The Sky at Night in 1970* de la BBC.)

97

Edgar Mitchell (Apolo 14): "Las estrellas eran diez veces más brillantes que cuando se ven desde la Tierra."

Charles Duke (Apolo 16): "Uno no podía ver estrellas, estaba muy brillante". (Nota: Mitchell estaba describiendo su supuesta experiencia desde la superficie de la Luna.)

Ahora comparemos todas estas declaraciones con lo que dijo Mike Melvill, el primer astronauta comercial luego de su histórico vuelo en el avión espacial Space Ship One (2004): "Viendo el cielo azul y brillante tornándose totalmente negro y *viendo las estrellas aparecer durante el día* es absolutamente impresionante." (Énfasis añadido.) Quizás aún más impresionante es el hecho de que, como ya ha señalado el *apoloescéptico* David Orbell, "el primer civil en alcanzar el espacio en una nave espacial financiada de modo privado ha nulificado las aseveraciones de los astronautas de Apolo 8, Apolo 11 y Apolo 16". En otras palabras, el primer ser humano que ha alcanzado el espacio sin ser enviado por una agencia espacial gubernamental ha desmentido por completo la farsa del "daltonismo estelar" inventada por la NASA.

Creo que podemos continuar a la próxima sección. Pero, indudablemente, lo más increíble de todo es el "astro-daltonismo" de Armstrong, ya que, como David Orbell ha señalado él era:

> el astrónomo más calificado de todo el cuerpo de astronautas. (Él)Voló aviones de combate a 40,000 pies

(poco más de 12,000 m) con el propósito específico de estudiar las constelaciones (sic), mirando con asombro la claridad de esas condiciones tan raras, a través de su carlinga. Neil Armstrong fue realmente un observador de estrellas (*star gazer*) con sorprendentes recursos. Él tenía acceso a las instalaciones que pocos hombres antes que él pudieron haber soñado con usar.

Tenga esto en mente.

Las fotos de la Tierra

En un dato que debió de haber levantado sospechas desde un principio, de las más de cien imágenes presuntamente tomadas desde la superficie lunar por los dos "caminantes lunares" de Apolo 11, sólo dos muestran la "Tierra". Dichas imágenes son la AS11-40-5923 y la AS11-40-5924 mostradas abajo (Figura 2) y, como veremos a continuación, ambas contienen varios indicios de haber sido parte de un montaje.

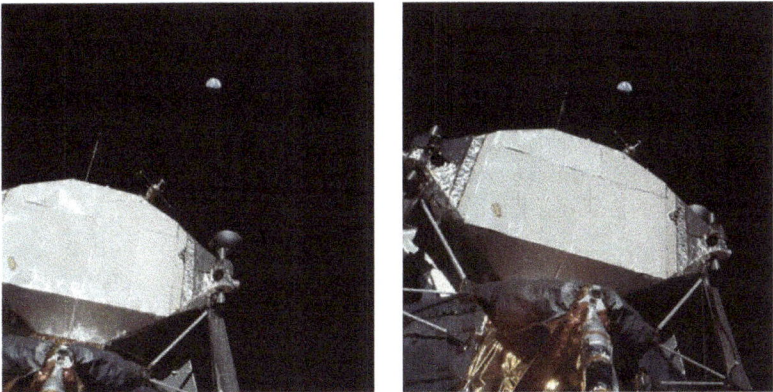

Fig. 2. Las únicas dos imágenes, presuntamente de la Tierra, tomadas (presuntamente) por la tripulación de Apolo 11 desde la superficie lunar (AS11-40-5923, AS11-40-5924). Increíblemente, la NASA ha admitido que nunca ha podido determinar cuál de los dos astronautas presuntamente en la faz de la Luna al momento de esa misión (Armstrong o Aldrin) tomó las icónicas fotos.

Capítulo 3

Con los conocimientos adquiridos mediante esta investigación, ya se puede ver rápidamente que ambas fotografías contienen un grave error... ¿Recuerda el capítulo 2? Así es, la "Tierra chiquita" discutida en la sección número 3. Pero ahora continuemos con la discrepancia que concierne esta sección: la de cómo se tomó esta foto. Según la NASA, ambas tomas se hicieron prácticamente al mismo instante, con un tiempo exacto de las 110:50:26 del descontinuado "tiempo transcurrido en la Tierra" (*Ground Elapsed Time* o GET). Esto es igual a las 4:22:26 GMT del 21 de julio de 1969. Esto de por sí es motivo suficiente para dudar de la legitimidad de esta "evidencia", ya que, como se explicó claramente en la sección 8 del capítulo 1, las cámaras Hasselblad 500 EL/70 usadas en todas las misiones del programa Apolo eran de operación manual y solo podían tomar una foto por segundo lo que significa que, o las fotos fueron tomadas precisamente durante el comienzo y el final del vigésimo sexto segundo, una increíble coincidencia, o que la NASA erró al registrar el tiempo de la toma y que dicho error aún no se ha resuelto casi medio siglo después. Para mí ninguna de las dos posibilidades es convincente.

Pero los detalles mencionados arriba no son los únicos problemas con estas fotos, solo los más obvios. Resulta que, como el físico neozelandés Phil Kouts ha señalado, hay un gran problema con la versión oficial de la toma de esta foto: que, al sol de hoy, alrededor de medio siglo después todavía la NASA no puede contestar con exactitud quién tomó la icónica fotografía. Tomemos un momento para analizar bien esto. La NASA, una agencia supuestamente a la vanguardia de la ciencia y la tecnología, con un presupuesto prácticamente ilimitado, y con un equipo de monitoreo de cientos, sino miles, de técnicos que presuntamente mantenía una comunicación constante o "en vivo" con los astronautas "orbitando alrededor de o caminando en la Luna" y que produjo literalmente millones de páginas de información detallada acerca de su programa "lunar", nunca pudo manejar este asunto tan sencillo, esto a pesar de que —siguiéndole la corriente a la agencia— en ese preciso momento solo habían dos personas en toda la Luna.

Según la *Transcripción técnica de voz de aire a tierra (Technical Air-to-Ground Voice Transcription)* de Apolo 11 emitida por el Centro de Viajes Espaciales Tripulados (1969, pág. 398), a las 110:52:01, "Buzz" dijo: "Y Neil, si puedes llevarte la cámara voy a trabajar en la bahía SEQ", implicando que fue Aldrin el que tenía la cámara, y por ende que tomó las fotos en cuestión. (Recuerde que las fotos presuntamente se tomaron un minuto y medio antes.) Sin embargo, y contradictoriamente, en el documento oficial titulado *Comentario de la nave espacial Apolo 11* (16-24 de julio de 1969, pág. 355), comenzando a las 110:49, atribuye algunas de las palabras de Aldrin a Armstrong (¡!), y la antedicha frase de Aldrin es cambiada a: "Y Neil, si recoges el mango de la cámara para trabajar en el (ininteligible)" tal alteración es muy importante porque ésta crea dudas en torno a si Armstrong tenía la cámara o no. Por si las dudas, el mismo "Jornal de la superficie lunar Apolo" admite que el tema acerca de quién tomó las fotos sigue en disputa. Así, en la sección titulada "Movilidad y fotografía: La transcripción corregida y comentarios" uno encuentra el siguiente comentario escrito de su autor, Eric M. Jones:

> Un aspecto sorprendente de estas imágenes es el hecho de que, durante la revisión de la misión de 1991, Neil dijo que fue él quien tomó las imágenes de la Tierra. Una posible explicación de esta memoria es que Buzz quitó la cámara, decidió que él no podía obtener las fotos (que deseaba), y luego Neil tomó la cámara por un momento, tomó los marcos AS11-40-5923 y 5924 y luego devolvió la cámara a Buzz. Otra posibilidad es que Neil está equivocado acerca de haber tomado las fotos de la Tierra durante el EVA (actividad extra-vehicular). Ciertamente, después de la EVA como a eso de las 112:20, él tomó fotografías de la Tierra a través de la ventanilla (del módulo lunar) —estas fotos son

AS11-37-5506 5509— y, veinte años después del hecho, él puede haber mezclado los recuerdos. [Después de leer un borrador de la discusión en 1995, Neil dijo que no tenía nada más que agregar para solucionar este pequeño misterio.]

¿Acaso esto no le parece un poco extraña esta discrepancia entre dos documentos oficiales? Después de todo, para resolver este "pequeño misterio" lo único que la agencia hubiese tenido que hacer era entrevistar más vigorosamente a Armstrong o a Aldrin. Tiempo de más han tenido. Además, existe una buenísima razón para descartar la posibilidad de que ambos hombres hubiesen podido olvidar todo esto: el hecho de que la toma de las dos fotos hubiese sido un verdadero reto. Como dijo el mismo Eric M. Jones: "Buzz hubiese tenido que sacar la cámara del soporte de la RCU (Unidad de control remoto del traje) y luego o adivinar cómo apuntarla o echarse muy atrás para poder sostener la cámara sobre su cabeza y ver a través de ella. *Debido a la rigidez del traje, era muy difícil echarse lo suficiente hacia atrás.*" (Énfasis añadido.) En otras palabras, Aldrin, o Armstrong, hubiesen pasado bastante trabajo para captar la Tierra lo que nos lleva al otro detalle muy extraño de este misterio: la total ausencia en las comunicaciones de alguna expresión de asombro ante lo que supuestamente se estaba observando o una solicitud de asistencia de Houston o del compañero para asegurar una toma satisfactoria lo cual, aparentemente, se logró.

Una vez más debemos preguntarnos: ¿Si usted hubiese sido uno de los primeros seres humanos en pisar una superficie extraterrestre y mientras caminaba por allí tomó las primeras fotografías de su planeta hogar a casi medio millón de kilómetros de distancia, usted tendría problemas recordando eso?

El ruido dentro del módulo lunar

Como ya sabemos, la versión oficial nos dice que los astronautas debieron alunizar a bordo del módulo lunar, la fea nave de dos etapas, y dos poderosos motores cohete —uno para cada etapa— que se asemeja a un arácnido. En el caso de la etapa de descenso, la que debía utilizarse para hacer el alunizaje, su fuerza máxima era de 45.04 kilo Newtons la cual se graduaba a unos 13.34 kN al alunizar, suficiente potencia como para arrancar fragmentos de concreto de pistas de aterrizaje, y según la misma NASA —al menos antes del "alunizaje" de Apolo 11— cavar un gran cráter sobre una superficie de tierra o regolito. Otra cosa que vimos en el capítulo anterior es que la NASA siempre se ha empecinado en decirle al mundo que los "alunizajes" ocurrieron en TOTAL silencio como puede verse claramente en las famosas/infames escenas supuestamente mostrando los momentos en que el *Eagle* se iba acercando al suelo lunar. En dicha secuencia nunca se escucha ningún tipo de ruido mecánico o vibración del poderoso motor de la nave, solo las voces de los astronautas y del personal del centro de control de Houston y el fuerte "bip" entre cada una de sus transmisiones. Pero, por otro lado, la NASA se ha aferrado a la absurda y anticientífica noción de que los trajes de los astronautas —sí sus trajes hechos principalmente de látex, tejido beta y otras fibras— era un mejor conductor de ondas sonoras que una nave hecha mayormente de metal. ¡Guau!

Afortunadamente, la inmensa mayoría de la humanidad no es tan bruta como Washington y sus secuaces dentro de la división de guerra sicológica de la CIA y la NSA (la Agencia Nacional de Inteligencia) se han creído, y es que cualquier persona que haya golpeado un objeto de metal en su vida sabe muy bien que las ondas sonoras viajan mucho mejor y más rápido a través del metal, cualquier tipo de metal, que a través de materiales fibrosos compuestos de telas o plásticos. No hay que ser un físico para entenderlo. Aún mejor para aquellos de nosotros que nos importa la transparencia de nuestros gobiernos y el verdadero progreso de la ciencia, es el hecho de que ha habido al menos un astronauta que ha contradicho esta estupidez de la NASA; ese astronauta ha sido Eugene Cenan de las misiones Géminis 9A y Apolo 10 y 17. Ahora bien, antes de continuar es imperativo aclarar que Cernan definitivamente no hizo sus comprometedoras declaraciones por haber sentido un genuino deseo de redimirse y admitir, de una vez por todas, la verdad pues para él —al igual que, tristemente, casi toda la humanidad— la supervivencia siempre ha ido por encima de cualquier concepto utópico como la justicia o la integridad. No. Todo lo contrario, y es que, en fuerte contraste con el tímido y taciturno Armstrong, el presunto último hombre en pisar la Luna nunca se ha cohibido de hablar de sus seudo-hazañas fuera de la órbita baja terrestre convirtiéndose en uno de los portavoces más entusiásticos de toda la historia de la NASA. En el 2000 Cernan publicó un libro, *The Last Man on the Moon* o "El último hombre en la Luna" y, a través de los años, también ha hecho numerosas apariciones en programas de radio y televisión y conferencias de organizaciones científicas y usualmente haciendo declaraciones dramáticas y grandilocuentes, una característica típica de un mentiroso patológico. En el documental llamado igual que su libro; "El último hombre en la Luna"; Cernan dijo mientras hablaba de Apolo 10 (con una música angelical de fondo) que:

> Era América (EE.UU.) la que estaba yendo a la Luna, pero la realidad de la vida era que la humanidad del siglo XX estaba yendo a la Luna. El mundo entero estaba a bordo de esa nave (Apolo 10) con nosotros.

Pero eso no es todo, casi por la mitad del antedicho documental Cernan intentó conmover a los televidentes al mostrar una carta que supuestamente escribió para su pequeña hija, Tracy. "Trace", dijo él, "tú... eres muy joven para entender lo que significa que papi vaya a la Luna, pero algún día tendrás el sentimiento de emoción y orgullo que mami y papi tienen. ... Tenemos muchos acampamientos y cabalgatas que hacer cuando regrese." Para completar este episodio melodramático, la escena culmina con una foto de Cernan abrazando a Tracy. ¡Qué lindo! Pero Cernan cometió una grave metedura de pata luego de que el documentalista *apoloescéptico* Bart Sibrel astutamente lo entrampara con una pregunta acerca del ruido generado por el módulo lunar durante su supuesto descenso a la superficie lunar.

Cernan hizo sus comprometedoras declaraciones durante la mitad del interesante documental *Astronauts Gone Wild* o "Astronautas volviéndose salvajes" (disponible en *You Tube*) de Sibrel quien, dicho sea de paso, es un productor independiente cuyo agresivo, irreverente, pero efectivo estilo lo ha llevado a ser agredido verbal y físicamente por los pocos astronautas que han accedido a aparecer en sus películas. Entre las antedichas agresiones se encuentran insultos, al menos una amenaza de muerte, un golpe en el trasero (el cual vino minutos antes de la amenaza de muerte) y un puñetazo en la cara cortesía de "Buzz" Aldrin.

Para ser justo, Aldrin golpeó a Sibrel luego de que él lo confrontara, por acusado de haberle mentido, y le dijera en un lugar público que él era un "cobarde" y un "mentiroso". Y, por si la curiosidad lo está matando, el que le dio la patada fue Edgar Mitchell (Apolo 14) durante una entrevista en la que Sibrel lo confronta con un video incriminador en el que se ve a uno de los astronautas de Apolo 11 poniendo una transparencia con una imagen de la Tierra, sí, una transparencia, sobre una de las ventanillas, presuntamente del módulo de comando que los llevaba a la Luna. Obviamente incapaz de dar una respuesta satisfactoria a lo que estaba viendo en su propio televisor y además perturbado por el interrogatorio agresivo al que estaba siendo sometido, Mitchell comienza a tornarse hostil, asumiendo una postura defensiva. Acto seguido, Sibrel exhorta a Mitchell a juramentar sobre una biblia, so pena de "eterna perdición", que él había ido a la Luna a lo cual Mitchell accede. Sin embargo, luego Mitchell le confiesa que él no veía la biblia como un texto sagrado o divino, efectivamente diciéndole a Sibrel que su juramento no valía nada. Mitchell pierde la calma, expulsando de su casa a Sibrel y a su camarógrafo mientras lo insulta diciéndole *asshole*, o el equivalente de "cabrón", y amenazándolo con tomar acción legal en su contra a la vez desatando una candente discusión. Entonces, un tal Adam, presuntamente un nieto de Mitchell, se une a la discusión mientras Sibrel invita a Mitchell a que lo lleve a juicio y cuando Sibrel se inclina para recoger su maletín y marcharse, Mitchell le da con su rodilla derecha en el trasero. Finalmente, Sibrel y su camarógrafo salen de la residencia de Mitchell en dirección a su carro cuando se desarrolla este interesante intercambio de palabras:

> **Mitchell:** ¿Quieres que busque el arma y les dispare, Adam, antes de que salgan de la oficina?
>
> **Sibrel:** "¡Ja, ja! ¡Nosotros tenemos la cámara grabando si deseas hacerlo! ¡Eso sería una grandiosa grabación para nosotros!"
>
> **Sibrel:** "¡Hasta luego!"
>
> **Adam a Mitchell:** "¿Quieres llamar a la CIA y hacerlos desaparecer (*have them waxed*)? (¡!)"

¡Guau! Pero gracias a Sibrel el mundo ha podido conseguir valiosísima información desmintiendo el mito de las expediciones lunares del programa Apolo.

Bueno. He aquí la parte que nos concierne del diálogo entre Cernan y Sibrel la cual comienza exactamente a los 27 min y 31 segundos de *Astronauts Gone Wild*. Recordemos que se está hablando del ruido del módulo lunar.

> **Sibrel:** "¿Así que el motor es ruidoso?"
>
> **Cernan:** "¿Perdón? Es muy ruidoso. Bueno. Es muy difícil distinguir la diferencia entre escuchar un sonido y sentir un sonido, pero sí es ruidoso (…)"

Ahora contrastemos esto con la respuesta de Alan Bean de Apolo 12 y Skylab 3.

> **Bean:** "Cuando estabas en él (en este caso el *Intrepid*) no lo podías oír en el vacío del espacio."

Cernan: "Sin aislante espeso alrededor de nosotros, cada disparo de los motores del *Snoopy* sonaba como si alguien estuviese dándole a un bote de basura con un martillo." (Nota: la declaración se encuentra en la página 213 de *The Last Man on the Moon*, pero no en la película basada en él.)

Extraño, ¿no? Además, si se fija bien en la parte de la entrevista entre Sibrel y Cernan de *Astronauts Gone Wild*, usted notará que Cernan comienza a incomodarse y a sudar profusamente hasta empapar las sisas de su camisa.

Ahora bien, respecto a la declaración de Bean acerca de los sonidos en el espacio, cabe aclarar que esta es correcta: no hay sonido en el vacío, pero eso no aplica ADENTRO de una nave herméticamente sellada para mantener gases respirables como el oxígeno. Por ejemplo, en el 2016, el cosmonauta ruso Andréi Borisenko le dijo a la cadena noticiosa RT que "La Estación es bastante ruidosa" y luego, mientras sostenía unos "auriculares de cancelación activa del ruido" (Figura 3C), dijo que eran esenciales "Para conservar el oído". Muy revelador considerando que Borisenko no se encontraba parado justo sobre un motor cohete como Bean supuestamente hizo en Apolo 12.

Fig. 3. A) Momento exacto en el que Alan Bean dice que, al descender a la Luna, el módulo lunar "no (se) podía oír en el vacío del espacio." B) Eugene Cernan diciéndole a Bart Sibrel que el módulo lunar "Es muy ruidoso", posición confirmada por el cosmonauta ruso Andréi Borisenko (C) en el 2016 cuando le dijo a la cadena noticiosa RT (Russia Today) que "La Estación (Espacial Internacional) es bastante ruidosa. Para conservar el oído es necesario utilizar unos medios adicionales de protección. (Los) auriculares de cancelación activa del ruido (los cuales está sosteniendo en sus manos). Puede que no sean demasiado cómodos para dormir, pero son una buena protección y permiten descansar bien." Crédito: Bart Sibrel.com, *Astronauts Gone Wild*, RT/Corporación RKK Energiya.

Para finalizar, quisiera añadir que, aunque un sagaz defensor de la NASA podría argumentar que la diferencia entre la versión de Bean y la de Cernan puede atribuirse a una decisión de los técnicos de la Grumman de reforzar las paredes de la nave, o de añadirle mejores materiales aislantes, tal argumento sufre de un serio problema: que en la entrevista con Sibrel, Cernan claramente se estaba refiriendo a Apolo 17, la última misión del programa Apolo lo que significa que tal modificación no pudo haber ocurrido.

La maniobra de enfriamiento del módulo de mando y servicio

Además de las contradicciones respecto al ruido dentro de las naves, otra área relacionada con la física que le ha dado problemas a los astronautas ha sido la del llamado "control pasivo térmico" o "barbecue roll", "barbecue mode" o "rotación/método de la barbacoa". ¿Y qué rayos era la "rotación/método de la barbacoa"? Pues, como dice el epígrafe, una maniobra en la cual el módulo de comando debía hacer una serie de rotaciones para evitar que los rayos de luz solar sobrecalentasen su superficie y la del módulo lunar cuando éste estaba acoplado a él. Según William S. Windnall, el Director de control y dinámica de vuelo de MIT (Massachusetts Institute of Technology), la nave o naves debían hacer al menos "una revolución cada diez minutos alrededor del eje de rotación". Sin embargo, hay desacuerdos respecto a la duración o frecuencia de las rotaciones. He aquí las más notables:

> *Wikipedia* (Apolo 8): "La nave giraba aproximadamente una vez por hora alrededor de su largo eje para asegurar la distribución uniforme del calor por toda la superficie de la nave espacial".

> **Michael Collins (Apolo 11):** "Nosotros (rodábamos) muy lentamente a tres décimas de grado por segundo o una vuelta completa cada veinte minutos." (*Carrying the Fire: An Astronaut's Journeys* | Pág. 380.)

Edgar Mitchell (Apolo 14): "Estábamos girando cada dos minutos para mantener el equilibrio térmico (...) en la nave se le llama el método de barbacoa."

¡Vaya discrepancia! Como ya ha señalado el *apoloescéptico* David Orbell, si la vida de los astronautas dependía de una combinación de sincronización óptima en relación con la rotación de la nave o naves para así asegurar que no terminasen asados o congelados, entonces tales desviaciones arbitrarias de las normas establecidas son verdaderamente extraordinarias.

¿La Luna es fría o caliente?

En 21 de Julio del 2014, el portal científico space.com publicó un artículo titulado "Los momentos más espeluznantes de Apolo 11: Los peligros del primer alunizaje tripulado" (*Apollo 11's Scariest Moments: Perils of the 1st Manned Moon Landing*). En él, el "historiador y escritor científico" Rod Pyle narra lo siguiente:

Todo se veía bien en la Luna. Pero en el centro de control de la misión, la historia era diferente.

En cuestión de minutos, las consolas de monitoreo de la fase de descenso del módulo lunar indicaron una acumulación de presión potencialmente peligrosa en una línea de combustible del motor de descenso. Dick Dunne, el hombre de relaciones públicas de la Grumman para Apolo, recordó el momento crítico. El *extremo frío de la superficie lunar* se estaba infiltrando en la etapa de descenso después de que se apagara el motor. "El frío había permeado una línea de combustible y causado una obstrucción (...) que fue reportada inmediatamente por la telemetría al Control de la misión (centro de control) en Houston. Eso nos dio una razón para alarmarnos", recordó.

Un tapón de hielo estaba bloqueando una línea de combustible. Puede derretirse (¡!), o puede causar que un disco de escape reviente aliviando la presión. O puede causar una explosión catastrófica. Nadie podía estar seguro.

Mientras Kranz debatía si decírselo o no a los astronautas, hubo una conferencia rápida entre los controladores de vuelo y los representantes de la Grumman. "Se consideró por un momento abortar la exploración de la Luna y dar inicio a la secuencia de lanzamiento inmediato," recuerda Dunne. "Sin embargo, el calor que salía del motor *derritió* (¡!) el hielo que se había formado, y el problema desapareció." La presión del motor regresó a la normalidad. Los controladores respiraron un pesado suspiro de alivio, mientras los astronautas continuaron sus labores sin enterarse de lo sucedido. (Énfasis añadido.)

¿O sea, que todo esto sucedió sin que los astronautas se enterasen de lo sucedido? ¡Qué interesante!

Sí. Es muy conveniente para los defensores de la NASA como Pyle que los astronautas no se hubiesen percatado de la supuesta crisis de vida o muerte que estaban experimentando, pues así no hay que preocuparse de que la total ausencia del antedicho problema en la transcripción de Apolo 11 pudiera ser usada en su contra. Además, note cómo él dice "extremo frío de la superficie lunar" y no "extremo frío de la *sombra* lunar", dándole al lector la falsa impresión de que nuestro satélite natural *siempre* registra temperaturas bajas; aún durante el día lunar. Por supuesto, tampoco debemos olvidar lo del hielo DERRITIÉNDOSE en un vacío cuando en realidad debía evaporarse. Que detalles tan importantes como estos no fuesen señalados por un "historiador y escritor científico" escribiendo para una revista científica virtual es verdaderamente increíble. Y, por si las dudas, sépase que durante la supuesta inspección del módulo lunar Armstrong jamás reportó una anomalía indicando la posibilidad de daños causados por el frío. Obviamente, Pyle se fue por encima de los límites de la realidad y directo al ámbito de la ciencia ficción al escribir tal cosa, pues, como ya sabemos, el día lunar es calientísimo (sobre 150 °C). Entonces: ¿Por qué diablos lo hizo? Pues porque, inexplicablemente, la versión oficial original de la NASA sostenía que la Luna siempre era fría mentira que Aldrin sumisamente reafirmó en su libro autobiográfico *Return to Earth* (pág. 276) al escribir que ¡el intenso frío dentro del módulo lunar no lo dejó dormir!

La reentrada a la Tierra

Si hay un detalle de las presuntas misiones lunares Apolo con el cual *todos* sus participantes deben/debieron de estar de acuerdo era la maniobra de reentrada o el procedimiento para entrar nuevamente a la Tierra. Y es que la penetración de la atmósfera de nuestro planeta, particularmente cuando se trata de una reentrada desde distancias de cientos de miles de kilómetros como en las que hay entre la Luna y la Tierra, es un proceso peligrosísimo con velocidades que fácilmente pueden superar los 39,000 kph y un intensísimo calor de unos 1,650 °C/1,923 Kelvin; una temperatura superior al punto de fusión del acero. Por ello, cualquier nave o cápsula regresando desde la Luna tiene que maniobrar con extrema cautela y precisión, y rapidez —meros minutos— para disminuir esa velocidad y, a su vez, evitar su total pulverización. Hasta el momento solo existen dos tipos de maniobra de reentrada: la reentrada directa (*"straight in"*) y la "reentrada de salto" (*skip reentry*). Como sus nombres implican, el primer método entra en una trayectoria continua o casi directa, para penetrar la atmósfera, mientras que el segundo sigue una trayectoria directa hasta rozar la atmósfera y salir nuevamente al espacio (el "brinco") para finalmente penetrarla y caer hacia el mar, en este caso el océano Pacífico.

Sabiendo todo esto, ahora analicemos detenidamente lo que un astronauta y "piloto del módulo de comando", Alfred Worden de Apolo 15, dijo al respecto durante la presentación *Autographica 21* en Reino Unido (21 de septiembre, 2014). Como el nombre implica, *Autographica* es un evento en el cual una persona famosa da un discurso, toma preguntas y les da su autógrafo —por un alto precio—

a miembros del público. Tras recibir una pregunta de Orbell acerca del método de reentrada que él presuntamente utilizó en 1971, Worden respondió que él y sus dos compañeros; David Scott y James Irwin; entraron directamente en un ángulo de seis grados y medio (aulis.com/censored.htm). Esto es muy curioso porque tal "testimonio" contradice totalmente la posición del Dr. Christopher C. Kraft. ¿Y quién es él? Pues nada menos que el primer director de vuelos de la NASA, notable por su participación en la creación del Centro de Control de las Misiones (CCM), la entidad encargada de la administración y logística de los vuelos espaciales de EE.UU. Como si fuera poco, Kraft también trabajó como ingeniero de aviación para la NACA o el Comité Consejero Nacional para la Aeronáutica, el precursor de la NASA y su carrera en el ámbito de la aeronáutica espacial duró casi cuarenta años. He aquí la razón dada por Kraft para favorecer la reentrada de salto:

> Debido a que la velocidad es tan alta, si uno intentaba entrar directamente los requisitos de protección contra el calor serían demasiado grandes. Así que lo que hicimos fue llegar a la atmósfera, saltarlo (el módulo de comando) para deshacerse de la velocidad y luego traerlo de nuevo (hacia la estratósfera). Eso hizo que el pulso de calor total (concentrado) en el escudo térmico de la nave espacial fuese considerablemente menor.

No soy ingeniero de aviación, pero su tesis me suena muy razonable.

Pero esta anécdota no acaba aquí. Cuando Orbell hizo referencia a esta declaración de Kraft, Worden exclamó lo siguiente: "¡Chris Kraft es un tipo malo, si pudiéramos alimentárselo a una bomba lo haríamos!" Luego del perturbador episodio, Worden fue repentinamente escoltado hacia otra sección del hotel donde se presentaba. Por su gran descaro, Orbell fue expulsado del hotel.

Otro dato interesante es el hecho de que la misma NASA oficialmente ha secundado la posición de su primer director como puede verse claramente en el documental *Apollo Atmospheric Entry*

Phase o "La fase de entrada de Apolo" (Figura 4). Además noticiarios de la época mostraron diagramas en los cuales se puede ver claramente una reentrada de salto. Por ejemplo, en su reportaje especial del amaraje de Apolo 11, ABC News mostró un dibujo de la Tierra en el cual el presentador Jules Bergman traza una línea blanca siguiendo una trayectoria correspondiente a una reentrada de salto aunque él nunca usa tal término al describir la maniobra.

Pregunta: ¿Cómo es posible que haya tal desacuerdo dentro de la NASA respecto a lo que puede catalogarse como la maniobra más peligrosa jamás hecha por un ser humano? Recordemos que estamos hablando de una fase vital de los presuntos vuelos lunares presuntamente llevados a cabo nada menos que medio siglo atrás. Más importante aún: ¿Cómo diablos fue que los astronautas de las nueve misiones "lunares" lograron reducir la rapidísima velocidad del módulo de comando en el que supuestamente viajaban sin emplear el método recomendado por expertos como Kraft?

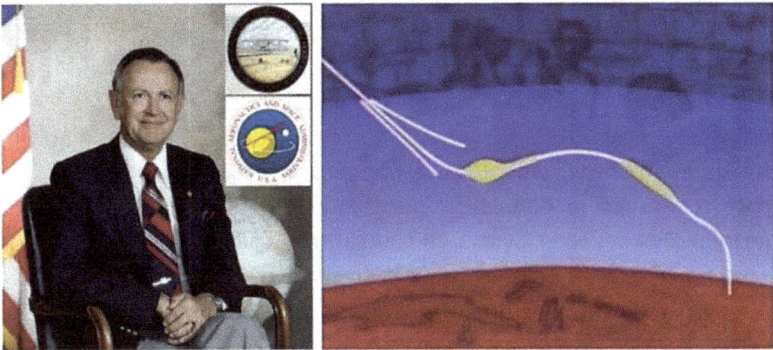

Fig. 4. El Dr. Christopher C. Kraft (A), el primer director de vuelos de la NASA que también trabajó como ingeniero de aviación para el predecesor de esa agencia: la NACA o el Comité Consejero Nacional para la Aeronáutica. (B) Escena del documental animado de la NASA titulado *Apollo Atmospheric Entry Phase* o, "La fase de entrada de Apolo" (1968), corroborando la versión de la "reentrada de salto" (*skip reentry*) que hicieron, perdón, debieron de haber hecho, las capsulas para poder entrar "seguramente" a la Tierra. Esto desmiente por completo las aseveraciones de astronautas como Alfred Worden (Apolo 15) quienes durante casi medio siglo han insistido que el método usado fue el de reentrada directa (*"straight in"*) mientras que Kraft siempre ha sostenido que el método usado fue el de la reentrada de salto.

¿Levantaba polvo el escape de los motores del módulo lunar?

En junio de 1996, David Percy y Mary Bennett entrevistaron a George Pinter, el director de los sistemas criogénicos del módulo lunar para la Grumman Aerospace, para que él les contestase algunas preguntas acerca del sistema de propulsión de la nave que presuntamente llevó a los estadounidenses a la Luna. Durante la entrevista a Pinter se le hizo una pregunta que para él —quien, dicho sea de paso, también fue miembro del Instituto Americano de Aeronáutica y Astronáutica— debió de haber sido facilísima de contestar: ¿Por qué la película *Apolo 13* mostró al motor del módulo lunar arrojando gases de color rojo cuando la nave "real" no arrojó tales gases?

Antes de continuar, es imperativo aclarar dos cosas: primero que para aquel entonces el docudrama acababa de cumplir un año generando $355.2 millones y, por último, pero no menos importante, que, por su uso de propelentes *hipergólicos* (combustibles que se encienden al entrar en contacto uno con el otro, sin ninguna asistencia externa), el módulo lunar sí debía arrojar gases de matiz rojizo. Pinter respondió que solo se trataba de un caso de licencia artística, añadiendo que la nave arrojó "humo blanco". Justificadamente sorprendidos por esta respuesta, los entrevistadores le dijeron a Pinter que en las pruebas de dichos propelentes llevadas a cabo en California (Rocketdyne Systems) los motores "siempre" arrojaron un humo rojizo oscuro. La reacción de los entrevistadores tomó por sorpresa a Pinter quien en un desliz verbal les respondió que "Oh. Los gases rojos fueron las pruebas para los químicos usados para los motores de control de actitud". Una contestación incomprensible y totalmente insatisfactoria. Reconociendo que no irían más lejos con ese tema, Bennett y Percy tornaron su atención sobre el asunto de la visibilidad de los astronautas durante su presunto alunizaje, pues recordemos que el motor de la etapa de descenso supuestamente tenía una fuerza máxima de 45.04 kilo Newtons la cual se graduaba a unos 13.34 kN al alunizar y, según los cálculos disponibles, hubiese generado una presión de 9032.13205 pascales o 1.31 psi (libra-fuerza por pulgada cuadrada). En esta ocasión la pregunta fue mucho más explícita resaltando el "oscurecimiento total del humo del escape *hipergólico*". Esta vez la respuesta de Pinter fue más allá de ser incomprensible, entrando en ámbito de lo increíble: "No podía haber *nada* de humo porque *ellos tenían que ver para alunizar*", afirmó él añadiendo que "Ellos solo levantaron un poco de polvo." (Énfasis en el original.) Cabe señalar que, aunque Pinter estaba correcto respecto a que no podía haber humo en el vacío, él estaba totalmente incorrecto cuando dijo que los astronautas "solo levantaron un poco de polvo", ya que esto contradice a prácticamente todos los astronautas que supuestamente alunizaron un cuarto de siglo antes. He aquí tan solo dos de los "testimonios" que terminaron en las páginas de la revista *National Geographic*:

Neil Armstrong (Apolo 11): "A 115 pies (35 metros) (de altura) el empuje del motor comienza a perturbar el polvo suelto en la superficie. La intensidad de la nube de polvo lunar aumenta marcadamente *haciendo las observaciones fuera de la ventana difíciles*." (Énfasis añadido.)

James B. Irwin (Apolo 15): "(A) sesenta pies (18.2 metros) sobre la Luna el estallido de nuestro único cohete levanta un tumulto gris de polvo lunar que aparentaba arroparnos. *Cegado, tanteo el resto del camino* (descenso) viendo los calibradores." (Énfasis añadido.)

Y Pinter, el hombre encargado de los sistemas criogénicos del módulo lunar estaba totalmente equivocado, hecho que quedó confirmado el 10 de diciembre de 2013 tras la primera prueba exitosa del vehículo de despegue y aterrizaje vertical (VTVL) *Morpheus* (Morfeo) en Cabo Cañaveral. Dejando a un lado el hecho de que el

VTVL pasó por primera vez una prueba que, según la versión oficial, debía ser anticuada y, por ende, totalmente irrelevante y superflua, el aterrizaje de lo que es esencialmente una versión más avanzada del módulo lunar demostró claramente que un motor cohete de potencia *mucho menor*, 18.6 kilo Newtons versus 45.04 kN de su predecesor del siglo XX; sí es capaz de levantar una gran cortina de polvo.

Ahora bien, cabe recalcar que, según la NASA, al alunizar el piloto del módulo lunar debía reducir el chorro a menos de la mitad de la potencia máxima: más o menos 13.34 kN. No obstante, la lógica dicta que el VTVL debió de hacer lo mismo al aterrizar y, más aún, la tenue gravedad de la Luna debió de generar una cortina de polvo de una magnitud *superior* que la que se registró en la prueba del 2013.

Fig. 5. Prueba del vehículo de despegue y aterrizaje vertical (VTVL) Morpheus (Morfeo) en Cabo Cañaveral en la Florida. Note la gran cortina de polvo levantada por el motor de la nave. Esto contradice por completo a George Pinter, el director de de los sistemas criogénicos del módulo lunar para la Grumman Aerospace, quien alegó que el módulo lunar no debió de levantar polvo al alunizar.

Los saltos de los astronautas en la Luna

Sin duda una de las preguntas que más se han hecho respecto a los presuntos alunizajes del programa Apolo ha sido el de cuán alto debían de haber sido los saltos lunares y, aunque esto se discutirá más a fondo en el capítulo 7, lo cierto es que en 1970, Neil Armstrong dijo que en la Luna: "Un salto libre y manteniendo el control sobre el movimiento es posible hasta un metro", que "Los saltos a gran altura a menudo terminaban en una caída" y que "La altura máxima del salto", presuntamente dado por él, "fue de dos metros." En un intento por contestar esta interrogante, el ingeniero y máximo defensor del programa Apolo, Jay Windley, dedicó una página entera de su portal cibernético, clavius.org, a los temas de la fricción y la gravedad lunar y el porqué de la casi total ausencia de saltos altos o acercándose a los dos metros que Armstrong aseguró que hizo en la Luna. Y ciertamente su artículo es excelente, explicando de modo conciso y muy lógico el muy importante, pero poco conocido fenómeno de la fricción, particularmente en un ambiente de gravedad muy reducida como el de la Luna donde tal fuerza es aproximadamente una sexta parte de la que hay aquí en la Tierra. Esto es de esperarse dado que, como se dijo anteriormente, Windley es uno de los defensores preeminentes de los Apolo-alunizajes llegando a aparecer en un documental pro-Apolo titulado *The Truth Behind the Moon Landings* o "La verdad detrás de los alunizajes". Obviamente el hombre es un intelectual. Sin embargo, tanto en la antedicha película como en el artículo de clavius.org él ha cometido unos graves errores.

Como ya sabemos, el primer error; el de usar arena desértica en lugar de asfalto para simular el albedo de la Luna; se discutió a fondo en el primer capítulo, pero en este caso también ha cometido un error al decir en su contraargumento que después de Armstrong los astronautas no dieron brincos altos porque "Caerse de espaldas dañaría el PLSS (Sistema Portátil de Soporte Vital)". ¿Y qué tiene de erróneo eso? Pues que hay evidencia fílmica de que los astronautas hicieron precisamente eso que Windley dijo que no debía hacerse en la Luna: dar brincos de más de un metro.

Se trata pues de un pequeño evento que John Young y Charles Duke llevaron a cabo durante Apolo 16 y que ambos denominaron en broma como las "Olimpiadas Lunares" (Figura 6). Exhorto al lector a que vea el cortometraje en *You Tube* (https://www.youtube.

com/watch?v=16D0hmLt-S0) porque le aseguro que al hacerlo usted rápidamente llegará a la obvia conclusión de que una payasada como esa nunca hubiese sido autorizada por una agencia espacial digna del nombre. Para que comprenda bien cuán absurdo fue todo este episodio, este servidor ha optado por que sea el mismo Charles Duke el que narre lo que ocurrió "en la Luna":

> Aún, nos quedaban unos minutos, así que decidimos hacer las "Olimpiadas lunares". Yo decido tratar de establecer el récord del salto alto en la Luna. (Pero) mientras empiezo a hacer eso, yo reboto un par de veces y luego ME CAIGO DE ESPALDAS. Y mientras ME CAIGO DE ESPALDAS el miedo se apodera de mí (*fear strikes*): ¡Si me hubiese desgarrado el traje, estoy muerto! Mientras John me levanta, yo me quedo muy, muy cayado. Yo escucho las bombas y el flujo de oxígeno en el traje. Afortunadamente, el traje resiste y mis temores se disipan (*subside*). (Énfasis añadido.)

¡Guau! O sea, que cuando estaban a punto de concluir una peligrosísima misión en un cuerpo celeste prácticamente sin atmósfera, y a casi medio millón de kilómetros de la Tierra, Young y Duke deciden arriesgarlo todo para hacer algo que solo puede describirse como una gran estupidez. ¿Y cómo reaccionó el personal del centro de control en Houston, esas personas que debían estar allí para asegurarse de que una misión tan delicada y complicada como esa se llevase a cabo ordenada y disciplinadamente? Pues, increíblemente, con TOTAL aprobación, ya que EN NINGÚN MOMENTO el operador o "comunicador con la cápsula" o "CAPCOM", Anthony Wayne "Tony" England, les llamó la atención a los astronautas para disuadirlos de lo que obviamente era una conducta negligente y peligrosa cuyo desenlace pudo haber sido catastrófico no solo para Duke, sino para la nación entera. Ni una advertencia o protesta de su parte. Por el contrario, ¡lo único que dice England, luego de oír a Young anunciando las llamadas olimpiadas lunares, a la vez que brincaba una y otra vez, es que "Para un hombre de 380 libras (172 kg) eso es bastante bueno"! Como si fuera poco, de todos los espacios abiertos que les rodean, los astronautas sospechosamente escogen un punto justo detrás del vehículo explorador lunar para hacer sus saltos por lo que la cámara nunca capta el suelo sobre el cual presuntamente están brincando.

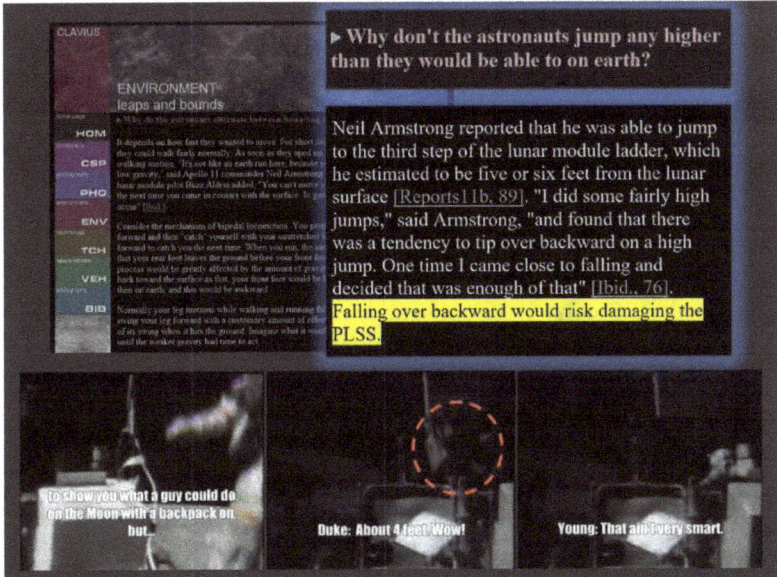

Fig. 6. Segmentos de las "Olimpiadas Lunares" de Apolo 16 yuxtapuesto con la sección del artículo "Ambiente: Saltos y brincos" (*Environment: Leaps and Bounds*) de clavius.org en el cual su autor, Jay Windley, justifica la ausencia de saltos altos "en la Luna" diciendo que, aunque Neil Armstrong llegó a dar brincos de hasta dos metros de altura, él se abstuvo de continuar por el obvio peligro que dicha práctica podría acarrear. "Caerse de espaldas dañaría el PLSS (Sistema Portátil de Soporte Vital)" concluye Windley. Una conclusión totalmente lógica. Sin embargo, una caída de espaldas es precisamente lo que le ocurrió a Charles Duke tras brincar negligentemente detrás del todoterreno lunar, una movida que, como le dijo su compañero John Young, "no (fue) muy inteligente". Por supuesto, al héroe espacial estadounidense no le pasó absolutamente nada, ni un rasguño o desgarre del traje, él solo pasó un gran susto.

¿En serio?¿Por dónde empezar? Bueno. Primeramente, el regolito es una capa continua de material fragmentario, incoherente, producida por impactos meteoríticos cuyo intenso calor ha fusionado la capa superior del suelo convirtiéndola en vidrio y rompiéndola en pedazos diminutos. Es decir, que el suelo lunar está cubierto de polvo compuesto en partículas de vidrio dentadas o puntiagudas. Esto significa que una caída sobre él prácticamente hubiese garantizado la ruptura de alguna sección del traje espacial de Duke y, por consiguiente, su muerte. Peor aún, la decisión de ambos hombres, muy estúpida de hecho, de escoger el área más abarrotada posible, para hacer sus saltos solo hubiese incrementado el riesgo de una ruptura, e incluso un golpe severo al astronauta, al igual que la rotura de parte del equipo tan costoso de la NASA. ¿Y qué conclusión podemos sacar del hecho de que fue John W. Young, el comandante de la misión, el que inició el jueguito? ¡Y lo peor de todo es que esta no fue la única vez que Young cometió un error que, de haber ocurrido en el espacio o la Luna de verdad, hubiese sido fatal! ¿Recuerda la escena que se discutió en el primer capítulo en la que Young sufre un derramamiento de jugo sobre el lente de su cámara? Y ni hablar del tono bromista del "comunicador con la cápsula". ¡Ciertamente con esa conducta tan descuidada ninguno de los bufones de Young y Duke hubiese sobrevivido ni un día en la Luna!

¿Qué tipo de navegación tenía el vehículo explorador lunar?

Al parecer, Charlie Duke era el más atrevido de todos los llamados caminantes lunares pues antes de su fallido intento en las "Olimpiadas Lunares" él y Young, en sus propias palabras, se habían, "derrapado... 180° mientras iba(n) hacia un cráter". Al menos, eso fue lo que él le dijo al presentador James May de la cadena británica BBC 2 durante el documental *James May on the Moon* o "James May en la Luna" (3/3/2010) (http://www.dailymotion .com/video/x9o2zl_james-may-on-the-moon-3-4shortfilms).

Apenas un minuto después de esta anécdota, May le pregunta a Duke cómo era la navegación en la Luna dado que allí no hay campos magnéticos que permitan el uso de un compás a lo cual Duke respondió que "nuestro sistema de navegación en el explorador (lunar) consistía en un giroscopio y un odómetro en una de las ruedas. El odómetro nos daba el millaje y el giroscopio nos daba la dirección..." Seguidamente, Duke dice que los mapas les fueron inservibles, esto por no haber sido de la resolución correcta y, por ende, se vieron obligados a "hacer un giro en U y (a) seguir tus huellas... las huellas todavía están allí", añadió entusiasmado. Bueno, aquí hay un grave problema: a Duke se le olvidó mencionar el mejor componente del sistema de navegación, el compás solar el cual se encontraba en el panel de instrumentos que debía estar frente a él. Ahora bien, antes de desestimar esto como un mero lapso de la memoria de Duke, tenga en cuenta que, al igual que todos los demás "caminantes lunares" de las últimas tres misiones (A-15, A-16 y A-17), él fue sometido a un entrenamiento exhaustivo —o al menos eso muestran las fotos de la NASA— en el manejo del vehículo explorador lunar por lo que es sumamente improbable que se le haya olvidado una herramienta tan vital como esa. Asimismo, otro detalle problemático es la parte en la que habla de seguir las huellas: ¿Qué huellas, si, como ya hemos visto en el capítulo anterior, la mayoría del tiempo los todoterrenos no dejaron huellas?

4

Las limitaciones tecnológicas de la época de Apolo... y de la actualidad también

En la edición de diciembre de 1972 de la revista estadounidense *Popular Science* o "Ciencia Popular" apareció un artículo lamentando que Apolo 17, supuestamente el último viaje tripulado a la Luna, significaría "el clímax de una era espacial". En la parte final del artículo se llegó a especular que la Unión Soviética estaba preparándose para llevar a cabo una misión tripulada hacia el lado oscuro de la Luna dando una cifra de $49 billones como el costo total de dicho programa y también citó al padre del programa espacial estadounidense, el expatriado, y ex nazi, Wernher von Braun (se lee "Vernjer"), quien dijo "estoy convencido de que antes del año 2000, nacerá el primer niño en la Luna." Y von Braun no fue el único que albergó tal ilusión, pues varios otros expertos de la época como, por ejemplo, el Dr. Fred L. Whipple, quien junto con él escribió un artículo pala la revista *Collier's Weekly* titulado *La Exploración*, al igual que el reconocido escritor y científico británico

Arthur C. Clarke también quedaron convencidos de que el ser humano, pero especialmente los estadounidenses, iban a terminar fundando colonias en la Luna antes del siglo XXI. De hecho, en 1954 Clark propuso la construcción de una base lunar con módulos inflables similares a iglúes con un reactor nuclear para generar energía. Pero los estadounidenses no fueron los únicos en contemplar la eventual colonización de nuestro satélite natural, pues los soviéticos también fraguaron sus propios planes de colonización lunar incluso llegando a diseñar vehículos capaces de cavar túneles para instalar "módulos prefabricados de hábitat" bajo el suelo lunar los cuales albergarían de tres a seis personas. Para realizar dicha tarea, los científicos soviéticos concibieron la "máquina de ingeniería lunar" (LIM por sus siglas en ruso.), un todoterreno de tres toneladas con una grúa telescópica y un taladro fijados a los lados de la cabina. El exótico vehículo tendría un motor de combustión interna de cuatro cilindros, pero, a diferencia de los motores tradicionales, este quemaría propergol o combustible de cohete, mezclando combustible líquido con oxidante.

Fig. 1. Imagen de la NASA (S86-27256) mostrando una "base lunar y una actividad extra-base". Curiosamente, esta imagen fue dibujada unos meses después de la explosión del trans-bordador espacial *Challenger* en 1986.

Alrededor de cinco décadas más tarde, es obvio que las cosas no resultaron como von Braun había pronosticado, ya que, además de habernos quedado quietecitos aquí en la Tierra —a excepción de un puñado de personas que han salido de nuestra atmósfera, por supuesto— la realidad es que todavía no hemos podido establecer ni una colonia lunar o marciana. Y, decepcionantemente, todo parece indicar que dichas ambiciones se mantendrán en la etapa conceptual durante varias décadas más. He llegado a esta conclusión tras percatarme de los siguientes acontecimientos del periodo 2013-2016.

- Julio y septiembre de 2013: un cohete Protón-M de Rusia y un Falcon 9 de la compañía estadounidense SpaceX explotaron, el primero antes de alcanzar la atmósfera y el segundo mientras intentaba aterrizar verticalmente sobre una plataforma marítima.

- Mayo y octubre de 2014: otro Protón-M explotó antes de alcanzar la atmósfera. Irónicamente, en la víspera (28 de octubre) y en el mismo día de Halloween —más o menos el equivalente anglosajón del día de los muertos— el cohete no tripulado Antares explotó segundos después de despegar de la Facilidad de vuelos Wallops de Virginia, la nave llevaba equipo científico para la Estación Espacial Internacional, y el día treinta la nave espacial experimental SS2 o Space Ship 2 ("Nave Espacial 2") de la compañía Virgin Galactic sufrió una "desintegración fatal" durante un vuelo de prueba sobre el desierto de Mojave, California. De los dos pilotos de prueba uno murió y el otro resultó gravemente herido tras caer en paracaídas.

- Enero y junio de 2015: dos Falcon 9 de la compañía estadounidense SpaceX explotaron, el primero mientras intentaba aterrizar verticalmente y el segundo menos de tres minutos después de despegar.

- Enero a septiembre, 2016: siguiendo una secuencia muy similar, cuatro Falcon 9 experimentarían fallos serios o catastróficos: tres de ellos explotarían en el intento de aterrizaje vertical y el otro al intentar aterrizar en un barco no tripulado.

Al parecer los cohetes, en lugar de acercarnos más a los cielos, nos han traído infernales bolas de fuego aquí a la Tierra.

Antes de continuar es imperativo señalar que la tragedia del SS2, un avión espacial con cabida para seis pasajeros, fue un duro golpe para las aspiraciones de establecer una industria de aviación espacial turística y eventualmente comercial no solo de Virgin Galactic, sino de la NASA y de la nación estadounidense en general la cual busca desesperadamente un modo de reducir los costos de los viajes espaciales los cuales son, pues, astronómicos. Pero eso no es todo, dicho periodo también vio una serie de problemas adicionales no relacionados con los cohetes propulsores problemas que, aunque no tan devastadores como los antedichos accidentes, sí fueron sumamente graves. Por ejemplo, en mayo de 2015 un fallo en el motor de la tercera etapa del Protón-M causó la caída y consecuente destrucción del cohete portador y del satélite de telecomunicaciones mexicano Mexsat-1 que llevaba y el 1º de septiembre del año siguiente un cohete chino Chang Zhong 4C perdió el satélite Gaofen 10 antes de alcanzar la órbita baja terrestre. Cabe señalar que, aunque el SS2 y el Antares eran naves experimentales o relativamente nuevas, este no es el caso respecto al Protón-M, el Chang Zhong y el Falcon 9 los cuales han visto decenas de vuelos exitosos, en el caso del primero más de noventa.

Pero ¿a qué se deben estas catastróficas fallas? Pues al hecho de que la tecnología de cohetes es inherentemente inestable y peligrosa porque, como dijo un *apoloescéptico* llamado Richard D. Hall, esta consiste básicamente en: "poner explosivos en un tubo y prenderles fuego". O sea, que más de medio siglo después de los primeros vuelos espaciales aún no hemos desarrollado un método verdaderamente seguro y costo-efectivo de ir a la *órbita baja terrestre*. Pregunta: ¿Si esto está ocurriendo con relativa frecuencia en la segunda década del siglo XXI entonces como diablos fue que el programa espacial estadounidense pudo haber tenido tantos éxitos *corridos* con tan solo un presunto accidente (Apolo 13) (sin ninguna muerte en el espacio) usando equipo diseñado y fabricado cuando la cohetería espacial se encontraba en su infancia? Para contestar dicha pregunta es imperativo comenzar desde el principio o desde el origen de la carrera espacial entre EE.UU. y la URSS, una saga que comenzó justo en la víspera de la Guerra Fría en las postrimerías de los años cuarenta.

Los primeros pasos hacia al espacio

Durante la Segunda Guerra Mundial del siglo XX (1939-1945) (le llamo así porque en realidad ha habido más de una decena de guerras mundiales en la historia), la Alemania nazi desarrolló y usó los primeros misiles de crucero y misiles balísticos de la historia: los V-1/A-1 y V-2/A-2, respectivamente. El V-2 fue el primer misil capaz de alcanzar el espacio exterior (100 km sobre el nivel del mar). Su designación se deriva de *Vergeltungswaffen* o "Armas de Venganza" para responder a los bombardeos sobre las ciudades alemanas desde 1942 hasta el fin de la guerra. La otra designación se deriva de *Aggregat* o "Agregado". Ambas armas se usaron principalmente contra Londres y Amberes, Bélgica, matando directamente a más de 10,000, o posiblemente hasta 20,000 personas, a lo largo del conflicto. Los cerebros detrás de la más poderosa y avanzada de estas armas, la V-2, fueron Hermann J. Oberth y Wernher (se lee "Vernjer") von Braun los cuales operaban bajo el mando del beligerante mayor general Walter Dornberger.

Tras el fin de la guerra, von Braun sería uno de los primeros científicos, ingenieros y técnicos que contribuyeron al desarrollo de las *Wunderwaffen* o "armas maravillosas" del Tercer Reich, en ser adquiridos y eventualmente naturalizados por los Estados Unidos mediante la operación *Paperclip* o "Sujetapapeles". Para el último año de la operación secreta; 1990; el total superaría los 1,500 ex nazis. Entre sus "maravillosas" creaciones se encontraban cohetes, armas químicas y experimentación médica (lea desarrollo de técnicas de tortura). Cabe señalar que, empezando por el mismo von Braun, los expertos alemanes —y también un puñado de japoneses cuya especialidad era las armas químicas— reclutados bajo *Paperclip* fueron verdaderos criminales de guerra, ya que, además de los miles de personas que mataron en los centros urbanos de Europa occidental, sus "armas maravillosas" también cegaron la vida de miles de prisioneros durante su brutal proceso de fabricación. Pero Washington estaba determinado a obtener la supremacía militar, y por consiguiente mundial a toda costa por lo que su retórica de defensa de los derechos humanos tendría que descartarse por completo en esta ocasión.

Mientras EE.UU., junto con Reino Unido y Francia, se movían diligentemente para mejorar sus capacidades bélicas, la URSS también hizo todo lo posible por adquirir sus propios expertos y tecnología de armamentos mediante la operación *Osoaviajim* la cual trasladó centros de investigación y producción enteros, como el centro de producción de Mittelwerk de cohetes V-2 en Nordhausen, de Alemania a la Unión Soviética. En total los soviéticos reclutarían a alrededor de 2,000 expertos. Todo esto se hizo posible gracias a las victorias del ejército rojo de 1943 en adelante las cuales le permitieron alcanzar primero a Berlín y a la vez capturar las bases militares más importantes del imperio nazi, las cuales se encontraban en Europa oriental y central.

Contrario a la propaganda occidental/estadounidense, los soviéticos hicieron la mayor parte de la lucha contra los nazis hecho evidenciado por las devastadoras pérdidas que sufrieron durante la guerra; alrededor de 25,000,000 de muertes (compare eso con los seis millones de judíos aniquilados en el Holocausto) y miles de millones de dólares en pérdidas materiales; y su desproporcional contribución en la derrota de las fuerzas alemanas destruyendo 607 divisiones de la *Wehrmacht* mientras que los aliados occidentales juntos; principalmente EE.UU., Reino Unido y las fuerzas francesas en el exilio; destruyeron un total de 176. Tal disparidad se debió a la tardía entrada de EE.UU. y Reino Unido en el suelo continental europeo, pues cuando sus fuerzas finalmente lograron penetrar las defensas alemanas en Normandía ya las fuerzas soviéticas habían estado luchando arduamente, y mayormente en el suelo nacional, durante tres años enfrentándose prácticamente solos contra la *Wehrmacht* y la genocida SS la cual solía exterminar aldeas enteras sin piedad.

Pero, aunque ambas superpotencias lograron dividirse el pastel armamentístico en porciones más o menos iguales, lo cierto es que la URSS pronto terminaría adelantándosele considerablemente a su rival anglosajón, especialmente en el ámbito de la cohetería. ¿La razón? Pues que, además de los técnicos alemanes capturados, ellos contaban con un genio llamado Serguéi Pávlovich Koroliov quien, a pesar de haber disgustado a Iosif Stalin, se convirtió en la figura

Fig. 2. Wernher von Braun, el "Hombre de los misiles" en EE.UU., que, como reportó el *Dagblad Noorden* de Países Bajos (19/7/2014), fue responsable por la muerte de alrededor de 20,000 prisioneros de campos de concentración.

clave en el desarrollo del programa espacial soviético. En fuerte contraste con von Braun, Koroliov fue prisionero en un campo de concentración, o gulag como los llamaban en la URSS, cumpliendo seis años de trabajos forzados simplemente por haberse rehusado a ingresar al partido comunista. Bajo Koroliov el programa espacial soviético se convertiría en el programa espacial más exitoso del siglo

XX eventualmente logrando más de una veintena de hitos científicos algunos de los cuales fueron mencionados en el capítulo 2.

Pero eso no significa que EE.UU. estuvo dormido en los laureles durante los años que le siguieron a la Segunda Guerra Mundial del siglo XX. El 10 de mayo de 1946, EE.UU. llevó a cabo la primera prueba de radiación en la estratósfera (de 20 a 50 kilómetros sobre el nivel del mar) (el espacio exterior comienza a los 100 kilómetros del nivel del mar) y el 18 de noviembre de 1947, la nación norteamericana se convirtió en la primera nación en enviar seres vivos al espacio tras lanzar una cápsula con semillas, plantas y moscas de la fruta en un globo aerostático abriendo el camino para una serie de pruebas adicionales para observar los efectos de un lanzamiento a y de las condiciones fuera de la atmósfera. Inicialmente las primeras pruebas se hicieron con globos aerostáticos y luego con sus copias de misiles V-2. Los sujetos de estos experimentos eran muy variados abarcando desde pequeñas semillas, plantas e insectos hasta mamíferos que iban desde ratones, hámsteres y, por supuesto, conejillos de Indias, hasta gatos anestesiados —a veces acompañados por hámsteres, perros y monos que a veces iban anestesiados. Curiosamente, también se enviaron huevos de gallina y trozos de piel humana removida durante cirugías plásticas.

La carrera espacial se intensificó el 4 de octubre de 1957 cuando la URSS lanzó el Sputnik 1, el primer satélite artificial y el primer objeto en enviar señales hacia la Tierra desde el espacio exterior. El hito tecnológico cundió el pánico en EE.UU., desatando la "crisis de Sputnik" la cual se convirtió en uno de los tres eventos más

Serguéi Pávlovich Koroliov, el genio detrás del programa espacial/de misiles soviético. Dominio público.

129

traumáticos de la historia de esa nación junto con el ataque sorpresa contra Pearl Harbor Hawái (7 de diciembre de 1941) y los ataques terroristas del 11 de septiembre de 2001. De hecho, el nivel de paranoia fue tal que el presidente Dwight D. Eisenhower tuvo que organizar una conferencia de prensa para calmar a sus compatriotas. ¿Por qué tal reacción? Pues porque la puesta en órbita de Sputnik representó una gran victoria para la Unión Soviética y, por

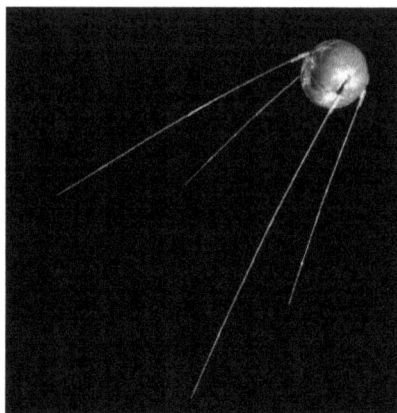

Fig. 4. Foto del satélite Sputnik 1. Note las cuatro antenas de radio las cuales usaba para transmitir su famoso "bip, bip, bip". Crédito: National Air and Space Museum.

consiguiente, una humillación para EE.UU. cuya población estaba totalmente convencida de su superioridad en todos los ámbitos, principalmente el racial. ¿Le parece injusta esta declaración? Entonces considere los siguientes hechos: hasta los años setenta los negros, o más bien *todos* aquellos de tez oscura, eran abiertamente tratados como ciudadanos de segunda clase siendo sometidos a un régimen virulentamente discriminatorio y humillante que no permitía la interacción entre los "blancos" y miembros de las demás razas. Dicha norma era anunciada claramente por ominosos rótulos con las palabras *White* o *Whites only* ("Blancos" o "Blancos solamente") y *Colored* o *For coloreds* ("De color" o "Para personas de color") fijados en lugares públicos como baños, bebederos, parques, paradas, negocios e inclusive cementerios. Y el discrimen también se extendía a los "rusos" algo demostrado por las declaraciones hechas por "intelectuales estadounidenses" de la época. Quizás el más famoso de ellos fue Charles Van Doren quien en un programa televisado preguntó indignado, "América (como los estadounidenses se refieren a su país y a sí mismos) se ha estado preguntando"..., por supuesto: "¿Qué fue lo que salió mal? ¿Cómo fue que una nación de *peones atrasados* (¡Ay!) se nos adelantó tanto a nosotros?" ¡Si esta es la opinión de un intelectual imagínese la de una persona común y corriente!

Ilustrando el sentido de inseguridad que imperaba en la nación, el portavoz de la cámara de representantes, Samuel Rayburn del partido demócrata declaró ante la prensa que "el pueblo de los Estados Unidos ha sido humillado, está perturbado y está descontento" con el Sputnik 1. "Nuestro enemigo nos ha ganado distancia" añadió. Yendo aún más lejos, el general de la fuerza aérea estadounidense, James Doolitle, llegó a predecir nada menos que "la probable dominación soviética del mundo". Ciertamente, para los estadounidenses más intolerantes y chovinistas como Van Doren, Doolitle y muchísimos otros, la realidad de que una nave de su enemigo número uno estaba pasando tranquilamente sobre su nación cada hora y media sí fue humillante especialmente considerando que, como escribió Mike Gray en su libro *Angle of Attack* o "Ángulo de Ataque": "Cualquiera que hubiese dudado de su existencia podía caminar al patio luego de la puesta del Sol y verlo." Y eso fue precisamente lo que hicieron millones de estadounidenses tras recibir la noticia de la "Luna bebé lanzada por los Rojos", como lo reportó el difunto tabloide *New York Mirror*, saliendo a las calles y patios de sus casas para observar el paso del satélite soviético, esto a la vez que miles y miles de radio aficionados escuchaban atentamente las señales o el "bip, bip, bip" que emitía constantemente mientras orbitaba. De hecho, algunos periódicos como el *Daily News*, también de Nueva York, lanzaron ediciones con titulares en negrilla grande instruyéndole al lector cómo seguir a "la Luna bebé roja por radio". Así que mientras una parte de la población genuinamente temía una eventual una invasión "rusa" desde el espacio, la otra seguía a la "Luna bebé roja" con entusiasmo. Indiscutiblemente, la URSS estaba ganado terreno no solo en el ámbito de la ciencia y la tecnología, sino también en el de las relaciones públicas y, naturalmente, esto no le estaba gustando a las autoridades en Washington.

Lamentablemente para los estadounidenses, lo peor aún estaba por llegar. Apenas un mes después del lanzamiento del Sputnik 1 (el 3 de noviembre), la URSS reavivaría la histeria de la nación al lanzar el Sputnik 2, nave que pondría al primer ser viviente en órbita: la perra Laika. Para demostrarle al mundo que los Estados Unidos estaba preparado para entrar en la carrera espacial, Washington pautó el lanzamiento de su propio satélite, el Vanguard TV3 (Test Vehicle/Vehículo de Prueba), antes de que culminara el año. El lanzamiento se llevaría a cabo en Cabo Cañaveral en la Florida en un evento totalmente abierto al público y a la prensa, tanto estadounidense como internacional. Cabe señalar que el Vanguard y el cohete homónimo que lo portaba eran tecnológicamente inferiores al Sputnik 1 y al R7 Semiorka que lo pusieron en órbita. Muy inferiores. Primeramente, el peso del satélite estadounidense —el cual también era de forma esférica— era de 1.36 kg y su diámetro era 15.2 cm, solo una fracción de los 83.6 kg y 58 cm de su rival soviético. Lo mismo ocurriría con el vehículo portador Vanguard cuya altura total (con las tres etapas) de 21.9 metros, diámetro de 1.14 (primera etapa) a 0.8 metros (etapas superiores) y capacidad de carga de 11.6 kilogramos palidecían en comparación con el R7 cuyas dimensiones eran 34 m de altura, un diámetro de 10.3 m en su base a 2.95 a en su cuerpo central y superior y cuya carga máxima podía alcanzar los 5,370 kilogramos. El 6 diciembre, tan solo unos segundos después del inicio de su lanzamiento (16:44 UTC/11:44 a.m.), el cohete Vanguard comenzó a hundirse y a explotar tras levantarse poco más de un metro. El pequeño satélite salió disparado del cohete portador cayendo en unos arbustos, dañado, pero emitiendo sus bips hasta que fue removido del lugar. Los estadounidenses estaban desconcertados, pues, en lugar de demostrarle al mundo sus capacidades tecnológicas, ahora la nación se convirtió en el hazmerreír del mundo el cual había adquirido una nueva apreciación de los avances de la "nación de peones" euroasiática.

Predeciblemente, la prensa corrió con la noticia publicando boletines burlones, pero sumamente creativos y cómicos, tales como "Flopnik" o "Fallotnik", "Kaputnik" (*kaputt* significa "roto" o "descompuesto" en alemán), "Oopsnik", "Spaetnik" o "Atrasatnik" (en Alemania) y "Stayputnik" o "Quedaputnik". Ciertamente, la explosión del Vanguard fue el episodio más humillante de la historia espacial de EE.UU.

Fig. 5. Explosión del cohete portador Vanguard en Cabo Cañaveral. Este desastre representó un serio revés para EE.UU., ya que éste debía ser el rival del Sputnik 1.

Luego del desastre del Vanguard TV3, los estadounidenses comenzaron a recuperar su orgullo a partir del 31 de enero de 1958 con la puesta en órbita del satélite Explorer 1 bajo el programa homónimo que continúa hasta el día de hoy (2016). Para evitar un embarazoso episodio como el del Vanguard, esta vez los estadounidenses cautelosamente esperaron hasta recibir confirmación de que el satélite estaba en órbita para anunciarlo públicamente. El 29 de julio de ese año, la legislatura aprobó la Ley Nacional de Aeronáutica y del Espacio la cual hizo posible la creación de la Administración Nacional de la Aeronáutica y del Espacio (NASA por sus siglas en inglés) en el mes de octubre.

Pero las celebraciones en EE.UU. no durarían mucho tiempo, ya que el 12 de abril de 1961 la URSS nuevamente asombraría al mundo tras anunciar públicamente que habían enviado el primer ser humano al espacio exterior: Yuri Gagarin. Siendo un piloto de prueba hijo de agricultores, Gagarin se convertiría en la idónea imagen del ciudadano comunista: un hombre de raíces humildes, con una radiante sonrisa, pero que puede hacer cosas grandes, o sea, un ejemplo para todo el mundo. Una vez más la URSS le demostró al mundo su superioridad en la tecnología aeroespacial, y luego de la misión de una hora con 48 minutos del Vostok 1, Gagarin se convirtió en un ídolo internacional viajando a varios países como Alemania, Brasil, Canadá, Egipto, Japón, Reino Unido y Suecia, entre otros. Una vez más, la reacción estadounidense delató su gran frustración. Por ejemplo, la edición del 12 de abril del *The Huntsville Times* se publicó bajo el titular "'Tan cerca, pero tan lejos', lamenta el Cabo (Cañaveral). EE.UU. había esperado su propio lanzamiento", siguiéndolo con otro artículo resaltando el hecho de que Gagarin era un "oficial soviético" y citando a Wernher von Braun quien aconsejó que "Para alcanzarlos, E.U.A. tiene que correr como el diablo". El día siguiente, el diario *The El Paso Times* de Texas adoptó la misma actitud al reportar que "'Estamos atrás' en la carrera espacial, concede el presidente (Kennedy)".

Pero —y prepárese que aquí viene— contrario a la versión oficial aceptada a nivel mundial (en el 2011 las Naciones Unidas declaró oficialmente al 12 de abril como el día internacional de los vuelos espaciales tripulados), ¡Gagarin no fue el primer hombre en el espacio! Así es. Y esto lo ha descubierto el investigador Gerhard Wisnewski quien, como ya sabemos, ha desmoronado la versión oficial de los supuestos alunizajes tripulados del programa Apolo.

Gagarin en un autobús rumbo al cosmódromo de Baikonur. Dominio público.

¿Y cuál es la evidencia para probarlo? Pues el hecho de que, al igual que el programa Apolo, aunque claro está, a una escala mucho menor, el supuesto vuelo espacial de Gagarin estuvo plagado de una serie de anomalías e inconsistencias que ponen en duda su supuesto logro científico. Antes de enumerar dichos aspectos problemáticos, es imperativo aclarar que sí hubo algunos observadores dentro de (¡Adivine adivinador!) Estados Unidos que dedujeron correctamente que el llamado primer vuelo tripulado al espacio no fue más que una operación de guerra sicológica llevada a cabo por el Kremlin y que dichos observadores (¿"vostokescépticos"?) escribieron un puñado de artículos para periódicos modestos como el *Palm Beach Post* y el *Lewingston Evening Journal* exponiendo sus razones para "rechazar la versión soviética". Entre estas se encontraban los reportes acerca de otros lanzamientos tripulados y contradicciones acerca de la culminación de la misión con una versión diciendo que Gagarin cayó en paracaídas y otras asegurando que él nunca se lanzó de la cápsula, pero lo más problemático fue el hecho de que las comunicaciones de Gagarin, supuestamente hechas mientras estaba en el espacio, se "adelantaron" a los hechos. Por ejemplo, exactamente cincuenta minutos después de despegar; a las 6:57 UTC (tiempo universal coordinado); la voz de Gagarin estaba reportando que se encontraba sobre "América" (EE.UU.) cuando en realidad el Vostok 1 se encontraba sobre el océano Pacífico como a mil kilómetros al suroeste. Este dato es importantísimo porque, según la información proveída por las mismas autoridades soviéticas, la trayectoria del Vostok 1 NUNCA pasó sobre ninguna parte de las Américas; ¡ni siquiera "raspando" la esquina austral de la Tierra del Fuego!

Capítulo 4

Otro dato sumamente sospechoso fue la inhabilidad de Gagarin de dar detalles básicos de las regiones sobre las que supuestamente pasaba haciendo solo declaraciones vagas como "Puedo ver la Tierra (¡Obvio!). La visibilidad es buena... casi puedo verlo todo. Hay una porción (del cielo) bajo cúmulo (conjunto de nubes de verano con apariencia de montañas nevadas con bordes brillantes)". Extrañamente, Gagarin nunca provee ni una descripción específica del funcionamiento del Vostok 1, todo siempre está "bien" o "normal" algo totalmente contrario a lo que se esperaría de una nave sometida a unas fuerzas y temperaturas extremas.

En resumidas cuentas, Gagarin no estuvo dentro de la nave mientras ésta orbitaba la Tierra. Según Bennett y Percy, y también Wisnewski, Gagarin fue removido en secreto durante las preparaciones para el lanzamiento cuando Koroliov, quien estaba a cargo de toda la operación, interrumpió el proceso y luego ordenó que se abriese la compuerta del Vostok 1 porque, según él, los sensores de los sellos de la compuerta del Vostok 1 no se habían reflejado correctamente en el sistema de monitoreo. Entonces Gagarin fue escoltado fuera de Baikonur (cosmódromo en Kazajistán) y hacia un lugar secreto hasta el final de la misión. El cohete R7 despegó a las 6:07 UTC/9:07 hora de Moscú con su cosmonauta reemplazado por una grabadora. A las 7:55 UTC la cápsula caería en un campo en el *óblast* o municipio de Sarátov, unos 280 kilómetros al oeste de Baikonur y alrededor de 740 kilómetros al sureste de Moscú. Así fue como se llevó a cabo el primer gran fraude, o engaño a una escala verdaderamente global, de la historia. Para cerrar el acto, más tarde Gagarin narraría que luego de lanzarse en paracaídas de la cápsula —lo cual, como ya sabemos, fue negado por algunos oficiales soviéticos— él fue a parar cerca de una granja en donde una agricultora y su hija quedaron pasmadas al verlo en su traje naranja, casco blanco con las letras cirílicas C C C P ("Soyuz Sovietskik Sotcialisticheskik Respublik") sobre la apertura de la visera y arrastrando su enorme paracaídas. "Cuando me vieron en mi traje espacial y el paracaídas arrastrándose mientras caminaba, ellos empezaron a retroceder atemorizados. ¡Yo les dije (')no tengan miedo yo soy un ciudadano soviético igual que ustedes, (pero que) ha descendido del espacio y tengo que encontrar un teléfono para llamar a Moscú(')!" ¡Guau! ¡Esto es un toque dramático verdaderamente digno de sus rivales de Hollywood!

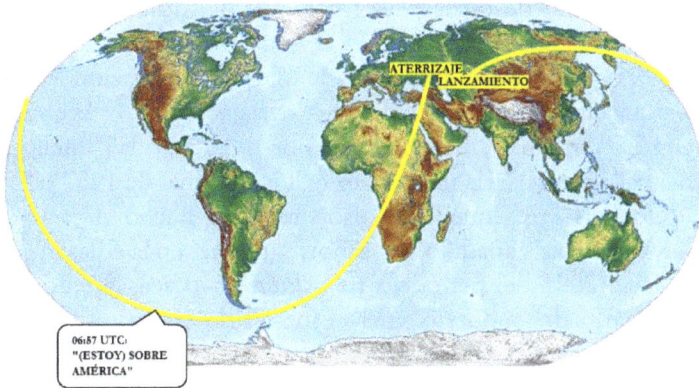

Fig. 7. Trayecto del Vostok 1 indicando el punto donde la voz de Yuri Gagarin dice "Estoy sobre América" (EE.UU.).

Pero ¿por qué falsear tal hazaña? Después de todo su tecnología estaba muy, muy adelantada a la de su rival capitalista. Bueno. Según Wisnewski, Moscú/el Kremlin tomó tal decisión porque en "abril de 1961":

El liderazgo de la Unión Soviética estaba en una situación desesperada. Existe un peligro de que (el programa) de vuelos no tripulados soviéticos está a punto de perder su triunfal ventaja a medida en que el imperialista Estados Unidos de América los va alcanzando. El estadounidense Alan Shepard casi llegó al espacio exterior el 24 de marzo. Casi cada mes un cosmonauta o dos caían en desgracia en la barrera invisible del espacio.

¿Y quiénes fueron esos cosmonautas a los que se refería Wisnewski? Pues cuatro —o quizás más— personas que participaron en una serie de viajes experimentales desde el 1957. Cabe señalar que, por razones obvias, las autoridades soviéticas, y posteriormente rusas, siempre han negado con vehemencia haber llevado a cabo tales vuelos experimentales. Sin embargo, hay evidencia de que dichas pruebas fueron detectadas por los servicios de inteligencia de EE.UU. e inclusive mencionados brevemente en la prensa no solo de ese país, sino de otros países como Italia, de uno a dos años después de su conclusión. En uno de esos artículos (*Gadsden Times*, 10/12/1959) la fuente principal de dicha información es nada menos que uno de los ex nazis que "trabajaba para el Ejército de EE.UU."; Hermann Oberth; quien por medio de la "inteligencia americana" se enteró de un intento fallido "al final de 1957 o 1958" y que además creía que "los rusos ha(bía)n hecho *varios intentos adicionales*" (Énfasis añadido). Asombrosamente, en la edición del 12 de abril del 2001 del periódico ruso *Pravda* —o sea, la edición del cuadragenario del supuesto vuelo espacial de Gagarin— ésta hizo algo que, según la propaganda anti-rusa o *rusófoba* de "Occidente", jamás debe ocurrir en el gigante euroasiático: la publicación de un artículo cuestionando o desprestigiando al gobierno central. Y ciertamente el artículo lo hace del modo más directo y claro posible: bajo el título "Gagarin no fue el primer cosmonauta". Parafraseando a un ingeniero experimentador de la Oficina de Diseños Experimentales 456 llamado Mijaíl Rudenko, el artículo narra que "naves espaciales con los pilotos Ledovskij, Shaborin y Mitkov... fueron lanzados del cosmódromo Kapustin Yar [en la región de Astrakán] en 1957, 1958 y 1959. Y, esta vez citando a Rudenko, continúa diciendo que: "Todos los tres pilotos murieron durante los vuelos, y sus nombres nunca fueron publicados oficialmente." No obstante estas impactantes revelaciones, Rudenko, seguramente para evitarse un serio problema con las autoridades, concedió que Gagarin fue el primero en orbitar la Tierra, ya que los antedichos experimentos consistieron en vuelos sub-orbitales o parabólicos o, en otras palabras, un "sube y baja" pasando los 100 kilómetros de altura. ¡Ahora se entiende mejor la peligrosidad de esta operación!

Otro aspecto igual de decepcionante, e indudablemente generado por el instinto de auto-preservación mencionado previamente, es el hecho de que Rudenko en ningún momento menciona los primeros nombres de los pilotos experimentales ni tampoco describe cómo perecieron diciendo solamente que "los trágicos lanzamientos" llevaron a "los administradores del proyecto a "cambiar el programa y a abordar el entrenamiento de cosmonautas con mucho más seriedad con el fin de crear un destacamento de cosmonautas."

Pero a Rudenko se le olvidó, o quizás obvió mencionar un dato igual o más importante que el anterior: que hubo al menos un piloto de prueba adicional, y que él sobrevivió para... bueno en realidad no pudo contarlo. ¿Y quién fue este pionero mantenido en el anonimato durante más de medio siglo? Pues Vladímir Serguéyevich Iliushin cuyo vuelo, esta vez orbital, se hizo el 7 de abril de 1961, solo cinco días antes que el del Vostok 1 o "de Gagarin". ¿Por qué lo calló el Kremlin? Pues porque un fallo a bordo de la cápsula en la que viajaba lo obligó a hacer un aterrizaje forzoso en China cuyas relaciones con la URSS estaban en su punto más bajo en aquel entonces debido a una disputa territorial. Obviamente, la opción de anunciarle al mundo entero que su primer cosmonauta cayó herido en territorio extranjero y que, para colmo de males, también se encontraba en manos de un gobierno no muy amigable, fue descartada por Moscú el cual se movilizó rápidamente para encubrir el humillante suceso con una historia que, francamente, es

Contrario a la versión oficial, Vladímir S. Iliushin fue el primer hombre en orbitar la Tierra. Origen incierto.

verdadera-mente ridícula: que Iliushin fue a China para recibir tratamiento, con medicina tradicional, para unas lesiones causadas por un accidente automovilístico que sufrió en 1960. Para poder apreciar cuán ridícula es esta explicación tan solo basta con leer el siguiente resumen: Iliushin, un piloto/oficial altamente condecorado —quien, dicho sea de paso, también era hijo de Serguéi Vladímirovich Iliushin, un héroe soviético y una de las figuras principales de la industria aeronáutica de esa nación, lo que significa que él tendría importantes conocimientos acerca de la tecnología militar soviética— decide emprender un viaje de alrededor de mil kilómetros para recibir tratamiento médico en China, un país que mantenía una relación difícil (lea casi enemistad) con el suyo y que, para rematar, tenía un sistema de salud *muchísimo* más atrasado que el soviético.

En respuesta al vuelo tripulado soviético, el 5 de mayo de 1961 los estadounidenses reportaron el envío del oficial naval y piloto de prueba Alan B. Shepard en un vuelo sub-orbital —pues EE.UU. aún no poseía la tecnología para poner un objeto pesado en órbita— a bordo de la cápsula Mercury Spacecraft 7 la cual Shepard apodó *Liberty 7*. Siguiendo un patrón familiar, el Mercury 7 fue más pequeño que la nave Vostok 1 con un diámetro de 1.89 m por 3.5 m de largo y un peso inicial o al lanzarse de 1,354 kg versus 4.4 m por 2.4 m y 4,730 kg, respectivamente. El vuelo del *Liberty 7* duró un total de 15 minutos cayendo a unos 160 kilómetros al norte de las Bahamas. El pueblo estadounidense estaba eufórico: el evento "salvó a Kennedy, Estados Unidos y la NASA" finalmente demostrándole al ufano Jrushchov que su nación también podía poner seres humanos en el espacio. Veinte días después, John F. Kennedy le dijo al congreso estadounidense:

Alan B. Shepard Jr.; el hombre oficialmente reconocido como el primer estadounidense en el espacio.

"Creo que esta nación debe comprometerse a lograr la meta, antes de que acabe esta década, de aterrizar (alunizar) un hombre en la Luna y regresarlo sano y salvo a la Tierra" y un año y tres meses más tarde mientras se encontraba en la universidad Rice en Texas él anunció formalmente la meta más ambiciosa de la historia al decirle a su audiencia que "Aceptamos ir a la Luna. Aceptamos ir a la Luna en esta década y hacer otras cosas, no porque son fáciles, sino porque son difíciles...ese reto es uno que estamos dispuestos a aceptar, *uno que no estamos dispuestos a posponer, y uno que pretendemos ganar...*" (Énfasis añadido.)

El Comienzo de la "Carrera a la Luna"

Luego de la extraordinaria declaración de Kennedy, las dos superpotencias de la segunda mitad del siglo XX continuaron su competencia por conseguir la "conquista" del espacio. Sí. Tan exagerado —o más bien, ridículo, como suena— la obsesión humana, particularmente de las culturas europeas, llevó a ambos gobiernos a contemplar lo imposible: el dominio del universo. El título de un artículo de la revista *Collier's Weekly* de la década anterior (22/3/1952) lo dice todo: ¿Quién es el dueño del universo? (*Who owns the universe?*). Aunque la conclusión de su autor, Oscar Schachter, fue muy noble al proponer la creación de un "orden legal" basado "en el principio de uso libre e igualitario con el objetivo de desarrollar la investigación científica", lo cierto es que el mero hecho de contemplar tal idea demuestra que lo menos que ambas potencias deseaban era compartir el universo y que sus verdaderas intenciones eran mucho más siniestras, pero esto se abordará más adelante en otro capítulo.

Volviendo a los años sesenta, dicha década vería el punto más candente de la carrera espacial con más logros registrándose en este periodo que durante cualquier otro. Al menos hasta el 2018. Curiosamente, la lista de logros en el espacio varía un poco dependiendo del país de origen. Por ejemplo, al ver la lista de logros espaciales que aparece en la enciclopedia cibernética *Wikipedia* —la cual tiene su sede en EE.UU.— uno puede observar la sustitución de varios hitos soviéticos importantes como el primer equipo de tres hombres en orbitar la Tierra (Voskjod 1: 12 de octubre, 1964), la primera órbita lunar de criaturas vivas (tortugas, moscas, plantas y bacterias en el Zond 5: septiembre, 1968) y la primera nave espacial en usar sistema de propulsión iónica (Vostok 1, 1964) por sucesos de menor o dudosa significancia científica como la "primera tarea hecha en el espacio; Ham [chimpancé]" (Mercury-Redstone 2: 31 de enero, 1961). No creo que el hecho de que un simio presionó un botón varias veces a más de cien kilómetros de altura deba clasificarse como algo especial, pues, comoquiera que sea esto sigue siendo un vuelo experimental con un ser viviente lo cual, como fue mencionado previamente, se hizo por primera vez (por EE.UU.) en 1947 usando un cohete V-2. Pero ese es uno de los objetivos principales de la propaganda: minimizar los logros, ventajas o virtudes de la oposición y ¿qué mejor manera de hacerlo que omitiendo sucesos que lo demuestren?

Bueno. De todos modos, el 20 de febrero de 1962, casi un año después de la hazaña de Iliushin, la versión oficial dice que John Glenn se convirtió en el primer estadounidense en orbitar la Tierra. Para aquel entonces los soviéticos ya habían lanzado dos misiones orbitales y casi un año y medio después Valentina Tereshkova se convertiría en la primera mujer en el espacio. En cambio, una mujer estadounidense no sería enviada al espacio hasta el 1983, es decir, 20 años más tarde, cuando Sally Ride tomó parte en el vuelo STS-6, el vuelo inaugural del transbordador espacial *Challenger*. En una trágica observación, tan solo tres años después esa misma nave explotaría, con la segunda mujer estadounidense en ir al espacio; Judith Arlene Resnik; y la que hubiese sido la primera maestra en ir al espacio: Christa McAuliffe. Aun así, Valentina Tereshkova continúa siendo la única mujer en haber volado en una misión espacial solitaria.

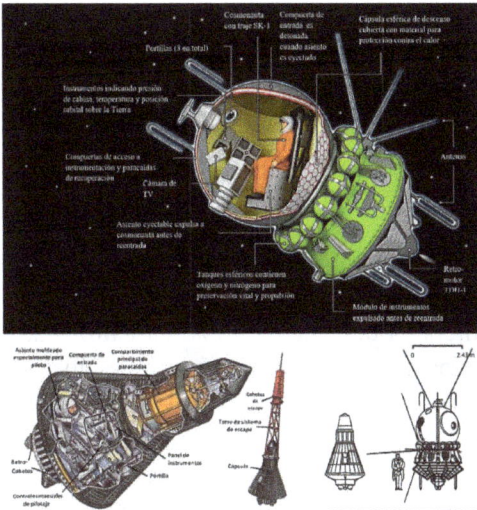

Fig. 10. Diagramas de las cápsulas Vostok 1 y Mercury más una comparación de escala de ambos. Lamentablemente, los primeros vuelos de estas naves están plagados de incertidumbres. De hecho, en el caso del Mercury hay muy buenas razones para sospechar que lo que debieron ser sus primeros dos vuelos tripulados al espacio ni siquiera pasaron de la estratósfera. Nota respecto a las figuras 12A y 12B: Modificaciones de dibujos de András Dancsák y www.spacecollection.info.

Tanto Shepard como Glenn fueron parte de los Siete de Mercurio o, como el nombre implica, el equipo de siete astronautas que componían el elemento humano del proyecto Mercurio el cual fue iniciado el 7 de octubre de 1958. Cuatro años después le seguiría el proyecto Géminis el cual, según la versión oficial, tenía como objetivo abrir el camino para las misiones lunares Apolo. Presuntamente, el proyecto Géminis enviaría un total de doce misiones, diez de ellas tripuladas, en vuelos orbitales. Entre sus objetivos se encontraban demostrar las posibilidades de encuentro espacial y acoplamiento, el perfeccionamiento de los métodos de reentrada y aterrizaje/amerizaje de la nave espacial en las zonas seleccionadas como punto de aterrizaje y, lo que para nuestros propósitos es la más importante de todas, obtener información adicional acerca de las reacciones fisiológicas de los astronautas y de los efectos de la ingravidez en el cuerpo humano durante vuelos de larga duración, o más de un par de días en el espacio.

Lamentablemente, al igual que en el caso de la seudo-hazaña de Gagarin, hay unas muy buenas razones para sospechar que el gobierno estadounidense nos engañó respecto a varios vuelos no solo del proyecto Mercurio, sino también del proyecto Géminis que le seguiría. La alerta de tales fraudes nos llegó gracias al investigador Ralph René quien detectó un detalle que, aunque pequeño es sumamente importante, y también condenatorio para la NASA. Mientras analizaba una de las fotografías tomadas poco después del supuesto amaraje de la cápsula Géminis SC6 a unos 500 km al norte-noreste de Puerto Rico (16/12/1965), él observó que la nariz del vehículo contenía una larga antena de látigo. ¿Y cuál es el problema con la presencia de una antena? Pues que dicho aditamento estaba hecho de fibra de vidrio un material incapaz de soportar las altísimas temperaturas generadas al penetrar la atmósfera las cuales pueden alcanzar los 1,650 °C/1,923 Kelvin. Para tener una idea de cuán caliente es esa temperatura tenga en mente que el acero se derrite a 1,370 °C/ 1,643 K. No obstante, en la foto de Géminis SC6 la antena aparece TOTALMENTE INTACTA. Más aun, ¡la capsula entera ni siquiera muestra partes ennegrecidas o marcadas por el intenso calor de la reentrada (Figura 11)!

Otro caso relacionado a este tema es el de la misión Mercury-Redstone 4 la cual supuestamente lanzó al segundo estadounidense, Virgil "Gus" Grissom, al espacio. Resulta que la cápsula en la que iba, y que él apodó *Liberty Bell 7* o "Campana de la libertad 7", reveló algo muy importante tras ser extraída de su zona de amaraje en el océano Atlántico en 1999: que ésta en realidad no viajó al espacio. ¿La evidencia? Pues el hecho de que nunca se encontró rastro alguno del escudo térmico de la cápsula esto a pesar de que el informe redactado por la propia NASA (*Liberty Bell 7 Recovery Evaluation and Nondestructive Testing*) determinó que "la estructura externa estaba en una condición sorprendentemente buena". ¿Cómo es posible esto? Después de todo, el susodicho informe mencionó que " el escudo térmico debía de estar bajo el faldón, pero... no apareció". Lógicamente, el escudo térmico debe ser la parte más robusta de toda la nave lo que significa que dicha sección simplemente no pudo haber desaparecido y, aunque algunos han teorizado que éste simplemente se desintegró tras haber estado sumergido en agua salada 38 años, tal sugerencia es incorrecta porque el material principal del escudo, el berilio, no es corrosible. Pregunta: ¿Cómo el *Liberty Bell 7* penetró la atmósfera sin un escudo térmico? Después de todo, éste simplemente no pudo haberse desintegrado por completo durante la reentrada.

Fig. 11. Recogido de Walter M. Schirra y Thomas P. Stafford luego de su amaraje en el Atlántico tras la misión Géminis 6. Note la larga antena de látigo que se extiende desde la nariz de la cápsula algo importante porque tras investigarla René determinó que: (1) La antena era de fibra de vidrio y, por ende, muy vulnerable al extremo calor de una reentrada a la Tierra. (2) La antena no era retractable, hecho evidenciado por la falta de un pozo para guardarla.

Más importante aún, ¿si las misiones del proyecto Géminis que supuestamente consistían solo en unos vuelos dobles en la órbita baja terrestre— fueron falseadas entonces qué diablos podemos esperar de las misiones muchísimo más complejas que le seguirían tan solo unos años después con el programa Apolo y Skylab?

Como ya hemos visto, la evidencia presentada ha sido más que suficiente para demostrar que no solo la NASA, sino también las autoridades soviéticas emplearon la argucia para ser los primeros o los mejores de la carrera espacial. Para recalcar, (1) Gagarin no fue el primer hombre en ir al espacio; ese honor le pertenece a los tres (¿o quizás más?) pilotos de prueba revelados por Mijaíl Rudenko en el 2001 y a Vladímir Serguéyevich Iliushin, el primero en orbitar la Tierra; y (2) Alan Shepard no fue el primer estadounidense, ni el segundo hombre en ir al espacio —pues ¿si los administradores de la NASA no se sintieron cómodos enviando a Grissom al espacio en julio de 1961 entonces cómo podemos creer que sí enviaron a Shepard dos meses y medio antes? No. Ese honor —posiblemente— le pertenece a John Glenn. Respecto a los falsos exploradores espaciales y caminantes lunares, René empleó un neologismo burlón para describirlos: *astro-nots* o "astro-nadas". Ahora tornemos nuestra atención al asunto principal de este capítulo: las limitaciones tecnológicas de mediados del siglo XX, las cuales imposibilitaron cualquier viaje tripulado a la Luna. Empecemos por la AGC:

La Computadora de Navegación del Apolo

Como todos debemos imaginarnos, además de los cohetes, el elemento vital de cualquier misión espacial es su sistema de manejo y procesamiento de información, ya que, en expediciones con márgenes de error tan estrechos como los que se encuentran durante una salida y reentrada a la Tierra, la comunicación rápida y precisa garantiza no solo la culminación satisfactoria de la expedición, sino también la preservación de vidas humanas. Hoy en día, un error de navegación en una expedición marítima de gran envergadura significa, en el peor de los casos, unos días más a la deriva con la consecuente escasez de comida y agua potable si dicha situación se prolonga considerablemente. Por otro lado, en una expedición espacial un error de navegación significa una muerte segura, y en el caso de una reentrada a un ángulo muy empinado, también instantánea y espantosa. Esto nos trae al tema de la Computadora de Navegación del Apolo (*Apollo Guidance Computer*) o AGC desarrollada por los grandes cerebros de MIT (Instituto de Tecnología de Massachusetts) y fabricada por la Raytheon Corporation. Dicha máquina era el cerebro del programa Apolo, ya que esta debía proporcionar la capacidad de cálculo necesaria para controlar la orientación y la navegación del módulo de comando y del módulo lunar.

A pesar de haber sido una de las primeras computadoras basadas en un circuito integrado, la AGC era una máquina ineficiente y lentísima, lo que hoy día llamaríamos un dinosaurio. A continuación, se encuentra un segmento de un artículo publicado en 1999 por la cadena australiana ABC titulado sencillamente como "La computadora del módulo lunar". Este artículo amerita especial atención por la excepcional lucidez e ingeniosa simplicidad con la que su autor explica un tema generalmente tan aburrido como la historia y el funcionamiento de una computadora, instando al lector a pensar, y a la vez a dimensionar las tareas y la capacidad de lo que se está discutiendo.

> Le tengo un reto...
> Desarrollar un sistema que pueda controlar una nave especial de 13,000 kg, orbitando a 3,500 kilómetros por hora alrededor de la Luna, alunizarla seguramente a unos metros de una localización específica y guiarla de regreso al espacio para reencontrarse con una nave de comando en la órbita lunar. El sistema tiene que funcionar (perfectamente o sin ningún error serio) la primera vez, y reducir el consumo de combustible porque la nave solo contiene suficiente combustible para un intento de alunizaje. Hacer esto con una computadora que apenas tiene 5,000 *primitivos* circuitos integrados, que pesa 30 kg y cuesta sobre $150,000. Para almacenar tu software (conjunto de programas, instrucciones y reglas informáticas para ejecutar tareas...) la computadora no tiene un disco (*disk drive*), solo 74 kilobytes de memoria que literalmente han sido conectados directamente, y solo 4 Kb de los cuales se asemejan a una memoria RAM. (Énfasis añadido.)

¡Se puede decir que esta es la madre de todos los retos! Ahora analicemos los siguientes dos detalles más detenidamente: el de los 74 kilobytes de memoria y el de dicha memoria siendo conectada literalmente de forma directa. Para que el lector tenga una buena idea de cuánta capacidad de procesamiento es esto, ¡tenga en mente que dicha capacidad es menor que la de una calculadora gráfica de alrededor de $100 de la actualidad y que un reproductor de audio digital MP3 del mismo precio tiene una capacidad exponencialmente —o más bien, ridículamente— mayor: 50,000 veces la de toda la AGC! Y, respecto al segundo detalle, éste se estaba refiriendo al hecho de que ¡los cables de la memoria eran tejidos —así es, tejidos— por mujeres, a cada tarjeta! Por ello, algunos programadores de la NASA apodaron el producto final como *memoria LOL*, de *Little Old Lady memory*, es decir, "memoria de viejecita".

Fig. 12. Imagen de la *Core rope memory*, o memoria de núcleos cableados los cuales literalmente tenían que tejerse a los paneles por obreras en una fábrica (B). Tecnología de punta... literalmente.

Dejando atrás el artículo de la ABC, otro detalle muy interesante de la AGC es que, a diferencia de las naves del programa Apolo, su propia documentación técnica está repleta de claves que desvelan su total incapacidad e inutilidad para cumplir la misión que se le ha atribuido. Al menos eso es lo que afirma Xavier Pascal, un ingeniero aeroespacial con amplia experiencia construyendo dispositivos electrónicos. En su artículo para el portal científico alternativo aulis.com (que lamentablemente solo está disponible en inglés); *¿Era defectuosa la computadora de Apolo?* (*Was the Apollo computer flawed?*, 3/2012); Pascal dice que, no obstante su reputación de haber sido "una brillante computadora, muy adelantada para sus tiempos", la AGC estaba plagada de tantas fallas que esta simplemente no hubiese podido funcionar. Más aún, el ingeniero ha llegado a conjeturar que las numerosas "incoherencias e inconsistencias" presentes en la documentación técnica —particularmente en el *Apollo*

EL GRAN FRAUDE LUNAR

Guidance, Navigation and Control Hardware Overview o "Resumen del hardware del guiado, control y navegación de Apolo"— fueron añadidas intencionalmente para llamar la atención de las generaciones futuras, deduciendo lógicamente que un equipo de expertos en la informática jamás hubiese aprobado una publicación con tantos errores.

Antes de continuar es imperativo adquirir un entendimiento básico de lo que es la *Core rope memory*, o memoria de núcleos cableados. Aquí vamos. Prepárese para una retahíla de términos técnicos. La memoria de núcleos cableados era una forma de memoria de solo lectura mejor conocida por su acrónimo en inglés de ROM (*Read-only Memory*). Como el nombre implica, el ROM es un medio de almacenamiento que permite únicamente la lectura de la información, no su escritura, independientemente de la presencia o no de una fuente de energía. Cabe señalar que los datos almacenados en la ROM no se podían modificar de una manera rápida o sencilla. Los cables están compuestos de anillos y varias líneas sensoriales (*sense lines*) sobre una tarjeta o panel. Los cables que pasan a través del núcleo o anillo cableado se interpretan como un "uno" binario. Por otro lado, el cable que pasa alrededor del núcleo y no queda emparejado con el cable de la línea de bit se lee como un "cero". En la AGC, hasta 64 cables podían pasar por un solo núcleo. Como ya sabemos, los cables eran insertados manualmente por lo que el programa (dentro de los cables) tenía que ser enviado a una fábrica y unas obreras literalmente tenían que tejerlos a los paneles.

En el episodio de la serie documental *Moon Machines* o "Máquinas lunares" acerca de la AGC (*The Navigation Computer* o "la computadora de navegación"), el narrador (John Hope) describe el proceso de tejido de la información como uno "extremadamente lento", "tomando varios meses para tejerse y si había un error era una pesadilla corregirlo". La versión oficial también nos asegura que los astronautas operaban la AGC a través del interfaz DSKY (pronunciado "diski") el cual poseía un "vector de indicadores luminosos, varios visualizadores numéricos y un teclado tipo calculadora. Los comandos se introducían como números de dos dígitos: 'Verbo', y 'Nombre'. El *Verbo* describía el tipo de la acción a realizar y el *Nombre* especificaba el dato afectado por la acción indicada por dicho verbo". Las naves Apolo contaban con un total de tres "diskíes": dos dentro del módulo de comando y uno dentro del módulo lunar.

Si todo esto le parece increíble usted no está solo. He aquí lo que el mismo "Desarrollador de software de vuelos" del Laboratorio de instrumentación de MIT entre 1963 y 1969, Alex Kosmala, dijo en *Moon Machines* respecto a su rol en la creación de la AGC:

> No había especificaciones, nosotros la inventamos. Y siempre ha sido increíble para mí. ¿Por qué se me permitió programar algo que ni siquiera había sido especificado (y) que sería crítico para asegurar el éxito de todo el programa Apolo? No lo podía creer. Pero así fue, lo fuimos inventando a lo largo del camino.

Y las preguntas de Kosmala son muy lógicas considerando que Washington pasó por alto a candidatos mucho más cualificados como la IBM corporación la cual consolidó su reputación como un buen proveedor de equipo y servicios para entidades grandes como gobiernos y además como una compañía que ponía los negocios por encima de consideraciones políticas... e incluso éticas y humanitarias. Por ejemplo, en plena Segunda guerra mundial del siglo XX (le llamo así porque en realidad ha habido más de diez guerras mundiales a través de la historia), la IBM les proveyó a los nazis un eficiente sistema —las máquinas tabuladoras— para registrar a los millones de personas que serían encarceladas y condenadas a morir en sus campos de exterminio. Así es, el componente vital para registrar y agrupar a los futuros prisioneros de los campos de exterminio nazis fue creado y suministrado por una corporación estadounidense... y durante casi toda la guerra también. Pero no se moleste tanto con la "Big Blue" o el "Azul Grande", como se le apoda a la empresa, ya que ésta también hizo todo lo posible por ayudar a su nación a ganar la guerra proveyéndoles la avanzadísima (para aquellos tiempos) "Calculadora Controlada por Secuencia Automática", también conocida como la Harvard Mark I, y fabricándole millones de rifles de combate a la Armada de los Estados Unidos, todo esto por un precio, por supuesto. Pero IBM definitivamente no fue la única corporación en suplir al enemigo en tiempos de guerra, pues sépase que la Standard Oil y Ford le suplieron combustible y vehículos a las tropas de Hitler. ¡Así es el capitalismo!

Y, aparentemente, los pobres resultados de esa decisión se hicieron bastante obvios para aquellos que están muy familiarizados con la tecnología de la información. Así es, el sistema diseñado por la prestigiosa MIT no fue muy bueno después de todo. De hecho, fue "un chiste". ¿Quién lo dice? Pues Xavier Pascal quien, tras haber desmontado y fabricado varios tipos de interfaces por más de treinta años, no tuvo más opción que llegar a esa conclusión. Según él, el problema más grande yacía en la caótica disposición de las líneas sensoriales en la memoria de núcleos cableados. Hasta 64 de dichas líneas podían pasar a través de un núcleo, pero, debido al hecho de que algunas de estas líneas estaban totalmente rodeadas por otras líneas, era "físicamente imposible" que estas hubiesen "sentido" algo. "Este hecho por sí solo es suficiente para prevenir que la memoria de núcleos cableados hubiese funcionado", afirma Pascal. Pero esto fue tan solo la punta del iceberg, ya que Pascal procedió a hacer la siguiente larga lista enumerando todos los problemas que él encontró:

- La Computadora de Guiado de Apolo usaba una técnica de memoria intercambiable lo cual es absurdo, ya que ésta no aprovechaba todo el potencial de su sistema de direccionamiento y además llevaría a una pérdida de tiempo y un desperdicio de memoria, ambos de los cuales eran muy limitados en la computadora; y un programa de memoria ejecutable intercambiable no tiene sentido porque esto significa que las instrucciones que siguen a la instrucción de intercambio nunca serán ejecutadas.

- La computadora no tuvo el más mínimo conjunto de instrucciones básicas como cualquier procesador normal, teniendo en su lugar instrucciones que eran imprácticas.

- La computadora hacia cosas inútiles que malgastaban el tiempo del procesador (como guardar los contenidos de la instrucción priorizada en lugar de guardar su dirección — lo único que debió haberse guardado).

- La computadora proveía instrucciones que computaban algo muy extraño en el acumulador (registro principal de un procesador) que era el equivalente de destruir sus contenidos y, por ende, hacer inservibles a las instrucciones.

- La computadora contenía instrucciones que no requerían un parámetro necesario para que estas instrucciones funcionasen adecuadamente.

- La computadora contenía instrucciones que no eran claras — estas no especificaban para qué eran.

- Se decía que la computadora tenía la capacidad de operar en tiempo real (el tiempo real permite que varias tareas operen simultáneamente) y, sin embargo, ni siquiera tenía el espacio mínimo necesario para una operación de tiempo real [sin un *stack* o pila (o estructura de tipo LIFO (acrónimo en inglés para Último Primero, Primero Afuera) que permite almacenar y recuperar datos mediante operaciones *push* (apilar) y *pop* (des-apilar), ni tampoco una instrucción para lidiar con tiempo real].

- Aunque este sistema ya estaba obsoleto para el tiempo de Apolo, la computadora usaba el sistema de un-complemento (el cual hace la distinción entre +0 and -0, y es menos eficiente que el sistema de dos-complementos).

En resumidas cuentas, "esta computadora no tenía ningún tipo de memoria". ¡Un momento! ¡¿O sea, que la NASA pretende que creamos que una maquina tan deficiente como esta, con una memoria menos potente que la de un reproductor de audio MP3, que no fue diseñada por una corporación como, por ejemplo, la IBM —el líder mundial, de hecho— y QUE ESTABA OBSOLETA INCLUSO ANTES DEL 1969, fue capaz de coordinar y dirigir prácticamente sin error todas las once misiones del programa Apolo?! Aun asumiendo que el análisis de Pascal es deficiente, los últimos dos hechos por sí solos deben ser más que suficientes para enterrar de una vez por todas la muy celebrada historieta de la AGC.

El Mítico Saturno V

Definitivamente, no se puede hablar del programa Apolo sin mencionar la nave que desempeñó un papel crucial en todas menos una 8 (Apolo 7 usó el Saturno 1B) de las misiones: el Saturno V. Siendo el bebé de Wernher von Braun y el resultado de un esfuerzo conjunto entre las empresas Boeing, North American Aviation (NAA), Douglas Aircraft Company y la IBM, el Saturno V fue un gigantesco cohete desechable de tres etapas y de combustible líquido. Tras décadas de leer y ver reportajes atribuyéndole unas capacidades casi sobrenaturales a esta nave, los estadounidenses naturalmente le han conferido un estatus legendario al Saturno V. En el portal cibernético apollosaturn.com, John Duncan declara con orgullo que "hasta ahora no ha habido un vehículo espacial exitoso que (lo) rivalice". Y, si nos dejamos llevar por la versión oficial, todo parece indicar que Duncan tiene razón, pues él usó la frase "vehículo espacial exitoso" porque la competencia del Saturno V, el N1 de la Unión Soviética, ni siquiera fue capaz de llegar a la troposfera (Vea el siguiente capítulo). Volviendo al Saturno V, la nave, la cual reemplazó al Saturno IB, era de monstruosas dimensiones algo que la NASA les recuerda a los internautas en su portal cibernético: nasa.gov. Bajo el epígrafe "¿Cuán grande era el Saturno V?", la sección dedicada al cohete dice, entre otras cosas, que su altura de 111 m es "aproximadamente el alto de un edificio de 36 pisos, y 17 metros más alto que la Estatua de la Libertad" de Nueva York (desde su base). Su diámetro era 10 m y su peso con los tanques llenos de combustible pesaba 2.9 millones de kilogramos lo que le permitía impulsar hasta 130 t de carga útil.

Para propulsar toda esa masa al espacio, el Saturno V contaba con un total de once motores: 6 J-2, 5 en su segunda etapa y 1 en la tercera etapa más 5 F-1. Ambos motores fueron fabricados por la compañía Rocketdyne. Los F-1 eran tan grandes (5.8 m de alto por 3.7 m de diámetro) que una persona de tamaño promedio parecía una pequeña figurilla al lado de uno de ellos. Pero si las personas parecían figurillas al lado de los motores de la primera etapa entonces estos parecían hormigas al compararlas con la nave entera (Figura 14). Según la *Referencia para la prensa de las naves Apolo* (*Apollo Spacecraft News Reference*) Entre los datos más impresionantes del Saturno V se encuentran los siguientes:

- Las bombas de combustible de los cinco motores F-1 de su primera etapa "empujaban el combustible con la fuerza de 30 locomotoras diésel".

- Los cinco motores F-1 de su primera etapa generaban "160 millones de caballos de fuerza, aproximadamente el doble de la cantidad de energía hidroeléctrica potencial que estaría disponible en cualquier momento si todas las aguas corrientes de América del Norte estuviesen canalizadas a través de turbinas."

- Los cinco motores J-2 de su segunda etapa generaban "95.4 billones (miles de millones) de vatios o la energía de 72 represas Hoover."

- Todos los motores del Saturno V tenían una potencia equivalente a aproximadamente 500 cazas de combate.

- La potencia de un solo Saturno V "es suficiente para colocar en la órbita terrestre a todas las naves espaciales tripuladas de los Estados Unidos previamente lanzadas".

¡Guau! Ahora analicemos esta supuesta maravilla tecnológica.

Fig. 13. Comparación a escala de los cohetes
Saturno V y IB (Apolo 5 y 7 y programa Skylab)
y la Estatua de la libertad. Según la NASA, el
Saturno V contenía más de 2 millones de piezas
y un empuje de 33.4 MN en su primera etapa lo
cual equivale a, más o menos, 160 millones de
caballos de fuerza. Note el diminuto
"hombrecito" parado entre los tres colosos.

155

Tomando en cuenta la complejísima tarea que el cohete tenía por delante, tales dimensiones se ven totalmente razonables... al menos para los legos o aquellos que desconocemos de la cohetería, o sea el 99.9999% de la humanidad. Resulta que, según varios expertos, ni los titánicos tanques de

Fig. 14. El misil balístico V-2, la "maravillosa arma" que inspiró el diseño del Saturno V. No obstante su apariencia caricaturesca, dicha arma fue responsable de la muerte de alrededor de 20,000 persona. Crédito: Alamy.

combustible, ni tampoco los poderosos motores del buque insignia de EE.UU., fueron capaces de propulsar el módulo de comando y servicio, ni el módulo lunar, ni los víveres ni ningún otro equipo necesario, hacia la Luna. Su explicación se reduce básicamente a estos dos puntos:

1) No obstante su inmenso tamaño, los tanques del Saturno V no eran lo suficientemente grandes como para almacenar el combustible necesario para el larguísimo viaje de más de 380,000 kilómetros.

2) Hay evidencia de serias deficiencias y defectos en el diseño y los materiales del cohete, particularmente en el elemento más importante de todo el sistema: los motores F-1 de la Rocketdyne.

Debido a la seria naturaleza de estas alegaciones y a la intimidante complejidad del tema de la tecnología empleada en la exploración espacial, en este caso el autor recurrirá al trabajo investigativo del Dr. Guenadi Ivchénkov, uno de al menos tres especialistas rusos

—los otros dos son Alexander Popov y A. Veliurov— que se han dedicado a desmontar la versión oficial de las misiones del programa Apolo, particularmente las alegaciones de la NASA acerca del Saturno V. Ivchénkov es un especialista en motores de cohete de combustible líquido y cuyo *curriculum vitae* o historial de empleo y logros incluye "investigador superior del departamento de NIIRP" (Oficina Central de diseño de Almaz) [en asuntos relacionados a la defensa de misiles], y luego con asuntos relacionados al desarrollo de láseres químicos de alta frecuencia basados en motores de cohete de flúor-hidrógeno" y, más humildemente, como profesor adjunto del Instituto de Aviación de Moscú. "Él posee siete patentes en EE.UU." relacionados a sensores e interruptores de fibra óptica. Ahora que conocemos las cualificaciones de Ivchénkov, dirijamos nuestra atención a su tesis acerca del Saturno V titulada *Evaluación de las características del F-1, basada en el análisis de la transferencia de calor y fuerza de la capa tubular de enfriamiento.*

El estudio comienza enumerando algunos problemas con el diseño del módulo de comando y servicio como, por ejemplo, el hecho de que su motor, el AJ-10-137, era demasiado grande para el vehículo generando un empuje de 91 kN o más del doble de lo necesario. ¿Y qué hay de malo con eso? Se preguntará usted. ¿Acaso no es bueno tener un motor con más potencia? Pues en este caso no lo es, esto porque, para acomodar el enorme motor, hubo que sacrificar parte del limitado espacio dentro de la nave. Peor aún, el peso adicional (el cual es un enigma porque, por alguna razón, el peso del AJ-10-137 no está disponible) incrementó la carga del Saturno V en efecto reduciendo su potencia.

Volviendo al Saturno V, Ivchénkov afirmó que el "Análisis de los datos disponibles del (cohete) y sus motores ha demostrado que se puede argumentar, con una alta probabilidad, que las características declaradas fueron substancialmente exageradas y que no corresponden a la realidad. En particular, la cámara tubular de combustión (C/C) es fundamentalmente incapaz de proveer la presión especificada y el empuje del motor F-1". ¿A qué se debe tal desinformación? Pues al hecho de que:

> Toda la información técnica de North American (NAA) [incluyendo directrices técnicas, manuales, instrucciones, etc.] es escrita por autodenominados escritores técnicos, quienes ponen el material disponible en forma literaria accesible al público. Esto es solo un trabajo, algo así como un reportero escribiendo acerca de temas tecnológicos. (Como yo comprenderé, aunque yo definitivamente no lo hice por orden de ningún jefe.) (Naturalmente, bajo estas circunstancias) es bastante fácil distorsionar el material original. Por tanto, todos los números y detalles técnicos en tales documentos deben de ser tratados con precaución.

O sea, que no se debe confiar en *ninguno* de los documentos o diagramas técnicos utilizados por la NASA porque estos no son más que propaganda de las corporaciones envueltas en el programa Apolo las cuales obviamente tenían unas muy buenas razones —algo así como miles de millones de dólares cortesía del trabajador estadounidense— para pintar una imagen fantástica de sus productos. Nada sorprendente aquí. Lo que sí es sorprendente es que Ivchénkov ha determinado que el F-1 representó un gran retroceso para la NASA y para la compañía Rocketdyne que los fabricaba demostrando convincentemente que el predecesor del F-1, el H-1, también de la Rocketdyne, era un diseño superior.

Antes de continuar, debo advertirle al lector que la próxima sección contiene mucha información técnica que puede ser un poco tediosa/aburrida y también que, como dije al principio de este libro en el prefacio, no soy ingeniero, ni físico, ni nada por el estilo, así que lo que leerán a continuación es lo que considero una traducción aceptable al español (recuerde que originalmente toda esta información fue escrita en inglés y, en un puñado de casos, en ruso) pero dichos datos son imprescindibles para comprender cuán defectuoso fue el cohete descrito por los Apolo-creyentes como una de las invenciones más grandes de la historia.

Bueno. Empecemos con una explicación básica del funcionamiento y las especificaciones de los dos motores cohete utilizados por la NASA de 1959 a 1973: el F-1 y su predecesor, el H-1.

Básicamente, un motor cohete es un motor de explosión o que genera empuje mediante la expulsión de gases. Éstos incorporan tanto el combustible como el comburente o sustancia que provoca o favorece la combustión, generalmente oxígeno en estado gaseoso o líquido. En este caso, la combustión es generada por una mezcla de oxígeno líquido y el propergol RP-1, una mezcla de oxígeno líquido y keroseno. Dichos líquidos son rociados dentro de la tobera o en la cámara de combustión (C/C) por decenas de inyectores ubicados en la parte superior interna de ésta. Al entrar en contacto uno con el otro, los propergoles combustionan o desatan una serie de explosiones y, si todo sale bien, dichas explosiones generan el empuje necesario para propulsar el vehículo/misil/cohete al espacio exterior. Cabe señalar que casi todos los motores estadounidenses fabricados antes y durante el programa Apolo eran de tipo "semi-termal" o diseñados con una tobera compuesta de una sola fila de tubos soldados que, en teoría, debían circular gases menos calientes para evitar su recalentamiento, así formando lo que en la cohetería se describe como una camisa de enfriamiento (*cooling jacket*).

Especificaciones del H-1: Propergol: oxígeno líquido y RP-1 (oxígeno líquido y keroseno). Diámetro de la tobera: 1.08 m, diámetro de la cámara de combustión: 0.48 m, longitud total del motor: 2.68 m, ratio de área expansión: 8 (ratio de la garganta a la boquilla), diámetro del cuello: 38 cm. Longitud total de H-1: 218 cm, diámetro del cuello: 33.6 cm. La cámara de combustión y boquilla están formadas por 320 tubos de 8 mm que componen una sola pared; espesor de pared de tubos es 0.254 mm. La presión de la cámara de combustión es 49 kg/cm². La presión de la bomba de keroseno es 1 kg/cm² o 71.8 kg/cm². (Nota: recuerde que la información puede variar de una fuente a otra.)

Especificaciones del F-1: Propergol: oxígeno líquido (LOX) y RP-1 (oxígeno líquido y keroseno). Dimensiones: longitud total: 5.8 m, diámetro de la cámara de combustión: 3.7 m, diámetro de la garganta: 72 cm, presión de cámara de combustión: 70 kg/cm². La cámara de combustión está formada por 178 tubos/356 tras bifurcarse (dividirse en dos) de 8 mm que componen la camisa de enfriamiento. La presión de la bomba de combustible es de 131 a 140 kg/cm². Según los datos oficiales, el "apetito" de los F-1 (que, recordemos, se encontraban únicamente en la primera etapa) era verdaderamente voraz: estos consumían el equivalente de una piscina de patio en tan solo 10 segundos y podían vaciar una piscina olímpica en aproximadamente 2 minutos y medio. Asimismo, los datos oficiales nos aseguran que tan solo el oxígeno líquido necesario para poder lanzarlo hasta la órbita baja terrestre era equivalente a 54 vagones cisterna de ferrocarril.

Luego de explicar que el F-1 es básicamente un H-1 "bajo esteroides" —o al menos, esa era la intención— Ivchénkov procede a explicar que la cámara de combustión estaba hecha de tubos de hoja delgada de una aleación de níquel llamada Inconel X-750 y no de acero inoxidable 347 como su predecesor. Según los estadounidenses, el Inconel X-750 —cuya composición es 70% níquel, 14-19% cromo y de 5 a 9% hierro y otros aditivos— fue seleccionado por su supuesta buena relación de robustez a peso, o sea, por ser fuerte y a la vez relativamente liviano. Y es aquí donde Ivchénkov detectó una serie de problemas muy graves. El primero era que los diseñadores de vehículos espaciales estadounidenses erróneamente se enfocaron principalmente en la reducción de peso de los motores cuando en realidad dicha consideración debe aplicarse casi exclusivamente a secciones cerradas. En el caso de los motores de combustible líquido, la relación de conductividad termal a robustez supera a la relación de robustez a peso. Es decir, que lo más importante es cuán bien un material puede conducir y soportar el calor algo muy lógico considerando que el sistema de propulsión es el componente más vital, y también más peligroso, de todo el cohete. En las palabras de Ivchénkov:

> (L)a conductividad termal del material del tubo está directamente conectada a su espesor, y su espesor determina la robustez y, por consiguiente, la presión máxima de la cámara de combustión. *El peso de los motores de la primera etapa es de menor importancia.*

Los otros problemas están relacionados con el Inconel X-750 y con el diseño de la tobera y los inyectores del F-1.

Comencemos con el Inconel X-750, una aleación que estuvo tan plagada de defectos que Ivchénkov lo ha descrito como un "material problemático" y "traicionero". ¿La razón, o (más bien) razones? Pues (1) su propensión a reestructurarse al ser expuesto a temperaturas extremadamente altas y (2) la inestabilidad de combustión que causaba, especialmente en los motores F-1. Cabe señalar que el acero inoxidable es invulnerable a estas fallas y que, irónicamente, el primer defecto fue producto del proceso de temple que debía fortalecer la aleación, pues resulta que el estrés termal tiende a cristalizar y a agrietar todo material tratado con calor. En cuanto al aspecto traicionero del Inconel X-750, este viene de su impredecible funcionamiento, ya que algunas veces podía sufrir "roturas tubulares" y en otras hasta "perforaciones por la flama (*burn through*)".

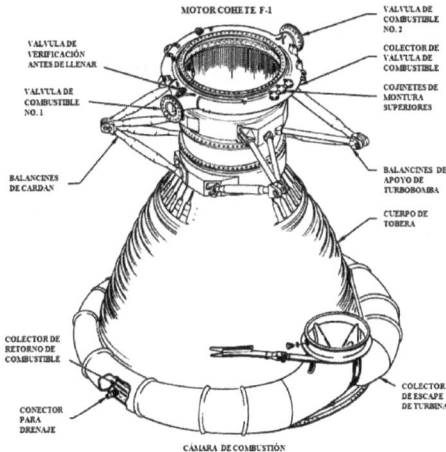

MOTOR COHETE F-1

VALVULA DE VERIFICACIÓN ANTES DE LLENAR
VALVULA DE COMBUSTIBLE NO. 1
BALANCINES DE CARDAN
COLECTOR DE RETORNO DE COMBUSTIBLE
CONECTOR PARA DRENAJE
CÁMARA DE COMBUSTIÓN

VALVULA DE COMBUSTIBLE NO. 2
COLECTOR DE VALVULA DE COMBUSTIBLE
COJINETES DE MONTURA SUPERIORES
BALANCINES DE APOYO DE TURBOBOMBA
CUERPO DE TOBERA
COLECTOR DE ESCAPE DE TURBINA

Igualmente, el segundo defecto surgió a causa de las temperaturas extremadamente altas generadas por el F-1 las cuales ocasionaban una fusión entre el azufre del keroseno del combustible RP-1 y el níquel del Inconel X-750. Por estas razones, el Inconel X-750 "nunca más se usó para los motores cohete" actualmente siendo utilizado principalmente para turbinas y la tubería de agua caliente dentro de las plantas nucleares.

En un asunto relacionado, los tubos que formaban la camisa de enfriamiento también resultaron ser problemáticos. Su espesor de 0.457 mm era totalmente insuficiente para enfriar, o más bien mantener relativamente templada, la cámara de combustión y la garganta. De hecho, el sistema de pared tubular fue tan complejo e ineficiente que todos los motores diseñados después del Saturno V (último vuelo en 1973) emplearon toberas de tecnología soviética, o sea, con dos paredes, una interna de cobre y otra externa compuesta mayormente de acero, pero también de otras aleaciones soldadas a separadores centrales, así formando canales de enfriamiento.

Reconociendo el inmenso peligro que el recalentamiento y las excesivas presiones dentro de la cámara de combustión representan para una nave y su carga, y por supuesto, también para sus tripulantes, Ivchénkov teorizó que la NASA tuvo que haber reducido la presión "y probablemente la temperatura de los productos de combustión" del Saturno V. Según los cálculos de Ivchénkov —los cuales este servidor vio de pasada por su intimidante complejidad— todo esto tuvo que haber reducido el empuje del F-1 a "tan solo 450-500 toneladas en lugar de las 690 toneladas declaradas" por la NASA, es decir, de un 35.5% a un 28% menos de lo que afirma la versión oficial.

Otro defecto con el F-1 yacía en el diseño de sus inyectores. Los estadounidenses usaban una placa de inyectores con inyectores a chorro "líquido-líquido", o que rociaban dos propergoles líquidos distintos, denominada el 5U y que se asemejaba a una "tabla de lavar agujereada", una tecnología muy inferior a la soviética cuyas placas contenían inyectores centrifúgales para rociar mono o *bipropelentes* (uno o dos tipos o mezclas de combustible). Respecto a esto, Ivchénkov ha declarado que "la práctica ha demostrado que esta es una tecnología defectuosa, la cual no provee un rociado y mezcla satisfactorios de los propelentes" y además expresó su asombro ante "el hecho de que EE.UU. usó inyectores a chorro", algo muy "extraño, ya que es bien sabido que el motor del V-2 (de los años cuarenta)" tenía "todo tipo de inyectores, y ellos escogieron el peor".

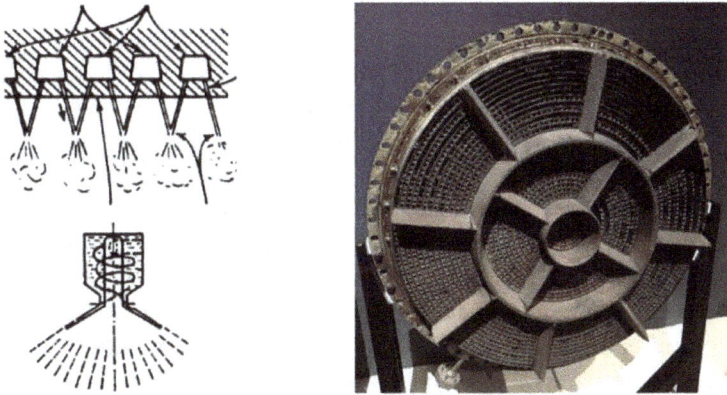

Fig. 16. Dibujo y foto mostrando (A) el sistema de inyectores a chorro 5U usado en los motores estadounidenses durante los años sesenta y setenta versus el sistema de inyectores centrifúgales desarrollados por los soviéticos (B) y (C) la placa de inyectores de un motor F-1. Según el profesor y experto de la cohetería Guenadi Ivchénkov, tal sistema era ineficiente para rociar y mezclar los propelentes, razón por la cual los soviéticos adoptaron un sistema de inyectores centrifúgales para sus motores. Crédito: Loungeflyz / *Wikipedia*.

Como si fuera poco, hay más piezas de evidencia que hunden por completo el mito del Saturno V. Afortunadamente, esta vez la evidencia en cuestión es aquella que más nos gusta; la de video y fotográfica; y, a diferencia de las fotos y video anteriores, ésta fue grabada y tomada por ciudadanos comunes y corrientes, no por la NASA o sus cómplices de la prensa corporativa como, por ejemplo, la cadena CBS con sus subtítulos de "EN VIVO DESDE LA LUNA" algo que, a medida en que nos sigue llegando la evidencia, se va viendo cada vez más ridículo.

Comencemos. El 16 de julio de 1969, miles de estadounidenses asistieron al lanzamiento de Apolo 11 en Cabo Cañaveral, Florida. Para inmortalizar el evento, muchos de ellos llevaron sus videocámaras —de éstas la mayoría eran del tipo Súper 8 o que empleaban filme de 8 mm— con las cuales tomaron una serie de videos sumamente importantes no solo por su valor histórico, sino por los curiosos detalles que capturaron, detalles verdaderamente reveladores. De las pocas películas que han sobrevivido hasta ahora algunas han terminado en *You Tube* y otras, como la de un ex empleado del programa Apolo llamado Phillip Frank Pollacia (se lee "Polacia"), han sido analizadas meticulosamente por expertos no solo de EE.UU., sino también de Rusia. Entre ellos se encuentran el Dr. Alexander I. Popov y Andréi Bulátov, cuya investigación ha determinado concluyentemente que el Saturno V generó mucho menos potencia de lo anunciado y, por ende, nunca pudo haber llegado a la Luna. El Dr. Popov es un experto en la física y las matemáticas graduado del Instituto de Ingeniería y Física de Moscú cuya especialización es la tecnología de láseres. Asimismo, él es autor de varios libros entre ellos *Американцы на Луне: великий прорыв или космическая афера?* o "Americanos en la Luna: ¿una gran hazaña o una farsa cósmica?" el cual, tristemente, solo está disponible en ruso. Bulátov también es graduado del antedicho instituto. En su artículo para aulis.com titulado *Did this Saturn V Rocket Get to the Moon?* o "¿Fue este cohete Saturno V a la Luna?", Popov y Bulátov explican que, gracias a ciertos puntos de referencia como las nubes presentes en la mañana del lanzamiento (Figura 17), cuyos cielos estaban bastante nublados, ellos pudieron medir con suficiente exactitud cuánto tiempo le tomó al Saturno V para llegar a la tropopausa (zona de transición entre la tropósfera y la estratósfera) y, por consiguiente, cuán potente era el cohete.

Tras dividir la película de 175 segundos en "puntos de chequeo", o intervalos de X segundos, ambos investigadores descubrieron que, desde su despegue (1:01.05 de grabación), el cohete tardó poco más de cien segundos exactos para tocar las nubes cuya altura media es de 8 km, o 26,000 pies en el "lenguaje" estadounidense. O sea, que el Saturno V no alcanzó los 8 km de altura hasta el centésimo quinto segundo. Esto es importante porque para este punto se suponía que el vehículo hubiese alcanzado los 24 km o 79,000 pies de altura.

Según el veterano del cosmódromo de Baikonur llamado N. V. Lebédev, "Con tal comienzo de vuelo, la nave de Apolo 11 no tenía ninguna oportunidad de mantenerse a la par con el itinerario de ascenso." Y todo esto significa que, aún con un margen de error más amplio, como por ejemplo que las nubes hubiesen estado 4 o hasta 7 kilómetros más arriba, la premisa principal de Popov y Bulátov está asegurada. Pero la investigación de Popov y Bulátov va aún más lejos, pues ambos han llegado a una conclusión que muchos pueden encontrar controversial, pero que también fue sugerida por Charles "Bill" Kaysing: que el Saturno V despegó sin los astronautas. ¿La razón? Pues porque, según los cálculos de la NASA, el cohete debía haber consumido el 60% del combustible de su primera etapa luego de 106 segundos, pero, si para ese momento el cohete ni siquiera había alcanzado la estratósfera, sino que se encontraba miles de metros más abajo por la tropopausa, entonces no hay que ser un genio para deducir que, en lugar de llegar al espacio, el vuelo de Apolo 11 iba a terminar cayendo en algún punto del océano Atlántico y es altamente improbable que los administradores de esta operación psicológica hubiesen arriesgado a sus llamados héroes nacionales en una reentrada tan brusca e impredecible.

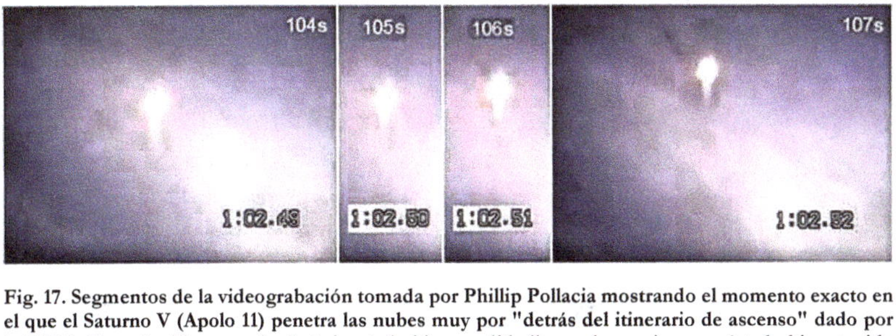

Fig. 17. Segmentos de la videograbación tomada por Phillip Pollacia mostrando el momento exacto en el que el Saturno V (Apolo 11) penetra las nubes muy por "detrás del itinerario de ascenso" dado por la NASA. Esto significa que el cohete jamás hubiese podido llegar al espacio, pues éste hubiese tenido que consumir todo su combustible antes de alcanzar los cien kilómetros de altura. Crédito: AULIS.

Desviándonos levemente del tema para discutir nuevamente la teoría de Kaysing, según mi análisis, la evidencia disponible parece darle la razón. Es decir, que hay una muy alta probabilidad de que el Saturno V sí despegó SIN TRIPULACIÓN. Y no. No hubo que recurrir a otro estudio enfocado en la cohetería para llegar a esa conclusión. Resulta que existe un método infalible para determinar conclusivamente si un ser humano ha estado en el espacio más de un par de días, pero eso se abordará más adelante en el capítulo 7, aunque le daré una clave: tiene que ver con la fisiología.

Ahora continuemos con el estudio en cuestión, dirigiendo nuestro enfoque sobre otro aspecto revelador. Y es que no hay que dejarse llevar únicamente por complejos estudios de la cohetería para ver claramente los enormes defectos del colosal cohete norteamericano. Tan solo un análisis de los primeros vuelos de prueba bastará.

La primera prueba (sin tripulación) del Saturno V —Apolo 4— se llevó a cabo el 9 de noviembre de 1967. Según la NASA, la prueba fue todo un éxito, algo verdaderamente increíble considerando que la nave contenía más de dos millones de piezas. De todos modos, la segunda prueba, y la última sin tripulación —Apolo 6— se llevó a cabo el 4 de abril de 1968 y esta no fue exitosa (Apolo 5 fue de un Saturno 1B, un cohete muy diferente). He aquí el resumen dado por la misma NASA (nasa.gov):

> Tres grandes problemas ocurrieron durante la misión. Dos minutos y cinco segundos después del lanzamiento, la estructura del Saturno V experimentó severas oscilaciones *pogo* (…) Debido a un defecto de manufactura (algunos) paneles estructurales se desprendieron del adaptador del módulo lunar. Finalmente, luego de la culminación del encendido de la primera etapa y entremedio del encendido de la segunda etapa, dos de los cinco motores J-2 de la segunda etapa se apagaron prematuramente. La órbita circular de la Tierra de 175 km que se había planificado no se logró (…)

EL GRAN FRAUDE LUNAR

EL GRAN FRAUDE LUNAR

EL GRAN FRAUDE LUNAR

¿Qué extraño? ¡Tantos problemas durante la segunda prueba y ni uno durante la primera! Además, note que ambas pruebas solo debían orbitar la Tierra, no la Luna lo que significa que ninguna de las pruebas fue verdaderamente satisfactoria.

Y, por si las dudas, el vuelo Apolo 4 fue una prueba completa usando todas las etapas del Saturno V. En uno de sus portales cibernéticos (science.KSC.nasa.gov) la NASA orgullosamente declara bajo el epígrafe de "Puntos más destacados de la misión" (*Mission Highlights*) que luego de "ascender a una trayectoria *translunar* simulada a unos 18,079 km de la Tierra" la primera etapa del Saturno V o S-IC:

> funcionó con precisión(,) con el motor central F-1 apagándose a los 135.5 segundos y los motores fueraborda apagándose tras la depleción del LOX (oxígeno líquido) a los 150.8 segundos cuando el vehículo viajaba a 9,660 km/h a una altitud de 61.6 km. La separación ocurrió solo 1.2 segundos del tiempo predicho. El corte de la S-II (segunda etapa) ocurrió a los 519.8 segundos.

Luego de todo esto se llevó a cabo una prueba de reentrada a la atmósfera del módulo de comando y de sus "sistemas de soporte" y protección térmica. "Todos los objetivos de la misión se lograron."

En 1970, von Braun fue nombrado para una nueva, y aparentemente honorable posición, como diputado de la NASA, pero dentro de poco llega a incomodarse con la NASA a tal punto que él renuncia de la agencia en 1972. Su cohete duraría solo un año más. En total, el cohete Saturno V fue lanzado en 13 ocasiones incluyendo las dos pruebas sin tripulación. Finalmente, en 1973, solo seis años después de su primer vuelo y de lo que Popov ha denominado como el "período Feliz" de la NASA, el Saturno V fue "enterrado" por la agencia y enviado en piezas a jardines de museos. Pregunta: ¿Si el Saturno V fue tan formidable entonces por qué descontinuarlo, especialmente considerando que, según los estadounidenses, el desarrollo y operación de la nave tuvieron un astronómico costo de 6.417 billones/millardos de dólares? Tenga en mente que este había sido el proyecto más caro de la historia estadounidense hasta aquel entonces costando el equivalente de $40,800,629,455.04 en el 2016.

Reveladoramente, a finales de los años 60 ya se estaba contemplando el reemplazo del Saturno V y a principios de la década siguiente el desarrollo del transbordador espacial marchaba sobre ruedas. ¿Y cuánto costó este nuevo proyecto? Nada más que $209,000,000,000 en dólares del 2015. ¿Y cuánto exactamente es $209 billones/millardos? Bueno. Para ilustrarlo mejor, esto fue casi diez millardos más que lo que Portugal (con $198,931,000,000), la cuadragésima quinta economía del mundo, generó en el 2015. Dicho de otra manera, la cantidad de dinero destinada para desarrollar y operar el Saturno V fue superior al PIB (producto interno bruto) de 149 países y territorios en el 2015. O sea que, después de lograr todas sus metas, o sea ir a la Luna nueve veces (contando a Apolo 13 el cual supuestamente orbitó la Luna, pero no alunizó) y de (supuestamente) poner en órbita la estación espacial más pesada de la historia hasta aquel entonces —la Skylab ("Laboratorio Espacial") (1973-1979)— la NASA, o más bien el gobierno estadounidense, decidió que era necesario comenzar, prácticamente desde cero, con la construcción de un nuevo vehículo espacial... un vehículo que terminaría costando mucho más que el otro que debía reemplazar. Y todo este esfuerzo se hizo solo para desempeñar misiones limitadas exclusivamente a la órbita baja terrestre algo que, según la versión oficial, era "pan comido" para el Saturno V.

Pero lo más incomprensible de todo es el hecho de que la NASA decidió no darle uso a los dos cohetes restantes los cuales, según nos dicen, estaban totalmente aptos para un lanzamiento. Así que, a fin de cuentas, la NASA se quedó con dos grandísimos souvenires con un costo total (en dólares del 2017) de $1,488,563,513.51 ($135,000,000 c/u en los 1970). ¡Excelente planificación y uso de los fondos públicos! En una dimensión paralela negativa, por supuesto.

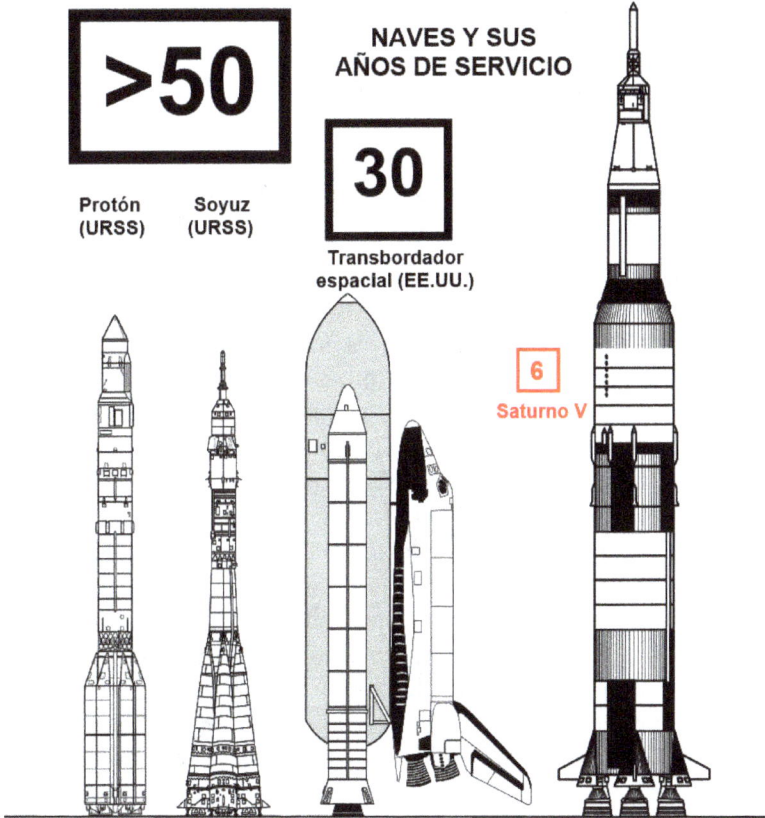

NAVES Y SUS AÑOS DE SERVICIO

>50

Protón (URSS)   Soyuz (URSS)

30

Transbordador espacial (EE.UU.)

6

Saturno V

Entre las razones que los apologistas de la NASA han dado para justificar la descontinuación del Saturno V se encuentran sus enormes costos de producción y operacionales y la supuesta falta de misiones requiriendo una nave tan grande. Pero ambos argumentos son inválidos por el simple hecho de que: 1) el costo total de diseñar y desarrollar el transbordador espacial fácilmente anulaba cualquier beneficio que hubiese podido dar sobre su predecesor —esto suponiendo que el Saturno V de veras funcionaba tal y como sostenían los estadouni-denses— y 2) que sí habían misiones que requerían de un cohete portador de grandes proporciones como el

Saturno V. Tales puntos fueron subrayados por algunos expertos de la cohetería tanto en Rusia como en EE.UU. Sin duda el más franco de ellos fue Bill Wood, un hombre con vasta experticia en el programa de misiles nucleares estadounidense que participó en el documental *What happened on the Moon?- an investigation into Apollo* o "¿Qué ocurrió en la Luna?- una investigación de Apolo". Casi al final de la película, él dijo lo siguiente:

> Si el Saturno hubiese funcionado... lo más lógico que debieron haber hecho con todo ese equipo (*hardware*) que fue desarrollado con (un gasto de) billones y billones de dólares, era comenzar a producirlo. Porque después el costo de desarrollo se amortiza sobre el costo de todos los vehículos producidos y (además) se hubiese usado para lanzar el transbordador. Si ellos de verdad deseaban tener un avión capaz de ponerse en órbita ellos pudieron haber puesto un transbordador orbitador sobre la segunda etapa del Saturno V y volar el aparato hacia la órbita (baja terrestre). La primera etapa hubiese caído al océano como lo hace normalmente y la segunda etapa y el transbordador totalmente cargado hubiesen llegado a la órbita baja terrestre.
>
> *Pudimos haber tenido el primer lanzamiento del transbordador unos cinco años antes con un ahorro de 20 billones* (millardos) *de dólares.* (Énfasis añadido.)

Y el "combo" transbordador espacial/Saturno V al que Wood se estaba refiriendo no fue una idea suya, sino una inicialmente sugerida por expertos de la NASA en los años 70. Curiosamente, el transbordador experimental lanzado por la India en el 2016, el Vehículo Reutilizable de Lanzamiento (RLV por sus siglas en inglés) (Figura 25), emplea un sistema similar, aunque a una escala mucho menor. Respecto a la supuesta falta de misiones requiriendo naves del tamaño del Saturno V, cabe señalar que, Popov ha señalado que, con su (supuesta) capacidad de carga de 75 t, el Saturno V pudo

EL GRAN FRAUDE LUNAR

haberse utilizado para enviar módulos de mayor tamaño para construir la Estación Espacia Internacional, algo sumamente ventajoso para los astronautas que la habitarían porque:

Si la ISS hubiese contenido menos módulos, esto hubiese reducido el número de sitios de atraque y, por ende, la hubiese hecho más simple y más segura. Esto hubiese reducido el número de conexiones cada una de las cuales siempre requiere un procedimiento peligroso, a veces resultando en daños severos al módulo. Todo esto significa que sus equipos hubiesen trabajado y vivido con mayor libertad. ¿Por qué la NASA no proporcionó el "Saturno 5" para construir la ISS?

Fig. 19. No obstante su aspecto avanzado, el sistema de dos cohetes de aceleradores sólidos y un gigantesco tanque externo de oxígeno e hidrógeno líquido del transbordador espacial era muy complicado, costoso e inseguro. Por ello, los vehículos espaciales orbitales (y puramente militares) de la actualidad como el X-37B de EE.UU. (B) y el Vehículo Reutilizable de Lanzamiento (RLV) de la India emplean sistemas de lanzamiento más simples de una sola lanzadera. Interesantemente, la NASA pudo haber desarrollado tal sistema basándose en la primera y segunda etapa del Saturno V.

171

Capítulo 4

Conclusión: el muy vanagloriado Saturno V, nunca fue la maravilla tecnológica que nos han vendido, sino un titánico y complejo casco incapaz de producir la potencia necesaria para cumplir las ambiciosas expectativas del pueblo estadounidense. En realidad, su único fin era llegar hasta la estratósfera y, a su vez, hacer al público pensar que iba con sus héroes espaciales hasta la Luna.

Ahora enfoquemos nuestra atención sobre la otra nave, quizás la más popular de todas las naves del programa Apolo, que supuestamente transportó a Armstrong, Aldrin y a otros diez de sus colegas a la superficie de la Luna. Ese feo aparato:

El módulo lunar

Si hay una nave verdaderamente simbólica del programa Apolo esta ha sido el módulo lunar de la Grumman Aircraft Engineering Corporation (Figura 20). Y es que la versión oficial nos asegura que el módulo lunar desempeñó un papel crucial en la exploración de nuestro satélite natural, ya que éste sirvió como refugio y centro de operaciones para los dos astronautas que llevaba.

Básicamente, el módulo lunar era un vehículo espacial de dos etapas bien diferenciadas, la de descenso o la parte inferior y la de ascenso o la parte superior, supuestamente diseñado para un alunizaje. Cada etapa albergaba un motor cohete en la parte central inferior y ambas etapas estaban conectadas por 4 pernos explosivos que, siguiéndole la corriente a la NASA, debían detonarse automáticamente microsegundos antes del despegue de la etapa de ascenso. Pero esto se discutirá más adelante. La nave debía tener cabida solo para dos astronautas los cuales debían trasladarse de una etapa a la otra a través de un túnel de 81 cm de diámetro. La nave tenía cuatro patas articuladas o, en el lenguaje ultra-sofisticado de la NASA, "plataformas de alunizaje" (En realidad su designación oficial decía aterrizaje, pero ¿qué culpa tengo yo de que en el inglés no exista una palabra específica para describir el acto de posarse en la Luna?) en su parte inferior, una de ellas contenía una escalerilla con barandilla obviamente para facilitar el descenso de los astronautas al suelo "lunar". Sus dimensiones totales eran 7.04 m de altura por 9.4 m de largo y 9.4 m de anchura con un peso total (con combustible, víveres, etc.), de 16,374.5 kg (posteriormente éstos tuvieron un peso mayor) (su peso vacío era 4,899 kg).

Según la versión oficial, hasta poco después de alcanzar la órbita baja terrestre, el módulo lunar iba fijado directamente debajo del módulo de comando y servicio, con las patas articuladas o "plataformas de alunizaje" dobladas, dentro del adaptador de nave espacial a ML (SLA por sus siglas en inglés), una carcasa con un diseño similar al de un capullo que iba unida a la tercera etapa del Saturno V. Tras completar una complejísima maniobra en la que el módulo de comando se acoplaría al módulo lunar, los dos astronautas designados para caminar en la Luna se trasladarían a la segunda nave donde ambos permanecerían de pie hasta alunizar puesto que la nave no disponía de asientos. Ellos se mantendrían erguidos mediante un sistema de tirantes y abrazaderas que evitaban las sacudidas esto porque, según la NASA, tal posición era la mejor soportar bien el choque con la superficie lunar. Para la observación directa existían dos ventanillas poligonales a la altura de la vista, así como otra situada en el techo y utilizada para la maniobra de atraque.

El peso del módulo lunar fluctuaba dependiendo de la carga de cada misión. Su cabina solo contaba con 5.52 m³ (195 pies cúbicos) (Grumman) o 6.65 m³ (234.8 pies cúbicos) (NASA), espacio dentro del cual los dos astronautas presuntamente encargados de explorar la Luna debían trabajar y dormir. Según la versión oficial, el costo total de este proyecto fue $2.241 billones/millardos o 2,241,033,000 millones lo que se traduce a $12,156,745,971.82 para el momento de redacción (2016-2017).

Al igual que en el caso del Saturno V que supuestamente lo lanzó al espacio, el módulo lunar ha sido elogiado por los estadounidenses y los Apolo-creyentes por haber sido, en las palabras de *Wikipedia* (en inglés), "la primera, y hasta el momento la única, nave tripulada que ha operado exclusivamente en el vacío... del espacio" y, más aún, por haber sido "el componente más fiable del vehículo espacial Apolo/Saturno, y el único componente que nunca sufrió una falla que afectara significantemente la misión". Rusty Schweickart, el presunto piloto del primer módulo lunar tripulado (Apolo 9), la describió como "una maravillosa máquina voladora".

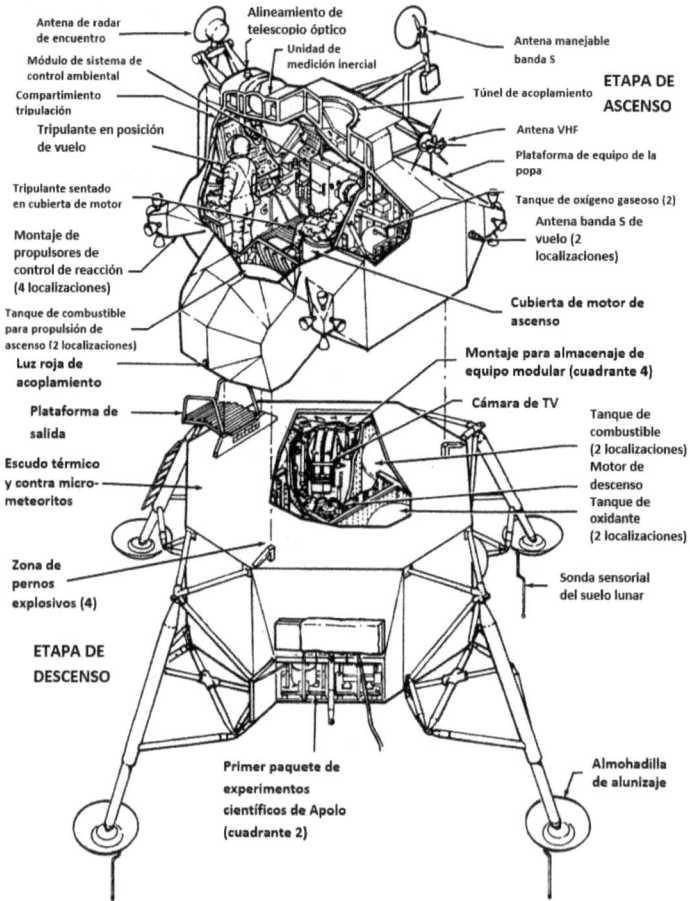

CONFIGURACIÓN DE MÓDULO LUNAR PARA ALUNIZAJE INICIAL

Otro dato muy interesante, o más bien extraño, es el periodo de desarrollo del módulo lunar el cual, según la versión oficial, fue sumamente rápido. Y es que, no obstante las aseveraciones de los Apolo-creyentes y los historiadores oficialistas de que dicho proceso estuvo plagado de problemas, lo cierto es que, con un plazo de poco más de seis años (11/1962 hasta 3/1969 con el vuelo de Apolo 9), el desarrollo de lo que el mismo "Padre del LM", Thomas J. Kelly, describió como "el reto de ingeniería más grande del siglo XX" tomó mucho menos tiempo que el desarrollo de otros proyectos tecnológicos como, por ejemplo, el del caza de quinta generación F-35 Lightning II el cual ya ha tardado más de una década y media y ha terminado costándole a EE.UU. y a varios de sus aliados cientos de miles de millones de dólares por encima del estimado inicial. De hecho, los Apolo-creyentes afirman que el primer vuelo no tripulado del módulo lunar se retrasó solamente 13 meses: unos diez meses para su primer vuelo no tripulado y tres más para su primer vuelo tripulado.

¿Super eficiencia o super-fraude? Veamos.

No obstante las declaraciones triunfalistas de los Apolo-creyentes, el módulo lunar estaba (¡Sorpresa!) plagado de defectos aún más numerosos y fáciles de detectar que los del Saturno V, o las demás naves y vehículos del programa Apolo. He aquí lo que Bennett y Percy escribieron acerca de la "nave":

> El diseño del módulo lunar es(,) en ciertos sentidos(,) el equivalente a un *wigwam* (vivienda en forma de cúpula de una sola estancia usada por ciertas tribus norteamericanas). Ambos tienen dos aperturas [una en el lado y una en el tope], soportes ligeros, paredes finas y ¡una fogata central!

Más aún, Bennett y Percy resaltaron el hecho de que el "*wigwam* volador" nunca fue probado satisfactoriamente, o hasta el límite de todas sus capacidades y tolerancias antes del supuesto alunizaje de Apolo 11. Según la versión oficial, la primera prueba fue Apolo 5 en enero de 1968 —la cual se llevó a cabo en la órbita baja terrestre— y lo más cercano a una prueba completa se llevó a cabo en mayo de 1969 con el lanzamiento de Apolo 10. Asimismo, la versión oficial afirma que la misión anterior, Apolo 9 (marzo, 1969), consistió principalmente en pruebas del módulo lunar, aunque en ese caso se probaron únicamente sus capacidades de desacoplamiento, reencuentro y acoplamiento de la nave en la órbita baja terrestre.

Fig. 21. *Wigwam* de la tribu oyibwa (1846) y *Antares* de Apolo 14 (AS14-66-9277). Note la rústica apariencia de ambos. Nota: imagen basada en una comparación foto-gráfica originalmente hecha por Bennett y Percy.

Tornando nuestra atención nuevamente sobre Apolo 10, cabe señalar que dicha "prueba", o "ensayo general" (*dress rehearsal*) de un alunizaje, se llevó a cabo dentro de un periodo de tiempo sospechosamente corto: solo dos meses antes de Apolo 11 (del 18 al 26 de mayo de 1969). Citando parcialmente la página web del Museo nacional *Smithsonian* del aire y el espacio, durante esa misión: "dos astronautas... (Thomas P. Stafford y Eugene Cernan) descendieron (en el módulo lunar) a unas ocho millas náuticas [14 kilómetros] de la superficie de la Luna..." duplicando "las condiciones de la misión... lunar lo más cercano posible" pero sin alunizar. Curiosamente, los nombres de las "naves" de Apolo 10 fueron *Charlie Brown* y *Snoopy* (se lee "Snupi"), los dos personajes principales de la famosa tira de prensa, y más tarde caricaturas televisadas, *Peanuts* (literalmente "Cacahuates" o "Maníes"). (Los apologistas de la NASA dirán que esto se debió a que Apolo 9 era un vuelo de prueba y, por ende, no era una misión formal, pero el autor sospecha que esto fue una manera sutil o subliminal de gritarnos en la cara que todo eso no era más que un montaje para consumo de las masas.)

O sea, que los astronautas llegaron hasta la Luna, pero no probaron la nave en la superficie lunar, obviando precisamente las tareas principales que la nave debía completar: descender y plantarse en la superficie lunar para luego despegar de la Luna hacia el espacio. Por algo los estadounidenses alternativamente se referían a la nave como el *lunar lander* o "*aterrizador* lunar". Pregunta: ¿Si los astronautas de Apolo 10 ya habían llevado a cabo la mayor parte de la misión lunar, por qué no hicieron la prueba completa de una vez? Después de todo, si el (módulo de comando) *Charlie Brown* verdaderamente estuvo dentro de la órbita lunar éste pudo haber lanzado al *Snoopy* sin tripulación para que realizara todas sus funciones de modo totalmente automatizado. Ciertamente, este hubiese sido el mejor modo de estudiar su desempeño alunizando y despegando de la Luna. Y si el lector está pensando que para ese tiempo la tecnología de automatización no estaba lo suficientemente madura como para intentar todo eso, sepa que para las postrimerías de los sesenta la URSS y EE.UU. ya habían lanzado varias sondas a control remoto hacia nuestro satélite natural. En enero de 1966, la URSS envió la sonda Luna 9, el primer objeto construido por el hombre en posarse suavemente en otro cuerpo celeste y en diciembre de ese año le siguió el Luna 13 y, para no quedarse atrás, entre 1966 y 1968 la NASA envió un total de siete sondas Surveyor ("Topógrafo") a la superficie lunar, cinco de las cuales alunizaron exitosamente. Notablemente, ninguna de las sondas estadounidenses fue capaz de regresar a la Tierra con muestras de regolito algo que los soviéticos lograrían a partir del 1970 al recuperar los Luna 16, 18, 20, 23 y 24.

Capítulo 4

Pregunta: ¿Por qué los estadounidenses no intentaron primero un retorno a la Tierra con uno de los Surveyors, una máquina muchísimo menos compleja —y, por ende, muchísimo más barata— que un módulo lunar? ¿Será porque ellos reconocieron que nunca lo lograrían con la tecnología que poseían en aquel entonces? Bueno. Según la versión oficial, todos los retornos de las naves estadounidenses desde la Luna han sido llevados a cabo por naves tripuladas sin antes hacerlo con máquinas a control remoto. ¿Cómo es posible hacer un salto tecnológico tan grande como enviar una nave con seres humanos más allá de la órbita baja terrestre sin antes enviar una sonda y regresarla a la Tierra o con pequeños animales vivos para determinar si tal viaje era seguro para un ser humano?

Antes de retornar las sondas Luna, en septiembre de 1968, la Unión Soviética envió al Zond 5 en una misión con criaturas vivas alrededor de la Luna. Luego de orbitar nuestro satélite natural, la sonda regresó a la Tierra con sus pasajeros animales —dos tortugas, varias moscas, plantas, semillas y bacterias— en buen estado. La misión fue monitoreada muy de cerca por las agencias de inteligencia estadounidenses lo que significa que la NASA tenía conocimiento de cada paso de su rival eslavo. Por tanto, si la NASA de veras planeaba poner seres humanos en la Luna, esta pudo haber hecho lo mismo y enviado su propia sonda con moscas, perros o, mejor aún, maquinas con sensores para medir la presión y la radiación cósmica para asegurarse de que el viaje no pondría en peligro a sus astronautas. ¿Pero qué hizo la NASA? ¿Postergar o retrasar lo que debía ser el *primer vuelo tripulado* del Saturno V para así asegurarse de que sus tripulantes y, por supuesto, su "super avanzada" nave y gran inversión no terminaran desintegrándose antes de cruzar la atmósfera? No. ¡Todo lo contrario! En lugar de seguir el buen ejemplo de los soviéticos, los estadounidenses hicieron lo que solo puede describirse como un acto impulsivo y negligente: ¡cambiar sus planes originales para *acelerar* el supuesto primer viaje tripulado a la Luna!

178

Así es. ¡Supuestamente por su afán de ganar la carrera espacial, los llamados cerebros de la NASA decidieron ir contra todo protocolo de pruebas de tecnología novedosa para someter a la joya de todo su programa espacial y a tres de sus astronautas a un vuelo de casi 800,000 km (ida y vuelta) POR PRIMERA VEZ! Así las cosas, el verano de 1968 la NASA confiadamente le anunció al mundo que enviaría a Apolo 8 con tres de sus mejores pilotos militares; Frank F. Borman, James A. Lovell y William A. Anders; en un sobrevuelo lunar, es decir, sin alunizar, antes de que finalizara el año. Como era de esperarse, unos días después de lanzar la nave EE.UU. reportó que la misión fue todo un éxito declarando airosamente que fue la primera nación en enviar seres humanos fuera de la órbita baja terrestre y que Borman, Lovell y Anders fueron "los primeros en ver a la Tierra completa, los primeros en ver el lado oculto de la Luna y los primeros en ver el amanecer de la Tierra (*Earthrise*) desde la Luna". ¡Y todo esto en el primer intento! ¡Y nada menos que en el primer vuelo tripulado del Saturno V! Hay que admitirlo: ¡los estadounidenses sueñan en grande! Y al parecer son increíblemente suertudos dado que, según la versión oficial, Apolo 8 tardó solo tres (3) días en llegar a la Luna, llegando justo a tiempo para la Nochebuena. ¡Pero eso no es todo! La bonita historia continúa narrando que su tripulación aprovechó su vuelo orbital para transmitir por televisión los primeros diez versos del Libro de Génesis convirtiéndola en la transmisión más vista de la historia hasta entonces… Conmovedor ¿no? Es como si el ángel de la navidad hubiese estado con ellos.

Echando a un lado la fantástica propaganda de la NASA, la duda persiste: ¿Por qué la NASA nunca envió una nave con otros animales o sensores artificiales a la Luna antes de tomar tal importante decisión? ¿Habrá sido porque, sabiendo muy bien que carecían de la tecnología para retornar una sonda de la Luna a la Tierra tal y como lo hicieron los soviéticos, la directiva en Washington decidió simular el primer sobrevuelo y el subsecuente ensayo general usando fotos de la Luna transmitidas por las sondas

Capítulo 4

que enviaron anteriormente? Pues todo parece indicar que sí dado que la lógica y el mismo método científico dictan que antes de poner en riesgo a una vida humana se tienen que hacer experimentos con otros animales, tal y como lo hicieron los soviéticos con el Zond 5.

Al parecer, las pruebas conducidas en la Tierra y por Apolo 9 y 10 fueron suficientes para los genios de la NASA algo sumamente revelador considerando que las pruebas terrestres fueron totalmente insatisfactorias. Por ejemplo, para simular un alunizaje los candidatos a ser astronautas tenían que probar sus destrezas en los vehículos de investigación para alunizaje (*Lunar Landing Research Vehicles* o *LLRV*), luego designados como vehículos de entrenamiento para alunizaje (*Lunar Landing Training Vehicles* o *LLTV*). Dichos vehículos básicamente consistían en un entramado de varillas de aluminio sosteniendo un motor turborreactor en el centro y con una cabina equipada con un asiento eyectable. Las varillas fueron utilizadas para simular el peso reducido que debía tener el módulo lunar al aproximarse y despegar de nuestro satélite natural. De un total de cinco unidades construidas, tres quedaron completamente destruidas luego de perder el control y estrellarse llevando a sus pilotos al borde de la muerte. Uno de ellos fue el mismo Neil Armstrong quien se salvó tras eyectar solo unos segundos antes de que su vehículo terminara consumido por una gran bola de fuego (Figura 22B).

El último en pilotear uno de estos aparatos, Eugene Cernan de Apolo 10 y 17, comentó que "el vehículo era muy inestable". Sin embargo, la NASA afirma que los vehículos completaron más de 200 vuelos. Extrañamente, el último vehículo se estrelló en enero de 1971, más de un año después de Apolo 11 y 12 y días antes del lanzamiento de Apolo 14 (31 de enero). Pregunta: ¿Si el vehículo de prueba continuó siendo, en las palabras de Cernan, "muy inestable" para el 1971 entonces cómo es posible que durante las primeras dos misiones lunares —operaciones cuya complejidad, costo e impacto sicológico y geopolítico eran muchísimo más grandes— los módulos

180

lunares funcionaran perfectamente? Asimismo, debemos preguntarnos si la mayoría de los "vuelos de prueba" de la NASA verdaderamente fueron exhaustivos o meramente breves vuelos a tan solo un par de metros sobre el suelo. Después de todo, ya hemos visto que la agencia —en una muestra de incompetencia bordeando en la negligencia— nunca realizó pruebas cruciales para garantizar la funcionalidad óptima del módulo lunar y, por consiguiente, la seguridad de los astronautas.

Fig. 22. Vehículo de investigación para alunizaje (*Lunar Landing Research Vehicles* o *LLRV*) en el Centro de investigación de vuelos Dryden en California. (B) Estrellamiento de vehículo pilotado por Armstrong quien logró eyectar instantes después de que la nave se tornara inestable. ¡Y todavía la NASA/Washington pretende que creamos que la nave derivada de este aparato tan peligroso llevó a cabo seis alunizajes sin problemas!

Si la NASA de veras iba a realizar una prueba completa del módulo lunar ésta debió incluir la separación y lanzamiento de la etapa de ascenso *desde una superficie sólida*. ¿Y por qué la NASA nunca concluyó tal prueba? Pues, porque de haberlo intentado el mundo entero hubiese descubierto no solo que la nave nunca hubiese volado, sino, peor aún, que la nave se hubiese hecho añicos. ¿La razón? Pues en realidad hay dos razones y ambas están directamente relacionadas con su sistema de separación inmediata y el diseño de su etapa de descenso. Como fue mencionado previamente en la figura 21, las dos etapas del módulo lunar estaban unidas por un sistema de cuatro pernos —uno por cada esquina del vehículo— con explosivos los cuales debían ser activados justo antes del despegue de la etapa de ascenso. Pero eso no era todo, ya que los pernos eran solo uno de tres elementos a ser detona- dos; los otros dos eran todas las conexiones eléctricas con la etapa de descenso —las cuales eran detonadas

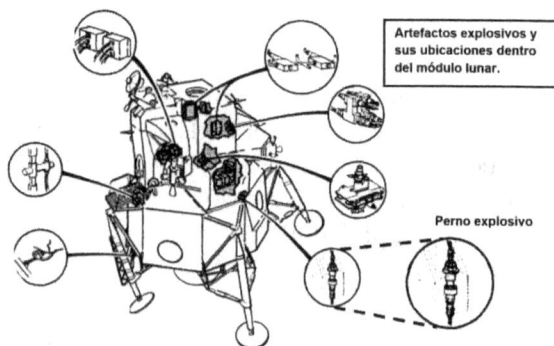

Artefactos explosivos y sus ubicaciones dentro del módulo lunar.

Perno explosivo

primero mediante interruptores explosivos de circuito— y, por último, el corte de "todos los cables y tubería de agua conectadas entre las etapas" mediante "guillotinas explosivas". Una vez completada la separación, el motor de la etapa de ascenso debía propulsarlo hacia la órbita lunar para luego acoplarse o conectarse al módulo de comando y servicio.

Estimado lector: ¡lo que usted acaba de leer no es más que un excelente ejemplo de ciencia ficción! Y es que, no obstante toda esta verborrea seudo-científica (algo típico de la NASA), lo cierto es que ese horrible vehículo "espacial" que los estadounidenses han apodado afectivamente como el "lem" (de la abreviación de *lunar module*) jamás hubiese funcionado efectivamente en el espacio exterior y, mucho menos en el suelo de nuestro satélite natural. Tan solo basta con analizar más detenidamente el sistema de separación de ambas etapas y la composición de la estructura del módulo lunar para comprobarlo.

Resulta que, para ahorrar la mayor cantidad de peso posible, las paredes de la "nave" tuvieron un espesor muy fino o de meros milímetros. Según el manual para la prensa de la corporación Grumman; *The Apollo Spacecraft News Reference*; las paredes del módulo lunar estaban cubiertas por un "manto térmico" compuesto de 25 hojas de aluminio (mylar) de .00381 mm cada una para un espesor total de .09525 mm las cuales a, su vez, estaban cubiertas por una capa exterior (20 mm) o "escudo contra micro-meteoritos" (micrometeoroid shield) de Inconel, la misma aleación traicionera y problemática de los motores F-1. Su anchura total era 5.08 cm. Y, como era de esperarse, los dibujos de la Grumman en el antedicho documento parecen ser muy convincentes. Solo hay un problema, y uno bastante grande, con todo esto: que no existe ninguna documentación acerca de la realización de pruebas para determinar los límites de este "escudo contra micro-meteoritos". Afortunadamente para la NASA, *todas* las misiones Apolo se beneficiaron de una extraordinaria racha de buena suerte, ya que ni sus módulos lunares ni tampoco sus otras naves fueron impactadas por micro-meteoritos durante todo el tiempo que, supuestamente, estuvieron en el espacio u orbitando la Luna.

Otro problema es la total ausencia de pruebas para determinar el impacto que todas las mini-detonaciones desatadas durante el proceso de separación de la etapa de ascenso pudieron haber tenido sobre la estructura del módulo lunar algo que debió de estudiarse exhaustivamente porque —según la NASA— la "nave" fue diseñada para operar exclusivamente en ambientes de muy poca gravedad (o sea, con menores fuerzas atrayéndola hacia el suelo/centro) y, por consiguiente, su construcción fue extremadamente frágil. Esto significa que sí existía la posibilidad de que la secuencia de mini-explosiones, particularmente las cuatro para eyectar los pernos y aquellas para cortar la tubería de agua entre ambas etapas, debieron de haber sido lo suficientemente fuertes como para comprometer la integridad estructural del módulo lunar.

Reafirmando, y a la vez dándole aún más urgencia a este punto, es el hecho de que, asumiendo que los aparatos del programa Apolo sí fueron al espacio exterior, el módulo lunar hubiese arribado a la Luna padeciendo de fatiga del metal (Sí. A los materiales también les da fatiga.), o la pérdida de la resistencia mecánica. Dicha fatiga hubiese sido el resultado de dos cosas: (1) la exposición a múltiples fuerzas g durante el trayecto de la "nave" a la "Luna" y (2) las fuertes vibraciones generadas al alunizar, particularmente al posarse sobre la superficie. Resulta que, contrario a lo que muestran las películas o caricaturas de ciencia ficción, dirigir y luego "aterrizar" una nave con un poderoso motor cohete —en este caso un motor de 45.04 kN— sobre una superficie, cualquiera que sea, es una hazaña extremadamente complicada y peligrosa especialmente si la zona de "aterrizaje" se encuentra en un cuerpo celeste totalmente desconocido. ¿Y cuántas fuerzas g debió de haber experimentado el "lem" antes de llegar a la Luna? Pues *al menos* 7 fuerzas g, o siete veces la gravedad que debe experimentarse aquí en la Tierra.

Como si todo lo anterior fuera poco, hay más problemas con el "lem". Uno de ellos yace en la manera en que el módulo lunar *Eagle* hizo su "alunizaje", supuestamente en julio de 1969. Resulta que hay dos versiones del supuesto evento: la de Neil Armstrong, y la de la NASA y sus defensores del siglo XXI. Según Armstrong, quien supuestamente tomó los controles de Aldrin (el piloto designado del *Eagle*), él hizo un descenso lateral manteniendo el motor principal de la etapa de descenso encendido hasta unos segundos después de que el *Eagle* hiciera contacto con el suelo. Sin embargo, la NASA y compañía insisten en que Armstrong simplemente estaba equivocado y que en realidad él apagó el motor de descenso unos segundos *antes* de tocar el suelo. Interesantemente, la versión oficial afirma que cuando la nave se plantó en el suelo a esta solo le quedaba combustible para 25 segundos adicionales de vuelo. El mismo presidente George H.W. Bush lo narró en un dramático discurso conmemorando el vigésimo aniversario de Apolo 11 (20/7/1989). Frente a los "veteranos espaciales" de Apolo 11 y con una gigantesca bandera estadounidense y una maqueta de gran tamaño del módulo lunar *Eagle* y otra del Saturno V a sus espaldas, Bush padre le dijo a su audiencia:

> ¡El aterrizaje por sí solo fue desgarrador! Alarmas se encendieron y una sobrecarga de la computadora amenazó con detener la misión mientras el *Eagle* oscilaba miles de pies

sobre la Luna. Armstrong tomó el control manual para evitar (chocar con) un enorme cráter cubierto de peñones. Con una nueva alarma indicando la perdida de combustible y la visibilidad bloqueada por polvo lunar, el centro de control comenzó el conteo regresivo para (…) abortar (la misión). América (EE.UU.), ciertamente el mundo entero, escuchaba (con) un nudo en la garganta, una oración en nuestros labios (…) ¡Y solo quedaban 20 segundos de combustible y luego, a través de la estática, salieron las palabras: "Houston, aquí la base Tranquilidad. El *Águila* ha aterrizado"!

¡Guau! ¡De película!

Volviendo al tema anterior, la discrepancia entre las dos versiones del "alunizaje" es muy importante no solo porque la versión de la NASA, la más reciente, contradice la de Armstrong, y, dicho sea de paso, todo lo que se había dicho oficialmente hasta principios del siglo XXI acerca de un descenso vertical o casi vertical, sino también porque el modo en que el *Eagle* supuestamente hizo tal maniobra nos puede decir claramente si tal misión hubiese podido lograrse o no.

Como era de esperarse, varios expertos como Popov han expresado sus dudas respecto a la posición de la NASA, esto porque todo parece indicar que el método más factible, o, mejor dicho, con mayores probabilidades de lograr un alunizaje, hubiese sido el de un descenso más vertical o totalmente vertical, tal y como la literatura del mismo fabricante del módulo lunar, la corporación Grumman, había ilustrado en el folleto de la nave (Figura 24A). De hecho, un análisis de los archivos de video de la época revelará que *todas* las cadenas principales de televisión de EE.UU. como ABC, CBS y NBC, al igual que la BBC de Reino Unido, tomaron por sentado que el módulo lunar haría un descenso vertical mostrándolo en varias gráficas o dibujos. Según Popov, la razón por la cual un alunizaje lateral no hubiese funcionado es porque, básicamente, una nave

185

viajando lateralmente a unos 476 kilómetros por hora hasta tan solo diez segundos (disminuyendo hasta 75.6 km) antes de plantarse en el suelo de un lugar con una sexta parte de la gravedad de la Tierra hubiese venido con suficiente energía cinética como para volcarse.

Asumiendo que Popov estaba incorrecto y que, como sostiene la versión revisada, Armstrong apagó el motor antes de alunizar, entonces la caída de casi dos metros del pesado vehículo hubiese generado fuertes vibraciones que hubiesen fatigado, e incluso rajado algunas de sus piezas las cuales, como ya sabemos, ya habrían soportado alrededor de 7 fuerzas g durante su salida de la atmósfera terrestre. Tales averías hubiesen generado grietas en los tanques de combustible y de oxígeno del frágil vehículo. No hay que ser un genio para deducir lo que esto acarrearía.

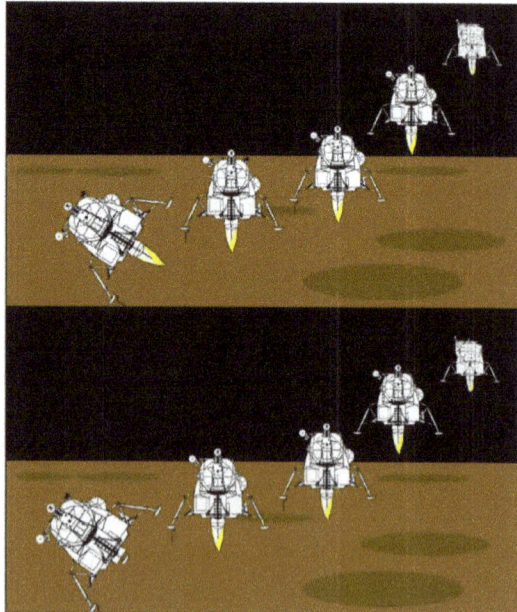

Fig. 24. Dibujos hechos por el autor mostrando lo que hubiese ocurrido si el alunizaje hubiese sido (A) como dijo Armstrong (pronunciadamente lateral y con el motor encendido hasta después de alunizar), o (B) como alega la NASA y sus defensores como Phil Plait (pronunciadamente horizontal, pero con el motor apagado antes de tocar el suelo). Como puede ver, ninguno de los dos escenarios tiene un final feliz, además note el suelo marrón.

Afortunadamente para la NASA y sus defensores como el astrónomo Phil Plait, durante los últimos años han surgido fotos que corroboran la versión revisada del descenso lateral, pero, sospechosamente, ninguna de esas fotos apareció en las publicaciones científicas o noticieras de los años sesenta, setenta, o incluso los ochenta. Las fotos en cuestión son la AS11- 40-5892 y la AS11-40-5921. Ambas muestran un surco, aparentemente cavado por la "sonda sensorial del suelo lunar" —o la "varilla" que colgaba de cada pata del módulo lunar— en el suelo debajo de la tobera del *Eagle* como para confirmar la tesis de que la nave hizo un descenso lateral. ¿Estarán "pariendo" las fotos de la NASA?

Otro aspecto que hubiese arruinado el alunizaje maravilloso de Phil Plait hubiese sido el sistema computarizado del módulo lunar el cual, como ya sabemos, era demasiado primitivo para procesar la tarea que supuestamente debía realizar. Pero, naturalmente, desde un principio la NASA se percató de que un alunizaje demasiado perfecto hubiese levantado muchas sospechas por lo que la agencia se inventó el pequeño incidente con la AGC mencionado por el presidente Bush. Como era de esperarse, tal "incidente" se ha convertido en un episodio cuasi-legendario. ¿Recuerda el artículo de la ABC acerca de "La Computadora de Apolo"? Pues, éste contiene una narración similar a la narración del presidente Bush, aunque no tan dramática, de los presuntos espeluznantes minutos antes del alunizaje:

> El 20 de julio de 1969, Neil Armstrong y Buzz Aldrin habían entrado al (...) *'Eagle'* y estaban descendiendo a la superficie (lunar). Ellos estaban a unos 6,000 pies (1,828 m) sobre la superficie y el motor de descenso estaba en medio de su combustión final de 12 minutos que los alunizaría seguramente, cuando una luz amarilla le solicitó instrucciones al centro de control.

Según la versión oficial, esto fue provocado por un desborde de información de data del sistema de radar. Afortunadamente, gracias a la brillante programación de la computadora y a un tal Steve Bales de 26 años, el "experto del sistema de guiado del módulo lunar del cuarto de control", Armstrong y "Buzz" pudieron alunizar justo a tiempo; recordemos que solo les quedaba combustible para 25 segundos de vuelo. Por su ejemplar diligencia, Bales recibió, junto con los tres astronautas de Apolo 11, la Medalla de la libertad estadounidense.

Inspirador, ¿verdad? Bueno. No todo el mundo se ha tragado este cuento. Y es que, para creer que un sistema computarizado con una capacidad de procesamiento menor que la de una calculadora gráfica hubiese podido lograr tan compleja operación, y en su primer intento, hay que ser bastante ingenuo. Ralph René y Gerhard Wisnewski han señalado este hecho desde hace algunos años con el último escribiendo en su libro, *¿Un pequeño paso?*, que: "es cuestionable… que las computadoras a bordo (de la nave) hubiesen sido capaces de hacer los complicados cálculos y de activarlos lo suficientemente rápido como para mantener el módulo estable." Y para comprobar su punto, Wisnewski hace alusión a un caso muy revelador: el del DC-X/DC-XA o *Delta Clipper* de los años 90.

Desarrollado por la corporación McDonnell Douglas, el DC-X era básicamente una nave de una sola etapa capaz de despegue y aterrizaje vertical, o, en otras palabras, una versión mucho más avanzada del módulo lunar el cual, como ya sabemos, era de dos etapas. El peso de ambos vehículos era casi igual: más o menos 15,200 kg (ML) versus 16,320 kg. Extrañamente, la Grumman Aerospace, la cual para ese tiempo se convertiría en la Northrop Grumman, no ganó el contrato gubernamental para diseñar la nave. Volviendo a la nave misma, ésta fue sometida a doce pruebas entre 1993 y 1996 año en que el proyecto fue adquirido por la NASA la cual prontamente la designó DC-XA ("A" de "avanzado"), pero la nave nunca respondió satisfactoriamente, volando tan solo unos cuantos minutos. De hecho, su vuelo récord (3,140 m) ni siquiera alcanzó los cinco minutos y dos de sus vuelos tuvieron que ser abortados por una "explosión de gases de hidrogeno", y porque el "armazón se rajó", luego de solo 124 segundos en el aire. La última prueba, la del 31 de julio de 1996 (Figura 25), terminó catastróficamente cuando:

> la riostra (número) 2 no se extendió, causando que el desbalanceado vehículo se volcara sobre su propia almohadilla de aterrizaje. El tanque de oxígeno líquido explotó y hubo indicaciones de explosiones secundarias en el taque de hidrógeno líquido 2 también El fuego resultante dañó grandes secciones del DC-XA.

¡Menos mal que todas estas pruebas se hicieron sin tripulación! Pregunta: ¿Si todo esto le ocurrió a una nave con tecnología desarrollada más de veinte años después de Apolo 11, entonces cómo diablos fue que SEIS de los más atrasados módulos lunares lograron alunizar y despegar de otro cuerpo celeste sin problemas?

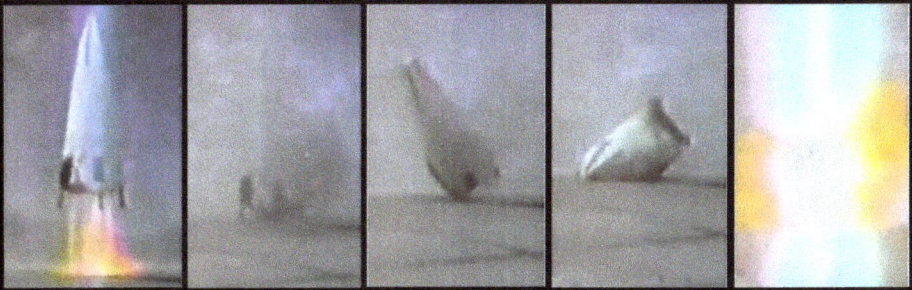

Fig. 25. Momentos del último aterrizaje del Delta Clipper X durante una prueba en 1996. Es interesante notar cómo una nave muchísimo más avanzada que el módulo lunar pudo haber fracasado tan desastrosamente mientras hacía una maniobra que presuntamente se había llevado a cabo varias veces en la Luna... MÁS DE VEINTE AÑOS ANTES.

Asumiendo —como la NASA y sus defensores esperan que hagamos— que de alguna manera el "lem" hubiese podido superar la dificilísima fase del alunizaje, el próximo reto por superar hubiese sido el intenso calor del día lunar. En su libro, Ralph René escribió acerca del peligro que este problema representaba para los dos tripulantes del módulo lunar. Recordemos que un día lunar dura aproximadamente 14 días terrestres y que, debido a que nuestro satélite natural prácticamente no tiene una atmósfera que modere las temperaturas, estas pueden variar de 180°C bajo el Sol a más de -180 °C bajo la sombra, temperaturas que dañarían equipo común y corriente, y que también matarían a un ser humano desprotegido, en muy poco tiempo. Asimismo, cualquier metal expuesto a más de 90 °C durante una o más horas se recalentará considerablemente, algo que cualquiera que haya dejado un vehículo al sol y con los vidrios completamente alzados más de una hora a "tan solo" 32 °C reconocerá instantáneamente. Lógicamente, los diseñadores del módulo lunar debieron de haber tomado medidas para evitar que sus exploradores lunares se rostizaran dentro de su nave por lo cual es sumamente extraño que ellos hayan decidido cubrir amplias secciones del módulo lunar con material de color negro el cual, como ya sabemos, es el que más absorbe el calor. Por ejemplo, en las fotos del *Eagle* mostradas en la figura 26, podemos ver que muchas secciones de la "nave" están cubiertas de material negro, incluso justo sobre el compartimiento de los experimentos científicos (Figura 26A).

Fig. 26. Secciones del módulo lunar (fotos AS11-40-5927, 5915) cubiertas de material negro sobre el compartimiento de los experimentos científicos (A). Pregunta: ¿Por qué usar tanto material negro u oscuro para una nave que debe operar en un lugar donde las temperaturas pueden superar los 121°C y sobre áreas tan sensitivas como las dos secciones mostradas aquí?

Asumiendo que todo hubiese salido bien durante la llamada actividad extra-vehicular y los caminantes lunares no hubiesen volado en cantos al intentar alunizar o se hubiesen rostizado dentro de la cabina del módulo lunar tras una hora y pico bajo el calientísimo sol del día lunar, ahora el siguiente reto hubiese sido el ascenso hacia la órbita lunar. En este caso el primer problema yace específicamente en la división entre la etapa de ascenso (parte superior) y la etapa de descenso (parte inferior) y es que dicha sección era totalmente plana algo que puede observarse con claridad en el diagrama del módulo lunar mostrado en una de las páginas anteriores y en el sencillo dibujo mostrado más abajo.

Como varios ingenieros de la misma NASA observaron desde un principio, esto hubiese representado un peligro mortal, tanto para la nave entera como para sus dos tripulantes. Esto porque, sin unos canales o ductos para desviar hacia el exterior los gases generados por el motor de la etapa de ascenso, dichos gases hubiesen desatado una situación de *fire-in-the-hole* —literalmente, "fuego en el hoyo"— una catastrófica secuencia de explosiones, empezando por la tobera y expandiéndose hacia los tanques de combustible y oxidante de la etapa de ascenso y simultáneamente hacia toda la nave. He aquí lo que aparece en el capítulo 6 de *Chariots for Apollo: A History of Manned Lunar Spacecraft*, un libro aprobado y publicado en el portal de la NASA (https://www.hq.nasa.gov/ office/pao/History/SP-4205/ch6-2.html):

> Una de las primeras preocupaciones, aunque no estaba directamente relacionada con el diseño externo, fue el encendido del motor de ascenso cuando todavía estaba conectado a su plataforma de lanzamiento, la etapa de descenso. La explosión del escape en el espacio confinado de las estructuras entre las etapas, llamada FITH (o) fuego en el agujero, podría tener efectos adversos. Algunos observadores temían que la descarga de la ignición del motor pudiera volcar el vehículo.

O sea, que no obstante las reservaciones de sus propios ingenieros, la NASA aprobó un diseño altamente peligroso para la nave que debía transportar a sus héroes nacionales a la Luna.

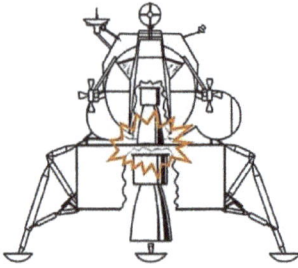

Fig. 27. Dibujo mostrando la ubicación de los motores del módulo lunar. Note cómo el motor de la etapa de ascenso descansa sobre una superficie TOTALMENTE PLANA un detalle importantísimo porque si los gases del motor de la etapa de ascenso no podían escapar lo suficientemente rápido entonces la inmensa presión y altísimas temperaturas acumulándose dentro de la tobera, y justo sobre los compartimentos de combustible y oxidante de la etapa de descenso, hubiesen desatado una gran explosión que hubiese hecho volar a la etapa de ascenso, pero no de la manera que la NASA mostraba en esta linda pintura.

Antes de cerrar esta sección, quisiera hablar acerca de la supuesta última tarea de esta nave: el reencuentro y acoplamiento con el módulo de comando y servicio que supuestamente debía estar orbitando la Luna a una altitud de 110 km. Y es que, de haber ocurrido de verdad, tal maniobra hubiese sido una de las hazañas más difíciles de la historia de la aviación espacial.

Según el experto Frank O'Brien (https://history.nasa.gov/afj/loressay.html) el "Reencuentro coelíptico" fue un "balé orbital" "crítico" y "peligroso", en la cual la etapa de ascenso del módulo lunar debía ascender no hacia el módulo de comando y servicio, sino hacia la órbita lunar (Figuras 28A y B) para ser interceptado y "agarrado" (mi descripción) más tarde por el módulo de comando y servicio (28C y D). Una vez se realizara el acoplamiento y los dos "caminantes lunares" se trasladaran al módulo de comando, el módulo lunar sería eyectado para dejarlo caer en un punto de la Luna (28E). Finalmente, el módulo de comando encendía su motor principal para salir de la órbita lunar y regresar a la Tierra.

Lamentablemente para O'Brien y el resto de los Apolo-creyentes, existe una pieza de evidencia que demuele por completo su fantástica teoría del "balé orbital" con tecnología estadounidense de los sesenta. Resulta que, según los cálculos de Xavier Pascal (http://www.angelfire.com/moon2/xpascal/MoonHoax/LunarM oduleAscent/LunarModuleAscent.HTM), la etapa de ascenso nunca hubiese podido llegar a la órbita lunar. Tras analizar el presunto despegue del *Challenger* (A-17), Pascal ha observado que en la primera fase del ascenso la nave va ascendiendo y de repente se inclina abruptamente algo que simplemente no debería ocurrir porque durante el ascenso una nave debe inclinarse gradual y progresivamente. Como explica Pascal:

Cuando se lanza un cohete para ponerlo en órbita, primero asciende verticalmente para extraerse de la gravedad de la Tierra y ganar velocidad vertical.

Luego comienza a cambiar a una actitud más horizontal para comenzar a ganar velocidad horizontal, pero no brutal, sino muy gradualmente.

Primero toma una actitud horizontal moderada que le permite ganar velocidad horizontal.

A medida que aumenta la velocidad horizontal, comienza a aparecer una fuerza centrífuga, y esta fuerza centrífuga ayuda al cohete a contrarrestar la gravedad de la Tierra.

Así que el cohete se vuelve un poco más horizontal, lo que le permite ganar aún más velocidad horizontal, a medida que aumenta la velocidad horizontal, también lo hace la fuerza centrífuga, que ayuda más al cohete a contrarrestar la atracción de la tierra, lo que permite que el cohete gire más horizontal para ganar aún más velocidad horizontal, y así sucesivamente ...

Si el cohete, después de su ascenso vertical inicial, se inclinara brutalmente a una actitud horizontal, como no ha ganado la velocidad horizontal (necesaria) para producir una fuerza centrífuga que contrarreste la atracción de la Tierra, comenzaría a caer de nuevo a la Tierra.

A medida que cae, ganaría velocidad horizontal, pero no lo suficientemente rápido como para haber alcanzado la fuerza centrífuga necesaria para contrarrestar la atracción de la Tierra antes de tocar el suelo.
El choque es inevitable. (Énfasis añadido.)

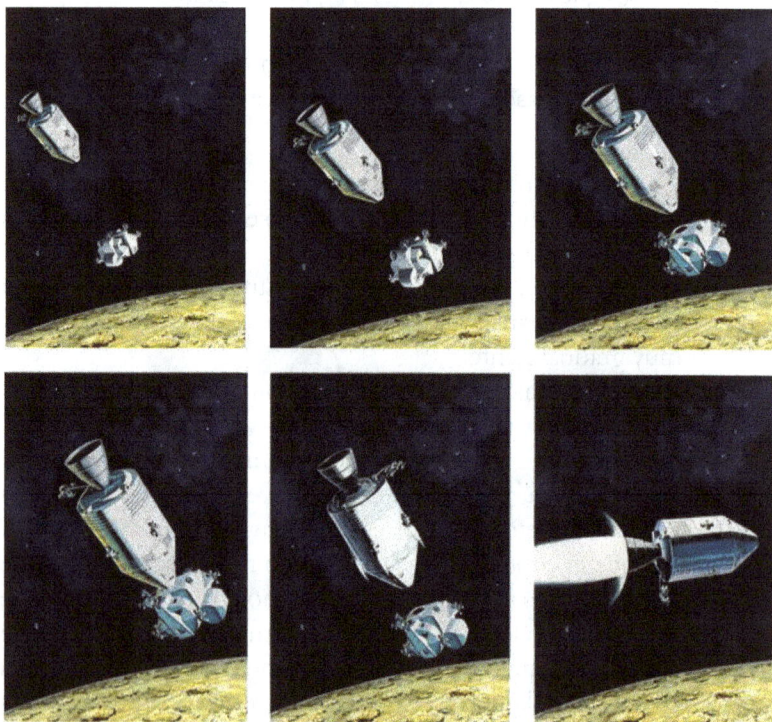

Fig. 28. Dibujos compuestos hechos por el autor para ilustrar más o menos cómo debía desarrollarse el "balé orbital" o "reencuentro y acoplamiento *coelíptico*" entre el módulo de comando y servicio y el módulo lunar. (A, B, C) Ambas naves se acoplaban para recoger a los dos astronautas que presuntamente estuvieron en la Luna; (D) y una vez que todos los astronautas estuviesen dentro del módulo de comando el módulo lunar era eyectado al espacio (E)— presuntamente para caer en algún lugar de la Luna más tarde. Refiriéndose a una maniobra poco menos compleja que esta, Bill Kaysing afirmó que realizar tales maniobras seis veces con la tecnología existente en los años sesenta y setenta estaba "más allá de toda probabilidad". Sin embargo, la NASA afirma que la maniobra se llevó a cabo 7 veces sin ningún problema.

Como si fuera poco, también hay evidencia circunstancial que va más allá del mismo "despegue" del módulo lunar, en este caso relacionado con la tecnología de información. Resulta que, en el 2014, la NASA publicó un minidocumental titulado *Orión: Prueba de Fuego* (*Orion: Trial by Fire* | www.youtube.com /watch?v = KyZq SW WKm HQ&t=200s) acerca del nuevo cohete espacial que está siendo desarrollado por la agencia: el Sistema de lanzamiento espacial (SLS). En él un ingeniero de la NASA llamado Kelly Smith hace una serie de declaraciones que solo pueden describirse como devastadoras para el mito de los alunizajes del programa Apolo, principalmente cuando trata el tema de la radiación cósmica. Pero esto se discutirá más a fondo en el capítulo 8.

En la primera mitad del minidocumental (2:27), mientras él narra que la cápsula Orión debe perder momentáneamente la comunicación con el centro de control, Smith dice que "Orión continúa recibiendo data, sus computadoras pueden manejar 408 millones de instrucciones POR SEGUNDO". Una vez más, "por segundo". Esto es importantísimo porque, si la capacidad computacional de las computadoras de una nave actual debe ser tan alta para hacer funciones y maniobras mucho menos complejas que el reencuentro y acoplamiento, entoces ¡¿cómo diablos podemos creer que la maniobra de reencuentro se hizo SIETE VECES, Y SIN NINGÚN PROBLEMA medio siglo atrás y con la AGC, una computadora con una capacidad menor que la de una calculadora gráfica de alrededor de $100?!

El módulo de comando y servicio

Aunque, si se sigue un orden basado en el momento de su ocupación y uso por parte de los astronautas, el módulo de comando y servicio debe ir antes que el módulo lunar, he decidido dejar esta nave para este punto del capítulo porque la parte superior de dicha nave, el módulo de comando en sí, debía desempeñar el rol más importante de todas las misiones puesto que, según la versión oficial, los astronautas debían pasar la mayor parte de su misión —y en el caso de aquel asignado a pilotear dicha nave, la misión entera— dentro de ella.

Básicamente, el módulo de comando y servicio (*Command/Service Module* o CSM en inglés) (Figura 29) era el vehículo encargado de transportar a los tres astronautas hasta la órbita de la Luna, mantenerlos allí y regresarlos a la Tierra en donde culminaría su viaje de 770,000 km (385,000 x 2) mediante un amerizaje controlado. La nave fue desarrollada y construida para la NASA por la North American Aviation (NAA) a partir de noviembre de 1961 junto con el módulo lunar de la Grumman Corporation.

El espacio habitable era de tan solo 6.2 metros cúbicos, un espacio un poco más grande que el interior de un auto compacto, aunque, según la NASA, era suficiente para permitirles dormir en una especie de litera con tres posiciones: de reposo, pilotaje y de pie (Figura 30). Además, la NASA alega que, al igual que el Saturno V, el módulo de comando solamente, o sea la cápsula sin el módulo de servicio, contenía alrededor de dos millones de piezas "sin contar el cableado ni los componentes del armazón". Respecto al cableado, la agencia ha asegurado que, si se hubiese removido de la cápsula y extendido completamente su longitud hubiese llegado cerca de los 24 km, "suficiente para cablear 50 casas de dos cuartos".

Pero esta nave era muchísimo más que una cabina bien sofisticada, o como hubiese dicho René despectivamente, una gran lata con tres astronautas y su equipo a bordo: el módulo de comando era, o más bien debió de haber sido, un complejo sistema capaz de proveer no solo un ambiente habitable con todo el oxígeno, o mezcla de gases respirables, y capacidad de purificación de dicho gas o mezcla de gases, sino también una estructura rígida capaz de soportar unas fuerzas de ingente magnitud durante el vuelo espacial, las precarias etapas de salida de y reentrada a la Tierra, y por último, el planeo, asistido por varios paracaídas hacia el mar. El logro de todos estos objetivos dependía principalmente de dos cosas: la mezcla de gases y la presión dentro de la cabina y la robustez de las paredes y del escudo térmico que cubría la cápsula.

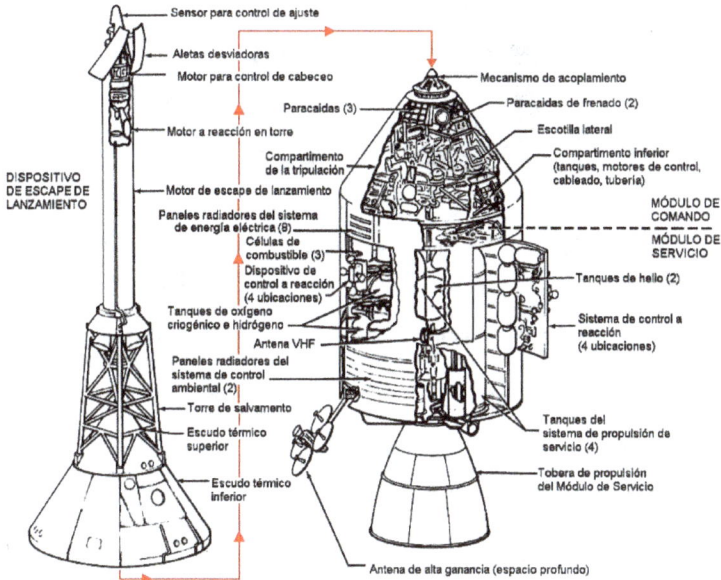

Sensor para control de ajuste

Aletas desviadoras

Motor para control de cabeceo

Paracaídas (3)

Motor a reacción en torre

Compartimento de la tripulación

DISPOSITIVO DE ESCAPE DE LANZAMIENTO

Motor de escape de lanzamiento

Paneles radiadores del sistema de energía eléctrica (8)

Células de combustible (3)

Dispositivo de control a reacción (4 ubicaciones)

Tanques de oxígeno criogénico e hidrógeno

Antena VHF

Paneles radiadores del sistema de control ambiental (2)

Torre de salvamento

Escudo térmico superior

Escudo térmico inferior

Mecanismo de acoplamiento

Paracaídas de frenado (2)

Escotilla lateral

Compartimento inferior (tanques, motores de control, cableado, tubería)

MÓDULO DE COMANDO

MÓDULO DE SERVICIO

Tanques de helio (2)

Sistema de control a reacción (4 ubicaciones)

Tanques del sistema de propulsión de servicio (4)

Tobera de propulsión del Módulo de Servicio

Antena de alta ganancia (espacio profundo)

MÓDULO DE COMANDO Y SERVICIO Y SU SISTEMA DE ESCAPE

El interior del módulo de comando, al igual que el del módulo lunar, contenía un ambiente de 100% de oxígeno a una presión muy reducida; 34.47 kilopascales o 0.35 kilogramos por centímetro cuadrado o poco más de una tercera parte de la presión al nivel del mar; una desventaja significativa en comparación con las naves tripuladas soviéticas cuyo ambiente contenía una mezcla de 20% oxígeno y 80% nitrógeno —el equivalente al aire regular— a una atmósfera o un ambiente con una presión igual a la del nivel del mar lo que significa que los cosmonautas soviéticos operaban en un ambiente prácticamente igual al que la mayoría de los humanos experimentamos aquí en la Tierra.

197

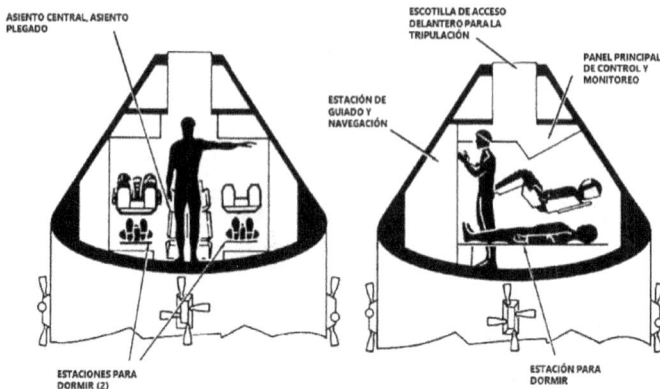

Fig. 30. Dibujos del interior de la cápsula o módulo de comando ilustrando las posiciones en las que los astronautas presuntamente descansaban en las "estaciones de dormir" de la nave.

Cabe señalar que un ambiente de 100% de oxígeno es extremadamente peligroso algo que la NASA sabía muy bien desde el 1962, y que el mundo entero descubriría de la peor manera posible, el 27 de enero de 1967 cuando los astronautas Virgil I. "Gus" (se lee "Gos") Grissom, Edward H. White y Roger B. Chaffee (se lee "Chafi") fueron consumidos por una bola de fuego precisamente dentro de un módulo de comando, el CSM 012, durante una prueba de la nave en Cabo Kennedy. El trágico fin del equipo que póstumamente sería nombrado Apolo 1 ha sido investigado exhaustivamente por Ralph René y Gerhard Wisnewski y además se analizarán más a fondo en el capítulo 9.

En un episodio del programa *Moonfaker* o "Farsante lunar" (Apolo 1. Parte 3) de Jarrah White, Ralph René explicó bien claro que "una vez comienzas a quemar algo en oxígeno (puro) todo se quemará incluyendo (el) acero, incluyendo (el) asbesto", antes de la tragedia de Apolo 1 la NASA "hizo cuatro pruebas… y cada una se convirtió en un desastre". René continúa relatando que durante una de esas pruebas un hombre estaba "cambiando un maldito bombillo" a "5 libras de presión" (libra-fuerza por pulgada cuadrada) o 34473.78

pascales cuando "su brazo, no su ropa, su brazo se prendió en fuego" y cuando un hombre cubrió su brazo con un manto de asbesto "el manto de asbesto se prendió en fuego". Tras analizar esta información uno no puede más que preguntarse qué diablos hubiesen podido hacer los astronautas con el único y pequeño extintor —25.4 cm de largo y con un peso de 3.62 kg— que había en la cápsula.

¿Y por qué, si la NASA sabía que un ambiente de oxígeno puro era tan peligroso, se decidió continuar usando el elemento en tal concentración? Pues, sencillamente, porque los estadounidenses carecían de la tecnología para usar una mezcla de gases más segura algo que, obviamente, la NASA y sus defensores nunca admitirán. Sin duda uno, o más bien una de ellos ha sido Amy Shira Teitel, una carismática, prolífica, y muy atractiva, "escritora independiente de temas científicos" cuya serie de *You Tube* llamada *Vintage Space* o "Espacio Antiguo" consiste en una serie de cortometrajes defendiendo el supuesto alunizaje tripulado del siglo XX. En un artículo para la revista *Popular Science* (*Why Did NASA Still Use Pure Oxygen After the Apollo 1 Fire?* 24/6/2016) Teitel escribió que:

(Aunque la compañía) North American sabía —al igual que muchos ingenieros de la NASA— que una *chispa* en un ambiente de oxígeno puro podría expandirse rápidamente hasta convertirse en un intenso fuego. La NASA contraargumentó que *la presión a bordo de la nave* (...) *(con) tan solo cinco pies por pulgada cuadrada* (...) *era tan baja que ni siquiera un ambiente de oxígeno puro hubiese podido propiciar un fuego que un equipo entrenado no hubiese podido controlar.* (Énfasis añadido.)

Reforzando la posición oficial, Teitel continúa:

para este punto a mediados de 1962, la NASA ya había lanzado cuatro misiones (del proyecto) Mercurio usando oxígeno puro en la cabina sin ningún incidente. ¿Por qué cambiar algo que no estaba roto? No había ninguna necesidad para complicar aún más una nave en una complicada misión lunar.

¿Qué? ¿Qué la pérdida de tres vidas y la posibilidad, no muy remota de hecho, de que una "chispa" pudiese "expandirse rápidamente hasta convertirse en un intenso fuego" que de seguro hubiese destruido toda la cápsula y, por supuesto sus tripulantes, no ameritaba "complicar aún más la misión lunar"? Pues analicemos más a fondo esta declaración acerca de las 5 libras de presión por pulgada cuadrada o 34473.78 pascales, dentro de la cabina que, según Teitel (pues ella nunca cuestionó el argumento de la NASA) "era tan baja que ni siquiera un ambiente de oxígeno puro hubiese podido propiciar un fuego que un equipo entrenado no hubiese podido controlar". Y es que aquí la periodista "independiente" claramente se ha equivocado pues, como dijo René en el episodio de *Moonfaker*, esa fue precisamente la misma presión en que ocurrió el horrible accidente que dejó a un hombre con graves quemaduras en un brazo. La prueba en cuestión fue llevada a cabo en el Centro de Ingeniería Aérea Naval de EE.UU. (NAEC por sus siglas en inglés) en Filadelfia, Pensilvania el 17 de noviembre de 1962. Como dijo Jarrah White en otro episodio de su programa (*Apollo 1. Part 4*):

> En otras palabras, no importa si tienes 16 psi o 5 psi, o 20 psi, si desatas un fuego en oxígeno puro es una apuesta segura que usted estará a punto de achicharrarse.

Otro aspecto verdaderamente problemático para la NASA es el hecho de que la agencia no tomó muy en serio las recomendaciones de la Junta de revisión de Apolo 204 (Apolo 1) acerca de la peligrosidad del velcro en un ambiente de oxígeno puro, pues tanto los "trajes de uso constante" (solo en el interior de la nave) de los astronautas —en las suelas de los patucos— como la nave misma contenían este material inflamable. De hecho, el piso de la cápsula estaba parcialmente cubierto de "parchos de velcro" fijados al piso para aguantar a los tripulantes en su lugar" durante periodos de ingravidez (*Apollo Spacecraft News Reference* p.70). Pregunta: ¿Si el propio panel de investigación de la NASA determinó que el velcro era tan peligroso bajo las condiciones en las que operarían los astronautas —pues recordemos que todas las naves espaciales estadounidenses de aquel entonces utilizaban oxígeno puro— entonces por qué diablos lo continuaron usando en la vestimenta y el piso de la cápsula? ¿Acaso nunca contemplaron la posibilidad de que la fricción generada por las pisadas de los astronautas pudiese haber generado una chispa potencialmente catastrófica?

Respecto a las complicaciones que la transición a una mezcla de oxígeno y nitrógeno hubiese acarreado, estas están relacionadas a la difícil tarea necesaria para añadir los tanques para contener el nitrógeno, más la tubería y el equipo como válvulas y otros instrumentos, para monitorear y enviar dichos gases a la cabina, modificaciones que le hubiesen añadido un peso considerable a la nave. Es por eso que Teitel, y sin duda otros Apolo-creyentes también, han justificado la opción de la NASA de continuar usando oxígeno puro, porque, como Teitel señala en su artículo para *Ciencia Popular*, las misiones del proyecto Mercurio supuestamente usaron dicho gas para la exploración de la órbita baja terrestre sin ningún problema. Bueno. Para ser justos, la consideración del peso sí era de vital importancia para una misión sin precedentes como las del programa Apolo cuyo Saturno V debía propulsar no solo su peso (2,800,000 kg), sino también el del módulo de comando y servicio y el del módulo lunar, más los astronautas, el equipo de la misión y los víveres a la Luna; por supuesto, asumiendo que la versión oficial era cierta. Sin embargo, también debemos recordar que, si la NASA de veras pretendía llevar a cabo misiones tripuladas, esta estaba obligada a hacer todo lo posible por asegurarse de que sus astronautas, sus recursos más importantes, no murieran en el intento, especialmente tras haber descubierto los efectos potencialmente letales de operar en un ambiente de oxígeno puro, así que la tesis de Teitel y compañía no es sostenible.

Como se dijo anteriormente, la verdadera razón para no utilizar la mezcla de oxígeno y nitrógeno tal y como lo estaban haciendo los soviéticos fue porque en aquel entonces los estadounidenses aún no habían podido desarrollar un sistema de propulsión lo suficientemente potente como para lanzar una nave, incluso una tan relativamente liviana como la cápsula Mercury, usando una mezcla de oxígeno y nitrógeno.

Ahora echemos a un lado todos los rodeos de Teitel y los demás defensores de la NASA para ir directo al grano. En su típico estilo franco y jocoso, René explica en su libro *NASA Mooned America!* (págs. 42-43) que:

> Justo desde el principio la NASA estaba operando bajo una tremenda desventaja. Ellos estaban en una carrera espacial con una nación que ellos sabían que tenía cohetes operacionales que hacían ver a los nuestros como unos juguetes de hojalata. Los soviéticos empezaron su programa espacial con cápsulas que eran 50 veces más pesadas que aquellas que estábamos lanzando seis meses después.
>
> Las cápsulas soviéticas se asemejaban más a tanques comprimidos que a frágiles cápsulas espaciales. Sus naves tenían suficiente robustez en sus paredes para mantener una presión atmosférica normal adentro de la nave contra la presión cero afuera en el espacio. Sin embargo, como nosotros no teníamos cohetes para levantar ese tipo de peso, no pudimos darnos ese lujo. (Por tanto,) tuvimos que hacer livianas cápsulas de hojalata solo para poder entrar en el juego (...)

¡Y se viene abajo la noción de EE.UU. como el indiscutible líder tecnológico que se nos ha inculcado durante tanto tiempo!

Dejando atrás el asunto de la peligrosidad del interior de la cabina, ahora abordaremos el asunto más problemático del módulo de comando: su capacidad —o, mejor dicho, incapacidad— de hacer una reentrada a la Tierra, pues dicha tarea es indudablemente la más

EL GRAN FRAUDE LUNAR

difícil de una misión más allá de la órbita baja terrestre. Resulta que, no obstante el fantástico y simplificado concepto que se nos ha inculcado, la penetración de la atmósfera de nuestro planeta, particularmente cuando se trata de una reentrada desde distancias de cientos de miles de kilómetros como la que hay entre la Luna y la Tierra, es un proceso peligrosísimo. Primeramente, las velocidades durante la reentrada pueden superar los 11 km/s alcanzando hasta 39,000 kph. ¡Esto va por encima de mach 30 (1 mach = 1,225 kph), y casi duplica la velocidad promedio de una reentrada desde la órbita baja terrestre: 17,500 kph! Esto significa que cualquier nave regresando desde la Luna está obligada a llevar a cabo algún tipo de maniobra especial no solo para disminuir esa velocidad, sino también para evitar un descenso muy empinado, de lo contrario la nave terminará pulverizándose en la atmósfera.

En segundo lugar, la cápsula tendrá que disipar el intensísimo calor; aproximadamente 1,650 °C/1,923 Kelvin o más que el punto de fusión del acero. Ambos objetivos deben lograrse en un periodo de tiempo de tan solo unos minutos. El nombre de dicha maniobra es una "reentrada de salto" (*skip reentry*) (Figura 31) la cual, además de lograr los dos objetivos mencionados arriba, le provee a la nave una zona de aterrizaje mucho más amplia algo de vital importancia en situaciones adversas o en caso de una desviación inesperada. Pero la reentrada de salto requiere una orientación precisa, ya que una entrada poco profunda tendrá como resultado que la nave conserve mucha de su velocidad lo que puede enviarla de vuelta al espacio en donde podría quedarse permanentemente si lograse superar la velocidad de escape o la velocidad necesaria para salir de la órbita baja terrestre. En cambio, una entrada excesivamente empinada expondrá la cápsula a unas fuerzas tan grandes que ésta terminará destruyéndose por completo.

O sea, que el piloto del módulo de comando solo contaba con un minuto y diez segundos para poner la nave, que supuestamente estaba viajando a más de 35,000 kph, en el trayecto correcto y todo esto mientras la nave y su tripulación están siendo expuestos al "máximo de las fuerzas g", o más de 8 veces lo que experimentamos aquí en la Tierra. Es decir, tras haber estado en un ambiente de micro-gravedad o muy poca gravedad (en la Luna) durante varios días, los astronautas, quienes repentinamente fueron sometidos a una gran "sobredosis" de gravedad dentro de una nave que, bajo toda deducción lógica, debió de estar estremeciéndose y vibrando bruscamente y recalentándose considerablemente a lo largo de toda la fase de reentrada, fueron capaces de tomar esta crítica acción en tan solo 70 segundos. Y aunque dicha tranquilidad haya sido el resultado de una excelente coordinación por parte del centro de control en Houston, recuerde que la tarea de hacer los cálculos necesarios para completar la maniobra hubiese recaído sobre la AGC la cual, como ya hemos visto, ni siquiera era capaz de funcionar en tiempo real... ni de ninguna otra forma tampoco. En resumidas cuentas, esto era totalmente imposible.

Sabiendo todo esto, es lógico esperar que en las transcripciones del programa Apolo las secciones correspondientes a esta crucial fase de las misiones "lunares" estén repletas de expresiones dramáticas como, por ejemplo, preguntas y respuestas en voz alta, repeticiones excesivas, voces temblorosas, e incluso gritos de temor o alivio por haber superado un gran reto. Pues, no. Al leer minuciosamente dichas secciones, uno ve justo lo contrario: expresiones denotando una calma total e incluso mostrando indiferencia. En el caso de Apolo 8, se puede notar que lo que debió ser un episodio muy, muy tenso y peligroso solo provoca una mínima exaltación de parte de los que supuestamente fueron los primeros en penetrar la atmósfera en un vuelo desde la Luna. El "piloto del módulo de comando", James A. Lovell, solo reportó un máximo de 6 fuerzas g, un nivel *menor* que el de algunas reentradas desde la Estación Espacial Internacional. ¡Y las 6 g sólo se registran durante 12 segundos! Peor aún, cuando el comandante de la misión, Frank F. Borman, le pregunta que si Géminis había sido igual, Lovell le respondió: "No. (¡)Fue un poquito MÁS RÁPIDO(!)". ¿Acaso Lovell pretende que creamos que una nave Géminis regresando desde la órbita baja terrestre generó más fuerzas g que una nave regresando de la Luna? Respecto a Apolo 11, ¡su "piloto del módulo de comando", Michael Collins, dijo que él únicamente "miró sobre el hombro" para asegurarse de que estaba bien! En Apolo 12, la mayor preocupación de Charles Conrad no fue el posible riesgo de morir pulverizados, sino ¡"que no tenía(n) una cámara para fotografiar (los) fantásticos avistamientos" de la reentrada!

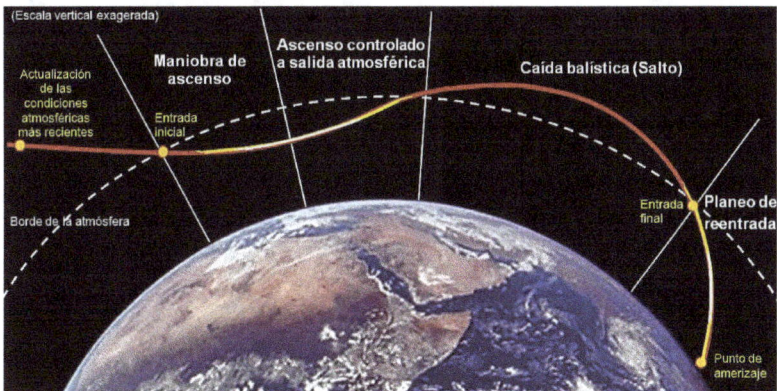

Fig. 31. Sección de foto modificada para mostrar una "reentrada de salto" (*skip reentry*) la cual es esencial para disminuir la gran velocidad; alrededor de 39,000 kph (< mach 30); y a su vez para disipar el intenso calor (al penetrar la atmósfera) de una cápsula viajando desde la Luna. Como puede imaginarse, tal maniobra requiere una orientación precisa ya que una entrada poco profunda no permitirá que la nave disipe su velocidad excesiva lo que puede enviarla nuevamente, y permanentemente, al espacio. En cambio, una entrada excesivamente empinada expondrá la cápsula a unas fuerzas tan grandes que ésta terminará destruyéndose en una gran bola de fuego. Nota: aunque la foto muestra el océano Índico, los amerizajes de las misiones Apolo fueron al otro lado del planeta en el océano Pacífico, mayormente en la sección austral o sur. Crédito: Clem Tillier. (Modificada y traducida por el autor.)

Ahora enfoquemos nuestra atención en el asunto del calor y la supuesta capacidad de la cápsula para tolerarlo. Una vez más, recordemos que las temperaturas de dicha zona pueden superar el punto de fusión del acero por lo que un sistema de protección térmica es esencial. Según el folleto de la NASA titulado *Referencia para la prensa de las naves Apolo* (*Apollo Spacecraft News Reference*) (págs. 42/46 PDF), el módulo de comando contaba con un escudo térmico compuesto de *Avcoat*, una aleación de "resina epoxi de fenol, un tipo de plástico reforzado" la cual se "torna blanco con el calor, se carboniza, y luego se derrite, pero lo hace de tal manera que el calor es rechazado por el escudo y no penetra la superficie de la nave".

Fig. 32. Foto de obreros de la fábrica Avco en Massachusetts inyectando material ablativo (o que debía erosionarse o derretirse) en las cavidades del escudo térmico. Dibujo de la NASA mostrando el escudo de Avcoat "rechazando" el calor durante su reentrada a la Tierra la cual la cápsula debía hacer con el fondo o lado boto apuntando hacia la Tierra.

Si todo esto le ha generado algunas dudas acerca de la robustez del módulo de comando usted no está solo, aunque es imperativo aclarar que en realidad lo del plástico no es el problema, pues sí hay sistemas de revestimiento ablativo (ablación: pérdida de masa cuando se calienta) que consisten en capas o pantallas rellenas de plástico o vidrio. De hecho, ese es el caso respecto a la nave Soyuz de la actualidad. El problema aquí radica no en el material utilizado, sino en el modo en que fue fabricado. Resulta que (¡Sorpresa!) últimamente han surgido dudas respecto a la capacidad del Avcoat de disipar el intenso calor de la reentrada a la Tierra, especialmente con las velocidades generadas durante una reentrada a la segunda velocidad espacial (11 km/s) y lo ha dicho nada menos que la misma NASA, aunque indirectamente, tras concluir la EMT-1 (*Exploration Flight Test-1*) o la primera prueba del módulo Orión en 2014. Denominado oficialmente como el Vehículo Tripulado Multi-propósito, o MPCV por sus siglas en inglés, esta nave fue el derivado del Vehículo Tripulado de Exploración (CEV), uno de los elementos esenciales del programa Constelación y su lanzadera o cohete portador: el Sistema de Lanzamiento Espacial (SLS por sus siglas en inglés). Constelación fue un programa lanzado en el 2005 para crear una nueva generación de naves espaciales para "regresar" a la Luna antes del 2020, establecer una base lunar (años más tarde), e inclusive llegar a Marte en un futuro indeterminado. Extrañamente, el proyecto fue cancelado en el 2010 por estar, en las palabras del presidente Barack H. Obama, "por encima del presupuesto, retrasado y carente de innovación". No obstante, el proyecto fue revivido poco después, aunque sin un nombre oficial, con una misión mucho más realista y un presupuesto más modesto. Considerando que Marte se encuentra a unos 213,000,000 km de la Tierra, tal movida era inevitable.

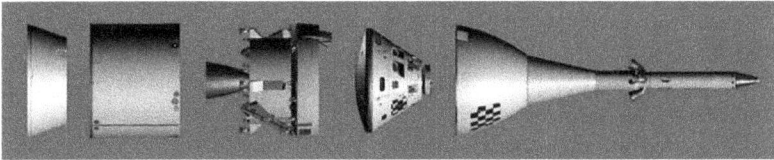

Fig. 33. Gráfica computarizada mostrado el Vehículo Tripulado de Exploración (CEV) que ahora se ha convertido en el Vehículo Tripulado Multi-Propósito (MPCV). Note la cúpula o torre de escape seguida por la cápsula Orión la cual guarda una muy cercana semejanza con la cápsula Apolo. Cabe señalar que, aunque el presidente Obama lo ha descrito como un proyecto "*carente de innovación*", el proyecto Constelación, en fuerte contraste con el programa Apolo, verdaderamente ha logrado avances en el desarrollo de tecnologías de exploración espacial.

Volviendo al tema de la admisión indirecta de la NASA de la deficiente protección térmica de la cápsula Apolo, esta apareció en una auditoría del inspector general estadounidense titulada *Estatus del desarrollo del vehículo tripulado multi-propósito de la NASA (Status of NASA'S Development of the Multi-purpose Crew Vehicle. Report no. IG-13-022 [Assignment no. A-12-002-00])* (Figura 34). En la sección bajo el epígrafe "El programa MPCV aún tiene que superar retos técnicos" (Pág. 14) sus autores fueron muy claros respecto al uso de Avcoat en el escudo térmico expresando que:

Rotura del escudo térmico. El MPCV le aplica un material conocido como Avcoat, que también fue utilizado en la nave espacial Apolo, al escudo de calor de la cápsula para servir como una barrera protectora durante la reentrada en la atmósfera de la Tierra. *Desafortunadamente, el material ha mostrado tendencias de rajarse bajo condiciones termales similares a aquellas que la cápsula experimentará* durante la misión en el ambiente espacial *antes de reentrar la atmósfera* de la Tierra. (Énfasis añadido.)

¡Qué extraño! Y es que durante un segmento del reportaje especial del retorno de Apolo 11 de la cadena ABC, el presentador Jules Bergman tomó una antorcha manual y le prendió fuego a lo que presuntamente era un trozo de un panel del escudo térmico demostrando así que aquel era "un escudo termal que funciona con tremenda efectividad" ("that works darn effectively"). Más aún, Bergman dijo que el escudo podía soportar temperaturas de "hasta 5,000 °F" (2,760 °C) ¡mientras los astronautas adentro de la cápsula se mantenían a "unos cálidos y cómodos 75 °F (23.8 °C)"!

Pero eso no es todo, pues al parecer la tecnología detrás del vanagloriado Avcoat no está fácilmente accesible. Esto es lo que dice la página 15:

Itinerario de producción del escudo térmico. El escudo de calor no puede ser completado y entregado a (Centro Espacial) Kennedy para comenzar el ensamblaje de MPCV, pruebas y operaciones de lanzamiento a tiempo para la prueba de Vuelo de Exploración-1. La NASA pidió al fabricante de Avcoat que reiniciara la línea de producción para el MPCV. Sin embargo, *la fabricación ha sido lenta debido a la disponibilidad de piezas, la complejidad de la fabricación y las cuestiones de dotación de personal y capacitación.*

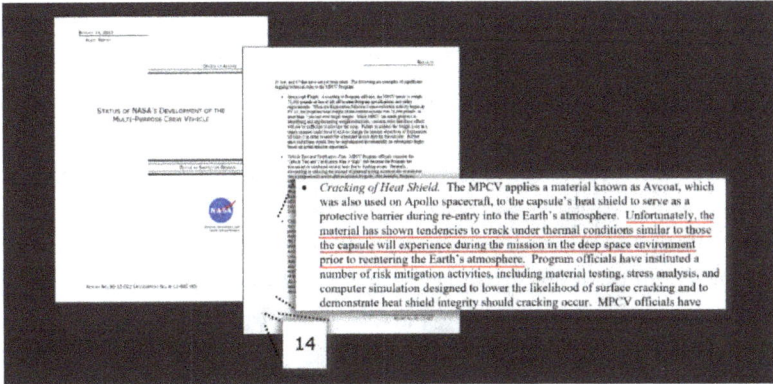

Fig. 34. Sección de la auditoría del inspector general estadounidense titulada *Estatus del desarrollo del vehículo tripulado multi-propósito de la NASA* (*Status of NASA'S Development of the Multi-purpose Crew Vehicle*) señalando que el Avcoat "ha mostrado tendencias de rajarse bajo condiciones termales similares a aquellas que la cápsula experimentará durante la misión en el ambiente espacial antes de reentrar la atmósfera de la Tierra".

¡Pero hay aún más! Poco más de un año después de la publicación de este informe, el 4 de diciembre del 2014, se llevó a cabo la primera prueba de vuelo de la cápsula Orión la cual confirmó la determinación de los auditores. Luego de la prueba, la NASA no tuvo más remedio que publicar este incómodo hecho lo cual hizo casi un año después en su página de internet: www.nasa.gov. En el artículo titulado *La NASA aplica conocimientos para la manufactura del escudo térmico de la nave espacial Orión* (*NASA Applies Insights for Manufacturing of Orion Spacecraft Heat Shield*) (Figura 35), la agencia admitió que:

durante la manufactura del escudo térmico para la prueba de vuelo de Orión, los ingenieros determinaron que la fuerza de la estructura de Avcoat/*honeycomb* (panel con cavidades como un panal) *estaba por debajo de las expectativas.* Y aunque el análisis demostró, y el vuelo comprobó, que el escudo térmico funcionaría para la prueba, el Orión EM-1 experimentará temperaturas más frías en el espacio y temperaturas más calientes durante la reentrada por lo que *requerirá un escudo térmico más fuerte.* (Énfasis añadido.)

Pregunta: ¿Si "el vuelo (del 2014) comprobó, que el escudo térmico funcionaría" entonces por qué diablos determinaron que el escudo térmico no resistiría los drásticos y extremos cambios de temperatura que todas las misiones del programa Apolo presuntamente superaron sin ningún problema? ¡Esto, estimado lector, es un perfecto ejemplo de una contradicción!

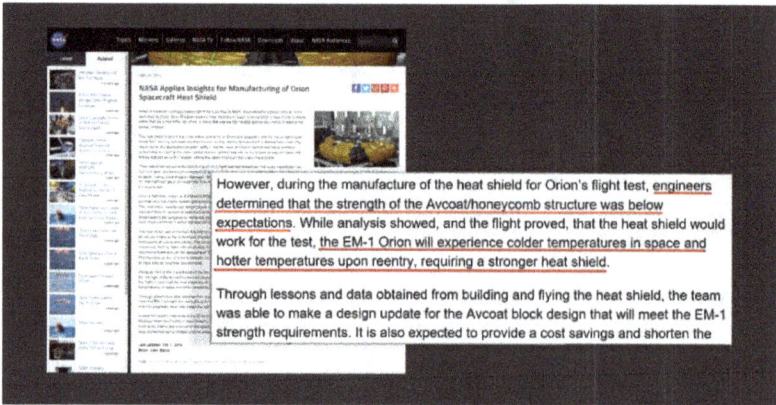

Fig. 35. Artículo de la www.nasa.gov titulado *NASA Applies Insights for Manufacturing of Orion Spacecraft Heat Shield* o "La NASA aplica conocimientos para la manufactura del escudo térmico de la nave espacial Orión" el cual revela que el escudo térmico de Avcoat utilizado por la cápsula Apolo "estaba por debajo de las expectativas". Es decir, que nunca hubiese podido resistir los drásticos y extremos cambios de temperatura de un vuelo de ida y vuelta de la Luna. "Mediante las lecciones y los datos obtenidos de la construcción y (la prueba de) vuelo del escudo térmico, el equipo fue capaz de hacer una actualización del diseño... que cumplirá con los requisitos de robustez del EM-1" concluyó el artículo.

En conjunto con el sistema de protección térmica, otro aspecto importante para asegurar una reentrada exitosa es la distribución de peso de la nave, ya que si su centro de gravedad no está bien ubicado esta se incinerará segundos después de rozar la atmósfera. En el caso de la cápsula Apolo, y también la Orión, su punto de balance debe ser únicamente su fondo o su ángulo más largo, pues ahí se encuentra la sección reforzada del escudo térmico. Y es aquí donde le presento al lector un importantísimo estudio publicado por la NASA en el 2005: el *Estudio de la arquitectura de los sistemas de exploración espacial de la NASA (NASA's Exploration Systems Arquitecture Study |* NASA-TM-2005-214062). Como quizás se ha imaginado, este estudio se hizo para enumerar y definir los objetivos del programa Constelación mencionado anteriormente y los requisitos necesarios para lograrlos. Aquí se discutirán solo dos partes de su apéndice 5.3 "Comparación de vehículo tripulado de exploración (CEV)", particularmente la sección 5.3.1 "Forma del vehículo CM" (módulo de mando) (págs. 261/267 PDF-262/268 PDF) (Figura 36), esto porque en ella los autores del estudio hacen la siguiente admisión:

> El deseo de (emplear) una simple técnica para abortar (escapar de la nave) condujo a la meta de producir un vehículo monoestable. Este término implica que el vehículo tiene solo un ángulo de ataque (ángulo entre el aire entrante o viento relativo y una línea de referencia de un avión o nave o un ala) estable en un vuelo atmosférico. Esto garantizará que alcance pasivamente la actitud deseada del escudo térmico hacia adelante, sin ninguna asistencia del RCS (Sistema de Control de Reacción). *La cápsula Apolo no era capaz de lograr la monoestabilidad debido a su inhabilidad de poner el CG (Centro de Gravedad) lo suficientemente cerca del escudo térmico. Por otro lado, el vehículo Soyuz es monoestable, con afirmaciones de que es capaz de alcanzar su actitud de ángulo de ataque deseada y una exitosa reentrada (...)* (Énfasis añadido.)

O sea, que "la cápsula Apolo no era capaz de lograr la *monoestabilidad*" desde una trayectoria lunar lo que significa que no era "capaz de alcanzar (una) actitud de ángulo de ataque deseable" y, por consiguiente, lograr una "exitosa reentrada".

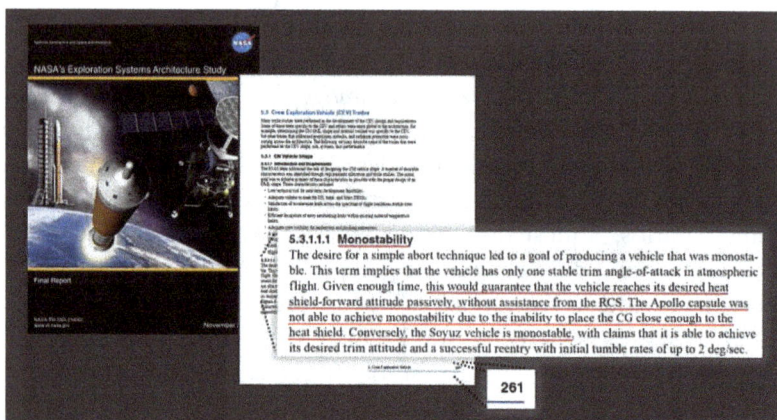

Fig. 36. Página 261 (267 PDF) del *Estudio de la arquitectura de los sistemas de exploración espacial de la NASA* (*NASA's Exploration Systems Arquitecture Study*/ NASA-TM-2005-214062) el cual señala, entre otras cosas, que "La cápsula Apolo no era capaz de lograr la *monoestabilidad* debido a su inhabilidad de poner el CG (Centro de Gravedad) lo suficientemente cerca del escudo térmico. Por otro lado, el vehículo Soyuz es monoestable, con afirmaciones de que es capaz de alcanzar su actitud de ángulo de ataque deseada y una exitosa reentrada..." Es decir, que las naves del programa Apolo no poseían la capacidad esencial para poder hacer una reentrada desde la Luna.

El traje espacial/Unidad de movilidad extra-vehicular

Aunque de primera instancia uno no lo hubiese esperado, los trajes espaciales "lunares" del programa Apolo no estuvieron exentos del toque mágico de los *imaginieros* (del vocablo de Disney: *imagineer*) de la NASA. Y es que, a pesar de ser uno de los elementos más sencillos —relativamente hablando— de cualquier programa de exploración espacial, dicho equipo también tiene su propia complejidad, especialmente si se trata de una misión sobre otro cuerpo celeste como las presuntas misiones lunares estadounidenses. En el folleto titulado "Referencia para la prensa de las naves Apolo" (*Apollo Spacecraft News Reference*/pág. 223) la NASA explica lo siguiente respecto al A7LB:

> Un traje espacial es una cámara móvil que alberga y protege al astronauta del ambiente hostil del espacio. Este

proporciona un ambiente presurizado para respirar, lo protege del calor, del frío y de micro-meteoritos y contiene un enlace de comunicaciones.

Luego de este pasaje muy educativo, los autores de la agencia le dieron rienda suelta a su imaginación atribuyéndole a sus trajes unas capacidades verdaderamente increíbles:

El aislante térmico debe proteger al astronauta de temperaturas variando de 250°F (121°C) por encima de [día lunar] a 250°F por debajo de cero [noche lunar]. El flujo de calor solar se calcula en 10.000 Btu por hora.

Los astronautas deben ser protegidos de las partículas de micro-meteoritos que viajan a velocidades de hasta 64,000 millas por hora y de las partículas expulsadas por un meteoro que impactan la superficie lunar. Durante el día lunar, los rostros de los tripulantes deberán ser protegidas de la radiación solar ultravioleta, infrarroja y de la luz visible.

Ahora analicemos la parte acerca de las 64,000 mph, o 102,998 kph/28,610 metros por segundo que un micro-meteorito promedio debía viajar. Para obtener una mejor idea de la energía cinética que un proyectil viajando a 102,998 kph puede generar, tan solo basta con saber que dicha velocidad es alrededor de 84 veces mayor que la velocidad del sonido (a través del aire): 1,236 kph. Si mis cálculos están correctos, eso quiere decir que un micro-meteorito de tan solo un gramo (su peso promedio) descargará una fuerza de unos 409,266.05 julios sobre la masa que lo detenga (0.5 × mv^2 o, en este caso, 0.5 × 0.001 × 28,610² o 0.5 × 0.001 × 818,532,100 = 409,266.05). ¡Esto es 200 veces más poderoso que un proyectil 7.62 × 39 mm de un rifle Kalashnikov/"AK-47" (2,045 j), o 20 veces más poderoso que un proyectil .50 BMG o 12.7 × 99 mm, una bala anti-blindaje!

¿Y cómo exactamente se suponía que el traje espacial iba a aguantar tal impacto? ¿Con materiales como Kevlar o Spectra Shield tal vez? ¿O quizás con placas de cerámica como las que llevan las armaduras militares y policiales de la actualidad? No. La realidad es que ni el Kevlar ni el Spectra Shield existían o estaban bien desarrollados en la época de Apolo, lo más que se usaba como blindaje en aquella época era el acero y plástico reforzado por fibras, aunque el último material no era muy fiable y de seguro ninguno de ellos era capaz de detener un impacto de proyectiles como el .50 BMG. De todos modos, la NASA nos asegura que la protección de los astronautas consistía en un "traje integrado termal anti-meteorito" (*integrated thermal meteoroid garment*) el cual, a su vez, estaba compuesto de varias capas de látex, tejido beta, Kapton y un material llamado Beta Marquisett. Cabe señalar que ninguno de estos materiales posee unas cualidades antibalísticas comparables al Kevlar, Spectra Shield u otros tipos de aramidas o fibras sintéticas disponibles en el mercado de la actualidad hecho evidenciado por la ausencia de tales materiales en los chalecos antibalas en producción. Y aunque, sorprendentemente, muchos de los chalecos antibalas usados entre la segunda mitad del siglo XIX y principios del siglo XX eran de algodón o de seda (de varias capas, por supuesto), estos solo eran efectivos contra proyectiles de calibres pequeños o municiones de muy poca potencia como aquellas que usaban pólvora negra. Nunca se hicieron chalecos de tejido beta o Kapton, su única función es proteger equipos espaciales, y a seres humanos, del calor extremo y el látex se utiliza principalmente para condones y globos.

Seguramente reconociendo la inutilidad del A7LB y de los trajes "suaves" en general, la NASA descontinuó su uso luego de la misión Apolo-Soyuz (julio de 1975), la última del programa Apolo y que, dicho de paso, también contiene elementos fraudulentos. De todos modos, en el 2014 la NASA inicio las pruebas de su más novedoso traje espacial, el Z-2 (cuyo prototipo se muestra en la figura 43 a la derecha), el cual incluye una "capa de cobertura" dura en la zona del torso para "proteger al astronauta de los impactos de micro-meteoritos, las temperaturas extremas en el espacio" e inclusive de "los efectos nocivos de la radiación(¡!)". Notablemente, esta no es la primera vez que la NASA contempla seriamente la adopción de un traje duro, pues, como muestra la figura 37, la agencia ha probado trajes de este tipo incluso desde antes del programa Apolo.

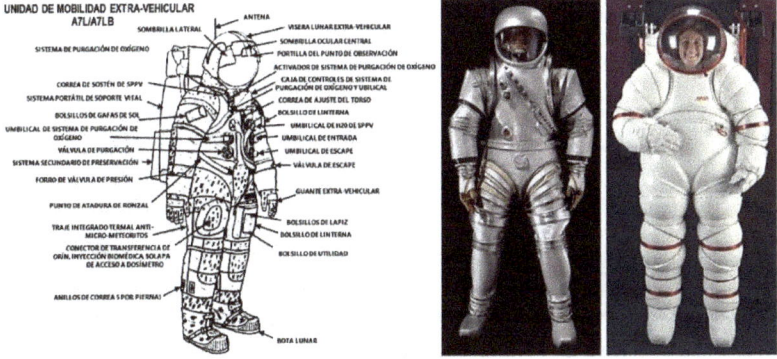

Fig. 37. Traje Apolo/Skylab A7L/A7LB yuxtapuesto con los trajes de carcasa dura RX-2 de la Litton Industries del 1963 y el AX-5 del 1988. Cabe señalar que, aunque los últimos dos modelos eran experimentales, sus diseños eran mucho más sensatos y funcionales en un ambiente tan hostil como el de la Luna la cual es frecuentemente bombardeada por micro-meteoritos, algo que, no obstante las declaraciones de la NASA, ninguno de sus trajes "lunares" con sus capas relativamente suaves de látex y Kapton hubiesen resistido. Reveladoramente, los diseños que se están considerando para futuras misiones lunares o marcianas son aquellos de carcasa dura. Crédito: National Air and Space Museum, 2da foto, NASA.

Notablemente, otra cualidad que se le ha atribuido al traje espacial "lunar" ha sido la de ser capaz de resistir la penetración de rayos o partículas de radiación cósmica, una idea equivocada basada en información engañosa propagada no solo por los defensores de la NASA, sino también (y en la mayoría de los casos) por varias fuentes educativas tales como *Wikipedia*, particularmente la versión en inglés. Al inquirir acerca del traje integrado termal anti-meteorito" (*Integrated Thermal Micrometeoroid Garment*) en el portal cibernético, éste nos da la siguiente información:

El TMG tiene tres funciones: aislar al ocupante del traje (en este caso del calor extremo), escudar al ocupante de la *nociva radiación solar,* y proteger al astronauta de micro-meteoritos y otros detritos orbitales que puedan perforar el traje y despresurizarlo. (Énfasis añadido.)

Capítulo 4

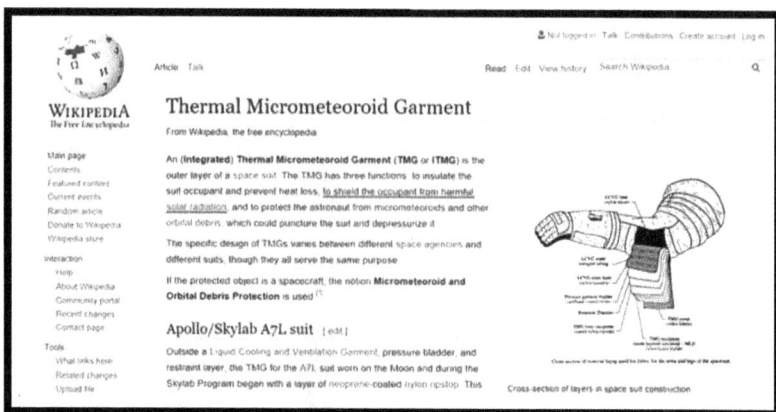

Fig. 38. Sección del artículo de la página web de Wikipedia acerca del "traje termal anti-meteoritos" falsamente asegurando que dicho traje debía proteger al astronauta de la radiación ionizante de origen solar.

Antes de abordar el gran error de este pasaje, es imperativo familiarizarse un poco con la radiación cuyos efectos pueden ser muy perjudiciales no solo para todo ser viviente, sino también para todo equipo electrónico (aunque este tema se cubrirá más a fondo en otro capítulo). Básicamente, hay dos tipos de radiación: la ionizante y la no ionizante. La radiación ionizante es el flujo de energía en forma de partículas atómicas o subatómicas u ondas electromagnéticas capaces de arrancar los electrones de sus órbitas, haciendo que el átomo se cargue (ionización). Es decir, la radiación ionizante es la energía ondulatoria (que viaja en ondas) que altera un objeto, y también a un organismo vivo, a un nivel molecular, causando, en el caso de seres vivos, alteraciones o daños a las células y a su material genético. Cuando el 99.9% de la población está hablando de radiación en realidad se está refiriendo a este tipo de energía; la que causa quemaduras, mutaciones y cáncer. En cambio, la radiación no ionizante es aquella incapaz de ionizar los átomos. Entre los tipos de radiación ionizante se encuentran los rayos gama, los rayos ultravioletas y los muy conocidos rayos X, mientras que en la última categoría se encuentran las microondas y las ondas de radio.

216

Sin embargo, existe un tipo de radiación que no es ionizante pero que sí puede ser tan nociva como la radiación ionizante: la radiación termal. Como puede ver, los rayos ultravioletas son ionizantes por lo que podemos concluir con total seguridad que al decir "nociva radiación solar" el autor o autores del artículo de *Wikipedia* se estaban refiriendo a la radiación "mala" que todos asociamos correctamente con el cáncer y una muerte horrible. Y es aquí donde nos topamos con un grandísimo problema: el espacio exterior, es decir, todo fuera de nuestra atmósfera, incluyendo la Luna, es extremadamente radiactivo. Lo que significa que, si 24 estadounidenses de veras fueron a la Luna en el siglo pasado, especialmente los 12 que supuestamente caminaron en ese cuerpo celeste, estos debieron de haber llevado puesto un equipo con materiales capaces de bloquear la penetración de radiación ionizante.

Ahora analicemos más de cerca los materiales milagrosos del "traje termal integrado anti-meteoritos"; el látex, tejido beta, Kapton y el Beta Marquisett; para poder determinar si el traje espacial extra-vehicular en realidad estaba capacitado para esta tarea. Como puede imaginarse, el látex es bueno bloqueando fluidos corporales, pero no la radiación ionizante, así que comenzaremos con el segundo: el tejido beta. La escasa información acerca de este material solo habla de sus capacidades como aislante térmico, nada más. Algo muy similar ocurre con el Kapton el cual puede aguantar hasta 400°C, pero nada se dice de la radiación. Del Beta Marquisett no hay ninguna información específica lo que ha llevado a este servidor a sospechar que en realidad se trata de un derivado del tejido beta añadido a la lista para dar la impresión de una mayor complejidad detrás del diseño del traje. Por estas razones, se puede concluir que ninguno de los materiales usados en los trajes de la NASA podía proveer protección contra la radiación ionizante.

Quizás lo más revelador de todo ha sido la declaración del actual fabricante de trajes espaciales ILC Dover en su folleto titulado *La evolución del traje espacial de hechos a la medida a configuración de confección*

(*Space Suit Evolution From Custom Tailored To Off-The-Rack*) el cual en su página 7 admite cándidamente que "Ninguno de estos materiales fueron desarrollados con la Luna en mente." ¡¿Cómo?! ¡¿Que los materiales del traje lunar no fueron hechos con la Luna en mente?! Pues al parecer los especialistas de la ILC Dover no tomaron las misiones muy en serio. Igual de revelador es el hecho de que, a excepción del casco y la visera (solo para proteger la vista), el antedicho documento nunca menciona algún tipo de protección contra la radiación incluida en su traje espacial de la actualidad. En este caso *Wikipedia* se ha equivocado rotundamente. Para disipar cualquier duda al respecto solo debe hacerse esta pregunta: ¿Si de veras existen trajes "anti-radiación" entonces por qué nunca se han usado en Japón para las continuas labores de descontaminación dentro y alrededor de la planta nuclear Fukushima I? Después de todo, han pasado más de seis años del devastador terremoto que azotó ese archipiélago y todavía no se ha publicado ni un reportaje acerca de un traje con dicha capacidad.

Además de los problemas mencionados previamente, el traje espacial A7L/A7LB sufría de otra deficiencia que de seguro hubiese dificultado grandemente, sino impedido completamente, las labores extra-vehiculares de los astronautas: su incapacidad de mantener el oxígeno (100%) en su interior. Resulta que el traje contenía unas cremalleras largas que inevitablemente hubiesen filtrado el gas vital, algo que René ha señalado brillantemente en las páginas 102 y 103 de su libro *NASA Mooned America!* ("¡La NASA le enseñó el trasero a EE.UU.!"). Tras hacer una comparación entre un traje espacial A7L y un traje de buceo de lona de hule, René explica lo siguiente:

> El traje (…) de un buzo de grandes profundidades (…) es (…) incómodo, sin embargo, un buzo puede caminar en él y trabajar en él — siempre y cuando el buzo se asegure de mantener la presión interna bastante pareja con la presión externa del agua. Si el buzo accidentalmente dejare entrar una libra extra de presión, el traje se inflará como un globo.

EL GRAN FRAUDE LUNAR

Los brazos y piernas se alzarán con una fuerza casi salvaje. Y un traje de buceo es completamente a prueba de agua. Hasta la filtración más diminuta permitiría que el aire se escape o que el agua entre. ¿Pero si su traje estuviese cerrado con una larga cremallera todavía sería a prueba de agua? Un traje espacial de tejido es más o menos lo opuesto de un traje de buceo de tejido. El primero mantiene las presiones internas y externas parejas, y el segundo mantiene la presión adentro. Un traje espacial de tejido debe ser diseñado para mantener el vacío afuera, pero usted puede apostar que el oxígeno se filtraría a través del agujerito más pequeño. ¡Un suministro de oxígeno presurizado quizás podrá lidiar con uno o dos agujeritos por un tiempo, pero no con la filtración de una cremallera larga!

René continúa citando al astronauta Michael Collins de Apolo 11 quien dijo que la cremallera del traje espacial —la cual se extendía desde el ingle recorriendo la espina dorsal hasta llegar al cuello— se mantenía sellada herméticamente gracias a unos labios de hule que se entrelazaban a lo cual él responde diciendo que "no importa cuántos sellos entrelazados puedan haber, a mí me parece que cualquier movimiento que un astronauta haga le permitirá a las válvulas filtrarse un poco, como si mil agujeritos estuviesen presentes."

Efectivamente, algunas novedades recientes parecen vindicar la tesis de René puesto que ni el traje espacial usado desde los años 80; la unidad de movilidad extra-vehicular o EMU por sus siglas en inglés; ni tampoco la próxima generación de trajes espaciales (Figura 39), contiene cremalleras en su sección exterior, sino unos "sellos de cierre corporal" (*Body seal closures*); seis anillos ubicados en las secciones del cuello, hombros, torso y antebrazos, esto para conectar el casco, los montajes de los brazos, las secciones del "torso duro superior" (*Hard upper torso assembly*) y del torso inferior (*Lower torso assembly*) y los guantes presurizados.

Fig. 39. Dos prototipos de lo que la NASA denomina la próxima generación del traje espacial extra-vehicular lunar siendo probados en el estado de Washington. Según la agencia, los trajes deberán estar listos para el 2020. Note la total ausencia de cremalleras o válvulas en su capa externa. Asimismo, note los anillos de metal, o "sellos de cierre corporal" (*Body seal closures*), en las áreas del torso y los muslos de los astronautas.

Otra clara victoria para René ha sido la vindicación de su tesis respecto a otro componente del traje espacial A7LB: los guantes presurizados. Y es que tras investigarlos minuciosamente René no tuvo más remedio que concluir que dichos guantes no hubiesen podido usarse con la flexibilidad y facilidad que se había mostrado en las películas "lunares". ¿Cuán minuciosa fue su investigación? Pues al punto de llegar a construir un pequeño compartimiento de vacío con un guante adentro para probar la flexibilidad de dicho aditamento. René quien, como fue mencionado en la introducción, también fue inventor (con una patente reconocida por la NASA), bautizó a su invención el "guante espacial".

Básicamente, el "guante espacial" era una caja de acero rectangular con un reborde o faja estrecha y saliente a lo largo de uno de sus extremos, en este caso un guante de neopreno y algodón, y una sección lateral de plexiglás transparente para poder ver su interior. La persona debía insertar su mano dentro del guante, y a su vez al compartimiento, cuyo aire era extraído hasta que su interior registraba los 70.32 kilopascales o 10.2 psi (libras por pie cuadrado), a su vez aumentando la presión dentro del guante a alrededor de 31.2 kilopascales o 4.5 psi, una presión inferior a los 5.2 psi/35.85 kilopascales que, según Frank Borman (Apolo 8), era la que se usaba más regularmente. Cabe señalar que la "Referencia para la prensa de las naves Apolo" da una presión de 3.7 psi/25.5 kilopascales mientras que el folleto *La evolución del traje espacial de hechos a la medida a configuración de confección* de la ILC Dover da de 3.7 a 3.9 psi/26.8 kilopascales. Sin embargo, tal diferencia no es lo suficientemente grande como para anular los resultados del experimento de René. De todos modos, las pruebas con el "guante espacial" demostraron que un guante presurizado a 31.2 kilopascales/4.5 psi se ponía tan rígido que se requería "un gran esfuerzo para mover los dedos y la mano" y que "también se hac(ía) imposible flexionar la muñeca hacia atrás." Confiado de sus hallazgos, René retó a la NASA a realizar un experimento con uno de sus trajes A7LB para comprobar su tesis. Ni la agencia, ni tampoco sus defensores, aceptaron el reto.

¿Pero si la NASA nunca llevó a cabo el experimento, entonces cómo fue que René quedó reivindicado una vez más? En uno de esos giros interesantes de la vida, la NASA sí terminó llevando a cabo tal experimento, aunque, lamentablemente, sin que René pudiera apreciarlo, ya que el ingenioso e implacable *apoloescéptico* falleció a finales del 2008, unos años antes de que el Centro de investigación Langley (Virginia) fabricara y le permitiera al público probar en una exhibición en la ciudad de Nueva York, su simulador de guantes extra-vehiculares (*EVA glove simulator*). Reveladoramente, este aparato es muy similar al "guante espacial" inventado por René en 1993, hecho que refuerza aún más su posición como inventor. La noticia de este aparato apareció en un artículo del portal cibernético space.com titulado "¿Cómo se siente trabajar en el espacio con engorrosos guantes extra-vehiculares?" *What It's Like to Work in Space, Using Bulky EVA Gloves?* (https://www.space.com/34263-what-its-like-working-in-space.html). En él, Samantha Mathewson narra que, durante la prueba, la cual requería que el o la participante intentase enroscarle una tapa a una botella plástica, ella descubrió que: "Aunque pude agarrar la botella y la tapa y poner la tapa encima de la botella, no pude maniobrar mis manos lo suficiente bien para enroscar la tapa hasta abajo".

Sin duda, el componente más complejo de todo el traje espacial A7L/A7LB lo fue el llamado Sistema portátil de soporte vital (*Portable Life Support System*) el cual, según la NASA, le proporcionaba al astronauta con "una atmósfera habitable dentro de su traje espacial durante las excursiones en la superficie lunar y en el espacio" permitiendo "hasta siete horas de actividad extra-vehicular". El sistema, el cual estaba albergado dentro de un enorme e incómodo bulto de 47.17 kg (8 kg si de veras hubiesen estado en la Luna), 66 cm de alto por 50 cm de ancho y 26.67 cm de hondo, debía suministrar el oxígeno para la respiración y la ventilación del traje, presurizarlo a 26.8 kilopascales y remover contaminantes de oxígeno circulando por su interior. Para moderar la temperatura corporal, el traje contenía agua refrigerada que, según su fabricante, la Hamilton Standard, era circulada constantemente por una bomba operada por una batería "a través de un entramado de tubería plástica integrada" dentro de un "traje de enfriamiento líquido" que el astronauta llevaba puesto debajo del traje espacial. Como si fuera poco, el bulto también incluía un dispositivo de comunicación radial y telemetría y varios dispositivos para controlar sus funciones y monitorear la presión del traje y el uso del oxígeno. ¡Impresionante!

Ahora veamos lo que René opina al respecto. Y es que, para contrarrestar las altísimas temperaturas del día lunar, dicho sistema hubiese requerido una cantidad considerable de agua algo que el bulto de los astronautas no hubiese podido almacenar. He aquí lo que René ha determinado tras hacer unos

Sistema portátil de soporte vital
(PLSS por sus siglas en inglés)

EL GRAN FRAUDE LUNAR

cálculos bastante complejos (¡Créame!): para mantener al astronauta
a una temperatura razonable se necesitaban 23.7 litros de agua lo que
le añadiría 23.7 kg al peso de la unidad. Basado en los cálculos del
autor (ya que, por alguna razón desconocida, René le asignó un peso
considerablemente más bajo a la unidad: 38 kg/84 lb en lugar de los
47.17 kg/104 lb citados en la literatura de la Hamilton Standard),
esto se traduce a un aumento de alrededor del 50% sobre el peso
oficial de la unidad para un total terrestre de 70.8 kg o un peso lunar
de 12 kg. Aunque el último de estos no suena como un peso muy
incómodo, lo cierto es que cargar dicho peso en la espalda cuando
ya se están cargando los 6 kg (35.8 kg terrestres) del traje completo,
o sea, 18 kg, más cualquier herramienta o equipo que supuestamente
debía usarse en un lugar cuya gravedad, y por ende *fricción*, es mucho
menor que en la Tierra, es algo extremadamente difícil. Otro detalle
importante es que cada unidad debía incluir un ducto de escape para
ventilar el calor al espacio, pero nunca se ve el escape de vapor en
los videos.

El vehículo explorador lunar

Para culminar este capítulo ahora hablemos del vehículo más curioso
de todos: el vehículo explorador lunar (*Lunar Roving Vehicle*) o el
"buggy lunar" como los estadounidenses lo llamaban afectivamente
(Figura 41). Francamente hablando, de este vehículo no hay mucho
que decir esto debido a que, esencialmente, el "LRV" no fue más
que un jeep (se lee "yip") o todoterreno militar más sofisticado. De
hecho, el vehículo explorador lunar —el cual acompañó a las
misiones Apolo 15, 16 y 17— contenía menos piezas que un jeep.
He aquí parte de la descripción dada por *Wikipedia* (español) acerca
de este vehículo:

> Se compone de un chasis de aluminio dorado con cuatro
> ruedas (no neumáticas, sino de malla de acero) y dos
> asientos, que una vez desplegado totalmente tiene unas
> dimensiones totales de 3.10 m de longitud, 1.80 m de

anchura y 181 kg en vacío incluyendo el dispositivo de fijación y despliegue. El peso en carga es de 621 kg.

El chasis estaba formado por 3 partes: la delantera que contenía las baterías, la unidad de información y la unidad direccional del sistema de navegación, así como el control electrónico de marcha y dirección.

Aunque el desarrollo de este vehículo (por la corporación Boeing) tuvo un astronómico costo de $38 millones, o $226,807,456.79 en dólares actuales (2016), o el doble de los $19 millones presupuestados inicialmente, la NASA asegura que tal gasto de fondos públicos valió la pena porque "el LRV fue desarrollado en tan solo 17 meses y, sin embargo, desempeñó todas sus funciones en la Luna sin ninguna anomalía mayor".

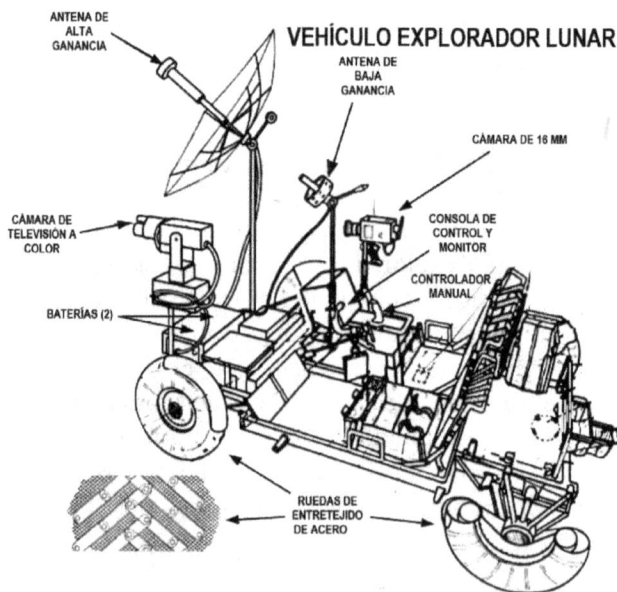

O sea, que la NASA no veía nada malo en gastar más de 220 millones de dólares en lo que esencialmente era un todoterreno levemente modificado. Y es que un simple vistazo a los otros aparatos de la época revelará que en aquel entonces $38 millones podía comprar, entre otras cosas, más de una docena de cazas F-5, ¡e incluso un SR-71 Blackbird, un avión de reconocimiento que para los años sesenta era ultra secreto y tan avanzado que todavía en el 2017 mantiene el título de ser el avión tripulado más rápido del mundo! ¡Y todo ese dinero por un vehículo que ni siquiera podía alcanzar los 20 km/12 mph! ¡Definitivamente, el vehículo explorador lunar le salió muy caro a EE.UU.! Bueno. Si se le puede creer a la NASA.

Ahora enfoquemos nuestra atención sobre las dos baterías (de plata y zinc) que debían proporcionarle energía al todoterreno lunar. Y es que, al analizar de cerca estos componentes importantísimos, un detalle muy revelador salta a la vista: que ambas baterías simplemente no hubiesen podido funcionar más de unos minutos en la Luna. Resulta que, como ya sabemos, las temperaturas tan extremas de ese cuerpo celeste son tan intensas que las baterías no lo hubiesen soportado, al menos eso es lo que dice el "Manual de sistemas del vehículo explorador lunar, Revisión A" (*Lunar Roving Vehicle Systems Handbook, Revision A/NASA–TM–X-67465)(http://www.lpi.usra.edu /lunar/documents/NTRS/collection 2/NASA_TM_X_66816.pdf)*.

Así es, este es el único de todos los vehículos y artículos del programa Apolo cuya documentación oficial contiene una admisión tan clara, y muy devastadora para la leyenda del viaje tripulado lunar del siglo XX. La sección en cuestión es el Apéndice A, Continuación de 3.1.0, la cual contiene una tabla de los "límites de temperatura de los componentes" (Figura 44). Como puede ver, la tabla contiene cuatro renglones: el del "límite de temperatura máxima para operar", el del "límite de temperatura más alta para la supervivencia", el del "límite de temperatura mínima para operar" y el del "límite de temperatura más baja para la supervivencia", todos ellos están en grados Fahrenheit en donde el punto de congelación del agua, o 0 °C, es 32°F y el punto de ebullición del agua, o 100 °C, es 212 °F. Por enésima vez, es imperativo recordar que en la Luna las temperaturas pueden variar de 180 °C bajo el sol a -180 °C bajo la sombra. Bajo el primer renglón, o el del "límite de temperatura máxima para operar", aparece 125 °F/51.6 °C, mientras que bajo el del "límite de temperatura más alta para la supervivencia" aparece 140 °F/60 °C. Es decir, 128.4 y 120 °C POR DEBAJO de la temperatura más alta del día lunar. Por otro lado, los dos renglones restantes; el del "límite de temperatura mínima para operar" y el del "límite de temperatura más baja para la supervivencia"; nos dan 40 °F/4.4 °C y -15°F/-26 °C, respectivamente. Es decir, 175.6 y 154 °C MÁS CALIENTE que la temperatura más baja del día lunar. Esto significa que, de haber estado en la Luna de verdad, las baterías hubiesen explotado luego de unos minutos bajo el sol, mientras que si el todoterreno lunar se hubiese colocado bajo la sombra éstas se hubiesen congelado dentro de muy poco tiempo. Sin embargo, la sección 5.3 del manual afirma que el vehículo eléctrico era capaz de operar en este ambiente tan hostil "con su sistema de navegación, control y monitor manteniéndose encendido durante toda la AEV (actividad extra-vehicular) de 6 horas", aunque también advertía que el vehículo no debía dejarse en la sombra más de 2 horas. ¿Y qué era lo que le permitía operar durante tanto tiempo? Pues, según el manual, un "manto térmico" de materiales aislantes como Mylar, nilón y tejido beta, los mismos materiales usados en el traje espacial, y un pequeño abanico. Asimismo, el manual sugería estacionar el vehículo a ciertos ángulos para evitar que sus componentes más sensitivos estuviesen directamente expuestos al sol. ¿Y qué protegía la consola de control y el monitor en la parte central delantera? El manual no dice nada al respecto.

Bueno, aunque no soy un experto en electromecánica, estoy seguro de que se requiere mucho más que una capa de materiales aislantes para proteger una batería en un ambiente de más de 150 °C. Quizás algún tipo de aire acondicionado hubiese hecho el trabajo, pero, paradójicamente, tal sistema hubiese requerido una batería adicional para funcionar lo que le hubiese añadido aún más peso al todoterreno lunar. Estas sospechas quedaron confirmadas al ver el episodio acerca del explorador lunar de la serie de documentales *Moon Machines* o "Máquinas lunares". La parte del programa que me llamó la atención fue cuando el narrador dice lo siguiente: "un sistema convencional de enfriamiento líquido con tubería y bombas siempre iba a pesar más de 10 libras (4.5 kg o el límite de peso establecido por la NASA)" lo que requirió un gran ingenio para resolver. ¿Y cuál fue el ingenioso invento? Pues la cera de parafina: un sólido ceroso, blanco e inodoro cuya resistividad eléctrica y excelente habilidad para almacenar calor lo han convertido en un material idóneo para la fabricación de termostatos para uso industrial o doméstico y especialmente en automóviles. He aquí un resumen bastante claro del funcionamiento de la cera de parafina dado a *Moon Machines* por Ron Creel, el ingeniero de control térmico del explorador lunar:

> (Las) cajas (que contenían las baterías) tenían cera de parafina adentro y cuando los componentes eléctricos estaban generando calor durante la conducción, el calor se guardaba en la cera y se mantenía a una temperatura constante durante el proceso de derretimiento y luego, cuando los astronautas terminaban de manejar, ellos abrían unas tapas encima de los radiadores. Los radiadores rechazarían el calor hacia afuera, *dejando que la cera se re-solidificara*, consecuentemente, reciclándola y preparándola para la próxima vez que manejasen. (Énfasis añadido.)

Como dirían en la NASA, "Houston tenemos un problema". ¡Y un problema muy grave! Resulta que el análisis de Creel es, poniéndolo francamente, totalmente ridículo, ya que al abrir las tapas de las cajas protectoras los astronautas hubiesen dejado entrar el intensísimo calor que les rodeaba y, obviamente, la cera de parafina jamás se hubiese re-solidificado porque su punto de fusión es 37 °C, unos 83 °C por debajo de la temperatura promedio del día lunar. Una vez más, el control de la temperatura era vital algo que el mismo narrador de *Moon Machines* se ocupó de decirle a sus espectadores:

Otro problema para el equipo (encargado) de (diseñar) las baterías era la temperatura. Si las baterías se tornaban muy calientes o frías, el todoterreno entero dejaría de funcionar.

Sin embargo, ¡la NASA ha publicado fotos mostrando al todoterreno lunar con las tapas de las cajas protectoras completamente abiertas y con la batería claramente expuesta al sol y, por consiguiente, exponiéndola al calor extremo!

En resumidas cuentas, el *buggy* lunar jamás hubiese funcionado. ¿Será esta la razón por la cual hay tantas fotografías del vehículo explorador lunar sin huellas de sus ruedas? ¿Porque los astronautas tuvieron que cargar el *buggy* de un punto a otro durante el resto de la misión? Extrañamente, de los casi 45 minutos del documental *Moon Machines*, la sección acerca del sistema de control térmico no duró ni un minuto.

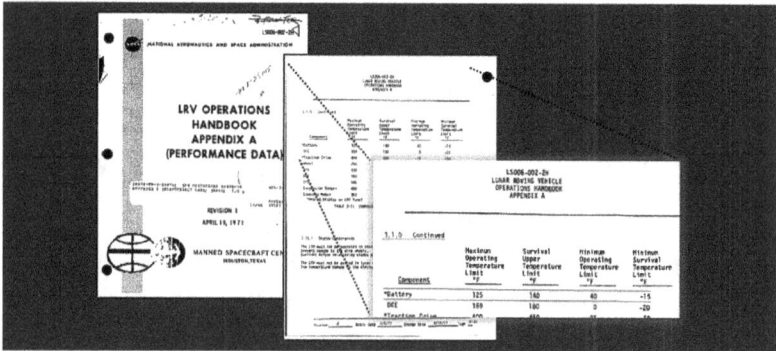

Fig. 42. Sección del "Manual de sistemas del vehículo explorador lunar, Revisión A" mostrando que las baterías de dicho vehículo simplemente no hubiesen podido soportar las extremas temperaturas de la Luna y, por ende, no hubiesen podido funcionar más de unos minutos en ese cuerpo celeste.

Además de las flagrantes meteduras de pata de los autores del manual del vehículo explorador lunar y, por supuesto, de Ron Creel, hay tres ejemplos más que comprueban que la tecnología para asegurar el funcionamiento de un vehículo bajo temperaturas tan extremas todavía, en pleno siglo XXI, no ha sido optimizada. Yendo en orden cronológico, el primer vehículo lunar motorizado en experimentar problemas fue el Lunojod 2 de la URSS. El Lunojod 2 fue llevado y puesto en Mare Serenitatis (norte) por la nave Luna 21 en enero de 1973 en donde recorrió varios kilómetros a lo largo del cráter Le Monnier durante casi cinco meses hasta sucumbir por un sobrecalentamiento general el 9 de mayo. El sobrecalentamiento fue causado por la acumulación de polvo lunar la cual vino como resultado de una caída dentro de una sección de un cráter.

Ahora tornemos nuestra atención a dos de los proyectos de exploración lunar más recientes, o del 2013 hasta el 2016. Sin duda el más exitoso de estos ha sido el programa de la Administración Espacial Nacional China (CNSA por sus siglas en inglés) cuya sonda Chang 'e 3 y el vehículo explorador que trasportaba, el *Yutu* (se lee "Iutu") o "Conejo de jade", alunizaron en la región de Mare Imbrium (norte de la Luna) el 14 de diciembre del 2013. Notablemente, esta fue la misma región donde el Lunojod 1 alunizó en noviembre de 1970 y, según la NASA, Apolo 15 casi un año después. Luego de casi un mes en la Luna, el pequeño explorador chino; 1.5 m de largo por 1.1 m de ancho y con un peso de 120 kg; dejó de transmitir señales a la Tierra. Contrario al caso del Lunojod 2, en esta ocasión el funcionamiento del vehículo se vio severamente afectado por el intenso frío de la noche lunar. No obstante, el *Yutu* comenzó a transmitir señales nuevamente, aunque tras quedar completamente paralizado, casi un mes más tarde a mediados de febrero del 2014. En una muestra de los grandes avances de la tecnología china, su primer vehículo lunar fue capaz de seguir operando parcialmente durante 31 meses, batiendo todos los récords de los vehículos lunares anteriores... incluyendo las seudo-misiones Apolo. Cabe señalar que, aunque la versión oficial sostiene que ninguno de los presuntos alunizajes tripulados se llevó a cabo durante la noche, como ya sabemos, debido a la falta de una atmosfera que modere las temperaturas, las sombras en la Luna son tan frías como una noche lunar, es decir, de unos -180 °C, lo que significa que todos los vehículos exploradores que la NASA presuntamente envió a nuestro satélite natural, pero particularmente el de Apolo 17 (que supuestamente estuvo en la Luna el equivalente de 3 días terrestres) también debieron de haber sufrido algún tipo de daño a causa del frío.

Fig. 43. (A) Imagen del Lunojod 2, el segundo vehículo motorizado en recorrer la Luna (el primero fue el Lunojod 1 enviado en 1970). (B) Foto del vehículo explorador lunar *Yutu* tomada por la sonda Chang 'e 3 del cual salió. Note las huellas detrás del vehículo, las sombras que van en una sola dirección y la intensa oscuridad de la parte sombreada de *Yutu*. Crédito: Petar Milošević, Weibo.

El otro de los dos programas serios para poner un vehículo explorador en la Luna es el programa chino de exploración lunar y el *Lunar X Prize* o "Premio Lunar X" de la corporación Google. De todos los participantes del último programa, quizás el más prometedor es el del "Audi Quattro Lunar" de la compañía alemana del mismo nombre. Interesantemente, en su artículo acerca de este vehículo, el periódico británico *Mirror*, o más bien Jeff Parsons, fue muy claro en su opinión acerca de los *apoloescépticos* al escribir lo siguiente en su larguísimo título: "El explorador de Audi está preparado para visitar el área del *buggy* Apolo 17 y desmentir a los que creen en la teoría de la conspiración" (*Audi's moon rover set to visit Apollo 17 buggy site and prove conspiracy theorists WRONG about fake landings*. 1/12/2016). ¡Me muero por que llegue ese día! Y es que, irónicamente, el Quattro Lunar está desmintiendo a la NASA y a sus apologistas como el propio Jeff Parsons, ¡y sin tan siquiera haber despegado hacia la Luna! Así es, Parsons debió de haber sido más cauteloso con sus palabras, ya que el *buggy* de Audi está sufriendo precisamente de problemas de recalentamiento, pues él mismo señala que los ingenieros de Audi "notaron que los motores" del vehículo "forcejearon (*struggled with*) con las altas temperaturas cuando lo probaron en el desierto del golfo (se asume que es el Pérsico)". ¿Y cuán caliente es esta región? Pues sépase que allí se han reportado algunas de las temperaturas más altas del planeta: 52.6 °C. Reveladoramente, esto es solo un grado por encima de la temperatura máxima para operar que aparece en la tabla mostrada arriba. Pregunta: ¿Por qué los ingenieros y científicos de Audi no usaron capas de Mylar o de nilón como hizo la NASA? Después de todo, si esos materiales funcionaron tan bien en uno de los ambientes más inhóspitos conocidos por los seres humanos ese hubiese sido el mejor curso que seguir. Además, hay que recordar que cada retraso en el desarrollo de un proyecto innovador implica gastos muy grandes que, aunque no sean muy preocupantes para entidades gubernamentales con presupuestos prácticamente ilimitados, sí pueden ser perjudiciales para una empresa privada como Audi.

Ahora bien, cualquiera puede argumentar que el caso del todoterreno de Audi por sí solo no es suficiente para juzgar negativamente al *buggy* del programa Apolo, ya que éste se encuentra en la etapa de desarrollo. ¿Pero por qué diablos Audi iba a gastar tanto dinero y esfuerzo "reinventando la rueda" cuando tal problema se pudo haber resuelto hasta con una simple llamada a la compañía Boeing o a los fabricantes de los materiales aislantes del VEL?

Para cerrar, ahora se discutirá el otro problema muy serio del vehículo explorador lunar: su total incapacidad para transmitir una señal en vivo desde la Luna con la fluidez mostrada en los videos de las últimas tres misiones del programa Apolo. Y es que, para que una onda enviada desde un punto tan lejano; alrededor de 385,000 km; pueda ser recibida en la Tierra es imperativo que la antena, en este caso la de alta ganancia, esté apuntada en un ángulo bastante preciso, de lo contrario, la señal o imagen no podrá percibirse.

En el caso del vehículo de Apolo 17, la orientación debía ser 2° o menos, al menos eso es lo que dice Xavier Pascal en uno de los cortometrajes que ha publicado en *You Tube* bajo el seudónimo de Hunchbacked o "Jorobado". Independientemente de si el ángulo dado por Pascal es correcto o no —y el autor cree que sí (pues de no ser así no se hubiese incluido aquí)— su análisis es totalmente lógico, pues, como cualquiera que tenga televisión satelital sabe muy bien, el ángulo en el que se apunta una antena es vital para recibir una señal y en la Luna la obtención de tal ángulo es crucial. Esto nos lleva a una escena muy relevante para este asunto: la de "Eugene Cernan" presuntamente manejando el *buggy* lunar por última vez durante la supuesta tercera "actividad extra-vehicular" de Apolo 17 (diciembre de 1972). Y es que las fuertes vibraciones y brincos a los que estaba siendo sometida la antena de alta ganancia durante la presunta trilla lunar hubiesen imposibilitado que la señal llegase al destino deseado. Esto puede comprobarse fácilmente al observar las bruscas fluctuaciones de la sombra de la antena sobre la "consola de control y monitor" frente a "Cernan".

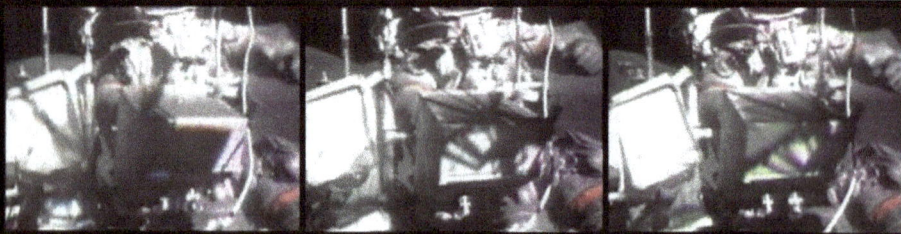

Fig. 44. Secuencia de "Cernan" manejando el vehículo explorador lunar durante la supuesta tercera "actividad extra-vehicular". Tal transmisión hubiese sido imposible debido a las fuertes vibraciones y brincos a los que estaba siendo sometida la antena de alta ganancia las cuales hubiesen enviado la señal lejos del destino deseado. Note que la posición del brazo izquierdo de "Cernan" NUNCA CAMBIA.

5

Los verdaderos líderes de la exploración espacial: los soviéticos y su programa lunar

Aunque ya se dijo en los capítulos dos y cuatro, es imperativo recalcar que en realidad los verdaderos líderes de la exploración espacial fueron los soviéticos, al menos hasta los años noventa cuando la caída de la URSS (26 de diciembre, 1991) y los consecuentes recortes presupuestales a todos los programas gubernamentales terminaron asestándole un fuerte golpe a la industria y programa espacial de ese imperio. Solo desde esa década en adelante fue que Estados Unidos asumió el liderazgo en ese ámbito, pero no en todas las aéreas, esto porque los rusos mantendrían su ventaja en el área más importante de todas: la cohetería. Así es, al sol de hoy, Rusia sigue fabricando los mejores motores cohete del mundo contradiciendo rotundamente la chovinista y anti-diplomática declaración que el presidente Barack Hussein Obama (No. No estoy bromeando, ese es su verdadero nombre.) hizo durante su última rueda de prensa (17/12/2016) asegurando que la nación eslava es "un país más pequeño, son un país más débil (que EE.UU.). Su economía no produce nada que otros quieran comprar, salvo petróleo y gas y armas". Yendo aún más lejos, el mandatario también dijo que el pueblo ruso "no innova" o desarrolla tecnologías nuevas.

¡Ay! Echando a un lado el obvio disparate de que Rusia es "un país más pequeño" que EE.UU. —pues, por el contrario, la nación es la más grande del planeta— y que EE.UU. consistentemente ha mantenido la posición número uno en la venta de armas a nivel mundial, al escuchar una diatriba como esta uno puede concluir lógicamente que, en lugar de progresar socialmente tras la elección —dos veces, de hecho— de su primer presidente de raza mixta (la madre de Obama es blanca lo que lo hace mestizo y no totalmente negro o afro-estadounidense), EE.UU. obstinadamente mantiene las mismas actitudes racistas que en los años cincuenta lo único que ahora esta patología social se expresa de un modo más sutil o restringido. Sí. En el USA del siglo XXI no hay más de esos ominosos rótulos de *White* o *Whites only* ("Blancos" o "Blancos solamente") y *Colored* o *For coloreds* ("De color" o "Para personas de color") fijados en lugares públicos, pero todavía se puede hablar abiertamente de esas "repúblicas bananeras" al sur de sus fronteras, de los musulmanes como una amenaza nacional y de esos malditos rusos que solo sirven para estorbar la *Pax Americana*/Consenso de Washington, y, en la ironía más grande de todas, es alguien de tez oscura el que hace los comentarios racistas.

Ciertamente, las palabras de este supuesto líder progresivo y ganador del premio Nobel de la paz suenan escalofriantemente similares a la infame declaración que el "intelectual" Charles Van Doren hizo casi sesenta años antes denigrando al pueblo soviético entero como "una nación de peones atrasados". Sinceramente, para el autor todo esto comprueba que lo que dice ese viejo y popular adagio estadounidense es totalmente correcto: "Mientras más las cosas cambian, más permanecen igual".

EL GRAN FRAUDE LUNAR

Fig. 1. En su última rueda de prensa en 2016, el presidente Barack Hussein Obama dijo que la economía de Rusia "no produce nada que otros quieran comprar, salvo petróleo y gas y armas". Bueno, alguien debió de decirle a Obama que sí hay un producto de los rusos que alguien, EE.UU. de hecho, desea comprar: el motor cohete RD-180 el cual es indispensable para la puesta en órbita de satélites estadounidenses.

Ahora hablemos de una muestra de innovación tecnológica rusa de la cual Obama no sabe nada: el motor cohete RD-180 el cual es codiciado y, desde el 2002, ha sido utilizado, por la NASA en más de cincuenta vuelos (en los cohetes Atlas V) para la puesta en órbita de satélites estadounidenses. Respecto a este buque insignia de la tecnología espacial rusa, el físico Alexander Popov ha señalado que, contrario al motor F-1 el cual "desapareció junto con el cohete Saturno V" tan solo siete años después de su primer vuelo en 1967, el RD-180 de la NPO Energomash continúa en uso casi treinta años después de su introducción al mercado y también ha afirmado incisivamente que "Si los motores F-1… funcionaban entonces los estadounidenses se le hubiesen adelantado a los soviéticos por lo menos 20 años. Sin embargo, los estadounidenses compran el motor ruso RD-180."

¿Y cuán valiosos son estos motores para EE.UU.? Bueno. Para contestar esta pregunta primero es menester desviar nuestra atención brevemente hacia la nueva guerra fría que se está desarrollando entre Washington y Moscú. Una vieja rencilla con una alta probabilidad de salirse de control. La crisis comenzó o, mejor dicho, se reavivó en el 2011 cuando EE.UU. y sus lacayos europeos que componen la OTAN (Organización del Tratado del Atlántico

235

Norte), y también sus lacayos árabes de la OCG (Organización de Cooperación del Golfo), osadamente intervinieron indirectamente en la insurrección contra el presidente sirio Bashar al-Ásad, el único aliado de Rusia en la región del Mediterráneo, en efecto lanzando una guerra por intermediarios en su contra. Viendo el momento oportuno para asestarle otro golpe a su rival eslavo, la CIA y el Departamento de Estado rápidamente se movilizaron en el vecino septentrional de Rusia, Ucrania, facilitando el derrocamiento del presidente pro-ruso Víctor Yanukovich en febrero de 2014, una insensata y peligrosísima provocación que pudo haber desatado una guerra entre ambas potencias. Tras perder su vital aliado, Moscú respondió con la anexión de la provincia ucraniana de Crimea, esto para evitar que el nuevo gobierno títere en Kiev —el cual fue escogido personalmente por la portavoz del departamento de Estado de EE.UU., Victoria Nuland— los expulsara de su base naval en Sebastopol, su mejor punto estratégico en el mar Negro. La pérdida de dicha instalación hubiese representado un peligro mortal para Rusia dejándola acorralada por fuerzas de la OTAN tanto en su flanco oeste como en el suroeste. Indignado por la firme postura de Moscú, y sabiendo muy bien que no podría ganar una guerra caliente contra Rusia, Washington optó por lanzar una guerra económica, aprobando un paquetazo de sanciones contra empresas y entidades gubernamentales rusas a lo cual Moscú respondió con la prohibición de la venta de los motores RD-180 a EE.UU.

La suspensión del suministro de motores RD-180 alarmó a los estadounidenses quienes de repente se vieron forzados a reconocer que ellos simplemente no contaban con un motor cohete de fabricación nacional comparable al motor ruso. Así, en mayo de 2014, la agencia Bloomberg reportó que un grupo de asesores del Pentágono se reunió para atender la urgente necesidad de desarrollar un reemplazo para el RD-180. El panel concluyó que dicha tarea estaba lejos de su alcance declarando que: "El nuevo motor puede costar tanto como $1.5 billones (miles de millones) y tardar *hasta seis años* para el desarrollo..." (Énfasis añadido.) (*Russian Engine for*

Launches Needs Replacement, Panel Says| 21/5/2014). ¿"Hasta seis años" para desarrollarse? Muy revelador ¿no? O sea, que la nación cuya industria presuntamente desarrolló el legendario motor F-1, una supuesta maravilla tecnológica capaz de enviar seres humanos a la Luna, aún no cuenta con la capacidad de igualar, o ni siquiera de copiar, el "relativamente humilde" RD-180 de Rusia. ¿Y qué pasó con eso de que los rusos no son capaces de innovar, Obama?

Pero este no fue el primer, ni de hecho el peor, ejemplo de una de las meteduras de pata de Obama al hablar de la historia de innovaciones tecnológicas. En 2009 mientras hablaba acerca del precario estado en que se encontraba la industria automotriz estadounidense, él declaró ante el Congreso, y millones de sus compatriotas que:

> Estoy comprometido con una industria automotriz recalibrada y "re-imaginada" que pueda competir y ganar. Millones de trabajos dependen de ello, veintenas de comunidades dependen de ello y yo creo que la nación que inventó el automóvil no puede alejarse de él.

Muy inspirador ¿no? Sólo hay un problema con esta declaración: ¡que el automóvil tal y como lo conocemos hoy fue inventado en Alemania, no en EE.UU.! Así es, el primer automóvil fue el *Motorwagen* de Karl Benz fabricado por primera vez en 1885. Como esta otra vergonzosa pifia ha demostrado, Obama en realidad no posee una mentalidad muy diferente a la de sus predecesores, ni a la de su sucesor, el detestable racista Donald J. Trump, estando tan cegado por el supuesto *excepcionalismo* estadounidense como para asumir automáticamente que todo gran invento o descubrimiento tiene que ser "made in USA".

Algunos avances de la URSS

Para refrescarnos la memoria, he aquí un cuadro mostrando los hitos tecnológicos más importantes de la URSS. Hazañas espaciales que se lograron con una base industrial más pequeña que la de EE.UU. y que además acababa de ser severamente debilitada por la guerra más devastadora de la historia.

Fig. 2. A diferencia de sus rivales estadounidenses, los soviéticos hicieron grandes hazañas en el espacio, no en estudios cinematográficos. Crédito: RT.

Además de los logros mencionados anteriormente, el 14 de septiembre de 1968 los soviéticos realizaron su décimo sexto logro espacial con la quinta misión del programa espacial Zond. La sonda fue lanzada desde el cosmódromo de Baikonur (Kazajistán) en el sur de la URSS, a bordo de un cohete Protón K/D. Esta misión representó un verdadero hito en la historia de la exploración espacial porque esta fue la primera sonda en sobrevolar u orbitar la Luna y regresar a la Tierra exitosamente.

La nave tipo Soyuz 7K-L1, la cual llevaba una carga biológica compuesta de dos tortugas rusas (así se llama la especie), moscas del vino, lombrices y bacterias, y también plantas y semillas, llegó a unos 1,950 km de la superficie lunar. Notablemente, además de la carga biológica, la cápsula llevaba un maniquí de 175 cm y 70 kg equipado con dos detectores de radiación ionizante. Asimismo, a lo largo del vuelo fueron obtenidas fotografías de alta calidad de la Tierra tomadas a una distancia de 90,000 kilómetros. La nave orbitó la Luna el 18 de septiembre y el 21 de septiembre y, tras una semana en el espacio, la cápsula de descenso penetró la atmósfera terrestre pero no pudo realizar una reentrada de salto debido a una falla del sistema de orientación lo que causó que el aterrizaje pautado para ocurrir en Kazajistán se desviara hacia el océano Índico. No obstante este inconveniente, ¡de nada menos que 9,000 km!, el Zond 5 terminó convirtiéndose en la primera nave en regresar a la segunda velocidad espacial u 11 kilómetros por segundo. La cápsula, ennegrecida por la reentrada, abrió sus paracaídas mientras se encontraba a unos siete kilómetros de altura y amerizó en un punto a unos 1,500 km al sureste de la isla de Mauricio (unos 2,000 km al este de África) donde permaneció hasta el día siguiente cuando fue recuperada con éxito por los buques rastreadores soviéticos *Borovichi* y el *Vasily Golóvin*.

Aunque el reingreso balístico habría sido sumamente perjudicial, sino mortal, para un ser humano, pues la cápsula alcanzó velocidades de hasta 20 g, esto no pareció afectarles mucho a los ejemplares biológicos los cuales se mostraron saludables y muy activos cuando el módulo de descenso finalmente fue abierto cuatro días después del amaraje. De hecho, la única anomalía que se diagnosticó fue que las tortugas (Figura 3B) perdieron alrededor del 10% de su peso, aunque no perdieron el apetito.

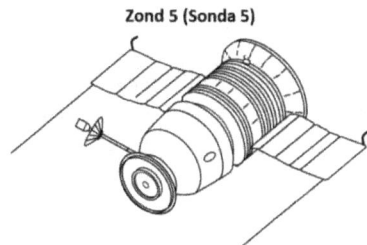

Zond 5 (Sonda 5)

Naturalmente, el vuelo completo fue monitoreado minuciosamente por los estadounidenses los cuales desde hacía tres semanas tenían un buque, el *USS McMorris*, en el océano Índico agresivamente recopilando inteligencia del Zond 5. Tras un tenso juego de gato y ratón en el que el destructor estadounidense tuvo que maniobrar para esquivar a un petrolero llamado *Hanoi*, éste logró fotografiar la cápsula la cual los soviéticos desesperadamente habían tratado de cubrir con una lona mojada. Más adelante los estadounidenses expresarían su asombro con el hecho de que los buques soviéticos fueron capaces de llegar relativamente cerca del punto de amaraje (a poco más de 100 km), pues recordemos que la cápsula cayó al otro lado del mundo cerca de la Antártida. Las fotografías del módulo de descenso flotando en el océano despertaron la preocupación de Washington de que los soviéticos estaban preparándose para sobrevolar la Luna con un vuelo tripulado lo que los instó a lanzar a Apolo 8 en diciembre de ese año.

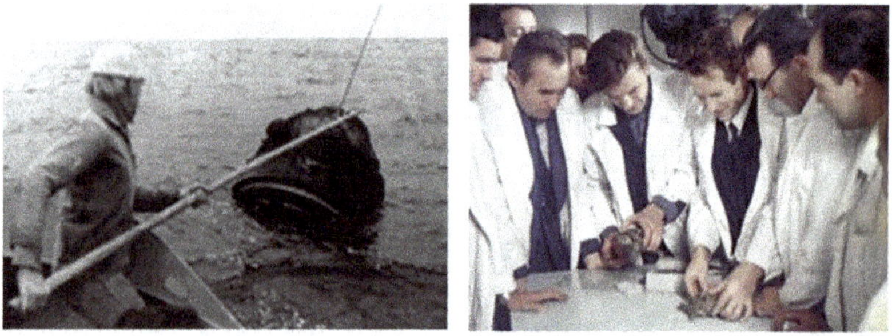

Fig. 4. Recogido de la cápsula del Zond 5 de las aguas del océano Índico, zona en la que cayó inesperadamente luego de que su nave portadora sufriera problemas con sus motores de orientación. (B) Científicos soviéticos estudiando las tortugas que acababan de sobrevolar la Luna. Crédito: Desconocido, Energia.

Pero eso no es todo, pues aún hay más por contar. Resulta que en la actualidad Rusia sigue manteniendo una clara ventaja en la aeronáutica espacial algo evidenciado por los dos hechos que se discutirán a continuación. En primer lugar, además de usar los motores RD-180, e inclusive derivados de motores de la era soviética (tema que se discutirá en otra sección de este capítulo) en algunos de sus cohetes más importantes, los estadounidenses también han basado sus diseños de naves espaciales en tecnología soviética. Se trata del Dream Chaser ("Cazador de Sueños"), un mini-transbordador espacial de la Sierra Nevada Corporation seleccionado por la NASA en 2016 para hacer vuelos tripulados —de hasta siete personas— hasta la Estación Espacial Internacional. Curiosamente, el Dream Chaser sería lanzado por el Atlas V, el mismo cohete que usa motores rusos. En un artículo del *Washington Post* (aunque esta es la versión reproducida por el *Los Angeles Daily News*| 26/2/2016) reveladoramente titulado "El Dream Chaser de Sierra Nevada es un derivado de una nave espacial soviética" (Figura 5), el autor Christian Davenport dio un resumen muy breve de la historia del prototipo no tripulado BOR-4 el cual sorprendió a los técnicos de la NASA. Tras estudiarlo bien, Davenport narra que los técnicos de la agencia "Abrieron sus ojos". Cabe señalar que la antedicha frase fue tomada directamente de la propia página web de la NASA. Más aún, Davenport delata la brecha tecnológica, muy grande de hecho, entre EE.UU. y la URSS al señalar que:

> Primero la NASA diseñó su propio modelo tras estudiar las imágenes de la astronave de la URSS. Los norteamericanos se sorprendieron por su rendimiento.
> Durante años la Fuerza Aérea había trabajado para desarrollar tecnología similar, y la NASA también había trabajado para desarrollarla. *Armada con las imágenes del vehículo soviético*, la NASA decidió perseguir un nuevo programa, denominándolo el HL-20. (Énfasis añadido.)

O sea, que "durante años" la Fuerza Aérea y la NASA habían tratado de desarrollar una tecnología similar, pero no tuvieron éxito, pues observe bien que Davenport dijo muy claro que no fue hasta que la NASA consiguió las imágenes de la nave soviética que sus técnicos se sintieron lo suficientemente confiados como para relanzar el proyecto, esta vez bajo el nombre de HL-20. En otras palabras, la NASA ni siquiera contaba con un diseño exterior viable.

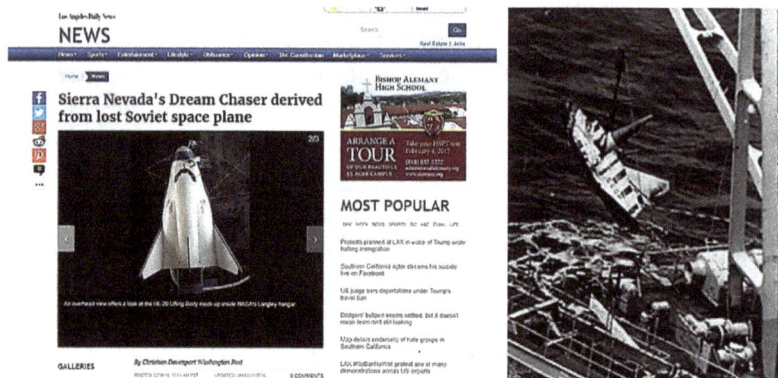

Fig. 5. Artículo del *Los Angeles Daily News* señalando que "El Dream Chaser de Sierra Nevada es un derivado de una nave espacial soviética" y una foto del BOR-4 tomada por pilotos australianos en 1982. La nave mostrada en la foto galería del artículo es la HL-20, la versión de la NASA del BOR-4.

Una vez más, hay que enfatizar la inmensa importancia de estos datos, esto porque la nave soviética fue fotografiada, por pilotos australianos en 1982, un año después del primer vuelo tripulado del transbordador espacial estadounidense. Tan solo cinco años después, el *Challenger* explotó dramáticamente debido a un problema técnico. La nave sufriría otra devastadora falla en el siglo XXI con la explosión del *Columbia* durante su reentrada a la Tierra —sí, la misma maniobra que, según la versión oficial, fue completada varias veces, y a una velocidad mucho más rápida, por la capsula Apolo— confiriéndole al transbordador espacial estadounidense la indeseable distinción de ser la nave más letal de toda la historia. De hecho, luego de la cancelación del transbordador, los astronautas estadounidenses, europeos y del resto del mundo se han visto obligados a viajar a bordo del Soyuz ruso por una exorbitante suma de dinero que va directito a la agencia espacial rusa: Roscosmos. ¿Y de cuánto dinero estamos hablando? Pues de $81.7 millones por asiento. Sí. Eso también debieron decírselo a Obama.

Y todo parece indicar que para el verano del 2019 EE.UU. se encontrará en la humillante situación de tener que celebrar el quincuagenario de su presunto primer alunizaje tripulado —Apolo 11— sin una nave propia que sea lo suficientemente fiable como para trasportar a sus astronautas a la Estación Espacial Internacional en la órbita baja terrestre, mucho menos a la Luna. En otro artículo revelador, esta vez del portal cibernético *Space News*, titulado "NASA está considerando la oferta de Boeing para (asegurar) asientos adicionales (en la nave) Soyuz" (17/1/2017), Jeff Foust señala que las compañías Boeing y SpaceX "han experimentado retrasos con (el desarrollo de) sus (nuevos) vehículos" lo que los ha llevado "a posponer los vuelos de prueba hasta tan tarde como mediados de 2018. Esto ha levantado dudas respecto a si sus vehículos estarán listos a tiempo para comenzar vuelos en el 2019…"

Interesantemente, el artículo también menciona que Boeing había demandado a la compañía rusa RKK Energiya ("RSC Energía"), y también a las compañías estatales ucranianas PO Yuzhnoye Mashinostroitelny Zavod and KB Yuzhnoye una movida sumamente sospechosa dado que la acción legal fue iniciada en 2013, justo cuando las relaciones ruso-estadounidenses —y consecuentemente con Ucrania— estaban comenzando a empeorar por la hostilidad de Washington contra el mejor aliado de Rusia en la región del Mediterráneo: Siria.

El programa de exploración lunar tripulada de la URSS

Ahora analicemos algo poco conocido del programa espacial soviético: su proyecto para enviar una expedición tripulada a la Luna. Así es, mientras los estadounidenses se preparaban para engatusar a la humanidad entera con su programa Apolo, la URSS, cuyos líderes verdaderamente pensaban que su rival capitalista estaba a punto de desarrollar la tecnología para enviar seres humanos más allá de la órbita baja terrestre, se estaban moviendo frenéticamente para añadirle otro logro a su ya muy impresionante lista de hitos espaciales.

El 3 de agosto de 1964 el Kremlin aprobó no uno, sino dos proyectos para adelantársele a EE.UU. en la carrera a la Luna. "No les dejen la Luna a los americanos," les dijo el presidente Nikita Jrushchov a los líderes de la industria de cohetes soviética, "Todo lo que necesiten para hacerlo, se les proveerá", iniciando oficialmente la entrada de la URSS en la fase lunar de la carrera espacial. De inmediato, los técnicos e ingenieros del país aceleraron sus tareas de diseño y desarrollo de las naves y el equipo necesarios para lograr su ambiciosa meta. Pero los técnicos y científicos soviéticos no estaban empezando desde cero, pues lo cierto es que ellos ya llevaban más de tres años trabajando arduamente en el desarrollo de varios tipos de cohetes.

Naturalmente, la parte más importante de todas; la de poner un ser humano en la Luna; se le asignó a Serguéi Pávlovich Koroliov, el cerebro detrás del programa espacial soviético. Curiosamente, Koroliov ya había contemplado el lanzamiento de misiones tripuladas a Venus, e inclusive a Marte... desde el 1958. Por otro lado, el científico e ingeniero de cohetes, Vladímir Chelómei estaría a cargo de desarrollar un programa de sobrevuelo de la Luna con un primer vuelo proyectado para finales de 1966 mientras que el alunizaje tripulado debía llevarse a cabo no más tarde del 1968. Cabe señalar que, no obstante los esfuerzos del gobierno soviético de mantener el proyecto secreto —los cuales sí fueron exitosos a nivel doméstico y mundial— Washington fue capaz de detectarlo tan temprano como en 1968 gracias a su red de satélites espías, particularmente los KH-8 BYEMAN.

Lamentablemente, desde un principio el desarrollo del lanzador de carga pesada necesario para la expedición lunar se vio plagado de problemas políticos y técnicos. Esto se debió principalmente a las rivalidades entre los capitanes de la industria de cohetes los cuales lucharon asiduamente por el liderazgo y la influencia, y al hecho de que, no obstante la promesa de Jrushchov, esta misión lunar —que dicho sea de paso, fue la más compleja y ambiciosa jamás emprendida por la URSS— estaría mal financiada. Recordemos que, en fuerte contraste con EE.UU., la URSS se vio obligada a reconstruir sus ciudades y centros industriales más importantes luego de la devastadora Segunda Guerra Mundial.

Reconociendo la gran diferencia entre el envío de una sonda o un explorador lunar de menos de una tonelada y una carga de más de 6 toneladas, durante la segunda mitad de la década del 1950, Koroliov diseñó el N1, un colosal cohete de dimensiones casi iguales a las del Saturno V, descartando por completo el cohete UR-500, el predecesor del cohete Protón que todavía permanece en servicio y que inicialmente fue concebido como un misil balístico intercontinental. Cabe señalar que no todos estuvieron de acuerdo con esta decisión, ya que los comandantes de las fuerzas militares soviéticas; siempre se mostraron escépticos respecto al concepto de lanzadores espaciales gigantescos.

Trágicamente, tan solo un año y medio después de haber recibido la aprobación del Kremlin, el proyecto de un alunizaje tripulado soviético recibió el golpe más duro de todos cuando Koroliov falleció inesperadamente en enero de 1966 tras una complicación durante una cirugía para tratar un problema abdominal. Su muerte, causada principalmente por el maltrato que sufrió durante su confinamiento en el gulag, retrasó considerablemente el ritmo de las operaciones, pero el proyecto siguió hacia adelante bajo la dirección del ingeniero Vasily Pávlovich Mishin.

El cohete N1

Ahora enfoquemos nuestra atención sobre el cohete N1, sin duda la nave más poderosa jamás construida. Así es, sáquese de la mente el mito del Saturno V porque, como veremos a continuación, el N1 de veras fue diseñado para ir a la Luna, o al menos esa fue la idea. Primeramente, sus dimensiones fueron 105 metros de altura por 17 metros de diámetro, con un peso aproximado de 2,750,000 kg, medidas que no impresionan tanto en comparación con los 110 m de altura y los 2.8 millones de kg de su rival estadounidense. Pero la situación cambia drásticamente al notar dos importantes detalles: el número de etapas — 5 en lugar de 3— y la diferencia en el número de motores de ambas naves. Es aquí donde tenemos que mirar bien, ya que, como ha dicho Popov, "el motor es el corazón de los cohetes" por lo que podemos deducir con seguridad que si hay un aspecto de un cohete que puede revelar su verdadera capacidad es el tipo de motor y la cantidad de motores que posee dicha nave, no meramente sus dimensiones externas.

¿Y cuántos motores tenía el N1? Pues nada menos que 44: 30 para la primera etapa, 8 para la segunda, 4 para la tercera, uno para la cuarta y uno para la quinta. Ahora sí se hace evidente que cuán deficiente era el Saturno V cuya cantidad de motores era patética en comparación: solo 11 en total, 5 en la primera, 5 en la segunda y uno en su tercera y última etapa. Inevitablemente, el inmenso tamaño no solo del N1, sino también de la infraestructura necesaria para almacenarlo, transportarlo —se requerían 165 vagones de ferrocarril para transportar las piezas de cada cohete— y lanzarlo, fue lo que permitió que los estadounidenses se percataran de su existencia, tomándole fotos desde el espacio con los antedichos satélites de reconocimiento KH-8. Otra diferencia significativa entre el N1 y el Saturno V era que su carga útil era un 30% *menor* que la que presuntamente llevó su rival de EE.UU.

Para propulsar la pesadísima nave, el ingeniero Valentín Glushko —quien junto con Koroliov y Chelómei formaba parte del triunvirato de "diseñadores jefes" de los motores cohete de la URSS— propuso un nuevo motor: el RD-270. Este motor utilizaría combustibles *hipergólicos* (es decir, combustibles que se encienden al entrar en contacto uno con el otro, sin ninguna asistencia externa), en este caso dimetilhidrazina asimétrica (UDMH) y tetróxido de nitrógeno (N2O4). Dichos combustibles eran ampliamente

Fig. 6. Foto del N1 en el Cosmódromo de Baikonur en Tyuratam (Kazakstán) tomada por un satélite de reconocimiento KH-8.

utilizados en los sistemas de propulsión de varios otros misiles balísticos intercontinentales de la URSS en aquel entonces. Sin embargo, Koroliov optó por adoptar otro motor diseñado por Nikolái Kuznetsov: el NK-15/33. El NK-15 fue el primer motor en usar el sistema de ciclo de combustión escalonada o de ciclo cerrado en el cual parte de los propergoles se queman en un pre-quemador y el gas caliente resultante se utiliza para alimentar las turbinas de la turbo bomba. Los gases emitidos se inyectan en la cámara principal de combustión, junto con el resto del propergol, y la combustión se completa. Es decir, este sistema prácticamente no desperdicia los gases generados durante el proceso de combustión. Por otro lado, el infame F-1 —usted sabe, ese motor tan revolucionario que EE.UU. lo descontinuó en los años 70— no hacía uso óptimo de los propergoles esto porque su sistema de ciclo con generador de gas permitía el escape de una parte de los gases durante el proceso de combustión lo que reducía considerablemente su potencia. Por esta razón, el NK-15 podía generar hasta un 25% más empuje que su rival de la Rocketdyne: 45,500 kN versus 33,700 kN. No obstante, los soviéticos pronto reemplazarían el NK-15 por un motor aún más avanzado: el NK-33.

El NK-33 tenía sistemas neumáticos e hidráulicos simplificados, controles más avanzados, turbinas y la cámara de combustión mejoradas. El motor solo necesitaba siete interfaces que emplearan dispositivos pirotécnicos explosivos, en lugar de los doce de su predecesor. Las interfaces modificadas facilitaron el reemplazo de piezas durante la renovación. Debido a su escape rico en oxígeno, el cual tiende a atacar el metal, causando el derretimiento de paredes de acero de hasta 7.62 cm de espesor, los soviéticos desarrollaron nuevas técnicas de metalurgia, construyendo la boquilla con metal corrugado soldado a un revestimiento exterior e interior dando una simple, pero robusta estructura. Reveladoramente, los estadounidenses no comenzaron a desarrollar tecnologías de combustión ricas en oxígeno hasta el siglo XXI.

Evidenciando la superioridad de la tecnología soviética, el NK-33 pasaría a convertirse en uno de los mejores motores del mundo, siendo codiciado por compañías incluyendo algunas estadounidenses como Orbital Sciences y la difunta Kistler Aerospace. A finales de la década de 1990, otra versión del motor conocida como el NK-39 inclusive fue considerada para el ambicioso proyecto militar del aeroplano espacial X-34 y el sistema RASCAL o el DARPA XS-1 (http://aviationweek.com/awin/nasa-may-put-russian-nk-39-engine-second-x-34-vehicle) cuyos objetivos incluían demostrar la viabilidad de un sistema de entrega de carga pequeña (satélites de 50 a 140 kg) rápido y rutinario y alcanzar velocidades hipersónicas, específicamente hasta mach 10 (12,250 km/h) o más. ¡Lo más irónico de todo es que dicho sistema estaba destinado a ser usado principalmente contra los rusos!

Para finales de los años 90, el NK-33 también fue considerado por la JAXA (Agencia Japonesa de Exploración Aeroespacial) para propulsar su sistema GX o Galaxy Express el cual fue cancelado en 2009. Las corporaciones estadounidenses Kistler Aerospace y Orbital Sciences también basaron sus cohetes en el NK-33: la primera con el K-1 y la segunda con el Aerojet AJ26. Más aún, en 2010 Orbital Sciences "verificó que un motor ruso está más que capacitado para llevar al cohete Taurus 2 al espacio" tras someter varios NK-33 a una serie de pruebas rigurosas. ¡Definitivamente, Obama debió de informarse mejor antes de insultar a los rusos!

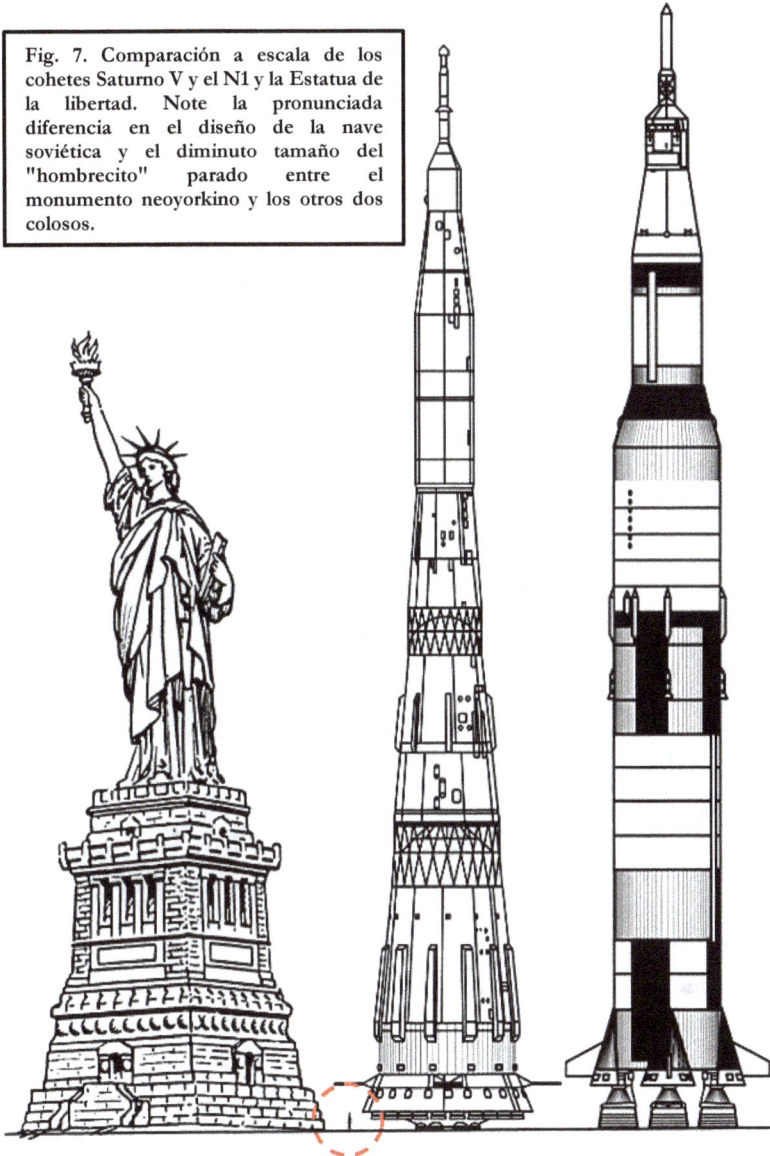

Fig. 7. Comparación a escala de los cohetes Saturno V y el N1 y la Estatua de la libertad. Note la pronunciada diferencia en el diseño de la nave soviética y el diminuto tamaño del "hombrecito" parado entre el monumento neoyorkino y los otros dos colosos.

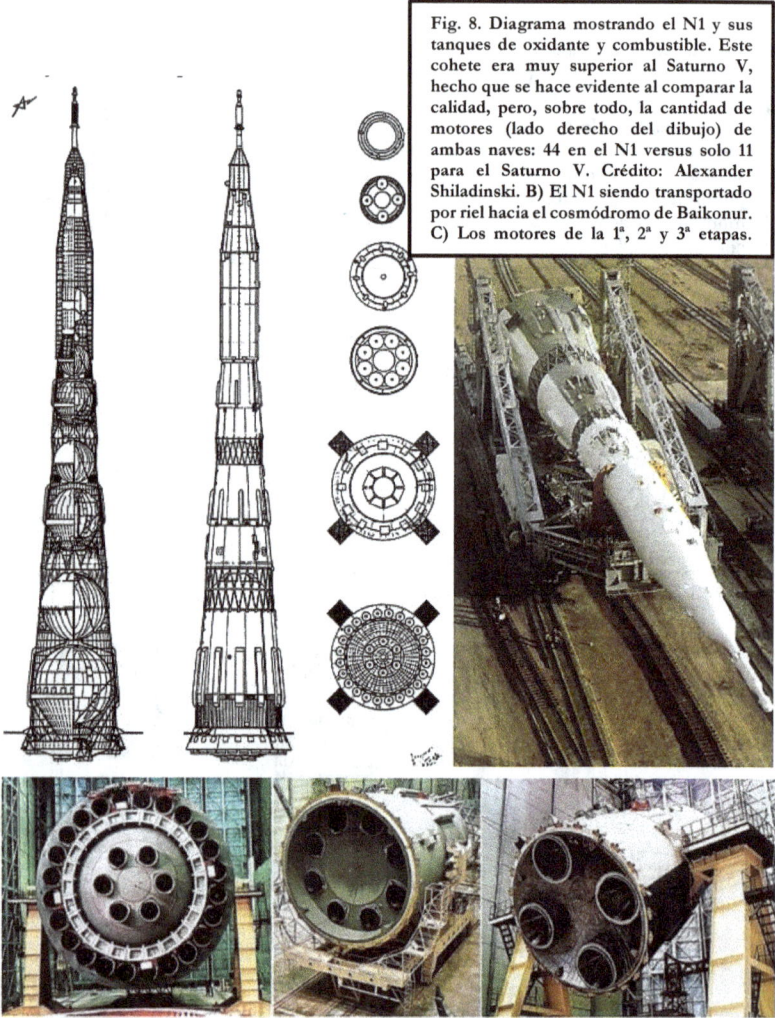

Fig. 8. Diagrama mostrando el N1 y sus tanques de oxidante y combustible. Este cohete era muy superior al Saturno V, hecho que se hace evidente al comparar la calidad, pero, sobre todo, la cantidad de motores (lado derecho del dibujo) de ambas naves: 44 en el N1 versus solo 11 para el Saturno V. Crédito: Alexander Shiladinski. B) El N1 siendo transportado por riel hacia el cosmódromo de Baikonur. C) Los motores de la 1ª, 2ª y 3ª etapas.

El primer vuelo de prueba

El ensamble del primer N1, designado 3L, fue completado a principios de 1968 y fue rodado hacia la plataforma de lanzamientos de prueba el 7 de mayo de 1968. Siguiendo la tradición de construcción naval, una botella de champaña fue quebrada en su transportador erector antes de su salida del complejo de ensamblaje. Durante este primer vuelo, no tripulado por supuesto, el N1 portaba un prototipo simplificado o réplica del complejo lunar 3L, la versión soviética del módulo de comando y servicio de EE.UU. Respecto a la réplica del 3L, su peso era alrededor de un 30 por ciento menos de lo proyectado para el modelo operacional. Notablemente, el N1 debía llevar el 3L no hacia la órbita baja terrestre, como en el caso de Apolo 4 y 6, sino hasta la misma Luna para que el L3 completara unas tareas importantes que incluían realizar una o más órbitas alrededor de ese cuerpo celeste y la toma de fotografías con potentes cámaras de la superficie lunar antes de regresar a la Tierra. La prueba entera debía extenderse durante casi una semana completa. Para comparar, la "exitosa" prueba de Apolo 4 no duró ni nueve horas. Aún en caso de un milagro como el que presuntamente ocurrió durante Apolo 4, el historiador espacial y reportero Anatoly Zak señala con cautela que aún "en caso del total éxito del primero y los siguientes lanzamientos, un alunizaje real de los cosmonautas soviéticos probablemente hubiese tardado por lo menos dos años debido a la necesidad de certificar el resto de los demás componentes del complejo L3, como la nave espacial LOK y el *alunizador* LK y para probar todas las fases del vuelo" (russianspaceweb.com/n1_3l.html). En el mismo artículo Zak continúa narrando que:

En el curso hacia el primer lanzamiento del N1, el Instituto TsNIIMash (Instituto central de investigación de la construcción de maquinaria), al centro de conocimientos principales de la industria espacial soviética, se le asignó la tarea políticamente delicada de poner un número real en la confiabilidad esperada del complejo N1-L3. TsNIIMash hizo estas estimaciones basadas en un registro muy detallado de la falla de 30 misiles y vehículos de lanzamiento espacial soviéticos.

251

Esto permitió predecir que ¡la probabilidad de que la primera misión del N1 completara todas sus tareas apenas superó el uno por ciento! Incluso con las asunciones más optimistas sobre el desempeño de todas sus etapas, el N1 tenía solamente 16 de cada 100 oportunidades para cumplir su misión.

Apenas poco más del uno por ciento. ¡Qué interesante! O sea, que los técnicos y científicos que diseñaron los mejores cohetes de la época —recuerde lo que acaba de leer acerca de los motores NK-33 y RD-180— prácticamente concluyeron que su diseño más avanzado no tenía la más mínima oportunidad de volar a la Luna. Pero continuemos con esta historia porque todavía hay más.

Obviamente, la conclusión de los expertos de TsNIIMash no le agradó a su propio jefe, Yuri Mozhorin, quien sabía muy bien que presentarles tal información a los burócratas soviéticos hubiese sido un suicidio político por lo que él hizo lo que todo ser humano con mucha ambición y un puesto alto hubiese hecho: desestimar por completo los hallazgos científicos para lucir bien con sus jefes. Esto se hizo empleando ese viejo y favorito truco de todas las burocracias tanto privadas como públicas: el juego de números o la modificación/re-calculación (alguien más escéptico lo describiría como una alteración) de los datos. Así, Mozhorin ordenó otro estudio en el cual variables importantes como los errores operacionales o de control de calidad fueron ignorados completamente y, efectivamente, los resultados finales terminarían siendo más favorables para la causa, y, por ende, para el Kremlin. En otras palabras, lo que el Kremlin recibió fue un reporte completamente amañado. Aun así, las probabilidades finales de un vuelo exitoso fueron de un 67% y —sin duda para protegerse del fracaso asegurado— el informe incluía un gran descargo de responsabilidad: un margen de error que en algunos casos alcanzaba el 90%. Pero tener una probabilidad superando un "cincuenta-cincuenta" es mejor, mucho mejor, que no tener ninguna posibilidad de lograrlo y el primer vuelo de prueba, el N1 3L, fue pautado para el 18 de febrero de 1969. Sin embargo, una serie de problemas técnicos y climáticos llevarían a la postergación del vuelo hasta el día 21. Evidenciando la clara desconexión con la realidad de las autoridades soviéticas, Moscú pautó tres vuelos adicionales antes del 1970, obviamente para ganarles a los estadounidenses antes del vencimiento del plazo trazado por el difunto presidente Kennedy. Sus ilusiones se disiparon rápidamente el 19 de febrero cuando el lanzamiento de un cohete Protón, un modelo muchísimo más simple que el N1, fracasó. La nave debía enviar una sonda LOK hacia la Luna.

El 21 de febrero al mediodía, la prueba culminó en un rotundo fracaso cuando la titánica nave cayó y explotó en una impresionante bola de fuego luego de que todos los motores de su primera etapa se apagaran menos de dos minutos después de despegar. Resulta que el sistema de diagnóstico de la nave, o KORD, envió la señal de paralización total de los 28 motores que continuaron funcionando —los otros dos motores restantes se apagaron inmediatamente después de despegar— debido a que las intensas vibraciones, generadas tan solo seis segundos después del despegue, habían arrancado un tubo para medir la presión de gas situado debajo de la turbo bomba del motor núm. 2. Peor aún, 25 segundos después del despegue un tubo para medir la presión del combustible también se rompió, arrojando keroseno en las entrañas del cohete. Inevitablemente, el gas con temperaturas que ascendían a 340° C, encendió el keroseno provocando un incendio en la cola del cohete.

El segundo vuelo de prueba, el N1 5L, fue pautado para el 3 de julio. El N1 4L nunca fue lanzado porque su tanque de oxígeno líquido comenzó a agrietarse. Esta vez, el nuevo encargado del programa espacial, Vasily Pávlovich Mishin, logró calmar a sus superiores en el Kremlin —quienes estaban ansiosos por evitar que los estadounidenses se les adelantaran con un viaje tripulado a la Luna— asegurándoles que su equipo en Baikonur ya había aprendido lo suficiente del catastrófico fiasco del 21 de febrero como para poder completar un viaje alrededor de la Luna. Como si fuera poco, el audaz director se atrevió a añadir que el próximo vuelo de prueba enviaría un módulo LOK totalmente equipado hacia nuestro satélite natural ¡y que la misión subsecuente, la N1 7L, terminaría con un alunizaje del módulo, o "cabina lunar" LK! Ilusionados con las fantásticas proyecciones de Mishin, las autoridades del Kremlin procedieron a toda marcha con el nuevo proyecto de exploración lunar, tanto así que algunos de ellos llegaron hasta contemplar seriamente un viaje tripulado a Marte. De hecho, desde el 1960 hubo ingenieros soviéticos que propusieron viajes tripulados al planeta rojo y aunque Wernher von Braun fue el primero en expresar tal idea, la realidad es que hubo ocasiones en que las propuestas de los soviéticos rivalizaron las propuestas más extravagantes de sus enemigos norteamericanos. Quizás la más interesante de éstas fue la del "tren marciano": una nave espacial con una tripulación de seis personas y accionado por motores de jet eléctricos y un generador de energía nuclear que sería ensamblado en la órbita baja terrestre. Volviendo al asunto del N1 5L, Anatoly Zak señala lo siguiente acerca de los preparativos:

> Para evitar posibles interferencias del KORD, las líneas que transmitían los comandos y los datos fueron aisladas más eficientemente unas de las otras en grupos de cables separados y se instalaron generadores de energía más confiables. Para proteger mejor a los motores del fuego, el aislante térmico se reforzó con mantas especiales de asbestos.
>
> Por último, el número de sensores en cada motor fue aumentado a 16. Como resultado, se esperaba que solo el sistema de propulsión de la primera etapa transmitiera casi 500 parámetros diversos a la Tierra, mientras que el cohete entero fue diseñado para transmitir datos (provenientes) de alrededor de 10,000 puntos de relé. Esto le dio una abrumadora cantidad de trabajo... a los especialistas en telemetría.

Pero estas no fueron las únicas obras que se llevaban a cabo en Baikonur en esos momentos: una maqueta a escala real del cohete N1, el 1M1, fue construida justo al lado de la plataforma donde yacía el N1 5L para realizar pruebas autónomas e integradas de varios sistemas de la plataforma de lanzamiento 110 "izquierda" la cual estaba a punto de completarse.

A las 23:18:32 hora de Moscú, el N1 5L despegó elevándose a una altitud de alrededor de 200 metros cuando, sólo 12 segundos después, algunas piezas brillantes comenzaron a caer de su cola. El coloso aparentemente se congeló en el aire antes de inclinarse hacia el lado. En la punta del cohete, los motores de la torre de salvamiento se activaron disparando la parte superior hacia el cielo. Ésta terminaría cayendo a dos kilómetros del área de lanzamiento. Momentos después, el gigantesco cohete cayó sobre la plataforma 110 con la mayoría de su combustible todavía a bordo desatando una tremenda explosión que momentáneamente hizo que la medianoche se viera como el día y levantando una enorme nube roja y negra en forma de hongo. Las ventanas de vidrio de edificios ubicados lejos del complejo de Baikonur fueron reventadas instantáneamente. ¿Cuán lejos? ¡Pues hasta 40 kilómetros del lugar! El centro entero sufrió un apagón general que duró alrededor de cinco minutos mientras que las llamas se propagaron y persistieron durante algún tiempo, quizás unos treinta o hasta cincuenta minutos. Los fragmentos y metralla doblaron portones y dañaron puertas y equipo por todos lados y llegaron a caer hasta 10 kilómetros del epicentro de la explosión. Las torres de

Fig. 9. Momento exacto en el que la torre de salvamento del N1 5L se despegó de la cúpula justo cuando el resto del cohete comenzaba a explotar.

alumbrado de 180 metros de altura de la plataforma 110 fueron derribadas y dobladas en forma de espiral. Afortunadamente, nadie murió esto debido a que, increíblemente, el 85% del propergol a bordo del cohete no detonó, reduciendo la fuerza de la explosión de un potencial de 400 toneladas a sólo 4.5-5, no obstante, esta fue la explosión más grande de la historia de la exploración espacial. La investigación del accidente determinó que la turbo bomba que suplía oxígeno líquido al motor número 8 explotó microsegundos antes del despegue, desatando una cadena de detonaciones catastróficas. Como era de esperarse, esta debacle causó un cese de los lanzamientos. Dicho hiato se extendería por poco más de dos años, pero antes de discutir los próximos vuelos de prueba del N1 es menester hacer una pausa momentánea para familiarizarnos con las naves lunares que dicho cohete debía transportar, así que comencemos por la más importante:

El sistema de exploración lunar L3 y el Soyuz 7K-LOK

Para llevar a los cosmonautas —en este caso dos— a la Luna, los soviéticos diseñaron la Soyuz 7K-LOK (*Luni Orbitalny Korabl* o "Nave orbital lunar") (Figura 10), una nave de tres módulos diferenciados: uno de propulsión encargado de las maniobras de retorno (similar al módulo de servicio Apolo), una cápsula de descenso a la Tierra (similar al módulo de comando estadounidense) en la cual dos cosmonautas pasarían la mayor parte del tiempo, y un módulo de esférico situado en la parte superior de la nave. Cabe señalar que, con una longitud total de 10 m, un diámetro de 2.2 m y una masa total de 9,850 kg la LOK era poco más pequeño —y más liviano— que su rival norteamericano, pero, significantemente, con tres secciones en lugar de dos y con un espacio habitable más amplio: 9 m³ versus 6.17 m³ del módulo de comando Apolo. Como su nombre implica, la LOK fue parte de la venerable familia de naves Soyuz ("Unión") que continúan en uso aún en la segunda década del siglo XXI. Su predecesor fue la 7K-OK, la primera de la clase Soyuz que entró en servicio en octubre de 1967 al realizar con parcial éxito el primer acoplamiento —no tripulado— de dos naves espaciales de origen terrestre. Debido a la mayor complejidad de la misión lunar que se le asignaba, la 7K-LOK fue modificada considerablemente recibiendo, entre otras cosas, un tamaño ampliado y un motor mucho más potente. Siguiendo un patrón muy similar al del seudo-programa lunar Apolo, la LOK debía desempeñar el rol de "nave nodriza" transportando la nave lunar o LK, el equivalente soviético del módulo lunar estadounidense, hasta la órbita lunar. Una vez allí, un cosmonauta permanecería a bordo mientras el otro cosmonauta se trasladaba a la LK para luego descender a la superficie del satélite natural, sin embargo, y en fuerte contraste con el presunto sistema de las naves Apolo, el cosmonauta tendría que salir al espacio para poder entrar a la otra nave. A diferencia del módulo de comando y servicio, la LK y la LOK serían frenados en la órbita lunar por una etapa independiente, el bloque D. Por lo tanto, el sistema de propulsión de la LOK se necesitaría solo para la crítica maniobra de propulsión de la nave en el viaje de vuelta de la órbita lunar hacia la Tierra. Después de explorar y recolectar rocas en la superficie lunar, el cosmonauta a bordo de la LK esperaría pacientemente hasta la llegada de la LOK cuyo cosmonauta debía realizar el reencuentro automático y acoplamiento con la LK. Una vez completada la maniobra, el caminante lunar haría una segunda caminata espacial llevando consigo las muestras lunares a la otra nave. Seguidamente, el LK sería eyectado en órbita antes de regresar el equipo a la Tierra. Según las proyecciones de los científicos soviéticos la misión entera debía pasar un total de 77 horas en órbita lunar y 82 horas en el viaje de retorno.

Desde un principio, el desarrollo de los componentes vitales de la LOK se vio plagado por retrasos continuos. A finales de 1966 se pautó que la primera prueba del sistema de propulsión se llevaría a cabo en julio de 1967, sin embargo, dicha prueba no ocurriría hasta seis meses más tarde de lo pautado, esto debido a que los nuevos sistemas de comunicaciones necesarios para manejar las naves tripuladas no estuvieron listos a tiempo.

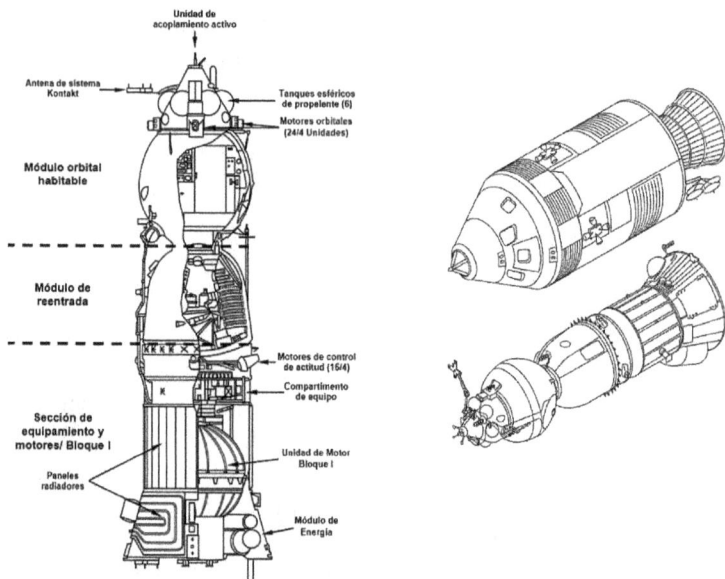

Unidad de
acoplamiento activo

Antena de sistema
Kontakt

Tanques esféricos
de propelente (6)

Motores orbitales
(24/4 Unidades)

Módulo orbital
habitable

Módulo de
reentrada

Motores de control
de actitud (16/4)

Compartimento
de equipo

Sección de
equipamiento y
motores/ Bloque I

Unidad de Motor
Bloque I

Paneles
radiadores

Módulo de
Energía

Crédito: Mike Ingle

NAVE ORBITAL LUNAR/LOK

Reconociendo el grandísimo riesgo de llevar seres humanos a la
Luna a bordo de naves experimentales, ese mismo año el jefe
diseñador del N1, Konstantín Davídovich Bushuiev, fraguó un
sensato, pero muy costoso y complejo plan para aumentar las
probabilidades de supervivencia del primer caminante lunar: en lugar
de un solo viaje de ida y retorno a bordo de un N1, se utilizarían un
total de cuatro cohetes y tres vuelos para la misión. Primero se
lanzarían dos cohetes Protón, cada uno portando un vehículo
explorador automatizado Ye-8LS, un modelo similar a los Lunojods
que serían enviados con éxito en 1970 y 1973. Ambos vehículos
buscarían un sitio adecuado para alunizar. Una vez allí, los
exploradores servirían como un faro para la nave LK que les seguiría
un tiempo después. El siguiente paso sería el lanzamiento de un N1
con una LOK y una LK no tripuladas; la última nave serviría como
una unidad de "reserva" para el cosmonauta.

La LK debía ser guiada hacia el lugar designado por las señales de los Ye-8LS, mientras que la LOK debía fotografiar el punto de alunizaje desde la órbita lunar y transmitir las imágenes a la Tierra para asegurar las coordenadas exactas. Un mes más tarde, se pondría en marcha la expedición tripulada en el segundo N1. Esta vez un cosmonauta solo alunizaría en la LK, utilizando otra vez las señales de los Ye-8LS. En la eventualidad de algún problema potencialmente fatal, la LK de reserva y los Ye-8LS —que, dicho sea de paso, estarían equipados con cargas de oxígeno y agua para reabastecer el traje espacial Krechet-94— le hubiesen dado al cosmonauta una segunda oportunidad para regresar a la LOK en la órbita lunar y, por consiguiente, a la Tierra.

Sin duda otro de los problemas más acuciantes del N1 fue que su diseño sólo era capaz de lanzar hasta 75 toneladas a la órbita baja terrestre, 25 toneladas menos que el peso mínimo calculado por los expertos del OKB-1 (Oficina de diseños experimentales 1 en Kaliningrado) para poder propulsar todo los componentes y el equipo esencial para una misión lunar. Tras la seudo-misión Apolo 8 en diciembre de 1968 (supuestamente el primer vuelo orbital tripulado de la Luna), las autoridades soviéticas decidieron desviar su atención hacia la construcción de lo que sería la primera estación espacial; la Salyut ("saludo" en ruso); y a reducir los recursos asignados al programa lunar. En abril de 1971, tras las devastadoras pruebas del año anterior, se convocó una comisión de expertos encabezada por Mstislav Kéldysh, el presidente de la Academia de Ciencias de la URSS. Luego de un análisis exhaustivo, la comisión determinó que el sistema L3 sufría de una serie de deficiencias por lo que Kéldysh ordenó una serie de cambios fundamentales en el diseño de la LOK y la LK. Dichos cambios incluían la adición de una escotilla de transferencia interna para evitar que el cosmonauta tuviese que salir al espacio para entrar a la LK, la reintegración de la utilización de los exploradores Ye-8LS para proporcionar sondeos del sitio de alunizaje y la eliminación de la posibilidad de amaraje en el océano en caso de una falla del sistema de guiado durante la reentrada de la cápsula. Estas modificaciones llevaron al total rediseño del L3 el cual terminó convirtiéndose en el L3M o L3 modernizado. Las unidades construidas previamente se utilizarían sólo para las pruebas no-tripuladas del N1. Según las proyecciones (bastante optimistas) de la comisión, cualquier alunizaje tripulado soviético se basaría en el L3M y múltiples lanzamientos del N1 y, significantemente, no se lograrían hasta el 1977.

La nave lunar o LK

Para poner el primer cosmonauta en la Luna, los técnicos soviéticos desarrollaron la nave lunar o LK por las siglas en ruso de "Luni Korabl". Cabe señalar que, aunque la LK debía desempeñar las mismas tareas que el módulo lunar de la NASA, dicha nave, al igual que el cohete N1 que debía llevarlo hasta la órbita lunar, era muy diferente a su homólogo estadounidense. Para empezar, la LK tenía ángulos redondeados y una cabina de forma esférica, asemejándose más a un cruce entre un ferrocarril antiguo y una nave submarina que a una nave espacial tipo "Mazinger Z" o "Transformer" como el módulo lunar.

Las dimensiones de la LK eran mucho más pequeñas que las del módulo lunar con una altura de 5.20 m (versus 7.04 m) y un diámetro de tan solo 2.25 m (versus 9.4 m) mientras que su peso era alrededor de un tercio del peso de su rival estadounidense; 5,560 kg. Con un espacio de 5 m³, su cabina solo podía acomodar una persona. Como fue mencionado previamente, la nave carecía de un túnel de acoplamiento lo que hubiese forzado al cosmonauta a salir al espacio para entrar a ella o a la LOK. Más importante aún, la LK tampoco dependía de una etapa separada de descenso para alunizar. Al alcanzar una altura de 4 a 2 km sobre la superficie lunar, una etapa de frenado, el bloque D, sacaría la LK de la órbita lunar y disminuiría su velocidad a 100 metros por segundo. Luego el bloque D se separaría de la LK para caer en alguna parte de la Luna. Entonces la LK utilizaría los motores de su bloque E para alunizar suavemente.

Una vez concluida la misión —la cual debía durar 6 horas, pero que podía extenderse hasta 48 horas— el bloque E también serviría como la fase de ascenso para regresar a la órbita lunar. Otra diferencia fundamental fue la mezcla de gases respirables que la nave debía usar: oxígeno con nitrógeno en lugar del peligroso oxígeno puro usado en todas las naves del programa Apolo.

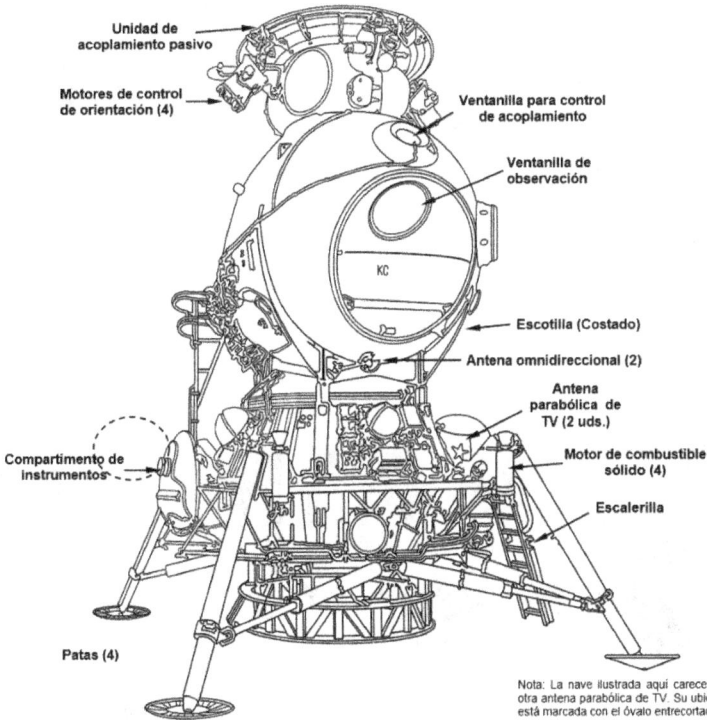

NAVE LUNAR LK

Crédito: Mike Ingle

Para alunizar, la LK utilizaría un sistema de radar designado como Planeta el cual consistía en cuatro antenas cuyas ondas estarían alineadas en forma de una pirámide asimétrica. Tres determinarían el vector de velocidad mediante un sistema Dopler, mientras que la cuarta onda, en la posición central, determinaría la altura entre la nave y la superficie. El sistema probaría ser simple y confiable siendo empleado con éxito en la misión Luna 17 de 1970. El primer cosmonauta en pisar la Luna debía ser Alekséi Arjípovich Leónov, un piloto de la fuerza aérea soviética quien en marzo de 1965 se convirtió en el primer humano en realizar una actividad extravehicular

Alekséi Arjípovich Leónov fue el hombre seleccionado por la URSS para caminar en la Luna.

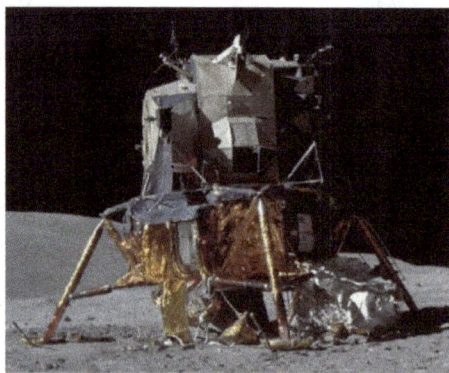

tras salir de la cápsula durante la misión Voskhod 2 y realizar una caminata espacial de 12 minutos. Al igual que las seudo-misiones Apolo, Leónov debía plantar la bandera nacional, desplegar una gama muy limitada de instrumentos científicos, tomar muestras de suelo, fotografiar el entorno y transmitir unas declaraciones en nombre de su nación y comentar acerca de la superficie lunar.

Fig. 13 . Sección de foto del módulo lunar *Orion* en la "Luna" (AS16-107-17435) al lado de foto de la nave lunar LK. Note el frágil aspecto de la "nave" estadounidense versus el aspecto mucho más robusto –aunque igual de feo– de la nave soviética. Crédito 2da foto: Magnum Photos.

Pero estas proyecciones resultarían ser demasiado fantásticas, ya que, como ha señalado la enciclopedia cibernética astronautix.com:

(T)an pronto como comenzó a hacerse el diseño detallado de la LK, salió a relucir que la masa de la nave espacial en el anteproyecto era totalmente irreal. Los jóvenes ingenieros que habían hecho el diseño preliminar de la LK habían hecho numerosas suposiciones absurdas. Habían asumido un alunizaje suave con un delta v (cambio de velocidad) de solamente 30 a 40 m/s (200 a 300 m/s es una estimación más realista). (Además) se asumió un ángulo de frenado de treinta grados después de la separación, pero en este ángulo el altímetro de radio no hubiese podido detectar la superficie. Tales suposiciones optimistas resultaron en el anteproyecto poniendo la masa de la LK en 2 toneladas métricas, con una tripulación de dos. (¡El LK final tendría una masa de 5.5 toneladas métricas y solo podría acomodar un cosmonauta!)

Pero estos fueron solo algunos de los problemas más notables, ya que hubo muchos más, problemas que, en fuerte contraste con el programa lunar estadounidense, fueron descubiertos, y meticulosamente documentados, durante una serie de pruebas exhaustivas. Citando nuevamente a astronautix:

Numerosos problemas debían resolverse en relación con la reflexión del haz de radar de la superficie (lunar) — problemas análogos a los que se abordaron una década más tarde en EE.UU. con el diseño de aviones sigilosos. Pruebas del sistema Planeta a bordo de aviones MiG-17, indicaron que *las hipótesis de reflectividad de radar inicial estaban equivocadas en varias órdenes de magnitud.* (Énfasis añadido.)

Otro elemento de particular complejidad fue el de la LPU — (*luni posadocnie ustroistvi*) o "tren de aterrizaje lunar" el cual contenía cuatro patas de apoyo con dos llaves, cada una equipada con amortiguadores de choque, para absorber el impacto del alunizaje y que además debía proporcionar una base nivelada para la etapa de ascenso. Varios análisis meticulosos de las fotografías de la superficie lunar tomadas por las sondas orbitales Ranger de EE.UU. llevaron a los técnicos soviéticos a deducir que la LK probablemente alunizaría en un cráter de 7 m de diámetro lo que obligó a los diseñadores de la nave a modificar el sistema de alunizaje para que pudiese negociar pendientes de hasta 30 grados. Muchas secciones de la OKB-1 y de otros institutos participaron en el desarrollo del tren de alunizaje proponiendo más de veinte diseños diferentes. Finalmente, se acordó experimentar con el concepto de motores "anidados" o cuatro motores laterales (uno por cada pata) que se encenderían apuntando hacia arriba justo en el instante de contacto con el suelo para eliminar los momentos de inflexión de la nave, a su vez, reduciendo la complejidad del tren de alunizaje y además cumpliendo con el requisito de los 30 grados. Para irse a la segura, también se estudió otro esquema, el de alunizaje pasivo el cual presumiblemente no emplearía la asistencia de los motores antes de posarse sobre el suelo. Las pruebas se llevaron a cabo utilizando maquetas y también a escala real o completa, de la nave y, para darles un toque de realismo, éstas se hicieron sobre un hoyo de 300 x 400 mm cubierto con toba o roca volcánica traída desde la república de Armenia en el sudoeste de la URSS. A fin de cuentas, el sistema activo terminó siendo el ganador.

Fig. 14. Pruebas con una maqueta a escala reducida de los motores "anidados" aterrizando sobre un cráter de 300 x 400 mm. A diferencia del programa Apolo, existe evidencia fotográfica de las pruebas de LOS COHETES de la nave lunar soviética simulando un alunizaje. Crédito: RKK Energía.

En fuerte contraste con sus contrapartes estadounidenses, los diseñadores soviéticos reconocieron de inmediato el inmenso peligro de utilizar oxígeno puro en sus naves razón por la cual éstos lo descartaron rápidamente por lo que optaron por usar una mezcla de oxígeno y nitrógeno (20% y 80%, respectivamente) con una presión igual a la del nivel del mar.

Aunque es un asunto relativamente trivial, las pruebas de acceso a la LK son dignas de nuestra atención. Y es que por sí sola la entrada y salida a través de la angosta escotilla de la nave lunar podía ser una maniobra potencialmente mortal para un astronauta dentro del abultado traje lunar. Por ello, los soviéticos se aseguraron de llevar a cabo varios ejercicios de entrada y salida de la LK para determinar el tamaño óptimo para la escotilla, algo que puede verse claramente en la figura 15A. Dichas pruebas revelaron que la escotilla diseñada para la nave orbital Soyuz era demasiado estrecha para acomodar un cosmonauta dentro de un traje Krechet-94 llevando al diseño de una nueva escotilla ovalada, esto, a su vez, llevó a un cambio en la ubicación de la escalerilla para balancear el peso de la nave lunar.

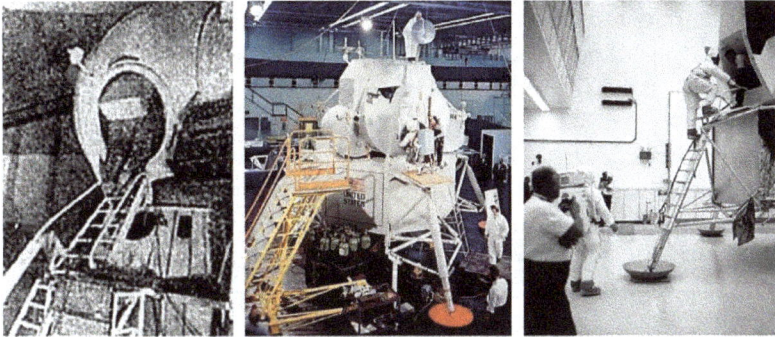

Fig. 15. A diferencia de la foto del cosmonauta soviético entrando sin dificultad a la cabina de la nave lunar (A), las fotos de las pruebas estadounidenses NUNCA muestran un astronauta entrando al módulo lunar. De hecho, de todas las fotos del archivo de la NASA (*Apollo Image Gallery*) lo más cercano a una entrada por la escotilla de la nave estadounidense es la foto de la extrema derecha, la 13C (S69-38474/A-11), la cual solo muestra dos hombres SIN TRAJE ESPACIAL COMPLETO en el área de la escotilla. Esto se debió a que la escotilla del módulo lunar no era lo suficientemente grande como para acomodar un astronauta dentro de un traje espacial A7L/A7LB completo y presurizado.

Reveladoramente, al ver las fotos de las pruebas de entrada y salida de los soviéticos y compararlas con las fotos de las pruebas similares llevadas a cabo por los estadounidenses, uno se topa con un detalle muy extraño: que NINGUNA de las últimas muestra a un astronauta, o más bien astronauta en adiestramiento, saliendo de o entrando a un modelo o prototipo del módulo lunar que supuestamente se utilizó en la Luna; lo único que se ve es el astronauta o alguien —sin traje espacial— a su lado o dentro de la maqueta de la nave, presumiblemente ayudándolo a entrar. Además, casi todas las fotos disponibles muestran a astronautas frente a la escotilla del penúltimo prototipo diseñado en 1965 (Figura 15B) y no frente al modelo final cuyo diseño experimentó cambios leves pero significantes. De hecho, de las decenas de fotografías "lunares" en las que aparece un módulo lunar solo hay dos mostrando un "astronauta" pasando por la escotilla de la nave; la de Edwin "Buzz" Aldrin supuestamente preparándose para dar sus primeros pasos en la Luna (AS11-40-5862) y la de "Alan Bean" de Apolo 12 haciendo lo mismo (AS12-46-6725) (Figura 16). La razón detrás de todo esto es muy sencilla: la escotilla del módulo lunar no fue lo suficientemente grande como para acomodar un astronauta dentro de un traje espacial extra-vehicular presurizado. Aunque parezca increíble, la escotilla de esa nave medía 83.8 cm² mientras que un astronauta dentro de un traje A7L/A7LB SIN PRESURIZAR tenía una anchura de alrededor de 82 cm, un dato muy importante porque un traje presurizado inevitablemente se inflará y se expandirá más de un centímetro lo que significa que cualquier intento de salida a través de la escotilla hubiese causado una ruptura del traje o desconexión de alguno de los umbilicales conectados al llamado sistema portátil de soporte vital. Más aún, al observar de cerca las tres fotos presuntamente mostrando los momentos en que Aldrin y Alan Bean (Apolo 12) salían de la escotilla del módulo lunar, se pueden notar una serie de anomalías tanto en el tamaño del Aldrin en la foto A versus el de la foto B, como en la extraña similitud de la posición de Bean (C) con la de Aldrin en la foto B.

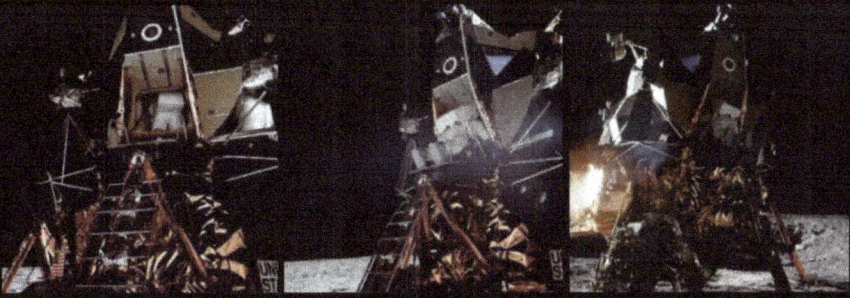

Fig. 16. ¿En realidad estamos viendo a Edwin Aldrin saliendo del *Eagle*? Note la obvia diferencia del tamaño del "astronauta" de la AS11-40-5862 (A) versus el del "astronauta" de la AS11-40-5863 (B) y la curiosa semejanza entre las posiciones de "Aldrin" y "Alan Bean" de Apolo 12 (AS12-46-6725) (C). ¿Acaso usaron un mismo muñeco para estas tomas?

Para probar las capacidades del LK, los soviéticos diseñaron una versión para pruebas en vuelo orbital terrestre: la T2K. La nave sería lanzada por una versión altamente modificada del cohete Soyuz. Ninguno de los vuelos sería tripulado. Un total de tres T2K serían construidas y probadas en la órbita baja terrestre. Cabe señalar que la primera prueba de la LK —la cual simuló un aterrizaje— se llevó a cabo en la Tierra por lo que se utilizó solo un helicóptero especialmente modificado. Notablemente, los técnicos soviéticos inicialmente planearon hasta doce vuelos de prueba algunos de los cuales debían portar animales y plantas, algo totalmente ausente en las llamadas pruebas del módulo lunar.

El programa de vuelos sería coordinado cuidadosamente para asegurar un lapso razonable —de dos hasta seis meses y medio— entre cada prueba tiempo que se utilizaría para verificar los datos de telemetría, radio y televisión de los eventos. Las entradas de datos que debía hacer el tripulante en la fase de alunizaje serían simuladas y comandadas desde la Tierra. Para acomodar todo el equipo de diagnóstico y telemetría como sensores únicos de órbita terrestre (solar/estelar y del flujo de iones), al T2K se le añadió una segunda sección. Los equipos del T2K trabajaron día y noche preparando la nave espacial, y finalmente la primera T2K fue enviada a Baikonur para su lanzamiento. Antes del vuelo, cada T2K era probada en una cámara de vacío. Durante la prueba de la primera nave una de las secciones de equipos se descomprimió debido a diez perforaciones microscópicas ocasionadas mientras era transportada a Baikonur. Tras ser reparada, la primera T2K fue lanzada en noviembre de 1970. Las otras dos se llevaron a cabo en 1971. Impresionantemente, todas las tres pruebas de las T2K fueron exitosas.

El traje lunar Krechet-94

Durante la caminata lunar, el equivalente soviético del A7LB debía ser el Krechet-94, un traje espacial verdaderamente revolucionario para sus tiempos. Es imperativo aclarar que al describir al Krechet-94 como un equivalente en realidad estoy siendo muy generoso, ya que el diseño del traje lunar soviético superaba considerablemente al del A7LB. Para empezar, el traje consistía en un armazón semi-rígido con cuatro miembros flexibles acercándolo más a una armadura espacial que a un traje espacial: su torso superior duro estaba compuesto de capas de 1.2 mm de una aleación de aluminio denominada AMG-3 lo que le daba un peso de 102 kg o poco más del doble de lo que pesaba el A7LB (48 kg). En lugar de lidiar con un dificultoso sistema que dependía de cremalleras, y que también requería de la asistencia de otra persona para ponérselo, el cosmonauta solitario podía ingresar al traje abriendo una trampilla en la parte trasera justo en la división entre el bulto del sistema de soporte vital y la espalda del traje.

El bulto que contenía el sistema de soporte vital estaba integrado a la escotilla y su tiempo máximo de operación era de diez horas, superando la capacidad de operación del A7LB por más de un 100% (4 horas). El traje se abría mediante una palanca en el codo derecho.

Al igual que en el A7LB, la visera exterior del Krechet contaba con un revestimiento dorado para reflejar la radiación ultravioleta, pero, a diferencia del traje estadounidense, el diseño integrado del Krechet-94 eliminaba casi por completo la necesidad de mangueras o umbilicales externos que podían engancharse o desgarrarse durante las tareas lunares, especialmente durante la salida o reentrada a la nave. El único umbilical del Krechet era el del panel de control B2-M. Notablemente, el Krechet-94 también contenía un aditamento muy ingenioso y verdaderamente esencial para la seguridad del caminante lunar: un anillo estilo "jula jup" (*Hula Hoop*) en la parte trasera del bulto para que el cosmonauta hubiese podido rodarse y levantarse nuevamente en caso de una caída. Reveladoramente, el sucesor del A7LB, la Unidad de Movilidad Extra-vehicular (EMU por las siglas en inglés) y también el novedoso Z-2 (Figura 17C), adoptan un estilo similar al del traje soviético al utilizar un torso rígido. Mas aún, el Z-2 ha adoptado el mismo sistema de ingreso trasero del Krechet-94/Orlan. Y, aunque esto vino casi 40 años más tarde, como dice ese viejo y conocido refrán: Más vale tarde que nunca.

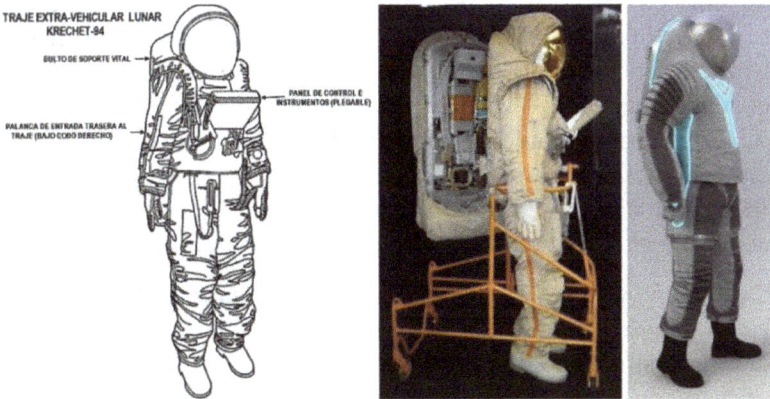

Fig. 17. El traje extra-vehicular lunar Krechet-94 consistía en un armazón rígido con cuatro miembros flexibles que carecía de dificultosos aditamentos como cremalleras y umbilicales externos. Su ingenioso diseño se distinguía de todos los demás trajes espaciales de su época por su escotilla de entrada en la parte trasera y un anillo tipo "jula jup" en la misma ubicación para rodarse y levantarse nuevamente en caso de una caída. C) Traje Z-2 el cual en 2014 fue aprobado para la fase de pruebas por la NASA y que, reveladoramente, utiliza un torso rígido más el mismo sistema de ingreso trasero del Krechet-94/Orlan. Como dice ese refrán estadounidenses: La imitación es la más sincera muestra de adulación. Crédito: Mike Ingle (Dibujo), el Museo Nacional del Aire y el Espacio y, para el Z-2, NASA.

Ahora bien, aunque el Krechet-94 sí compartía algunas similitudes con su rival estadounidense como un traje interior de enfriamiento líquido y la ya mencionada visera dorada para proteger al explorador lunar de los rayos ultravioletas, ni este ni su sucesor; el Orlan; han presumido de poseer una capacidad para detener micro-meteoritos viajando a más de 100,000 km por hora.

El fin del programa lunar tripulado

Como fue mencionado en la sección dedicada al N1, luego de los dos fiascos del 1969 las autoridades soviéticas impusieron un hiato en los lanzamientos del cohete experimental. Naturalmente, dicho lapso fue utilizado para hacer las correcciones y modificaciones necesarias —o al menos eso se esperaba— para asegurar el éxito de las pruebas venideras la primera de las cuales fue pautada para el 27 de junio de 1971. En esta ocasión el N1 portaría maquetas a escala real de la LOK y la LK y despegaría desde la nueva plataforma de lanzamiento 110 "izquierda" que estaba bajo construcción durante el fallido vuelo del N1 5L. Decepcionantemente, el lanzamiento del N1 6L (como se le denominó oficialmente a este vuelo) tuvo un desenlace aún más patético que el de su predecesor —aunque definitivamente no tan devastador como ese vuelo— ya que el N1 explotó menos de un minuto después de despegar.

Casi un año y medio más tarde; el 23 de noviembre de 1972; cuando los estadounidenses ya estaban a punto de culminar la fase "lunar" del programa Apolo, el cuarto vuelo fue lanzado. Designado oficialmente como el N1 7L, en esta ocasión el cohete portaba una LOK funcional y una maqueta a escala de la LK. Durante esta prueba el N1 hizo el vuelo más largo de toda su corta y desastrosa carrera manteniéndose en el aire unos míseros 107 segundos. Sus motores se apagaron tras elevarse unos 40 kilómetros sobre Baikonur. Para el Kremlin esto fue el colmo y el programa fue cancelado permanentemente. Conscientes de las repercusiones políticas tanto en el ámbito doméstico como en el internacional, las autoridades soviéticas optaron por clasificar el proyecto entero como ultra-secreto. Ni la población general soviética, ni el resto del mundo —excepto algunos servicios de inteligencia y algunos oficiales de alto rango en EE.UU. y posiblemente Francia y Reino Unido— se enterarían de su existencia hasta después de la disolución de la URSS en diciembre de 1991.

Fig. 18. Lanzamiento del N1 7L, el último vuelo del titánico cohete lunar soviético.

Este último punto, particularmente la sección acerca de los servicios de inteligencia nacionales, trae a colación un asunto de suma importancia para este análisis: el de los medios utilizados para obtener dicha información. Si su memoria es buena entonces usted recordará que la sección acerca del N1 contiene una fotografía de ese cohete erecto en la plataforma de lanzamiento de Baikonur. Al lado y debajo de ella se mencionaba que la foto fue tomada desde el espacio por un satélite espía de la serie KH-8 con sus siglas representando Key Hole u "ojo de cerradura". Los KH-8, cuyo nombre en clave era Gambit 3, eran aparatos de 3,000 kilogramos con cuatro cámaras fabricadas por la Eastman Kodak (el fabricante del satélite era la corporación Lockheed). Todos fueron lanzados desde la base aérea Vandenberg en California en cohetes Titán, específicamente las variantes III B y 24B. Las fotografías tomadas desde el espacio eran eyectadas del satélite en latas de película fotográfica que se recuperaban tras descender en paracaídas. Bueno, ahora adentrémonos en la parte más interesante de este asunto: que de un total de 54 lanzamientos de estos satélites tres no lograron alcanzar órbita. De estos fracasos el primero fue el del vuelo #5 lanzado el 26 de abril de 1967. El satélite cayó en el océano Pacífico después de que la segunda etapa del cohete Titán desarrollase un empuje muy débil. El segundo fracaso fue el del vuelo #35 (20 de mayo de 1972) cuyo satélite reentró en la atmósfera luego de que el Titán 24B que lo portaba sufriera una falla en el regulador neumático. Unos meses más tarde, pedazos de ese satélite aparecieron en Reino Unido y Estados Unidos logró coordinar su retorno. La tercera y última falla fue la del vuelo #39 (26 de junio de 1973) en el cual una etapa del Titán 24B se quemó en la atmósfera por causa de una válvula de combustible atascada.

¡Qué curioso! Ciertamente salta a la atención que tres cohetes/misiles

Fig. 19. Lanzamiento sin éxito de un Titán 23B con un satélite KH-8. Origen desconocido.

balísticos tan avanzados como los de la clase Titán experimentaron tantos problemas justo cuando el programa Apolo estaba marchando, supuestamente a la Luna y luego a la estación espacial Skylab, sin ningún problema grave. Y es que el diseño del Titán III y sus derivados era muchísimo menos complicado que el del Saturno V con un total de cinco motores o aproximadamente la mitad de los motores del cohete del programa Apolo. Al ponerlo al lado del Saturno V, el Titán III B se asemejaba a un juguete esto por sus dimensiones mucho más diminutas: 45 m de alto por 3.05 m de diámetro con un peso aproximado de 156,000 kg. Por si acaso, las dimensiones del Saturno V era 111 m de altura y 10 m de diámetro con peso de unos 2.9 millones de kilogramos. Pregunta: ¿Si un cohete relativamente sencillo como el Titán III sufrió tres fallas

serias o catastróficas hasta el 1973, entonces cómo es posible que las misiones lunares tripuladas —misiones muchísimo más complejas que la colocación de un satélite espía en la ÓRBITA BAJA TERRESTRE— resultaron prácticamente perfectas?

Otro dato revelador: la cuenta de fatalidades

O sea, que durante décadas los historiadores nos han vendido el cuento de que mientras los soviéticos, los verdaderos pioneros de la exploración espacial y los verdaderos líderes de la tecnología de naves espaciales y sistemas de propulsión, luchaban diligentemente por construir una nave capaz de llegar a la Luna, los estadounidenses lograron una milagrosa serie de victorias en la "carrera a la Luna" llevando a cabo nada menos que cuatro misiones lunares. Supuestamente, tres de estas misiones resultaron exitosas y solo una de ellas; Apolo 13; tuvo que ser abortada, aunque sin sufrir una fatalidad.

Hablando de fatalidades, esto nos trae a otro asunto igual de sospechoso: el hecho de que durante sus primeros 28 años de existencia la NASA nunca sufrió fatalidades en medio de una misión espacial. Ni una. Ahora bien, fíjese atentamente en lo que se dijo aquí: durante una misión espacial. Es decir, excluyendo las pruebas llevadas a cabo en la Tierra e incluso los vuelos estratosféricos. ¿Por qué tanta importancia a este asunto? Pues porque en la vida hay una ley no escrita, pero muy bien sabida por aquellos con experiencia, la cual puede resumirse de la siguiente manera: toda actividad hecha por primera vez inevitablemente irá acompañada de uno que otro fracaso. Es muy simple: al intentar algo desconocido uno cometerá errores. Lógicamente, las probabilidades de fallar aumentarán proporcional, e incluso exponencialmente, de acuerdo con la magnitud del reto o la hazaña que uno desea superar. Es por eso que la total ausencia de fatalidades estadounidenses durante vuelos espaciales hasta 1986 es tan sospechosa porque, como ya se dijo en el capítulo anterior, el periodo que se extendió desde las postrimerías de la Segunda guerra mundial (del siglo XX) hasta principios de los setenta representó la infancia de la cohetería espacial o la época cuando prácticamente toda esa tecnología era nueva lo que significa que, tan desconcertante como parezca, alguien *tenía* que morir, aun tras pasar el riguroso cedazo y los redundantes protocolos de seguridad que precedían cada vuelo. De hecho, tomando en cuenta el alto grado de tensión y rivalidad que existía entre EE.UU. y la URSS tal riesgo sólo debió aumentar y, como veremos a continuación, este fue el caso con al menos una misión espacial soviética: la Soyuz 1. Sin embargo, al ver la lista de misiones espaciales de la NASA en plena Guerra fría/carrera espacial, uno nota rápidamente que para los estadounidenses todo fue un feliz paseo por el cosmos. ¡Todo les fue de maravilla, tanto así que sus llamados astronautas ni siquiera tuvieron problemas para readaptarse a la gravedad terrestre! (Pero esto se discutirá más a fondo en el capítulo 7.) Por otro lado, durante ese mismo periodo o, más específicamente, hasta el 1986, los soviéticos también hicieron historia de una manera inesperada e indeseada: mediante una serie de "primeros" accidentes de diferentes clases. La URSS perdería un total de cuatro hombres durante dos misiones espaciales y también estuvo a punto de perder otros cuatro durante dos misiones adicionales. He aquí un resumen de esos importantes hitos negativos de la historia espacial soviética.

El primero de estos casos fue el de Soyuz 1. Todo comenzó el 23 de abril de 1967 cuando la nave Soyuz 7K-OK y su único tripulante, Vladímir Mijáilovich Komarov fueron lanzados desde Baikonur bajo intensas presiones políticas y a pesar de que ninguna de las otras tres naves Soyuz había pasado su vuelo de prueba. ¿Y por qué el liderato del programa espacial soviético tomó tal impulsiva e insensata decisión? Pues porque el presidente Leonid Brézhnev y otros altos funcionarios del Kremlin estaban ansiosos por mantenerse al frente de sus rivales estadounidenses cuya campaña de guerra sicológica, para ese momento encabezada por las seudo-misiones orbitales tripuladas Géminis, ya los había llevado a creer que pronto perderían la carrera espacial. Por ello, el pobre Komarov, quien ya sabía muy bien que estaría participando en lo que esencialmente era una misión suicida, terminó siendo enviado al espacio con la esperanza de encontrarse con los cosmonautas de Soyuz 2 quienes debían realizar una caminata espacial hacia su nave. La Soyuz 1 logró entrar en órbita, pero todos los sistemas de guiado habían fallado llevando Komarov a exclamar en desesperación "Maldita máquina, ¡nada de lo que hago funciona!" Poco después, Komarov se despidió finalmente de su esposa: Valentina. Tras poco más de 24 horas en órbita, el día 24 Soyuz 1 hizo una reentrada balística o muy empinada la cual Komarov sobrevivió, pero mientras la nave cruzaba la atmósfera, parte del compartimiento de los paracaídas se fundió y, para colmo de males, el paracaídas guía se abrió, pero, debido a un fallo de diseño, éste no ejerció suficiente fuerza para arrastrar al paracaídas principal. Aunque Komarov intentó abrir el paracaídas de reserva, éste se enredó sobre el paracaídas guía y la Soyuz 1 se estrelló a unos 200 kph, quedando completamente destrozada y, por supuesto matando instantáneamente a su piloto.

Vladímir Mijáilovich Komarov, el primer humano en fallecer en una misión espacial: la Soyuz 1.

Cuatro años después de la muerte de Komarov, vino Soyuz 11, la primera misión espacial tripulada en habitar una estación espacial: la Salyut 1.

Durante su retorno a la Tierra y tras haber establecido un nuevo récord de permanencia en el espacio, la nave se despresurizó repentinamente por un escape de aire. Los tres tripulantes de Soyuz 11; Vladislav Vólkov, Gueorgui Dobrovolski y Víctor Patsáyev; murieron rápidamente por asfixia convirtiéndolos en los primeros, y hasta ahora los únicos, seres humanos en morir en el espacio... al menos de los que se tiene conocimiento público (La tripulación del *Columbia* murió mientras penetraba la atmósfera). El accidente produjo un retraso de dos años en el programa espacial tripulado soviético, forzando un rediseño de la nave Soyuz y el abandono prematuro de la Salyut 1.

Fig. 21. Los tres tripulantes de Soyuz 11; Víctor Patsáyev (Izq. Superior), Gueorgui Dobrovolski (Izq. inferior) y Vladislav Vólkov (Der.); murieron rápidamente por asfixia luego de que una válvula se abriera y filtrara todo el oxígeno de la cabina mientras su nave desorbitaba.

Aunque no tuvo un final trágico como los de Soyuz 1 y 11, el caso de Soyuz 18A (1975) sigue siendo uno de los más dramáticos de toda la historia de la exploración espacial. Mientras ascendía por la estratósfera para acoplarse con la estación espacial Salyut 4, la tercera etapa de la Soyuz 7KT entró en ignición con la segunda etapa todavía unida lo que produjo una separación imperfecta que dejó a la tercera etapa girando erráticamente. Esto, a su vez, terminó desviando a la nave de su trayectoria programada. Reconociendo la precariedad de la situación, el control de tierra envió un comando para activar la eyección prematura de la cápsula a 192 km de altura y en sentido hacia abajo exponiendo a sus dos cosmonautas; Vasili Lazarev y Oleg Makárov; a una violenta aceleración de hasta 20.6 g, más del doble de lo experimentado durante una reentrada normal. A pesar de todo, y gracias a sus paracaídas de frenado, la cápsula aterrizó en Altái a unos 829 kilómetros al norte de la frontera china. Pero la odisea de Lazarev y Makárov aún no termina, pues resulta que, tras haber caído en una ladera cubierta de nieve, la cápsula comenzó a rodar cuesta abajo hacia una caída escarpada de 152 m. Afortunadamente, los cosmonautas sobrevivieron a la intensa aceleración y a lo que hubiese sido una caída mortal gracias a que los paracaídas se engancharon en la vegetación, deteniendo la nave en el acto. Temiendo haber aterrizado en territorio chino —pues recordemos que en ese momento las relaciones sino-soviéticas eran extremadamente hostiles— los cosmonautas rápidamente destruyeron todos los documentos relacionados con un experimento militar que debían llevar a cabo. Lamentablemente, Lazarev sufrió heridas internas debido a las altas aceleraciones y nunca volvió a volar.

El último fracaso fue el de la Soyuz T-10-1 (1983) misión que ni siquiera pudo completar el conteo regresivo esto porque el vehículo de lanzamiento se destruyó tras desatarse un fuego en la plataforma. Afortunadamente, el sistema de escape de la nave se disparó dos segundos antes de que el vehículo y el complejo de lanzamiento explotaran, salvando a sus dos tripulantes; Vladímir Titov y Guenadi Strekalov; y, a su vez, convirtiéndose en el único caso en la historia en el que un sistema de escape se dispara en la plataforma con la tripulación a bordo. En una nota jocosa, después de que el cohete de escape se disparara, los dos sobresaltados cosmonautas rápidamente desactivaron el registro de voz de la cabina para que no se escucharan sus maldiciones.

Para recalcar, por su grandísima complejidad tecnológica, un programa espacial tripulado debe sufrir la mayoría de sus fatalidades, o al menos una parte de ellas, durante las primeras décadas de su existencia, particularmente durante vuelos probando nuevas técnicas o naves y, por supuesto, durante vuelos cubriendo largas distancias y con objetivos y tareas de mayor complejidad como los presuntos vuelos lunares del programa Apolo. En fuerte contraste con la historia de la URSS, la historia de la NASA muestra que, aunque su número de fatalidades ha sido mucho mayor que el de la URSS; 14 versus 4; todas ellas ocurrieron exclusivamente durante dos misiones llevadas a cabo de la década de los ochenta en adelante: la STS-51-L del transbordador *Challenger* (1986) y la STS-107 del transbordador *Columbia* (2003). Reveladoramente, todas las fatalidades ocurrieron en misiones muchísimo menos complejas y peligrosas que aquellas presuntamente llevadas a cabo bajo el programa Apolo e incluso el de Skylab, pues éstas sólo debían realizar vuelos y experimentos orbitales y el despliegue de satélites y que además fueron llevadas a cabo en naves de segunda generación que eran muchísimo más avanzadas que las relativamente crudas cápsulas Mercurio o Géminis. ¿Fue esto el producto de una involución en el programa espacial estadounidense? ¡Seguro que no! ¡Esto fue el predecible resultado de un fraude!

Ya que hemos finalizado esta sección, ahora pasemos al capítulo 6 el cual abordará el tema de Apolo 13 el cual, al igual que el resto de las seudo-hazañas del programa Apolo, está repleto de inconsistencias, milagros… y, por supuesto, un final feliz.

6

El trece de la... no tan mala suerte

En el léxico estadounidense hay una frase popularmente usada en tiempos de crisis severa: "Houston, tenemos un problema". Aunque la frase adquirió fama en 1995 tras el estreno de la película y eventual éxito taquillero *Apollo 13*, su verdadero origen se remonta a la primavera de 1970. Sin embargo, antes de continuar es imperativo hacer dos aclaraciones, esto debido a la aborrecible tendencia de Hollywood de querer embrutecer a las masas con cuentos fantásticos: primero, que la frase verdadera fue "Houston, hemos tenido un problema" y que, a diferencia de lo que muestra la película, esta no fue la primera, sino la

La tripulación de Apolo 13. Desde la izq.: comandante James A. Lovell Jr., John L. Swigert Jr. (piloto de módulo de comando) y Fred W. Haise Jr. ("piloto de módulo lunar").

segunda llamada de "auxilio" hecha desde el módulo de comando *Odyssey*. De hecho, la frase original —que, dicho sea de paso, suena más como algo que diría un camionero que lo que diría un piloto con experiencia militar— fue "Hey. Tenemos un problema aquí" y no la dijo el comandante James Lovell, sino el piloto del módulo de comando, John L. Swigert. ¿Y cuál fue el problema? Pues para contestar esta pregunta primero es imperativo familiarizarnos con la misión Apolo 13. Asimismo, debemos conocer una creencia muy común dentro de la cultura estadounidense: que el número 13 es un símbolo de la mala suerte.

El "accidente"

Según la versión oficial, Apolo 13 fue el séptimo vuelo del programa Apolo y el tercero que debía hacer un alunizaje, específicamente en la formación Fra Mauro. El vuelo fue lanzado el 11 de abril de 1970. Ahora es cuando la cosa empieza a ponerse extraña: el vuelo despegó exactamente a las 14:13 de Cabo Kennedy lo que viene siendo las 13:13 horas en Hora Estándar Central o la hora en el centro de control en Houston y, más sospechoso aún, el supuesto problema que catapultó a la fama a su tripulación ocurrió dos días después, el 13 de abril, aunque no fue un viernes, sino un lunes. ¡Vaya coincidencias! Siguiéndole la corriente a la NASA, el módulo de servicio sufrió un accidente grave cuando uno de sus dos tanques de oxígeno explotó inhabilitando la nave la cual recordemos estaba acoplada al módulo de comando y al módulo lunar. La versión oficial también asegura que todo esto ocurrió justo cuando los tres astronautas, o "los tres juniores", de la misión; James A. Lovell Jr., John L. Swigert (se lee "Suaiguert") Jr. y Fred W. Haise ("Geis") Jr.; se encontraban en la esfera gravitacional de la Luna o a 321,860 km de la Tierra. Curiosamente, Swigert sustituyó al piloto original del módulo de comando, Ken Mattingly, porque éste había estado expuesto a contagio de sarampión.

Volviendo al "accidente", nasa.gov dice que:

Los controladores (…) en Houston enfrentaban una tarea formidable. Procedimientos totalmente nuevos tuvieron que ser escritos y probados en el simulador antes de pasárselos a la tripulación. El problema de la navegación tenía que resolverse; esencialmente de cómo, cuándo y en qué actitud debía encenderse el motor de descenso del ML (módulo lunar) para proporcionar un rápido regreso a casa.

Interesante ¿verdad? Pues la historia continúa diciendo que la gran vibración y las fluctuaciones en la energía eléctrica que le acompañaron inicialmente llevaron a la tripulación a pensar que la nave había sido impactada por un meteorito. Sospechosamente, la "explosión" ocurrió solo seis minutos y medio después de una transmisión televisada en vivo. Pero lo que ocurrió "en realidad" fue que un cortocircuito —provocado por una capa de aislante dañada— en los cables que iban a los ventiladores dentro del tanque número 2 desató un fuego que rápidamente incrementó la presión hasta hacer que su cúpula se rompiera. Dicho cortocircuito se desató cuando Swigert —siguiendo las órdenes del centro de control— encendió los ventiladores de los tanques de hidrógeno y oxígeno. Consecuentemente, el compartimiento de las células de combustible (Sector 4) se llenó con oxígeno que se expandió rápidamente. El choque mecánico generado por la explosión forzó a las válvulas de oxígeno a cerrarse en las celdas de combustible números 1 y 3, lo cual solo permitió que operaran durante 3 minutos y además causó serios daños a una línea del tanque de oxígeno 1, filtrando su contenido al espacio exterior. Entonces, Swigert llamó al centro de control en Houston y les dijo: "Hey. Tenemos un problema aquí". Durante los siguientes 130 minutos, el suministro de oxígeno del módulo de servicio se vaciaría por completo. ¡Madre mía!

Pero esto fue solo el comienzo de sus problemas pues *Wikipedia* añade que:

Como las celdas de combustible combinaban hidrógeno y oxígeno para generar electricidad y agua, la celda de combustible número 2 finalmente se desactivó y dejó a los módulos de comando y de servicio del Apolo con la limitada energía de las baterías. La tripulación se vio forzada a apagar el módulo de comando completamente y usar el módulo lunar como "bote salvavidas".

O sea, que los astronautas se trasladaron del *Odyssey* al módulo lunar/"bote salvavidas" cuyo nombre en clave era *Aquarius*. Afortunadamente, los historiadores nos aseguran ellos eran la crema de la crema o hombres con "el temple correcto" (*"the right stuff"*). Nuevamente, *Wikipedia* nos narra que:

> Para lograr un regreso seguro se requirió que tanto la tripulación como el personal de apoyo actuaran con gran ingenio bajo extrema presión.
> A pesar de los apuros causados por la energía limitada, la pérdida de calor en la cabina, la falta de agua potable (por congelación) y la crítica necesidad de reparar el sistema de depuración de dióxido de carbono, la tripulación pudo regresar a salvo a la Tierra el 17 de abril.

¿Pero cómo lo hicieron exactamente? Pues con una increíble fortitud y, por supuesto, con la dirección de los sabios líderes de la NASA. Según el portal cibernético space.com (*Apollo 13 Astronauts Share Surprises From Their 'Successful Failure' Mission* | 14/1/2010):

> (D)espués de la explosión, los astronautas tuvieron que soportar un calvario de cuatro días mientras luchaban por llegar a la Tierra — con la ayuda literalmente de miles de controladores de vuelo, ingenieros y encargados de la NASA en todo el país, que trabajaban día y noche para elaborar los procedimientos necesarios para el retorno seguro de los astronautas. Aun así, dijo Lovell, él y su equipo tenían bastantes problemas que nadie en la Tierra hubiese podido ayudarles a resolver, especialmente el de tener que aprender a volar la nave en un modo para el cual nunca habían entrenado.

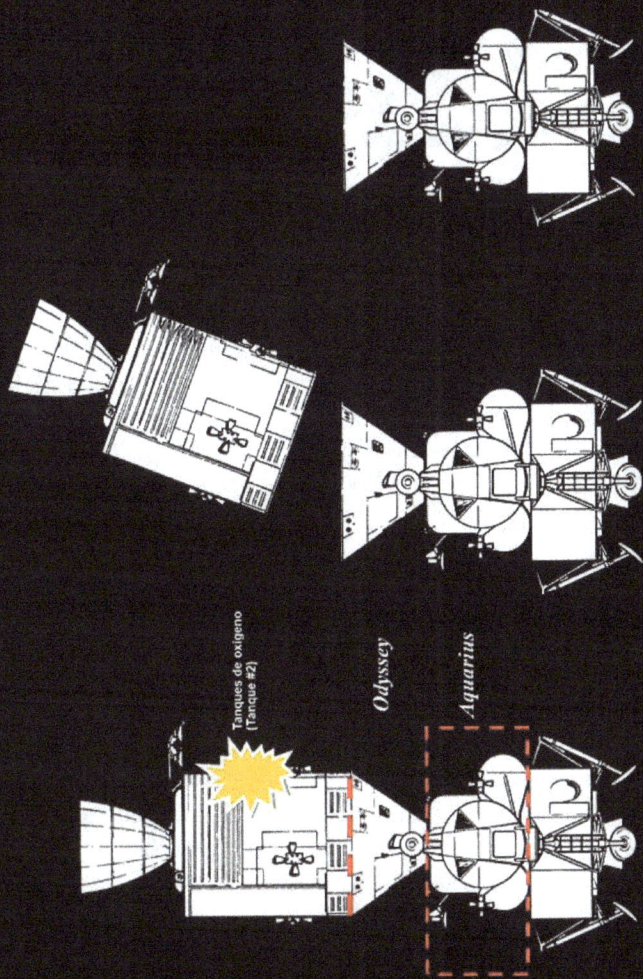

Fig. 2. Según la versión oficial, tras el "accidente" durante su viaje a la Luna los astronautas de Apolo 13 se vieron obligados a trasladarse del módulo de comando y servicio *Odyssey* al módulo lunar *Aquarius* y luego a eyectar el módulo de servicio (B). Entonces los astronautas permanecieron en el *Aquarius* hasta llegar a la órbita baja terrestre cuando ellos regresarían a la cápsula *Odyssey* para llevar a cabo la peligrosísima maniobra de reentrada a la segunda velocidad espacial (11 km/s).

Tanques de oxígeno (Tanque #2)

Odyssey

Aquarius

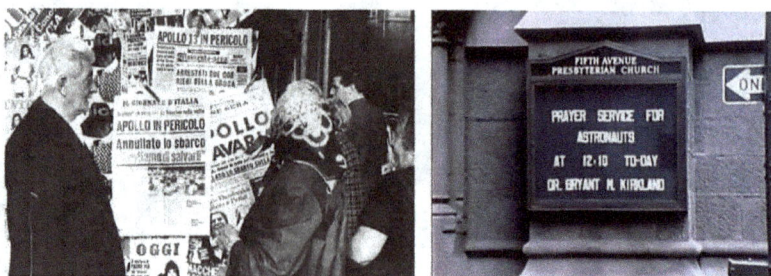

Fig. 3. Publicaciones italianas con la noticia "Apolo en Peligro", que el "alunizaje" de Apolo 13 fue abortado y que se intentaba salvar a su tripulación. (B) Cartelera de una reconocida iglesia neoyorquina anunciando un "servicio de oración para los astronautas". Crédito: NASA y el documental *Apollo 13: Houston, We've Got a Problem.*

Como era de esperarse, la noticia de que los tres exploradores espaciales estaban varados en el espacio y en peligro de morir se regó rápidamente por todo el planeta generando preocupación por la seguridad de Lovell y su equipo. Así, el 14 de abril, el Senado y la Cámara aprobaron unas resoluciones "pidiendo a todos los estadounidenses que recen, a las 9:00 (de la noche) por el regreso seguro de sus compatriotas".

Según la versión oficial, debido al daño sufrido por el módulo de servicio, el director de vuelo, Gene Kranz, ordenó que se abortara el alunizaje. En acorde con los planes de contingencia hechos en 1966, el método más rápido requería una trayectoria de aborto directo, es decir, dar la vuelta y regresar a la Tierra la cual requería usar el motor del módulo de servicio para lograr un gran cambio en la velocidad y así, esencialmente, revertir la trayectoria de la nave. A pesar de que esta hubiese sido la manera más rápida y eficiente —o con la menor pérdida de insumos/víveres— para regresar a la Tierra, el plan tuvo que ser descartado por las siguientes razones:

- Éste solo era posible en una etapa temprana de la misión, antes de que las naves entraran en la esfera gravitacional de la Luna, lo cual presuntamente las naves de Apolo 13 ya habían hecho. Es decir, las naves ya estaban siendo atraídas por la fuerza gravitacional de la Luna la cual era tan fuerte que para salir de ella se tendría que consumir prácticamente todo el combustible restante.

- Se temía que la explosión del tanque de oxígeno hubiese provocado un daño al motor, impidiendo que éste fuese encendido de manera segura.

Así las cosas, Kranz y el director de vuelo adjunto, Christopher C. Kraft, eligieron una trayectoria de regreso libre, es decir, sobrevolar la Luna como supuestamente lo habían hecho Apolo 8 y 10. Las naves utilizarían la gravedad de ese cuerpo celeste para impulsarse hacia la Tierra haciendo una ignición del módulo lunar un poco antes del apoastro (punto en que un astro secundario se halla a mayor distancia de aquel en torno del cual gravita) para ayudar a acelerar el regreso.

Continuando con el cuento, durante el viaje de vuelta los astronautas tuvieron que racionar los suministros del módulo lunar, ya que éstos estaban previstos para mantener a dos personas por tan solo dos días y no a tres personas durante cuatro días. Respecto al oxígeno disponible, la versión oficial asegura que este era el suministro menos crítico porque, afortunadamente, el módulo traía una carga extra para re-presurizarlo después de cada "actividad extra-vehicular". Para mantener los sistemas de soporte vital y de comunicaciones operacionales hasta el regreso, el consumo eléctrico del módulo lunar fue reducido a los niveles de energía más bajos posibles.

Añadiendo un poco más de drama, la NASA señala que:

El suministro de energía también fue un motivo de preocupación. Hubo 2,181 amperios-hora en las baterías del ML (módulo lunar). Los controladores (en Houston) cuidadosamente elaboraron un procedimiento donde las pilas del MC (módulo de comando) fueron cargadas con energía de ML. Se apagaron todos los sistemas no críticos y el consumo de energía se redujo a 1/5, lo que se tradujo a

285

un 20 por ciento de la energía eléctrica de ML cuando el *Aquarius* fue eyectado. Durante la misión, hubo un momento en el que por poco todo termina en una catástrofe. (¡Ay madre!) Una de las pilas del MC se ventiló con tal fuerza que lo dejó momentáneamente fuera de servicio. Si la batería hubiese fallado, no habría habido suficiente energía para regresar la nave a la Tierra.

Debido a la reducción en el uso de energía, el interior del *Aquarius* se enfrió considerablemente, forzando a los astronautas a soportar temperaturas que se acercaban a los 0 °C. El equipo entero perdió peso y Haise desarrolló una infección en el hígado.

La "reentrada"

Pero ahora viene la parte más crítica de todas: la parte de la reentrada, una maniobra que, como ya hemos visto en los capítulos anteriores, es la más peligrosa de todas. Resulta que el *Aquarius*, como todos los módulos lunares, no fue diseñado para soportar las altísimas temperaturas de nuestra atmósfera (esta es una de las pocas ocasiones en las que la versión oficial ha dicho algo verídico) lo que obligó a los técnicos de la NASA a buscar la manera de cómo separar a *Aquarius* del *Odyssey* justo antes de la reentrada a la Tierra. Normalmente, el procedimiento de separación empleaba el sistema de control de reacción (RCS) —cuatro conjuntos de cuatro "pequeños" propulsores con toberas para controlar la actitud, y a veces traslación de la nave ubicados en cuatro lugares alrededor del módulo de servicio— para alejarse del módulo de comando después de eyectar el módulo lunar junto con el anillo de acoplamiento del módulo de comando. Sin embargo, en este caso dicho sistema quedó inoperante debido a la falta de energía, y el módulo de servicio inútil sería eyectado antes del módulo de comando.

En lo que solo puede interpretarse como una admisión de su ineptitud o de serias deficiencias aritméticas de su parte, los técnicos de la Grumman Aircraft Engineering Corporation, los fabricantes del módulo lunar, solicitaron la asistencia no de los expertos de la renombrada MIT (Massachusetts Institute of Technology) o Caltech (California Institute of Technology), sino del departamento de ingeniería de la Universidad de Toronto en su vecino del norte, Canadá. Peor aún, ¡la Grumman hizo esta movida el 16 de abril, a menos de un día para el crucial momento de reentrada! Al parecer los estadounidenses de veras no eran muy buenos con las matemáticas.

Estando bajo lo que debió ser una intensa presión, un equipo de seis ingenieros liderado por el científico Bernard Etkin comenzó a trabajar rápidamente, pues ¡solo tenían unas horas para evitar una tragedia! Respecto a este último detalle, el periódico canadiense *Globe and Mail*, señaló con orgullo que Etkin, "un gigante en la ciencia y la ingeniería de Canadá" y su equipo "intervinieron en un momento crucial con nada más que sus reglas de diapositiva y potentes cerebros" para salvar a la tripulación de Apolo 13 (https://www.theglobeandmail.com/technology/science/bernard-etkin-helped-avert-apollo-13-tragedy/article19735265/).

Notablemente, el artículo también menciona a través de una cita de uno de los miembros del equipo que ellos "tenía(n) quizás seis horas para hacer los cálculos, y (que) *en esos días no habían modelos numéricos ni computadoras*" (Énfasis añadido). La atención de los técnicos canadienses se centraría en el pequeño túnel con una escotilla que conectaba los módulos. Como explicó uno de los miembros del equipo, el profesor Rod Tennyson, su brillante plan era el siguiente: cerrar la escotilla y presurizar el túnel, seguido por la detonación de un explosivo (¡!) para separar el módulo lunar y así alejarlo del módulo de comando justo antes de la reentrada. Suena un poco arriesgado, ¿no? Pues hay aún más. Resulta que la presión necesaria tenía que ser calculada con precisión porque una presión "Demasiado alta... podría dañar la escotilla y los astronautas se quemarían porque no estarían bien sellados dentro de la nave" mientras que si era "demasiado baja... el módulo lunar no se separaría lo suficiente del módulo de comando" lo que causaría que el *Aquarius* se desplomara sobre ellos, añadió Tennyson. No obstante, los... astronómicos retos envueltos, los expertos canadienses armados principalmente con sus humildes reglas de diapositiva, y a tan solo unas horas antes de lo que hubiese sido un desenlace catastrófico, fueron capaces de determinar el modo óptimo para realizar la reentrada. Por el momento todo parece ir sobre ruedas.

Sin embargo, antes de la reentrada aún quedaba otro problema por resolver, un problema que podría perjudicar seriamente no solo a los astronautas, sino también al ecosistema terrestre: la radiación ionizante. Resulta que, según la NASA, el *Aquarius*, como todos los módulos lunares a partir de Apolo 12, llevaba consigo un generador radio isotópico termoeléctrico (RTG), un generador eléctrico accionado por decaimiento radiactivo utilizado para generar la energía eléctrica necesaria para llevar a cabo los experimentos en la Luna. El combustible del generador era el plutonio 238 (Pu-238), un elemento altamente nocivo para los seres humanos el cual se encontraba en un barril fijado a una de las patas de la nave. Sí. En una pata de la nave. Disculpe, pero para el autor esto suena totalmente absurdo; algo así como ubicar el tanque de gasolina justo en el guardabarros delantero de un automóvil; pero esto no debe sorprender a nadie ¿recuerda los paneles negros del módulo lunar, esto a pesar de que la temperatura del día lunar puede exceder los 120 °C? Volviendo al tema en cuestión, cabe señalar que este es el único instante de todas las presuntas expediciones lunares en el que se haya manifestado un genuino temor por los efectos de la radiación ionizante, pero este asunto se abordará más a fondo en el próximo capítulo. Por ahora continuaremos con la anécdota del combustible radiactivo.

En el libro *Thirteen: The Apollo Flight That Failed* o "Trece: el vuelo de Apolo que falló", Henry S.F. Cooper afirma que Charles "Chuck" Deiterich, el "retro controlador", o la persona encargada de asegurar que los astronautas tuviesen "un modo de regresar a casa" en caso de una crisis o complicación:

> le había asegurado a un representante de la Comisión de energía atómica (...) que los controladores se asegurarían de que el barril amarizaría en agua profunda un par de cientos de millas de la costa de Nueva Zelanda.

Más adelante en el libro Cooper continúa:

> Bajo las mejores circunstancias nada molesta más a un (descenso) que un error de actitud, pero esta vez fue añadido el problema de apuntar el barril de combustible radiactivo que Deiterich le había prometido a la A.E.C. que él dejaría caer cerca de Nueva Zelanda... Deiterich todavía estaba preocupado por el barril de combustible, posiblemente porque sentía a la mirada del hombre de la A.E.C. en la parte posterior de su cuello. Él rápidamente descubrió donde caería el barril bajo las nuevas circunstancias [es decir, errores de actitud] y fue capaz de asegurarle al representante de la A.E.C. que aun así vendría abajo en aguas profundas.

Mientras el pobre "Chuck" sudaba la gota gorda en el Centro de control en Houston, la versión oficial nos asegura que a miles de metros sobre su cabeza la tripulación de Apolo 13 estaba experimentando grandes dificultades con la maniobra de reentrada, en específico tratar de evitar que se cerrara el cardán algo que hubiese sido fatal para la tripulación. Afortunadamente, el comandante Lovell fue capaz de demostrarle al mundo que él tenía "el temple correcto", volando y manteniendo la nave en el trayecto correcto, esto a pesar de la ausencia del sistema de control de reacción y de la batería limitada del módulo de comando. La historia continúa narrando que, por un milagroso giro de la suerte, el audaz Lovell salvó su vida y la de sus compañeros tras cometer un error —¡sí, un error!— al inclinar la nave a 90 grados de la posición de eyección indicada por Houston. Entonces, los astronautas, ajenos a la beneficial metedura de pata de su superior, se trasladaron de vuelta a la cápsula *Odyssey* cuando se encontraban como a unos 27,000 km de la Tierra. Seguidamente, el *Aquarius* se separó del módulo de comando justo antes de que las dos naves tocaran la atmósfera (Figura 4), cayendo en el mar abierto y los restos del módulo lunar y su cargamento de plutonio fueron a parar en algún lugar de la fosa de Tonga (al sur de las islas Fiji) en el océano Pacífico.

En otro suceso verdaderamente milagroso, la agencia ha asegurado que ningún rastro de radiación escapó durante la incineración del *Aquarius*. Al parecer, el barril que portaba el plutonio fue diseñado para aguantar temperaturas de hasta 1,650 °C/1,923 Kelvin, una extraña muestra de súper eficiencia considerando que dicho equipo presuntamente debía ser desechado en la Luna. Pero un buen cuento no puede terminar sin su momento dramático justo antes del final. En este caso se trató de una suspención de comunicación (*blackout*) que duró más de lo habitual, según la NASA, porque la ruta de reentrada del *Odyssey* fue más larga y menos profunda de lo normal. ¿Y cuánto más largo fue? Pues 1:27 más largo de lo previsto. "El minuto y medio más difícil que hemos tenido", según Kranz.

Fig. 4. Sección de pintura mostrando las etapas de la presunta reentrada de la cápsula *Odyssey* y del módulo lunar *Aquarius*. Según la NASA, el comandante James Lovell fue capaz de volar las dos naves acopladas hasta un punto ubicado a unos 27,000 km de la Tierra. Una vez allí, él y sus dos compañeros fueron capaces de trasladarse, aparentemente con facilidad, a la cápsula justo antes de rozar la atmósfera.

Así es como termina la ODISEA de Apolo 13, con su tripulación salvándose "por los pelos" —y regresando a casa prácticamente sin un rasguño— y la reputación de la NASA solo levemente manchada, pero no desprestigiada, después de todo, al sol de hoy el libro de récords Guiness nos asegura que Apolo 13 fue la misión que llevó seres humanos a la distancia más lejana de la Tierra. Ciertamente, un final "de película". Años más tarde, Lovell desempeñaría muy bien su rol de héroe nacional al decir en una entrevista que "Uno volaba solo por instinto. Es decir, hubo un caso donde tuvimos que hacer (las) quemadas (del motor) manualmente. Uno tenía que aprender a volar el vehículo otra vez." Siguiendo el guion oficial, varios historiadores y reporteros de asuntos espaciales reconocidos encomiarían la misión como "un ejemplo resplandeciente de cómo la NASA resuelve problemas de vida o muerte en el espacio" (Elizabeth Howell) que también servía "para recordarnos a todos de lo que la gente puede lograr cuando trabajan juntos y se niegan a fracasar". De hecho, el que dijo esta última declaración, Andrew Chaikin, ha declarado grandilocuentemente que la historia de este "fracaso exitoso" seguirá siendo emocionante durante los próximos "cien años".

Bueno. Ya que hemos analizado la versión oficial, ahora procedamos a escrutarla. Y es que toda esta retahíla de adversidades y soluciones oportunas o a "última hora" que acabamos de ver es tan increíble como para llevar a uno a concluir que una fuerza positiva siempre intervino para contrarrestar la ominosa fuerza de los "cuatro treces" —usted sabe: el 13 de la misión, su lanzamiento a las 13:13, hora central estándar, y la explosión el 13 de abril— que presuntamente pusieron en juego al programa de exploración lunar de EE.UU. Pero, como veremos a continuación, tal fuerza positiva no se encontraba fuera de este mundo, sino bien adentro de él.

Comencemos por lo más básico: los nombres de las dos naves principales, *Odyssey* y *Aquarius*. Resulta que cada uno de ellos contiene un mensaje bastante obvio. *Odyssey*, u odisea en español, significa lo siguiente (Real Academia de Lengua Española):

> 1. f. Viaje largo, en el que abundan las aventuras adversas y favorables al viajero.

2. f. Sucesión de peripecias, por lo general desagradables, que le ocurren a alguien.

El segundo nombre; *Aquarius* o Acuario; representa la figura zodiacal que de Ramman o el Portador de Agua.

¡Qué interesante! O sea, que la misión cuyo número era el trece, el número de la mala suerte en la cultura estadounidense, portaba naves con nombres perfectamente relacionados con los sucesos que vería dicha misión. Por ejemplo, el módulo de comando y servicio *Odyssey* sufrió una explosión —el 13 de abril— lo que desató una ODISEA de tres días y medio y el módulo lunar *Aquarius* fue —según la versión oficial— la única de esas naves destinadas a ir a la Luna que terminó desintegrándose sobre un punto sobre un gran cuerpo de AGUA aquí en la Tierra. Independientemente de lo que digan los defensores de la NASA, honestamente creo que hay que ser bastante ingenuo para creer que todo esto es solo una mera coincidencia.

Dejando atrás las claves semánticas, ahora abordaremos el asunto más importante: la razón detrás de este espectáculo. Bueno. En su interesantísimo libro titulado *Американцы на Луне: великий прорыв или космическая афера?* o "Americanos en la Luna: ¿Una gran hazaña o una farsa cósmica?" (Disponible en ruso solamente), el físico Alexander Popov sugiere lo siguiente:

> Luego del 23 de abril de 1968, la NASA decidió que después de su fallida prueba no tripulada (Apolo 6) los estadounidenses en su epopeya lunar estarían acompañados por una suerte casi continua. (Así) en octubre de 1968, la NASA lleva a cabo el primer vuelo tripulado de la nave espacial Apolo (Apolo 7) en la órbita baja terrestre. Hasta entonces, los astronautas no habían probado su nave en las condiciones reales del espacio. Pero ésta prueba fue suficiente para enviar a Apolo 8 rumbo a la Luna poco después.

Dos meses más tarde, en diciembre de 1968, Apolo 8 supuestamente ya volaba alrededor de la Luna. Ninguna nave automática estadounidense (como en el caso de los soviéticos) había volado a la Luna y regresado a la Tierra con la segunda velocidad espacial. Pero "Apolo 8" logra un éxito total sin vuelos no tripulados preliminares a la Luna. Los estadounidenses presuntamente volaron alrededor de la Luna, pero nunca probaron el módulo lunar con un hombre a bordo en las condiciones del espacio exterior. No hay problema. Pasan más de tres meses y en marzo del año 1969 el vuelo Apolo 9 hace una órbita de la Tierra en un módulo lunar supuestamente pasando la primera prueba de pilotaje. Se considera suficiente para volar a la Luna.

Más de dos meses después, en mayo de 1969, se viaja a la Luna para la prueba del módulo lunar en la órbita lunar (Apolo 10). Otra vez, según la NASA, todo fue un éxito, así que no hay nada para impedir un aterrizaje en la Luna. Y dos meses más tarde, en julio de 1969, se lanza Apolo 11. Los astronautas supuestamente se posaron brillantemente en la Luna y brillantemente despegaron de ella, todo esto con un módulo lunar que nunca había sido probado en el aterrizaje y despegue.

En noviembre de 1969, según informes de la NASA, Apolo 12 se planta en la Luna supuestamente a tan sólo 150 metros de la (sonda) "Surveyor 3". Y a través de esta cadena de eventos no hubo una prueba acertada justo antes del inicio de la cascada de éxitos.

La primera explicación de la continua serie de éxitos consecutivos tras la decisión del 23 de abril es que la NASA simplemente dejó de cometer errores y que solamente trabajó en una técnica milagrosa "refinando, sistemas técnicos complejos". Al autor esta explicación le parece dudosa, ya que, no obstante las órdenes emitidas, *en el camino del progreso tecnológico, el éxito se logra tras cometer muchos errores.*

La segunda explicación es que después del 23 de abril de
1968 el programa lunar de Estados Unidos fue
inequívocamente dirigido por el camino de los engaños. Y
luego el avance agresivo a la Luna marcado sólo por hitos
de éxito comienza a hacerlo muy aparente. (Para fines
propagandísticos, era importante) presentarlo todo como
algo cada vez más fácil de hacer, pero aquí era importante
no pasarse. Sin ningún informe de un accidente "decente"
capaz de agitar la opinión pública mundial, una cadena
sólida de éxito podría generar dudas innecesarias. Entonces
el accidente se produjo y con todos los requisitos necesarios:
una historia dramática con un final feliz. (Énfasis añadido.)

Más que un "final feliz", lo que Apolo 13 "logró" fue nada menos
que un milagro, como si el mismo dios Apolo hubiese obrado
diligentemente para salvar las naves que llevaban su nombre. Tome,
por ejemplo, el problema de la navegación de las dos naves, y es que,
como ya sabemos, el *Odyssey* perdió su módulo de servicio como
resultado de la "explosión" de uno de sus tanques de oxígeno.
Recordemos que todos los módulos de servicio albergaban la mayor
parte del sistema de control de actitud (SCA/RCS en inglés), un
componente esencial para la navegación en el espacio. La versión
oficial afirma que el comandante Lovell fue capaz de readiestrarse
rápidamente o, como él dijo, "aprender a volar otra vez" para volar
el *Odyssey* y el *Aquarius* usando el sistema de control de actitud de la
última nave. Este dato es importante porque, no obstante las
aseveraciones de la NASA y sus defensores, el autor duda
completamente que volar el *Odyssey* sin sus propios propulsores hubiese sido
posible. Pero este hecho

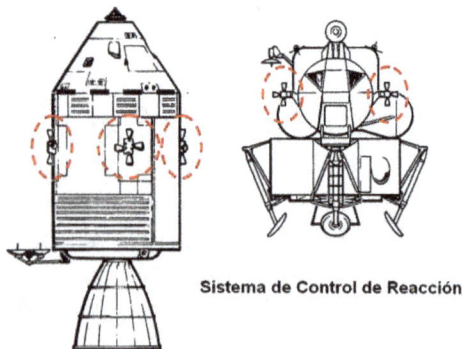

Sistema de Control de Reacción

inconveniente nunca le preocupó mucho a los cuentacuentos de la NASA quienes urgentemente necesitaban un fantástico desenlace. Otro detalle muy cuestionable es la misma "explosión" del tanque de oxígeno, algo que ya ha sido señalado por otros investigadores como Mary Bennett y David Percy. Secundando su opinión al respecto, el autor cree firmemente que, de haber sido real, tal explosión hubiese sido totalmente catastrófica, esto debido a la interrelación y cercana proximidad entre todos los componentes y sistemas operacionales que debían tener las naves. Lamentablemente, y seguramente por razones económicas, nadie ha intentado llevar a cabo un experimento con modelos a escala bien elaborados.

Pero, hay otro problema con la versión oficial y es que, aunque la tripulación de Apolo 13 se hubiese salvado de la explosión del tanque de oxígeno, esta comoquiera hubiese sucumbido a otro problema tan letal como la explosión misma. Como Xavier Pascal ha señalado, la supuesta explosión fue tan grande que ésta debió de afectar tanto a la trayectoria como la actitud de las naves (Figura 6). Es decir, las naves debieron de desviarse y también debieron caer en un ciclo de volteretas violentas porque, como dice Pascal (*Moon Fantasies: The Lunar Module*):

> (E)n el vacío, a diferencia de la atmósfera, no hay una fuerza... que ralentice las volteretas de la nave, esta continuará girando mientras las volteretas no sean contrarrestadas [por los propulsores laterales].

Bajo estas circunstancias:

> La AGC (la computadora de guiado de Apolo) hubiese necesitado más que nunca corregir la trayectoria y actitud de la nave (las naves).

Complicando aún más la situación, la computadora se apagó justo después de la explosión. Según Pascal quien, como debemos recordar, es un experto en computadoras, esto es verdaderamente problemático porque tal interrupción hubiese borrado toda la información de navegación acumulada hasta el momento del presunto accidente lo cual, a su vez, hubiese desorientado al sistema de navegación. Dejados a la deriva, el *Aquarius* y el *Odyssey* se hubiesen desviado por miles y miles de kilómetros haciendo imposible una corrección debido a la limitada cantidad de combustible del módulo lunar el cual, según la NASA, ahora era el que debía impulsar al *Odyssey*. En resumidas cuentas, ambas naves se hubiesen perdido para siempre en el espacio, pues la nave acababa de ser sacada de su trayectoria y puesta a girar brusca y repetidamente. Pero, según la NASA, ¡ni la trayectoria ni los astronautas se vieron afectados y el *Aquarius*, el cual por primera vez acababa de asumir una misión para la cual no había sido diseñado, fue capaz de salvar la misión contando solo con un tercio del combustible del que llevaba el módulo de servicio!

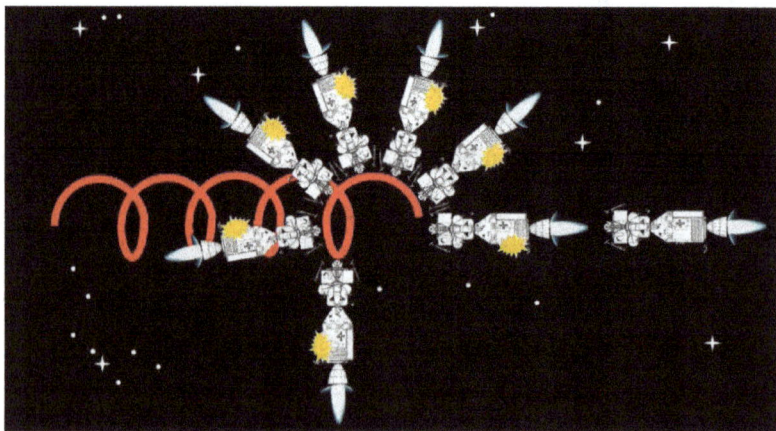

Fig. 6. Dibujo hecho por el autor mostrando la muy lógica teoría de Pascal de lo que le hubiese ocurrido al *Odyssey* y al *Aquarius* si de veras hubiese explotado uno de sus tanques de oxígeno. No obstante, este servidor todavía cree que el resultado verdadero hubiese sido una devastadora explosión general o de ambas naves. Note las estrellas en el espacio.

En un giro verdaderamente afortunado y sorprendente, existe evidencia irrefutable de que la tripulación de Apolo 13 nunca estuvo en el espacio… y siempre ha estado ante nuestras propias narices, lo que ocurre es que no observamos bien. ¿Entonces dónde está? Pues nada menos que en el mismo documental de la NASA titulado *Houston, We've Got a Problem* ("Houston, hemos tenido un problema") el cual puede encontrarse con facilidad en el portal cibernético *You Tube*, aunque lamentablemente solo en inglés. Antes de mostrar "el arma humeante", es imperativo recalcar el siguiente detalle: que los astronautas supuestamente se encontraban a más de 300,000 km de la Tierra cuando sufrieron el "accidente". Esto es importantísimo porque si los astronautas de veras se encontraban tan lejos de la Tierra eso significa que la única luz que debió de haberse visto entrando por las ventanillas de las naves era la luz del Sol la cual puede percibirse de varias tonalidades claras blanquecinas o quizás amarillentas, e incluso naranjas. Pero NUNCA AZUL. ¿Por qué? Pues porque en nuestro sistema solar solo hay un puñado de cuerpos celestes que contienen ese color, planetas tales como la Tierra, pero también Urano y Neptuno. Esa es la razón por la cual las imágenes tomadas desde la Estación Espacial Internacional usualmente muestran un trasfondo azulado el cual, a su vez, es causado por la luz solar reflejada por nuestros océanos los cuales componen más del 75% de la superficie de nuestro planeta.

En resumidas cuentas, las imágenes tomadas o transmitidas desde el *Aquarius* o el *Odyssey* podían enseñar ventanillas con un trasfondo totalmente negro o, a la inversa, totalmente iluminado por una luz blanquecina o de otros colores solares, pero no azul o azulada, sencillamente porque ese color sólo puede verse desde la órbita baja terrestre o desde un punto relativamente cercano, o mucho menos de 100,000 km, de la Tierra. Sin embargo, ¡en varias escenas del documental de la NASA uno puede ver muy claramente un trasfondo AZUL (Figura 7 A, B, C y D) a través de las ventanillas de la nave! En Puerto Rico a esto lo describiríamos como un "huevo" o un "bluper".

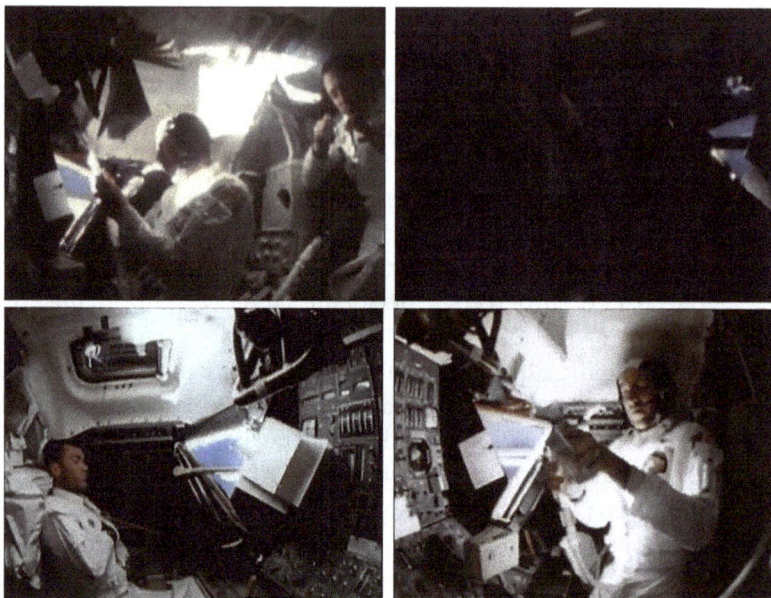

Fig. 7. Las mejores imágenes (en orden secuencial) de fraude en Apolo 13; todas tomadas del documental de la NASA titulado *Houston, We've Got a Problem* ("Houston, hemos tenido un problema") (disponible en el portal *You Tube: Apollo 13 - Houston, We've Got a Problem - NASA Space Program & Moon Landings Documentary*). Como puede ver, las ventanillas muestran un trasfondo azul, un color que ÚNICAMENTE puede verse en el cielo u órbita baja terrestre... o en Neptuno o Urano. ¡Note a Fred Haise, durmiendo tranquilamente (C) durante lo que debían ser los momentos más aterradores de su vida! Pregunta: ¿Podría usted tomar una siesta tras quedarse atrapado dentro de unas naves pequeñas flotando a decenas de miles de kilómetros de la Tierra?

Otra observación hecha por Pascal ha sido el hecho de que el interior del *Aquarius* aparenta ser más espacioso que el del módulo lunar estándar cuya cabina era de 6.65 m³ o 234.8 pies cúbicos. Y es que en los videos de Apolo 13 se ve que Lovell, Swigert y Haise se mueven con bastante flexibilidad dentro de lo que debía ser un interior sumamente incómodo para tres hombres. Esto se hace aún más evidente en las escenas del interior de *Aquarius* el cual, como debemos recordar, fue diseñado para acomodar únicamente a dos astronautas.

Echando a un lado el tema del cielo azul, ahora hablemos de la prueba de fraude más contundente de todas, al menos de las referentes a este tema: el curioso caso de la cápsula BP-1227, una historia de espionaje tan interesante como para competir con las mejores películas del Agente 007. Y es que esta historia confirma algo verdaderamente asombroso: que la cápsula *Odyssey* nunca fue rumbo a la Luna. Peor aún, ¡que la nave ni siquiera llegó a completar una órbita alrededor de la Tierra! ¿Y qué ocurrió con esta cápsula? Bueno. Comencemos desde el principio.

El curioso caso del rompehielos *Southwind*

El 8 de septiembre de 1970, el comandante del rompehielos estadounidense *Southwind* o "Viento Austral", Edward D. Cassidy, recibió en el puerto soviético de Múrmansk, la ciudad más grande del mundo al norte del círculo ártico (noroeste de la nación euroasiática), un módulo de comando Apolo, ¡"sacado de la pesca de Lituania soviética en el Golfo de Vizcaya"! La cápsula fue descargada sobre el *Southwind* mientras periodistas húngaros fotografiaban y documentaban el evento. Notablemente, el buque estadounidense entró al puerto bajo los colores de la bandera soviética. La información acerca de este evento —el único en la historia de la exploración espacial en que un país perdió un objeto espacial, y otro lo había encontrado— fue publicada por los medios de la prensa contemporánea lo que dejó un buen récord de su existencia.

¿Pero exactamente cómo los soviéticos fueron capaces no solo de hacer tal descubrimiento, sino también de entregarlo al puerto soviético sin ningún problema? Pues, con un gran esfuerzo. Según Popov:

> (A)penas seis meses antes del antedicho suceso, los estadounidenses recurrieron al uso de la fuerza para evitar que su rival número uno pudiese obtener alguna parte de su cohete o naves de Apolo 11. En aquella ocasión la URSS

utilizó sus buques de inteligencia radioelectrónica para rastrear adónde el cohete estadounidense Apolo 11 iba a parar después del lanzamiento.

Citando parcialmente a una fuente soviética, Popov continúa narrando que "los estadounidenses rodea(ron) nuestros buques con un escuadrón entero de aeronaves con armas, submarinos (y) aviones "cubriendo" lo alto y completamente estrangulando nuestros buques radioelectrónicos". Determinados a obtener algún componente clave de la tecnología enemiga, el Kremlin se movió asiduamente para asegurarse de que sus buques y otras plataformas militares como submarinos y helicópteros se encontrasen en el océano Atlántico, justo debajo de la trayectoria del próximo vuelo Apolo. Recordemos que prácticamente todos los vuelos espaciales estadounidenses despegaban desde Cabo Kennedy/Cabo Cañaveral en la Florida lo cual hubiese ubicado una parte de su trayectoria sobre la parte septentrional del océano Atlántico. Por ello, en 1970 la URSS pautó los ejercicios navales *Okean*, u "Océano", para el 1º de mayo, tan sólo dos semanas y medio después del lanzamiento de Apolo 13. Mediante este desplazamiento de alrededor de 200 buques y submarinos —el desplazamiento naval en tiempos de paz más grande de la historia— el Kremlin astutamente se aseguró de controlar una parte bastante amplia del Atlántico norte justo durante toda la misión "espacial" estadounidense, esto porque la movilización de una fuerza tan grande requiere semanas de anticipación lo que significa que los navíos soviéticos dominaban la zona desde mediados de abril. A los buques estadounidenses no les quedó más remedio que mantenerse alejados de las posibles zonas de caída de partes u objetos de su Apolo 13. Reconociendo este hecho, los soviéticos llevaron a cabo sus maniobras a la vez observando, y esperando pacientemente, por lo que buscaban. Pronto sus esfuerzos rendirían fruto.

Exactamente cuándo ocurrió —aunque, según la investigación del portal *apoloescéptico* aulis.com, la extracción se llevó a cabo el mismo día del lanzamiento (sábado 11 de abril)— y qué buque, o buques, fueron los que verdaderamente participaron en la detección y extracción de la cápsula del mar nunca ha sido determinado —al menos por el resto del mundo fuera de las cúpulas de poder en Moscú— pero, afortunadamente, tales detalles no son tan importantes para este análisis. Aquí lo que nos concierne es que en la primavera de 1970 los soviéticos hicieron tremenda pesca al sacar una cápsula de 4,309 kg, levemente chamuscada, de la bahía de Vizcaya (Norte de España y oeste de Francia). Ansiosos por anunciarle al mundo acerca de su hallazgo, las autoridades soviéticas autorizaron a su agencia oficial de noticias, TASS, para que reportara el evento.

Repentinamente, encontrándose entre la espada y la pared, Washington se movió rápidamente para controlar la situación. Su respuesta fue clásica: tergiversar los hechos. Así que cuando los soviéticos oficialmente les devolvieron la cápsula a principios de septiembre de 1970, veintiún semanas después del lanzamiento de Apolo 13, los medios estadounidenses diligentemente reportaron una versión que paliaba o le restaba importancia a lo que en realidad era un humillante e incómodo suceso. Según ellos, lo que los soviéticos encontraron no fue una cápsula Apolo, sino una maqueta a escala real o *boiler plate* usado para pruebas no tripuladas (de ahí la designación de BP-1227) y el *Southwind* no fue a Múrmansk específicamente a recibir la cápsula Apolo, sino para "una visita de buena fe" (*goodwill visit*) en la cual la tripulación disfrutaría de "descanso y relajamiento" (*rest and relaxation*). Cabe señalar que esta última explicación es un verdadero insulto a la inteligencia de todos los estadounidenses dado que sus hombres tenían una variedad de lugares más apropiados para relajarse que un puerto enemigo en el friísimo círculo ártico cuyas temperaturas en la primavera fácilmente caen por debajo de los 0 °C.

Elaborando su argucia, la NASA le aseguró al mundo que la "cápsula ficticia" había sido extraviada por la marina de guerra "dos años atrás mientras practicaba el recogido de astronautas regresando de la Luna" (*Kingsport News*, 5 de sept., 1970), una flagrante contradicción al reportaje de la TASS asegurando que la cápsula había caído del espacio, algo corroborado por las marcas de quemaduras encontradas en la cápsula.

Seguramente como producto de la campaña de desinformación de Washington, los reportajes de los periódicos estadounidenses, entre ellos el *Deseret News*, e inclusive el muy vanagloriado *New York Times*, describieron erróneamente los eventos en torno al viaje del *Southwind*. Por ejemplo, el *New York Times*, considerado por muchos "expertos" como la publicación más fiable del mundo, describió la visita a Múrmansk como "de rutina" (4 de sept.) (Figura 8) algo desmentido dos meses y medio más tarde por el *Baltimore Sun* (22 de noviembre de 1970, Jon Franklin) cuando dicho periódico reportó que el rompehielos "hizo una llamada al puerto de Múrmansk, *el primer buque naval de Estados Unidos en entrar en esa ciudad del norte de Rusia desde… la etapa temprana de la segunda guerra mundial*".

Otro aspecto problemático es la discrepancia en los diferentes años dados para la pérdida de la cápsula. Por ejemplo, según la investigación de un contribuidor para el portal cibernético Astronautix llamado Eddie Pugh (http://www.astronautix.com/n/nasaslostbotoryofbp-1227.html), cuando él se comunicó con el Departamento de la Marina de Estados Unidos uno de sus representantes le informó que "Investigando en nuestra oficina se determinó que la cápsula fue perdida en el mar y recuperada por los soviéticos algún tiempo EN 1970." ¡Esto es una clara contradicción a la versión de la NASA, y de la prensa, la cual siempre mantuvo que la cápsula estuvo flotando en las aguas del golfo de Vizcaya durante dos años con algunos reportajes incluso declarando que varias embarcaciones habían reportado su presencia como un peligro para la navegación! Más importante aún, dicha fecha coincide con Apolo 13.

Soviet Plans to Return A Space Capsule to U.S.

SPECIAL TO THE NEW YORK TIMES SEPT. 5 1971

MOSCOW, Sept. 4 — The Soviet Union announced to day that it had found an experimental capsule from the United States Apollo space program and would turn it over to a United States Coast Guard cutter in the northern port of Murmansk tomorrow.

The cutter Southwind, an icebreaker, has been on an oceanographic research mission in northern waters and was scheduled to make routine stop in Murmansk for the weekend.

Embassy sources said that the Soviet Government had informed the embassy about three weeks ago that fishermen from Murmansk, while working in the Bay of Biscay, off France, had found a capsule.

Russia Says Apollo Capsule Is Found, Will Be Returned

MOSCOW (UPI) — The Soviets have plucked from the ocean a U.S. space capsule they describe as part of the Apollo moonshot program and plan to American officials this weekend, the official Tass news agency said.

Checks with U.S. Embassy officials indicated the Soviets have had at least two weeks to examine the space hardware and the U.S. officials knew it, but their decision to return it at this time came as a surprise.

One embassy spokesman said they had viewed the oddball from the U.S. officials had said it was so Apollo program item. But he added "It was my impression from their report it was a whole piece of equipment and not a fragment.

The Soviets said bluntly they intended to put the capsule aboard the U.S. icebreaker Southwind, which was putting into the Bering Sea port of Murmansk Saturday for three days. U.S. officials said subsequently they had asked Washington for permission to make the transfer.

A three - paragraph announcement by Tass Friday afternoon gave the first inkling the Russians had any U.S. space gear.

"An experimental space capsule which was launched under the Apollo program and was found in the Bay of Biscay by Soviet fishermen will be transferred to U.S. representatives," it said.

"The U.S. icebreaker Southwind will come to Murmansk to carry the capsule on Saturday."

Prior to the Tass announcement, the embassy had requested the Southwind would stop at Murmansk from Saturday through Monday to afford its crew "rest and relaxation."

When queried on the Tass report an embassy spokesman said the Soviets had taken the decision without notifying U.S. officials.

Fig. 8. Artículos del *New York Times* y del periódico militar *Stars and Stripes* reportando la recuperación de la verdadera cápsula de Apolo 13 la cual fue sacada del Atlántico norte por los soviéticos y, por razones obvias, ambos reportaron como una "cápsula de pruebas" o *boiler plate*. Erróneamente, el *New York Times* reportó que el *Southwind* se dirigió a Múrmansk en una "visita de rutina" mientras que el *Stars and Stripes* reportó que la tripulación del rompehielos fue a la ciudad soviética disfrutar de "descanso y relajamiento" (*rest and relaxation*) y que casualmente los soviéticos le entregaron la cápsula "de pruebas".

Lamentablemente, los soviéticos tampoco se quedaron atrás en el juego de las mentirillas, pues la versión dada por ellos también está plagada de inconsistencias, específicamente respecto al buque que supuestamente extrajo la cápsula del mar: el pesquero *Apatit*. Resulta que las versiones de las figuras más importantes de esta historia, como el capitán Iván Shankov y su jefe ingeniero Alexander Andrév, es contradictoria y técnicamente imposible. Por ejemplo, Andrév afirmó que la cápsula fue descubierta no en la bahía de Vizcaya, sino a unos mil kilómetros al sur en el Mediterráneo en las cercanías de Gibraltar. En cambio, ¡Shankov inicialmente había indicado que él no sabía absolutamente nada acerca de la cápsula de la NASA! Sin embargo, más tarde él alegó que estaba aliviado de que la grúa de la cubierta de proa fuera capaz de levantar la cápsula sin problemas, ya que él no sabía su peso y la grúa sólo podía levantar hasta tres toneladas. Esta última declaración simplemente no tiene sentido porque una cápsula Apolo podía pesar más de 4.5 toneladas. En otras palabras, el *Apatit* definitivamente no pudo haber extraído la cápsula.

Capítulo 6

Ya que hemos
determinado que las
versiones dadas por
los dos grandes rivales
del siglo XX nunca
han sido muy
fidedignas, ahora
enfocaremos nuestra
atención sobre la
cápsula misma. Y es
que, como ha señalado
el equipo investigativo
de Aulis, es increíble
que el gobierno

Fig. 9. Mapa mostrando la posible trayectoria de Apolo 13 y la zona de la bahía de Vizcaya en donde presuntamente fue extraída la capsula.

estadounidense simplemente deje perder una cápsula de pruebas de un modo tan tonto como el que ha alegado la NASA: cayéndose de un buque tras quedar mal ajustada. O sea, que Washington pretende que creamos que sus cápsulas de pruebas no eran tan importantes como para asegurarlas bien a un buque o para recogerlas tras caer al agua durante un supuesto mal tiempo por lo que en esta ocasión una de ellas simplemente fue dejada a la deriva en el Atlántico no durante uno, sino dos años. Que, a pesar de haber recibido reportes de varios buques que supuestamente habían divisado la cápsula peligrosamente cerca de sus rutas de navegación, durante todo ese tiempo ni sus poderosas fuerzas navales, ni las de sus aliados de la región inmediata como Francia, España y Reino Unido, estuvieron dispuestas a lanzar una búsqueda para recuperarla. Entonces cuando los soviéticos la encuentran, justo bajo sus narices de hecho (pues aquí estamos hablando de aguas cercanas a dos miembros de la OTAN), todo cambia drásticamente a tal punto que ahora Washington está dispuesto a humillarse ante la URSS para recogerla — ¿recuerda la entrada a Múrmansk con los colores soviéticos? Nuevamente debo referirme al equipo investigativo de Aulis, ya que su señalamiento es muy convincente:

El hecho de que este módulo fue cuidadosamente retornado a los Estados Unidos infiere que esto era algo de alto valor (por lo) que el caso de que se trataba del verdadero módulo de comando de Apolo 13, abortado durante el lanzamiento y su inserción orbital, queda enormemente fortalecido.

Tras culminar su misión, el 16 de noviembre el Southwind atracó en la estación aérea naval de Norfolk, Virginia entregando la cápsula allí. Finalmente, el día 17 el rompehielos regresó al arsenal naval de la guardia costera en Baltimore, Maryland desde el cual había partido inicialmente. La cápsula, la cual fue completamente restaurada, permaneció en Norfolk hasta ser transferida al Museo Nacional del Aire y el Espacio (*Smithsonian*, Washington D.C.) para finalmente, en abril de 1976, ser transferida al Museo Van Andel Center en Grand Rapids, Michigan (Figura 13) para servir como una "cápsula del tiempo".

Por si las dudas, al decir cápsula o caja del tiempo esto no significa que la nave va a ser utilizada para realizar viajes a través del tiempo (Aunque: ¿Si se han atrevido a falsificar viajes tripulados a la Luna quién puede decir con seguridad que en un futuro no intentarán fingir viajes a través del tiempo?), sino que la cápsula ha sido convertida en un recipiente hermético con mensajes y objetos del presente para ser encontrados por generaciones futuras. En este caso la fecha clave será el 4 de julio de 2076, el tricentenario de EE.UU.

Fig. 10. Entrega de la cápsula Apolo por las autoridades soviéticas en Múrmansk (5-7 de sept., 1970).

Capítulo 6

Fig. 11. Cápsula siendo montada al
Southwind. Crédito: aulis.com la cual
tomó las fotos de Prensa Húngara (8 de
sept., 1970) y del marinero Mike Malone.

Fig. 12. Abajo: Foto de la tripulación del
Southwind "relajándose y recreándose"
frente a la cápsula "de pruebas" en el
friísimo clima del círculo ártico, hecho
evidenciado por el hielo en la parte
superior de la cápsula. Crédito: Álbum
Southwind Arctic East 70.

Fig. 13. Abajo: Museo Van Andel
Center en Grand Rapids,
Michigan en donde la cápsula –el
cono blanco a la derecha– sirve
hoy como una "cápsula del
tiempo".

306

7

Los enormes peligros de los vuelos espaciales... y de la Luna también

Al ver los videos de los supuestos alunizajes el ojo bien observador puede notar de inmediato algo muy extraño: la TOTAL tranquilidad y falta de preocupación por parte de los astronautas respecto a los posibles riesgos o peligros ambientales de ese lugar totalmente desconocido que presuntamente estaban explorando. Y es que, al bajar la escalerilla del *Eagle*, Armstrong NUNCA hizo lo que debe esperarse de alguien totalmente capacitado y equipado para estudiar nuestro satélite natural como, por ejemplo, tomar medidas de la radiación ambiental. Más aún, al observar detenidamente al equipo de "investigación científica" y al todoterreno lunar presuntamente llevados a la Luna durante los vuelos Apolo otra cosa salta a la vista: la falta de placas o capotas protectoras. Estas observaciones son importantes porque, aunque las peliculitas "lunares" de la NASA no lo demuestren, nuestro satélite natural, y también el espacio exterior en general, es un ambiente repleto de amenazas para todo ser viviente, amenazas como la radiación ionizante, los micro-meteoritos y las tormentas solares, entre otras. En otras palabras, un ser humano, independientemente del equipo que lleve puesto, simplemente no puede caminar por la Luna como Pedro por su casa, esto porque el ambiente lunar es letal, muy letal. Sin embargo, al ver la llamada evidencia fotográfica y de video mostrada *ad nauseam* por los estadounidenses durante casi medio siglo, uno ve a los astronautas desempeñando una serie de actividades físicas fuera de la protección del módulo lunar. Uno puede verlos caminando —o más bien dando brinquitos— de un lado a otro, cargando objetos grandes, martillando equipo y rocas, conduciendo vehículos, usualmente lejos de su punto de "alunizaje".

Increíblemente, durante muchas de estas llamadas actividades extra-vehiculares los astronautas pueden oírse cantando y bromeando, e inclusive verse golfeando (Alan Shepard de Apolo 14) y llevando a cabo micro "Olimpiadas lunares" (C. Duke y J. Young de Apolo 16) con relativa facilidad esto a pesar de que ellos presuntamente se encontraban a casi 400,000 km de su planeta hogar y, a su vez, de cualquier asistencia médica en caso de un desgarre del traje o de un tendón. Sí. Tal y como lo acaba de leer aquí, según la NASA, los astronautas jugaron golf, manejaron un todoterreno y participaron en unas micro-olimpiadas durante su estadía en la Luna. Aunque para muchos estos detalles por sí solos son más que suficientes para llevarlos a descartar a todo el programa Apolo como una

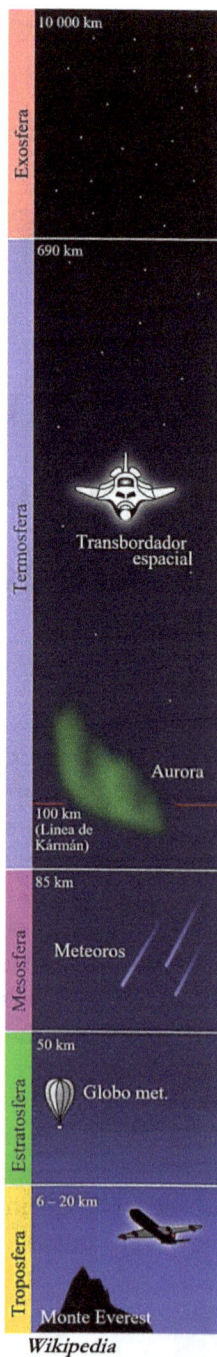

10 000 km

Exosfera

690 km

Termosfera

Transbordador
espacial

Aurora

100 km
(Línea de
Kármán)

85 km

Mesosfera

Meteoros

50 km

Estratosfera

Globo met.

6 – 20 km

Troposfera

Monte Everest

Wikipedia

farsa, lo cierto es que, lamentablemente, la mayoría de la humanidad continúa creyendo en la veracidad de dichas misiones. Sin duda esta situación se debe al hecho de que casi nadie ha visto dichos videítos, los cuales son verdaderamente cómicos (especialmente el de John Young saltando y saludando la bandera), y a nuestra total ignorancia acerca de la aeronáutica y del espacio ultraterrestre. Tal ignorancia se debe principalmente a las obras de ciencia ficción estadounidenses las cuales nos han mostrado una versión fantástica y muy simplificada de todo aquello fuera de nuestra atmósfera. Y es que, además de la ridiculez de agregarle sonido ambiental a las escenas de vuelos y batallas en el espacio, Hollywood les ha dado a los espectadores un falso sentido de seguridad al mostrarles todo el proceso de lanzamiento y de inserción en el espacio, o mejor dicho, la termósfera, como algo casi trivial e inclusive divertido con intrépidos exploradores tranquilamente volando en sus naves, flotando dentro y fuera de ellas y mostrando preocupación solo durante sucesos extremos y prácticamente imposibles como lluvias de meteoros o ataques de seres extraterrestres.

Los peligros a la salud humana

Aunque las antedichas vicisitudes son sumamente interesantes, y ciertamente esenciales para un buen *blockbuster* o éxito taquillero, en realidad los vuelos espaciales no requieren de ninguno de ellos para ser peligrosos; tan solo el despegue hacia la termósfera bastará, pues en ellos hasta las cosas más básicas y aparentemente inocuas pueden ser nocivas, e incluso potencialmente letales. Por ejemplo, los desastres de los transbordadores espaciales *Challenger* (1986) y *Columbia* (2003) se debieron a componentes relativamente insignificantes como un sellado deficiente en una junta o "anillo O" del cohete sólido derecho y una pequeña rotura en el borde del ala izquierda.

Al despegar de la plataforma de lanzamiento el piloto debe soportar varias fuerzas g. Por si las dudas, la fuerza g es una medida de aceleración basada en la aceleración que produciría la gravedad de la Tierra en un objeto cualquiera. Una fuerza g es igual a 9.80665 metros por cada segundo al cuadrado (m/s^2). En un viaje al espacio tales fuerzas pueden alcanzar las 8 g. Como puede imaginarse, esto ejerce una gran presión sobre el cuerpo humano causando, entre otras cosas, un leve hundimiento del pecho, visión de túnel, la desorientación y hasta el desmayo. Por ello, antes de cada vuelo todo astronauta debe someterse a varias horas de entrenamiento —aunque obviamente no seguidas— en una centrifugadora humana, una máquina que pone en rápida rotación a un piloto para determinar su nivel de tolerancia a las fuerzas que experimentaría durante un viaje más allá de la estratósfera. Si alguna vez ha ido a una verbena o feria usted probablemente la ha visto o experimentado en su versión más atemperada, el Rotor, el cual solo produce 3 fuerzas g, ni la mitad de la fuerza generada por el modelo utilizado por los cosmonautas.conscientes de todo esto desde un principio, la NASA desarrolló lo que ha descrito como un riguroso sistema de selección y entrenamiento de los aspirantes a ser astronautas. Inicialmente, los requisitos incluían ser menor de 40 años, tener un bachillerato o equivalente, 1,500 horas de vuelo y ser piloto de pruebas o estar calificado para volar aviones. Asimismo, los candidatos no podían tener una altura mayor de los 180 cm o pesar más de 82 kg, esto debido al pequeño espacio dentro de la cápsula Mercurio. En 1963, el requisito de ser piloto de pruebas fue eliminado. La aparente rigurosidad de las pruebas llevó a los estadounidenses a alardear que sus astronautas eran hombres con *the right stuff* o "el temple correcto".

Ahora que sabemos todo esto, es verdaderamente increíble que no uno, ni dos, sino cuatro de los candidatos que participaron en el programa Apolo simplemente no hubiesen podido cualificar para un vuelo espacial, esto por haber sufrido de una serie de condiciones médicas bastante serias. De hecho, tres de ellos formaron parte de Apolo 11, presuntamente la primera misión con una caminata lunar. Más aún, uno de ellos terminó participando no en una, sino en dos misiones "lunares". Estos hombres fueron Alan B. Shepard (MR-3, Apolo 14), Michael Collins (Géminis 10, A-11), Edwin E. Aldrin (Géminis 12, A-11) y Eugene A. Cernan (Géminis 9A, A-10, A-17). Ahora analicemos los datos médicos de cada uno de ellos.

Alan B. Shepard: Fue uno de los primeros astronautas estadounidenses, siendo reclutado en 1959 y, como fue mencionado en el capítulo 4, el primer estadounidense en salir de la estratósfera (mayo, 1961). Shepard se vio obligado a interrumpir su carrera durante 10 años porque padecía del síndrome de Ménière, una enfermedad que afecta al oído interno y que se caracteriza principalmente por episodios de vértigo y por acufenos o zumbidos en los oídos. ¡Así es, un astronauta que sufría de vértigo! Sin embargo, la versión oficial nos asegura que la enfermedad fue corregida con una operación complicada y que Shepard regresó a la NASA para participar en la misión Apolo 14.

Michael Collins: En 1966, tres años después de haber sido aceptado (tras su segundo intento) como candidato para astronauta, Collins comenzó a sufrir de dolores en la rodilla izquierda mientras llevaba a cabo la misión Géminis 10. Dos años más tarde él comenzó a notar que sus piernas no le estaban funcionando como debían al sufrir serios desbalances mientras bajaba escaleras y al experimentar sensaciones inusuales en su pierna izquierda cuando la exponía al agua fría o caliente. Tras obligarse a ir al médico, Collins descubrió que él sufría de una hernia discal cervical (espina dorsal) la cual requería de una fusión (artrodesis) de dos vértebras. La cirugía se realizó el 22 de julio de 1968 en el hospital Wilford Hall en San Antonio, Texas. Collins pasó casi cuatro meses con un cuello ortopédico. La intervención quirúrgica llevó a su remoción de la tripulación de Apolo 9 (marzo 1969) siendo sustituido por James Arthur Lovell. Según la versión oficial, Collins voló a la Luna un año después (el 16 de julio de 1969) pasando 8 días en el espacio o en órbita alrededor de ese cuerpo celeste sin ningún problema o complicación.

Edwin E. "Buzz" Aldrin: Al igual que Collins, quien lo acompañaría en Apolo 11, él se incorporó a la NASA en 1963 con el tercer grupo de astronautas. Pero, en fuerte contraste con Collins y los otros dos miembros del grupo de los convalecientes de esta lista, los problemas de Aldrin no fueron físicos, sino sicológicos. En su libro titulado *El último hombre en la Luna* (*The Last Man on the Moon: Astronaut Eugene Cernan and America's Race in Space*)(p. 157), Eugene Cernan relata que: "Buzz está en terreno inestable ("tambaleando") con la administración de la NASA debido a su capacidad de toma de decisiones/no parece atenerse a un tema/combinado con los informes de su trabajo en los simuladores y en los demás tipos de entrenamiento, Deke Slayton (el director de operaciones de tripulaciones de vuelo), dijo que, en su opinión, Buzz no estaría apto para una lucha sin cuartel con la UMA — Unidad de maniobras del astronauta." Cernan también afirmó (p. 123) que cuando un problema se presentó durante su misión en Géminis 9, Aldrin dio una sugerencia tan peligrosa que los altos funcionarios quedaron "espantados" y que, de no ser por la intervención de Slayton, Bob Gilruth, el jefe del centro de vuelo espacial, de seguro lo hubiese removido de la misión Géminis 12.

Eugene A. Cernan: Comenzó su carrera con la NASA junto con Collins y Aldrin (tercer grupo) en 1963. Según él lo cuenta en su libro "autobiográfico" (*The Last Man on the Moon* | p. 286), a finales de agosto de 1972, menos de cuatro meses antes de su supuesta misión lunar, el cirujano de la tripulación de Apolo 17, un tal Chuck La Pinta, le diagnosticó una infección en la próstata. Afortunadamente para Cernan, el médico "no se lo dijo a nadie, sino que trabajó calladamente para resolver el problema" y él tuvo que "pas(ar) muchas mañanas recibiendo un masaje digital... una posición muy incómoda para un héroe espacial." Poco después, Cernan nos cuenta que en el mes octubre él volvió a tener problemas físicos luego de estirarse un tendón de la pierna derecha durante un juego de beisbol. Increíblemente, a pesar de haber sufrido "una lesión seria", una vez más La Pinta le salvó el día, solamente aconsejándole que lo "tomara con calma (*take it slow*) durante unos días", para que él lo pudiera preparar para la misión que lo inmortalizaría (falsamente) como el último hombre en la Luna.

Pero eso no fue todo, pues la odisea de Cernan aún no está completa. Resulta que antes de estos dos retos médicos Cernan ya había experimentado un accidente casi fatal. El 23 de enero de 1971, mientras piloteaba un helicóptero Bell H-13 sobre el río Indian cerca del centro espacial Kennedy, nuestro "héroe espacial" cometió lo que solo puede describirse como una novatada potencialmente letal:

> Sin darme cuenta del peligro, volé (directo) hacia una trampa que era la maldición de todo piloto de hidroavión. Sin ondulaciones, el agua no proveía ninguna percepción de la profundidad y mis ojos miraron directamente a través de la superficie transparente hacia... el fondo del río. Me estrellé con una espectacular explosión.

Y, según nos cuenta, Cernan tuvo un escape milagroso: él logró nadar a través de las llamas en la superficie del agua, pero las llamas le chamuscaron sus cejas y la cara (aunque levemente) y mientras luchaba por no ahogarse —esto porque él descuidadamente no se había puesto su chaleco salvavidas— "de la nada vino una embarcación de pescadores con sólo una persona a bordo, una mujer, ella agarró dos puñados de mi overol amarillo remojado y ayudó a sacarme" del agua. Después de recibir tratamiento en el hospital Cernan se reunió con Deke Slayton quien ofreció adjudicarle el incidente a un fallo de motor algo que Cernan rechazó terminantemente. "Como ya te he dicho Deke, no me rindo, sólo metí la pata (*screwed up*)", a lo cual Slayton respondió encogiendo los hombros, meneando la cabeza y diciéndole que "Bien si así lo deseas." En otro giro inesperado, Cernan dijo que "aunque sea increíble para muchas personas, dentro de cuarenta y ocho horas estuve de vuelta en estado de vuelo y listo para volar Apolo 14." Como diríamos en Puerto Rico: "¡De película"!

Bueno. En las palabras del *apoloescéptico* David Orbell:

> Estos chanchullos médicos tuvieron lugar apenas unos días antes del lanzamiento de lo que sin duda (presuntamente) fue la expedición más exigente y técnicamente desafiante jamás emprendida en la historia de la humanidad.
>
> La confirmación de que Gene (Cernan) no se había recuperado para el día del lanzamiento de Apolo 17 figura en su declaración: "Chuck La Pinta y yo nos sonreímos uno al otro mientras metía mis adolorido trasero y piernas en mi traje espacial. Cuando se me preguntó cómo me sentía, mentí un poco, y él lo sabía". La última referencia que Gene hace acerca de su condición... que ponía en peligro su misión se produjo en la última caminata lunar el 13 de diciembre de 1972. "El tendón estirado en mi pierna me dolía con cada paso que daba".

Como Orbell dice con sarcasmo, todas estas condiciones y accidentes deben de concederle a Cernan no el título de El último hombre en la Luna, sino el de "El hombre enfermo en la Luna". O, en la opinión de este servidor, "El hombre más mentiroso del programa Apolo"... aunque la parte del helicóptero parece ser cierta, pero bastante exagerada.

O sea, que la NASA permitió que un hombre que padecía de vértigo, uno con una fusión cervical, uno con problemas de retentiva y uno con una infección en la próstata y un tendón híper extendido —y que estuvo usando muletas— se sometieran a unas fuerzas g sumamente peligrosas para una persona joven y saludable... para ser los primeros en volar unas complejísimas naves hasta la Luna. ¡Qué absurdo! Aparentemente, en lugar de tener *the right stuff* los astronautas de la NASA estaban "all messed up" o "totalmente desmadrados".

Además de este detalle, y el caso extraordinario de Cernan, otro grave problema con el proceso de selección de los astronautas era su flexibilidad respecto al límite de edad. Por ejemplo, cuando él presuntamente caminó en la Luna en 1971, Alan Shepard tenía 47 años, concediéndole el título de astronauta más viejo de EE.UU. hasta el 1998 cuando John Glenn viajó al espacio a bordo del transbordador espacial *Discovery* a la tierna edad de 77 años. Ahora bien, antes de usar el muy inusual caso de Glenn para descartar esta observación, es imperativo recordar que, como se explicó en el capítulo 4 (y también se explicará más adelante en este capítulo), no es lo mismo volar a la órbita baja terrestre que viajar a la Luna: las velocidades de reentrada son mucho más grandes, y por ende, más fuertes sobre el cuerpo humano, y ni hablar de los otros peligros que abundan justo después de nuestra magnetósfera, peligros como la radiación cósmica, entre otros.

Hablando de las velocidades espaciales, ¿recuerda el Vehículo Tripulado Multi-propósito (MPCV por sus siglas en inglés), el derivado del Vehículo Tripulado de Exploración (CEV) del difunto programa Constelación del cual se habló en el capítulo 4? Bueno. Para refrescarle la memoria, esta nave fue una versión actualizada —o más bien seria y real— de la cápsula Apolo y fue el elemento esencial del proyecto Constelación lanzado en el 2005 para "regresar" o enviar seres humanos a la Luna antes del 2020, establecer una base lunar (años más tarde), e inclusive llegar a Marte en un futuro indeterminado. ¿Y qué tiene que ver el Vehículo Tripulado Multi-propósito con el programa Apolo?, se preguntará usted. Después de todo, las misiones "lunares" ocurrieron medio siglo atrás. Pues sépase que este asunto guarda mucha relevancia con el asunto de las fuerzas g durante una reentrada de un vuelo lunar y sus efectos sobre un ser humano. Y es que, como ya hemos visto, durante el desarrollo del Vehículo Tripulado Multi-propósito, mejor conocido como la cápsula Orión, ha salido a la luz una serie de datos reveladores que ponen en duda la versión oficial de los vuelos "lunares" del programa Apolo.

Sin duda la mejor filtración de información referente a lo que se está abordando aquí ha sido el artículo de la propia NASA titulado *Monigotes de pruebas ayudarán a determinar* (el nivel de) *seguridad de la tripulación en Orión* (*Test Dummies to Help Assess Crew Safety in Orion* | 3/3/2016) (Figura 2). "Estamos entusiasmados con esta prueba porque vamos a tener monigotes de pruebas vestidos dentro de la cápsula", dijo Ellen Carpenter, la jefa del proyecto del Centro de investigación Langley, Virginia. "La inclusión de los monigotes de pruebas le asegurará a la NASA que la tripulación estará protegida de lesiones durante el amerizaje en futuras misiones." Pregunta: ¿Por qué tanto entusiasmo si esto fue algo rutinario décadas atrás?

El artículo continúa narrando que los monigotes son justamente los mismos que se utilizan en las pruebas de colisión de automóviles, pero con "diminutos sensores dentro" de ellos "para ayudar a la NASA a entender las cargas que la tripulación podría experimentar al volver de destinos del espacio profundo" y luego nos informa que los ingenieros de la agencia iniciarán una serie de ensayos de caídas verticales en diferentes ángulos sobre una cuenca. Los monigotes se probarán con y sin sus trajes y cascos. Por último, la cápsula será sometida a una serie de pruebas de oscilación en la que los monigotes se mantendrían en los asientos.

Pero la parte más reveladora se encuentra en la segunda mitad del artículo cuando Carpenter le dice al autor, David C Bowman, que "la recopilación de datos sobre los monigotes con y sin trajes le permite a los ingenieros hacer comparaciones que ayudarán en la modelación computarizada del amerizaje de Orión", ya que, como añade el ingeniero Jim Corliss, "El traje tiene cierta influencia en cómo el cuerpo responde a las cargas", esto porque el peso adicional de un casco le impone a la cabeza "unas cargas laterales (que) contribuyen a arrojar(la) de lado a lado" durante el impacto con el agua. Finalmente, Bowman le explica al lector que "Las pruebas de impacto en el agua es uno de los muchos pasos necesarios para asegurar que Orión cumpla con los requisitos de enviar humanos al espacio profundo por primera vez y en el futuro en el viaje a Marte. Durante la próxima misión de Orión, la Misión de exploración-1 (EM-1 | octubre, 2018), la nave no tripulada se lanzará sobre el SLS (*Space Launch System*) más de 40,000 millas (64,373 km) más allá de la Luna y retornará a velocidades de hasta <u>25,000 mph</u> (40,233 kph)".

Note lo último que dice Bowman: que la cápsula "retornará (o, mejor dicho, debe retornar) a velocidades de hasta 25,000 mph/40,233 kph". Esto es importantísimo porque en el capítulo 4 se explicó claramente que las velocidades de reentrada desde la Luna pueden superar los 39,000 kph. De hecho, la NASA, y también el libro de récords mundiales Guiness, han alegado que desde 1969 Apolo 10 mantiene el récord mundial de velocidad de una nave tripulada al regresar a la Tierra a una velocidad de 39,897 kph, tan solo 326 km por debajo de la velocidad estimada para la cápsula Orión. De hecho, ninguno de los tres astronautas de Apolo 10 reportó haber sufrido de algún problema físico después de su "reentrada", es más, tras su extracción de la cápsula y posterior envío al portaaviones USS *Princeton* los tres tripulantes de la misión; Thomas Stafford, John Young y Eugene Cernan; estuvieron caminando y moviéndose con total normalidad (esto se abordará más adelante). Siguiente pregunta: ¿Por qué tanta exaltación acerca de los 40,000 kph de la reentrada de Orión cuando esa velocidad casi se alcanzó medio siglo atrás?

Una prueba contundente de ello puede encontrarse en un artículo acerca del Sistema de Lanzamiento Espacial (SLS por sus siglas en inglés), el cohete que debe enviar a Orión al espacio, publicado por el portal cibernético *Spaceflight Now* en noviembre de 2017 (*NASA expects first Space Launch System flight to slip into 2020* | https://spaceflightnow .com/2017/11/20/nasa-expects-first-space-launch-system-flight-to-slip-into-2020/). En él, se informa que el primer vuelo de prueba del SLS (EM-1), inicialmente pautado para finales del 2018, había sido postergado "probablemente... hasta el 2020", conclusión a la que llegaron los gerentes de la NASA "Después de una evaluación de varios meses del progreso reciente del programa". "Los ingenieros esperan que se materialicen más retrasos en el desarrollo en los próximos años durante el ensamblaje y prueba a gran escala de la etapa central del cohete y la nave espacial Orión" añadió el reportaje. Note la parte diciendo que "Los ingenieros *esperan* que se materialicen más retrasos".

Fig. 2. Sección del artículo de la NASA (nasa.gov) titulado *Monigotes de pruebas ayudarán a determinar* (el nivel de) *seguridad de la tripulación en Orión* (*Test Dummies to Help Assess Crew Safety in Orion* | 3/3/2016) en la cual la agencia explica con gran entusiasmo unas pruebas de amarajes que, según sus propios documentos y la versión oficial, ocurrieron casi rutinariamente en los años sesenta y setenta.

¿Pero, exactamente cuán perjudiciales son las fuerzas g para un ser humano? Bueno. Eso depende principalmente de dos factores: la duración y la dirección de la aceleración. Obviamente mientras más corta la duración mejor. Y es que, aunque varios conductores de los carros de carreras de Indy (Indianápolis 500) han resistido impactos superiores a las 100 fuerzas g sin sufrir lesiones graves, lo cierto es que en dichos casos las altas fuerzas g sólo duraron meras fracciones de segundo. Sin embargo, fuerzas mucho menores, incluso por un minuto, podrían ser fatales. Respecto a la dirección, cabe señalar que la más dañina es "hacia abajo", cuando la sangre corre en el cerebro y los ojos, donde -2 a -3 fuerzas g es el límite (el signo negativo es debido a la dirección hacia abajo). Aquí el efecto mínimo es el de "globos oculares hacia adentro", como en el que experimenta un astronauta durante la aceleración de un cohete lanzado hacia arriba. Por lo general, una persona promedio puede soportar aproximadamente 16 fuerzas g durante unos segundos sin perder el conocimiento o sufrir daño. En cambio, las fuerzas "horizontales", o perpendiculares a la columna vertebral, son las menos peligrosas.

Según David Scott (A-15), durante su reentrada tras su viaje "lunar" él y sus compañeros experimentaron 6 fuerzas g. Más aún, ni Scott ni ninguno de sus compañeros jamás reportó haber sufrido dolores de ninguna clase por causa de las fuerzas g (Figura 3). Pero esto es muy dudoso considerando que aún en algunos vuelos del siglo XXI (todos en la órbita baja terrestre, por supuesto) los astronautas han llegado a experimentar hasta 9 o 10 fuerzas g. Este fue el caso durante dos vuelos de la nave rusa Soyuz, el primero en 2007 (vuelo TMA-10) el segundo (TMA-11) en 2008, esto debido a fallos durante el proceso de separación. Tras el segundo incidente, la primera cosmonauta coreana, Yi So-yeon (Ii So-hiun), terminó sufriendo de severos dolores de espalda.

La micro-gravedad y sus efectos

Desde pequeño este servidor siempre quedó con la impresión de que una estadía en una nave espacial tiene que ser algo muy divertido, después de todo ¿cómo puede ser lo contrario si al ver las imágenes transmitidas desde la Estación Espacial Internacional (EEI/ISS) uno ve a los astronautas alegres y haciendo piruetas con gran facilidad y, en el caso de las mujeres, viéndose muy cómicas con su pelo encrespado y apuntando a todas direcciones menos hacia abajo? ¿Y qué me dice de esas clásicas escenas en las que los astronautas ponen a girar algún objeto, o mejor aún, vierten unas cuantas gotas de agua que rápidamente comienzan a flotar por toda la cabina? Sin duda todos nosotros en algún momento u otro hemos deseado al menos una oportunidad para poder hacer una u otra de esas cosas. Pero, lamentablemente, nuestro universo no es un infinito parque de diversiones y esa ingravidez, o más bien micro-gravedad, no es nada buena para la salud. De hecho, todo parece indicar que la micro-gravedad es muy nociva para los seres humanos, afectando desde los músculos hasta los huesos y las células mismas. En el caso de los huesos y los músculos, pero mayormente los huesos, estos se debilitan llegando a perder hasta un 19% de su masa durante las misiones más largas. Pero eso no es todo, hay otros efectos como cambios en la vista, desorientación, e incluso cambios físicos externos como un hinchamiento del rostro acompañado por un adelgazamiento extremo de las piernas conocido coloquialmente como la condición de "patas de pájaro". Como la espina dorsal no debe sostener todo el peso del torso, esta se estira añadiéndole unos centímetros de altura, pero a la vez causándole dolor a los astronautas. Ah, y también el corazón se encoge. Si ya está comenzando a detestar la idea de pasar, aunque sea un instante en la micro-gravedad el autor no lo culpa, aunque cabe señalar que dichos efectos solo comienzan a manifestarse durante estadías de más de una semana. Así que siga soñando.

Ahora que sabemos todos estos detalles inconvenientes de estar flotando en el espacio, se nos hará más fácil detectar otro error de los *imagineers* o "imaginieros" (derivado del término de Disney fusionando las palabras imaginación e ingeniero) detrás del montaje del programa Apolo, uno grandísimo de hecho: las imágenes de los astronautas físicamente activos luego de "regresar del espacio". Por si las dudas, cuando digo "físicamente activos" me estoy refiriendo a acciones comunes y corrientes como caminar, saludar y levantarse sin asistencia. ¿Y por qué prestarles tanta importancia a cosas tan triviales? Pues porque, como ya debe imaginarse tras haber leído acerca de los efectos adversos de la micro-gravedad y los efectos potencialmente letales de las fuerzas g, un viajero espacial, particularmente uno regresando de la Luna (segunda velocidad espacial/11 kps), no estará preparado para acoplarse a las condiciones terrestres inmediatamente. Tenga en mente que durante un regreso del espacio el cuerpo humano debe soportar una aceleración equivalente a varias fuerzas g, de hecho, en algunas ocasiones hasta 10 o más fuerzas g, y que dicha arremetida viene justo cuando el cuerpo se encuentra en su estado más vulnerable: tras pasar varios días de micro-gravedad. Recuerde que al pasar varios días en el espacio el cuerpo humano se debilita incluso llegando a perder un poco de masa ósea. Esa es la razón por la cual los cosmonautas que acaban de regresar a la Tierra tras unos días en el espacio necesitan asistencia para salir de la cápsula y para caminar tan solo unos pasos hasta unas sillas que siempre deben estar cerca de la nave. En los casos de misiones de larga duración, o más de un par de semanas, los cosmonautas deben someterse a —fíjese bien— un intenso régimen de terapia física que puede tomar de varios días a unas semanas, esto para poder readaptarse a la gravedad terrestre. Yuri Malenchenko y Peggy Whitson de Soyuz TMA-11 tuvieron que someterse a semanas de dichas terapias (*Spacecraft's Shaky Descent Under Scrutiny* | CBS News. 22/3/2008).

Para ilustrar mejor todo esto, abajo se insertó una figura contrastando algunos de los retornos de los astronautas del programa Apolo con una noticia de space.com y unas fotos de los retornos de dos misiones Shenzhou (programa espacial chino) del 2008 y 2013.

En todos los videos y fotografías de las retornos de Apolo 11 y 12, como aquellas mostradas en la figura 3, uno puede ver fácilmente que los "astronautas" hacen lo siguiente prácticamente sin ninguna asistencia, esto a pesar de, presuntamente, haber estado de 8 a 10 días en el espacio y la Luna:

1) Salir de las cápsulas y brincar rápidamente a las balsas al lado de la nave las cuales se meneaban de lado a lado con las olas.

2) Mantenerse de pie, para escuchar un discurso celebratorio u oración, durante varios minutos.

3) Caminar con total normalidad, incluso saludando y haciendo gestos con sus brazos y manos, varios metros dentro de los portaaviones que los recogieron en el Pacífico.

En cambio, al ver los videos de las misiones espaciales chinas Shenzhou 7 y 10 de 2008 y 2013 uno puede notar de inmediato que los taikonautas:

1) Necesitaron asistencia para salir de la cápsula.
2) No fueron capaces de caminar unos pasos sin ayuda.
3) Tuvieron que ser sentados y luego cargados por un equipo de paramédicos.

Pero, eso no es todo. Resulta que en el video pos-reentrada de Shenzhou 7, la cual solo estuvo tres (3) días en el espacio, se ve la presencia de un equipo de paramédicos cosa que nunca se observó en una misión Apolo. Los paramédicos tomaron varios minutos para chequearlos y para ayudarlos a salir por la escotilla. Pregunta: ¿Por qué a la NASA no se le ocurrió formar un equipo de paramédicos específicamente para chequear y atender a los astronautas luego de cada retorno a la Tierra? ¿Por qué obviar una medida cautelar tan importante, especialmente considerando que en el caso de las misiones Apolo estamos hablando de reentradas muchísimo más peligrosas que aquellas hechas desde la órbita baja terrestre? Lo más increíble de todo es que, como fue mencionado a principios de este capítulo, a Michael Collins se le había hecho una fusión (artrodesis) vertebral cervical apenas un año antes de su presunto vuelo lunar dando otra razón más, quizás la mejor de todas, para implantar tal medida cautelar.

Y, hablando de eso, en los reportajes televisivos del "retorno" se ve claramente y a color como Collins sale rápidamente de la cápsula, la cual estaba meneándose de lado a lado en altamar y, tras llegar al portaaviones USS *Hornet*, sale del helicóptero sin asistencia y camina con total normalidad, e incluso a un paso un poco acelerado, y también saludando enérgicamente con los brazos, a sus compatriotas y a equipos de la prensa. Pregunta: ¿Cómo es posible

que Collins haya podido hacer todo eso tras haber regresado de lo
que debió ser una experiencia muy agotadora, e incluso dolorosa
para una persona con una condición como la que él padecía?

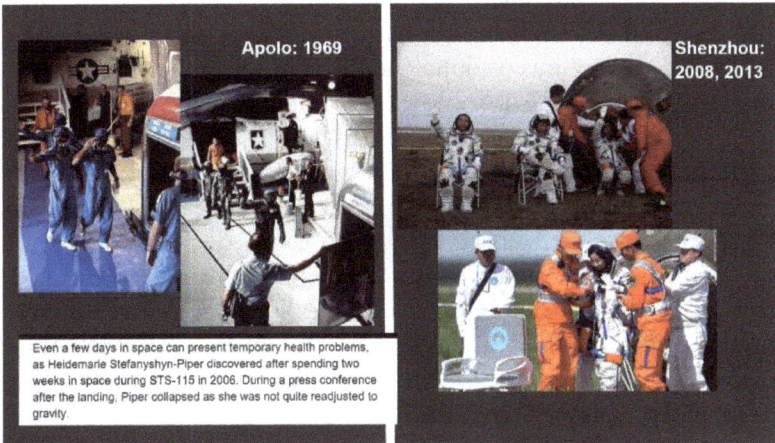

Fig. 3. Collage de fotos de los regresos de las misiones Apolo 11 y 12 (S69-40753, S69-22849,
respectivamente) y de las misiones chinas Shenzhou 7 y 10. Contraste la obvia vitalidad de los
"astronautas" de Apolo contra la debilidad de los *taikonautas* de las cápsulas Shenzhou del siglo XXI.
Esto se debe a que a la intensa aceleración, equivalente a varias fuerzas g, que la reentrada impone
sobre el cuerpo humano y a la micro-gravedad la cual atrofia músculos y causa desorientación. El
artículo de space.com de arriba (*La ausencia de peso y sus efectos sobre los astronautas* | 30/11/2013),
señala que: "Incluso unos pocos días en el espacio pueden presentar problemas de salud temporal,
como Heidemarie Stefanyshyn-Piper descubrió después de pasar dos semanas en el espacio durante
la STS-115 (transbordador espacial *Atlantis*) en 2006. Durante una conferencia de prensa después del
aterrizaje, Piper se desplomó por no estar muy reajustada a la gravedad." Crédito: NASA, AP y Alamy.

Tomando en cuenta que los "astronautas" de Apolo claramente
debían de haber mostrado señales de debilidad física como
problemas al andar y, definitivamente, dificultad para salir de la
incómoda escotilla de la cápsula que presuntamente hizo una
reentrada a unos 11 km por segundo, es la conclusión de este
servidor que ninguno de los llamados exploradores lunares estuvo
en un ambiente de micro-gravedad o expuesto a más de una fuerza
g y que, de hecho, existe la posibilidad de que los integrantes del
programa Apolo ni siquiera estuvieron en el espacio validando el
apodo que les dio Ralph René de "astro-nots" o "astro-nadas".

Abundando aún más en el tema de la gravedad, analicemos los llamados saltos dados por los astronautas presuntamente en la Luna. En junio de 1970, Neil Armstrong fue a Leningrado en la URSS para asistir a la 13ª reunión del COSPAR o el Comité para la Investigación del Espacio. Allí Armstrong dijo que: "Por supuesto, en medio de una misión lunar uno quiere saltar. Un salto libre y manteniendo el control sobre el movimiento es posible hasta un metro. Los saltos a gran altura a menudo terminaban en una caída. La altura máxima del salto fue de dos metros, i. e. hasta la tercera grada de la escalerilla del módulo lunar. En este caso el astronauta logra mantener su balance sólo si es capaz de agarrarse de los pasamanos de la escalerilla". Dos metros. Una altura superior a la de la mayoría de los seres humanos. Esa es la altura que el presunto primer caminante lunar asegura haber alcanzado con un brinco en nuestro satélite natural. Sin embargo, al ver las escenas del "salto-saludo" de "John Young" (A-16), el salto *captado totalmente por la cámara* más alto de todos los saltos "lunares", uno queda verdaderamente desilusionado al ver un brinco de tan solo 43 cm, algo verdaderamente patético considerando que una persona atlética puede superar esa altura aquí en la Tierra con una gravedad seis veces mayor. Y, por si las dudas, sépase que, como ha señalado Alexander Popov, "en la Tierra el peso de un astronauta con su traje espacial completo es de unos 160-170 kg mientras que en la Luna es de 27-30 kg. Los músculos de los astronautas siguen siendo los mismos, por lo que uno esperaría que los astronautas lo demostrasen saltando alto por la Luna."

Por si las dudas, la atrofia muscular no comienza a manifestarse hasta la culminación de la primera o el comienzo de la segunda semana en la micro-gravedad (dependiendo, por supuesto, de la condición física del individuo) y, según la versión oficial, los astronautas de las misiones Apolo tardaban un promedio de cuatro días y medio en llegar a la Luna. Esto significa que, si de veras hubiesen estado en la Luna, los astronautas hubiesen estado bastante vigorosos como para dar los saltos de dos metros mencionados por

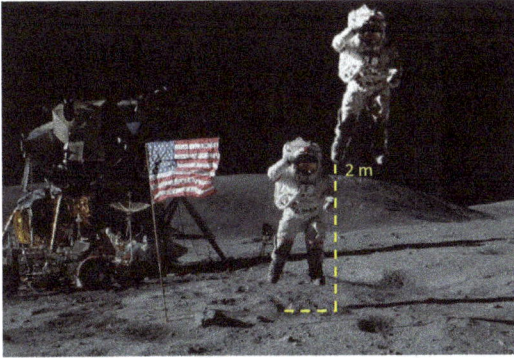

Fig. 4. Sección del segmento de video del "salto-saludo" de "John W. Young", el salto más alto de todos los saltos "lunares" captados totalmente. Como puede ver, "Young" está saltando unos 50 cm, algo verdaderamente patético considerando que un ser humano atlético puede brincar más alto aquí en la Tierra con una gravedad seis veces mayor.

Aldrin y, sin embargo, nunca se ven tales hazañas, lo único que se ve es los infantiles "brincos de canguro" (*Kangaroo hops*) de una altura aún más decepcionante que los saltos de Young. Otro detalle muy revelador del "salto-saludo" es que, como un astuto observador de seudónimo "Steve the Chemist" ("Esteban el químico") ha señalado en *You Tube*, Young solo levanta una patética columnita de polvo al impulsarse hacia arriba algo muy extraño considerando que la reducida gravedad lunar debe producir justo lo contrario: una gran nube de regolito que debe mantenerse en el espacio/cielo lunar durante varios segundos.

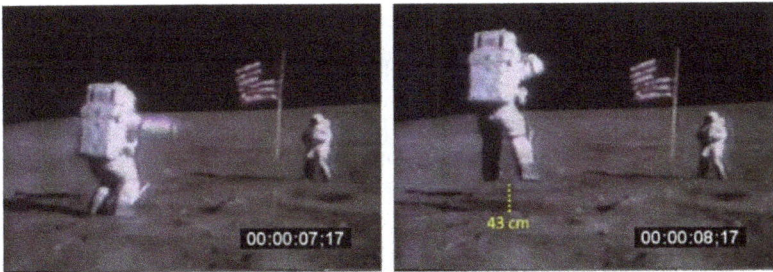

Fig. 5. Foto (AS16-113-18340) supuestamente del segundo "salto-saludo" de Young modificada por el autor (aunque basada en un montaje del físico A. Popov) para mostrar cómo debió de haber sido tal salto a una sexta parte de la gravedad terrestre. Note su aparente elevación sobre la loma justo detrás del módulo lunar.

325

Los micro-meteoritos

Sin duda el problema más subestimado de la exploración espacial es el de los micro-meteoritos. Como ya sabemos, la NASA reconoció la existencia de este fenómeno desde la época del programa Apolo hecho evidenciado en sus folletos de la prensa en los cuales se hablaba confiadamente acerca de la supuesta resistencia de los trajes espaciales A7LB contra fragmentos viajando a más de 100,000 kph. Pero, no obstante las aseveraciones de la NASA, los micro-meteoritos son una amenaza muy seria para cualquier misión tripulada más allá de la exósfera.

Ahora hablemos del riesgo de los micro-meteoritos en la Luna, pero antes debemos hacer una leve digresión para cubrir el tema de nuestra atmósfera, pues solo así podremos entender la magnitud de este problema que deberán enfrentar las futuras misiones tripuladas a ese cuerpo celeste. Primeramente, una atmósfera es una capa de gas que rodea a un cuerpo celeste y que es atraída a él por la gravedad de dicho cuerpo. Casi todos los cuerpos celestes de nuestro sistema solar contienen una atmósfera. Cabe aclarar que la Luna es uno de ellos, pero su atmósfera es tan tenue como para ser prácticamente inexistente. En cambio, la atmósfera terrestre es muy densa lo que le permite absorber —en la capa de ozono— la mayor parte de la radiación solar ultravioleta, moderar las diferencias de temperatura entre el día y la noche, y, por supuesto, servir como nuestro escudo protector contra los meteoritos, e incluso contra algunos asteroides. Como vimos en la figura 1, nuestra atmósfera contiene cinco capas diferentes: la trópósfera, la estratósfera, la mesósfera, la termósfera/ionósfera, y la exósfera. Es gracias a estas capas que nuestro planeta es habitable. De todas estas capas es la penúltima, la ionósfera, la que desempeña la función de escudo protector contra los objetos o fragmentos que vienen del espacio exterior. Como ya sabemos, la Luna no tiene ionósfera lo que significa que ésta es muy vulnerable ante los impactos de meteoritos. Esto, a su vez, significa que un paseíto prolongado por la superficie lunar sencillamente no es posible, el riesgo de ser impactado por una partícula viajando mucho más rápido que la velocidad del sonido es significante. Pero usted no tiene que tomar mi palabra al respecto, ya que la misma NASA lo ha reconocido... casi medio siglo después del programa Apolo. Así es, en una clara contradicción de su posición anterior, la NASA ha hecho público el hecho de que los micro-meteoritos son una amenaza muy seria para cualquier misión de exploración humana de nuestro satélite natural. El 13 de octubre de 2016, el portal cibernético nasa.gov reportó bajo el encabezado "La luna de la Tierra está siendo azotada por un número sorprendente de meteoritos" (*Earth's Moon Hit by Surprising Number of Meteoroids*) que:

> La luna sufre un bombardeo más pesado de meteoritos pequeños que lo que los modelos habían predicho, (esto) según las nuevas observaciones de la nave espacial de la NASA, el Orbitador de Reconocimiento Lunar (LRO). El hallazgo implica que características de la superficie lunar que se pensaba que eran recientes porque tenían relativamente pocos cráteres de impacto pueden ser incluso más recientes que las estimaciones anteriores.
>
> El hallazgo (...) implica que equipos enviados a la Luna para una larga duración — como una base lunar, tendrán que hacerse más robustos. Si bien es poco probable (que uno reciba) un golpe directo de un meteorito, una lluvia más intensa de residuos (...) desechados por impactos cercanos puede suponer un riesgo para los activos de la superficie.

Según Emerson Speyerer de la Universidad de Arizona:

> Antes del lanzamiento del Orbitador de Reconocimiento Lunar, se pensaba que las perturbaciones del regolito lunar (suelo) por los impactos de meteoritos típicamente tomaban millones de años para revolcar la superficie hasta 2 centímetros. Las nuevas imágenes de la cámara del Orbitador de Reconocimiento Lunar (LROC) están revelando que pequeños cambios superficiales están

transformando la superficie *mucho más rápido de lo que se pensaba*. (Énfasis añadido.)

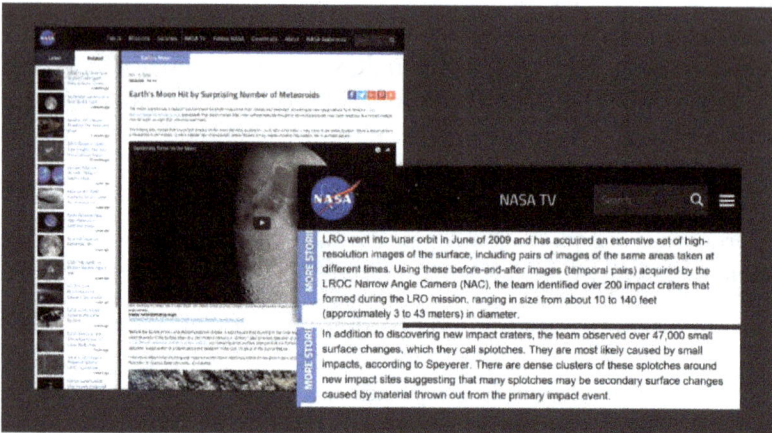

Fig. 6. Secciones del artículo de nasa.gov titulado "La luna de la Tierra está siendo azotada por un número sorprendente de meteoritos" (*Earth's Moon Hit by Surprising Number of Meteoroids*) **en el cual la agencia admite que los micro-meteoritos son un peligro mucho mayor de lo que se pensaba.**

El artículo continúa señalando que, desde el inicio de su misión en el 2009, el Orbitador de Reconocimiento Lunar ha registrado más de 200 nuevos impactos profundos con diámetros que van desde los 3 hasta los 43 metros y, más ominosamente que:

> El equipo observó sobre 47,000 pequeños cambios superficiales, además de descubrir nuevos cráteres de impacto, que ellos llaman manchas. Son probablemente causados por pequeños impactos, según Speyerer. Hay densos racimos de estas manchas alrededor de nuevos sitios de impacto, lo que sugiere que muchas manchas pueden ser cambios superficiales secundarios causados por el material arrojado desde el evento de impacto primario.

En resumidas palabras, en menos de siete años la Luna ha sido bombardeada más de 200 veces o más de 30 veces por año dejando más de 47,000 "pequeños cambios superficiales", o más bien zonas cubiertas por los fragmentos de los impactos primarios. ¿Sabiendo todo esto, se atrevería usted a pararse en la Luna?

Como ya podemos añadirle una X más a la lista de amenazas espaciales, ahora examinemos de cerca el peligro más grande de todos:

La radiación ionizante

Como fue mencionado en el capítulo 4, hay dos tipos de radiación, la ionizante y la no ionizante. Toda la materia es constantemente bombardeada con radiación de ambos tipos desde fuentes cósmicas y terrestres. La radiación ionizante es el flujo de energía en forma de partículas atómicas o subatómicas u ondas electromagnéticas que viajan a través del vacío o de un medio material y que son capaces de arrancar los electrones de sus órbitas, haciendo que el átomo se cargue (ionización). Es decir, la radiación ionizante es la energía ondulatoria (que viaja en ondas) que altera un objeto, y también a un organismo vivo a un nivel molecular causando, en el caso de seres vivos, alteraciones o daños a las células y a su material genético. Cuando el 99.9% de la población está hablando de radiación en realidad se está refiriendo a este tipo de energía; la que causa quemaduras, mutaciones y cáncer. En cambio, las radiaciones no ionizantes son aquellas incapaces de ionizar los átomos.

Entre los tipos de radiación ionizante se encuentran los rayos gama, los rayos ultravioletas y los muy conocidos rayos X, mientras que en la última categoría se encuentran las microondas y las ondas de radio. Sin embargo, existe un tipo de radiación que no es ionizante pero que sí puede ser tan nociva como la radiación ionizante: la radiación termal.

Volviendo a la radiación ionizante o la "radiación mala", la exposición a altas dosis de ella puede causar varios efectos nocivos como quemaduras por radiación o síndrome de irradiación aguda, caída del cabello, náuseas, vómitos, e incluso la muerte. Los efectos dependerán de una serie de factores tales como la cantidad y el tipo de radiación absorbida, la duración de la irradiación, de la sensibilidad de los diferentes órganos y tejidos, y también de factores personales como el sexo, la edad y el estado de salud al momento de la irradiación. Si la dosis de radiación es baja, pero la exposición a ella ocurre durante un periodo prolongado, el riesgo de desarrollar uno o más tipos de cáncer aumenta considerablemente, aunque dicho proceso puede tardar años, o incluso decenios y no todos los seres humanos reaccionarán exactamente igual a una sobredosis de radiación ionizante.

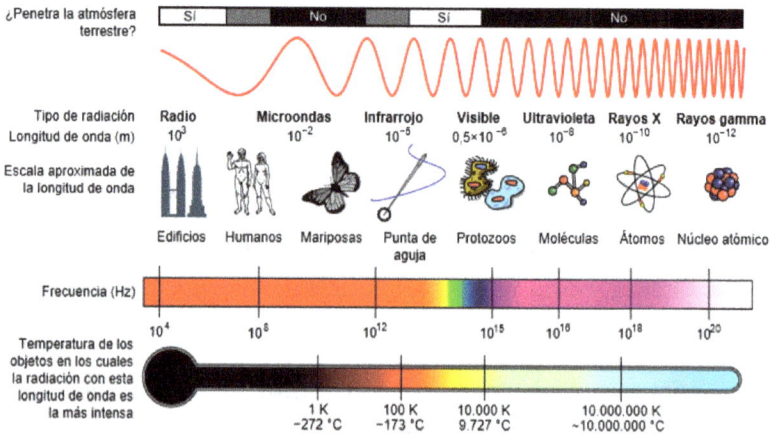

Fig. 7. Diagrama ilustrando el espectro electromagnético, o la distribución energética del conjunto de las ondas electro-magnéticas, y mostrando que la radiación ionizante aparece en frecuencias superiores a 3.10 Hz. Crédito: *Wikipedia*.

Aunque existe una amplia... gama (¡Ja, ja!) de unidades para medir la radiación ionizante como, por ejemplo, el curio (Ci), el becquerel (Bq), el roentgen (R), el coulomb (C/kg), el rad y el gray (Gy), aquí solo se utilizará la unidad para medir el equivalente de la dosis, o dosis efectiva. En otras palabras, aquí se usará la unidad que combina la cantidad de radiación *absorbida* y los *efectos médicos* de la radiación. En este caso estamos hablando de la unidad adoptada por el Sistema Internacional de Unidades (SI): el sievert (Sv) y la mili sievert (mSv). Anualmente, una persona promedio recibe 2.4 mSv, mayormente por exposición a los rayos cósmicos. Una dosis de 500 o más mSv puede comenzar a causar síntomas de envenenamiento radioactivo y está demostrado que una dosis de 4 a 5 sieverts/4,000-5,000 mSv, puede causar la muerte al 50 por ciento de una población expuesta dentro de 30 días, mientras que 10 Sv/10,000 mSv produce la muerte en casi el 100 % de los casos en cuestión de semanas. Cabe señalar que además de ser muy perjudiciales para los seres vivientes, la radiación ionizante es nociva para todo equipo electrónico al incrementar considerablemente su conductividad.

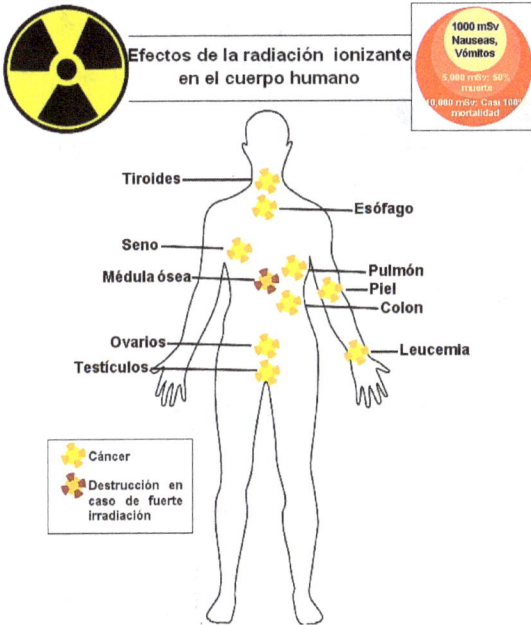

Efectos de la radiación ionizante en el cuerpo humano

1000 mSv Nauseas, Vómitos
5,000 mSv: 50% muerte
10,000 mSv: Casi 100% mortalidad

Tiroides
Esófago
Seno
Médula ósea
Pulmón
Piel
Colon
Ovarios
Leucemia
Testículos

Cáncer
Destrucción en caso de fuerte irradiación

Bueno. Ya que nos hemos familiarizado un poco con la radiación ionizante ahora podemos proceder al asunto más temido por la NASA y los defensores de los alunizajes tripulados del siglo XX: el de la radiación ionizante más allá de la magnetósfera. La magnetósfera (también magnetósfera) es la región exterior a la Tierra, a partir de unos 100 km de altura, en la que el magnetismo terrestre ejerce una fuerza que bloquea la entrada de las partículas ionizadas provenientes del espacio. Sin embargo, dentro de la magnetósfera hay ciertas zonas donde se concentran bolsillos de partículas cargadas, estamos hablando de los cinturones radioactivos de Van Allen, llamados así en honor al físico estadounidense que los descubrió en 1958: James A. Van Allen. Estos "cinturones" —por lo general dos, pero en ocasiones hasta tres— son áreas más o menos en forma de anillo en las que protones y electrones se mueven en espiral y en gran cantidad entre los polos magnéticos del planeta.

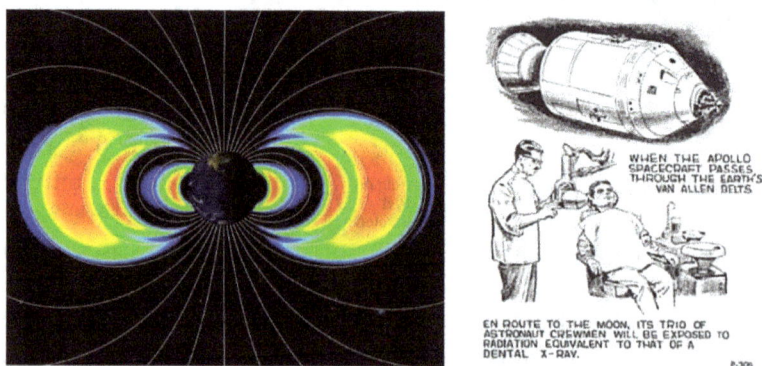

Fig. 9. Dibujo de los cinturones de Van Allen, los anillos de forma toroidal dentro y alrededor de la magnetósfera, en los que se concentran las partículas cargadas provenientes del espacio. Crédito: NASA/T. Benesch, J. Carns. (B) En este dibujo de su *Referencia para la prensa de las naves Apolo* (*Apollo Spacecraft News Reference*) la NASA dice confiadamente que "Cuando la nave Apolo pase a través de los cinturones de Van Allen... en su ruta a la Luna, su trio de astronautas... estará expuesto a (una dosis) de radiación equivalente a un rayo X dental (¡!)"

Cabe señalar que en realidad no existe una división clara entre estas zonas, pues éstas se van confluyendo poco a poco con el flujo de partículas cargadas mostrando las regiones de densidad máxima. Según la enciclopedia *Britannica*, la región o cinturón interior se extiende desde unos 3,000 km por encima de la superficie de la Tierra hasta más allá de los 5,000 km, mientras que la región exterior se extiende desde unos 15,000 km hasta unos 20,000 km. La región interior se compone principalmente de protones altamente energéticos. Se cree que los protones del cinturón interior son producto de la desintegración de los neutrones cuando los rayos de alta energía provenientes del exterior de nuestro sistema solar chocan con los átomos y las moléculas de la atmósfera de la Tierra por lo que sus energías son mucho más intensas que las de los protones del cinturón exterior. Para entender mejor lo que se está describiendo aquí, tan solo visualice una piedra sobresaliente en medio de un río embravecido, con la piedra representando a la Tierra y las corrientes pasando alrededor de ella representando a la radiación cósmica o solar. Algo muy similar es lo que está ocurriendo constantemente alrededor de la Tierra.

Ahora bien, antes de proseguir es imperativo aclarar que, en un detalle que revela las grandísimas limitaciones de la ciencia del siglo pasado y principios de éste, nunca ha habido un consenso respecto a la verdadera extensión o las dimensiones de los susodichos cinturones con algunas fuentes asegurando que comienzan desde una altura mucho más baja que la citada anteriormente; los 400 km del nivel del mar; y que se extienden hasta los 38,000, e inclusive 58,000 km de la Tierra. Tal discrepancia ha llevado a muchos científicos a teorizar que los cinturones oscilan o cambian de posición y de tamaño.

¿Entonces cuán intensa es la radiación dentro de los cinturones de Van Allen? Y, más importante aún, ¿cuán nociva es para los astronautas o las naves espaciales que vuelen a través de los cinturones? Bueno. Según la NASA (*SP-368 Biomedical Results of Apollo*), cada astronauta llevaba consigo un "dosímetro personal de radiación" (Figura 10) y tres "dosímetros pasivos", unos pequeños aparatos "con un tamaño cercano al de una cajetilla de cigarrillos" en el caso del primero y aún más pequeño en el caso de los otros que iban embolsillados en varias partes del cuerpo como en los tobillos, los muslos o el pecho los cuales confirmaron que las dosis de radiación absorbidas por los astronautas —las cuales veremos en una tabla en la siguiente página— fueron muy bajas. Curiosamente, dichos datos convenientemente "confirmaron" lo que la agencia había afirmado antes de Apolo 11 en su folleto titulado *Referencia para la prensa de las naves Apolo* (*Apollo Spacecraft News Reference*) al decir, y prepárese para esto, que ¡la travesía por los cinturones de Van Allen solo expondría a los astronautas a una dosis de radiación "equivalente a un rayo X dental"!

Fig. 10. "Dosímetro personal de radiación" y un "dosímetro pasivo" (B), aparatos "de un tamaño cercano al de una cajetilla de cigarrillos" que, según la NASA, iban en los bolsillos de los trajes espaciales.

Antes de referirnos a la tabla de la supuesta exposición a la radiación de los astronautas del programa Apolo, es imperativo aclarar que, debido a la sospechosa movida de la NASA de utilizar el rad (acrónimo en inglés de "Dosis de radiación absorbida"), una medida descartada décadas atrás por no ser un buen indicador de los efectos de la radiación sobre los seres vivos, primero tendremos que referirnos a otra tabla (A) con los equivalentes en micro sieverts de cada uno de los diferentes tipos de rad, cuatro en total. Los cuatro diferentes tipos de rad son el rad alfa, el rad beta, el rad gama y el rad neutrón. Por si las dudas, la dosis límite, o la dosis al margen de lo tolerable para un ser humano promedio, en rad es 0.17, aunque lo ideal es que uno no se exponga a más de 0.5 rad. Al menos eso es lo que ha establecido el Consejo Federal de Radiación de EE.UU., aunque, desconcertantemente, dicho límite es considerado como demasiado alto por muchos expertos. Así es, es muy probable que decenas de miles de estadounidenses estén siendo expuestos a una dosis de radiación peligrosa o cancerígena… legalmente. Pero este

asunto está fuera del alcance de este libro. De todos modos, aquí
está la tabla (de web calculator.org):

1.0 rad (alfa)	200 mSv
1.0 rad (beta)	10 mSv
1.0 rad (gama)	10 mSv
1.0 rad (neutrón)	100 mSv

Misión	Duración Total	Duración "Superficie Lunar"	Dosis Radiación Promedio (rad)*
Apolo 7	10 días, 20 hrs, 9 min.	No Aplica	0.16
Apolo 8	06 días, 03 hrs, 0 min.	N/A	0.16
Apolo 9	10 días, 1 hora, 0 min.	N/A	0.20
Apolo 10	08 días, 0 hrs, 3 min.	N/A	0.48
Apolo 11	08 días, 03 hrs, 13 min.	21 hrs, 38 min.	0.18
Apolo 12	10 días, 4 hrs, 31 min.	31 hrs, 31 min.	0.58
Apolo 13	5 días, 22 hrs, 54 min.	N/A	0.24
Apolo 14	09 días, 01 min.	33 hrs 31 min.	1.14
Apolo 15	10 días, 01 hora, 11 min.	66 hrs, 54 min.	0.30
Apolo 16	11 días, 01 hora 51 min.	71 hrs, 2 min.	0.51
Apolo 17	12 días, 13 hrs, 51 min.	74 hrs, 59 min.	0.55

* La dosis de radiación promedio según el Archivo de Datos de las Ciencias
Vitales (Life Sciences Data Archive) del Johnson Space Center.

Como podemos ver, la tabla B contiene unas grandes anomalías: que
la dosis de radiación absorbida por los astronautas durante las
misiones A-7, A-8 y A-11 fue idéntica o casi igual. En las primeras
dos la dosis registrada fue 0.16 rad, mientras que Apolo 11 produjo
una dosis de 0.18 rad. Esto es, cuanto menos, un dato muy
problemático, ya que cada una de estas presuntas misiones fue muy
diferente de la otra. Dejándonos llevar por la versión oficial, Apolo
7 (oct., 1968), la primera misión tripulada del programa Apolo, solo

se mantuvo en la órbita baja terrestre, Apolo 8 (dic., 1968) fue el primer vuelo en salir de la órbita baja terrestre y en sobrevolar (no posarse en) la Luna, mientras que, como ya sabemos, Apolo 11 fue la primera (recuerde que esto es lo que afirma la versión oficial) en alunizar. o sea, que, lógicamente, la dosis recibida en cada vuelo debió variar considerablemente, no permanecer igual o casi igual. Más extraño aún es el hecho de que la NASA ha asegurado que unos astronautas viajando por el espacio y pasando por los cinturones radiactivos de Van Allen, una región altamente peligrosa tanto para seres humanos como para equipo electrónico, terminaron acumulando una dosis de radiación *inferior* al límite legal estadounidense de 0.17 rad por año. ¡Claramente aquí hay gato encerrado!

Ahora bien, antes de continuar es menester dedicar un espacio para exponer el argumento de la NASA respecto al presunto viaje a través de los cinturones radiactivos de Van Allen, después de todo un análisis sin la inclusión de puntos de vista divergentes no es ni interesante ni muy fiable, así que estudiémoslo bien. He aquí una de las mejores, sino la mejor de las explicaciones de la posición oficial dada por el ingeniero Jay Windley, un ávido defensor del programa Apolo, en su página cibernética clavius.org (*Environment: Radiation and the Van Allen Belts*):

> Sí, hay radiación mortal en los cinturones de Van Allen, pero la naturaleza de esta radiación era conocida por los ingenieros de Apolo y ellos fueron capaces de hacer los preparativos pertinentes. El peligro principal de los cinturones de Van Allen es los protones de alta energía, contra los cuales no es tan difícil de escudarse. Y los navegantes de Apolo trazaron un curso a través de las partes más finas de los cinturones y se las arreglaron para que la nave espacial pasara a través de ellos rápidamente, limitando la exposición (a la radiación).

Los cinturones de Van Allen abarcan unos cuarenta grados de la latitud de la Tierra — veinte grados por arriba y por debajo del ecuador magnético. Los diagramas de trayectoria *translunar* de Apolo impresos en varios comunicados de prensa no son completamente exactos. Estos tienden a mostrar sólo una versión bidimensional de la trayectoria real. La trayectoria real es tridimensional. Los informes altamente técnicos de Apolo, accesibles pero que no son generalmente conocidos por el público, dan detalles de la trayectoria *translunar*.

Cada misión voló una trayectoria ligeramente diferente para acceder a su sitio de alunizaje, pero la inclinación orbital de la trayectoria de planeo *translunar* siempre estuvo cerca de los 30 °. Dicho de otra manera, el plano geométrico conteniendo la trayectoria *translunar* estaba inclinado a unos 30 ° del ecuador de la Tierra. (Por ello) una nave espacial siguiendo esa trayectoria hubiese esquivado todo menos los bordes de los cinturones de Van Allen.

En otras palabras, los cerebros de la NASA descubrieron una ruta alterna, un atajo, que los llevó por "las partes más finas de los cinturones y (así) se las arreglaron para que la nave espacial pasara a través de ellos rápidamente". Por estas razones la NASA ha alegado con un tono triunfalista (*SP-368 Biomedical Results of Apollo*) que:

La radiación no fue un problema operacional durante el programa Apolo. Las dosis recibidas por los tripulantes de las misiones Apolo 7 a la 17 eran pequeñas porque no se produjeron grandes eventos de partículas solares durante las misiones. Un pequeño evento fue detectado por un sensor de radiación fuera de la nave espacial de Apolo 12, pero no se detectó ningún aumento en la dosis de radiación de los tripulantes dentro de la nave espacial.

Si usted está sospechando que todo esto suena demasiado perfecto para ser verdad, usted no está solo... ni tampoco equivocado. Tan increíble como parezca, la realidad es que nadie puede decir con exactitud cuán radioactivos son los cinturones de Van Allen. Pero, dirá usted, ¿cómo es posible que la NASA, con su presupuesto prácticamente ilimitado y sus vastos recursos científicos y tecnológicos no haya podido hacer algo tan básico como determinar la peligrosidad de las regiones que los astronautas debían atravesar? Después de todo, la agencia tenía conocimiento de la existencia de dichos cinturones desde el 1958, diez años antes de Apolo 8. Bueno. Nuevamente, debe enfatizarse que en la segunda mitad del siglo XX nadie, ni siquiera los mejores expertos de la época, tenía la capacidad de determinar con certeza los niveles de radiación, o ni siquiera la verdadera magnitud, de los cinturones de Van Allen. Ahora bien, es imperativo aclarar que esto de ninguna manera se debió a una deficiencia intelectual de su parte de los miles de científicos, técnicos y otros obreros que participaron en los aspectos más importantes del programa Apolo, sino al estado relativamente primitivo de la tecnología de exploración espacial en aquel entonces. De hecho, tras analizar la montaña de información que ha salido durante los últimos doce años, el autor puede declarar con total confianza que la astronomía del siglo pasado estaba prácticamente ciega no solo respecto al asunto en cuestión, sino también respecto a otros fenómenos galácticos como los micro-meteoritos o los eventos de partículas solares/tormentas solares y sus efectos sobre la Luna y nuestros satélites (artificiales), e inclusive nuestro planeta hogar. Y, como veremos a continuación, esto no es una exageración.

Pero lo mejor de todo es que prácticamente todos los datos más contundentes en contra de los alunizajes tripulados nos han llegado cortesía de la misma NASA, particularmente por medio de sus sondas LRO y las Sondas Van Allen. Curiosamente, todas estas sondas fueron lanzadas a bordo de cohetes Atlas V los cuales, como ya sabemos, utilizan los motores rusos RD-180.

La primera de las sondas: la LRO —acrónimo en inglés de Orbitador de Reconocimiento Lunar (Figura 11)— fue lanzada en junio de

2009, siendo el primer satélite de "Visión para la Exploración Espacial", un ambicioso programa cuyas metas incluyen el envío de astronautas a la Luna, el establecimiento de bases permanentes sobre su superficie y la realización del primer vuelo tripulado a Marte y al más allá. Según la NASA, la misión principal del Orbitador de Reconocimiento Lunar es "ayuda(r) a identificar sitios cerca de potenciales recursos con alto valor científico, el terreno (que pueda ser) favorable y el ambiente necesario *para que las futuras misiones lunares robóticas y humanas sean seguras"* (Énfasis añadido). ¡¿Cómo dijo?! "Para que las futuras misiones lunares *robóticas y humanas* sean seguras". ¡¿Y qué diablos pasó con las misiones Apolo?!

En verdad esto no tiene sentido, pues es como decir que cuarenta años después de la primera expedición de Cristóbal Colón la Corona española decidió enviar una expedición para determinar si el Atlántico de veras se podía cruzar. Pero esto es solo el principio, pues resulta que esta sonda espacial con sus avanzados aparatos como el LCROSS o "Satélite de detección y observación de cráteres lunares", está viendo detalles con una precisión inimaginable en los años sesenta cuando las primeras sondas estadounidenses comenzaron a fotografiar y a investigar la Luna. Este último asunto se discutirá en detalle más adelante.

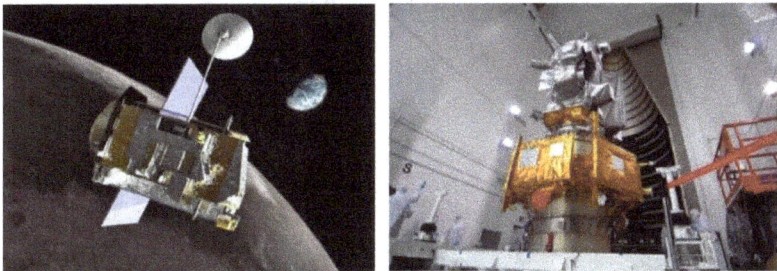

Fig. 11. Dibujo y foto del Orbitador de Reconocimiento Lunar (LRO) orbitando la Luna y (B) con el Satélite de Detección y Observación de Cráteres Lunares (LCROSS) (abajo, color oro) antes de la instalación de la carenadura (revestimiento en el fondo). Note la TOTAL AUSENCIA DE PANELES NEGROS en ambos satélites. Crédito: *Wikipedia.*

Ahora enfoquemos nuestra atención sobre las Sondas Van Allen, pues, como el nombre implica, estos satélites, dos en total, fueron concebidos específicamente para analizar la magnetósfera y los cinturones radioactivos de Van Allen y fueron los primeros satélites del programa "Viviendo con una estrella". Además, dichas sondas fueron complementadas por 20 globos científicos lanzados desde la Antártida bajo el programa "Despliegue de globos para pérdidas de electrones relativistas de RBSP" (BARREL por sus siglas en inglés). Por si las dudas, RBSP se refiere al nombre originalmente asignado, pero descartado rápidamente, para las sondas: *Radiation Belt Storm Probes* o "Sondas de tormentas de los cinturones de radiación". (¿Será que la NASA temía que ese nombre tan impactante podría terminar despertando la curiosidad de la población?) Cada globo estaba equipado con instrumentos para medir las partículas expulsadas de los cinturones que logran llegar hasta la atmósfera. He aquí lo que el portal cibernético space.com reportó acerca de estas sondas en la víspera de su lanzamiento en agosto de 2012 (https://www.space.com/17249-nasa-spacecraft-launch-radiation-belts.html):

> Las descargas del Sol — bastante peligrosas por sí solas, *pueden crear una onda de choque que dobla los cinturones de radiación hacia la tierra*, acelerando las partículas de rápido movimiento aún más. La arremetida resultante puede dañar las redes eléctricas, interrumpir satélites y el GPS (Sistema de Posicionamiento Global) y *amenazar a pasajeros a bordo de aviones en vuelos altos.*
> Con un costo de $686 millones, la misión de las Sondas de tormentas de los cinturones de radiación (RBSP) ayudará a los científicos a entender más acerca de las caóticas regiones sobre nosotros. *Las partículas invisibles dentro de los cinturones dificultan incluso la tarea de determinar su tamaño cambiante.*
> (Énfasis añadido.)

"Para medirlas, hay que volar a través de ellas con instrumentos sensibles", le dijo Berry Mauk, un científico del proyecto RBSP, a space.com:

> Sin embargo, *los niveles de radiación dentro de los cinturones cambian constantemente y los científicos no están completamente seguros del por qué.* (Énfasis añadido.)

Note el tono negativo y denotando incertidumbre el cual se hace aparente con el uso de términos ominosos como "peligrosa", "amenazar" y "caóticas" para describir los cinturones radioactivos. Indiscutiblemente, los científicos han quedado desconcertados —o quizás alarmados— con lo que han descubierto. Y, por si las dudas, el artículo incluye un video bajo el revelador título de "Sondas para estudiar la amenaza de radiación". En el cortometraje de 3:26 minutos, su narrador, uno de los científicos del programa de la NASA llamado David Sibek, señala el objetivo de las dos sondas estadounidenses:

> El primer uso de los datos de la misión lo harán los científicos para *intentar entender* los procesos físicos que están ocurriendo en los cinturones radioactivos. Ellos usaran esos datos para desarrollar modelos climáticos espaciales (…) y (de) las características peligrosas que nos rodean. Sin embargo, los datos también pueden ser usados por ingenieros para diseñar mejor las naves espaciales. Por ejemplo, *si uno sabe cuánta radiación está allá afuera* (entonces uno) *sabe* (o puede determinar) *con cuánto grosor tiene que contar el blindaje de la nave espacial con paredes de metal.* los cinturones radioactivos representan un peligro para los astronautas… porque la exposición prolongada a la radiación causa cáncer. Lo que queremos hacer es entender solamente cuánta radiación hay allá afuera, y solo *dónde está,* y (así) podremos alertar a los astronautas respecto a cuándo pueden estar afuera o adentro de sus naves. (Énfasis añadido.)

Note cómo Sibek dice que la información que esperan recopilar se utilizará principalmente para A) determinar el grosor de las "paredes de metal" para poder proteger a sus componentes electrónicos y tripulantes y B) para avisarle a los astronautas cuándo salir de la nave, una admisión muy clara de que los trajes espaciales de la actualidad no son capaces de protegerlos de la intensa radiación cósmica que abunda por nuestra magnetósfera. Tras ver todas estas noticias, puede concluirse con seguridad que solo un verdadero imbécil no sería capaz de captar el mensaje: el espacio exterior es letal, aún para un astronauta dentro de su traje espacial. Y para confirmarlo aún más, sépase que en marzo del 2017 la compañía israelí StemRad anunció que tenía listo un "chaleco diseñado para proteger a los astronautas de partículas solares mortales en el espacio profundo" y que el chaleco estaba listo para pruebas en una misión lunar a bordo de la nave Orión mencionada en el capítulo 4. Sin embargo, dicha prueba, la cual debía consistir en un sobrevuelo no tripulado, estaba programada ¡PARA FINALES DE 2018!

Otro dato que merece nuestra atención es el costo de las sondas; $686,000,000; un precio, pues... astronómico. Ciertamente tras ver tantos ceros a la derecha una persona con raciocinio no puede hacer otra cosa más que preguntarse lo siguiente: ¿Por qué gastar tanto dinero para estudiar unas regiones que supuestamente se estudiaron a cabalidad, y que también se transitaron varias veces casi medio siglo antes? ¿Acaso no hubiese sido mucho más lógico usar ese dinero para llevar astronautas a la Luna? ¿Y qué pasó con la declaración oficial de la NASA asegurando que la travesía por los cinturones de Van Allen solo expondría a los astronautas a una dosis de radiación "equivalente a un rayo X dental"?

Ahora bien, antes de descartar este artículo como un ejemplo de periodismo sensacionalista o basado en reacciones precipitadas y prematuras por parte de una comunidad científica que aún no contaba con los datos necesarios para formar una opinión bien fundamentada, sépase que el artículo de Nola Taylor no fue el único, sino uno de los primeros en cubrir este asunto y que la mayoría de los otros artículos fueron publicados nada menos que por la NASA. Al parecer, la avalancha de nueva información ha obligado a la última generación de investigadores de la agencia a aceptar la realidad y, consecuentemente, a comenzar a distanciarse, poco a poco, del mito promovido tan fanáticamente por sus predecesores.

Luego del artículo de space.com, las sondas estadounidenses fueron enviando poco a poco información muy interesante acerca de la radiación que permanece alrededor de nuestro planeta. Y los detalles no solo confirmaron la lúgubre posición de Taylor y de muchos otros expertos y *apoloescépticos*, sino que también delataron la gran ignorancia de la comunidad científica (al menos la de Occidente) respecto a los cinturones de Van Allen. Por ejemplo, tan solo dos años después (26 de nov., 2014) la NASA reveló su gran sorpresa ante el descubrimiento de una nueva región descrita como "una ranura de espacio más o menos vacío", o libre de electrones, entre los cinturones radioactivos. En un artículo titulado "Las sondas de Van Allen de la NASA detectan una barrera impenetrable en el espacio" (https://science.nasa.gov/science-news/science-at-nasa/ 2014/28nov_vanallengap) (Figura 12), Karen C. Fox escribió citando al científico Dan Baker que:

"Esta barrera de electrones ultra rápidos es una característica extraordinaria de los cinturones.
Por primera vez somos capaces de estudiarlos, porque nunca antes (sic.) *tuvimos medidas de tal precisión de estos electrones de alta energía"*.
Un entendimiento de qué les da su forma a los cinturones radioactivos y qué puede afectar el modo en que estos se expanden o contraen (puede) ayuda(r) a los científicos a predecir el inicio de esos cambios. *Tales predicciones pueden ayudar a los científicos a proteger los satélites en el área de (de los efectos de) la radiación*. (Énfasis añadido.)

343

Más adelante Fox cita a Shri Kanekal, la científica ejecutiva de la misión, diciendo que "Esto es completamente nuevo. Nosotros ciertamente no esperábamos eso."

¡Qué interesante! O sea, que la científica ejecutiva de la misión acaba de delatar su gran desconocimiento acerca de los cinturones de Van Allen. "Por primera vez somos capaces de estudiarlos, porque NUNCA ANTES tuvimos medidas de tal precisión", añadió el científico Dan Baker.

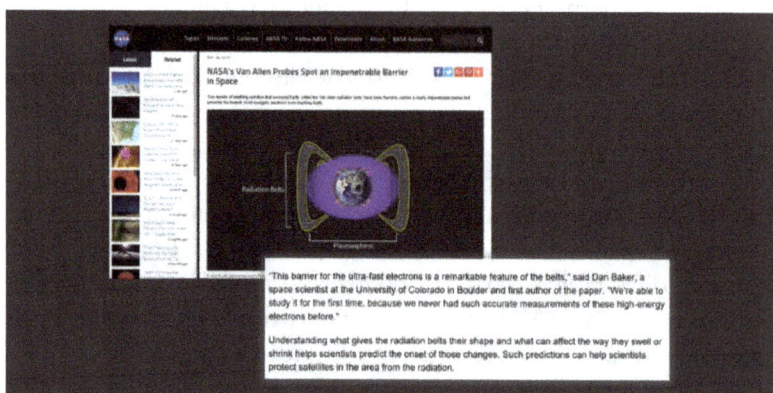

Fig. 12. Sección del artículo de nasa.gov titulado "Las sondas de Van Allen de la NASA detectan una barrera impenetrable en el espacio" (*NASA's Van Allen Probes Spot an Impenetrable Barrier in Space* | 26/11/2014) en la cual la agencia admite que "nunca antes (había obtenido) medidas de tal precisión de (los) electrones de alta energía" que componen los cinturones radioactivos y que "un entendimiento de qué le da su forma a los cinturones... y qué puede afectar el modo en que estos se expanden o encogen (puede) ayuda(r) a los científicos... a proteger los satélites en el área de (los efectos de) la radiación."

Esto representa un serio dilema para la NASA y los Apolo-creyentes porque esto contradice directamente la aseveración de Jay Windley, citada unas páginas atrás:

Sí, hay radiación mortal en los cinturones de Van Allen, *pero la naturaleza de esta radiación era conocida por los ingenieros de Apolo y ellos fueron capaces de hacer los preparativos pertinentes.*
El peligro principal de los cinturones de Van Allen es los protones de alta energía, contra los cuales no es tan difícil

de escudarse. Y *los navegantes de Apolo trazaron un curso a través de las partes más finas de los cinturones y se las arreglaron para que la nave espacial pasara a través de ellos rápidamente, limitando la exposición.* (Énfasis añadido.)

¡Vaya contradicción! Me pregunto a quién creerle: ¿Al científico David Sibek y a la científica ejecutiva de la NASA, Shri Kanekal, cuyos datos son los más recientes y fidedignos o al ingeniero Jay Windley quien se basa en información obsoleta del programa Apolo? Eso sí, hay que admitir que Windley habla con mucha seguridad.

Pero eso no es todo. A principios de 2017 aún más información condenatoria —en este caso no de los cinturones radioactivos, sino de nuestra misma Tierra— fue emergiendo y siendo diseminada por varios medios noticiosos internacionales. Así, por ejemplo, entre enero y febrero, RT (29 ene. 2017), *La Prensa* (30 ene. 2017) y *El Imparcial* (18 feb. 2017), entre otros, reportaron que "La NASA advierte del peligro de la radiación espacial para los vuelos de aviones a gran altura" (https://actualidad.rt.com /actualidad/229723-nasa-peligro-radiacion-vuelos-grandes-alturas) advirtiéndole al público que "La radiación cósmica, cuyo nivel crece a medida que se asciende en la atmósfera, puede romper el ADN y (puede) altera(r) las funciones celulares". Citando las conclusiones del experimento denominado *Radiation Dosimetry Experiment* o "RaD-X", el artículo de RT continúa concluyendo que, aunque "los seres humanos están protegidos de esta radiación con los pies en la tierra, en las zonas de la estratosfera las partículas llamadas rayos cósmicos afectan a los objetos que se encuentran a estas alturas" y que, por consiguiente, la agencia estadounidense intentaría hacer "predicciones de los niveles de radiación" para "ayudar a los pilotos comerciales a saber dónde y cuándo estos niveles son especialmente peligrosos" para que puedan "cambiar la ruta en función de ello". Así es. ¡Hasta tomar vuelos muy altos (>14,935 metros/49,000 pies) con frecuencia puede exponernos a dosis potencialmente nocivas de radiación!

Bueno. Hasta ahora se ha demostrado no solo que los cinturones Van Allen, sino también nuestra propia estratósfera, es considerablemente radioactiva y, más importante aún, que NADA de esto se sabía en el siglo XX. Y aunque para el autor —y espero que también para el lector— este último hecho es más que suficiente para desmoronar por completo el mito de las supuestas caminatas lunares del programa Apolo, lamentablemente hay muchas personas, como por ejemplo Jay Windley, que insistirán con firmeza que dicha radiación puede esquivarse mediante unos hatajos espaciales para llegar a la Luna. Bueno. Digamos, simplemente por continuar con el argumento, que Windley y sus adeptos tienen la razón, que todos esos artículos de la NASA y de la prensa citados previamente son incorrectos y que los cerebros de la NASA, de alguna manera, sí fueron capaces de adivinar —con la tecnología primitiva de los años sesenta— las verdaderas dimensiones de los cinturones de Van Allen. Asimismo, asumamos que, de alguna manera, las tripulaciones de todas las nueve misiones lunares lograron llegar a la órbita lunar o desembarcar en ella sin ningún problema, esto aún deja otro gran problema sin resolver:

La peligrosidad del suelo lunar

En la primavera de 2018, la Universidad de Stony Brook de Nueva York publicó los resultados de un estudio utilizando suelo lunar o regolito simulado. Lamentablemente, sus hallazgos no fueron nada positivos. De hecho, una lectura superficial de las conclusiones del estudio revelará una realidad muy inquietante para cualquier persona que sueña con un viaje a la Luna en un futuro cercano. Resulta que, tras exponer unos ratones a cantidades de polvo lunar simulado, los investigadores de Stony Brook descubrieron que el regolito es tóxico. ¿Cuán tóxico? Pues, según el artículo publicado por la misma universidad bajo el muy desconcertante título de *Respirar el polvo lunar podría representar un riesgo para la salud de los futuros astronautas* (Breathing

Lunar Dust Could Pose Health Risk to Future Astronauts |
https://www.stonybrook.edu/happenings/homespotlight/
breathing-lunar-dust-could-pose-health-risk-to-future-astronauts/):

> Los futuros astronautas que pasen largos períodos de
> tiempo en la Luna podrían sufrir bronquitis y otros
> problemas de salud al inhalar pequeñas partículas de polvo
> de su superficie (...)

Esto debido a que:

> el suelo lunar simulado es tóxico para las células del pulmón
> y del cerebro humanos y para las neuronas de ratón. Hasta
> el 90 por ciento de las células de los pulmones humanos y
> de las neuronas de ratón murieron cuando fueron expuestas
> a partículas de polvo que imitan los suelos que se encuentran
> en la superficie de la Luna.

Haciendo hincapié del tema principal de este capítulo, el artículo
continúa señalando que:

> Los resultados muestran que respirar polvo tóxico, *incluso en
> pequeñas cantidades*, podría representar un riesgo para la salud
> de futuros astronautas que viajen a la Luna, a Marte u otros
> cuerpos planetarios sin aire. Las agencias espaciales saben
> que la exposición al ambiente espacial y la gravedad cero
> pueden ser dañinas para la salud humana, pero *el polvo
> planetario representa un riesgo adicional que ha sido pasado por alto...*
> (Énfasis añadido.)

Tomemos un momento para repasar la segunda parte de esta última
oración, la que dice que "el polvo planetario representa un riesgo
adicional que ha sido pasado por alto". Y es que esta declaración es
bastante problemática al tomar en cuenta que, de acuerdo con sus
propios testimonios, los astronautas del programa Apolo estuvieron
expuestos precisamente a ese mismo regolito o polvo lunar
altamente nocivo para la salud.

Ahora bien, usted quizás se estará preguntando: ¿Y cuán peligroso puede ser el polvo lunar para un astronauta dentro de un traje espacial sellado herméticamente? La respuesta: muy peligroso, esto porque durante un verdadero viaje de exploración de la superficie lunar, los astronautas deben entrar a la nave o base lunar lo que implica quitarse el traje en su interior y, por ende, exponerse a innumerables fibras microscópicas de polvo lunar algo ilustrado perfectamente por el caso de Apolo 17, supuestamente la última misión lunar tripulada del siglo XX, y que, de hecho, es mencionado en el artículo citado aquí. Y es que, según la versión oficial, tanto el comandante Eugene Cernan como el "piloto del módulo lunar" Harrison Schmitt, reportaron haber quedado cubiertos de "polvo lunar" tras cada "caminata lunar" a tal punto que ellos llegaron a olerlo, e incluso a probarlo.

En su serie en español titulada *Crónicas del Apolo*, específicamente en el *Episodio 3: El Misterioso Olor del Polvo Lunar* (https://ciencia.nasa.gov/science-at-nasa/2006/30jan _smellofmoondust/) la misma NASA dice lo siguiente:

> Cada astronauta del Apolo lo hizo. No podían tocar con sus narices la superficie lunar. Pero, después de cada caminata lunar (o de Actividad Extra Vehicular-"EVA"), llevarían la materia dentro del modulo [sic]. El polvo lunar era increíblemente pegajoso, adhiriéndose a las botas, a los guantes y a cualquier superficie expuesta. No importa cuánto cepillaron sus trajes antes de entrar la cabina, algo de polvo (y a veces mucho) ingresó a la cabina.
> Una vez que retiraban sus cascos y guantes, los astronautas podían sentir, oler e incluso probar la Luna.

O sea que, según la versión oficial, los astronautas debieron de haber estado respirando una gran cantidad de partículas de regolito durante su estadía lunar y también durante su vuelo para acoplarse con el módulo de comando. En el caso de Apolo 17, la NASA asegura que su estadía se extendió durante tres días.

Ahora tratemos de conciliar lo que acabamos de leer arriba con lo que han dicho el bioquímico Bruce Demple y la genetista Rachel Caston, los autores del estudio. Empecemos por Demple quien afirma que:

Cuando se inhala, el polvo puede irritar la garganta, los pulmones y los ojos de los futuros astronautas. Durante un largo período de tiempo, el daño continuo, la irritación y la inflamación aumentarían el riesgo de enfermedades más graves, incluido el cáncer (...)

Por su parte, Caston añade que el regolito simulado o *simulantes* (*simulants*) "mataron las células de los pulmones humanos con tanta efectividad que los investigadores no pudieron medir el daño del ADN" y "también causaron daño significativo en el ADN de las neuronas de ratón" lo que significa que es muy probable que un ser humano también sufra daños al ADN de las neuronas.

Tras absorber todo esto, es imperativo hacernos la siguiente pregunta: ¿Cómo es posible que algo tan serio no haya salido a la luz antes, es decir, más de 40 años atrás? Después de todo, la NASA presuntamente sometía a sus astronautas a exhaustivos chequeos médicos tras cada misión. Otro detalle particularmente problemático es el hecho de que ninguno de los dos "caminantes lunares" de Apolo 17 utilizó equipo protector como, por ejemplo, mascarillas, mientras se encontraba dentro del "módulo lunar" algo evidenciado por la multitud de fotos presuntamente tomadas dentro de la nave después de la última "actividad extra-vehicular" o EVA-3. En ellas se ve a ambos hombres sonriendo e incluso abriendo bien grande la boca (Cernan), sin mostrar el más mínimo indicio de incomodidad, pues, a juzgar por la veintena y pico de fotografías que ellos supuestamente tomaron, es obvio que ninguno de ellos se vio encumbrado por ojos llorosos o tos excesiva. Al sumarle a esto el hecho de que Eugene Cernan, quien tanto habló del polvo lunar encima de él, murió en 2017 a la tierna edad de 82 años... y sin haber padecido de cáncer o de problemas respiratorios agudos, al lector sensato no le queda más remedio que dudar de la veracidad de la parte lunar de Apolo 17. Y lo mismo ocurre con su compañero Schmitt quien, a los 83 años (en el verano de 2018), tampoco ha padecido de cáncer o de problemas respiratorios agudos, esto a pesar de que durante Apolo 17 él reportó una reacción a la que llamó "fiebre del heno lunar" cuyos síntomas incluían estornudos, ojos llorosos y dolor de garganta. De hecho, cuando el autor hizo una búsqueda en internet (en inglés) bajo las palabras "Harrison Schmitt cancer", lo único que apareció fue el signo zodiaco de Schmitt: cáncer.

Pero eso no es todo, pues lo antedicho es solo uno de los peligros del regolito, y ni siquiera es el más serio, esto porque existe otro riesgo de muerte por causa del regolito. Y en este caso estamos hablando de una muerte devastadora e instantánea. Resulta que hay un detalle que complica muchísimo las cosas para la versión de Cernan y Schmitt respecto a su supuesta experiencia luchando contra el polvo lunar dentro de la cabina del *Challenger*.

Como se discutió ya en el capítulo 4, el interior, tanto del módulo de comando como del módulo lunar y también el traje espacial A7LB, contenían un ambiente de 100% oxígeno a una presión muy reducida; 34.47 kilopascales o 0.35 kilogramos por centímetro cuadrado o poco más de una tercera parte de la presión al nivel del mar. Además, se dijo que un ambiente de oxígeno puro es altamente inflamable un hecho confirmado por el trágico incidente de AS 204/Apolo 1 en EE.UU. (1967) en el cual los astronautas Virgil I. "Gus" (se lee "Gos") Grissom, Edward H. White y Roger B. Chaffee (se lee "Chafi") fueron consumidos por una bola de fuego dentro de un módulo de comando durante una prueba en Cabo Kennedy. El incendio fue desatado por una chispa que se originó en el cableado de la nave. Tenga eso en mente: Una chispa.

Esto nos trae a un artículo de space.com titulado *Los exploradores lunares enfrentan dilema con el polvo lunar* (https://www.space.com/3080-lunar-explorers-face-moon-dustdilemma.html) (7/11/2006) el cual comienza diciéndonos que "La Luna es polvorienta, mugrienta y potencialmente peligrosa para su salud". Luego, tras narrar que "la Luna es un Disneylandia de polvo" y que "Los caminantes lunares estaban cubiertos desde el casco hasta las botas con polvo lunar" por lo que fueron apodados la "docena sucia", el artículo habla acerca de Jasper Halekas, físico de investigación de la Universidad de California, Berkeley, quien dice lo siguiente respecto al regolito:

> Aunque el entorno lunar a menudo se considera esencialmente estático, Halekas y sus colegas investigadores informaron (…) que, de hecho, *es muy activo eléctricamente.* La superficie de la Luna se carga en respuesta a las corrientes que inciden sobre su superficie, y se expone a una variedad de entornos de carga diferentes durante su órbita alrededor de la Tierra. Esas corrientes de carga abarcan varias órdenes de magnitud, dijo. (Énfasis añadido.)

Tal y como acaba de leer, el regolito es "muy activo eléctricamente" lo cual significa que, si alguien entra en un ambiente de oxígeno puro "cubierto desde el casco hasta las botas con polvo lunar", bueno, pues… no tendrá un día muy placentero que digamos porque, como acabamos de ver arriba, solo hace falta una mera chispa para desatar un pequeño infierno dentro de la cabina del módulo lunar. Lamentablemente, además de la toxicidad del polvo lunar, todavía queda otro problema por resolver, y este es mucho más peligroso:

La radioactividad del suelo lunar

Como acabó de leer en la sección anterior, nuestro planeta está protegido de la radiación cósmica por la magnetósfera la cual puede describirse rústicamente como un campo de fuerza —en este caso magnética— que comienza, más o menos, a partir de los 100 km sobre el nivel del mar. La Luna no contiene nada que se asemeje a esta "barrera protectora" por lo que dicho cuerpo celeste está totalmente a la merced de todos los tipos de radiación ionizante que el Sol, y las demás estrellas del universo puedan lanzarle. En otras palabras, nuestro satélite natural es radioactivo, muy radioactivo. Por razones obvias, este importantísimo dato ha sido ignorado, esquivado o minimizado, tanto por los apologistas de la NASA como por la prensa en general, ya que, si se explicase con la meticulosidad que merece, este "problemita" inevitablemente llevaría a cualquier persona razonable a concluir que Armstrong, Aldrin y compañía jamás pusieron un pie en la Luna. Nuevamente, la evidencia más contundente nos ha llegado mediante un artículo de la NASA en español titulado *Luna radioactiva* (https://ciencia.nasa.gov/science-atnasa/2005/ 08sep_radioactivemoon/) (Figura 13) en el cual Patrick L. Barry señala que:

> En la Luna, muchas de las cosas que pueden hacerle daño son invisibles: el impresionante vacío, las temperaturas extremas y la radiación espacial encabezan la lista.
> La NASA puede controlar el vacío y la temperatura; los trajes espaciales y los hábitats proporcionan abundante aire y aislamiento. Pero la radiación es cosa diferente.
> La superficie de la Luna está ampliamente expuesta a los rayos cósmicos y las erupciones solares, y parte de esta radiación es muy difícil de frenar con protectores. Además, cuando los rayos cósmicos impactan el suelo, éste produce una peligrosa lluvia de partículas secundarias directa a los pies. *Toda esa radiación que penetra los tejidos humanos puede afectar el ADN, fomentando el riesgo de cáncer y otras enfermedades.* (Énfasis añadido.)

Suena bastante desalentador, ¿no?

Haciendo referencia a la "Visión para la Exploración Espacial" (Vision for Space Exploration), un plan anunciado en el 2004 por el presidente George W. Bush, Barry continúa señalando que "la NASA planea enviar astronautas de vuelta a la Luna para el 2020 y, finalmente, establecer un puesto avanzado" dentro del cual "la gente viva y trabaje… con seguridad". Luego, citando a Harlan Spence, un profesor de Astronomía en la Universidad de Boston, él añade que:

Realmente necesitamos conocer más sobre la radiación medio ambiental en la Luna, especialmente si la gente va a permanecer allí durante más tiempo que unos pocos días.

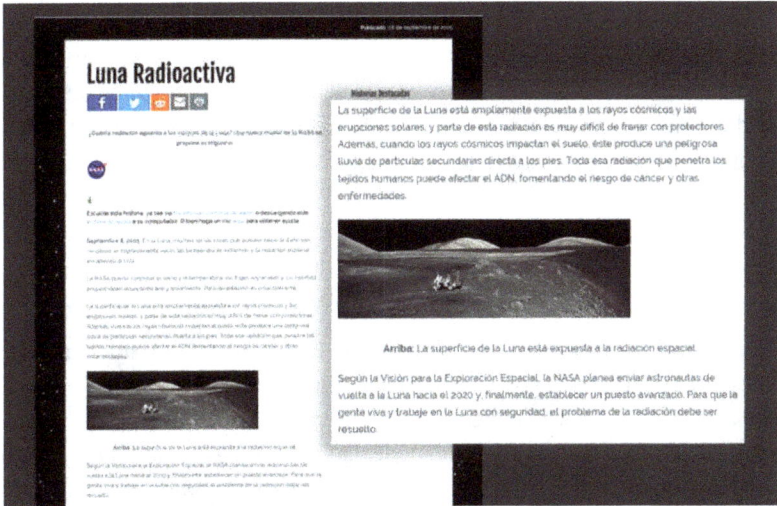

Fig. 13. Sección del artículo de la NASA titulado *Luna Radioactiva* (8/11/2005, nasa.gov) el cual señala, entre otras cosas, que "La superficie de la Luna está claramente expuesta a rayos cósmicos y a llamaradas solares," y que " cuando los rayos cósmicos impactan el suelo, éste produce una peligrosa lluvia de partículas secundarias directa a los pies. Toda esa radiación que penetra los tejidos humanos puede afectar el ADN, fomentando el riesgo de cáncer y otras enfermedades". Por ello, este concluye que "Realmente necesitamos conocer más sobre el ambiente radioactivo en la Luna, especialmente si la gente va a permanecer allí por más de unos pocos días".

Note el pobre intento de Spence de proteger la reputación de la NASA cuando habla acerca de estar "más de unos pocos días" en la Luna, esfuerzo que él mismo socava por completo cuatro párrafos más adelante al revelar un detalle muy interesante, y poco reportado, del Orbitador de Reconocimiento Lunar. Resulta que la sonda, la cual debía ser lanzada casi tres años después en el 2008, pero que finalmente fue lanzada en el verano de 2009 y cuyo objetivo era "medir y mapear (cartografiar) el entorno radiactivo" lunar, incluía un aparato para medir los niveles de radiación que consistía en "plásticos que imitan el tejido humano para ver cómo estas partículas altamente energéticas penetraran e interactúan con el cuerpo humano".

Pregunta: ¿Por qué diablos pasar tanto trabajo enviando plásticos que imitan el tejido humano si seres humanos ya estuvieron en la Luna en varias ocasiones sobre tres décadas antes? Después de todo, si de veras hubo seres humanos en la Luna que regresaron sin sufrir ningún problema fisiológico entonces ¿por qué no enviar una tripulación para dejar dicho equipo en la Luna y así asegurarse de que todo saldría bien? Tan solo imagínese esta noticia plasmada por todos los periódicos más prestigiosos del mundo: "EE.UU. celebra su gran retorno a la Luna luego de un largo hiato de 40 años".

Pero aún hay más. El 8 de octubre de 2014, la NASA nuevamente se pegó un tiro en el pie al publicar el minidocumental titulado *Orion: Trial by Fire* u "Orión: Prueba de Fuego". Como se dijo ya en el capítulo 4, en él un ingeniero de la NASA llamado Kelly Smith admite indirectamente que la NASA nunca ha podido enviar seres humanos a través de los cinturones de Van Allen debido a que la "peligrosa" radiación cósmica de los cinturones "puede dañar los sistemas de guiado (y) computadoras" de la nave Orión. Pero este documental y sus explosivas revelaciones se discutirán más a fondo en el próximo capítulo. Por ahora solo basta con señalar que, indudablemente, tanto el artículo *Luna Radioactiva* como *Orion: Trial by Fire* representan un golpe mortal no solo para el mito de los vuelos tripulados lunares del siglo XX, sino también para la credibilidad de la NASA en general pues, ¿si no se puede creer en su palabra respecto a sus "viejas hazañas lunares", entonces cómo diablos podemos creer que llevarán seres humanos a Marte dentro de un par de décadas?

Como ya hemos visto, todos los expertos de la NASA citados en los artículos científicos analizados aquí están de acuerdo en que tanto los viajes espaciales como nuestra Luna son extremadamente peligrosos, desmintiendo las imágenes de ambientes pasivos e inocuos que vemos en las películas "lunares" de las misiones del programa Apolo.

Entonces ¿cómo sería una verdadera misión tripulada lunar? Pues, obviamente, muy diferente a las patrañas estadounidenses de los años sesenta y setenta, ya que esta dependería, al menos durante su primera fase, de vehículos autónomos o *drones* cuya tarea consistiría en preparar el lugar de alunizaje para una futura presencia humana. Para lograrlo, dichas máquinas deberían tener un aspecto y operación muy similar al de un pequeño buldócer, esto para remover las grandes cantidades de regolito necesarias para construir una base lunar. Dicha base estaría compuesta de varios módulos individuales los cuales serían conectados y habilitados a control remoto para luego ser cubiertos con varias capas de regolito, esto para dotarlos de una mayor protección contra la radiación ionizante y los impactos de micro-meteoritos. Más aún, los módulos y componentes de la base lunar serían construidos usando impresoras tridimensionales.

¿Cómo el autor puede saber todo esto? Pues gracias a dos videos educativos de casi cinco minutos, uno de ellos de la misma NASA. El primero es "Construyendo una base lunar" (https:// www.youtube.com/watch?v=EgOg0mzqGAM) el cual fue publicado por la NASA en 1986. En él se ve cómo los científicos estadounidenses contemplan la idea de construir una "estación permanente" lunar utilizando bloques o costales de regolito que, según el narrador, serían hasta dos veces más resistentes que el concreto usado en EE.UU. Los bloques serían amontonados sobre "una serie de módulos".

Durante la mitad del video, el narrador dice lo siguiente:

> Los científicos de la NASA creen que la primera base en la Luna puede consistir en una serie de módulos traídos a la

superficie lunar y *enterrados con el fin de proveer protección contra la radiación cósmica y el inhóspito ambiente lunar.* (Énfasis añadido.)

Más aún, el video continúa señalando que un "pequeño grupo de estudiantes de arquitectura de la Universidad de Houston ha desarrollado un programa de ocho años para establecer una base humana en la Luna" lo que significa que la base lunar debía estar construida para 1994, un cuarto de siglo atrás. Obviamente, todavía la estamos esperando.

El segundo video es "Imprimiendo una base lunar de modo tridimensional" (*3D-printing a lunar base*) (https://www.youtube.com/watch?v=pk9PWUGkz7o) el cual fue publicado casi treinta años después del video de la NASA (2014) por la Agencia Espacial Europea (ESA/ASE por sus siglas en inglés y francés).

Antes de continuar cabe señalar unos detalles importantes del minidocumental, uno positivo y uno negativo. Y es que, aunque los creadores del video se ocuparon de explicar los grandes extremos climáticos de la Luna y también de mostrar la Tierra vista desde allí de un tamaño más cercano a la realidad o mucho más grande de lo que aparece en el álbum del programa Apolo, éstos también insistieron en presentar una Luna de color gris pizarra en lugar de marrón o marrón grisáceo. Pero nadie es perfecto.

Fig. 14. Dibujo conceptual de 1986 mostrando cómo debía ser la base lunar construida con material lunar. Crédito: Building a Moon Base | NASA.

Como acabamos de ver, las giras "lunares" del programa Apolo simplemente no pudieron haberse llevado a cabo de la manera que el gobierno estadounidense nos ha mostrado durante todos estos años. Y es que, lamentablemente para los Apolo-creyentes y otros soñadores, el ambiente de nuestro satélite natural es tan hostil que allí simplemente no se puede caminar tranquilamente, ni manejar todoterrenos, ni plantar banderas o jugar golf como si se tratase de un día feriado o unas vacaciones aquí en la Tierra. Así que vayámonos despidiendo de todas esas fantásticas actividades de los *American Lunar Tours* de la NASA y de las ilusiones de una excursión feliz en la Luna.

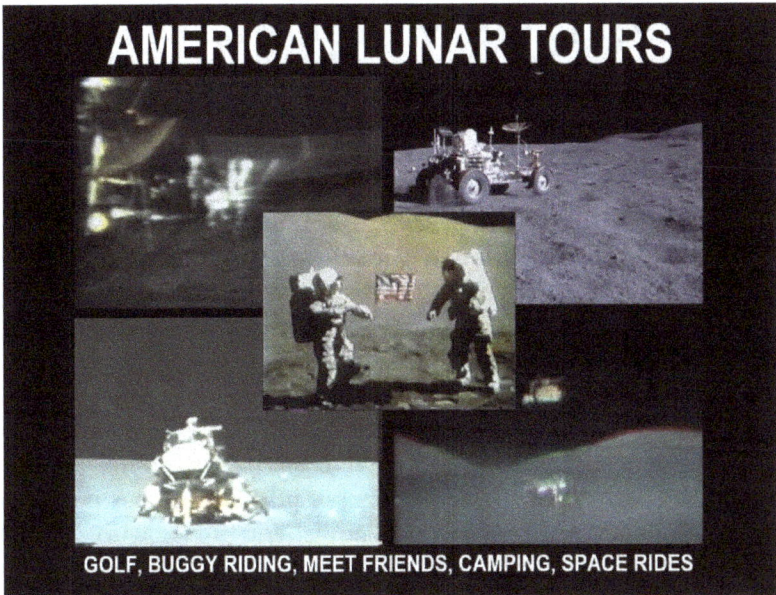

357

8

Los argumentos más patéticos y la evidencia más contundente

Como podrá imaginarse, el tema de los presuntos alunizajes del programa Apolo ha generado intensos debates entre sus defensores y detractores, esto obviamente por la gran significancia que se le ha concedido a ese episodio del siglo pasado. Lamentablemente, la mayoría de la población mundial todavía cree, o más bien siempre ha creído, que seres humanos sí han caminado en la Luna. Tras haber pertenecido a este grupo durante casi cuarenta años, el autor puede señalar con seguridad las razones por las que ellos persisten en dicha creencia. Primeramente, por el adoctrinamiento cultural iniciado desde la escuela elemental, reforzado a lo largo de sus vidas por los medios y, tristemente, por la gran mayoría de la comunidad científica y, en segundo lugar, por un genuino desinterés de su parte: ellos consideran dicho asunto como algo del pasado y, por consiguiente, totalmente irrelevante a la vida cotidiana. Sí. Prácticamente todos recordaremos haber visto al menos una fotografía, e incluso uno o dos documentales acerca de los seudo-alunizajes y los supuestos héroes espaciales estadounidenses sin haber contemplado, ni por un momento, que lo que se estaba viendo pudo haberse tratado de un elaborado montaje. Pero, como se dijo en la introducción, tras casi cincuenta años de la perpetración de este gran fraude muchas personas, quizás hasta millones de ellas, ya han comenzado a dudar e incluso a cuestionar la veracidad del programa Apolo. Tal escepticismo ha surgido gracias a la información revelada por personas inquisitivas y excepcionalmente inteligentes de todo el planeta como Bill Kaysing, Ralph René, Alexander Popov, Gerhard Wisnewski y otros cuyos descubrimientos han sido utilizados extensivamente en este libro. Y no olvidemos las revelaciones de la misma NASA la cual, como vimos en el capítulo anterior, finalmente ha comenzado a reconocer que sus engaños y encubrimientos simplemente no podrán resistir el embate de los avances científicos y tecnológicos.

En cumplimiento con el título de este libro, este servidor ya ha señalado y analizado varias piezas de evidencia verdaderamente irrefutables de que las misiones del programa Apolo fueron totalmente falsas. Evidencia como la discrepancia entre las declaraciones de los astronautas respecto a la visibilidad de las estrellas en el espacio y la Luna y al ruido/silencio dentro del módulo lunar, el collage de las huellas del todoterreno lunar de Apolo 15 (Capítulo 2), las limitaciones climáticas del todoterreno lunar dadas en el mismo "Manual de sistemas del vehículo explorador lunar, Revisión A" y, por supuesto los ruidos ambientales y las banderas y bolsas ondeando o moviéndose solas en los videos "lunares". Sin embargo, aunque este servidor diría que esta evidencia por sí sola es más que suficiente para ganar el caso contra el programa Apolo y sus defensores, lo cierto es que hay una categoría de evidencia que se distingue de todas las demás piezas mostradas hasta ahora. Evidencia tan contundente como para ser verdaderamente devastadora para la NASA. ¿Y qué es lo que hace a esta evidencia tan sobresaliente? Pues el hecho de que cumple con estos tres estrictos criterios:

1) Haber provenido de un reportaje elaborado por una fuente prestigiosa o de buena reputación como, por ejemplo, cadenas o publicaciones noticiosas internacionales, publicaciones científicas o documentales de agencias espaciales nacionales.
2) Que cita directamente a miembros de la comunidad científica, e inclusive astronautas, haciendo declaraciones que contradicen o desmienten el dogma de los vuelos lunares Apolo.
3) Que muestra segmentos de "evidencia" de la NASA con obvias pruebas de haber sido filmadas aquí en la Tierra.

Suena emocionante, ¿no? Bueno. Antes de analizar esa evidencia condenatoria, primero debemos darle a la parte pro-Apolo la oportunidad de defenderse. Es solo justo. Además —y a riesgo de sonar algo pedante— es la genuina convicción de este servidor que, al analizar detenidamente sus argumentos, y ver cómo se hacen añicos al chocar con las sólidas pruebas enumeradas aquí, que usted estimado lector hará una de dos cosas: o sentir vergüenza ajena, ¡o reírse, quizás a carcajadas! Eso sí, estoy completamente seguro de que NUNCA se solidarizará con los Apolo-creyentes y que, sí todavía está escuchando una pequeña vocecita susurrándole que toda esa avalancha de datos y números del tiempo de Apolo tienen que ser correctos, usted finalmente terminará uniéndose a esa comunidad de *apoloescépticos* que ha ido creciendo año tras año.

Irónicamente, en su afán por ridiculizarnos (lo que los angloparlantes llaman *debunk*/"dibonk") a nosotros los *apoloescépticos*, los Apolo-creyentes nos han dejado una excelente herramienta para simplificarnos la tarea de socavar sus míticos alunizajes tripulados. Esa herramienta es la página cibernética titulada *Teorías de la conspiración de los alunizajes del Programa Apolo* (Figura 1) la cual se encuentra en el popular portal cibernético *Wikipedia* y que enumera los argumentos y contraargumentos de ambos lados del debate, aunque inclinada totalmente a favor de la NASA, por supuesto, algo demostrado claramente en su segundo párrafo el cual afirma confiadamente que, aunque:

> Los proponentes tienen como principales justificaciones las controversias surgidas por algunas fotografías y el contexto de Guerra Fría en el que se produjeron los alunizajes (...) científicos, técnicos e interesados en la historia de la exploración espacial han dado explicaciones racionales a las controversias, de modo que rechazan estas afirmaciones calificándolas de infundadas y de no poseer rigor científico alguno.

Enfoquemos nuestra atención sobre la última parte de la cita de arriba, la de las afirmaciones "infundadas" y sin "rigor científico" de los *apoloescépticos*. Ciertamente, tales declaraciones solo pueden considerarse como un reto, un reto al cual el autor está más que dispuesto a responder. Para hacerlo, analizaremos los contraargumentos más comúnmente utilizados por los Apolo-creyentes, enfocándonos principalmente en la página de *Wikipedia* la cual basa su información mayormente en los portales cibernéticos pro-Apolo tales como clavius.com (inglés) y austrinus.com.

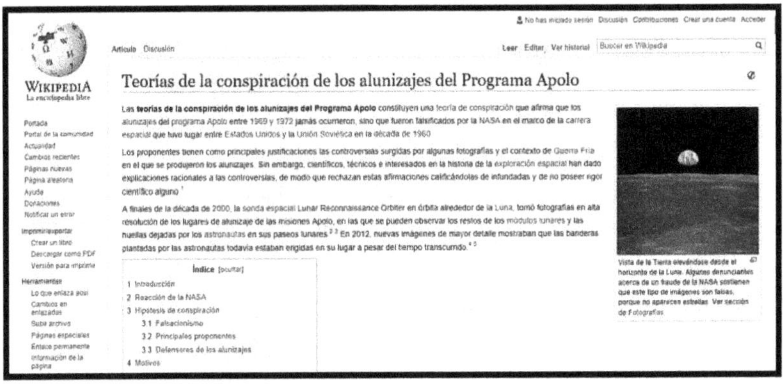

Fig. 1. Sección de página de la enciclopedia cibernética *Wikipedia* dedicada exclusivamente a ridiculizar a la teoría de los alunizajes tripulados falsificados.

Capítulo 8

Los retro-reflectores

El primer contraargumento que hace *Wikipedia* es uno a favor de la "evidencia" de los llamados retro-reflectores. Descrito oficialmente como un "retro-reflector de telemetría láser" (Laser Ranging Retro-reflector o LRRR) (Hay que admitir que los estadounidenses poseen un don para idear nombres impresionantes), este equipo consiste en una matriz de reflectores con cien cubos sólidos de sílice fundida en un panel de aluminio de 46 cm² que incluía una estructura de soporte plegable para reflejar rayos láser disparados desde la Tierra. Según la versión oficial, los retro-reflectores fueron instalados en la Luna durante las misiones de Apolo 11, 14 y 15 y varias estaciones terrestres han disparado láseres hacia los reflectores para medir la distancia entre la Luna y la Tierra. En un pobre intento por aparentar ser imparcial, el o los autores del artículo solo aducen a un argumento en contra de los retro-reflectores — uno bueno, de hecho: que los restos mecánicos no se pueden usar, estrictamente, como evidencia de un alunizaje humano porque los reflectores pudieron haber sido dejados allí por misiones no tripuladas. Seguidamente, los autores proceden a descartar este argumento por completo diciendo simplemente que:

> no se ha proporcionado evidencia alguna de que esas misiones no tripuladas tuvieran lugar, a pesar de que países como la Unión Soviética, y otros, habrían tenido motivos para denunciarlo si se hubiera dado el caso, y de que los lanzamientos espaciales están controlados por astrónomos aficionados y por los observadores de satélites.

Aunque esto fuese correcto —y en realidad no lo es— esto de ninguna manera desprestigia o desmiente la teoría de la conspiración de los alunizajes tripulados. Esto por tres razones: 1) porque el hecho de que una potencia mantenga una rivalidad con otra no necesariamente implica que delatarán TODAS las movidas clandestinas de la otra, 2) porque si de veras "los lanzamientos espaciales están controlados por astrónomos aficionados y por los

362

observadores de satélites" —algo de lo cual el autor no está totalmente convencido, pues está comprobado que los satélites pueden ser interferidos con diferentes tipos de ondas o cegados con láseres de alta potencia— eso no significa que los observadores cuenten con la capacidad para observar de cerca o determinar con exactitud lo que una nave esté haciendo en algún punto de un cuerpo celeste con un cuarto del tamaño de la Tierra y que se encuentra a unos 385,000 km de ella, eso implicaría una vasta y avanzadísima red de satélites y sensores que simplemente no existe. Si no lo cree tan solo refiérase al caso del vuelo malasio MH-370 que se perdió, con 239 pasajeros y tripulación, sobre el mar del Sur de la China en marzo del 2014. Al sol de hoy, sobre cuatro años después, su destino y paradero aún no han podido determinarse esto a pesar de que su búsqueda ha sido la más extensiva y cara hasta el momento involucrando hasta 19 buques y 22 aeronaves de varios países, todo a un costo de aproximadamente $70 millones. Piénselo bien. Si no han podido encontrar los restos de un enorme Boeing 777 que estaba siendo rastreado periódicamente por radares militares mientras cubría una distancia menor de los 2,000 kilómetros aquí en la Tierra entonces las probabilidades de detectar un equipo de menos de 4 metros de diámetro FUERA DE LA TIERRA son verdaderamente nulas.

Pero *Wikipedia* no fue el primero ni definitivamente el único en tratar de comprobar la supuesta veracidad de los alunizajes del programa Apolo usando láseres. Los *Mythbusters* o "Cazadores de Mitos", un programa "educativo" del Discovery Channel, dedicaron un episodio entero para ridiculizar a los *apoloescépticos* y en el segmento final los dos protagonistas, Jamie Hyneman y Adam Savage, fueron hasta un observatorio en Nuevo México para "poner el último clavo en el ataúd de la (teoría) de la farsa lunar". Para lograrlo, ellos solicitaron la ayuda de la encargada del observatorio, la Dra. Russet Mc Millan quien, dicho sea de paso, insultó a todos los *apoloescépticos* al decir en el programa que ella cree que "están locos". Mc Millan disparó un potentísimo láser con una potencia máxima de 1 gigavatio, o alrededor de 100 mil millones de veces la intensidad de un bolígrafo láser común y corriente, a "los montes lunares" y, poco después, registraron su reflejo desde la Luna, convenciendo a Hyneman y a Savage de la existencia de los reflectores presuntamente dejados por los astronautas del programa Apolo y, a su vez, de que nosotros los *apoloescépticos* sí estamos locos.

Lamentablemente para Hyneman y Savage y también la intolerante y cabecidura Mc Millan, su experimentito no prueba absolutamente nada. Resulta que los retrorreflectores no son necesarios para reflejar láseres desde la Luna... y la NASA lo sabía de antemano. Así es. No hacía falta ninguna clase de equipo para reflejar láseres de vuelta a la Tierra, esto porque el suelo lunar es capaz de reflejar láseres por sí solo. Una vez más: los reflectores NO son necesarios para medir la distancia entre la Luna y la Tierra.

La evidencia de ello nos llega a través de dos artículos publicados años antes de los presuntos alunizajes tripulados. Y ambos fueron publicados por dos fuentes consideradas como los parangones de los medios informativos de EE.UU.: *The New York Times* y *National Geographic*. El primer artículo, el del *New York Times*, fue publicado en 1963 bajo el título de *Soviet Bounces Light Beam Off Moon in Laser Test* o "(Unión) Soviética rebota rayo de luz de la Luna en prueba de láser" (5/11/1963). Ahora bien, aunque el título prácticamente narra toda la noticia, he aquí un breve resumen de ella:

> 4 de noviembre — Un rayo concentrado de luz ha sido rebotado de la Luna y detectado por un observatorio soviético en Crimea.

Cabe señalar que éste contiene otro dato de suma importancia: que la prueba "duplica un experimento realizado... el año (anterior) por ingenieros del Instituto de Tecnología de Massachusetts (MIT)."

Tres años más tarde, la revista *National Geographic* publica el segundo, y sin duda el más exhaustivo de los dos artículos, *The Laser's Bright Magic* o "La brillante magia del láser" (Thomas Meloy, pág. 876 |

diciembre, 1966) (Figura 3), el cual describe más a fondo la prueba de MIT:

Cuatro años atrás, un láser de rubíes *considerablemente más pequeño* que ésos disponibles ahora disparó una serie de pulsos hacia la Luna, 240,000 millas (385,000 km) de distancia. Los rayos iluminaron un punto menos de dos millas (3.2 km) de diámetro y se reflejaban hacia la Tierra con suficiente fuerza como para ser medida por el equipo electrónico ultrasensible. El haz de un foco de búsqueda de alta calidad, si llegase tan lejos, se extendería a varias veces el diámetro de 2,160 millas (3,476 km) de la Luna. (Énfasis añadido.)

Note cómo Meloy dice que el "láser de rubíes" o láser rojo usado en 1962 era "*considerablemente más pequeño* que ésos disponibles ahora" o de 1966.

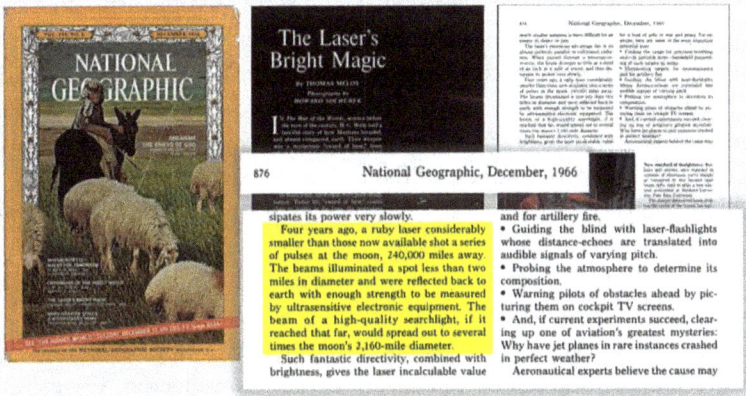

Fig. 2. Sección del artículo de *National Geographic* titulado *The Laser's Bright Magic* o "La brillante magia del láser" (Thomas Meloy, pág. 876 | diciembre, 1966), el cual describe la prueba realizada por MIT en 1962 que logró rebotar un rayo de luz láser del suelo lunar. Esto destruye por completo el punto de los anfitriones de *Mythbusters* o "Cazadores de Mitos" los cuales dedicaron un episodio entero para ridiculizar a los *apoloescépticos* el cual finalizaba con un segmento mostrando el supuesto retorno de un rayo láser desde la Luna como si fuera evidencia de la existencia de los reflectores presuntamente dejados por los astronautas del programa Apolo.

¡¿Qué más se puede decir al respecto?! Tanto la NASA, como sus defensores —especialmente los llamados *Mythbusters* o "Cazadores de Mitos"— han engañado a todo el mundo al insinuar repetidamente que los láseres que han sido reflejados de la Luna solo lo hicieron debido a los reflectores supuestamente dejados allí por los astronautas estadounidenses. Como dirían los "Cazadores de Mitos", *busted!* o "¡desmentido!". Obviamente, los "Cazadores de Mitos" se asemejan más a unos "Defensores de Mitos". Lamentablemente, estos payasos no son los únicos culpables de engañar tan descaradamente al público. Resulta que, durante la revisión de la página de *Wikipedia* que se discute aquí, el autor encontró al menos otra falsedad flagrante.

En la sección acerca de las fotografías aparece el argumento de los *apoloescépticos* señalando que "Los astronautas tomaron miles de fotografías, todas ellas perfectamente expuestas y enfocadas" y, sin embargo, "Los rollos de repuesto no fueron afectados por la intensa radiación cósmica sobre la Luna…" La respuesta del artículo a esta lógica observación es meramente que "Muchas de las fotografías tienen defectos: o están desenfocadas o veladas. … las cámaras fueron modificadas a pedido por el fabricante sueco Hasselblad para que pudiesen afrontar las condiciones de vacío y radiación que tienen lugar en el espacio." Para corroborar esta aseveración, el artículo hace referencia a un artículo del portal *Apollo Lunar Surface Journal* o "Jornal de la superficie lunar del programa Apolo": *Apollo-11 Hasselblad Cameras* de Phill Parker (www.nasa.gov/office/pao/History/alsj/a11/a11-hass.html). Sin embargo, al leer el artículo de Parker uno se percatará de que este nunca habla de tal protección y ni siquiera menciona la palabra radiación. O sea, que en este caso los Apolo-creyentes recurrieron a la engañosa táctica de incluir un enlace que ni siquiera apoyaba su argumento.

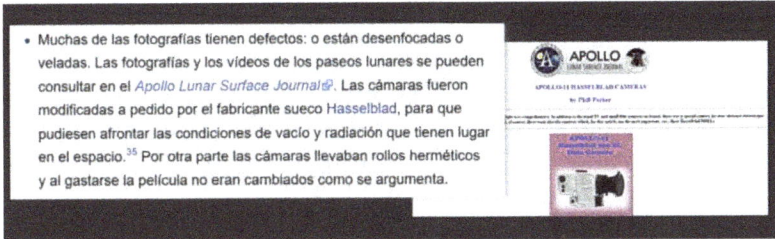

- Muchas de las fotografías tienen defectos: o están desenfocadas o veladas. Las fotografías y los vídeos de los paseos lunares se pueden consultar en el *Apollo Lunar Surface Journal*. Las cámaras fueron modificadas a pedido por el fabricante sueco Hasselblad, para que pudiesen afrontar las condiciones de vacío y radiación que tienen lugar en el espacio.[35] Por otra parte las cámaras llevaban rollos herméticos y al gastarse la película no eran cambiados como se argumenta.

Fig. 3. Sección de la página de *Wikipedia* que descaradamente engaña a sus lectores hispanoparlantes al referirse a un artículo cibernético de la NASA (izq.) para reforzar la tesis de que las cámaras usadas por los astronautas del programa Apolo fueron diseñadas para resistir la radiación ionizante. Sin embargo, EL ARTÍCULO NUNCA HABLA DE TAL PROTECCIÓN Y NI SIQUIERA MENCIONA LA PALABRA RADIACIÓN.

Enfocando nuestra atención sobre el portal cibernético austrinus.com, ahora analizaremos los contraargumentos más trillados respecto a las fotografías mismas. Y es que aquí las respuestas de los Apolo-aficionados son verdaderamente patéticas. Por ejemplo, la fotografía que se utiliza para supuestamente desmentir al argumento *apoloescéptico* es precisamente una de las más problemáticas de todo el archivo de fotos "lunares" de la NASA: el icónico retrato de "Aldrin en la Luna" (AS11-40-5903). Sí, el autor está consciente de que ya se ha escrutado antes, pero como esa fue la foto que se escogió ésa es la que discutiremos aquí. Note al ver el collage de abajo (Figura 4) que los operadores de austrinus.com optaron por enfocar su atención sobre los detalles más triviales del retrato de "Aldrin" como, por ejemplo, su fondo borroso y, aunque la sección habla acerca de unos "extraños reflejos" en la visera del astronauta, esto es solo una distracción, ya que en ningún momento se discuten los detalles verdaderamente importantes como qué exactamente son esos "extraños reflejos".

Para refrescarle la memoria, recuerde lo que se determinó en el primer capítulo: principalmente que el retículo central se encuentra casi sobre la bota derecha de "Aldrin" comprobando que la foto fue tomada desde un ángulo más alto que el que la NASA ha alegado, que aunque su brazo izquierdo está claramente doblado hacia su abdomen, en el reflejo de la visera se ve extendido hacia abajo y, por supuesto, que el brillante charco de luz detrás del "caminante lunar" evidencia claramente que lo que vemos en la foto no es luz solar, sino una luz de un potente foco teatral. En resumidas cuentas, al utilizar tales fotografías los "expertos" de Austrinus, en lugar de reforzar o probar su tesis, solo han terminado minándola por completo.

Irónicamente, al tratar de refutar los hallazgos de las banderas ondeantes los operadores de Austrinus nuevamente optaron por usar una foto verdaderamente problemática para su causa: la AS16-113-18339, la del primer "salto-saludo" de "John W. Young". Recordemos que en el primer capítulo se discutió a fondo la presencia no de una, sino de varias anomalías en las fotos (dos en total) mostrando lo que presuntamente fueron los dos saltos de Young ante la bandera estadounidense.

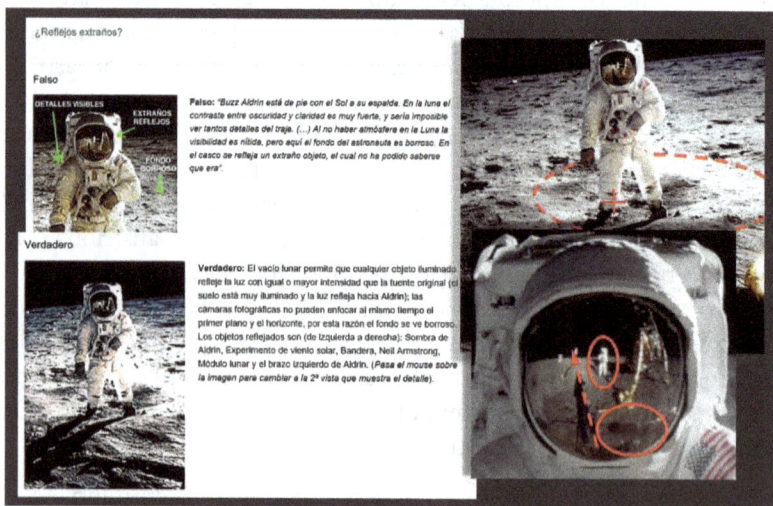

Fig. 4. Sección de página de argumentos y contraargumentos de austrinus.com desviando la atención de los internautas con detalles triviales (como puede leer aquí) en lugar de enfocarse en los detalles más reveladores de un montaje como el muy obvio charco de luz a los pies de "Aldrin".

El misterio del paradero de las cintas y la tecnología

Durante el cuadragenario de Apolo 11, el 16 de julio del 2009, la agencia noticiosa estadounidense NPR reportó (https://www.npr.org/2009/07/16/106637066/houston-we-erased-the-apollo-11-tapes) (Figura 5A) que, y prepárese para esto, la NASA había perdido "algunas cintas que contenían las imágenes originales de la caminata lunar de Apolo 11". Así es. Según el artículo, el extravío ocurrió durante una transferencia rutinaria de los registros del gobierno en el archivo del Centro de vuelos espaciales Goddard en Maryland y la NASA, la cual alegó que había llevado a cabo "una búsqueda exhaustiva de tres años" (O sea, que la agencia presuntamente tenía conocimiento del problema desde el 2006.) concluyó que:

> probablemente las cintas magnéticas fueron destruidas durante un período en el que la NASA estaba borrando viejas cintas magnéticas y reutilizándolas para registrar datos satelitales.

En otras palabras, alguien en la NASA fue tan descomunalmente descuidado como para almacenar las cintas magnéticas con el presunto primer alunizaje humano junto con literalmente miles de cajas, en este caso más de 2,600, sin ni siquiera ponerle al rollo o rollos un sello o escribirles "PROGRAMA APOLO", "APOLO 11", o "Primer alunizaje". Extraño, ¿no? El reportaje continúa citando a un "especialista de TV" de la NASA que ayudó a dirigir el equipo de búsqueda, Dick Nafzger, quien dice: "Todos estamos tristes de que no estén allí. Todos deseamos tener una visión retrospectiva de 20-20". ¡Pobrecito!

Pero, afortunadamente, no debemos preocuparnos porque, como de costumbre, la NASA terminó salvando el día, preservando el legado de las misiones Apolo para la posteridad. Resulta que, en un giro muy conveniente para los Apolo-creyentes, aunque las grabaciones originales fueron borradas y reutilizadas, la agencia logró recopilar "el mejor metraje de televisión transmitido disponible" y remasterizarlo por lo que "las copias recientemente restauradas de la transmisión original se ven aún mejor". ¡Por favor! Definitivamente esto es otra de esas excusas baratas de la NASA, y digo otra porque, en 2017, el astronauta Donald R. Pettit dijo en una entrevista televisada que:

> Yo iría a la Luna en un nanosegundo. El problema es que ya no tenemos la tecnología para hacerlo. Antes la teníamos, PERO DESTRUIMOS ESA TECNOLOGÍA y es un proceso doloroso construirla de nuevo. (Énfasis añadido.)

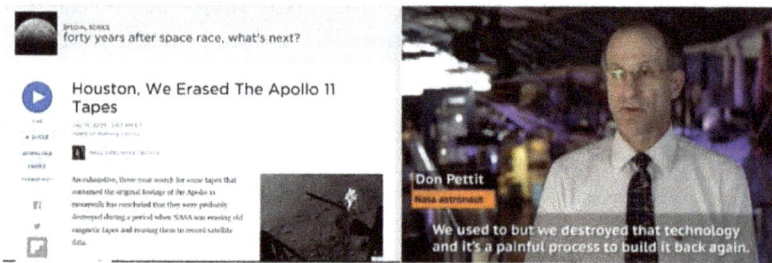

Fig. 5. Artículo de la agencia NPR (*Houston, hemos borrado las cintas de Apolo 11* /16/7/2009) el cual reporta que la NASA había perdido "algunas cintas que contenían las imágenes originales de la caminata lunar de Apolo 11". Según la NASA, el extravío se descubrió en el 2006. B) El astronauta Donald R. Pettit diciendo en una entrevista televisada que: "Yo iría a la Luna en un nanosegundo. El problema es que ya no tenemos la tecnología para hacerlo. Antes la teníamos, PERO DESTRUIMOS ESA TECNOLOGÍA y es un proceso doloroso construirla de nuevo". (Énfasis añadido.) Crédito: NPR y Russianvids.

¿Qué? ¿Que la NASA ha "destruido esa tecnología" que, según la versión oficial, costó miles de millones de dólares en desarrollar? Como dirían en EE.UU., *Bullshit!* Y es que, aunque el gobierno estadounidense o las empresas privadas envueltas en el programa Apolo hayan destruido sus naves o equipos/implementos, algunas naves permanecen hoy en instituciones como, por ejemplo, el Museo Nacional del Aire y el Espacio *Smithsonian* en Washington D.C., y el Centro espacial Kennedy en la Florida. ¿Por qué Pettit, habrá dicho tal cosa? ¿Será que sabe la verdad?

Bueno. Cintas borradas y tecnología destruida... En Estados Unidos hay una expresión muy popular para describir lo que estamos viendo en estos dos ejemplos: *The dog ate my homework* o la llamada defensa de "el perro se comió mi tarea" la cual es utilizada principalmente por los niños para llevar a los demás a creer que ellos hicieron algo que en realidad ni empezaron.

Ahora abordemos otro tema que ha adquirido mucha popularidad desde finales de los 2000: el de las fotos de las naves y de las banderas en la "Luna".

Las fotos de las naves y de las banderas en la "Luna"

Como ya se dijo en el capítulo anterior, en el 2009 la NASA lanzó el Orbitador de Reconocimiento Lunar (LRO) cuya misión era, en las propias palabras de la NASA, "ayuda(r) a identificar sitios cerca de potenciales recursos con alto valor científico, el terreno (que pueda ser) favorable y el ambiente necesario *para que las futuras misiones lunares robóticas y humanas sean seguras"* (Énfasis añadido). Recordemos también que su segundo objetivo era "medir y mapear (cartografiar) el entorno radiactivo" lunar, por lo cual llevaba aparatos para medir los niveles de radiactividad uno de los cuales contenía "plásticos que imitan el tejido humano para ver cómo estas partículas altamente energéticas penetraran e interactúan con el cuerpo humano".

Bueno, tras haber recalcado estos puntos, ahora discutiremos otra noticia importante del "LRO", pero en este caso una que parece reforzar la posición de los Apolo-creyentes. Así es, tan confuso como suena, la NASA también ha declarado que el mismo "LRO" que ha desmentido la relajada posición de la NASA de los años sesenta y setenta respecto a la peligrosidad de la radiación cósmica, ahora ha comprobado la supuesta veracidad de los alunizajes tripulados al haber fotografiado (con la Cámara del Orbitador de Reconocimiento Lunar o LROC) no solo los vehículos, sino también las banderas, e incluso las huellas del todoterreno lunar. Como narra *Wikipedia:*

Tras su entrada en órbita lunar en 2009, el (Orbitador de Reconocimiento Lunar) fotografió los módulos de las misiones Apolo y sus sombras en la superficie lunar. El 17 de julio de 2009, durante la fase de prueba de la sonda, se publicaron las primeras imágenes directas de los lugares de alunizaje del Apolo 11, Apolo 14, Apolo 15, Apolo 16 y Apolo 17. Dichas fotografías muestran la parte inferior de los módulos de alunizaje en la superficie lunar. Las imágenes también revelan las zonas en las que los astronautas caminaron alrededor de cada módulo y en torno a los experimentos, evidenciados por un claro cambio en el contraste del color de la superficie. Algo más de un mes después, en septiembre de 2009, se publicaron también las imágenes del lugar de alunizaje del Apolo 12. Tanto el módulo *Intrepid*, los experimentos desplegados (ALSEP), y la sonda Surveyor 3 cercana, son visibles, junto a las huellas de los astronautas.

En 2012, nuevas imágenes de mayor detalle, ya con la sonda situada en su órbita de observación definitiva, mostraban aún más detalles alrededor de cada zona de alunizaje, mostrando que incluso *las banderas plantadas en la superficie por los astronautas todavía estaban erigidas en su lugar.* (Énfasis añadido.)

Note la última sección, la que habla acerca de las banderas que todavía se mantienen en su lugar. Recuerde esto porque más adelante lo analizaremos minuciosamente. Pero por el momento continuaremos analizando el asunto de las fotografías, principalmente aquellas tomadas por el Orbitador de Reconocimiento Lunar.

En su portal cibernético, la NASA dice (https://www.nasa.gov/mission_pages/ LRO/news/apollo-sites.html) que:

En el sitio (de alunizaje) de Apolo 17, las huellas dejadas por el vehículo lunar son claramente visibles, junto con los

últimos senderos que quedan en la Luna. Las imágenes también muestran dónde los astronautas colocaron algunos de los instrumentos científicos que proporcionaron la primera percepción del entorno e interior de la Luna.
"Podemos seguir los pasos de los astronautas con mayor claridad para ver dónde tomaron las muestras lunares", dijo Noah Petro, un geólogo lunar... miembro del equipo científico del proyecto LRO.

¡Impresionante! Lamentablemente, hay un problemita con las muy vanagloriadas fotos del LRO: que éstas también están plagadas de problemas, empezando por su muy baja resolución. Como Jarrah White ha demostrado en su serie *Moonfaker*, al compararse con el satélite de observación terrestre de alta resolución GeoEye-1 ("Ojo Global-1"), las imágenes tomadas por la sonda de la NASA son verdaderamente patéticas. Esto es muy importante por dos razones: 1) porque el GeoEye-1 es un satélite comercial (Digital Globe Inc.), no gubernamental o militar, y 2) porque el "LRO" estuvo orbitando la Luna a unos 50 km sobre su superficie. Una vez más: unos 50 km sobre la superficie lunar. En cambio, el GeoEye-1 generalmente orbita la Tierra a unos 681 KM sobre su superficie (Figura 6) y, sin embargo, sus imágenes son de una resolución o calidad muy, pero muy superior.

Tan solo observe la figura 8: en ella podemos ver una de las fotos de la "zona de alunizaje" de "Apolo 17" tomada por el "LRO" (izquierda), versus una foto del obelisco de Washington tomada por el GeoEye-1 (derecha). La fotografía de la NASA es opaca y "pixelada" (De pixel o superficie homogénea más pequeña de las que componen una imagen, que se define por su brillo y color.), en ella en realidad no se puede distinguir ningún detalle, lo único que se ve son manchas negras, blancas o grises de forma cuadrada. Y, hablando de Apolo 17, cabe señalar que Xavier Pascal ha llevado a cabo un análisis comparativo de las fotos del LRO versus las de la galería de imágenes del programa Apolo (Apollo Image Gallery) y

(¡Sorpresa!) encontró el mismo problema que hallamos con el video de las supuestas "EVAs" o "actividades extra-vehiculares": discrepancias entre las imágenes. Por ejemplo, la foto AS17-137-20992 muestra un cráter muy característico no muy lejos del *Challenger*, pero no podemos encontrar un cráter así en la foto satelital.

Ahora observe bien la foto del GeoEye-1. Como puede ver, en ella las estructuras y vehículos, e incluso la gente, se pueden discernir con facilidad. Recordemos que la última foto fue tomada a una altura sobre 10 veces mayor y sobre un cuerpo celeste con atmósfera que alberga partículas que pueden afectar la visibilidad o alterar una imagen. Y, por si las dudas, la foto presuntamente del LRO es una de las más claras de todas las de las "zonas de alunizaje" presentadas no solo por la NASA, sino también por la Agencia Japonesa de Exploración Aeroespacial (JAXA) y la Organización de Investigación Espacial India (ISRO). Cabe señalar que las fotografías presentadas por estas últimas entidades —las cuales han anunciado con gran fanfarria que algunas de sus fotos lunares tomadas por sus propias sondas supuestamente han comprobado la veracidad del programa Apolo— tampoco son muy claras.

GEOEYE-1 TECHNICAL INFORMATION

Launch Vehicle	Delta II
Launch Vehicle Manufacturer	Boeing Corporation
Launch Location	Vandenberg Air Force Base, California
Satellite Weight	1955 kg / 4310 lbs
Satellite Storage and Downlink	1 Terabit recorder; X-band downlink (at 740 mb/sec or 150 mb/sec)
Operational Life	Fully redundant 7+ year design life; fuel for 15 years
Satellite Modes of Operation	• Store and forward • Real-time image and downlink • Direct uplink with real-time downlink
Orbital Altitude	681 kilometers / 423 miles
Orbital Velocity	About 7.5 km/sec or 17,000 mi/hr
Inclination/Equator Crossing Time	98 degrees / 10:30am
Orbit type/period	Sun-synchronous / 98 minutes

Fig. 6. Como muestra claramente esta tabla de la hoja de datos del GeoEye-1, la altura en la que este satelite orbita la Tierra es sobre 10 veces mayor que la del "LRO": 681 km versus 50 km. Cortesía: Maxar.

O sea, que a pesar de que su sonda costó $184 millones más que el Geoeye-1 —cuyo costo de $502 millones incluía actualizaciones a sus cuatro estaciones terrestres— la NASA no ha sido capaz de obtener unas imágenes de buena calidad de sus supuestas zonas de alunizaje. ¿Será todo esto evidencia comprobando las acusaciones de la derecha estadounidense de que el gobierno, particularmente el federal, no es muy bueno a la hora de administrar los fondos públicos? Pues, creo que tal planteamiento es parcialmente correcto: los gobiernos en general, no solo los de EE.UU., sí tienden a despilfarrar una parte (en el mejor de los casos, una pequeña fracción y por un tiempo limitado) del dinero que sus ciudadanos le pagan en contribuciones. No obstante, en este caso creo que la verdad es aún más siniestra: que Washington ha estado utilizando millones de dólares de los contribuyentes estadounidenses para seguir tomándoles el pelo.

Fig. 7. Foto de la "zona de alunizaje" de "Apolo 17" tomada por el "LRO" y ampliada un 400% versus una foto del hotel Excalibur (Las Vegas) tomada por el GeoEye-1 ampliada a un 80%. Note la gran claridad, y los nítidos detalles como los autos, de la foto de la derecha la cual fue tomada desde unos 681 KM de la Tierra. Image © 2016 DigitalGlobe, Inc.

Sabiendo que esto no será suficiente para convencer a todos los Apolo-creyentes, aquí se escrutará aún más la foto de "Apolo 17", análisis que se hará con la ayuda de Jarrah White. En el episodio titulado "LRO at 50km. PART 2" de *Moonfaker*, el joven australiano pone bajo la lupa a la foto, casi literalmente, puesto que él la amplía para revelar cualquier detalle oculto. Y lo que descubre es verdaderamente interesante: indiscutibles señales de alteración o retoque de las imágenes. Resulta que al ampliarse cuatro veces o más se hace aparente la presencia de pixeles dentro pixeles, o "una red más pequeña de 4 × 4 pixeles" algo que sencillamente no debe ocurrir porque, como señala White, "los pixeles no pueden contener detalles más finos porque estos son solo un cuadro 1 × 1 de color mate" lo único que debe contener cada pixel es una sola tonalidad de gris y nada más (Figura 8B). Seguidamente, White señala que esta "metedura de pata", o efecto "multi-pixel", se puede apreciar más claramente en el texto, particularmente en las sombras que lo rodean.

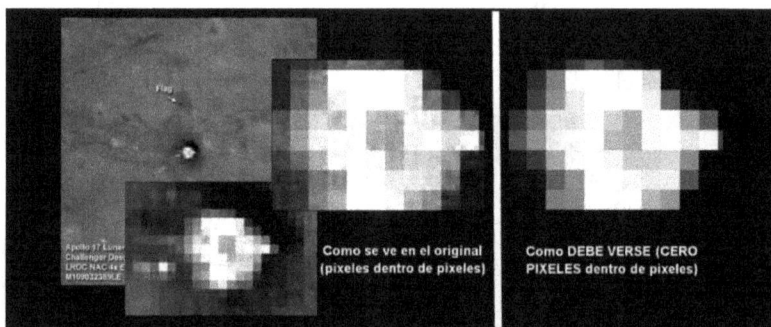

Fig. 8. Ampliación de la "etapa de descenso" del "módulo lunar *Challenger*" tomada por el Orbitador de Reconocimiento Lunar. Note la clara señal de alteración. Crédito de 2ª imagen: *Moonfaker.*

Ahora bien, aunque White ha usado la frase *goof*, o "metedura de pata", para describirlo, este servidor no está nada de convencido de que esto fue un mero error, sino todo lo contrario: que esto fue un intento deliberado de sabotear las fotografías con el fin de que alguien muy inquisitivo eventualmente los detectara, lo que Bennett, Percy y otros han descrito como *whistleblowing* o "sopladas" de parte de algunos empleados gubernamentales (y no creo que hayan sido de la NASA). Tan solo piénselo por un momento, con toda probabilidad esto fue llevado a cabo no por una, sino por varias personas, todas ellas cobrando buen dinero y seguramente con un puesto permanente, ya que sería sumamente estúpido subcontratar a un equipo de artistas gráficos para que le añadan unas siluetas o sombras de naves o huellas de astronautas a unas fotos lunares.

Así es, como un asesino en serie que empieza a dejar rastros y claves para que las autoridades eventualmente lo detengan, los que alteraron estas fotos del "LRO" desean, consciente o subconcientemente, que alguien desvele todo el fraude de Apolo. Y si todavía no lo cree, mire esto:

Fig. 9. La leyenda bajo esta foto dice que "El Orbitador de Reconocimiento Lunar de la NASA captó una vista única de la Tierra desde el punto de observación de la nave en órbita alrededor de la Luna". ¡Y de veras que es única! ¿Acaso no nota algo muy extraño con la Tierra? ¡¿Algo así como UNA CARA TRISTE?! ¡Fíjese bien!

¿Vio la cara triste justo en medio de la Tierra? Si desea comprobarlo, refiérase a: https://www.nasa.gov/sites/default/files/thumbnails /image/earth_and_limb_m1199291564l_color_2stretch_mask_0.j pg. Si eso no le funciona, escriba "Lunar Reconnaissance Orbiter", luego seleccione "Images" (Imágenes) y rápidamente la encontrará, como dicen los anglosajones, "mirándolo justo a la cara" ("staring you right in the face").

Antes de dirigirnos al asunto de las banderas "en la Luna", es imperativo desviarnos brevemente para cubrir otro pequeño detalle de las presuntas fotos de las zonas de alunizaje: el de las supuestas zonas de aparcamiento de los vehículos exploradores lunares. Y es que, tras examinarlas minuciosamente, en este caso la de Apolo 17, uno descubrirá que lo que la NASA le ha estado vendiendo al mundo como la sombra y silueta del último de los *buggies* lunares en realidad no es más que una mancha negra en el borde derecho de la foto. Una mancha negra. Peor aún, la NASA también está insistiendo en que la foto mostrada en la figura 11 fue tomada a una altura más baja que la que se mencionó anteriormente, y muchísimo más baja que la del GeoEye-1: 25 km. Pero tal explicación sencillamente no es creíble, pues, como ya sabemos y como veremos a continuación, el vehículo explorador lunar es mayormente blanco.

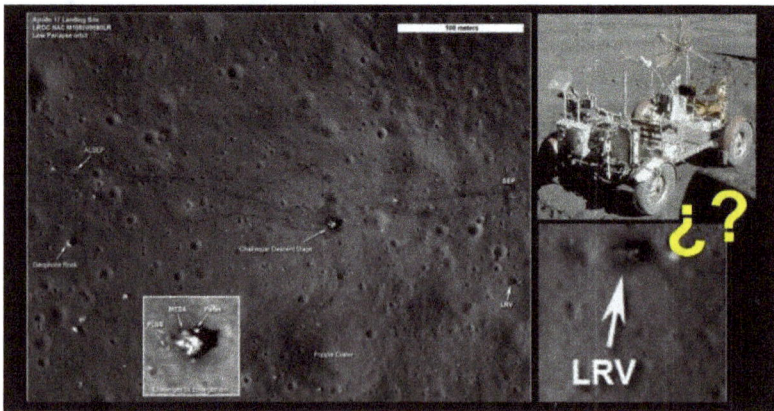

Fig. 10. Otra foto de la supuesta zona de alunizaje de Apolo 17 mostrando el "LRV" (borde inferior derecho). ¿De veras le parece a usted que este es el vehículo mostrado a la derecha?

¿Recuerda lo que se dijo acerca de las banderas? Pues por fin hemos llegado a este asunto. Como la fotografía anterior ha demostrado, los cerebros de la NASA están completamente seguros —o al menos eso pretenden que creamos— de que en la Luna hay seis banderas estadounidenses, una por cada misión que el programa Apolo supuestamente se llevó a cabo allí, y que cinco de ellas están en pie, ya que la versión oficial sostiene que la supuesta primera bandera (Apolo 11) fue derribada por el escape de la etapa de ascenso del *Eagle*. El título del artículo de space.com del 27 de julio de 2012 habla por sí solo: "Las banderas de los alunizajes Apolo todavía están de pie, revelan las fotos" (*Apollo Moon Landing Flags Still Standing, Photos Reveal*). El artículo continúa haciendo la afirmación de que, basándose en las imágenes de la LROC, o Cámara del Orbitador de Reconocimiento Lunar, "ahora es seguro que las banderas aún están en pie y proyectando sombras largas" y que las sombras largas proyectadas por las banderas de Apolo 12, 16 y 17 "muestran que aún están 'ondeando'". En un patético intento por reforzar la versión oficial, la autora Clara Moskowitz dice que "El investigador principal de LROC, Mark Robinson, escribió en un blog" que "El astronauta Buzz Aldrin reportó que la bandera fue derribada por el escape del motor de la etapa de ascenso durante el despegue de Apolo 11, ¡y parece que tenía razón!" Seguro.

Cabe señalar que esto es típico de Space.com cuyos empleados han demostrado estar dispuestos a tomar acciones de poca ética para defender la ortodoxia de la NASA. Cuando solicité permiso para usar una foto, ellos me lo denegaron aún tras ofrecerles el exhorbitante precio de $300 y luego, cuando intenté re-negociar, hasta me amenazaron con tomar acción legal.

Lamentablemente para Moskowitz y los Apolo-creyentes, este pequeño cuento, como la mayoría de las anécdotas del programa Apolo, puede desmentirse fácilmente gracias a los descubrimientos que se han hecho durante las últimas décadas. Como apuntaló Jarrah White, el 27 de julio de 1991 los cosmonautas de la misión EO-9 fijaron una bandera soviética en una viga de 14.5 m que ellos construyeron y que llamaron Sofora.

Poco más de un año después, el 7 de septiembre de 1992, los cosmonautas de la misión EO-12 ascendieron hasta el extremo de Sofora y removieron "los remanentes de la bandera soviética" la

cual, según el portal cibernético *Space Facts* (http://www.spacefacts
.de/mir/english/mir-12.htm), fue "reducida a añicos por la
degradación de (los rayos) ultravioletas y detrito orbital e impactos
de micro-meteoritos". Tenga en mente que todo eso ocurrió en un
periodo menor a los 13 meses. Sin embargo, la NASA pretende
convencernos de que unas banderas en la Luna la cual, como ya
sabemos, es propensa a ser azotada por micro-meteoritos con
bastante frecuencia, y que también es azotada ininterrumpidamente
por rayos ultravioletas durante largos periodos de tiempo (recuerde
que un día lunar equivale aproximadamente a 14 días terrestres), no
sufrirían tales maltratos, experimentando solamente una
descoloración. He aquí lo que Paul D. Spudis, el científico superior
del Instituto Planetario de Houston, escribió para airspacemag.com
(*Faded Flags on the Moon* | 19/7/2011):

> Durante cuarenta y tantos años, las banderas han sido
> expuestas a la furia completa del medio ambiente de la Luna
> — alternando entre 14 días de la abrasadora luz solar y 100°
> C de calor con 14 días oscuros (y) de frío que entumece: -
> 150 ° C. Pero más perjudicial es la intensa radiación
> ultravioleta (UV) de la pura luz solar sin filtrar sobre la tela
> (modal) de la cual se hicieron las banderas de
> Apolo. Incluso en la tierra, los colores de una bandera de
> paño volado en la luz solar durante muchos años
> eventualmente se desvanecen y necesitan reemplazarse. Así
> que es probable que estos símbolos de logro americano
> hayan quedado… blanqueados… por la radiación UV de la
> luz solar sin filtrar en la superficie lunar. Incluso, es
> probable que algunos de ellos hayan comenzado a
> desintegrarse físicamente bajo el flujo intenso.

¿Que "es probable que algunos de ellos hayan comenzado a
desintegrarse físicamente"? Obviamente, el científico superior del
Instituto Planetario de Houston no sabe nada acerca de la estación
espacial *Mir*.

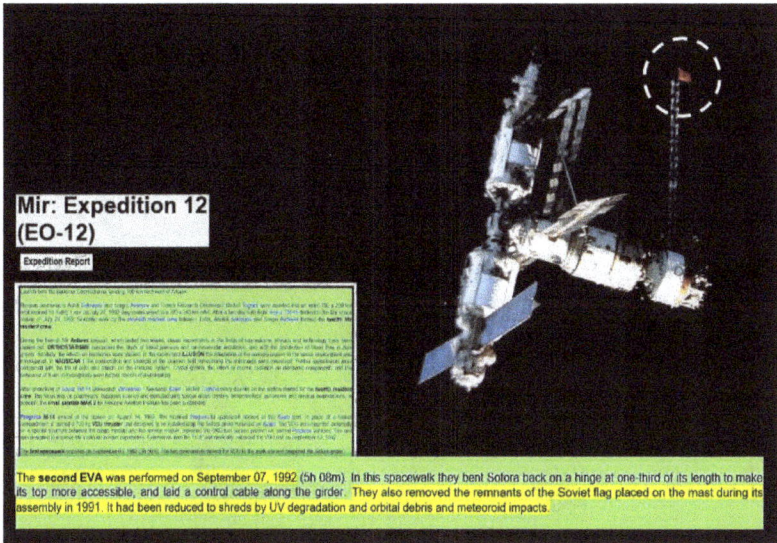

Mir: Expedition 12 (EO-12)
Expedition Report

The **second EVA** was performed on September 07, 1992 (5h 08m). In this spacewalk they bent Sofora back on a hinge at one-third of its length to make its top more accessible, and laid a control cable along the girder. They also removed the remnants of the Soviet flag placed on the mast during its assembly in 1991. It had been reduced to shreds by UV degradation and orbital debris and meteoroid impacts.

Fig.11. El 27 de julio de 1991 los cosmonautas de la misión EO-9 (Expedición *Mir.*) fijaron una bandera soviética en una viga de 14.5 m que ellos llamaron Sofora. Poco más de un año después, el 7 de septiembre de 1992, los cosmonautas de la misión EO-12 ascendieron hasta el tope de Sofora y removieron "los remanentes de la bandera soviética" la cual quedó "reducida a añicos por la degradación de (los rayos) ultravioletas y detrito orbital e impactos de micro-meteoritos." Crédito de foto: Anatoly Pavlovich Artsebarsky. Nota: ¡Cuando revisé el artículo de Space Facts, en octubre de 2018, me percaté de que esta sección había sido removida! Fig. 11B.

The **second EVA** was performed on September 07, 1992 (5h 08m). In this spacewalk they bent Sofora back on a hinge at one-third of its length to make its top more accessible, and laid a control cable along the girder. To ease installation, the thruster package deployed from Progress M-14 at an angle matching the top of the bent-back Sofora truss. They laid a 14-m (46-ft) power cable along the truss and attached metal braces to the VDU for securing it to Sofora. Working by flashlight during orbital night, they removed the metal frame containing the tattered remnants of the Soviet flag placed atop Sofora in 1991. Ground stations of Independent Ukraine suspended service during the EVA, severely limiting communications between TsUP and cosmonauts.

Como si esto fuera poco, en 2018 sucedió un evento que destroza por completo la fábula de las banderas estadounidenses ultra resistentes en la Luna. Resulta que, el 6 de febrero, la compañía del magnate sudafricano Elon Musk, SpaceX, lanzó un Falcon Heavy ("Halcón Pesado"), un masivo cohete super pesado reutilizable capaz de portar una carga útil de hasta 64 toneladas y diseñado específicamente para llevar seres humanos a la Luna y, según la prensa, incluso hasta Marte. Abordo del Falcon Heavy iba un auto eléctrico convertible, también fabricado por una empresa de Musk:

un Tesla Roadster color "cerezo de medianoche". ¿Y por qué lo hizo? Pues sencillamente porque, al igual que el arrogante y rudo (y racista, etc., etc.) presidente de EE.UU., al excéntrico billonario le encanta llamar la atención con declaraciones extravagantes e innecesarios trucos publicitarios. ¿Y qué mejor modo de atraer la atención de todo el mundo que enviando a uno de los caros vehículos deportivos de su propia compañía hacia el espacio profundo a la vez que se transmite en vivo?

Bueno, de todos modos, el envío del convertible al espacio sí tuvo un aspecto positivo. Resulta que para la ciencia dicho evento ha proveído una mina de información acerca de los efectos del espacio exterior sobre los materiales artificiales. El mismo día del lanzamiento del Falcon Heavy, el portal educativo Live Science ("Ciencia Viva") publicó un artículo cuyo título, aunque sensacionalista, va directo al grano respecto al destino final del Tesla convertible: La radiación hará trizas el auto del cohete de Elon Musk en un año (Radiation Will Tear Elon Musk's Rocket Car to Bits in a Year | https:// www.livescience.com /61680-will-spacex-roadster-survive-in-space.html). En el artículo, su autor (Rafi Letzter) nos recuerda que, a pesar de las supuestas hazañas del Saturno V medio siglo antes, todavía "hay una posibilidad razonable de que el *Roadster* (convertible) llegue a su fin en una lluvia rápida de llamas, metal retorcido y carbón quemado cayendo a la Tierra", es decir, que era muy probable que el cohete y su carga explotaran antes de alcanzar la órbita baja terrestre. Letzer continúa citando a William Carroll, químico de la Universidad de Indiana y experto en plásticos y moléculas orgánicas quien señala que "las fuerzas reales que desgarrarán el automóvil... en el espacio... son objetos sólidos" como los micro meteoritos, por ejemplo, "y —más importante aún— la radiación".

Además, Carroll añade que "Todos los compuestos orgánicos estarán sujetos a la degradación por los diversos tipos de radiación con los que te encontrarás allá" por lo que los materiales hechos de fibra de carbono se desintegrarán:

La energía de la radiación estelar puede hacer que esos enlaces se rompan. Y eso puede hacer que el automóvil se caiga a pedazos tan efectivamente como si hubiera sido atacado con un cuchillo.

Un cuchillo corta esos enlaces (carbono-carbono y carbono-hidrógeno) en línea recta. Pero la radiación los dividirá al azar, causando que los materiales orgánicos, desde los asientos de cuero hasta los neumáticos de caucho y las pinturas (y) —dado un lapso suficientemente largo— quizás hasta que la carrocería de fibra de carbono se decolore, se deshaga y se astille en el espacio.

Así, Carroll concluye que al estar "bajo el duro resplandor del Sol sin protección", el proceso de descomposición podría suceder muy rápido. "A esos compuestos orgánicos, en ese entorno, no les daría un año", afirmó.

Veredicto: Si los estadounidenses de veras hubiesen plantado banderas en la superficie lunar, éstas se hubiesen desintegrado menos de dos años después de haber sido dejadas allí.

Las rocas "lunares"

Si hay algo que los Apolo-creyentes defienden como la evidencia más contundente de su presunto programa lunar tripulado son los 382 kg de rocas "lunares" traídas por los astronautas de las seis misiones que supuestamente lograron alunizar. Una y otra vez ellos se refieren a las benditas rocas para intentar ridiculizar a los *apoloescépticos*, lo digo por experiencia. He aquí lo que la NASA dice al respecto (curator.jsc.nasa.gov/lunar/ index/cfm):

Entre 1969 y 1972 seis misiones Apolo trajeron 382 kilogramos (842 libras) de rocas lunares, muestras, guijarros (*core samples* o cantos rodados), arena y polvo de la superficie lunar. Los seis vuelos espaciales trajeron 2,200 muestras separadas de seis sitios diferentes de la exploración en la Luna. (…) El laboratorio de muestras lunares es donde se preparan las prístinas muestras lunares para su envío a científicos y educadores. Cerca de 400 muestras se distribuyen cada año para proyectos de enseñanza e investigación.

Seguidamente, el artículo continúa afirmando con orgullo que:

El estudio de las muestras de roca y del suelo de la Luna continúa recopilando información útil sobre la historia temprana de la Luna, la Tierra y el interior del sistema solar. Los últimos modelos de computadora indican que la Luna pudo haberse formado de los detritos resultantes de un golpe de refilón asestado a la Tierra por un cuerpo planetario del tamaño de Marte.

Bueno. Este último párrafo debe desconcertar a todo aquel que albergue un genuino respeto por la ciencia y el progreso humano, pues resulta que las rocas supuestamente traídas por los astronautas estadounidenses de la Luna en realidad no provienen de la Luna, sino de nuestro mismo planeta Tierra. ¡Y hay evidencia científica irrefutable para probarlo!

Eso es correcto, y tal evidencia científica ha sido reportada no solo por medios de noticias como la BBC y *The Telegraph* de Reino Unido, sino también por otros medios prestigiosos de EE.UU. y del mundo hispanoparlante como la NBC News, *USA Today*, *El Mundo* (España) y *El Comercio* (Perú). De hecho, la noticia recorrió el mundo entero apareciendo inclusive en medios noticiosos de Australia y Sudáfrica.

Como muestra la figura 12, sus titulares son muy concisos y condenatorios para la NASA: "Piedra lunar, ¿qué piedra lunar?" (BBC Mundo, 27/8/2009), "Fiasco en Holanda: su roca lunar es madera petrificada" (*El Mundo*, 2/9/2009) y "La piedra lunar que

Neil Armstrong regaló sería falsa" (*El Comercio*, 2/1/2015). Otro detalle muy interesante es la gran diferencia entre la fecha de publicación de los primeros artículos y la del último o el rotativo peruano: una brecha de más de un lustro o cinco años. Y sépase que esa no fue la única noticia acerca de la roca lunar falsa publicada años después del 2009, pues *El Nacional* (Venezuela) también la publicó en enero de 2015. Sin duda de todos estos artículos, incluyendo otros tres artículos en inglés analizados por el autor, el de *El Comercio* — el más reciente— es el mejor. He aquí los pasajes más importantes:

Este supuesto objeto espacial fue entregado a un exlíder holandés durante uno de los viajes que realizó el astronauta

Hace 45 años Neil Armstrong no sólo se era (sic.) el primer hombre en pisar la Luna, sino también una de las más grandes celebridades en la Tierra. Por tal motivo, el astronauta y su compañero Buzz Aldrin realizaron una serie de viajes alrededor de todo el mundo.

Una de sus presentaciones los llevó a los Países Bajos, en donde Armstrong regaló una piedra lunar al exlíder holandés Willem Drees, un acto simbólico que se repitió varias veces en otros países.

Sin embargo, un simple examen parece haber demostrado que el souvenir espacial se trataría sólo de madera fosilizada sin valor. Así lo determinó un grupo de científicos de la Universidad Libre de Ámsterdam, quienes notaron algo extraño en la piedra lunar luego de visitar en el 2009 el museo Rijksmuseum, donde la pieza era exhibida.

La piedra llegó al museo en 1988 luego del fallecimiento de Drees. Fue exhibida y considerada un tesoro único, incluso llegó a estar valorada en casi 400 mil euros. Su valor ahora es puramente histórico.

La pregunta ahora es, ¿las demás piedras entregadas serán también falsas?, ya que se estima que durante la década de los 70 la NASA regaló cerca de 100 de estas piezas a diferentes naciones.

Fig. 12. Si algún día logra ir a Holanda, asegúrese de darse un recorrido por el Rijksmuseum donde podrá ver este trozo de madera petrificada que fue obsequiada y presentada al primer ministro Willem Drees como una roca lunar traída por los astronautas de Apolo 11. En un dato, cómico, la clasificación dice: "madera, material de plata", ¡Y todavía hay gente que cree que seres humanos de veras han ido a la Luna! Cortesía: Rijksmuseum, Ámsterdam.

Orion: Trial by Fire

El 8 de octubre de 2014, la NASA publicó un corto documental con el título citado arriba ("Orión: Prueba de Fuego") (www.youtube.com /watch?v = KyZq SW WKm HQ&t=200s). En él un ingeniero de la NASA llamado Kelly Smith dice (2:50):

Vamos rumbo a unas 3,600 millas (5,793 km) sobre la Tierra. QUINCE VECES MÁS ALTO SOBRE EL PLANETA QUE LA ESTACIÓN ESPACIAL INTERNACIONAL. Mientras más nos vamos alejando de la Tierra estaremos pasando a través de los cinturones de Van Allen, un área de radiación peligrosa. RADIACIÓN COMO ESTA PUEDE DAÑAR LOS SISTEMAS DE DIRECCIÓN, COMPUTADORAS DE A BORDO U OTROS EQUIPOS ELECTRÓNICOS EN ORIÓN. Naturalmente, tenemos que pasar por esta zona de peligro dos veces: una vez subiendo y una vez de vuelta. Pero Orión tiene protección, blindaje será PUESTO A PRUEBA mientras el vehículo pasa a través de las ondas de radiación. Sensores a bordo registrarán los niveles de radiación para que los científicos los estudien. NOSOTROS DEBEMOS RESOLVER ESTOS DESAFÍOS ANTES DE QUE ENVIEMOS A PERSONAS A TRAVÉS DE ESTA REGIÓN DEL ESPACIO. (Énfasis añadido.)

¡Guau! Así que ¡"Debemos resolver estos desafíos *antes* de enviar gente" más allá de la órbita baja terrestre! ANTES. Reveladoramente, Smith no dice ni una palabra sobre las misiones Apolo algo muy, muy extraño viniendo de un ingeniero de la NASA. Como un internauta tan agudamente ha preguntado: ¿Por qué no utilizar los datos recopilados en 1969? ¿Y qué pasó con el atajo galáctico a través de los cinturones de Van Allen que supuestamente permitió los viajes sin exponer a los astronautas a las dosis letales de radiación cósmica y con esos estupendos materiales que supuestamente bloqueaban la penetración de radiaciones ionizantes?

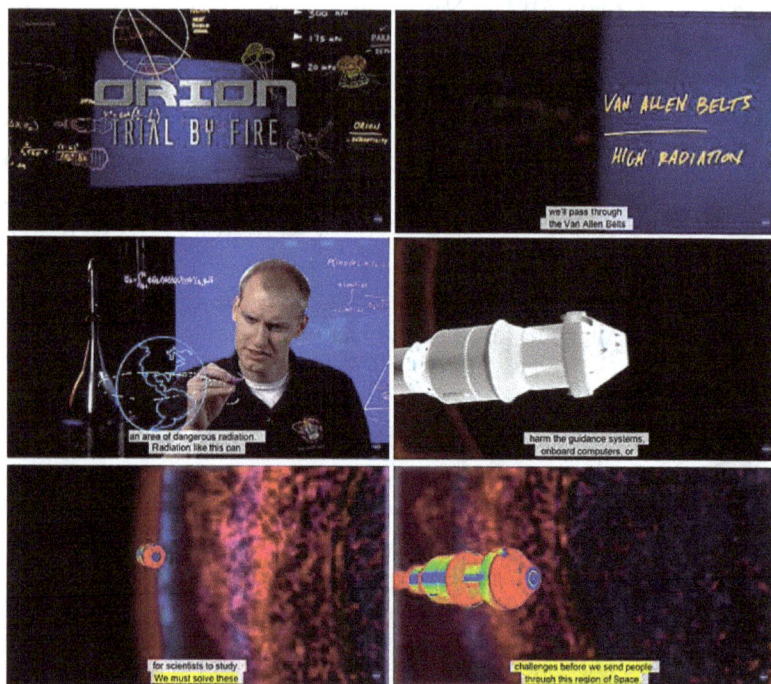

Fig. 13. Partes del corto documental de la NASA *Orion: Trial by Fire* (www.youtube.com /watch?v=KyZqSWWKmHQ&t=200s) en el cual el "ingeniero de la NASA" Kelly Smith habla acerca de los efectos nocivos de la "alta radiación" cósmica de los cinturones de Van Allen diciendo que esta es "un área de radiación peligrosa", que dicha radiación "puede dañar los sistemas de guiado, computadoras de abordo..." Pero lo más importante de todo llega unos segundos más adelante cuando dice que "DEBEMOS RESOLVER ESTOS RETOS <u>ANTES</u> DE ENVIAR GENTE A TRAVÉS DE ESTA REGIÓN DEL ESPACIO". En otras palabras, Smith está admitiendo sutilmente que TODAVÍA NADIE HA PASADO DE LOS CINTURONES DE VAN ALLEN Y, POR ENDE, NADIE HA IDO A LA LUNA. Como hubiese dicho el *apoloescéptico* Ralph René, ¡Te pillé NASA! (*Gotcha NASA!*) Nota: los subtítulos han sido resaltados, ya que, sospechosamente, en el original el texto apareció en color blanco sobre un fondo blanco.

Nuevamente, note el uso de la palabra "antes" y también cómo Smith pone énfasis en los 5,793 km de distancia de la Tierra, algo muy extraño teniendo en cuenta que los presuntos viajes lunares de medio siglo atrás supuestamente cubrieron una distancia exactamente 64 veces mayor. ¿Será esto una pista por parte de Smith y sus colegas de que el programa Apolo fue falso? Después de todo, él lo dice como si esa fuese la primera vez que una cápsula diseñada para transportar seres humanos fuese a volar esa distancia y, más importante aún, como si las misiones del programa apolo no hubiesen ocurrido. Por estas razones, he decidido añadir un cuadro para mostrar lo que Kelly Smith debió de estar pensando justo mientras señalaba lo peligrosa que es la región de los cinturones de Van Allen.

Fig. 14. Conjetura, de parte del autor, de lo que debió de haberle pasado por la mente a Kelly Smith mientras hablaba de la peligrosidad de los cinturones de Van Allen. La burbuja dice: "¡Eso es correcto amigos! ¡Los alunizajes de Apolo fueron pura mierda!"

Bueno. Hasta ahora todo se ve muy, muy mal para los Apolo-creyentes y los defensores de la NASA pues aquí se ha comprobado decisivamente que tanto la mejor "evidencia" —es decir, las fotos lunares y las rocas "lunares"— no valen nada (Bueno, en el caso de la roca de Holanda, 50€/56.53€ en el 2018.) y, como si fuera poco, que hasta la misma NASA ha admitido, en video, que aún en la segunda década del siglo XXI no ha sido posible llevar a un ser humano a más de mil kilómetros de la Tierra. Sin embargo, además de los artículos embarazosos y el documental revelador, aún falta otra interesantísima pieza de evidencia por analizar, y, estimado lector, este servidor le garantiza que al verla usted concluirá que lo mejor se ha dejado para lo último.

¡La Evidencia Suprema!

Por fin hemos llegado a la última, y como había prometido en la página anterior, mejor "bomba" para el mito de los alunizajes del programa Apolo y hay que decir que la espera ha valido la pena porque ¡esta bomba es nuclear, y de las de hidrógeno! Esta pequeña joya puede encontrarse en *You Tube* (youtube.com/watch?v=fFs-INNfU1l) y su contenido es tan revelador y obvio que en realidad no es necesario ni describirlo aquí. Solo fíjese en la derecha.

Fig. 15. ¡Increible, pero cierto! No. Sus ojos no lo están engañando. Y, no. Tampoco se trata de un alienígena yendo a recoger la basura de los astronautas durante su excursión lunar. Esta es una escena de Apolo 16 en la que una persona, vestida de blanco y negro, y aparentemente doblándose para recoger algo, aparece en la esquina cerca del "módulo lunar" de Apolo 16. Gotcha NASA! Nota: El vídeo aparece en la página titulada Moon Landing Hoax Apollo 16: Two Stagehands are Seen in the Fake Moon Bay Next to an Astronaut ("Farsa de alunizaje Apolo 16: Dos tramoyistas se ven en la falsa bahía lunar al lado de un astronauta").

9

"Los callados y los que son silenciados"

Si se está preguntando a qué se debe la frase de arriba, primero sepa que esta fue tomada del libro *We Never Went to the Moon. America's Thirty Billion Dollar Swindle* o "Nunca fuimos a la Luna. La estafa de treinta mil millones de dólares de Estados Unidos" de William Charles "Bill" Kaysing. Como ya sabemos, Kaysing fue un empleado de la corporación Rocketdyne y, más significante aún, el padre del movimiento *apoloescéptico*. Volviendo al origen de la frase, Kaysing la usó mientras cubría el asunto más importante de todos en cuanto a conspiraciones se refiere: el del secretismo, específicamente su prevalencia durante la operación clandestina denominada como Air America. Según él cuenta, ésta "se distinguía por sus dos tipos de alumnos: los callados y los que eran silenciados." ¿Pero qué exactamente fue Air America? Pues una operación llevada a cabo durante el conflicto conocido inadecuadamente como la Guerra de Vietnam (en realidad fue la guerra de Indochina dado que la coalición encabezada por EE.UU. también bombardeó e invadió a los empobrecidos países de Camboya y Laos causando la muerte de más de medio millón de personas, todo esto en el nombre del anticomunismo) en la cual una empresa fantasma fue usada por la CIA (Agencia Central de Inteligencia) para llevar a cabo operaciones militares, posando como un transportista civil aéreo. Como puede imaginarse, esto se hizo en clara violación a la ley internacional, en este caso los Acuerdos de Ginebra de 1954 y 1962, los cuales prohibían la intervención militar en los países aledaños a Vietnam. Pero tal detalle no le importó en lo absoluto a Washington y las violaciones a la soberanía de esos pequeños países y, a su vez de la ley internacional, continuarían (¡Adivine adivinador!) sin que el pueblo estadounidense se enterase totalmente de ello.

Como el caso de Air America ha demostrado, la clave para que cualquier engaño o manipulación de las masas, particularmente uno a una escala tan grande como el de la antedicha operación pueda funcionar es vital que el grupo o círculo de perpetradores/involucrados sea lo más leal y reservado posible. Ahora bien, aunque muchos añadirán, lógicamente, que también es imperativo asegurarse de que dicho círculo sea lo más pequeño posible, en realidad esto no es esencial para lograr el objetivo de una misión. Así es. Por más contradictorio que parezca, el hecho de que un gran número de personas participen o estén involucradas en una conspiración no necesariamente implica que la misión se verá amenazada por filtraciones. Este punto es importante porque uno de los argumentos más citados por los Apolo-creyentes es que encubrir una operación tan grande como el programa Apolo; con alrededor de 400,000 personas en total; hubiese sido verdaderamente imposible. Sin embargo, esto simplemente no es cierto, hecho comprobado por otros programas militares secretos y de gran envergadura como, por ejemplo, el proyecto Manhattan (1939-1946) que produjo la bomba atómica.

En su apogeo a mediados de los años 40, el proyecto Manhattan llegó a emplear a unas 130,000 personas de los tres países más prominentes de la *anglósfera*: EE.UU., Reino Unido y Canadá. Las poblaciones de esos países nunca se enteraron de la destructiva invención que sus gobiernos estuvieron creando hasta después de los bombardeos sobre las ciudades de Hiroshima y Nagasaki en el verano de 1945. Interesantemente, justo después de los bombardeos —los cuales, dicho sea de paso, no fueron estratégicamente necesarios, sino que fueron perpetrados puramente por fines geopolíticos o para intimidar a la URSS— ¡el gobierno estadounidense insistió en que la radiación ionizante no causaba cáncer!

Otro punto que debe aclararse aquí es el hecho de que porque un proyecto cuente con decenas de miles de personas eso no significa que todos, o ni siquiera la mitad de ellos, tienen que estar al tanto del "plan maestro" o el objetivo final de sus superiores o gobernantes. Por ejemplo, es casi seguro que usted, estimado lector, ya ha trabajado para alguna empresa en algún punto de su vida y, sin embargo, estoy totalmente seguro de que, a menos que haya ocupado un puesto gerencial, o quizás de supervisión, usted nunca estuvo al tanto del objetivo principal o "plan maestro" de su empleador. La razón es muy sencilla: si usted no pertenece a la cúpula alta no es necesario que usted sepa tal información dado que su trabajo es, le guste o no, acatar las directrices de la empresa para lograr la meta trazada por su gerencia. O sea, que ni los trabajadores que cosían los trajes espaciales, ni los que fabricaban los todoterrenos lunares, ni los que preparaban y empacaban la comida de los astronautas, etc., tenían que reunirse en un auditorio y jurar sobre una biblia su eterno silencio para luego ver un documental informándoles que debían tomarles el pelo a sus compatriotas y al mundo entero para cumplir algún objetivo de Washington. Así no funcionan las cosas.

No obstante lo anterior, cabe señalar que en ocasiones sí surgen personas que deciden —a un gran riesgo para sus vidas, e incluso las de sus seres queridos— criticar, filtrar o delatar los planes secretos de sus superiores. Los motivos detrás de dicha decisión pueden ser diversos abarcando desde intereses filosóficos y políticos, hasta económicos o personales. Como ya debe estarse imaginando, el caso del programa Apolo, en clara contradicción a lo que siempre han argumentado sus defensores, en realidad no ha estado libre de filtradores o soplones íntimamente involucrados en sus operaciones. Y, como veremos a continuación, ha habido varios y entre ellos —los cuales este servidor ha denominado como "el grupo de los íntegros"— ha habido tanto astronautas como un inspector de seguridad y control de calidad. Lamentablemente, y muy convenientemente para Washington, todos ellos se toparon con una muerte prematura... y muy trágica... antes de que pudieran desenmascarar a la NASA. Lo que nos trae a uno de los pasos más importantes, y definitivamente el más siniestro de cualquier plan para llevar a cabo una misión secreta: eliminar/neutralizar a los potenciales filtradores.

El rebelde "Gus" Grissom y Apolo 1

Comencemos por el que encabezó la lista negra de la NASA: Virgil Ivan Grissom. Grissom o, como lo llamaban sus amigos y colegas, "Gus" (se lee "Gos"), fue uno de los primeros, y sin duda más famosos, de todos los astronautas de EE.UU. Él fue el presunto segundo estadounidense en viajar al espacio y había sido el candidato preferido para ser el presunto primer hombre en la Luna. Pero, como decimos en Puerto Rico, él "no tenía pelos en la lengua" y eso lo llevaría a convertirse en el más vociferante crítico de la agencia para la que trabajaba. Refiriéndose a su personalidad y habilidades, el ingeniero gerencial de la IBM y del proyecto Mercurio, Art Cohen, dijo que Grissom, quien él conocía bien, era, citando a su entrevistador Hank Campbell (*Gus Grissom And Liberty Bell 7 - 50 Years Ago Today* | Science 2.0, 21/7/2011):

> (U)n tipo práctico, él quería saber cómo funcionaba todo y era intelectualmente curioso, incluso entre los astronautas, que fueron legendarios por ser intelectualmente curiosos.

Describió a Grissom como un hombre competente reservado, modesto — en un grupo y una cultura famosa por su modestia.

Seguidamente, Campbell habla acerca de sus habilidades técnicas.

Grissom trabajó tan estrechamente con los ingenieros (del proyecto) Géminis que ellos lo apodaron el "Gusmóvil". A él (también) se le atribuye el haber ayudado a inventar el control del motor de traslación multi-eje que las naves espaciales Géminis y Apolo usaban para empujarse en sentido lineal para (las maniobras de) reencuentro y acoplamiento.

Pero todo parece indicar que lo de "reservado" se le fue rápidamente tras ver el modus operandi de la NASA. Y es que Grissom con su curiosidad intelectual y amplia experiencia militar; él voló varias misiones de combate sobre la península coreana durante la denominada Guerra de Corea (1950-1953); naturalmente se percató de que el equipo que estaba probando ni siquiera se acercaba a las fantásticas naves que sus jefes y la prensa nacional le estaban vendiendo al mundo. Y Grissom no pretendía encubrirlo. Por ejemplo, en una ocasión él llegó a decir que la nave Apolo estaba defectuosa, describiéndola, entre otras cosas, como "una cubeta de tornillos", llegando a decir que las probabilidades de que la nave lograse su misión eran "bastante nulas" (*pretty slim*) e incluso a decirle a su esposa Betty que: "Si un accidente grave va a ocurrir en el programa espacial, sin duda me involucrará a mí". Según el investigador estadounidense Ralph René, "en enero de1967, Grissom estaba claramente infeliz con lo que estaba sucediendo". A partir de ese momento sus críticas solo aumentarían frecuentemente instándole a los ingenieros de la NASA a que hicieran las mejoras necesarias. René continúa narrando este episodio peculiarmente jocoso:

A principios de enero de (...) 1967, Grissom (...) colgó un limón en la cápsula Apolo (...) Luego él amenazó, con hacer públicas sus quejas acerca del LEM (módulo lunar). Grissom ya era una celebridad famosa, especialmente con la prensa. Él no hubiese tenido problemas para hacer sus declaraciones. En un caso como este ni siquiera los censores de la NASA hubiesen sido capaces de controlar la situación. Titulares como "¡Famoso astronauta expone a la NASA!" no hubiesen podido sofocarse fácilmente.

Por si las dudas, lo del limón fue un gesto de desdén o desconfianza hacia el equipo, ya que en la cultura anglosajona se asocia a esa fruta —quizás por su amargo sabor— con algo de baja calidad, particularmente cuando se habla de automóviles. O sea, que Grissom ya estaba comenzando a expresar públicamente sus dudas respecto a las naves, y por deducción lógica, al programa Apolo en general. Obviamente, esto empezaba a irritar y a alarmar a la cúpula de poder estadounidense, pues nada menos que uno de sus héroes espaciales más famosos estaba poniendo en juego todo su montaje lunar. La credibilidad del programa espacial estadounidense estaba comenzando a peligrar por lo que este servidor sospecha, pero lamentablemente no puede probar (Esto por razones legales y de seguridad, usted sabe.), que los servicios de inteligencia nacionales prontamente comenzaron a planear cómo removerlo del panorama… permanentemente.

Pero la movida no sería nada difícil, esto porque la cápsula Apolo 204 en la que Grissom y sus otros dos compañeros, Edward H. White y Roger B. Chaffee ("Chafi"), sufría de un serio defecto: ésta usaba un sistema ambiental con 100% oxígeno. Como ha sido señalado varias veces, todas las naves estadounidenses utilizaban oxígeno puro para sus espacios habitables, esto porque EE.UU. carecía de la tecnología necesaria para utilizar una mezcla de oxígeno y nitrógeno similar a la que usaban los soviéticos. El oxígeno es sólo una quinta parte del aire que respiramos. El resto es nitrógeno. Recordemos además que en un ambiente de oxígeno puro cualquier chispa pequeña puede desatar un fuego bastante voraz y los técnicos de la NASA lo sabían... y, por supuesto, los de los órganos de inteligencia también. Pero antes de continuar con la historia de la cápsula 012, es imperativo hacer un breve desvío para discutir otro evento involucrando a Grissom, pero que ocurrió unos cinco años y medio antes: el lanzamiento de *Liberty Bell 7*. Dicho vuelo es de particular interés porque este se vio plagado por al menos dos sucesos sumamente extraños y potencialmente fatales para Grissom lo que desató una serie de controversias entre él y la NASA convirtiéndolo en el primer incidente en levantar sospechas respecto a la naturaleza siniestra del programa espacial estadounidense. ¿Accidente o intento de asesinato? Veamos.

Fig. 1. Desde la izquierda: Edward H. White, Virgil Ivan "Gus" Grissom (comandante de vuelo), y Roger B. Chaffee ("Chafi"). Equipo de Apolo 1. Sin duda Grissom fue el más crítico de todos los astronautas estadounidenses.

El 21 de julio de 1961 al mediodía, la NASA lanzó la misión Mercury-Redstone 4 (MR-4), una misión tripulada del proyecto Mercurio. Por si las dudas, el nombre Redstone es en honor al cohete portador. Su presunta misión era completar el segundo vuelo suborbital tripulado de EE.UU.

Aparentemente, la relación entre Grissom y la NASA ya se había empezado a complicar desde antes del lanzamiento de la *Liberty Bell 7*, es decir, un lustro antes del nacimiento del programa Apolo. Resulta que, durante su misión, "Gus" sufrió un incidente que, en la opinión de algunos investigadores, y mía también (Por motivos legales y de seguridad, dije "opinión"), fue un atentado contra su vida. Aunque en realidad se desconoce con exactitud cuándo comenzaron a surgir los roces entre él y sus empleadores, lo cierto es que tras completar su presunto vuelo suborbital, Grissom sufrió una serie de vicisitudes muy extrañas que casi lo llevan a morir ahogado.

Luego de amarar en un punto a 483.2 km al este de la costa floridana, Grissom vio con horror como la escotilla de *Liberty Bell 7*, la cual había sido diseñada con un detonador para hacerla volar en caso de una emergencia, fue eyectada al mar tras detonarse inesperadamente. Rápidamente, la cápsula comenzó a llenarse de agua y a hundirse y Grissom salió al océano esperando ser rescatado por el helicóptero de extracción. He aquí lo que el investigador Gerhard Wisnewski escribió al respecto (*One Small Step?* pág. 82-83):

(...) como si lo que ha experimentado hasta ahora no fuese extraño suficiente, otra cosa peculiar ocurrió (...) ninguno de los helicópteros se percató de él. (...) el hombre que debía ser el primero en la Luna tuvo que luchar para evitar morir una deshonrosa y muy terrenal muerte por ahogamiento. En lugar de subirlo a bordo, el helicóptero se ocupó de la cápsula. Aunque él logró nadar cerca de la zona donde el collar de rescate debía estar, algo completamente extraño ocurrió: en vez de rescatar a Grissom, el helicóptero se alejó. Más tarde el piloto Jim Lewis dijo que una luz de advertencia había indicado un problema con el motor. (...) Así que Grissom casi se ahogó antes de ser rescatado por otro helicóptero. (...) Pero aún quedaba una interrogante.

De vuelta en el barco de rescate *USS Randolph*, el problema del primer helicóptero desapareció y nunca ocurrió otra vez. Pese a los intentos del piloto del segundo helicóptero de extraer la cápsula del agua, ésta terminó cayendo al agua luego de que su peso excesivo —por el agua que acumuló, por supuesto— obligase al piloto a soltarla. La *Liberty Bell 7* terminaría posándose en un punto a unos 4,572 m de profundidad, casi mil metros más que los restos del *Titanic*. Luego de citar a otra fuente diciendo que nunca se encontró ningún problema con el helicóptero, Wisnewski narra que el incidente creó una desavenencia entre Grissom y la NASA. Para resumir, Grissom asegura que la escotilla detonó por sí sola lo que inundó rápidamente la *Liberty Bell 7* y casi lo lleva a ahogarse, luego el helicóptero de extracción, en lugar de rescatarlo, se ocupa de la cápsula y se aleja sin recogerlo por una supuesta señal indicado un problema con el motor que luego desaparece. Extraño ¿no?

Naturalmente, la prensa gradualmente fue pintando a Grissom como un hombre impulsivo, e incluso problemático, plantando dudas respecto a si él activó o no el mecanismo de detonación de la escotilla. Grissom negaría haberlo activado durante el resto de su vida y el hecho de que él no sufrió heridas, ni tampoco acumuló residuos de pólvora en su brazo y mano derecha lo comprueban. No obstante estos importantes detalles, y el hecho de que los demás astronautas siempre le dieron la razón a Grissom, en su libro titulado *The Right Stuff* ("El temple correcto"), el novelista Tom Wolfe terminó desprestigiándolo al declarar que él activó el mecanismo en un momento de pánico.

Pero si, como la evidencia circunstancial parece indicar, el gobierno orquestó toda esta retahíla de extraños sucesos para intimidar a Grissom, su plan fracasó rotundamente, pues, como hemos visto, él no se amilanó. Todo lo contrario, él intensificó sus críticas hacia la NASA. Y, siendo el líder o comandante de vuelo, su influencia sobre White y Chaffee fue aumentando cada vez más. Por ejemplo, en una reunión de revisión de la nave espacial llevada a cabo el 19 de agosto de 1966, la tripulación de lo que debía ser la misión AS 204 (Apolo-Saturno) sorprendió al gerente de la Oficina del Programa de la Nave Espacial Apolo (ASPO, por sus siglas en inglés), Joseph F. Shea, al expresarle su preocupación por el insatisfactorio estado de la cápsula. Sus inquietudes principales fueron la cantidad de material inflamable —como nilón y velcro— dentro de la cabina. No obstante, Shea le dio a la nave una calificación aprobatoria por lo que después de la reunión la tripulación le obsequió a Shea un retrato de todos en actitud y manos juntas en oración alrededor de una maqueta de la cápsula Apolo (Figura 2) con la inscripción:

> No es que no confiamos en ti, Joe, pero esta vez hemos decidido ir por encima de tu cabeza.

Cediendo parcialmente a la presión de sus subordinados, Shea dio órdenes al personal de la North American Aviation (NAA), la empresa encargada de la fabricación del módulo de comando, para eliminar los materiales inflamables de la cabina, pero, sospechosamente, él no supervisó el asunto personalmente por lo que dichos materiales nunca fueron removidos. Analizando esto más de cerca, esto fue mucho más que una pequeña broma entre compañeros de trabajo, esto fue una sutil muestra de protesta, en realidad fue un mini golpe de Estado que indudablemente debió de haber alarmado a la cúpula de la NASA. Después de todo, las naves del programa Apolo debían ser el nuevo estándar tecnológico del mundo, o al menos eso era lo que las élites en Washington esperaban que el mundo creyera, y si los astronautas, esos "héroes nacionales" que debían pilotarlos hasta "donde ningún hombre había llegado antes", comenzaban a cuestionarlas públicamente, todo el gran espectáculo de supremacía estadounidense que con gran esfuerzo estaban montando fracasaría bochornosamente. Eso sencillamente no podía permitirse. Había que hacer algo ya antes de que el ejemplo de Grissom y compañía comenzara a sublevar a los demás astronautas.

Capítulo 9

Fig. 2. White, Grissom y Chaffee haciendo un sutil, pero claro, gesto de protesta contra la calidad de la cápsula Apolo. Wikipedia (esp.) acompaña esta foto con la siguiente nota: "La tripulación del Apolo 1 expresó sus preocupaciones acerca de los problemas de su nave espacial mediante la presentación de esta parodia de su retrato oficial de la tripulación al Gerente de la Oficina del Programa Nave Espacial Apolo (ASPO), Joseph Shea, el 19 de agosto de 1966".

El momento oportuno se presentó el 27 de enero de 1967, día en que White, Grissom y Chaffee debían llevar a cabo una prueba "desconectada", o una simulación de un lanzamiento en la plataforma 34 del complejo de lanzamiento de la estación de la Fuerza Aérea de Cabo Cañaveral. ¿Recuerda la anécdota del limón colgado en la cápsula Apolo? Pues ese fue el día en que Grissom lo hizo. A la 1:00 p.m. (hora este estándar), primero Grissom, después Chaffee y luego White entraron al módulo de comando y fueron amarrados a sus asientos y conectados a los sistemas de oxígeno y comunicación de la nave espacial. De inmediato hubo un problema: Grissom notó un olor extraño en el aire que circulaba por su traje el cual comparó con un "suero de leche agria", y la cuenta regresiva simulada se detuvo a la 1:20 p.m., mientras que se tomaban muestras

402

de aire. No pudo encontrarse la causa del olor, y la cuenta atrás se reanudó a las 2:42 p.m.

Luego se inició la instalación de la escotilla la cual estaba compuesta de tres partes: una escotilla interior extraíble que se mantenía dentro de la cabina, una escotilla exterior con bisagras que formaba parte del escudo térmico protector de la nave y una tapa de escotilla exterior que formaba parte de la cubierta protectora que envolvía todo el módulo de comando para protegerlo del calentamiento aerodinámico. La cubierta de impulso de la escotilla fue parcialmente, pero no totalmente trabada en su lugar, ya que la cubierta protectora flexible fue ligeramente distorsionada para permitir el paso de algunos cables debajo de ella. Después se sellaron las escotillas y el aire en la cabina fue reemplazado con oxígeno puro a 1151.4 hPa (16.7 psi), (2 psi)137.8 hPa superior a la presión atmosférica.

La cuenta regresiva fue detenida a las 5:40 p.m. Casi cincuenta minutos más tarde, Grissom tuvo el siguiente diálogo con los técnicos de comunicaciones de radio:

Despachador: "¿Puede usted oírme?"

Grissom: "No, te escucho, Chuck no te escucho. Chuck, no puedo escucharte. ¿Quieres intentarlo con el teléfono?

Grissom: "Mierda."

Grissom: "¿Cómo esperan llevarnos a la Luna si no podemos hablar entre dos edificios?"

White: "No pueden escuchar nada de lo que hablas."

Grissom: "¡Jesús!"

¿?: "¿Cómo fue?" (*Say again?*)

Grissom: "Dije, ¿cómo vamos a ir a la Luna si no podemos hablar entre dos o tres edificios?"

Un minuto después, exactamente a las 06:30:54 (23:30:54 GMT), mientras los miembros de la tripulación pasaban el tiempo cotejando su lista de comprobaciones, un corto transitorio de tensión (*significant voltage transient*) fue detectado por el sistema de monitoreo de la plataforma de lanzamiento. Diez segundos más tarde (a las 6:31:04), Chaffee exclamó "¡Hey!", seguido por sonidos de forcejeo durante dos segundos. Entonces White reportó, "¡Tenemos un fuego en la cabina!". Algunos testigos dijeron que vieron a White en los monitores de televisión desesperadamente tratando de alcanzar la manija de liberación de la compuerta interior mientras las llamas se propagaban por la cabina de izquierda a derecha y lamían la ventana. Se cree que la transmisión de voz final podría haber venido de Chaffee.

Seis punto ocho segundos después de que White reportase el fuego, una voz gritó: "¡Tenemos un fuego malo — salgamos de aquí, nos estamos quemando!" Inmediatamente se escuchó cuando el casco de la nave comenzó a roturarse debido a la presión de dos atmósferas que se había generado en su interior, liberando el intenso calor y las llamas en el acto. Luego se escuchó, "¡Me estoy quemando!" y un aterrador grito de pánico antes de que la transmisión culminara abruptamente a las 6:31:21, tan sólo 17 segundos después del primer informe de fuego. Las llamas y gases corrieron fuera del módulo de comando a través de los paneles de acceso abiertos a dos niveles de la estructura de servicio. El intenso calor, el humo denso y las máscaras de gas diseñadas para gases tóxicos en lugar de humo pesado, más el temor, bien fundado de hecho, de que el fuego pudiese encender el cohete de combustible sólido de la torre de salvamento encima de la nave —y, por ende, desatar una explosión— obstaculizaron los intentos del personal de tierra para rescatar a los hombres.

Pero la pesadilla aún no acaba, pues cuando la presión se liberó por la ruptura de la cabina, la convección de aire hizo que las llamas se propagaran a través de la misma, dando inicio a la segunda fase del incendio. La tercera fase comenzó cuando la mayor parte del oxígeno se consumió y se reemplazó con el aire atmosférico y las labores de extinción se llevaron a cabo a fin de no producir grandes cantidades de humo, polvo y vapores que envolvieran la cabina.

Tras cinco minutos de arduo trabajo, los trabajadores de la plataforma de lanzamiento finalmente lograron abrir las tres capas de la escotilla. Cuando el humo se disipó, ellos encontraron los cuerpos calcinados, pero no fueron capaces de extraerlos, esto porque, en el caso de Grissom y White, el fuego había derretido parte de sus trajes espaciales (de nilón) y las mangueras de conexión al sistema de soporte vital. Grissom se había quitado sus cinturones de fijación y yacía en el suelo de la nave.

Fig. 3. Fotos del interior y del exterior del módulo de comando AS 204/Apolo 1 el cual quedó ennegrecido por la erupción del fuego enriquecido por oxígeno puro. Aunque la NASA afirma que sus ocupantes; Grissom, White y Chaffee; perecieron en menos de cinco minutos, existen reportes (orales) afirmando que ellos tardaron varios minutos más en morir.

El cuerpo de White se encontraba tumbado de lado, justo debajo de la escotilla la cual había tratado de abrir. Chaffee fue encontrado con su mano derecha atada al asiento, siguiendo el protocolo para mantener la comunicación hasta que White abriera la escotilla. Debido a las grandes tiras de nilón fundido que habían fusionado a los astronautas con el interior de la cabina, la extracción de los cuerpos fue pospuesta hasta siete horas y media después del siniestro y el proceso completo tomó cerca de una hora y media. Reveladoramente, agentes del gobierno (se desconoce de qué agencia en específico) rápidamente registraron la casa de Grissom el mismo día del fuego, confiscando todos sus documentos personales, incluyendo su diario. Dichas pertenencias nunca han sido devueltas a su viuda (*NASA Mooned America*, pág. 49). Sin duda esa es una de las razones que han llevado tanto a su esposa, Betty Grissom, como a su hijo, Scott Grissom, a creer, y a acusar públicamente a su gobierno de retener información acerca de su muerte (Vea el documental *Conspiracy Theory: Did We Land on the Moon*).

Naturalmente, la nación estadounidense quedó totalmente consternada con el "accidente" de la misión AS 204, la cual luego fue rebautizada como Apolo 1 y, en una movida muy inusual y claramente reveladora, Washington le encargó las labores de "investigación" a la NASA lo cual es como dejar que una empresa sospechada de asesinar a sus empleados se investigue a sí misma en lugar de dejarle la tarea a la policía nacional o a las autoridades locales pertinentes. Por supuesto, la NASA ha pintado todo esto como una gran oportunidad para la agencia, pues su portal cibernético dice lo siguiente acerca de su administrador en aquel entonces, James Webb (https://history.nasa.gov/Biographies/webb.html):

> (Él) acudió al presidente Lyndon Johnson y le pidió que la NASA le permitiera manejar la investigación y dirigir la recuperación del accidente. Él prometió ser veraz en la adjudicación de culpa (…) y (ad emás) se comprometió a asignarse a sí mismo, y a la gerencia de la NASA, la culpa según correspondiese.
>
> El Sr. Webb informó de estos resultados a varios comités del Congreso y fue presionado intensamente (*grilled*) durante casi cada reunión. Mientras que el calvario fue impuesto personalmente, ya sea por casualidad o por diseño, *Webb desvió gran parte de la reacción sobre el fuego lejos de la NASA* (…)

y de la administración de Johnson. Mientras que él quedó personalmente asociado (*tarred with*) con el desastre, la imagen y el respaldo popular de la agencia espacial quedaron en gran parte intactos. (Énfasis añadido.)

¡Qué hombre tan noble ese James Webb, voluntariamente cargando ese "calvario" para su patrón, la NASA! O sí. ¡Ciertamente, esa gran labor "desviando gran parte de la reacción sobre el fuego lejos de la NASA" merece ser alabada! O sea, que la NASA, mediante su propia página cibernética, hace alarde de que su administrador fue en contra de todo protocolo ético (¿Ha oído hablar del "conflicto de interés"?) y le rogó al presidente para que echara a un lado a agencias cualificadas en el manejo de investigaciones como el FBI (después de todo, su nombre oficial es Negociado Federal de Investigaciones) para autorizarlo a él, y por ende a su agencia, a investigarse a sí mismos. Damas y caballeros, así es que se hace un juicio, o en este caso panel, amañado o, como dirían los estadounidenses, una *kangaroo court*.

Una vez recibida la autorización presidencial, a principios de febrero el panel amañado, perdón, la "Junta de revisión Apolo 204" del Congreso de Estados Unidos, más el Comité Senatorial de la Aeronáutica y Ciencias del Espacio, se dieron a la tarea de "investigar y documentar" la causa del "accidente" que cegó las vidas de "los tres hombres gallardos" mientras se encontraban "en la línea del deber" para luego "formular recomendaciones para (asegurar) que los peligros inherentes (fueran) reducidos a un mínimo". Por supuesto, no se mencionó nada acerca de traer a la justicia a los responsables de la tragedia. La junta fue presidida por el Dr. Floyd L. Thompson, el director del Centro de investigación de Langley Virginia. La "investigación" completa duraría tan solo dos meses (28/1-31/3) y (¡Sorpresa!) terminaría eximiendo a la NASA de toda culpabilidad, adjudicándosela a la North American Aviation (NAA). Su determinación principal fue que "Las precauciones de seguridad adecuadas no fueron establecidas ni observadas durante (la) prueba" y que las condiciones específicas que condujeron al desastre fueron las siguientes:

1. Una cabina cerrada, presurizada con una atmósfera de oxígeno.

2. Una amplia distribución de materiales inflamables en la cabina.

3. El vulnerable cableado que lleva energía de la nave espacial.

4. Las vulnerables tuberías llevando un refrigerante inflamable y corrosivo.

5. Insuficientes sistemas para permitirle a la tripulación escapar.

6. Inadecuadas disposiciones para el rescate o la asistencia médica.

Webb terminó presionando al presidente de la North American Aviation, John L. Atwood, para que despidiera al hombre encargado de la administración y diseño del módulo de comando: Harrison A. Storms. Interesantemente, el reporte final de la junta (pág. 3-58) contradice totalmente las declaraciones que la tripulación de AS 204 hizo el año anterior expresando sus inquietudes respecto al uso excesivo de material inflamable, como el nilón y el velcro, en un ambiente de oxígeno puro al decir que:

> Las potenciales fuentes de ignición dentro de la nave fueron tratadas como si hubiesen sido seguras: *ni las tripulaciones*, ni el personal de pruebas y desarrollo, sentía que el riesgo de fuego en la nave espacial era alto. (Énfasis añadido.)

¿Y qué pasó con esa notificación que Grissom y compañía hicieron ante el gerente Joseph F. Shea acerca de la cantidad de material inflamable dentro de la cabina? Después de todo, eso ocurrió menos de un año antes del incendio.

Otro detalle interesante fue que la junta determinó que la muerte de los astronautas fue por asfixia suscitada por la inhalación de gases tóxicos producidos por el fuego y que fue agravada por las quemaduras térmicas, pero que los mártires nacionales no sufrieron tanto porque la autopsia había encontrado que la inconsciencia, y finalmente la muerte, ocurrieron rápidamente o en alrededor de cuatro minutos.

Bueno. Al llegar a este punto, cualquier persona razonable daría por terminado este tema, pero es necesario continuar, esto porque la historia del incendio de Apolo 1 definitivamente no ha acabado, de hecho, aún tiene más que decirnos acerca del modus operandi de Washington respecto a los filtradores y otras figuras públicas que pueda considerar como problemáticos. Es aquí donde un hombre de gran integridad llamado Thomas Ronald Baron (Figura 4) decide intervenir.

El persistente Thomas Ronald Baron

¿Y quién fue Thomas R. Baron? Pues, en fuerte contraste con Grissom, él no fue una persona acostumbrada a la fama o a títulos heroicos, sino un empleado común y corriente de la North American Aviation. Bueno, en realidad no era cualquier empleado, dado que él era inspector de seguridad y control de calidad a cargo de, entre otras cosas, la inspección de misiles y del módulo de comando Apolo lo

Fig. 4. El inspector Thomas Ronald Baron. Origen desconocido.

que lo convertía en una persona muy cualificada para opinar acerca de la fabricación de esa nave. Y Baron fue un hombre de gran integridad. ¿Cuán grande era su integridad? Pues lo suficientemente grande como para costarle su trabajo... y mucho,

mucho más. Resulta que, al igual que Grissom, Baron había quedado totalmente desilusionado con su experiencia dentro del programa espacial que con tanta fanfarria le habían vendido. Y, al igual que Grissom, él tampoco estuvo dispuesto a hacerse de la vista gorda (en PR diríamos larga) ante todas las irregularidades y deficiencias flagrantes que había presenciado. No. Para Baron, como para todos los demás estadounidenses de la época, el programa Apolo era algo completamente real, un verdadero orgullo nacional merecedor de un sacrificio total por parte de todos sus compatriotas, especialmente aquellos encargados del programa mismo, por lo que él, como buen inspector de control de calidad que era, no toleraría un desempeño insatisfactorio. Y él no tardó mucho en percatarse del deplorable estado del presunto programa lunar estadounidense, pues tan solo dos meses después de haber sido reclutado por la NAA —en noviembre de 1965— él ya había comenzado a expresar su descontento con el modus operandi, tanto de su patrono como de la NASA, lo cual, como veremos a continuación, más adelante comenzaría a causarle problemas de salud. Por ello, en noviembre de 1966 él solicitó una licencia autorizándolo a ausentarse de su trabajo. Sin embargo, poco después de regresar a sus labores (el 5 de enero de 1967), él fue despedido inmediatamente. ¿La razón? Pues el hecho de que él había permitido que sus críticas y hallazgos se filtraran a la prensa.

Indignado por el claro acto de represalia de su patrono, Baron comenzó a organizar sus notas y reportes, documentando la miríada de defectos que plagaban el proyecto del módulo de comando y servicio Apolo. Baron recibiría un impulso tras el fuego de Apolo 1 tres semanas después, ya que el evento lo instó a expandir su informe de 55 a 500 páginas. Su tarea concluiría unos tres meses más tarde y el 21 de abril de 1967 él les entregaría su reporte final a miembros de la investigación encabezada por el congresista de Texas, Olin E. Teague (se lee "Tig"), mientras ellos se encontraban en Cabo Kennedy, supuestamente para "investigar" lo ocurrido. Baron también dio alrededor de dos horas y media de testimonio que quedaría grabado en audio y luego procedió a dar un testimonio enumerando los graves problemas dentro de las operaciones de la NAA. Y, al leer el trascrito de esa vista, uno rápidamente se da cuenta de que Baron no fue entrevistado, sino más bien interrogado por los representantes. Por ejemplo, en lugar de enfocar su atención principalmente sobre lo que Baron tan meticulosamente había documentado, los representantes, especialmente Emilio Q. Daddario de Connecticut y James G. Fulton de Pensilvania, repetidamente, o más bien excesivamente, desviaron la atención hacia la vida personal del ex inspector de calidad cuestionando todo desde su preparación académica y sus cualificaciones profesionales, hasta sus problemas con la diabetes e incluso su sanidad mental.

He aquí una extensa muestra de lo que dijo ese día:

> Baron: ...en algunos casos el ingeniero del (sistema de) agua y glicol abandonaría la red, entonces yo sería el único en la red...

> Congresista Daddario: ¿Usted sentía que debía tener una clasificación más alta y una mayor responsabilidad?

> Baron: No, señor. Sentí que alguien debía estar allí con más autoridad. Un (empleado de) grado 12 está en la parte inferior y casi no tiene autoridad, y que (le) dejen (algo así) en sus manos no debería ocurrir.

> Daddario: ¿Fue esto una cuestión de autoridad o de competencia y experiencia? ¿Sentía usted que tenía la experiencia para hacer el trabajo?

> Baron: Sí, señor; Así es.

> Daddario: (O sea, que) usted no estaba satisfecho de que el trabajo se estaba haciendo correctamente en aquella ocasión porque usted personalmente sentía que tenía la competencia. ¿Pero no tenía la clasificación de puestos y la autoridad para hacerlo?

Baron: No. Eso es negativo. Sentí que el ingeniero que estaba a cargo de la prueba debería haberse quedado en la prueba, ya sea él o su contraparte de la NASA, de los cuales no había nadie.

O sea, que por haberse atrevido a reportar una falta al protocolo de seguridad Baron vio como él mismo se convirtió en el blanco de los investigadores. Y el circo, perdón... la vista, solo estaba empezando, pues tras haber hallado un defecto en el historial de Baron, el próximo en atacarlo sería el congresista Fulton quien iniciaría el siguiente diálogo respecto a su puesto de trabajo:

Fulton: ¿Eso no es una categoría profesional ni de ingeniería, pero una categoría de mano de obra: no es así?

Baron: ¿Qué clasificaría usted como mano de obra?

Fulton: Es una (categoría de) ingeniería cualificada no técnica, o puesto no profesional; ¿no es así?

Baron: No señor, creo que (el puesto) requiere de gente técnicamente cualificada, pero no (necesariamente) a una persona con un título de ingeniería.

Fulton: Por lo tanto, a partir de su experiencia previa y educación usted no está calificado para dar una opinión como experto en ingeniería de procesos o de sistemas. ¿No es correcto?

Baron: No, señor; eso no es correcto. Si veo una particular indicación que es incorrecta, esté el ingeniero de acuerdo o no, esta puede ser errónea. Esto ha ocurrido en muchas ocasiones en las que (el) mismo (departamento de) ingeniería ha discutido el punto. He ganado muchos argumentos sobre este punto...

Y, lamentablemente, muchos enemigos también. Quizás reconociendo que Baron se estaba defendido muy bien, sus interrogadores, perdón... servidores públicos, decidieron enfocarse en su estado de salud, tanto física como mental. Kenneth C Hechler de Virginia Occidental iniciaría el ataque criticando a Baron por haber cometido el imperdonable error de haber deletreado mal el apellido del ingeniero aeronáutico y astronauta Donald K. "Deke" Slayton (se lee "Dik Sleiton").

Hechler: ¿Cómo escribe él su nombre?

Baron: S-L-A-Y-T-O-N, creo yo.

Hechler: Gracias. He observado que en tres o cuatro ocasiones diferentes usted lo ha escrito de otra manera en el informe, y sentí que no era muy buen control de calidad hasta ese punto.

Luego del irrelevante y francamente inmaduro ataque de Hechler, el congresista Fulton continuaría presionando a Baron acerca de su salud.

Fulton: ¿Estaba bajo el cuidado de un médico o médicos, un quiropráctico o un siquiatra en cualquier momento durante este periodo?

Baron: ¿Qué periodo, señor?

Fulton: De su empleo desde el 20 de septiembre de 1965, bajo la North American.

Baron: He estado bajo el cuidado de un médico muy a menudo.

Fulton: ¿Quiénes fueron los doctores?

Baron le responde diciéndole el nombre del médico y la ubicación de su consultorio y luego procede a decir que estaba siendo tratado por una "condición nerviosa". Fulton olió sangre.

Fulton: ¿Él es un médico o un psiquiatra?

Baron: Él es un médico, doctor de medicina interna, creo.

Fulton: ¿Cuántas veces lo vio durante este período por (causa de) su estado nervioso?

Baron: Yo lo vi un día. ...

En este momento Baron le explica a Fulton que su médico de cabecera lo estaba tratando por su diabetes y una úlcera lo que, predeciblemente, llevó a Fulton a preguntarle que si era posible que "¿sus quejas no habrán sido causadas por la condición de su úlcera influenciando su estado de ánimo?", a lo cual Baron respondió con su usual "No señor." Acto seguido, Fulton, y luego Hechler, continuaron machacando el mismo tema de la salud de Baron, agotando el resto del tiempo y, por supuesto, esquivando el acuciante asunto de los grandísimos problemas del programa espacial nacional. De hecho, las preguntas acerca de su salud se hicieron tan monótonas que uno de los representantes, John W. Wydler (se lee "Waidler") de Nueva York, expresó su frustración de la siguiente manera:

> ¿Sería posible que el Señor Baron pueda someterlo (datos médicos) al registro? No queremos escuchar a cada médico que ha visto en vida.

Bueno. Por lo menos hubo aunque sea una persona con lucidez —¿o tal vez un genuino deseo de dar con la verdad?— entre todos los miembros del panel. Pero, analizándolo bien, esto no debe sorprender a nadie, ya que Wydler indudablemente fue el más inteligente de todos los representantes allí presentes, y quizás de todo el Congreso: él fue graduado de las universidades de Brown y, como si fuera poco, de Harvard también, y esto en una época cuando la mayoría de los estadounidenses ni siquiera pasaban de la escuela secundaria. Lamentablemente, la sutil protesta de Wydler no fue suficiente para detener el linchamiento sicológico de Baron el cual Fulton se esmeró en continuar. No obstante, hubo un momento en que Baron le dio una respuesta jocosa a Fulton:

Fulton: Así que ambos, usted y su mente, y la nave tenían problemas, ¿no?

Baron: Creo que todos tenemos nuestros propios problemas. (Risas de la audiencia) La nave espacial sin duda tenía sus problemas.

Poco después de este episodio, la vista tomó una dirección un poquitito más constructiva cuando los representantes finalmente comenzaron a hacer algunas de las preguntas verdaderamente importantes, y potencialmente reveladoras. Por ejemplo, Teague decidió inquirir acerca de un incidente reportado previamente por Baron en el que un empleado de NAA con el extraño nombre de Mervin "Al" Holmburg le expresó que él sabía la causa del fuego de Apolo 1. Pero poco antes de tocar el tema de Holmburg, Baron "tiró una bomba" cuando se le preguntó acerca de la fiabilidad de la nave cuya fabricación había estado supervisando. (Nota: todo énfasis ha sido añadido.)

Teague: Con las condiciones descritas aquí, ¿cree usted que podríamos ser exitosos en cualquiera de nuestros intentos (de ir a la Luna)?

Baron: NO SEÑOR; NO SEÑOR; YO NO LO CREO.

Teague: ¿(Acaso no) hemos tenido bastantes éxitos?

Baron: Sí, Señor; usted los ha tenido. PERO NO EN EL PROGRAMA APOLO.

¡¿Qué dijo?! ¡¿Que él no creía que los intentos de volar a la Luna tendrían éxito?! Bueno. Ahora hemos llegado a la parte final, y sin duda la más interesante, de toda la vista: la del enigmático hombre que, según Baron, le había dicho que él sabía exactamente qué causó el fuego de Apolo 1.

Antes de continuar es imperativo aclarar que para este punto ya Baron había concluido su testimonio y que, en una movida muy extraña, Mervin Holmburg apareció inesperadamente en el lugar, esto porque, según él, alguien que no nombró le había alertado que su nombre estaba siendo mencionado en la vista. Tras analizar su testimonio detenidamente, este servidor está totalmente convencido de que Holmburg 1) se presentó bajo coerción de uno de sus jefes, Robert Smart, o posiblemente de alguna otra persona o personas, y 2) que él sencillamente le mintió —o sea, cometió perjurio— al panel de representantes. He aquí la sección pertinente:

> Teague: Señor Holmburg, el señor Baron ha testificado, como estoy seguro de que usted ya sabe, que usted le dijo que sabía lo que causó el accidente, y todo acerca de ello. ¿Alguna vez dijo algo de esa naturaleza?
>
> Holmburg: No, señor.
>
> Fulton: ¿PUEDE PONER SU MANO ABAJO Y ALEJADA DE SU BOCA?

¡¿Cómo?! ¿Que se alejara la mano de la boca? Pues aquí nos topamos con un problema, Houston porque, como cualquier experto confirmará, esta es una OBVIA señal de que Holmburg estaba mintiendo. Por ejemplo, en un artículo de *Business Insider* titulado "11 Señales de que alguien le está mintiendo" (https://www.businessinsider.com/11-signs-someone-is-lying-2014-4), la doctora y colaboradora del FBI, Lillian Glass, dice lo siguiente:

> Un signo revelador de la mentira es que una persona automáticamente se pone sus manos sobre su boca cuando no quiere hacer frente a un problema o responder a una pregunta.
>
> Cuando los adultos ponen sus manos sobre sus labios, eso significa que no están revelándolo todo. Literalmente significa el cierre de la comunicación.

Pero la cosa se pone mucho más interesante cuando a Holmburg se le pregunta acerca de lo que ocurrió el momento en que habló con Baron:

...le dije que yo no debería estar hablando con él por el informe que está escribiendo, y que *probablemente estaba siendo vigilado*. Él recibe toda la información a través de llamadas telefónicas anónimas, de personas que lo llaman y la gente diciéndole algo aquí y allá. Eso es lo que él me dice.

He aquí su respuesta cuando se le pregunta por qué asistió a la vista:

Daddario: ¿Qué causó que usted viniera aquí hoy? No lo habíamos citado como testigo. Yo no tenía ni idea; de hecho, no recuerdo jamás haber escuchado su nombre antes de hoy. ¿Qué lo trajo aquí?

Holmburg: Bueno, yo trabajo justo fuera de esta puerta aquí, y me toca venir a trabajar ahora.

Daddario: ¿Por qué hubiese pedido (permiso para) venir a declarar?

Holmburg: Bueno, el señor Baron había mencionado mi nombre un par de veces aquí, y pensé que debía venir a defenderlo (su nombre).

Daddario: ¿Usted ha venido para ese propósito?

Holmburg: Sí, señor.

Wydler: ¿Quién le dijo eso?

Holmburg: Ahora no recuerdo quién era.

Wydler: ¿Usted me está diciendo que no puede recordar quién le dijo eso?

Holmburg: Hubo varias personas justo fuera de la puerta y escuché ser mencionado.

Smart: Yo soy el señor Robert Smart, Asistente del presidente de North American Aviation. Cuando el nombre del señor Holmburg fue inyectado en este testimonio en la manera en que todos ustedes saben, yo sentí que no podíamos dejarlo sin respuesta en este momento si hay una respuesta para ello, por eso le pregunté a uno de nuestros empleados aquí para ver si podía encontrarlo (y) él lo encontró.

Ciertamente, aquí hay algo que no tiene sentido. Holmburg inicialmente dice que acudió a la vista simplemente porque le tocaba ir a trabajar y cuando se le pregunta que quién le había informado que se estaba mentando su nombre él responde que no lo recuerda. Luego nada menos que el "Asistente del presidente de North American Aviation", el señor Smart ("inteligente"), se aparece misteriosamente por el área y le insta a Holmburg a olvidarse de sus labores, supuestamente para que defendiera su nombre ante la junta. Nuevamente hay que decir que es evidente que Holmburg fue presionado para que hablara, no para defender su reputación como aseguraba Smart, sino la de la NAA, pero sobre todo la del programa "lunar" y el gobierno en general. Su simple comentario a Baron claramente lo había puesto en la mira tanto de su patrono, como del gobierno, por lo que la NAA intervino primero para evitar que él se convirtiese en un imán para la prensa tal y como Baron lo estaba haciendo. El plan funcionó dado que el falso testimonio de Holmburg le asestó un fuerte golpe al caso de Baron. Como dijo uno de los máximos apologistas de la NASA, Jay Windley: "La credibilidad de Baron ya estaba seriamente comprometida por el contradictorio testimonio de uno de sus informantes principales, Mervin 'Al' Holmburg."

No obstante este humillante e incómodo episodio, Baron persistió en su cruzada contra lo que él veía como la crasa negligencia y falta de profesionalismo de su otrora patrono. Se dice aquí que lo veía así, no porque existan dudas acerca de la existencia de dicho problema dentro del programa "lunar" estadounidense, sino porque en realidad esto no se trató exclusivamente de un caso de negligencia, sino principalmente de fraude: la NAA, o mejor dicho sus altos ejecutivos y gerenciales, sabían muy, muy bien que sus máquinas nunca llevarían seres humanos a la Luna y, por consiguiente, ellos lógicamente no tomaron tan enserio su proyecto... e incluso hicieron todo lo posible para sabotearlo. Sí. El autor está plenamente consciente de lo ridículo que esto pueda parecerle, pero esto se explicará muy detalladamente más adelante. Por ahora continuaremos analizando la situación de Baron la cual se estaba tornando cada vez más peligrosa.

Cabe señalar que antes de haber sido linchado sicológicamente, Baron, y su familia habían recibido amenazas telefónicas, problema que reportaría a la prensa el 21 de abril (aunque este servidor no ha podido confirmar si se lo reportó a la policía o al FBI). Esto es un claro indicio de que Baron ya estaba convirtiéndose en una seria amenaza para el sistema y cabe señalar que, reveladoramente, en su extenso artículo acerca de este tema, Jay windley nunca mencionó lo de las amenazas telefónicas. La noche del 27 de abril, Baron, su esposa y su hijastra fueron encontrados muertos cerca de su casa en Titusville, según la versión oficial, por un inusual accidente automovilístico. He aquí lo que Ralph René ha dicho al respecto:

> Una de las variedades de "accidentes" reservados para aquellos que por alguna razón se convertían en una inconveniencia era un gambito con los antiguos cruces de ferrocarril de la Florida. En este estado hay un gran número de calles rurales con cruces de vías de ferrocarril existentes. ¡Y todavía hablamos acerca de los horrores de la KGB!

O sea, que Baron y su familia fueron arroyados por un tren mientras intentaban pasar por un cruce de ferrocarril, tan solo seis días después de que baron diera su testimonio a la junta del congreso. ¡Qué coincidencia! Ahora veamos la manera en que *Wikipedia* ha narrado tal incidente:

> SEIS DÍAS DESPUÉS de su testimonio (¡¿?!), Baron murió al instante, junto con su esposa y su hijastra, cuando un tren chocó con su auto cerca de su casa. La muerte de Baron, la cual fue presenciada por una mujer, fue declarada un

accidente, sin ninguna sospecha de juego sucio. El presidente del Comité de investigación de la NASA declaró que Baron había hecho una gran contribución a la investigación del fuego de Apolo (1), pero que él había sido "demasiado celoso" (*overzealous*) (¡!).

Note cómo *Wikipedia* intenta disipar cualquier duda que el lector pueda tener al respecto al resaltar que el espantoso evento fue un "accidente", "sin ninguna sospecha de juego sucio". ¡Por favor *Wikipedia*! ¿De veras fue necesario insinuar tan abiertamente que la persona común y corriente no es lo suficientemente inteligente como para saber lo que es un accidente? ¡Y luego insinúa que Baron cometió el pecado de haber sido "demasiado celoso"! ¡¿Y qué diablos tiene de malo eso cuando se está hablando de un posible caso de negligencia criminal que segó la vida de tres personas?!

El periódico floridano *Today* ("Hoy"), cuya edición del 29 de abril de 1967 se "vendió completamente", reportó en la noticia bajo el titular que "Choque mata a crítico de Apolo Baron". Como Alexander Popov ha observado, "Curiosamente, ¡el título del diario no se refiere a Baron como un "Inspector", sino como el 'crítico de Apolo Baron'! Es decir, que el periódico estaba insinuando que ese destino fue un castigo apropiado para Thomas Baron." Especulando acerca de la razón detrás de la decisión del gobierno estadounidense de asesinar a la esposa y la hijastra, Popov ha sugerido que, aunque ellas no fueron críticas de Apolo, ambas tenían conocimiento de las amenazas anónimas por lo que "para organizar la muerte 'al azar' y simultánea de los tres, se buscaron los especialistas pertinentes".

A esto el autor quisiera añadir que las muertes en realidad no pudieron haber sido el resultado de un impacto de tren, pues dicho escenario simplemente era imposible de orquestar. Tan solo analícelo bien: para que dicho plan funcionara el auto de Baron hubiese tenido que ser seguido, y a su vez llevado, hasta un cruce de ferrocarril precisamente cuando un tren está a punto de pasar, entonces el vehículo perseguidor, asumiendo que este hubiese podido mantenerse justo detrás del auto de Baron hasta llegar al cruce, hubiese tenido que empujar el auto de Baron hasta las vías tan solo segundos antes del paso del tren, esto para asegurarse de que ninguno de sus tres ocupantes se escapasen rápidamente, cosa que no hubiese sido muy difícil en aquel entonces cuando no se acostumbraba ir con el cinturón de seguridad abrochado. Cabe señalar que, a menos que se hubiese tratado de un camión, dicho empujón solo se hubiese logrado con un impacto muy fuerte lo cual hubiese dejado marcas o evidencia de un impacto trasero, además del impacto lateral de un tren. Y, por encima de todo esto, los sicarios también hubiesen tenido que asegurarse de que ni los operadores, o posibles pasajeros del tren, los vieran empujando el auto algo sumamente difícil de asegurar cuando solo hay unos segundos para actuar. ¡¿Y qué hubiesen hecho con los operadores del tren o los pasajeros entonces?! ¡¿Amenazarlos a punta de pistola para luego monitorearlos durante el resto de sus vidas?! ¡No señor! La respuesta más probable es que los infortunados pasajeros fueron ultimados en otra localización y luego fueron llevados hasta el cruce de ferrocarril por sus asesinos para crear el accidente perfecto. Acto seguido, la patrulla de tránsito de la Florida (*Florida Highway Patrol*) servilmente sometió un informe clasificando el suceso como un accidente sin llevar a cabo las investigaciones pertinentes.

Tras la muerte de Baron, los oficiales del Congreso "extraviaron" el informe de 500 páginas que él les había entregado el día 21. En un patético intento por explicar tal sospechoso detalle, Windley (http://www.clavius.org/baron.html) ha planteado que el informe no fue impreso e incluido como parte del registro oficial simplemente porque, según él, "era demasiado largo" por lo que dicha tarea hubiese sido "prohibitivamente difícil y cara para algo que en gran medida era inadmisible." ¿Y cómo Windley pudo llegar a tal conclusión si el informe nunca ha sido analizado por personas fuera del pequeñísimo círculo de miembros del comité de "investigación" que lo recibieron? La respuesta: Windley no tiene ni idea de lo que contenía el informe perdido por lo que él simplemente no está cualificado para determinar si este era insustancial o no. Pero, pensándolo bien, la falta de información completa nunca ha disuadido a los Apolo-fanáticos a la hora de hacer argumentos o acusaciones contra todo aquel que se atreve a cuestionar el dogma de la NASA. ¿Y qué hay con eso de que imprimir el informe hubiese sido "prohibitivamente difícil y caro" para el gobierno estadounidense? ¿Acaso Windley está diciendo que el gobierno estadounidense, el más rico y poderoso del mundo, que durante los años sesenta y setenta estaba desembolsando miles de millones de dólares sin titubear para su supuesto programa lunar, no tenía dinero para imprimir un informe de 500 páginas... y uno abordando nada menos que problemas de calidad y seguridad?

Ahora bien, hay un punto que Windley ha planteado que, visto superficialmente, puede parecer convincente:

> Si Baron fue asesinado, hubiese tenido más sentido hacer eso *antes* de que él testificara y *antes* de que él presentara un extenso informe al Congreso. Baron ya era conocido por la prensa como una especie de soplón y un crítico de North American desde principios de 1967, a más tardar. (Por tanto) tratar de "silenciarlo" tres meses más tarde, después de su testimonio, es inútil. (Énfasis en el original.)

¿Le parece convincente? Pues en realidad no lo es, esto porque el hecho de que a Baron se le haya permitido testificar frente a un panel del Congreso no necesariamente significa que la cúpula de poder no haya quedado lo suficientemente perturbada con sus actos como para ordenar su liquidación más tarde. De hecho, la realidad es que la historia está repleta de casos de disidentes asesinados *después* de revelar o exponer las injusticias o actos de corrupción de sus gobiernos. Además, y como ya se ha dicho previamente, en este caso los comités de "investigación" en realidad no fueron más que unos paneles amañados, un gran espectáculo para darle a las masas la idea de que su gobierno era transparente y diligente... y, por supuesto, para encubrir un crimen de Estado. Para disipar toda duda al respecto, tan solo basta con saber que durante una de las vistas el presidente del comité y astronauta, el coronel Frank Borman —quien, dicho sea de paso, también era un físico que había llegado a dar conferencias acerca de la termodinámica en la Academia de West-Point— dijo bajo juramento que:

> No creo que ninguno de nosotros estaba consciente de que las condiciones de esta prueba eran peligrosas. Yo mismo volé en Géminis 7 durante dos semanas en un ambiente de 100 por ciento oxígeno. Hicimos pruebas en tierra con 14.7 libras por pulgada cuadrada (en) oxígeno absoluto... De ningún modo consideré la condición de la prueba como peligrosa.

Esta declaración es tan absurda que Alexander Popov no pudo resistir decir que:

> Viniendo de la boca de un físico, lo que dijo Borman suena como una falsedad deliberada o el delirio de un enfermo. El inmenso peligro de un incendio en un ambiente con oxígeno puro lo sabe cualquier estudiante y aún un colegial de escuela secundaria que estudió la química o la física. Pero, sin pestañear, el docente de física le dice bajo juramento al Congreso — "Ninguno de nosotros" tenía conocimiento de ello.

Como fue mencionado en el capítulo 4, Ralph René le explicó a Jarrah White (*Moonfaker* o "Farsante lunar" | Apolo 1. Parte 3) que "una vez comienzas a quemar algo en oxígeno (puro) todo se quemará incluyendo (el) acero, incluyendo (el) asbesto". Asimismo, él señaló que antes de la tragedia de Apolo 1 la NASA había realizado "cuatro pruebas... y cada una se convirtió en un desastre" y que durante una de ellas un hombre estaba "cambiando un maldito bombillo" a "5 libras de presión" (libra-fuerza por pulgada cuadrada) o 34473.78 pascales cuando "su brazo, no su ropa, su brazo se prendió en fuego" y cuando un hombre cubrió su brazo con un manto de asbesto "el manto de asbesto se prendió en fuego". Esa

423

prueba fue el 17 de noviembre de 1962, y ni siquiera fue la peor de todas. Las otras tres se llevaron a cabo en septiembre de 1962, abril de 1966 y el 1° de enero de 1967, tan solo cuatro semanas antes del siniestro de Apolo 1. En ésta última prueba el fuego cobró la vida de dos hombres. Así que las declaraciones de Borman, al igual que algunos altos oficiales de la NASA como Robert Seamans de que el incendio los tomó por sorpresa son puras pamplinas.

Más adelante, el congresista John E. Roush le hizo a Borman la siguiente pregunta:

> Roush: coronel Borman, usted afirmó que no considera las condiciones de la prueba como extremadamente peligrosas. Me gustaría preguntar si alguna persona responsable conectada con la NASA, cualquier contratista principal implicado en esta prueba en particular o involucrado en el suministro de equipos para esta prueba... o si antes de este fuego alguno de los astronautas alguna vez hizo la pregunta o indicó haber estado preocupado acerca de estas condiciones de prueba extremadamente peligrosas para los astronautas.

> Borman: Hasta donde yo sé, la respuesta es "No". El equipo que murió ciertamente no estaba preocupado porque en el análisis final, la tripulación tiene el innegable derecho a no entrar en cualquier nave espacial que ellos hubiesen considerado como peligrosa. Aunque a veces hay ideas románticas acerca de este tipo de oficio... en el análisis final somos profesionales y aceptaremos riesgos, pero no riesgos excesivos.

En lugar de preguntar si alguien involucrado con el programa Apolo, o si Grissom, Chaffee y White habían expresado algún tipo de preocupación con las condiciones de prueba, Roush debió de haber preguntado si ellos estuvieron preocupados con *la nave espacial misma*, pero siendo un espectáculo mediático bien orquestado, esta importantísima pregunta jamás se iba a hacer. Cabe señalar que esto es típico del muy vanagloriado sistema "democrático" estadounidense y si lo duda tan solo refiérase a la comisión Warren establecida tras el asesinato del presidente John F. Kennedy. Poco más de tres años antes del fuego de Apolo 1, ese otro comité de "investigación" determinó que el cuarto magnicidio presidencial de la historia estadounidense fue perpetrado por un solo hombre, claramente contradiciendo la evidencia recopilada por varios investigadores y documentada ampliamente en varios libros, artículos y documentales, pero ese tema se discutirá en el último capítulo así que continuemos. Aunque no se ha podido conseguir las pruebas irrefutables de ello, es la opinión de este servidor que los segmentos de la vista del 21 de abril discutidos en las páginas anteriores claramente apuntan hacia esta tesis.

En resumidas cuentas, el autor está convencido de que el plan de las autoridades estadounidenses fue el siguiente: establecer el comité para convencer al pueblo estadounidense de que se estaban resolviendo los problemas de su programa "lunar" y, a su vez, atraer o sacar de las sombras a los críticos de dicho programa, así matando (casi literalmente) dos pájaros con un solo tiro.

Estando seriamente preocupado por la seguridad de los astronautas y el prestigio de su nación, Baron, quien de por sí era maniático y detallista, cayó en la trampa inmediatamente revelando todo lo que sabía o que había escuchado acerca del negligente comportamiento de su patrono y, en menor grado, de la NASA también. En un intento por disuadir a cualquier otro posible filtrador de expresar sus inquietudes, el Congreso se ocupó de "pelar" públicamente a Baron, cuestionando sus motivos, cualificaciones técnicas y su salud, incluyendo su sanidad mental. Viendo claramente que Baron no se amilanaba, sino que seguía acudiendo a la prensa y al gobierno con sus alegaciones, los altos oficiales de lo que la sumisa prensa estadounidense de la actualidad describe como "la comunidad de inteligencia" llegaron a la conclusión de que Baron representaba una seria amenaza "nacional", o más bien para sus planes y, por ende, optaron por ordenar su asesinato y hacerlo ver como otro extraño "accidente", algo muy, muy común en los EE.UU. de los años sesenta. Respecto a su familia, esta sería eliminada no solo por haber sido testigos de las llamadas telefónicas amenazantes, sino también por la altísima probabilidad de que ellas, sobre todo su esposa, debieron de haber estado bien informadas de sus hallazgos, después de todo ¿si Baron hablaba tanto con la prensa, por qué no lo haría con su esposa? No. ¡La CIA, perdón, "la comunidad de inteligencia", sencillamente no podía correrse el riesgo de dejar ningún cabo suelto! Pero esta es solo mi opinión al respecto.

También es la opinión del autor que, una vez culminada la eliminación física de Baron, el gobierno estadounidense procedió a la segunda fase de su ignominiosa tarea: la de destruir por completo su reputación. Para ello éste ha empleado sus medios favoritos: los Apolo-creyentes como Jay Windley y, por supuesto, la misma NASA. He aquí lo que la agencia ha publicado en su página cibernética (*Baron Report (1965-1966)* | https://history.nasa.gov /Apollo204/ barron.html):

> Baron fue un inspector de base en (el Centro espacial) Kennedy de septiembre de 1965 hasta noviembre de 1966 cuando pidió y recibió una licencia autorizándolo a ausentarse de su trabajo. Él había hecho observaciones; *recogido chismes, rumores y comentarios críticos de sus compañeros de trabajo*; y (también) había escrito una serie de notas condenatorias. Él había detallado, pero no documentado, dificultades con las personas, partes, equipos y procedimientos. Baron observó los defectos de una organización a gran escala y al parecer había realizado su trabajo como inspector de calidad *con una venganza*. Señaló la pobre mano de obra, contaminación de la nave espacial 012, discrepancias en las instalaciones, problemas en el sistema de control ambiental y muchas infracciones de las reglas de limpieza y seguridad.

Baron pasó estas y otras críticas a sus superiores y amigos; entonces deliberadamente dejó que sus hallazgos se filtraran a los periodistas. (La) North American (Aviation) consideró sus acciones como irresponsables y (por ello) lo despidieron el 5 de enero de 1967. La empresa analizó y refutó cada uno de los cargos y acusaciones de Baron. En la refutación, North American negó *todo* menos la parcial validez de (sic.) (*denied anything but partial validity to*) (¡¿?!) las acusaciones de gran alcance de Baron, aunque algunos funcionarios de la empresa más adelante testificaron delante del Congreso que *cerca de la mitad de las acusaciones eran fundadas.* Cuando la tragedia ocurrió, Baron aparentemente estaba en proceso de expandir su informe de 55 a 500 páginas. (Énfasis añadido.)

O sea, que la posición oficial de la NASA es que Baron no era más que un vil chismoso, pero que al mismo tiempo era alguien que desempeñaba su trabajo muy celosamente o, en sus propias palabras, "con una venganza". Bueno. Al autor le parece que la palabra venganza, o más bien vengativo, aplica mucho mejor a la NASA cuyos defensores no ven nada malo en difamar un hombre que murió junto con su familia entera bajo circunstancias trágicas. ¿Y que creé de la parte asegurando que la North American negó todo menos la mitad de lo que Baron había dicho? Contradictorio, ¿no? Noticia de última plana para la NASA y compañía: ¡No pueden decir que alguien negó todo para luego decir que ese mismo sujeto/entidad admitió que la mitad de las acusaciones en su contra eran correctas! Como dirían en Puerto Rico: "¿O te peinas, o te haces rolos?" ¿Pero qué más se puede esperar de una agencia de la cual se ironizaba que sus siglas significaban (en inglés, por supuesto) "Never A Straight Answer" o "Nunca una respuesta clara"?

El gran descubrimiento de Baron... aunque él nunca lo supo

¿Pero qué fue exactamente lo que dijo Baron para alarmar tanto a su gobierno? Pues, no obstante los alegatos de Windley, bastante.

Resulta que, aunque la pérdida del "informe maestro" fue verdaderamente perjudicial para las tareas de investigación del programa Apolo, lo cierto es que lo poco que pudo proveer contiene una clave importantísima y esencial para resolver este rompecabezas: el modo exacto en que la NASA y sus contratistas lograron engañar a sus legiones de técnicos, ingenieros y, por supuesto, inspectores de seguridad y control de calidad. Así es. Tan sorprendente como suena, Baron describió lo que este servidor denominará como un "plan de desorganización y obstrucción estructurada" sin haberse percatado de ello. Como el nombre implica, los gerenciales de las corporaciones a cargo del diseño, desarrollo y mantenimiento de las naves espaciales del programa Apolo deliberadamente implantaron un plan para confundir a aquellos que seguramente hubiesen descubierto el fraude, después de todo un buen mecánico o cirujano sabe de inmediato si el auto que está reparando va a poder correr o no, o si la operación que está haciendo va a funcionar o no, especialmente en el caso de empresas que debían contar con la crema de la crema de los ingenieros y científicos de la nación más innovadora del siglo XX. He aquí solo una parte de los problemas que Baron enumeró en sus "Notas generales" sección que presentó de la siguiente manera:

> Tratar de mantener (la tarea dentro del) tiempo asignado les ha costado a los contribuyentes una gran cantidad de dinero. Dinero despilfarrado debido a la tremenda pérdida de horas de trabajo, materiales, piezas y equipos. La prueba del despilfarro no es demasiado difícil de verificar. (Solo) se necesitaría una investigación de procedimientos y entrevistar a varias personas con conciencia. No estoy hablando de entrevistar a los supervisores o gerentes. Yo estoy diciendo que entrevisten a los técnicos, los mecánicos, los hombres de control de calidad en el área de trabajo. Estas son las personas que saben lo que realmente está pasando en cuanto al desperdicio de horas de trabajo y de material.

Notas generales

• *La falta de coordinación entre casi todo el mundo.*

• El hecho de que las personas en puestos de responsabilidad no tomaban muchos de los problemas en serio.

• Muchos técnicos *no conocen su trabajo.* Esto es en parte debido al hecho de que ellos están siendo *constantemente trasladados de un trabajo a otro.*

• No mantenemos registros adecuados del trabajo y de los sistemas.

• No existe ningún procedimiento que yo pueda recordar que se haya completado sin una desviación, ya sea oral o por escrito.

• El constante traslado de técnicos y personas de control de calidad... a diferentes tipos de tareas. *muchos de los técnicos le dicen al hombre de control de calidad que nunca habían hecho ese tipo de trabajo antes o utilizado ese tipo de equipo antes.* Este es uno de los más frecuentes problemas de la NAA. (Énfasis añadido.)

Repasemos esto un momentito: "falta de coordinación entre casi todo el mundo", "personas en puestos de responsabilidad (que) no tomaban muchos de los problemas en serio", técnicos que "no conoc(ían) su trabajo", falta de registros adecuados, y para rematar, un "constante traslado de técnicos y personas de control de calidad" a tareas totalmente diferentes que requerían el uso de equipo con el cual no estaban familiarizados. Pregunta: ¿Le parece a usted que este es el modo correcto de manejar un contrato tan sensitivo e importante como el de hacer posible una primera misión humana a otro cuerpo celeste? Porque para el autor definitivamente no lo parece. Pero, como dirían los defensores del programa Apolo, ¿por qué creerle a Baron si él solo fue un exempleado disgustado, y posiblemente buscando venganza, por su reciente despido de la

Capítulo 9

NAA? Bueno. Aunque este punto parece muy lógico, este puede ser derribado fácilmente con el siguiente dato: que el "exempleado descontento y vengativo" de Baron no fue el único, o ni siquiera el primero, en reportar tales problemas. Resulta que, poco más de un año antes del informe de Baron (finales de noviembre a principios de diciembre de 1965), otro hombre bien involucrado con el programa Apolo presentó el primer informe enumerando los defectos y deficiencias de la North American. ¿Quién fue ese crítico? Pues Samuel C. Phillips (se lee "Filips"), un general de cuatro estrellas y nada menos que el director del programa Apolo.

En su introducción, el informe que lleva su nombre declara que: "La evaluación se llevó a cabo como resultado del continuo fracaso de la NAA para lograr el progreso necesario para respaldar el objetivo del programa Apolo." La investigación consistía en un "equipo básico" responsable de evaluar las actividades del contratista y "las relaciones entre sus elementos de organización y sus funciones", al igual que unos "sub-equipos" responsables de evaluar el desempeño del contratista en las siguientes áreas:

- El programa de planificación y control (incluyendo la logística)

- La contratación, fijación de precios, subcontratación y las compras

- El proceso de ingeniería

- El proceso de fabricación

- La fiabilidad y el control de calidad.

Además de haber encontrado "Errores en el puntual y completo apoyo de la ingeniería, una mano de obra deficiente, y otras condiciones" problemáticas, el informe encontró precisamente el mismo problema de desorganización y obstrucción señalado por Baron. He aquí las determinaciones más sobresalientes (Nota: todo énfasis ha sido añadido):

Es nuestra opinión que las funciones totales de ingeniería, fabricación, el control de calidad y el programa de las funciones *están demasiado extendidas y* (distribuidas) *entre muchas capas a través de toda la organización* de la S&ID (la división encargada de la ejecución de la segunda etapa del cohete Saturno, la S-II, y del módulo de comando y servicio) para (poder) contribuir, de una forma integrada y eficaz, a los requisitos explícitos de los programas. La actual proliferación de las funciones invita al (mal) uso de la mano de obra y dólares *en tareas improductivas para* (simplemente) *"ponerlos a trabajar"* (y además crea) impedimentos para el progreso del programa.

O sea, que las operaciones de la NAA estaban tan mal estructuradas que éstas estaban perdiendo el tiempo en tareas totalmente innecesarias que sencillamente no hubiesen podido lograr los resultados deseados. Pero aún hay más:

Organización — la planificación de la S&ID y de las funciones de control están fragmentadas; la responsabilidad y la autoridad no están claramente definidas.

Manejo de gestión de tareas — Las órdenes generales, autorizaciones de tarea, planes de productos, etc., *son amplias y casi no tienen sentido* desde un punto de vista de la definición de los productos finales. Las definiciones detalladas de las tareas de trabajo están disponibles a medida que se va haciendo el trabajo; sin embargo, estos "planes de trabajo" no son revisados, aprobados, o controlados por los directores del programa.

¿Tareas "amplias y casi sin sentido"? Como los ejemplos anteriores han demostrado contundentemente, el modus operandi de la NAA evidencia que la corporación nunca tuvo mucho interés por capacitar óptimamente a su personal, ya que ésta tenía un plan deliberado de mantener a sus técnicos, ingenieros e inspectores en la oscuridad. Más aún, en su programa entero prevalecía una cultura de dejadez, e incluso negligencia generalizada, justamente lo opuesto de lo que debía ser. Naturalmente, la versión oficial nos asegura que luego de la investigación del fuego de Apolo 204/1 todo resultó de maravilla con la NAA corrigiendo y también perfeccionando el módulo de comando y servicio y la segunda etapa del Saturno V... ¡en menos de dos años! como dirían los estadounidenses: *What a turnaround!* o "¡Qué cambio de rumbo!"

El hallazgo de Scott Grissom

¿Recuerda la parte mencionando la familia de "Gus" Grissom, Betty Grissom y su hijo Scott y señalando que ellos nunca habían creído la versión oficial de la muerte de "Gus"? Bueno. Si su memoria es buena, usted también recordará el hecho de que ellos no solo habían descartado la versión del "accidente", sino que también habían llegado a la conclusión de que su propio gobierno orquestó su muerte y la de sus dos colegas, posición que ambos valientemente han declarado abierta y públicamente durante décadas. ¿Pero en qué se basan ellos para asumir tal postura? Después de todo, se necesita mucho más que una corazonada o excepcional valentía para acusar al gobierno del llamado "líder del mundo democrático" de asesinar a uno de tus seres queridos junto con sus compañeros de trabajo. Pues, como el investigador Gerhard Wisnewski ha explicado muy exhaustivamente en su libro *One Small Step? The Great Moon Hoax and the Race to Dominate Earth from Space* o "¿Un Pequeño Paso? — La gran farsa lunar y la carrera para dominar a la Tierra desde el espacio", ambos tienen unas muy buenas razones para hacerlo.

La primera es la evidencia, según ellos, probando que la causa principal de la muerte de Grissom no fue el paro cardiaco causado por altas concentraciones de monóxido de carbono reportado por la autopsia, sino una "hipoxia cerebral debido a un arresto cardiaco inducido por hipoxia miocárdica" — es decir, falta de oxígeno cerebral provocada por un ataque cardiaco, inducido a su vez por una falta de oxígeno en la parte musculosa del corazón. Aquí se dice "según ellos" porque la realidad es que este servidor no ha podido confirmar que la tripulación de Apolo 1 murió de edema pulmonar. Para clarificar, un edema pulmonar es una acumulación anormal de líquido en los alvéolos (Cada una de las fositas hemisféricas en que terminan las últimas ramificaciones de los bronquiolos.) pulmonares que lleva a que se presente dificultad para respirar.

¿Y cuál es la diferencia entre la causa de muerte oficial y la muerte por edema pulmonar? Pues que el edema pulmonar toma mucho más tiempo para desarrollarse que los cuatro y pico de minutos que, según el reporte oficial, los astronautas tardaron en morir. Pero, como esto en realidad es irrelevante, puesto que indiscutiblemente los tres hombres iban a morir comoquiera y, como ya se ha señalado, en realidad no hay evidencia irrefutable para validar la tesis de la muerte por edema pulmonar, ahora procederemos a analizar otro asunto que sí es muy perjudicial para la NASA y sus defensores, un descubrimiento hecho por Grissom hijo mientras revisaba la cápsula en el Centro de investigaciones Langley en Virginia.

¿Y qué fue lo que descubrió? Pues una bolsa plástica etiquetada *Switch guard and Fasteners S-11*, o "Cubierta de interruptor y tornillos pasadores", con una pequeña placa rectangular de metal (Figura 7) que encajaba perfectamente debajo del interruptor principal para cambiar el suministro de corriente de las baterías de a bordo. Específicamente, el interruptor conectaba las baterías internas con los motores en el exterior de la nave. Tal descubrimiento es importantísimo porque, como Grissom ha señalado, desde el lugar en donde estaba dicha pieza se podía provocar un corto circuito. Así fue como se lo explicó a Wisnewski en *One Small Step?* (Pág. 97):

> Un modo de robar un carro es manipulándole los cables (*'hot wire' it*). Cuando uno manipula los cables de un carro lo único que se está haciendo es circunvalar la función de un interruptor con otro conductor. Has esta prueba. Llena tu garaje con 100% oxígeno, "cruza" (*hot wire*) tu carro y enciéndelo... Solo deja que el arrancador esté en marcha

433

Capítulo 9

hasta que el plomo de P (+) se derrita y habrá hecho exactamente lo que ocurrió en... la plataforma 34.

Obviamente, Wisnewski no iba a ser tan tonto como para hacer tal prueba en su casa, pero usted comprende muy bien lo que Grissom quería decir.

Reconociendo que el descubrimiento del suspicaz hijo de "Gus" no podía dejarse sin una explicación, en el 2000 Washington hizo lo mismo de siempre: llevar a cabo otra investigación amañada para desprestigiar a los escépticos y, a su vez, calmar a las masas. En esta ocasión la "investigación" fue ordenada por el congresista James Sensenbrenner de Wisconsin y (¡Sorpresa!) llevada a cabo por la NASA. Como era de esperarse, ésta terminó exonerando al gobierno de toda culpa. Según el reporte de William "Bill" Hill de la Oficina de Seguridad y Garantía de las Misiones, la pieza había sido cortada de un soporte de la nave, después del fuego, para analizarla bajo un microscopio de electrones, pero que, por razones que nunca se han explicado, ésta fue puesta no en la misma caja con el soporte del cual fue extraída, sino en una bolsa con un interruptor con el cual supuestamente no estaba relacionada. ¿Y qué dijo respecto al orificio perfectamente compatible con el del interruptor? Pues que eso no fue más que una extraña coincidencia (*Final Report Inspection of Apollo 1/204 Hardware, September 2000*). ¡Sí claro!

Como fue señalado anteriormente, así es como funciona el sistema político estadounidense: cuando el pueblo comienza a sospechar de sus actividades o explicaciones nebulosas, sus instituciones "democráticas" entran en acción, estableciendo comités o vistas "investigativas" exclusivamente para proyectar una imagen de honestidad y transparencia. Tan solo basta con analizar el modo en que se manejaron las investigaciones de los asesinatos de Martin Luther King Jr. y John F. Kennedy (las cuales se discutirán brevemente en el último capítulo) para confirmarlo. Sin embargo, en esta ocasión la situación fue muy diferente a la de las vistas de Apolo 1, ya que la cobertura de la prensa fue prácticamente inexistente, esto porque la fiebre del programa Apolo ya era cosa del pasado (recordemos que esto sucedió 31 años después), y tras la conclusión de este último circo publicitario, hasta aquel pequeñísimo segmento del pueblo estado-unidense que sí le había dado seguimiento a este asunto prontamente se olvidó de la incriminadora piecita de metal.

Los otros silenciados

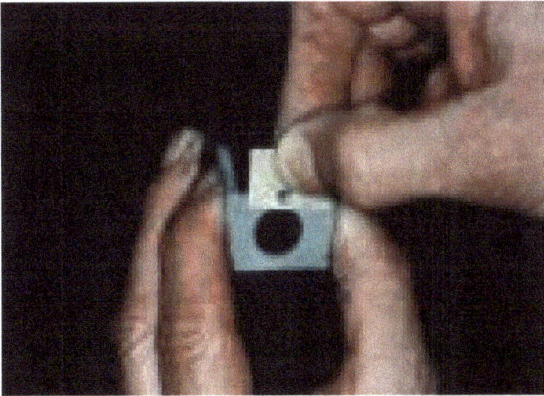

Fig. 5. La pequeña placa rectangular de metal encontrada por Scott Grissom. Grissom, quien fue piloto de aviones de carga, sostiene que dicha pieza fue usada para desatar un corto circuito. Crédito: One Small Step?

Al analizar la historia del programa espacial estado-unidense, uno se topa con la triste realidad de que el fuego de Apolo 1 no fue el único incidente en el que astronautas, o aspirantes a ser astronautas, perdieron la vida bajo extrañas circunstancias.

Resulta que los años 1966 y 1967 fueron excepcionalmente calamitosos para los astronautas estadounidenses, tanto así que éste terminaría convirtiéndose en el periodo más letal de toda la historia de los programas espaciales (al menos, hasta el 2018). ¿Y cuántos murieron? Pues un total de 13 personas: 10 astronautas más 3 civiles (el inspector Baron junto a su familia). Cabe señalar que, además de estos 13 infortunados, hubo otro astronauta que falleció en 1964. Así que el total verdadero fue 14 muertos. Para simplificar nuestro análisis, dichos casos se abordarán en orden cronológico por lo que empezaremos por el caso de 1964. He aquí la lista de los otros astronautas que compartieron un destino similar al de las personas mencionadas previamente (Sus fotos aparecen en la figura 6.):

31.10.1964. Theodore Freeman: Su avión T-38 se estrelló luego de que un ganso volara directamente hacia su toma de aire lateral izquierda.

28.2.1966. Elliot See y Charles Bassett: Fueron los primeros candidatos en volar en una nave espacial Géminis 9. El 28 de febrero, ambos volaron en un T-38 hacia la planta de la Mc Donnell Aircraft en San Luis, Missouri. See hizo algo mal durante el aterrizaje y el avión se estrelló contra el mismo edificio (el 101) donde se ensamblaba la nave Géminis que supuestamente debían operar. See y Bassett murieron al instante y 16 resultaron levemente heridos.

6.6.1967. Edward G. Givens Jr.: Murió en un accidente automovilístico.

13.9.1967. Russell Lee Rogers: Su muerte no tenía ninguna relación con un vuelo espacial. El F-105 de combate que volaba estalló en el aire cerca de Okinawa, Japón.

5.10.1967. Clifton C. Williams: Murió en el estrellamiento de un avión T-38 un año antes y había sido incluido como miembro de la tripulación de uno de los vuelos Apolo.

15.11.1967. Michael J. Adams: Se estrelló en un avión X-15 (X de experimental) de la NASA.

8.12.1967. Robert Henry Lawrence Jr.: Durante un vuelo de entrenamiento su F-104B se estrelló en la aproximación final.

En su interesantísimo libro (lamentablemente en ruso solamente) *Американцы на Луне: великий прорыв или космическая афера?* o "Americanos en la Luna: ¿una gran hazaña o una farsa cósmica?",

Alexander Popov le ha dedicado una sección entera a este asunto y, aunque su tesis de que en estas muertes hubo mano criminal envuelta no puede probarse decisivamente, ésta tiene mérito. Pero este último detalle no debe intimidarnos pues recordemos que lo mismo ocurre con los casos de Apolo 1 y la muerte de Baron y su familia los cuales ofrecen varios indicios de lo que los estadounidenses llaman *foul play* o "juego sucio".

Theodore Freeman   Elliot See   Charles Bassett   Edward G. Givens   Russell L. Rogers   Clifton C. Williams   Michael J. Adams   R. H. Lawrence Jr.

Ahora veamos lo que Popov ha dicho al respecto:

> Vamos a razonar así. Si un día un miembro (del equipo) muere como consecuencia de un accidente, uno inmediatamente no sospecha que esto haya sido un acto premeditado y malintencionado. Pero si los accidentes van uno detrás de otro, y al final del periodo son mensuales, solo un ciego no podría ver que esta secuencia es obra de una fuerza despiadada. Resulta que para el 15% de los astronautas la vida en la Tierra de repente se había tornado más peligrosa que para aquellos que, según la NASA, 10 veces (sic.) (En realidad fueron 9.) vencieron todas las dificultades del vuelo y el regreso de la Luna. ¡Tonterías!

No obstante su error al final del pasaje anterior, Popov procede a demoler por completo el argumento de algunos defensores de la NASA asegurando que estas muertes se debieron a la peligrosa naturaleza del oficio de astronauta con la siguiente observación:

> Primeramente, si nos limitamos solo a los astronautas muertos entonces, contrario a lo que diría un defensor de la

NASA, las profesiones de piloto y astronauta
definitivamente no serían tan peligrosas. Siete personas
murieron mientras volaban *aviones de producción* y hasta
conduciendo un auto. Y sólo dos casos (el del fuego de
Apolo 1 y el del aeroplano X-15) parecen encajar con el
argumento de los defensores de la NASA acerca de los
peligros de las profesiones mencionados. (Énfasis añadido.)

O sea, que menos de una cuarta parte de los 9 infortunados murió
en misiones verdaderamente experimentales. Pero, se preguntará
usted, ¿cómo puede Popov decir que pilotear un avión no es tan
peligroso si en este mismo ejemplo podemos ver claramente que sí
lo es? Bueno. Aunque pilotear una aeronave es inherentemente
peligroso, y el peligro que acompaña al oficio de astronauta es
mucho mayor, dado que sus misiones requieren una preparación aún
más rigurosa que las de un piloto común y corriente, lo cierto es que,
como Popov ha demostrado, y como veremos a continuación, la
mortalidad de los astronautas nunca debió de ser tan alta, esto por
un factor muy importante: la preparación o experiencia previa de
cada candidato seleccionado. A esto el autor quisiera añadir otro
factor: la rareza o escasa frecuencia de los vuelos espaciales
tripulados. Recordemos que, por su inmenso valor económico,
científico, y también simbólico, cada misión de este tipo es precedida
por una serie de intensas preparaciones que incluyen simulacros e
inspecciones redundantes. Un equipo de astronautas simplemente
no llega al cosmódromo a apuntarse en un libro, ponerse el traje
espacial, montarse en la nave y a volar.

Ahora volvamos al tema de la experiencia de estos hombres tan
importantes para la carrera espacial. He aquí una tabla con sus horas
de vuelo basada en los cálculos de Popov:

Astronauta	Total de horas de vuelo
Theodore Freeman	>3,300
Elliot See	>3,900

Charles Bassett	>3,600
Edward G. Givens Jr.	>3,500
Russell Lee Rogers	¿? ¿? ¿?
Clifton C. Williams	>2,100
Michael J. Adams	¿? ¿? ¿?
Robert Henry Lawrence Jr.	>2,500

Como la tabla muestra claramente, la media de horas de vuelo es 3,150. (La suma de todos los números disponibles; 18,900; dividida por la cantidad de números disponibles, en este caso 6.) Ahora bien, cabe señalar que tal cálculo es impreciso, esto debido a la ausencia de los totales correspondientes a Rogers y a Adams. No obstante, esto no debe preocuparnos mucho, esto por el simple hecho de que, siendo ases de la fuerza aérea estadounidense, es casi seguro que cada uno de ellos acumuló más de 2,000 horas de vuelo lo que significa que el valor medio no debe afectarse considerablemente. O sea, que aquí acabamos de ver que ninguno de estos hombres era un novato. entonces ¿por qué tantas muertes prácticamente corridas en 1967? ¿Por qué no ocurrieron tantos estrellamientos u otros "accidentes" durante los otros años de pruebas, eso sí, con las notables excepciones de 1964 y 1966, por supuesto? ¿Acaso los astronautas fueron azotados por una racha de mala suerte? Bueno. Como debe estar imaginándose ahora mismo, todo parece apuntar a algo mucho más siniestro. Y es que, si nos dejamos llevar por las agudas observaciones de Popov, rápidamente descubrimos la razón detrás del súbito repunte en las fatalidades de astronautas. ¿Y cuál fue la razón? Bueno. Antes de contestar esta pregunta es imperativo familiarizarnos con el avión en el cual la mayoría de las fatalidades aéreas ocurrieron: el Northrop T-38.

El Northrop T-38 (Figura 7) es un avión de entrenamiento avanzado por lo que la gestión del avión está totalmente duplicada. Es decir, el estudiante va sentado al frente y el instructor detrás de él. La aeronave entró en servicio en 1961 y es considerada como uno de los mejores entrenadores de la historia razón por la cual éste lleva más de medio siglo con la fuerza aérea estadounidense (USAF). Se estima que alrededor de 60,000 pilotos han sido entrenados en él ganándole aprecio de la gran mayoría, sino de todos, los pilotos de combate de EE.UU. Uno de los admiradores del T-38 fue Michael Collins de

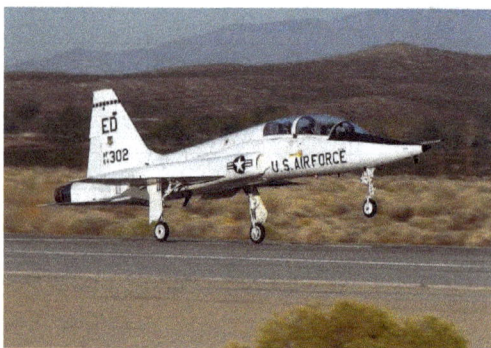

Fig. 7. Avión de entrenamiento T-38 el cual Michael Collins describió en su libro como "nuestro maestro, transporte y juguete". Dominio público.

Apolo 11 quien en su libro *Carrying the Fire* o "Llevando el fuego" incluyó una foto del avión con la inscripción: "T-38: nuestro maestro, transporte y juguete". En resumidas palabras, el T-38 era un avión muy fiable y muy familiar para los ases reclutados por la NASA lo que hace un tanto difícil creer que tres de ellos se hallan estrellado en un periodo de tan solo cuatro años, cegando la vida de cuatro pilotos, fuera de un total de poco más de treinta, del programa espacial estadounidense. He aquí lo que Popov ha dicho al respecto:

> Si, siguiendo la versión de los defensores de la NASA, asumimos que todos los tres desastres del T-38 de los astronautas fueron solo accidentes, entonces ¿cuántos principiantes en las escuelas de vuelo estadounidenses se suponía que debían morir anualmente en los Estados Unidos? Tratemos de averiguarlo. Según el conocimiento del autor, casi todos los astronautas miembros del equipo Apolo utilizaban el T-38 para sus viajes de trabajo. Tres T-38 se estrellaron junto con sus pilotos (cuatro en total). Esto es aproximadamente el 10% de la plantilla.
>
> Si multiplicamos este 10% por el número de recién llegados, los alumnos necesarios anualmente para reponer el conjunto

de la aviación militar estadounidense, póngale que dicha cantidad sea aproximadamente 700-800 personas como lo fue en la URSS, entonces en el proceso de aprendizaje sobre 70-80 recién llegados por año fueron a morir en el T-38. Ellos, los recién llegados e instructores merecían el derecho de ser rescatados del holocausto. Solo al tomar esto en cuenta la comparación con los astronautas muertos en el T-38 será correcta. Y como los principiantes no pueden volar sin instructores y de 70-80 instructores los seguirían a la muerte —¡y eso sería tan solo en un año!— entonces ¿quién necesita tal avión de entrenamiento? ¿Y qué puede aprenderse y enseñarse en la escuela de vuelo con un resultado mortal de un 10% durante el proceso de aprendizaje? ¡En tan solo una temporada de verano la fuerza aérea de Estados Unidos habría muerto debido a la falta de reposición de pilotos!

Pero la fuerza aérea de Estados Unidos nunca tuvo quejas del T-38 el cual mantuvo una reputación de ser un avión muy fiable. Esto ya se ha escrito anteriormente. Y los astronautas miembros del escuadrón amaban, respetan y utilizan este avión.

Justo antes de estos pasajes, Popov hizo la siguiente observación:

Todos murieron en diferentes circunstancias de trabajo, Freeman, Bassett y Williams ¡y en los tres desastres ninguno de los cuatro pilotos pudo saltar con un paracaídas! ¿Cuál fue la desesperación tan fatal?

Su inquietud es muy lógica especialmente al tomar en cuenta que a los otros dos astronautas que murieron volando aviones (aunque no fueron T-38s); Russell L. Rogers y Robert Henry Lawrence Jr.; les ocurrió algo muy similar. ¡Qué coincidencia! Tras recurrir a la única fuente que pudo encontrar, *Wikipedia*, este servidor descubrió que:

Rogers murió cuando el motor de su avión de combate F-105 falló cerca de la base aérea Kadena en Okinawa, Japón...

Él fue expulsado de su avión, pero su paracaídas no abrió correctamente.

En el caso de Lawrence, la NBC nos informa (http://www.nbcnews.com /id/7018497/#.WQz54YWcFy1) que:

Durante una de las aproximaciones, el avión, con (el aprendiz John Royer) en los controles, golpeó la pista de aterrizaje duro, colapsando su tren de aterrizaje y prendiendo la parte inferior del fuselaje en fuego. ...la aeronave brevemente voló... de nuevo, luego volvió a bajar a la pista y comenzó a rodar.

Ambos pilotos se eyectaron mientras (el avión) rodaba, con Royer siendo lanzado ligeramente hacia arriba y Lawrence, cuyo asiento de eyección tenía un ligero retraso de tiempo para evitar el contacto con el primer asiento, fue enviado hacia el lado. Royer resultó gravemente herido; Lawrence de modo fatal.

Bueno. Aunque en este último caso se puede argumentar que Lawrence murió por factores relacionados al diseño del F104B, y al hecho de que el avión estaba rodando mientras él estaba siendo eyectado, al ver algunos de los casos mencionados aquí todo parece reforzar la tesis de Popov de que sí hubo sabotaje o mano criminal envuelta. Por ejemplo, en el caso de Bassett y See el gobierno concluyó, mediante uno de sus notorios paneles de "investigación", que el desastre fue producto de un "error del piloto" causado por la incapacidad de See de "mantener una referencia visual para un aterrizaje" en el aeropuerto de Lambert Field en Missouri. Sin embargo, esto contradice totalmente al testimonio de sus colegas quienes siempre lo describieron como un piloto "cauto y conservador". De hecho, See era tan cauteloso que en su autobiografía el jefe astronauta Donald "Deke" Slayton lo describió muy despectivamente como "old womanish" o "la vieja" o, en el peor de los casos, "el viejo afeminado".

Para clarificar, el desastre en cuestión comenzó luego de que See se pasara de la pista y optara por hacer una aproximación visual circular para aterrizar nuevamente, pero el avión se movió muy para la izquierda y al intentar compensar, éste impactó el techo del Edificio McDonnell 101 en el lado noreste del aeropuerto. El golpe causó la pérdida del ala derecha y el tren de aterrizaje y a continuación, hizo una serie de volteretas laterales y se estrelló en un estacionamiento cerca del área de ensayo a la que debían asistir. Los dos astronautas murieron al instante. See fue lanzado justo frente al fuselaje prendido en fuego, él murió con su paracaídas medio abierto junto a Bassett quien quedó decapitado. Su cabeza cercenada fue encontrada más tarde entre las vigas.

Pero Popov ha encontrado dos serios problemas no con este último recuento de lo que ocurrió, sino con el veredicto del gobierno estadounidense de que el desastre fue causado exclusivamente por un error de See, ya que, aunque ese día hubo niebla y lluvia, lo cierto es que menos de 20 minutos después otro T-38 piloteado por dos miembros del mismo destacamento de astronautas; Eugene Cernan y Thomas Stafford; aterrizó con éxito en el mismo aeródromo. Más aún, tras discutir el tema con un ex piloto militar, y coincidentemente su vecino, Popov aprendió que el éxito de un aterrizaje solo es posible mediante un esfuerzo conjunto y bien coordinado entre los pilotos y los operadores en la torre de control: "¿Acaso ellos no coordinaron con el servicio terrestre o los mandos de vuelo del aeródromo? ¿Acaso negaron todos los radares? ¿Estaban durmiendo todos los operadores cuyas funciones incluyen garantizar la seguridad de los vuelos?", le preguntó su vecino con aparente asombro.

Nuevamente debemos recurrir a Popov para que nos provea la razón detrás de las primeras tres muertes:

> Entre 1964-1966, según la NASA, en las misiones dobles "Géminis" se hicieron 10 vuelos orbitales de la Tierra. Por lo tanto, en estos "vuelos" participaron más de 20 actores

como "astronautas". Y tres astronautas (Freeman, Bassett y See) de casualidad murieron durante ese mismo periodo. Tres de veinte es lo mismo que 15%. ¿Qué es esto? ¿Casualidad o, por así decirlo, la tasa media de disponibilidad colectiva de conciencia entre los astronautas estadounidenses? ¿El porcentaje de los que no quisieron cambiar el sueño de un vuelo espacial por un engaño descarado? Por eso pagaron un precio muy alto. La estafa "Géminis" fue la base psicológica de la siguiente estafa lunar. Así fue como la NASA aprendió a engañar y a lavarle el cerebro a toda la humanidad. Pero la magnitud de la estafa "Géminis" era, por supuesto, de una escala mucho más modesta que la estafa de Apolo.

Otro caso que muestra fuertísimos indicios de sabotaje es el de Clifton C. Williams. Mientras volaba desde Cabo Kennedy hacia Alabama para ver a su padre que estaba muriendo de cáncer, el avión que piloteaba (a unos 6,800 m de altura) hizo una repentina voltereta a la izquierda y se lanzó, casi en línea recta hacia una colina a unos 1,125 kilómetros por hora. Según la versión oficial, Williams eyectó a unos 450 metros de altitud, pero el avión iba demasiado rápido y a una altura demasiado baja como para que el asiento aterrizara de forma segura. Por supuesto, la investigación oficial, la cual fue encabezada por el astronauta Alan Shepard, concluyó que la única causa del estrellamiento fue un fallo mecánico. Reveladoramente, Williams claramente caía bajo la categoría de aquellos que "no quisieron cambiar el sueño de un vuelo espacial por un engaño descarado". He aquí lo que él había declarado acerca de sus aspiraciones dentro del programa espacial nacional:

> Me gustaría ir en cada vuelo. Por supuesto, si usted me dice (pregunta) que misión más me gustaría tener, yo diría que el primer vuelo lunar (esto) desde el punto de vista de la satisfacción y el logro personal.

Para finalizar, el autor quisiera añadir otras dos muertes, aunque es imperativo aclarar que en ambos casos es casi imposible probar que hubo mano criminal envuelta, no obstante, hay una muy buena razón para sospecharlo, esto porque en ambos hubo muertes que llegaron justo luego de que los dos astronautas expresaran su deseo de hacer o llegaran a hacer declaraciones muy, muy devastadoras para la NASA y, por consiguiente, para el gobierno estadounidense. Se trata pues del "infarto" de James B. Irwin (A-15) en 1991 y el "accidente de motocicleta" de Charles "Pete" Conrad (Géminis 5, A-12 y Skylab 2) en 1999. ¿Pero qué exactamente fue lo que dijeron estos hombres para que su gobierno desease eliminarlos? Pues veámoslo a continuación.

Respecto al primero en fallecer; James B. "Jim" Irwin; debe aclararse aquí que la tesis de su asesinato se basa exclusivamente en las declaraciones del *apoloescéptico* Bill Kaysing quien le aseguró al *apoloescéptico* y documentalista Bart Sibrel que Irwin se había comunicado con él por teléfono tan solo unos días antes de su muerte. Y aunque, naturalmente, los Apolo-creyentes se indignarán, e incluso acusarán a este servidor de difamación, es la convicción del autor de que sus declaraciones tienen mérito, ya que, tras más de veinte años de fuertes críticas públicas contra el programa Apolo, y también contra Washington, nunca se ha presentado evidencia alguna alegando mendacidad o engaño de parte de Kaysing. Tomando esto en cuenta, procedamos entonces a analizar detenidamente su versión de los hechos, una versión que el gobierno estadounidense nunca ha refutado.

Según lo explica Kaysing, Irwin, quien se había convertido al cristianismo luego de su presunto viaje a la Luna, tuvo un momento de claridad o, mejor dicho, un ataque de conciencia, mientras predicaba en Tennessee. Allí él conversó con un hombre llamado Lee Galvanni cuando (https://www.youtube.com/watch?v= XGL65hf7 yks):

Lee le imploró a James Irwin que se confesara, que dijera la verdad acerca del engaño de Apolo, del cual Lee estaba convencido. Bueno. Evidentemente, él penetró la consciencia de Jim Irwin porque, en agosto de 1991, James Irwin me llamó a mi casa y (me) dijo "A mi entender usted ha escrito un libro llamado 'Nosotros nunca fuimos a la Luna'." (Entonces) Él dice, "pensándolo bien, este teléfono puede estar pinchado (*tapped*). Quiero que me llames a mi casa el viernes. En... Colorado Springs, Colorado." Así que dije "Está bien Jim yo te llamo" y me dio su número residencial. Bueno. Cuando lo llamé el viernes, Jim estaba muerto. Él había muerto de un ataque cardiaco el 8 de agosto... JUEVES 8 de agosto.

Aunque, tal y como resalta *Wikipedia*, Irwin padecía de problemas cardiacos, en realidad nadie puede negar que su muerte fue demasiado conveniente para Washington. Además, es muy curioso, o, mejor dicho, revelador, que el gobierno y la prensa servil de EE.UU. nunca atacaron o intentaron desmentir las alegaciones de Kaysing algo facilísimo de verificar, pues fíjese que la conversación entre él y James Irwin fue telefónica lo que significa que hubo un registro de ella. Pregunta: ¿Si Kaysing estaba fabricando

James B. Irwin murió de un "infarto" días después de comunicarse con Bill Kaysing.

todo esto, entonces por qué no aprovecharon el momento para pillarlo con dichos registros? Después de todo, los servicios de inteligencia estadounidenses —o, como diría la llamada prensa libre estadounidense, "comunidad de inteligencia"— cuentan con todos los recursos y poderes necesarios para rastrear llamadas telefónicas. ¿Y por qué no entrevistar a Lee Galvanni para ver si de veras habló con Irwin?

Ahora hablemos del último astronauta en morir bajo condiciones sospechosas: Charles "Pete" Conrad, el presunto tercer caminante lunar (A-12). Y, desde el punto de vista de Washington, su "pecado" era muy grande, de hecho, imperdonable: expresar públicamente que en realidad ningún ser humano había ido a la Luna, ¡y nada menos que en un documental filmado en la víspera (1998) del trigésimo aniversario del presunto primer alunizaje! ¡Eso es correcto! Y aunque los Apolo-creyentes argumentarán una y otra vez que la declaración ha sido tomada fuera de contexto, lo cierto es que al ver el segmento de video en el que lo dice (https://www.youtube.com/watch?v=IP6hnYzUlgE) cualquier persona razonable no podrá más que concluir que el pobre Conrad, quizás hastiado de mentir durante tantos años (para aquel entonces él tenía 69 años), sencillamente decidió "quitarse ese peso de encima" y admitir no muy sutilmente que los supuestos viajes a la Luna fueron falsos. Para evitar cualquier confusión al respecto, aquí se incluirán tanto las palabras del narrador como las palabras de Conrad, en inglés y luego en español. He aquí lo que se dijo:

> Narrador: The Apollo missions were a triumph for science and for the society that sent them. But even as Pete Conrad and crew had roared off the planet, Apollo's end was in sight.
>
> Conrad: Well, I have to say thirty years later, I'm, I'm (sic) very disappointed with where we have gotten because we were shut down PRIOR TO EVER SETTING FOOT ON THE MOON, QUITE FRANKLY WE HAVEN'T GONE ANYWHERE NEAR(!)
>
> En español:

Narrador: Las misiones Apolo fueron un triunfo para la ciencia y para la sociedad que las envió. Pero, aún mientras Pete Conrad y su equipo se alejaban con un gran estruendo del planeta, el fin de Apolo estaba a la vista.

Conrad: Bueno, debo decir que treinta años después, yo, yo (sic) estoy muy desilusionado con (el punto) a donde hemos llegado porque fuimos apagados (frustrados) ANTES DE HABER PISADO LA LUNA, FRANCAMENTE NOSOTROS NO HEMOS IDO NI CERCA(¡!)

¿Cómo? ¡¿Que "francamente" ellos "no (habían) ido ni cerca" de la Luna?! Tras escuchar o leer tal declaración se hace muy obvio que Conrad estaba admitiendo que no solo Apolo 12, sino el programa Apolo entero fue un fraude. No obstante, y como se dijo anteriormente, los Apolo-creyentes, incapaces de aceptar una derrota, han argumentado que lo que usted acaba de leer aquí no es más que un ejemplo de unas declaraciones tomadas fuera de contexto. Ellos responderán diciendo algo así como: "Si escucha bien todo el segmento es obvio que el narrador se estaba refiriendo a la reducción de fondos asignados para la NASA y la consecuente cancelación del programa lunar", o algo similar. Y ellos estarían en lo correcto… pero solo parcialmente. Resulta que, como los pasajes anteriores claramente demuestran, el narrador sí se está refiriendo al aspecto burocrático del programa Apolo, pero, al mismo tiempo, Conrad deja muy, muy claro, primeramente, que él no estaba nada de contento con el grandísimo atraso —relativo a las exageradas expectativas que se le habían vendido al mundo, por supuesto— del programa espacial en general y, en segundo lugar, pues, que ni él ni sus colegas se acercaron a la Luna. Este servidor considera que la declaración de "francamente nosotros no hemos ido ni cerca" de ese cuerpo celeste habla por sí sola.

Siguiendo un patrón escalofriantemente similar al de Baron y su familia más de tres décadas antes, Conrad murió por causa de un "accidente" (en California) poco después de haber hecho tales

EL GRAN FRAUDE LUNAR

declaraciones y menos de dos semanas antes del trigésimo aniversario (8 de julio de 1999) de Apolo 11. ¿Será que Washington no quería ningún cabo suelto antes de la celebración más importante para su programa espacial? Pues todo parece indicar que sí, ya que hay una serie de detalles extraños en torno al "accidente" de Conrad.

Primeramente, él no iba a exceso de velocidad y además llevaba puesto su casco lo que significa que él no estaba manejando de manera errática o negligente. En segundo lugar, Conrad estaba vivo y consciente cuando arr ibó en el hospital de Valle Ojai, California. De hecho, según la información disponible (*Pete Conrad, 69, the Third Man to Walk on the Moon, Dies After a Motorcycle Crash | The New York Times*, 10 de julio, 1999), Conrad "no parecía estar mal herido". Más aún, el sexagenario estuvo quejándose de dolores en el pecho y dificultad para respirar y estuvo agonizando durante unas cinco horas antes de morir. Según el médico forense James Baroni, Conrad murió de una hemorragia interna. O sea, que en cinco horas nadie en el hospital de Valle Ojai se ocupó de atender bien a un (presunto) héroe nacional. Antes de cerrar, el autor desea informar que, ¡al revisar los enlaces de *You Tube* mostrando la admisión de Conrad, él descubrió que ambos videos habían sido removidos!

Fig. 9. En un documental, Charles "Pete" Conrad admitió que él y sus compañeros fueron "apagados" (frustrados) "ANTES DE HABER PISADO LA LUNA". "FRANCAMENTE NOSOTROS NO HEMOS IDO NI CERCA(¡!)" añadió. Alrededor de un año después de esta cándida admisión, el miembro de la misión Apolo 12 murió, según la versión oficial, por consecuencia de un accidente de motocicleta.

Para recapitular, he aquí una tabla con los sucesos funestos más importantes:

449

Astronauta/Crítico	Acciones	Fecha de últimas críticas, etc., muertes, presunta causa de muerte
Apolo 1: Grissom, Chaffee y White	Criticar persistente y públicamente la nave Apolo	27.1.1967 | Accidente por fuego
Thomas Ronald Baron	Criticar persistente y públicamente la NAA	21.4.1967 | 27.4.1967 | Accidente de tránsito
James Benson Irwin	Iniciar comunicaciones con Bill Kaysing	¿?.8.1991 | 8.8.1991 | Infarto (¿?)
Charles Conrad Jr.	Criticar y admitir públicamente fraude de Apolo	¿? ¿? 1998| 8.7.1999 | Accidente de tránsito

Pero todo esto nos trae a la siguiente gran duda: ¿Por qué diablos los servicios de inteligencia de EE.UU. no le prepararon uno de sus oportunos e infames "accidentes" o "infartos" a Kaysing, quien, afortunadamente, murió de causas naturales en 2005? Bueno. Aunque no tenga la respuesta a esta importante pregunta, lo cierto es que, este servidor ha llegado a la conclusión de que la cúpula del poder en Washington sencillamente decidió que eliminar a Kaysing hubiese creado más problemas que dejarlo vivo, esto por las siguientes razones:

I. Kaysing, no obstante la deliberada marginación y ridiculización por parte de la prensa "libre" de su país, era una figura reconocida por cientos de miles de estadounidenses que indudablemente hubiesen cuestionado la circunstancias de su muerte.

II. Es posible que hayan decidido que era mejor dejarlo vivo para utilizarlo como señuelo (involuntario, por supuesto) para atraer a cualquiera de los involucrados en el fraude que quedaran afligidos por la consciencia, tal y como ocurrió con James Irwin.

Nota: Como se dijo en la página anterior, los dos videos de la confesión de Conrad fueron removidos de *You Tube* lo que ha obligado al autor a proveer un nuevo enlace (lamentablemente, solo uno porque no se pudo encontrar el más importante: el del programa en su totalidad) el cual, seguramente por obra del gobierno estadounidense, aparece bajo el estúpido título de *Flat Earth - lets go to the moon* o "Tierra Plana — vamos a ir a la Luna": (https://www.youtube.com/watch?v=_CuwtaJZEGE).

Nota actualizada: ¡Mientras revisaba el enlace de *You Tube* (21/10/2018) citado arriba, descubrí que este video también había sido removido! Lo único que aparece ahora es un mensaje con un mono sosteniendo una lupa que dice: "Esta página no está disponible. Lo sentimos por eso. Intente otra cosa." (https:/www.youtube. com/ watch?v=_CuwtaJZEGE) ¡Nuevamente los Apolo-defensores contraatacan!

10

¡¿Cómo rayos pudieron haberlo hecho?!

Ya que sabemos con seguridad que todo el programa Apolo fue
un montaje hecho aquí en la Tierra, ahora abordaremos el complejo
tema de cómo pudo haberse llevado a cabo tal fraude.
Lamentablemente, y como podrá imaginarse, en este caso las
respuestas no son 100% certeras, esto porque, como acabamos de
ver en el capítulo anterior, ninguno de los valientes que ha salido a
la luz pública ha durado el tiempo suficiente para explicarlo. No
obstante, hay una buena cantidad de fotografías y videos que
contienen una serie de claves y detalles que permiten la
determinación de los métodos y lugares de filmación empleados por
las agencias encargadas de esta operación de guerra sicológica,
seguramente la CIA, aunque podemos estar seguros de que
entidades de carácter privado también estuvieron envueltas,
particularmente para manejar los aspectos más complicados del
proyecto como, por ejemplo, la filmación, el montaje de
escenografías y el desarrollo y uso de efectos especiales, claramente
tareas fuera de las especialidades de una agencia de inteligencia.

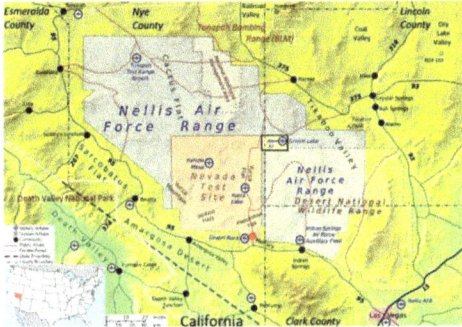

Fig. 1. Mapa con la localización exacta de la "comunidad cerrada" de Mercury (Punto rojo), pueblo que, según Kaysing, fue el lugar donde se realizó el Proyecto de Simulación Apolo. Crédito: *Wikipedia*.

Bill Kaysing se ha referido a este proyecto de artilugio como el ASP, acrónimo en inglés de Proyecto de Simulación Apolo, el cual, según él, fue llevado a cabo en el oeste de EE.UU., en el estado de Nevada... y no fue en la base "secreta" popularmente conocida como Área 51 o "Groom Lake". No. Kaysing insiste en que fue en una zona militar llamada Mercury ubicada cerca de la frontera suroeste de Nevada y a 104 km al noroeste de Las Vegas. Una búsqueda de la localización en *Wikipedia* parecería confirmar su tesis dado que la página cibernética la describe como una "ciudad cerrada" o que "no está a disposición del público en general" "situada en el Condado de Nye (se lee "Nai")... a unos 8 km al norte de la Ruta 95". Asimismo, la página señala que la misma se encuentra dentro del Campo de Pruebas de Nevada y que fue construida por la difunta Comisión de Energía Atómica para acomodar al personal de esa facilidad militar cuya función principal era "aportar un servicio integral a la zona de experimentación nuclear". Al sol de hoy, Mercury continúa operando bajo control gubernamental, esta vez bajo el Departamento de Energía de Estados Unidos (DOE). Según el Servicio Geológico de Estados Unidos (USGS), Mercury es un:

> Lugar poblado... (excepto aquellos asociados con las instalaciones). Un lugar poblado que no es un lugar designado o incorporado al censo que tiene un funcionario federal...

Reveladoramente, al tratar de entrar al enlace proveído al fondo de la página de *Wikipedia* titulado "Reporte del legado del Campo de Pruebas de Nevada p.84" (Departamento de Energía de Estados Unidos), la petición es repetidamente denegada (Figura 2). Aunque no hay manera de verificar la declaración de Kaysing, es la opinión del autor que es muy, muy probable que Kaysing haya tenido algún contacto con alguien bien familiarizado con el proyecto. ¿Recuerda a James Irwin? De todos modos, el punto es que para llevar a cabo un proyecto de tal envergadura era necesario una localización, o localizaciones, muy alejadas del público general, ¿y qué mejor sitio que una base militar en medio de un desierto?, después de todo, durante su "caminata lunar" Neil Armstrong dijo que la "Luna" se asemejaba "mucho a un desierto alto de los Estados Unidos…"(https://www.youtube.com /watch?v=AQ-V65qoBas | 14:04).

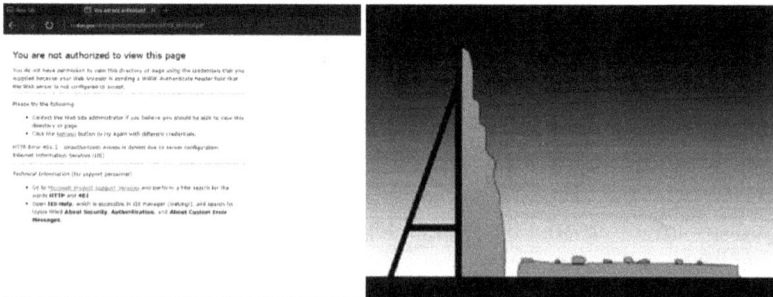

Fig. 2. Lo que ocurrió cuando el autor intentó entrar en el enlace del Departamento de Energía de Estados Unidos (DOE) proveído al fondo de la página de Mercury, Nevada de *Wikipedia* ("Reporte del legado del Campo de Pruebas de Nevada p.84"). (B) Dibujo conceptual de un fondo movible de montañas que, con la mayor de las probabilidades, fue el que se usó en los escenarios lunares del Proyecto de Simulación Apolo (ASP por sus siglas en inglés). Crédito de la 2ª imagen: aulis.com.

El paralaje estereoscópico

Pero en realidad no se necesitaron áreas abiertas para filmar todas las escenas, con un buen estudio de gran tamaño bastaba. Todo era cuestión de usar unas buenas luces y maquetas de las naves y unos fondos movibles como el que se ve en la figura 2B. Por supuesto, los simuladores usados para "entrenar" a los astronautas también desempeñarían un papel principal en toda esta "epopeya lunar", para usar las palabras de Alexander Popov. Para entender todo esto, aquí analizaremos cada uno de esos elementos empezando por el más esencial de ellos: el del estudio o estudios. Y es que, como se dijo arriba, para recrear lo que los estadounidenses consideraban como el ambiente lunar, era imperativo un set de gran tamaño, en este caso de al menos 400 metros de largo. ¿Y quién lo dice? Pues el Dr. Oleg Oleynik de la Universidad Estatal de Kharkov, Ucrania, quien obtuvo un doctorado especializado en experimentos de física nuclear y los haces de partículas cargadas del Departamento de Física y Tecnología de esa institución educativa. Según su tesis, esto puede comprobarse mediante un método de validación fotográfica conocido como el "paralaje estereoscópico". En un artículo publicado en el portal cibernético aulis.com titulado *El método estereoscópico para verificar las imágenes de la superficie lunar de Apolo* (http://aulis.com/stereoparallax.htm), Oleynik describe al paralaje estereoscópico como un:

método basado en la detección de objetos bidimensionales entre objetos tridimensionales, y la determinación de la mutua disposición entre estos objetos en el espacio y la distancia hacia ellos.

La palabra de paralaje se deriva del griego *paralaxis* que significa "alteración", donde el paralaje es *la diferencia en la posición aparente de los objetos causado por el cambio de la posición de la cámara*. Para lograr un resultado, las imágenes se superponen y se deducen/restan una de la otra utilizando la función de "diferencia" en aplicaciones de procesamiento de la imagen como el Photoshop®. Las transformaciones ópticas se utilizan cuando las imágenes se restan. Durante la convergencia de las imágenes (las siguientes) operaciones simples son aplicadas: la modificación de escala del eje X y

el eje Y, la rotación y la distorsión, más dos procesos adicionales: (el de) la perspectiva y el (del) cambio.
… LOS OBJETOS A MÁS DE DOS KILÓMETROS DE DISTANCIA, CON UN PEQUEÑO GIRO DE LA CÁMARA, TIENEN UN PARALAJE IGUAL A CERO. (Énfasis añadido.)

Recuerde ese último detalle: que los objetos a una distancia de dos o más kilómetros tienen un paralaje igual a cero, es decir, que al superponerse las imágenes EL HORIZONTE NO DEBE "MOVERSE". Si se "mueve", entonces eso significa que la distancia es corta o menor de dos kilómetros. Oleynik continúa:

> Si alguna imagen fue tomada en el interior de un pabellón o una cúpula con un fondo panorámico, es decir, cuando no hay objetos distantes con nulo efecto de paralaje, entonces tal objeto de 2 dimensiones puede ser detectado entre cualquiera de los cuerpos tridimensionales. *En el caso de tal hallazgo, llegar a la conclusión de que hay un engaño puede afirmarse con confianza.* (Énfasis añadido.)

Ahora analicemos más de cerca algunas de las fotografías examinadas usando el método de paralaje estereoscópico. En su estudio Oleynik usa tres series de fotos, exclusivamente de la misión Apolo 15. A continuación veremos un par de fotos de la primera serie en la que el astronauta "David Scott" está cerca del módulo lunar *Falcon* montado en el vehículo explorador lunar frente de los montes Apeninos y el cráter de San Jorge. Estas son las fotos AS15-86-11601 y AS15-86-11602 (Figura 3). Para ilustrar mejor al lector, Oleynik ha añadido un cuadrado sobre la sección escogida para determinar el efecto de paralaje.

Según la NASA, la cámara se encontraba a unos 10 metros del módulo lunar y el todoterreno, y los Apeninos y el cráter de 4 a 8 km de distancia. Sin embargo, tras someterlas al método de paralaje estereoscópico Oleynik encontró (y en la página cibernética de aulis.com se ve que bien claro) que las montañas "se mueven y se inclinan" o se ven cambiando levemente de posición. He aquí lo que él ha señalado:

> Los objetos cercanos: el módulo lunar, el todoterreno y el astronauta Jim (Irwin) están cambiando (de posición) en relación con ellos mismos. Los (montes) Apeninos y el cráter de San Jorge también se están moviendo como un todo. [Más aún, la sombra está cambiando en las montañas y el cráter.] *¡Este hallazgo indica que (las "montañas") están a menos de 300 metros hacia el fondo, en lugar de 5 kilómetros!* (Énfasis añadido.)

Fig. 3. Al superponer las fotos AS15-86-11601 y AS15-86-11602, se puede ver claramente que los objetos cercanos; el módulo lunar, el todoterreno y el "astronauta" Jim Irwin; cambian de posición en relación con ellos mismos y que "los montes Apeninos" y el "cráter de San Jorge" también se están moviendo como un todo. Esto comprueba que la foto no muestra un paisaje distante, sino un "monte" cercano a la cámara.

Es una verdadera lástima que un libro tradicional no sea capaz de mostrar el efecto de los montes latientes por lo que el lector tendrá que referirse a http://aulis.com/stereoparallax.htm para apreciarlo. Continuando con el tema en cuestión, Oleykin también señala que con la pequeña alteración (decenas de centímetros) de la posición de la cámara en las manos de Scott, las montañas no debían moverse, sino permanecer estáticas o con cero paralaje. Más aún, Oleynik también notó que "las fotos estereoscópicas de Apolo 15 muestran una clara línea de separación entre las 'montañas' y el primer plano" y que, según sus cálculos, "la distancia entre la cámara y el todoterreno, la distancia hacia el panorama 'lunar' no puede ser más de 150 metros".

Fig. 4. Al superponer dos marcos panorámicos, presuntamente del fondo del monte Hadley hasta el frente de los Apeninos y el cráter San George (AS15-82-11178 y la AS15-82-11179). Podemos ver que tanto "los Apeninos" y como "el cráter" se ven dobles lo que significa que ambos se encuentran a una distancia mucho menor a un kilómetro y no de 4-8 km como afirma la NASA.

Tornando nuestra atención sobre la segunda parte de su estudio, Oleynik va más allá de las transformaciones ópticas aplicadas para introducir un método adicional: el de la distorsión digital a las secciones de las imágenes. Según Oleynik:

Este método puede determinar la naturaleza de la simulación de cualquier fondo del "paisaje", es decir, construir una cuadrícula de distorsión e inspeccionarla. Obviamente, si la cuadrícula de distorsión tiene una superficie curvada, entonces esto corresponde a una proyección en la parte trasera sobre una pantalla circular panorámica, creando una *simulación* de un remoto panorama de fondo en la pantalla de proyección. **En lugar de tomar fotos en un remoto panorama lunar, los 'astronautas' toman fotos de un primer plano con el fondo proyectado en una pantalla.**

El radio del panorama circular puede estimarse (aunque) imprecisamente con una cuadrícula de distorsión. (Énfasis en el original.)

Usando cuadrículas de hasta un millón de pixeles, o lo que "en términos matemáticos es un sistema de un millón de ecuaciones" de gran precisión, Oleynik analizó las fotos AS15-85-11423 y AS15-85-11424, supuestamente del monte Hadley y lo que encontró fue verdaderamente sorprendente: que el panorama "lunar" en realidad fue solo una proyección sobre "una pantalla de fondo panorámica ligeramente inclinada hacia adelante". (Refiérase a la figura 5.) Dicha pantalla, la cual, según los cálculos de Oleynik, no pudo haber estado más de unos 40 metros de la cámara, debía dar la ilusión de un horizonte abarcando una distancia mucho mayor o de hasta 1,200 metros.

Oleynik también enfocó su atención sobre otras dos fotografías del "monte Hadley", específicamente la AS15-87-11849 y la AS15-87-11850, y tras analizarlas él encontró que "A pesar de un leve desplazamiento de la cámara" de los astronautas de Apolo 15, "las montañas se están moviendo, lo que contradice la condición de las montañas distantes" lo que finalmente lo llevó a concluir que:

El monte Hadley se mueve y 'se inclina'. Probablemente se asumió erróneamente que este es un verdadero paisaje lunar. Como demuestra esta investigación, este escenario debe ser un panorama totalmente artificial, de varias decenas de metros de profundidad con un simulacro de 'Hadley' en el fondo, moviéndose horizontal y verticalmente para crear una ilusión de lejanía y de perspectiva.

A continuación veremos una ilustración, también de Oleynik, mostrando la lógica y la simplicidad de una simulación del panorama "lunar" Apolo.

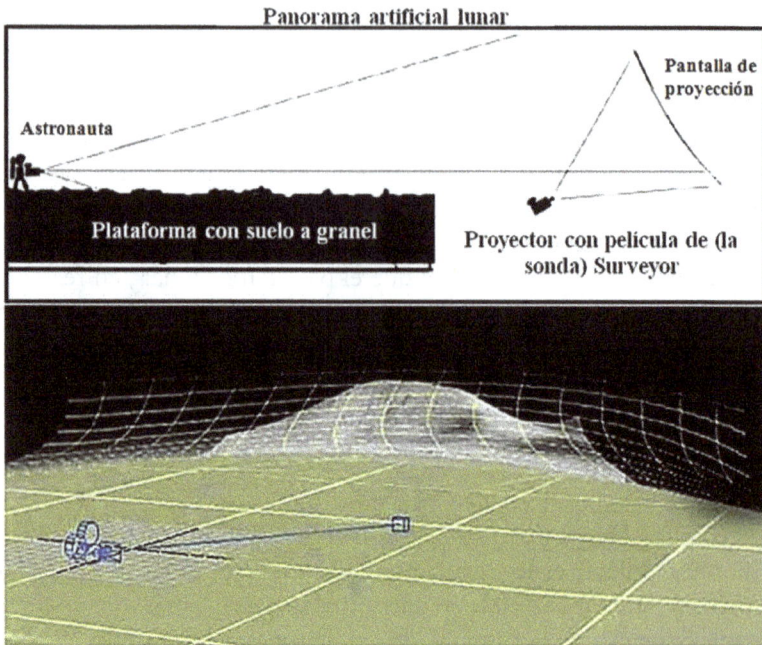

Fig. 5. Dibujo computarizado de Oleynik —y traducido por el autor— con una cuadrícula representando la pantalla de proyección que rodeaba la simulación del panorama "lunar". Note la sección señalando que la película proviene de la sonda Surveyor lo cual también ha sido señalado por Alexander Popov.

Como fue señalado brevemente en la sección anterior, Oleynik hizo alusión al hecho de que "las fotos estereoscópicas" que él analizó "muestran una clara línea de separación entre las 'montañas' y el primer plano". Dicho fenómeno puede detectarse en varias fotos del programa Apolo. Al igual que Oleynik y varios otros *apoloescépticos* como Jack White, es la opinión del autor que dicha línea representa el punto o división exacta entre el suelo y la pantalla de proyección. Sin duda uno de los mejores, sino el mejor ejemplo de tal efecto y también de fraude en general, es la fotografía de "Cernan al lado del LRV (vehículo explorador lunar) al comienzo de la EVA (actividad extra-vehicular) 3" o la AS17-140-21390, la misma foto que aparece en la portada de este libro. Si se fija bien notará que la foto muestra una clara línea de separación entre el primer plano y las "montañas" del "valle Taurus-Littrow". Al igual que en las fotos, en los videos "lunares" del programa Apolo también puede detectarse esta línea divisora como en estos marcos tomados de la plantación de la bandera durante la "actividad extra-vehicular 1" de Apolo 17. Al fijarse bien, uno se topa con un notable contraste en el fondo u "horizonte lunar", un contraste que no se ve nada natural.

Fig. 6. Marcos de la escena de la plantación de la bandera durante la "actividad extra-vehicular 1" de Apolo 17 los cuales muestran un notable contraste en el fondo u "horizonte lunar". Al alterarse el brillo y el contraste (lado der.), se hace evidente la presencia de una pantalla a pocos metros de los "astronautas", en este caso Eugene Cernan y Harrison Schmitt.

El efecto de la proyección frontal

Durante varios años muchos investigadores *apoloescépticos*, entre ellos el experto en fotografía Jack White (de aulis.com), han planteado la posibilidad de que gran parte de las escenas mostrando los "astronautas" en la "Luna" fueron filmadas utilizando el efecto de la proyección frontal, un efecto de cámara en el cual se combina la acción del primer plano con imágenes de fondo pregrabadas para crear la ilusión de un espacio abierto detrás del sujeto o sujetos que en realidad se encuentran dentro de un estudio o escenario.

La técnica funciona así: el actor, o el sujeto, actúan frente a una pantalla reflectante con una cámara de cine apuntando directamente hacia ellos. Justo frente a la cámara hay un espejo de dos caras en un ángulo de 45 grados. A 90 grados de la cámara hay un proyector que proyecta una imagen de fondo en el espejo que refleja la imagen sobre el actor y la pantalla altamente reflectante; la imagen es demasiado tenue como para aparecer sobre el actor, pero se muestra claramente en la pantalla. De esta manera, el actor se convierte en su propio mate o superficie no reflectante. Finalmente, la imagen combinada es transmitida a través del espejo y grabada por la cámara.

Fig. 7. Ilustración del efecto de la proyección frontal en el cual el actor actúa frente a una pantalla reflectante con una cámara de cine apuntando directamente hacia él. Justo frente a la cámara hay un espejo de dos caras en un ángulo de 45°. A 90° de la cámara hay un proyector que proyecta una imagen de fondo en el espejo que refleja la imagen sobre el actor y la pantalla altamente reflectante; la imagen es demasiado tenue como para aparecer sobre el actor, pero se muestra claramente en la pantalla. Crédito: *Wikipedia*.

Sin duda uno de los maestros en el uso y refinamiento de este efecto fue el destacado cineasta estadounidense Stanley Kubrick, el creador de la icónica película *2001: Una odisea del espacio* la cual salió en estreno en 1968, tan solo un año antes del primer seudo-alunizaje.

Por si acaso, la película es considerada una de las mejores, sino la mejor película de ciencia ficción de la historia. O sea, que podemos estar seguros de que Kubrick estuvo involucrado en el proyecto de simulación Apolo. ¿Pues quién mejor para hacerlo? Y aunque para algunos esto podrá parecerles algo absurdo, lo cierto es que al ver las fotos "lunares", particularmente las de Apolo 17, uno puede notar una fuerte semejanza entre el "valle de Taurus-Littrow" y las montañas de la escena prehistórica de la película de Kubrick, algo que Jack White ha ilustrado muy bien.

Fig. 8. Ilustración hecha por Jack White comparando el efecto de la proyección frontal de la película *2001: Una odisea del espacio* con una de las fotos de Apolo 17. "Set de '2001' hecho por Stanley Kubrick" y "¿Set de la NASA hecho por...?" Note el efecto en las "montañas" más claras. Crédito: Aulis.

"Pero ¿cómo es posible estar tan seguro de que Kubrick fue el cerebro detrás de todos los panoramas lunares? Después de todo, él nunca admitió haber participado en tal fraude", dirán con cierta molestia los Apolo-creyentes. Bueno. Aunque ellos sí tienen razón en cuanto al primer punto pues, no obstante los rumores circulando en el internet de que poco antes de su muerte él había hecho un video en el que confesó haber participado en tal cosa, en realidad Kubrick nunca hizo tal admisión. Bueno, al menos no tan explícitamente. Entonces ¿cuál es la evidencia? Pues, aunque para muchos podrá sonar absurdo, e incluso ridículo, hay al menos algo que, tanto el autor como muchos otros investigadores y *apoloescépticos* antes que él han aceptado como una admisión indirecta por parte de ese eminente cineasta estadounidense: la película *Eyes Wide Shut*. Y sí. Aunque se trata de un drama erótico, aquí lo que hay que tomar en cuenta es dos elementos muy importantes: el título "Ojos bien cerrados", y LA FECHA DE ESTRENO: 16 de julio de 1999, el cuadragésimo aniversario del comienzo de la misión Apolo 11.

Curiosamente, y siguiendo un patrón que ya se nos ha hecho muy perturbadoramente familiar, Kubrick, al igual que Thomas R. Baron, James Irwin y Charles Conrad, MURIÓ UNOS MESES ANTES DEL ESTRENO. ¿Coincidencia? Pues no lo parece, porque 19 años antes Kubrick había insertado al menos tres claves acerca de Apolo 11 en otra de sus películas más icónicas, *The Shinning*, o "El resplandor". En ese film de terror sicológico hay una escena en la que Jack Torrance (Jack Nicholson), un escritor ex alcohólico que eventualmente enloquecería durante una estadía junto con su familia en un solitario hotel de alta montaña cerrado durante el invierno, comienza a sufrir un trastorno mientras escribía a maquinilla en el vestíbulo. La parte que nos concierne es una escena subsecuente en la que su esposa, Wendy Torrence, se horroriza tras descubrir que Jack, en lugar de escribir una obra coherente, solo había estado escribiendo y rescribiendo la enigmática oración: "All work and no play make Jack a dull boy" o "Trabajo todo el tiempo, sin juego hace que Jack sea un niño aburrido". Si uno pausa y observa detenidamente la parte del acercamiento de la cámara (*Netflix*: 41:02), uno puede notar que "All" ("todo") en la fuente de maquinilla se asemeja mucho a "A11", la abreviación de Apolo 11. Más aun, la PRIMERA ORACIÓN dice "no" en letras mayúsculas, ¡es decir A11... NO! ¡Y esto justo cuando su esposa se horroriza! Asimismo, su hijo, el pequeño Danny, viste un suéter con un simple dibujo de un cohete con "APOLLO 11" escrito verticalmente en el pecho.

La procedencia de los panoramas lunares

Tras ver que todo esto de las expediciones lunares tripuladas no fue más que un titánico fraude, no nos queda más que hacernos la siguiente pregunta: ¿De dónde rayos obtuvieron la inspiración para hacer los panoramas lunares y de dónde sacaron las fotos de la Tierra y la Luna completas? La respuesta es muy simple: de las sondas lunares enviadas por EE.UU. durante la década de los sesenta, particularmente las sondas Ranger, Lunar Orbiter y Surveyor. Las Ranger o "Llanero" fueron las primeras siendo desarrolladas a partir del 1959 por el Laboratorio de Propulsión a Reacción (JPL) para obtener información acerca de la topografía lunar. Cada una de estas naves espaciales fue diseñada para tomar imágenes —con seis cámaras, incluyendo de video— de la superficie lunar y transmitirlas a la Tierra antes de caer, y quedar destruidas, en la Luna. Sin embargo, el programa se vio agobiado por tantos fracasos —solo tres de un total de nueve lograron su objetivo— que en un momento fue llamado

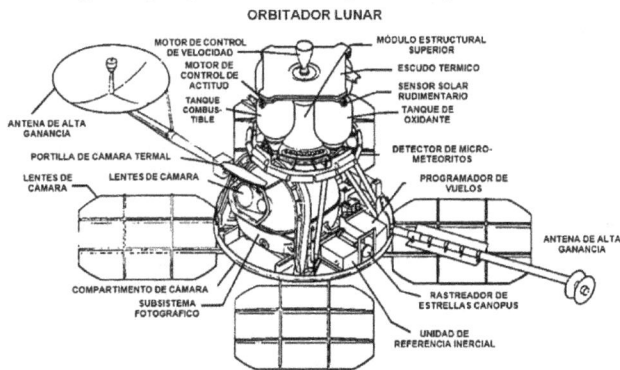

465

sarcásticamente como *"Shoot and hope"* o "Lanza y ten esperanza" y el Congreso llegó a lanzar su propia investigación al respecto. Luego del programa Ranger, las próximas sondas estadouni-denses de reconocimiento automático de la Luna serían las del programa Surveyor o "Topógrafo" (junio de 1966 a 1968) y las del programa Lunar Orbiter u "Orbitador lunar". Según la versión oficial, el programa Lunar Orbiter constaba de cinco misiones lanzadas entre el 10 de agosto de 1966 y el 1° de agosto de 1967 ninguna de las cuales tuvo que ser abortada. Asimismo, la NASA afirma, y todo parece indicar, que la Lunar Orbiter 1 fue el primer laboratorio fotográfico lunar con capacidad de modificar su órbita lo que le permitió tomar las primeras fotografías de la Tierra desde la Luna y 207 fotografías de lo que debían ser las presuntas zonas de alunizaje de las misiones Apolo. El total de fotos tomadas durante todo el programa fue 1,426. Todas las sondas terminaron estrellándose en la Luna, ya que EE.UU. todavía no había desarrollado la tecnología requerida para un alunizaje suave.

Pero todo esto cambiaría con el desarrollo de las sondas Surveyor, unas naves robóticas de tres patas y tres metros de altura cuyo objetivo principal era lograr un alunizaje suave. Por supuesto, éstas también debían fotografiar y filmar el suelo lunar. Respecto a este último programa, la NASA afirma que de un total de 7 sondas solo dos fallaron. Como fue señalado en el capítulo 2, la NASA alega que Alan Bean y Charles P. Conrad de Apolo 12 observaron, e incluso llegaron a fotografiar y a posar junto a una de estas sondas: la Surveyor III. En su interesantísimo libro *Американцы на Луне: великий прорыв или космическая афера?* o "Americanos en la Luna: ¿una gran hazaña o una farsa cósmica?", Alexander Popov plantea lo siguiente:

> Las tomas cercanas de la Luna y secciones individuales de ella fueron facilitadas a la NASA por máquinas automáticas durante los cuatro años antes de los vuelos "lunares" "Apolo". Entre 1964-1968 (si se cuentan solo los intentos

exitosos) se enviaron a la Luna y alrededor de ella un total de 13 máquinas automáticas livianas. Por otra parte, aunque la Unión Soviética cada vez iba por delante de Estados Unidos en el envío de este tipo de vehículos, el programa para fotografiar la Luna dirigido por los estadounidenses era mucho más amplio. (Por ello) La principal contribución a la fotografía de la superficie lunar la hicieron máquinas del tipo "Ranger" y "Lunar Orbiter".

Y Popov prueba muy bien su tesis. Esto lo hace con dos series consecutivas de fotogramas, supuestamente tomadas por los astronautas de Apolo 14 (Figuras 10 y 11), mostrados en el *Atlas de imágenes de Apolo* del portal cibernético *Lunar and Planetary Institute*(http://www.lpi.usra.edu/resources/apollo/catalog/70mm / magazine/?73). Allí puede verse claramente que la Luna está descentrada, como si se tratase de un ser vivo en el espacio. Y, como señaló Popov, "en el atlas hay demasiadas de estas 'travesuras' de la Luna", particularmente en la sección final (AS14-73-10170 a la AS14-73-10204), por lo que "no parecen haber sido obra de un hombre". Tan solo fijémonos en una de las secuencias mostrando esta "Luna traviesa": aquella cubriendo las fotos que van desde la AS14-73-10185 hasta la AS14-73-10194; y luego sigamos la secuencia ilustrada abajo. Primero la Luna parece asomarse por la esquina izquierda del marco para luego ir saliendo poco a poco hasta llegar a abarcar casi todo el marco en la AS14-73-10187. Luego parece que la Luna se "asusta" un poco porque ésta se "agacha" antes de volver a "esconderse" en la esquina izquierda en la 10189. Sin embargo, en la próxima fila la Luna aparenta perder un poco la timidez porque ésta vuelve a "asomarse", esta vez por la esquina derecha, "agachándose" bastante antes de volver a "asomarse" hasta casi cubrir el marco entero en la 10192.

Finalmente, la Luna, aparentemente dudando de las intenciones de ese objeto que orbitaba a su alrededor, decide retroceder poco a poco hasta casi desaparecer del marco. Así es. ¡La Luna se asustó!

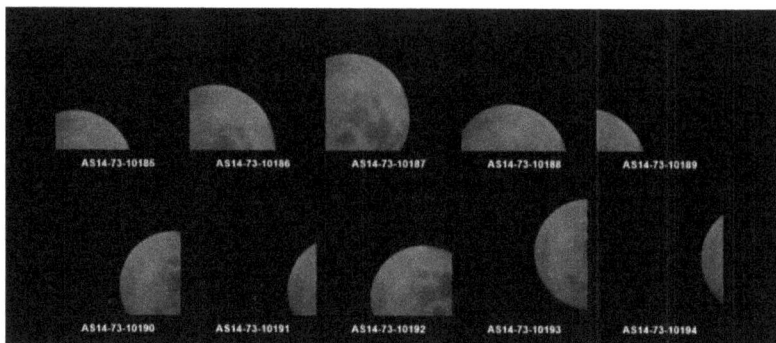

Fig. 10. ¿Fue esto obra de un astronauta borracho? No. Lo más probable es que estas fotos fueron tomadas por una de las sondas lunares lanzadas por EE.UU. durante los años sesenta.

Pero si en la secuencia anterior la Luna parecía ser muy tímida, en los fotogramas subsecuentes ésta muestra un cambio muy drástico en su "conducta", pues ésta se torna verdaderamente errática, "brincando" de un lado al otro del espacio. Por ello, este servidor ha apodado a estas fotos (AS14-73-10195 a la AS14-73-10204) como la secuencia de la "Luna enloquecida", aunque Popov la apodo "Hucha (alcancía) lunar"; esto por su fuerte semejanza a unas monedas cayendo en un orificio.

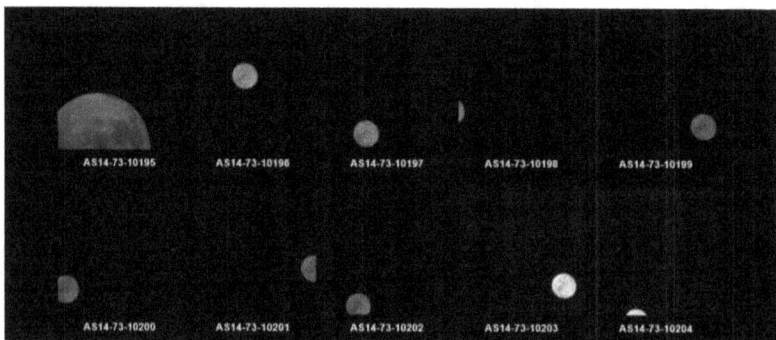

Fig. 11. Otra secuencia muy extraña de la Luna. Esta vez del cuerpo celeste "brincando" por el espacio. Pensándolo bien, quizás deberíamos llamarla "Luna poseída" (¿o lunática?).

Antes de dejar esta sección, cabe señalar que Kaysing y otros *apoloescépticos* han teorizado que las presuntas comunicaciones entre las tripulaciones de Apolo con el "Comunicador con la Cápsula" (CAPCOM) que fueron detectadas viniendo desde el espacio en realidad no fueron más que mensajes captados por satélites orbitando la Tierra que luego eran transmitidos de vuelta a la Tierra. Asimismo, Popov también ha sugerido que la NASA envió una sonda secreta a la Luna, la cual él ha denominado como el "Surveyor X", para enviar imágenes más detalladas de lo que debía ser la zona de alunizaje para Apolo 11.

Las maquetas y los modelos a escala real

Al ver algunas de las escenas y fotografías "lunares", una persona observadora y suspicaz, o con experiencia en el campo de la cinematografía, de inmediato detectará algo muy extraño con lo que está frente a sus ojos. Y es que hay varios casos en los que las "naves espaciales", especialmente el "módulo de comando" flotando en el espacio, o los "astronautas" cerca del "módulo lunar", muestran claros indicios de ser maquetas o modelos en miniatura. Sin embargo, hay dos tipos de imágenes que lo comprueban más allá de toda duda: la escena del "vehículo explorador lunar" de Apolo 16 y la del "despegue" del *Challenger*. Y no, aquí no estamos hablando del transbordador espacial que sufrió un trágico fin en 1986, sino del "módulo lunar", o más bien la "etapa de ascenso" del "módulo lunar" de Apolo 17.

Comencemos con la escena del "vehículo explorador lunar", también conocida como la escena del "LRV Grand Prix" de Apolo 16, o la secuencia supuestamente mostrando a John Young probando el todoterreno cerca de su zona de alunizaje en las "Tierras Altas de Descartes" (https://www.youtube.com/watch ?v=EliLP5uEY AU&t=69s). En la escena de poco más de dos minutos de duración, puede verse a "Young" manejando el todoterreno hacia la "zona de alunizaje" y virando hacia el punto de partida, presuntamente ubicado decenas de metros más abajo, todo el tiempo siendo filmado por "Charles Duke" (el que supuestamente dejó la foto de su familia en la Luna).

Al igual que prácticamente todas las misiones del programa Apolo, Duke en todo momento se mostró muy alegre y chistoso, como si se tratara de una competencia aquí en la Tierra y no en el peligrosísimo vacío de la Luna. "Te digo, Indy (Indianápolis 500) nunca ha visto un chofer como este", dijo Duke. Exactamente diez segundos después (1:57) de esta expresión, el todoterreno da un brusco brinco tras pasar sobre una protuberancia y es aquí cuando el ojo bien observador detecta el hecho de que, aunque el "buggy lunar" está pasando sobre una superficie claramente escabrosa, ni la posición del brazo izquierdo de "Young", ni tampoco la de su cabeza, experimentan el más mínimo cambio de posición... AMBOS SIEMPRE SE MANTIENEN MUY RÍGIDOS. De hecho, esto es tan sospechoso que, tras analizar detenidamente el video, el cinematógrafo de efectos especiales Vsevolod Yakubóvich dijo francamente que "Yo, como un camarógrafo de trucos, pienso que se trataba de un muñeco en un modelo de control remoto" y, delatando el efecto mencionado previamente en este capítulo, añade que "Se ve como una producción cinematográfica en un gran pabellón con proyección frontal". (*Lunar rover on the moon. Was it a RC model? [Extended Edition]*)(https://www.youtube.com/watch?v=eK3R2 en4p_8).

Fig. 12. El cinematógrafo de efectos especiales Vsevolod Yakubóvich señalando, entre otras cosas, que el video de "John Young" probando el "vehículo explorador lunar" en realidad no fue más que "un muñeco en un modelo de control remoto" y concluyendo que "Lo más probable es que este metraje fue filmado aquí en la Tierra bajo la gravedad terrestre." Crédito: *Moonfakery.*

Fig. 13. Al verse en cámara lenta, el video de "John Young" haciendo el "Grand Prix lunar" confirma el señalamiento de Yakubóvich, ya que en él se ve claramente que, a pesar de que el "vehículo explorador lunar" está pasando sobre un suelo escabroso —lo cual se nota aún más al verlo a la velocidad original— tanto el brazo izquierdo, como la cabeza de "Young", NUNCA experimentan el más mínimo cambio de posición... AMBOS SIEMPRE SE MANTIENEN MUY RÍGIDOS. Otro detalle revelador es el constante meneo de la cámara por parte del camarógrafo y narrador de este "Grand Prix": "Charles Duke". Dicho meneo es usado en la cinematografía para distraer o confundir la vista del espectador lo suficiente como para que no pueda detectar que lo que está viendo es un modelo en miniatura.

Ahora pasemos al tema del "despegue" de la "etapa de ascenso" del *Challenger* el cual, según la versión oficial, ocurrió el 14 de diciembre de 1972, así cerrando la secuencia de misiones, casi todas exitosas, del programa Apolo. Antes de continuar, es imperativo aclarar que la NASA alega que el ascenso, o "fase de inserción orbital", fue captado por una videocámara montada en el vehículo explorador lunar y que dicha cámara fue controlada desde Houston por un operador llamado Ed Fendell. Asimismo, la agencia alega que el evento fue transmitido en vivo a través de las redes de televisión de todo el mundo. En la actualidad dicha grabación está disponible en *You Tube*. No obstante todas estas afirmaciones de la NASA, y decepcionantemente de los historiadores también, dicha escena probablemente ha sido la que más sospechas ha levantado respecto a la veracidad de los presuntos alunizajes tripulados del siglo pasado. Tales dudas se deben principalmente a las siguientes dos razones: la TOTAL ausencia de una llamarada o escape debajo de la "nave" durante su ascenso, y el extraño modo en que ésta se mueve por el "espacio". Otra anomalía que ha recibido muy poca atención, pero que ha sido señalada por un puñado de *apoloescépticos*, es el hecho de que en el video se ve que la cámara parece seguir muy bien a la "nave" ascendente, algo muy interesante considerando el tiempo de retraso, aproximadamente 2.4 segundos, entre el envío de la señal a la Tierra; 1.2 s; y la llegada del comando a la Luna; 1.2 s. Cabe señalar que, aunque dichas anomalías fueron notadas inicialmente por Bill Kaysing, desde la década de los 2000 al menos dos *apoloescépticos* más, ambos altamente cualificados, se han dado a la tarea de estudiar meticulosamente el presunto despegue del *Challenger* y, como veremos a continuación, sus hallazgos han despedazado por completo la versión oficial. En un giro que no debe sorprender al lector, uno de ellos es el físico ruso Alexander Popov. El otro es un físico de ingeniería aplicada de Alemania llamado Julius A. Birch. Además de resaltar los problemas con el ascenso mencionados previamente, ambos expertos aseguran haber descubierto cómo se creó dicho "despegue".

Empecemos por el análisis de Popov cuya investigación ha desmentido el único argumento que los Apolo-creyentes han podido concebir para defender la veracidad de dicho suceso. Como era de esperarse, la NASA y sus defensores siempre han alegado que la etapa de ascenso sí dejó un rastro de gases al despegar, pero que éste apenas fue visible porque el módulo lunar, al igual que varios otros cohetes y misiles balísticos intercontinentales de aquella época, utilizaba combustibles *hipergólicos* (es decir, combustibles que se encienden al entrar en contacto uno con el otro, sin ninguna asistencia externa), en este caso aerozine 50 (UDMH) y tetróxido de nitrógeno (N2O4), los cuales son más "limpios" que la mezcla de oxígeno líquido y RP-1 (keroseno altamente refinado) empleada por el Saturno V. De hecho, la fanática Apolo-creyente y anfitriona de la serie *Vintage Space* ("Espacio Antiguo"), Amy Shira Teitel, ha dedicado uno de sus cortometrajes de *You Tube* exclusivamente a este tema, alegando que el misil/cohete Titán II generaba una estela prácticamente invisible que "se ve asombrosa". Sin embargo, aunque Teitel sí acertó la parte acerca de la relativa transparencia de la estela producida por los combustibles *hipergólicos*, ella erró rotundamente al insinuar que esto hubiese imposibilitado su detección visual en la Luna, pues lo cierto es que aquí en la Tierra uno no tiene que esforzarse mucho para notar la estela producida por los gases saliendo de los motores del Titán II. Tan solo refiérase a los videos de los lanzamientos de las misiones Géminis para comprobarlo. Más aún, Popov ha comprobado que bajo ciertas condiciones atmosféricas la llamarada o estela producidas por los combustibles *hipergólicos* se hacen claramente visibles, algo que el físico descubrió tras estudiar imágenes de un lanzamiento nocturno del cohete Protón de la URSS. "Por la noche no es necesario buscar la llamarada del Protón", dijo él confiadamente añadiendo que: "Por supuesto, el motor de la etapa de despegue del módulo lunar es mucho más débil que el motor del Protón. Pero en la oscuridad no sólo la llamarada de los motores… sino el resplandor de la llamarada se verá por varios kilómetros." Reveladoramente, en su video Teitel solo muestra un lanzamiento diurno.

Ahora compare esto con las imágenes del Titán II (Figura 14A) en la cual puede apreciarse una clara estela de gases de color blanquecino, aún en la imagen sin alterar. Recordemos que, como Popov ha señalado enfáticamente, "en la oscuridad no sólo la llamarada de los motores… sino el resplandor de la llamarada se verá por varios kilómetros" lo que significa que lo que se ve en los videos "lunares" del *Challenger* definitivamente no es una nave real.

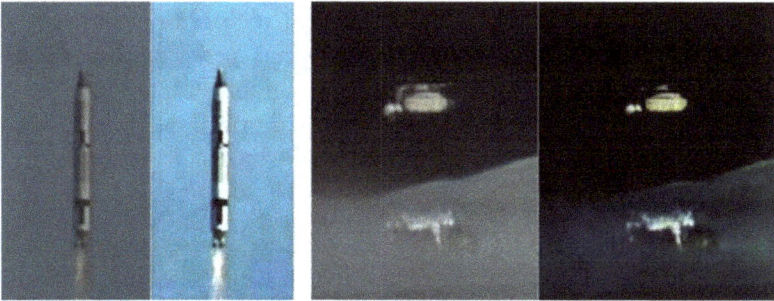

Fig. 14. A) Foto normal y alterada (der.) del cohete Titán II. Note que el cohete genera una estela que es visible aún en la imagen sin alterar. B) Escena normal y alterada del "despegue" del *Challenger*—específicamente cuando Harrison Schmitt exclama "We're on our way Houston!" o "¡Vamos de camino Houston!"— la cual no muestra el más mínimo rastro de un escape de gases, algo que debía ser resaltado por el fondo oscuro del presunto cielo lunar.

Para cerrar esta sección, he aquí la conclusion, en su totalidad, de Popov respecto a la supuesta invisibilidad de la estela del *Challenger*:

> al parecer, los defensores no se atreven a mencionar cómo se ve un lanzamiento con (…) combustible (hipergólico) durante un cielo nocturno (…) donde el cielo es un negro azulado y profundo. Por lo tanto, una analogía más adecuada sería una foto del lanzamiento de un (cohete ruso) Protón en la noche. Y por la noche, no hay que buscar la llamarada de los motores del Protón. Por supuesto, el motor de la etapa de despegue del módulo lunar debe ser mucho más débil que la del Protón. Pero en la oscuridad, no solo la llamarada desde el motor del cohete, sino también la luz de una linterna de bolsillo se ven por un kilómetro.

Ya que hemos cubierto el tema de la ausencia de una llamarada o escape ahora tornemos nuestra atencion sobre el asunto del ascenso y el extraño modo en que el *Challenger* "maniobra" por el "espacio" durante la "fase de inserción orbital" o la fase en la que la etapa de ascenso debía hacer la transición de una trayectoria vertical para orbitar la Luna hasta acoplarse con el módulo de comando. (Refiérase al capítulo 4) Para ello, el autor recurrirá nuevamente al libro de Popov: *Американцы на Луне: великий прорыв или космическая афера?* o "Americanos en la Luna: ¿una gran hazaña o una farsa cósmica?" En el capítulo 13, justo antes de proceder a la sección titulada "La explosión en el módulo lunar", el físico ruso concluye que:

> La única explicación sencilla para lo que se muestra en la (escena del despegue de la etapa de ascenso) es que el motor simplemente no está encendido. Pero, si es así, ¿qué fuerza lanzó los fragmentos del supuesto aislante térmico, y qué fuerza lo levantó de la otra etapa? El autor considera que en el episodio del "despegue" solo despegó un modelo a escala levantado por un alambre.

Continuando con su tesis, Popov procede a explicar que la velocidad de ascenso puede determinarse fácilmente mediante la aplicación de *stop-frame* o congelamiento de la toma y el uso de una escala marcada correspondiente al tamaño vertical de la "etapa de ascenso"; 2.8 m; para determinar la altura. Usando este método se puede determinar con certeza que durante 3 segundos la maqueta se eleva a una altura de aproximadamente 13 m lo que corresponde a una velocidad media de ~4 m/s. Para que tenga una idea, los elevadores más rápidos de la actualidad (2018) dan un promedio de 10 m/s. Por ello, Popov concluye que "el 'despegue de la Luna' podría manejarse fácilmente" con un cabestrante o molinete añadiendo que el modelo estaba atado por un cable cuya finura lo hacía prácticamente invisible ante la cámara, especialmente bajo la horrenda calidad de la imagen de los videos de Apolo. Para rematar, Popov finaliza la sección ironizando que: "No se puede descartar el uso de una opción más simple, es decir, que nos estén mostrando sea sólo una caricatura." Bueno. Aunque la tesis de Popov respecto al cabestrante suena muy lógica, no puedo decir lo mismo respecto a la posibilidad de que sea una caricatura. Pero Popov no ha sido el único científico en estudiar minuciosamente el supuesto lanzamiento del *Challenger* de Apolo 17 así que continuemos.

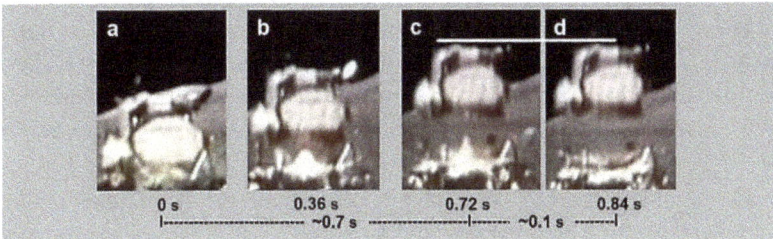

Fig. 15. Usando la aplicación de stop-frame o congelamiento de la toma y el uso de una escala marcada correspondiente al tamaño vertical de la "etapa de ascenso"; 2.8 m; Popov pudo determinar la velocidad de ascenso del "*Challenger*".

Como se dijo anteriormente, hubo otro experto cuyo análisis demuestra que el llamado despegue del *Challenger* fue hecho con una miniatura: el físico de ingeniería aplicada Julius A. Birch. Resulta que

Birch, y los colegas que le asistieron en su investigación, descubrieron que existe una notable discrepancia entre la elevación nominal, o aquella dada por la NASA (línea naranja, figura 16) y elevación observada en el video (círculos negros, figura 16).

Regresando al estudio en cuestión, éste reveló unos "fallos" de los cuales sobresalen los siguientes:

1. En el período de tiempo de 10 a 14 segundos, la elevación es aproximadamente igual a la elevación nominal hasta que los dos comienzan a divergir.

2. Después de la finalización de la fase de elevación vertical parece que, a medida en que la "nave" se va alejando de la orientación vertical, su aceleración va aumentando, un comportamiento "inconsistente con el de un cohete espacial, cuya aceleración disminuye a medida en que el impulso se va alejando de (la orientación) vertical.

3. Hacia el final del seguimiento, o t* ~28.5 s (lanzamiento más aproximadamente 28.5 segundos), la distancia entre la "nave" y la cámara es mucho mayor que lo que la trayectoria nominal permitiría.

En otras palabras, el problema principal radica en el hecho de que, tras elevarse verticalmente, la "etapa de ascenso" repentinamente asume una orientación lateral seguida por una aceleración demasiado rápida algo que el Sistema de control de reacción (RCS) simplemente era incapaz de realizar. Estas anomalías han llevado a Birch y a sus colegas a concluir que lo que se observa en los videos de la NASA no es el lanzamiento de una nave espacial, sino un montaje en el que para simular la segunda parte de la llamada fase de inserción orbital se usó, prepárese para esto: una montaña rusa a escala. Así es. Una montaña rusa, esto porque, según los cálculos del estudio, este es el único medio capaz de recrear una trayectoria similar a la que se ve en el video. Birch asegura que para lograr dicha escena la montaña rusa debió comprender un carro, de 1/10 de escala —es decir 3.4 cm × 3.4 cm × 7 cm— con un motor cohete, deslizándose a lo largo de dos pistas inclinadas de modo que imitan la trayectoria de ascenso y dejando el rastro luz o lo que aquí se denominará el "efecto de cucubano" que puede apreciarse en el segmento final de la llamada fase de inserción orbital (Figura 17). Casi al final del estudio, Birch añade que:

> Fuimos capaces de reconstruir pistas (su curvatura, o ángulo de ataque), cuya trayectoria reprodujo (lo visto en) la transmisión *(casi demasiado) perfectamente.* Esto sugirió que (este) enfoque es capaz de explicar incluso las diminutas variaciones de movimiento en la transmisión. (Énfasis añadido.)

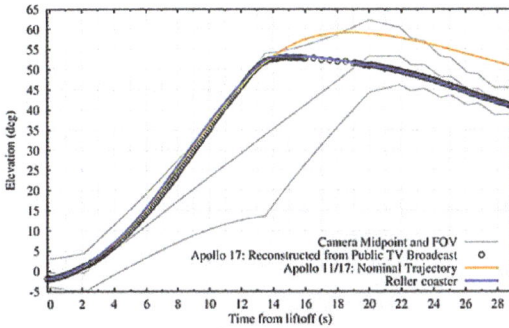

Fig. 16. Diferentes etapas del "lanzamiento" del *Challenger* en las cuales se puede ver su trayectoria, línea negra, y el campo visual (FOV o *Field of View*), las tres líneas grises. Crédito: aulis.com.

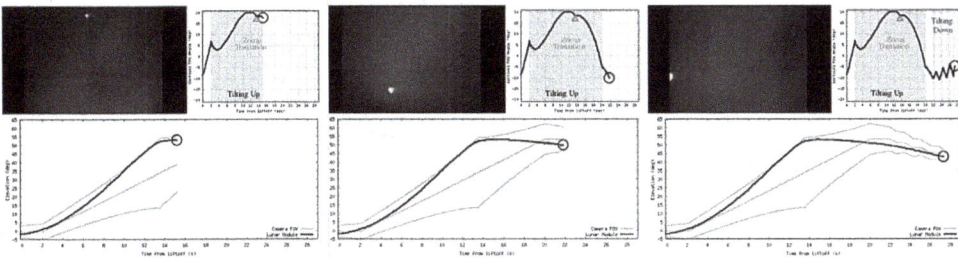

Fig. 17. Gráfica de la "trayectoria de la montaña rusa" mostrando que dicho método "reproduce las elevaciones de la transmisión casi perfectamente". Crédito: aulis.com.

Leyenda:

El campo visual (FOV o Field of View): las tres líneas grises.

Elevación de A-17: círculos negros.

Trayectoria nominal de A-11/17: línea naranja.

Montaña rusa: línea azul.

477

Como todo aquel que ha trabajado en la industria cinematográfica sabe muy bien, una buena película, especialmente de guerra o ciencia ficción, requiere de fachadas y otros tipos de utilería además de las miniaturas para convencer al espectador de que lo que está viendo es real. Y es que inevitablemente habrá escenas en las que el actor o actores tendrán que trabajar alrededor de lugares, objetos o vehículos cuya construcción sería demasiado costosa, impráctica, o sencillamente imposible con la tecnología existente. En el caso de los seudo-alunizajes Apolo, la pieza de utilería más importante —después del Saturno V, por supuesto— es el módulo lunar, la nave que debía llevar a y regresar a los astronautas sanos y salvos de la Luna.

Como los "astronautas" debían desempeñar sus labores alrededor de dicha "nave", lógicamente ésta debió de consistir en un modelo con las mismas dimensiones que la nave "real". Según la evidencia disponible, dichas piezas no fueron ensambladas en las áreas de filmación, sino que fueron transportadas en camiones hasta las localizaciones y colocadas en el estudio o planicie (pues hubo varios lugares de filmación) por grúas de construcción. Y ¿cuál es la evidencia de ello? Pues, según Jack White, el hecho de que ¡los tramoyistas de Apolo 12 llegaron a cometer el gravísimo error de estacionar una grúa y un extraño objeto de gran tamaño cerca del módulo lunar *Intrepid*! Así es, tras someter a la foto AS12-48-7091 a un análisis con *Magic Wand* o "Varita mágica" de *Photoshop*, White descubrió "unas formas grises en el horizonte" lo que lo llevó a alterarla aún más lo que reveló un total de dos "manchas", o secciones más claras, ubicadas varios metros a la derecha del *Intrepid*. Según White, la mancha más cercana al *Intrepid* resultó ser la silueta de un vehículo, específicamente una grúa militar usada para mover el módulo lunar de un punto a otro del "escenario lunar" mientras que la otra, cuyo tamaño se aproximaba al del *Intrepid* se trataba de otro módulo lunar.

In this Apollo 12 photo, I noticed what looked like the rear of a pickup truck.
AS12-48-7091

Using Photoshop magic wand, this object was selected and tone changed.

COMPUTER IMAGE SHOWS TWIN-BOOM
GOVERNMENT WRECKER, AS AT LEFT.

C-23

Fig. 18. Al resaltar la foto AS12-48-7091 con *Photoshop Magic Wand*, White descubrió que la "mancha", cuyo tamaño se aproxima al del módulo lunar, resultó ser una grúa militar, usada para mover el módulo lunar de un punto a otro. "No hay ninguna duda de que es un objeto, no un artefacto (distorsión)", asegura él. Lamentablemente, en la actualidad la foto solo muestra un fondo negro en el área en cuestión. Crédito: Aulis.

Continuando con los módulos lunares, otro detalle muy interesante puede observarse en las próximas dos fotos, también de Apolo 12. Se trata de la AS12-46-6806 y la AS12-47-6988 (Figura 19) las cuales muestran al *Intrepid* EN DOS LUGARES DIFERENTES. Así es, al observar detenidamente las fotos se puede detectar claramente que en la primera foto la de "Alan Bean" cargando "equipo científico", el *Intrepid* aparece mirando a la cámara o de costado al "Sol", ¡pero en la otra foto el *Intrepid* está de costado a la cámara o de espalda al "sol"! Además, ¡fíjese en la antena la cual aparece EN LADOS OPUESTOS del *Intrepid*! Sepa que, según la NASA, todo esto ocurrió durante la primera "actividad extra-vehicular" que presuntamente duró casi cuatro horas, un detalle importante porque el día lunar tiene una duración de alrededor de 14 días terrestres lo que significa que la posición solar no debió experimentar ningún cambio mientras Bean y Conrad trabajaban. Asimismo, debe descartarse la idea de que el cambio de posición de la antena haya sido el resultado de una broma por parte de los astronautas, pues, aunque ambos tuvieron la fama de haber sido los más bromistas del programa Apolo, lo cierto es que en ningún momento las transcripciones mencionan que ellos la hubiesen cambiado de posición.

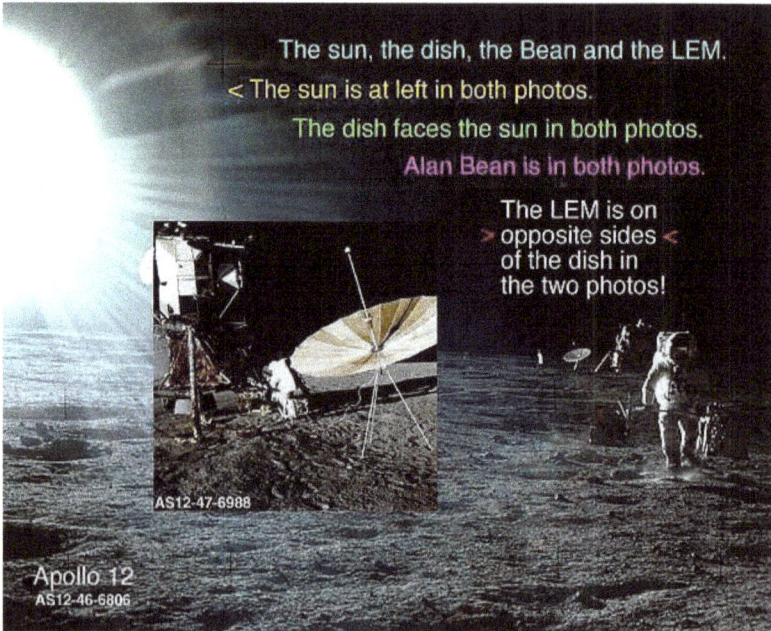

Fig. 19. Fotomontaje de Jack White mostrando los cambios de posición del *Intrepid*. "El Sol, el plato, el Bean ("frijol" en inglés) y el LEM. El Sol está en la izquierda en ambas fotos. El plato apunta al Sol en ambas fotos, Alan Bean está en ambas fotos. ¡El LEM está en >lados opuestos< del plato en ambas fotos!

El alumbrado de la Luna de Apolo

Hablando del Sol. ¿Recuerda la sección del capítulo 2 acerca del "Sol demasiado grande y la Tierra demasiado chiquita"? Pues para repasar, en ella se explicó que, como la Luna se encuentra como a unos 380,000 km de la Tierra, el ser humano que fuese a la Luna debe ver el Sol del mismo tamaño que lo vemos aquí en la Tierra, esto porque la distancia que separa al Sol de la Luna y la Tierra es prácticamente la misma 151,000,000 km. Además, se explicó que, inversamente, desde la Luna un ser humano vería su planeta hogar como una resplandeciente y gigantesca "canica azul" permanentemente fijada en el cielo lunar, esto debido a que la Tierra es casi cuatro veces más grande que la Luna. Y, sin embargo, en las fotos y en los videos de las "actividades extra-vehiculares" del programa Apolo uno puede notar un "Sol" de proporciones verdaderamente intimidantes, tanto así que el autor se pregunta cuánto más caliente serían las temperaturas del día lunar, e incluso las de un día terrestre, si esa estrella estuviese a la distancia correspondiente a la que muestra la "evidencia" proveída por la NASA. Y, si su memoria es buena, usted también recordará que en el capítulo 2 se demostró contundentemente que, al someter a las fotos, presuntamente mostrando el Sol desde la Luna, a un análisis con las herramientas del programa Word (y si tiene *Photoshop* mejor todavía), queda revelado que la fuente de luz en realidad no se trata del Sol, sino de un foco teatral o de una fuente de luz artificial.

Un posible método para imitar el Sol fue sugerido por los expertos de aulis.com en un artículo titulado "¿Por qué el Sol es tan grande?" (*Why is the Sun so big?* | 2007). Tras analizar el modo en que el "Sol" de la fotografía AS17-134-20410 (Figura 20) irradiaba la luz, ellos concluyeron que, como "Es muy evidente que el brillo varía considerablemente por todo el disco" y que además "tiene un punto intenso (*hot spot*) en el área central". Más aún, ellos también descubrieron que la "Tierra" —la cual tomaron de la AS17-134-20384 o la foto de "Cernan" y la bandera— es SEIS VECES más pequeña que el "Sol", contradiciendo rotundamente los hechos científicamente comprobados. O sea, que el "Sol" se hizo usando una "súper luz artificial", probablemente "ensamblada a partir de paneles de pequeñas luces", tal y como se ve abajo.

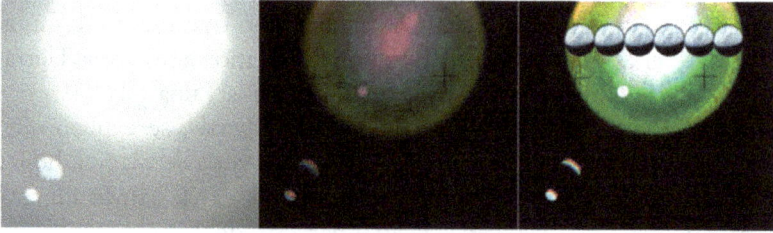

Fig. 20. Análisis de la foto AS17-134-20410 mostrando su "Sol", supuestamente fotografiado desde la superficie lunar, no es más que una luz artificial. Note cómo la "Tierra" (tomada de la AS17-134-20384) cabe SEIS VECES dentro del "Sol" de la tercera imagen (de aulis.com). Asimismo, note la presencia de un retículo DOBLADO lo que evidencia el uso de transparencias para dar la impresión de que las fotos fueron tomadas por cámaras Hasselblad 500EL. Crédito: AULIS.

Fig. 21. Dibujo conceptual de la "super luz artificial", probablemente "ensamblada a partir de paneles de pequeñas luces", que se utilizó para imitar el Sol. Crédito: Aulis.

El efecto de la gravedad reducida

En su excelente documental *What Happened on the Moon?-An Investigation into Apollo* o "¿Qué fue lo que sucedió en la Luna?-Una investigación de Apolo", David Percy explicó exactamente cómo los cerebros detrás de los seudo-alunizajes se las ingeniaron para crear ese efecto de la gravedad reducida; específicamente, un 16.6% o una sexta parte de la gravedad terrestre; que se ve durante los videos presuntamente filmados en la Luna. Básicamente, esto se logró con el uso de dos trucos, uno de los cuales ha tenido una larga historia en el teatro: los cables de soporte y la cámara lenta. Empezando por el segundo efecto, Percy, un hombre con amplia experiencia en el campo de la fotografía y la cinematografía y que además es miembro de la Sociedad Real de Fotografía de Reino Unido, ha determinado que lo que se hizo fue reducir la velocidad de la película un 50%.

Ahora analicemos el tema de los cables de soporte. Como Percy ha señalado, dicho aditamento era esencial para ayudar a los astronautas a moverse y hacer los "brinquitos de canguro" ("kagaroo hops") con facilidad, pues recordemos que ellos debían trabajar dentro de unos engorrosos y pesados trajes "espaciales". Pero ¿qué evidencia tiene Percy? Pues, entre otras cosas, dos escenas en las que se ven unos "momentáneos destellos", una clara señal de la presencia de un cable dado que esto ocurre cuando las intensas luces teatrales se reflejan en el metal de los cables, una de Apolo 14 y la otra de Apolo 17. Sin duda la mejor de las dos es la de la plantación de la bandera de Apolo 17 la cual muestra no uno, sino dos destellos justo en el momento en que Cernan y Schmitt se dan la mano tras concluir su tarea. Al ver las tomas de la figura 22, fíjese bien en la antena del bulto de Cernan, el astronauta de la derecha la cual comienza a iluminarse hasta parecer un bombillo encendido y luego vuelve a la normalidad en la tercera imagen la cual muestra un destello más pequeño en la parte derecha superior o donde apunta la mano indicadora.

Ahora bien, aunque algunos Apolo-creyentes argumentarán que dicho destello no es más que un reflejo de la luz solar, lo cierto es que tal argumento no es tan sólido como ellos desearían porque al ver la escena completa uno puede notar claramente que el destello de la parte superior de la pantalla aparece casi simultáneamente con el destello de la antena de Cernan Y PRECISAMENTE SOBRE ELLA. Es decir, que los dos destellos están siendo generados por un solo objeto.

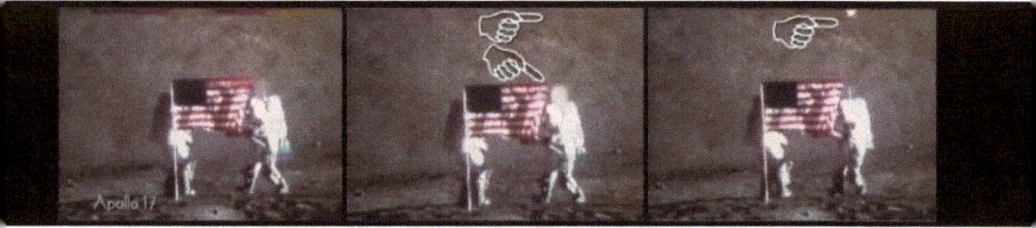

Fig. 22. Escena de la plantación de la bandera de Apolo 17 la cual muestra no uno, sino dos destellos justo en el momento en que Cernan y Schmitt se dan la mano tras concluir su tarea. Tales destellos son una clara señal de la presencia de cables de soporte dado que esto ocurre cuando las intensas luces teatrales se reflejan en el metal de los cables. Una vez más, note el marcado contraste entre el primer plano y el fondo. Nota: la segunda imagen ha sido modificada por el autor mediante adición de las manos indicadoras. Crédito: *What Happened on the Moon?*

Otra escena que muestra los susodichos destellos —y por la cual hay que agradecerle a Jack White— es el icónico (o infame) episodio del "salto-saludo" de John Young el cual muestra un notable "bombillo" saliendo del bulto de Charles Duke mientras él se acerca a su compañero quien, al igual que él, le fascinaba saltar. Con la ayuda de un experto en gráficas de computadora, White descubrió que ésta contiene nada menos que 23 tomas en las que aparece dicho reflejo. Más aún, White ha hecho otro descubrimiento que elimina la posibilidad de que dicho reflejo haya sido generado por la antena del "Sistema Portátil de Soporte Vital" (PLSS): que el destello proviene del centro, no del lado izquierdo, donde debía estar la antena.

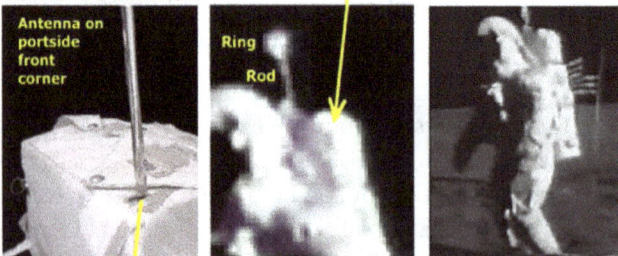

Fig. 23. Imágenes de uno de los estudios de Jack White la cual demuestra que el "bombillo" que se ve detrás de Duke NO es un reflejo generado por la antena del "Sistema Portátil de Soporte Vital", sino de un cable de soporte ya que el destello proviene del CENTRO, NO DEL LADO IZQUIERDO, sección donde se encontraba dicho aditamento.

La aparente micro-gravedad dentro de las "naves espaciales"

Continuando con el tema de la aparente reducida gravedad en la que operaban los astronautas, ahora se analizarán los videos aparentemente mostrando a los astronautas flotando dentro del módulo de comando, supuestamente mientras iban y regresaban de la Luna. Y es que al ver los videos uno no puede detectar ningún tipo de cables de soporte o señales de que las escenas hayan sido filmadas usando una pantalla negra (en aquel tiempo no se usaban las pantallas azules o verdes) o cualquier otro efecto de la cámara. La razón por la cual no pueden detectarse tales trucos es porque el truco que se utilizó para estas escenas fue uno totalmente diferente y, sin duda el más efectivo de todos, para producir el efecto de micro-gravedad o ingravidez.

Entonces, ¿cómo se hizo? Pues mediante el uso de aeronaves de gravedad reducida. Conocido informalmente como el "cometa del vómito" (*Vomit comet*), esta es una aeronave modificada para proveer, aunque muy brevemente, un ambiente de poca gravedad y, como podrá imaginarse, ésta se utiliza para el entrenamiento de astronautas. De hecho, el primer vuelo de este tipo se llevó a cabo en 1959, para entrenar a los astronautas del proyecto Mercurio (Figura 25A).

Para realizar la maniobra la aeronave debe seguir un trayecto de vuelo parabólico, o elíptico, relativo al centro de la Tierra el cual se hace de la siguiente manera: primero la aeronave asciende con un ángulo de 45° a 47°, o casi en vertical, hasta alcanzar una altura de alrededor de 8,500 m, luego los motores se apagan y la nave se precipita en caída libre hacia la Tierra durante unos 30 segundos. La sensación de ingravidez se logra durante el ascenso cuando el piloto reduce el impulso y comienza a bajar la nariz del avión para realizar el próximo descenso. Dicho proceso debe repetirse una y otra vez para ser provechoso, ya que los periodos de ingravidez solo duran alrededor de 25 segundos. Usualmente, se llevan a cabo de 40 hasta 60 maniobras parabólicas.

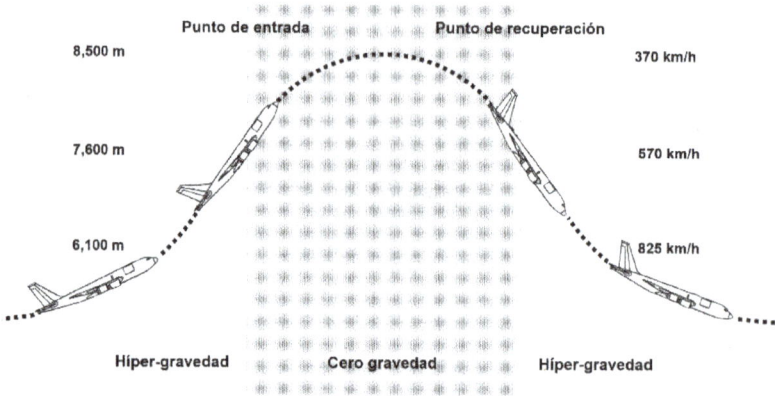

Fig. 24. Gráfica del autor mostrando las fases de un vuelo parabólico.

Y mire cuán bien los vuelos parabólicos imitaban la microgravedad:

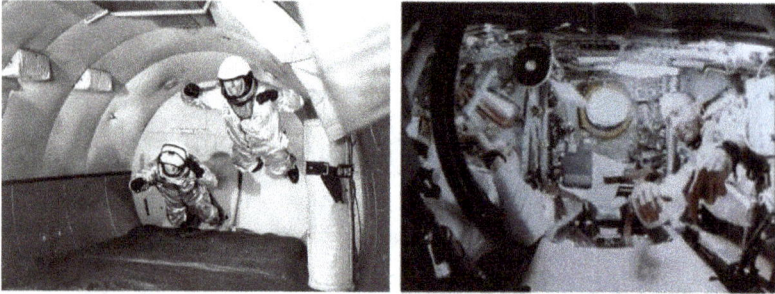

Fig. 25. Los astronautas del proyecto Mercurio a bordo del avión "C-131 Samaritan" en 1959 el cual (B) produjo escenas de micro-gravedad igual de convincentes que las del Apolo 13 de 1970.

La procedencia de las rocas "lunares"

Como se señaló en el capítulo 8, la "evidencia" más citada por los Apolo-creyentes para defender la veracidad del programa Apolo es la de las llamadas rocas lunares (382 kg) supuestamente traídas de la Luna por los astronautas estadounidenses. Pero, como ya sabemos, ese mismo capítulo también nos demostró que al menos una de esas "rocas lunares" en realidad es de origen terrestre siendo nada más que un pedazo de madera petrificada (¡Qué bochorno!). Sin embargo, es imperativo aclarar que eso no necesariamente significa que todas las rocas o piedras "lunares" en la posesión de la NASA son pedazos de madera petrificada, pues lo cierto es que durante los últimos cincuenta años varios científicos han estudiado minuciosamente algunas de estas rocas sin encontrar tal anomalía.

En otras palabras, lo que estaban analizando sí eran rocas, pero, por supuesto, no de la Luna. Entonces, ¿qué diablos eran? Pues en *We Never Went to the Moon. America's Thirty Billion Dollar Swindle* o "Nunca fuimos a la Luna. La estafa de treinta mil millones de dólares de Estados Unidos", Bill Kaysing asegura que obtener dicha "evidencia" fue una tarea relativamente fácil para la NASA porque ésta simplemente pudo haberlas creado, o más bien, conseguido y luego modificado con la tecnología existente en aquellos tiempos. He aquí lo que escribió:

> Hay un laboratorio en Santa Bárbara (California) que se especializa en estudios de impacto a velocidades extremadamente altas. Ellos han logrado velocidades de 32,000 pies por segundo con un sistema de (lanzamiento) de un proyectil de dos etapas. Obviamente, especímenes de rocas pueden ser expuestas a partículas a alta velocidad(,) así simulando un bombardeo de meteoritos (...) pequeños.

Pero ¿de dónde pudieron haber conseguido las rocas? Pues de la Antártida. ¿Por qué la Antártida? Pues porque ese inhóspito continente es uno de los lugares más propensos a sufrir impactos de meteoritos, un hecho sabido desde 1912. Algunos de esos meteoritos han provenido de la Luna. Naturalmente, la NASA también tenía conocimiento de ello por lo que justo antes del inicio del programa Apolo la agencia envió a una misión científica hacia el lugar. A la cabeza de la misión estaba nada menos que Wernher von Braun quien en aquel entonces fungía como director del Centro de Vuelos Espaciales Marshall. Reveladoramente, este suceso ha sido prácticamente borrado de la historia por la NASA y medios semi-oficiales como *Wikipedia*, algo demostrado por Jarrah White en su serie de cortometrajes de *You Tube: Moonfaker*. Por ejemplo, hasta el 2009 la enciclopedia cibernética decía lo siguiente respecto al viaje:

> Durante el verano local de 1966-67, von Braun participó en una expedición la Antártida organizaba por el gobierno de EE.UU. La expedición fue una de las primeras en rebuscar sistemáticamente el hielo para conseguir meteoritos que se creía eran de origen lunar, *para usarlos más tarde como material de referencia*. (Énfasis añadido.)

Sin embargo, poco después la segunda oración de este pasaje fue cambiada fundamentalmente diciendo meramente que:

> El objetivo de esta gira fue determinar si la experiencia adquirida por la comunidad científica y tecnológica de EE.UU. durante la exploración de (...) la Antártida sería útil en la exploración tripulada del espacio.

Pero aparentemente hasta la divulgación de esta breve explicación fue inaceptable para los guardianes de la versión oficial dentro de *Wikipedia*, ya que cuando intenté verificar la información grabada por White (junio de 2017), encontré que la redacción de *Wikipedia* la había removido de la sección dedicada a Wernher von Braun. Afortunadamente, pude encontrar tal referencia en la versión del artículo en italiano (https://it.wikipedia.org/wiki/Wernher_von_Braun) (Figura 26) la cual dice lo siguiente:

> Durante l'estate locale del 1966-67, von Braun prese parte a un viaggio scientifico in Antartide organizzato per lui e altri membri della direzione della NASA. L'obiettivo di questa missione era quello di determinare quanto l'esplorazione con metodi scientifici dell'Antartide avrebbe potuto allenare gli astronauti all'esplorazione della superficie lunare.
>
> Durante el verano local de 1966-67, von Braun tomó parte en un viaje científico a la Antártida, organizado por él y otros

miembros de la dirección de la NASA. El objetivo de esta misión era determinar cómo la exploración con los métodos científicos de la Antártida habría sido capaz de entrenar a los astronautas a explorar la superficie lunar.

Para llegar al fondo de todo esto, me dirigí a nasa.gov, pero dicho intento no fue muy productivo que digamos porque, aunque sí habla de la expedición, éste no dice absolutamente nada respecto a su verdadero propósito. Lo único que aparece es una fotografía del exnazi con una corta leyenda diciendo que: "Intrigado por la exploración del espacio y la Tierra, el Dr. von Braun participó en una expedición a la Antártida." O sea, que la NASA oficialmente reconoce que von Braun sí estuvo en el polo sur antes de Apolo 11, pero no explica exactamente qué se hizo durante la expedición.

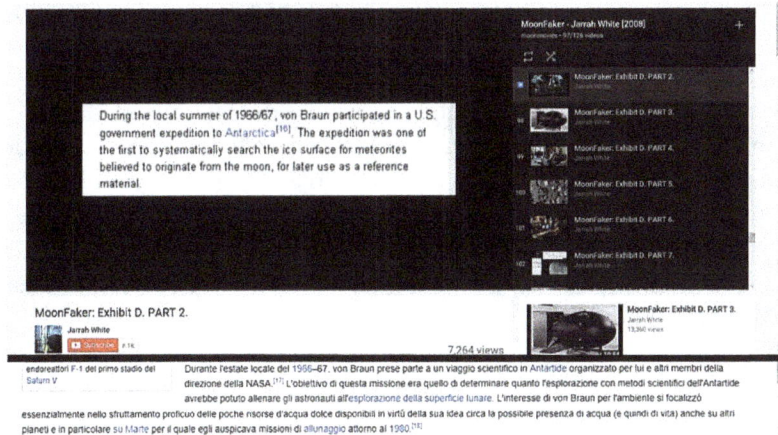

Fig. 26. Episodio de *Moonfaker*, o "Farsante lunar", de Jarrah White revelando cómo la redacción de *Wikipedia* ha removido un pasaje explicando que el verdadero propósito de la gira a la Antártida en la que von Braun había participado era "rebuscar sistemáticamente el hielo para conseguir meteoritos que se creía eran de origen lunar *para usarlos más tarde como material de referencia.*" (Énfasis añadido.) B) Sección de *Wikipedia* en italiano señalando que "Durante el verano local de 1966-67, von Braun tomó parte en un viaje científico a la Antártida, organizado por él y otros miembros de la dirección de la NASA. El objetivo de esta misión era determinar cómo la exploración con los métodos científicos de la Antártida habría sido capaz de entrenar a los astronautas a explorar la superficie lunar".

Capítulo 10

Otros posibles trucos detrás del gran espectáculo "lunar"

Bueno. Antes de concluir este capítulo, es menester mencionar, o dar un resumen de otros detalles nebulosos de los seudo-alunizajes del programa Apolo. En su libro, Bill Kaysing plantea una teoría muy interesante respecto al supuesto retorno a la Tierra de los astronautas de Apolo 11. Según él, los astronautas de esa misión; N. Armstrong, E. Aldrin y M. Collins; ni siquiera estuvieron a bordo del módulo de comando y servicio, ni tampoco en el Saturno V, durante su ascenso hacia el espacio (Recuerde que en el capítulo 4 se explicó que el Saturno V carecía de la potencia necesaria para siquiera pasar de la línea de Kármán). Por tanto, Kaysing ha planteado que durante sus seudo-misiones espaciales los astronautas permanecieron en un lugar aislado y muy bien protegido por el ejército estadounidense aquí en la Tierra. Según él, dicho lugar fue uno de los cientos de islas del archipiélago de Hawái, una deducción que, aunque pueda parecer absurda, en realidad es muy lógica dado que casi todos los presuntos retornos de las cápsulas Apolo amerizaron en el océano Pacífico en puntos relativamente fáciles de alcanzar desde ese estado de EE.UU. Sin embargo, es la opinión del autor que, tomando en cuenta el número de islas, muchas de ellas deshabitadas, que el imperio norteamericano ocupó después de la Segunda guerra mundial del siglo XX como, por ejemplo, las Islas Marshall, Micronesia y Palau, es mucho más probable que los astronautas hayan sido escondidos en una de esas jurisdicciones en lugar de un estado.

Respecto al retorno de los astronautas, la teoría es que ellos se introdujeron en una cápsula Apolo la cual fue cargada a un avión carguero, lo más seguro un Lockheed C-5 Galaxy, para luego ser arrojados sobre el océano Pacífico o Atlántico. Para facilitar la tarea, dicha cápsula vio su peso reducido considerablemente, algo que se logró mediante la eliminación de elementos pesados como el escudo térmico. Más aún, Popov ha llegado a sugerir la posibilidad de que los estadounidenses lanzaron un misil balístico intercontinental convencional cerca (relativamente hablando) del área de extracción de Apolo 11 para imitar la estela que vio el presidente Nixon.

¿Y cuál es la evidencia de ello? Pues el comportamiento de la cápsula mientras flotaba en el agua. Ahora bien, aunque el uso del término "comportamiento" para referirse a un objeto pueda parecerle absurdo a los que no estamos familiarizados con la física, la realidad es que, como dijo Andréi Kudriávets, "el peso de un objeto puede determinarse si dicho objeto cae en el agua y flota". ¿Quién es Andréi Kudriávets? Pues un estudiante de física del Instituto de Ingeniería Física de Moscú y el autor de un estudio que comprueba, principalmente mediante un análisis fotográfico y experimentos con maquetas, que las cápsulas Apolo en realidad pesaban considerablemente menos que las 5.3 toneladas reportadas por las fuentes oficiales. Los resultados de su estudio aparecen en el ya muy familiar portal cibernético científico aulis.com (*Why was the Apollo CM much lighter than stated?* o "¿Por qué fue el MC Apolo mucho más ligero de lo declarado?" | septiembre, 2012) (http://www.aulis.com /command_module. htm) y, por su compleja pero excelente composición, se le recomienda al lector que se refiera a dicho portal para analizarlos, puesto que aquí solamente se proveerá un breve resumen de ellos.

Volviendo al asunto en cuestión, Kudriávets naturalmente centró sus observaciones en el fondo de la cápsula, específicamente en dos áreas: la de las boquillas laterales de los "motores de control de reacción de bandazos" ("Reaction control yaw engines"), las cuales se encontraban justo antes de los bordes al fondo de la "nave", y la de las boquillas de los "motores" frontales o "motores de control de reacción de cabeceo" ("Reaction control pitch engines") las cuales también se encontraban justo antes de los bordes al fondo de la "nave", pero JUSTO BAJO LA ESCOTILLA. El fondo de la cápsula, cuyo diagrama se muestra en la figura 27, era curvado.

Como se dijo arriba, para su análisis Kudriávets utilizó maquetas básicas de la cápsula (1:60) y un puñado de fotos y varias tomas fílmicas de las misiones Apolo, específicamente de Apolo 4, 7, 13 y 15. Como las figuras 28A y B muestran claramente, es muy obvio que el borde del fondo de esa cápsula "real" está por encima del agua, pues uno puede notar que las boquillas de los "motores" son visibles cuando se supone que deben estar cubiertos por el mar, de hecho, en los videos de las presuntas reentradas hasta se puede ver que ocasionalmente el fondo de la cápsula se levanta casi medio metro sobre el nivel del mar. Esto significa que el verdadero peso de

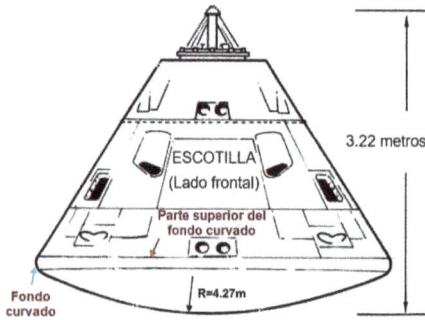

la cápsula era mucho menor de las 5.3 toneladas que alega la NASA. Según Kudriávets, su peso verdadero era alrededor de 3.5 toneladas, o sea, 1.8 toneladas o un 36% menos de lo reportado en las especificaciones oficiales de la nave.

Fig. 27. Diagrama traducido por el autor mostrando los puntos clave para el análisis de flotabilidad de Kudriávets.

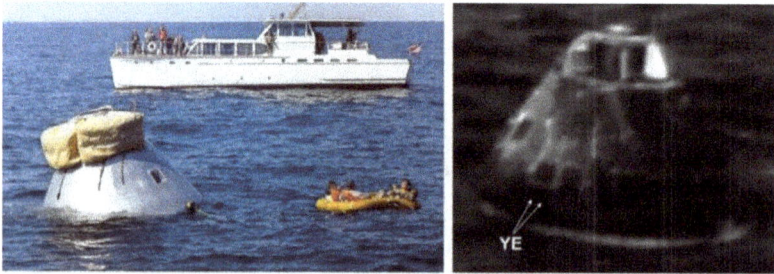

Fig. 28. Foto de "El primer equipo para la primera misión tripulada Apolo relajándose en una balsa salvavidas durante entrenamiento de salida al agua en el golfo de México con una cápsula de pruebas (*boiler plate*) de tamaño completo de su nave espacial" (S66-58597) versus una toma de la cápsula de Apolo 13 tras su amerizaje (APOLLO 13 - all BBC's TV original reentry & splashdown footage - part 5 of 5 | *You Tube*). Note cómo la "cápsula de pruebas de tamaño completo" está más sumergida que la de Apolo 13.

Además de este descubrimiento, Kudriávets señala otro detalle muy extraño de los amerizajes de las cápsulas Apolo: la increíble precisión de las operaciones de extracción y recogido de la tripulación y la "nave". Y es que la versión oficial enfatizó tanto esta supuesta super habilidad de las cápsulas que, en 1969 mientras estaban reportando la fase final de Apolo 11, el presentador Jules Bergman del noticiario ABC News dijo lo siguiente:

> Bergman: Durante una conversación más temprano esta mañana entre el centro de control y Mike Collins... el centro de control le aseguró a los astronautas que el portaaviones *Hornet* está estacionado lo lejos suficiente del punto (de amaraje) como par evitar ser golpeados (¡!).

Cabe señalar que Kudriávets no fue el primero en hacer tal descubrimiento, dicho honor le pertenece al *apoloescéptico* alemán Gerhard Wisnewski. En su libro *One Small Step? The Great Moon Hoax and the Race to Dominate Earth from Space* ("¿Un Pequeño Paso? — La gran farsa lunar y la carrera para dominar a la Tierra desde el espacio" | págs. 227-228), él hace la siguiente observación:

> ...tome (los amerizajes de) las cápsulas Apolo y calcúlelas separadas de las demás (las de Mercurio y Géminis). Una precisión promedio de 3 km aparece. El líder absoluto de su clase es Apolo 14 el cual se desvió de su objetivo por (solo) 1.1 km. Muchas de las cápsulas Apolo amerizaron a la vista de los buques de recogido que ya las esperaban en el objetivo planificado. Esto ciertamente no es normal (...) Esto significa que aún (basándose únicamente) en la precisión de sus (amarajes), las misiones Apolo prueban ser una excepción en la historia de los viajes espaciales.

Más aún, Wisnewski añade que tal precisión "es difícil de reconciliar tanto con las condiciones prevalecientes al momento de la reentrada de la órbita, o con el largo descontrolado descenso en paracaídas." Para probar su punto, y el de Kudriávets, he aquí una tabla de datos suministrados por la NASA (https://history.nasa.gov/SP-4029/Apollo_18-40_Entry_Splashdown_and_ Recovery.htm):

Misión	Distancia del buque de recogido (km)	Distancia hacia el objetivo (km)	Buque de recogido	Peso de módulo de mando (toneladas)
Apolo 7	13.0	3.5	*Essex*	5.2
Apolo 8	4.8	2.59	*Yorktown*	5.0
Apolo 9	5.55	5.0	*Guadalcanal*	5.0
Apolo 10	5.37	2.4	*Princeton*	5.0
Apolo 11	24.0	3.14	*Hornet*	4.9
Apolo 12	7.24	3.7	*Hornet*	5.0
Apolo 13	6.48	1.85	*Iwo Jima*	5.0
Apolo 14	7.0	1.11	*New Orleans*	5.2
Apolo 15	9.26	1.85	*Okinawa*	5.3
Apolo 16	5.0	5.55	*Ticonderoga*	5.4
Apolo 17	6.48	1.85	*Ticonderoga*	5.5
Apolo-Soyuz	7.4	No hay datos	*New Orleans*	No hay datos

Pero ¿a qué se refería Wisnewski cuando hablaba de "condiciones prevalecientes al momento de la reentrada de la órbita"? Pues, para explicarlo mejor, ahora nos referiremos nuevamente al estudio de Kudriávets el cual concluyó que "incluso una nave espacial Soyuz de diseño ideal (monoestable) usualmente era lanzada (de su trayectoria) por la reentrada balística", causando desviaciones que en ocasiones llegaban a superar los 400 km. Pero eso no es todo, pues este es el caso respecto a naves regresando de la órbita baja terrestre proceso que, como ya sabemos, es mucho menos complejo que un retorno de la Luna. Como Kudriávets ha señalado:

Para una nave regresando de la órbita lunar, la trayectoria de reentrada era mucho más complicada debido a que sus velocidades son más altas (la velocidad de escape es de 11 km/s), y era necesario realizar o un salto de reentrada o una elevación de reentrada, seguido por el descenso a la superficie de la Tierra.

El número de factores (que no pueden predecirse de antemano) para ser tomados en cuenta para determinar con precisión la trayectoria de reentrada era, sin duda, mucho mayor que para una nave ejecutando una reentrada de la órbita baja terrestre...

Pero en el caso especial de Apolo, a pesar de todo, la NASA demostró una fenomenal exactitud — **en su retorno, las naves lograron amerizar en los puntos de referencia en 12 casos de un total de 12.** Más aún, cómo el lisiado Apolo 13 se las arregló para dar en el blanco (¡la desviación fue inferior a los 2 km!) fue sabido sólo por el difunto (escritor de ciencia ficción) Arthur C. Clarke. (Énfasis en el original.)

O sea, que, a pesar de haber tenido tantas, sino todas, las probabilidades en contra de un amaraje preciso, la NASA alega que las cápsulas Apolo lograron resultados excelentes en un 100% de los casos.

Fig. 29. Esta prueba de la capsula Orión (8/3/2017) debe darnos una muy buena idea de cómo las cápsulas Apolo fueron lanzadas al mar.

Capítulo 10

Todo esto se hace aún más sospechoso al comparar los amarajes de las cápsulas "lunares" del programa Apolo con el amaraje de una de las 4 sondas soviéticas que sí retornaron de la Luna; la Zond 5; la cual, como ya sabemos, fue incapaz de realizar una reentrada de salto debido a una falla del sistema de dirección. Dicho fallo causó que la nave terminara amarando en el océano Índico en un punto al sureste de África en lugar de aterrizar en Kazajistán, ¡una desviación de alrededor de 9,000 km! y, aunque los soviéticos fueron capaces de determinar más o menos donde la nave amerizaría, los buques enviados para recogerla; el *Borovichy* y el *Vasily Golóvin*; estuvieron a poco más de 100 km del punto de impacto.

Antes de continuar, es imperativo señalar que los Apolo-creyentes tienen lo que, a primera vista, parece ser un as bajo la manga o un arma secreta para defender su versión de las cápsulas reentrantes: los testimonios de decenas de personas (de un total aproximándose a los 175) que presuntamente presenciaron los momentos exactos en que dos de las misiones "lunares" comenzaron a penetrar la atmósfera. Se trata de los pasajeros de dos vuelos comerciales cuyas rutas pasaron relativamente cerca de las zonas de las presuntas reentradas de las cápsulas de las misiones Apolo 11 y 13. Ambos "avistamientos" fueron publicados en periódicos de Oceanía (Recordemos que ambas misiones amerizaron en la parte austral del océano Pacífico.) los cuales fueron escrutados minuciosamente por Alexander Popov y (¡Sorpresa!) su análisis ha encontrado no uno, sino varios errores e inconsistencias con todos los testimonios citados en los periódicos.

El primero de estos vuelos fue uno de la aerolínea australiana Qantas Airways cubriendo la ruta de Honolulu (Hawái) a Brisbane, que se realizó el 27 de julio de 1969. Éste fue pilotado por Frank A. Brown quien, según la versión oficial, era un verdadero Apolo-aficionado. Según el artículo del *Sun Herald* de Sídney titulado *Boeing vio espectáculo de reentrada* (Pág. 24) (Figura 30), mientras el capitán Brown volaba rumbo a Brisbane éste vio un fulgor que "iluminó la oscuridad sobre

496

el océano Pacífico cerca de las islas Gilbert y Ellice como si fuera de día". El reportaje continúa narrando con un tono dramático que los 82 pasajeros y 13 miembros de la tripulación, cuya salida se vio retrasada por 3 horas y 19 minutos por instrucciones de los "expertos" de la NASA vieron cuando:

> **El incandescente módulo de comando con los astronautas a bordo mostró una cola con puntos de luz amarilla (producidos por) las partículas del escudo térmico, mientras éste pasaba a toda velocidad durante su reentrada a la cima de la atmósfera...** (Énfasis en el original.)

Pero esto no es lo más interesante de todo, ya que Brown tenía mucho que decir al respecto, describiendo, con una descomunal precisión que:

> **El rastro de reentrada de la cápsula iba en una curva elíptica de 1,300 millas** (2,092 km) **de largo.** La cápsula reentró a la atmósfera a 25,000 mph (40,233 kph) y amerizó a 1,000 millas (1,600 km) del avión, su velocidad siendo ralentizada a 15 mph (24 kph) por los paracaídas. (Énfasis en el original.)

Sorprendente, ¿no? Pues esto se queda corto al lado de la noticia publicada por el *West Australian* el cual mostró una mayor flexibilidad con su versión del evento. Según el artículo, el capitán Brown les anunció lo siguiente a sus pasajeros y tripulación:

> "Hay una pequeña nube por encima de nosotros, pero vamos a tener una vista perfecta de Apolo 11"...
> "Tenemos alrededor de dos minutos, la cápsula está a unas 500 millas (804.6 km) de la Tierra ahora. Ahora mismo acaba de cruzar la costa este de Australia por encima de Mackay, Queensland."
> "Los astronautas viajan a seis kilómetros por segundo. Una asombrosa velocidad, ¿no?"

Capítulo 10

"Esperamos ver un objeto detrás de nosotros en poco más de un minuto y medio. Va a ser más brillante que una estrella brillante."

"Para ese momento va a estar como unas 500 millas (804.6 km) de distancia."

Fig. 30. Artículo del *Sun Herald* de Sidney titulado "Boeing vio espectáculo de reentrada" (Página 24) el cual da la impresión de que el capitán Frank A. Brown era un verdadero Apolo-aficionado. B) Artículos del *The Auckland Star* reportando que los pasajeros y tripulación de un vuelo de la Air New Zealand presenciaron la reentrada de Apolo 13 durante "aproximadamente 14 minutos".

Pero esto fue solo el principio. En la segunda parte del artículo podemos ver claramente como el capitán Brown —para usar la frase puertorriqueña— "se luce" de verdad pidiéndole a los pasajeros —muy negligentemente, de hecho— que se movieran hacia la izquierda del avión para obtener una buena vista.

Entonces él gritó: "Aquí vienen por la izquierda, un objeto más brillante que el otro. ¿Los ven a los dos?, uno encima del otro. Uno es el módulo de comando, el otro es el módulo de servicio. Ambos pesan seis toneladas."

Están recogiendo calor ahora. El de abajo está dejando un incandescente sendero de descenso. Lo ven parpadear. Vean el sendero detrás de ellos — ¡que espectáculo! Ustedes pueden ver los fragmentos desprendiéndose. Observe que la parte superior es casi invariable, mientras que la inferior está rompiéndose en pedazos.

Como si fuera poco, Brown continúa su dramático discurso dando unos detalles que solo alguien que estuviese monitoreando minuciosamente la reentrada dentro de un observatorio o centro de control podría saber:

"La parte que se está desintegrando es el módulo de servicio, el de arriba es el módulo de comando."
"A mí me parece que la reentrada es bastante normal. Matemáticamente, parece perfectamente sensata y la cadencia (o ritmo) es correcta. Se ve muy bueno para mí.
"En mi opinión fue el espectáculo de toda una vida".

Finalmente, la "noticia" concluye narrando que "Después de la reentrada, los pasajeros celebraron con champán y el capitán Brown, les premió con certificados mostrando una reproducción del medallón supuestamente dejado en la Luna por Armstrong y Aldrin". Como Popov bien lo dijo, esto huele a un montaje, pues:

Qué suerte tan increíble para el programa Apolo (que), mientras iban descendiendo del espacio, el primer avión con el que se topan estaba siendo pilotado por un hombre que resulta ser un experto del espacio (exploración espacial), totalmente familiarizado con la secuencia de eventos de la reentrada. El (…) capitán Frank A. Brown, realmente fue una persona excepcional. Él no sólo sabe el momento de la reentrada, sino también las coordenadas de la entrada — siendo capaz de calcular la ubicación de su avión relativo a la cápsula, ¡y todo esto con una precisión de un par de segundos!

Menos de un año después, los periódicos neozelandeses reportarían algo muy, muy similar, en torno a un vuelo de la Air New Zealand viajando de Nadi (Fiyi) a Auckland.

En este próximo avistamiento, supuestamente de la reentrada de Apolo 13, el capitán de vuelo, Ross McWilliams, daría una explicación casi tan ridículamente detallada como la de Frank A. Brown. Sin duda el más sensacional de todos estos reportajes fue el del *The Auckland Star* cuya portada del 18 de abril de 1970 (Figura 33B) contenía una fotografía, supuestamente tomada por un pasajero, mostrando una estela en el cielo distante bajo el titular "El avistamiento de toda una vida" (*The Sight of a Lifetime*). Suena familiar ¿no? Según el artículo, los sesenta pasajeros y la tripulación del DC8 tuvieron una vista de tribuna (*grandstand view*) de un "espectáculo" de "aproximadamente 14 minutos" de duración que dejó maravillados a todos, tanto así que el capitán McWilliams lo describió efusivamente como:

> muy espectacular, el avistamiento de toda una vida. Fue justo en frente y por encima de nosotros alrededor de 60,000 pies (18,288 m) y alrededor de 190 millas (305.7 km) de distancia. El módulo de servicio cayó en un destello de luz blanca-azulada. El módulo de comando tenía una larga cola blanquecina que se volvió amarilla a medida que se iba acercando al Sol.

Al parecer, esta vez el vuelo contaba con dos Apolo-aficionados puesto que el camarero L. W. Smith —quien supuestamente fue el primero en presenciarlo todo— reportó que el fulgor de *Aquarius* y *Odyssey*:

> Estuvo directamente frente a nosotros como dos faroles, a las 5:55 a.m. viajando de occidente a oriente. Entonces comenzaron a suceder cosas — hubo una explosión... un destello rojizo... y chispas volaron mientras los módulos se separaban, y las cosas comenzaron a desintegrarse.

Entonces el módulo de comando de color iridiscente comenzó a moverse a través del cielo frente a nosotros.

¡Vaya anécdota! Aparentemente Smith, y la NASA, fueron bendecidos por su vista súper-humana. Y es que en el reportaje nunca se menciona nada acerca de equipo óptico, como prismáticos o telescopios, a bordo del avión. Pero, quién sabe, quizás Smith en realidad era un aficionado a la astronomía con excelentes conocimientos de la cohetería que se había preparado excepcionalmente bien tras escuchar que el vuelo en el que trabajaría pasaría relativamente cerca de la zona de reentrada de Apolo 13. Pues no. Definitivamente, este no es el caso y a continuación veremos por qué.

Resulta que, por más lindas e interesantes que parezcan, todas estas anécdotas han sido totalmente demolidas por Popov cuyo análisis ha demostrado que los lindos episodios de los "avistamientos de toda una vida" habían sido preparados con anticipación y que las propias palabras de Frank A. Brown fueron dictadas por la misma NASA la cual se mantuvo en contacto con él durante el vuelo. Asimismo, Popov señaló un detalle sumamente extraño: que todas las presuntas reentradas se hicieron durante la noche. Esto es importante porque, como la lógica dicta, una maniobra tan peligrosa como esa requiere de la asistencia de equipos de recuperación/rescate por lo que es esencial realizarla durante el día, y aunque se puede argumentar que el lisiado vuelo de Apolo 13 no tuvo más remedio que hacer su reentrada nocturna, lo cierto es que este no fue el caso respecto a Apolo 8 y 11 los cuales (siguiéndole la corriente a la NASA) no sufrieron ningún tipo de problema durante esa peligrosísima fase de sus misiones "lunares". Pero, por si las dudas, he aquí la descripción del protocolo ruso de recuperación/rescate de una cápsula Soyuz que aparece en *Wikipedia* (inglés):

La reentrada de salto se realiza normalmente en el lado "amaneciente" de la Tierra, *para que la nave pueda ser divisada por los helicópteros de recuperación* a medida que desciende en el crepúsculo de la tarde, iluminada por el Sol cuando está por encima de la sombra de la Tierra. La nave Soyuz está diseñada para venir abajo en la tierra, normalmente en algún lugar en los desiertos de Kazajistán (...) (Énfasis añadido.)

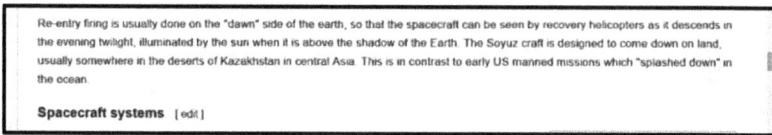

> Re-entry firing is usually done on the "dawn" side of the earth, so that the spacecraft can be seen by recovery helicopters as it descends in the evening twilight, illuminated by the sun when it is above the shadow of the Earth. The Soyuz craft is designed to come down on land, usually somewhere in the deserts of Kazakhstan in central Asia. This is in contrast to early US manned missions which "splashed down" in the ocean.
>
> **Spacecraft systems** [edit]

Fig. 31. Sección de página de *Wikipedia* (https://en.wikipedia.org/wiki/Soyuz_(spacecraft)#Re-entry_procedure) señalando que "La reentrada de salto se realiza normalmente en el lado 'amaneciente' de la Tierra, para que la nave pueda ser divisada por los helicópteros de recuperación".

Otra práctica insegura fue la decisión de la NASA de permitir que aviones comerciales volasen por las presuntas zonas de reentrada esto a pesar de que las naves presuntamente venían a velocidades excediendo los 40,000 kph.

Tornando su atención hacia los aspectos relacionados a la física, su especialidad, Popov se dio a la tarea de analizar la trayectoria de las cápsulas durante su presunta reentrada a la Tierra para determinar si la noticia del *The Auckland Star* es correcta. Como no existen los datos de la presunta reentrada de Apolo 13, para su análisis Popov utilizó los datos de Apolo 8, una decisión muy lógica por dos razones: primero porque, como ya sabemos, dicha misión presuntamente fue la primera misión espacial estadounidense en regresar de la Luna o a la segunda velocidad espacial; 11.2 km/s; y, en segundo lugar, porque el proceso de reentrada y amerizaje de por sí no varía considerablemente de una misión a otra.

Lo primero que Popov encontró fue que la altura de la presunta reentrada dada por la NASA; 75,000 pies o 22,860 m (22.8 km); fue una gran exageración, ya que la "reentrada" en realidad no pudo haber ocurrido a una altura muy por encima de la trayectoria de vuelo del DC8 la cual fue de unos 12,192 m (40,000 pies). La evidencia de ello yace en las mismas fotografías tomadas desde el interior del avión, tanto la que apareció en la portada del *The Auckland Star*, como aquella tomada por un tal Peter Gabelish (Figura 32), esto porque en ambas se puede ver claramente que el ángulo de las tomas fue recto, o directo hacia el frente, y no obtuso, o hacia arriba, como hubiese sido el caso si la "reentrada" hubiese ocurrido a 22,000 o más metros de altura o casi al doble de la altura del DC8. Aún más problemático fue el curso de vuelo horizontal a una altitud tan relativamente baja, algo que Popov describió como "bastante sorprendente". Y es que la trayectoria de la cápsula a partir de los 30,000 m (30 km) de altura NO PUEDE SER HORIZONTAL, SINO MAYORMENTE EN CAÍDA LIBRE, es decir, MAYORMENTE VERTICAL. Sin embargo, los pasajeros insistieron en que la estela se convirtió en "un diminuto punto rojo" que continuó hacia el este hasta desaparecer en el horizonte.

Fig. 32. Seccion ampliada de la foto de Peter Gabelish mostrando la supuesta estela de la reentrada de Apolo 13. Note el trayecto horizontal de los rastros.

En resumidas cuentas, tras comparar los datos de la trayectoria de "reentrada" de Apolo 8cuya etapa final del vuelo, no debió diferir enormemente de Apolo 13— con las observaciones de los pasajeros de las aerolíneas, Popov concluye que:

(L)a naturaleza ficcional de este espectáculo, montado frente a los ojos de los observadores, se hace evidente. Ellos debieron de haber visto una cápsula colgando bajo paracaídas y descendiendo hacia la Tierra mucho antes del punto de amerizaje proyectado, en lugar del espectacular infierno que ellos verdaderamente reportaron.

Entonces ¿qué fue lo que vieron los pasajeros y tripulación de estos vuelos? Pues, en la opinión del autor, un misil —sin ojiva, por supuesto— lanzado desde un submarino nuclear. Estoy convencido de dicha posibilidad porque, como Popov ha señalado, el curso de vuelo horizontal de las "cápsulas" a una altitud tan relativamente baja no es compatible con lo que ocurre durante una reentrada verdadera. Además recuerde que la NASA se mantuvo en contacto con Brown durante el vuelo lo que significa que las fuerzas navales estadounidenses siempre tuvieron las coordenadas exactas del vuelo.

Una vez concluida la fase de retorno "de la Luna", la NASA tomó unas medidas adicionales para asegurarse de que los astronautas (¿astro-nadas?), no hicieran nada que pudiese comprometer la misión como, por ejemplo, decir, directa e indirectamente que la misión entera fue un fraude. Recordemos que, como vimos en el capítulo anterior, esto fue precisamente lo que hizo Charles "Pete" Conrad de Apolo 12 y Skylab poco antes de su muerte en los años noventa. En este caso la medida consistió en emplear la excusa —verdaderamente ridícula, de hecho— de una posible amenaza de una pandemia desatada por "organismos alienígenas", es decir, gérmenes lunares traídos por los astronautas, para justificar su aislamiento. Así es. Según la página cibernética del Museo Nacional del Aire y el Espacio *Smithsonian* (https://archive.is/ 20130815101507/http://airandspace. si.edu/ exhibitions/apollo-to-the-moon/online/ a11.jh.3.html#selection-115.375-84.9):

> Estos trajes se usaron desde el momento en que se abrió la escotilla después del amerizaje hasta que los astronautas fueron encerrados herméticamente dentro de la instalación

móvil de cuarentena en el improbable caso de que los astronautas hubieran sido infectados con algún tipo de forma de vida extraterrestre.

Las tripulaciones de Apolo 11 y 12 se pusieron dichos trajes u overoles de color gris (Figura 33A) justo después del amerizaje, permaneciendo con ellos hasta llegar a la "estación móvil de cuarentena" a bordo de los portaaviones asignados para recogerlos. Cabe señalar que, en el caso de Apolo 14, el trio de astronautas usó solo unas mascarillas. Curiosamente, *Wikipedia* nos informa, y las fotografías de la NASA confirman, que "los astronautas caminaron los 30 pies (9.1 m) hasta la estación móvil de cuarentena", en ningún momento se mencionó, ni tampoco se ve en las fotos, que ellos hayan tenido dificultad para moverse. Seguidamente, las estaciones eran trasladadas, con los astronautas adentro, en avión hasta la base de la fuerza aérea Ellington ("Elington") en el estado de Texas. La página cibernética del *Smithsonian* añade que:

> Los astronautas fueron obligados a permanecer dentro de las instalaciones médicas de aislamiento durante 21 días. Estas medidas extraordinarias fueron una medida de precaución contra una incierta amenaza de contagio.

Básicamente, una "estación móvil de cuarentena" era un largo remolque con facilidades para una estadía prolongada, como, por ejemplo, literas, que también incluía equipo de comunicaciones para que los astronautas pudiesen conversar con sus familias. Sus dimensiones eran más o menos similares a las de un remolque para acampar de tamaño grande, o sea, del largo de una camioneta. Su parte trasera contenía una escotilla con una ventanilla en la parte superior central (Figura 33B). Sinceramente, pienso que el uso de todo este equipo restrictivo y de aislamiento como los trajes con máscaras o "trajes de aislamiento biológico" y la prisión rodante, perdón, "estación móvil de cuarentena", tuvo un fin muy siniestro y puramente sicológico. Tan solo piénselo bien, estos ídolos nacionales, quienes ya estaban sintiendo bastante presión de por sí, se vieron obligados a estar confinados dentro de lo que puede describirse como una pequeña cárcel con aire acondicionado y algunos lujos (Figura 34A) … durante tres semanas.

Como otros han teorizado, dicho aislamiento le dio al gobierno la oportunidad perfecta para ir desmantelando, poco a poco, cualquier resistencia u objeción moral de parte de sus cadetes espaciales. Sí. Veintiún días de encierro con los ojos y oídos del Tío Sam constantemente encima de uno puede cambiar la actitud de cualquiera, especialmente cuando de vez en cuando se les recuerda que sus seres queridos los esperan afuera tal y como ocurrió el 27 de julio cuando a los tres confinados, perdón, astronautas en cuarentena, se les permitió ser visitados por sus emocionadas esposas (Figura 34B).

Y, aunque esto le parezca chistoso, en realidad no lo es, pues, de los tres miembros de Apolo 11, los dos que presuntamente caminaron en la Luna; Neil Armstrong y Edwin "Buzz" Aldrin; pasarían el resto de sus vidas sufriendo de depresión y, en el caso de Aldrin, casi una década de alcoholismo.

Fig. 33. La tripulación de Apolo 11 luciendo sus "trajes de aislamiento biológico" tras ser llegar al USS *Hornet* (S69-40753) y (B) los tres hombres presenciando la tradicional ceremonia de corte de pastel dentro de la "estación móvil de cuarentena" (69-H-1224). Note la facilidad con la que los astronautas (¿?) caminan y saludan después de culminar un supuesto viaje a la Luna. Extraño ¿no?

No es un secreto que Armstrong detestaba la publicidad que recibía, tanto así que él terminó convirtiéndose en un recluso. De hecho, la prensa estadounidense lo bautizó como el "héroe reluctante de Estados Unidos" y, como el periódico británico *Daily Mail* señaló en un reportaje publicado tras su muerte en el 2012 (http://www.dailymail.co.uk/news/article-2194053/Neil-Armstrong-dead-How-HATED-hero.html#ixzz4kO4Is6yP):

> Inclusive algunos de sus compañeros astronautas resintieron la tendencia a recluirse de Armstrong, quejándose de que era dañino para la NASA y sus esfuerzos en la carrera espacial. (…)
> Pero él nunca pudo escapar de su fama y ésta se convirtió en una fuente de *tristeza desesperada*. Janet, su esposa, lo abandonó en 1989 (y finalmente se divorciaron en 1994) diciendo que ella ya no podía vivir con la 'personalidad' en que Armstrong se había convertido. (Énfasis añadido.)

Un año después de la muerte de Armstrong, en agosto del 2013, el profesor, y biógrafo del presunto primer caminante lunar, James Hansen (*First Man: The Life of Neil A. Armstrong*), narró la siguiente anécdota para space.com (https://www.space.com/22510-neil-armstrong-astronaut-icon-remembered.html):

> (Armstrong) Nunca se centraba en sí mismo (...) Después de que en 2002 se corriera la voz de que estaba escribiendo la biografía de Armstrong, el actor / director Clint Eastwood recibió a Neil y su esposa Carol, a mí y a mi esposa Peggy por una noche en su club de golf privado, Tehama, en (…) California; Clint estaba interesado en hacer una película (…) basada en el libro. A la mañana siguiente, Eastwood invitó a Neil y a mí a jugar una ronda de golf con él. Mientras me dirigía a los carritos de golf, vi a Neil sacar su bulto de palos del carrito de Clint y poner mi bulto en su lugar. "¿Qué estás haciendo, Neil?" Dije. "Me imagino que Clint tendrá mucho más que hablar de la película contigo

que conmigo", fue la respuesta de Neil. "Estoy seguro de que eso no es lo que Clint tiene en mente", le expliqué. "Necesitas viajar con Clint". La verdad es que a Neil le habría importado menos si alguna vez se hubiera hecho una película sobre su vida. Sabía que me importaba y esa es la única razón por la que accedió a visitar Eastwood. No es sorprendente que el encuentro entre los dos hombres no salió muy bien (...)

¡Guau! ¡Qué gran humildad! ¿O quizás miedo de que el proyecto de la película fuese a revelar la verdad ante todo el mundo?

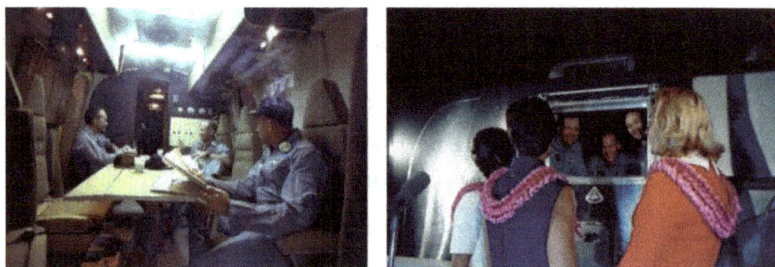

Fig. 34. La leyenda de esta foto (KSC-69PC-485) dice que se trata de "La tripulación de Apolo 11 relajándose en el vagón de cuarentena". (B) Los astronautas de Apolo 11, todavía en el vagón de cuarentena, son recibidos por sus esposas a su llegada a (la base de la fuerza aérea) Ellington (S69-40147). Obviamente, el "aislamiento" y la presión sellarían en las mentes de los miembros de Apolo 11 que no tenían más opción que repetir el guion escrito por sus amos en Washington. ¿Y quién se atreve a asegurar que ese vagón no estaba completamente pinchado/chuzado para poder monitorear sus conversaciones?

Pero indudablemente el más perjudicado fue Aldrin quien además de caer en el alcoholismo lo que, a su vez causó la ruptura de su matrimonio, él terminó recluyéndose en una institución mental por severa depresión. Difícilmente el fin que uno esperaría para unos hombres que tuvieron la aventura más impresionante de todos los tiempos, ¿no? Ciertamente, los "héroes espaciales" de EE.UU. quedaron adversamente afectados por las tácticas de intimidación y de control total —¿mental?— de su patrono. Ahora bien, para ser justo con Washington, la versión oficial alega que el caso de Aldrin se debió principalmente a factores genéticos o hereditarios, ya que su madre Marion —cuyo apellido antes del matrimonio era Moon o "Luna"— se suicidó tan solo un año antes de Apolo 11. Pero si este fue el caso —pues de seguro la NASA tenía previo conocimiento de ello— entonces ¿por qué diablos se le permitió formar parte de una misión tan importante y peligrosa como el presunto primer alunizaje?

11

La pregunta del millón de dólares: ¿Por qué rayos lo hicieron?

Finalmente, después de todo este trayecto informativo hemos llegado a la parte más importante de todas: la de la razón detrás de este mega-fraude. Ahora bien, si usted está pensando que todo este espectáculo de ciencia ficción se debió al gran atraso de EE.UU. versus la URSS en el ámbito de la tecnología espacial, sepa que usted está en lo correcto... pero solo parcialmente. Resulta que hay otro elemento de igual, sino de mayor importancia, detrás de todo esto y, aunque a este servidor le encantaría poder decirle que el descubrimiento de tal elemento ha sido un logro propio, lo cierto es que, al igual que casi todo lo demás acerca de la carrera espacial del siglo XX, otros investigadores, como por ejemplo Bart Sibrel y Gerhard Wisnewski, ya han dado con él. Aquí lo único que se hará es elaborar mejor el asunto. Sin embargo, para lograrlo primero es menester desviarnos un momento de la época de la Guerra Fría (1945-1991) para remontarnos no a los orígenes de la nación estadounidense, sino hasta su etapa embriogénica, particularmente los albores del siglo XVII. ¿Por Qué tan lejos en el pasado? Pues porque, a diferencia de los demás *apoloescépticos*, el autor es un verdadero aficionado de la historia, particularmente de Puerto Rico, EE.UU. y la URSS lo que le concede una ventaja a la hora de explicar este aspecto del programa Apolo. De hecho, antes de escribir este libro, él ya había escrito más de 250 páginas de lo que debía ser su primer libro: *La otra cara del águila: el lado oscuro de los Estados Unidos de América Volumen 1.* Así que comencemos.

La época colonial

Aunque esto no debe sorprender a nadie, en el siglo XXI, contrario a las imágenes que se observan cada mes de noviembre en EE.UU. y sus colonias o "territorios", los "peregrinos" —su nombre correcto es "puritanos"— no fueron buenos huéspedes de los amerindios. De hecho, desde su llegada al Cabo Cod (actualmente el sureste del estado de Massachusetts) en 1620, los puritanos —los cuales, dicho sea de paso, eran miembros de una secta cuyo extremismo llevó a sus contemporáneos a referirse a ellos como los "separatistas" o, sarcásticamente, como los "santos"— albergaron unas actitudes e ideales verdaderamente xenófobos y chovinistas que contemplaban la expulsión total no solo de los amerindios que los alojaron, sino también de cualquier rival europeo que se estableciese cerca de sus colonias. Tal actitud fue producto de su extraña creencia religiosa: una mutación del calvinismo y el judaísmo según la cual los anglosajones eran el verdadero "pueblo de Israel" y, por ende, merecedores de todo el continente norteamericano el cual consideraban como la "tierra prometida". Cabe señalar que, para lograr su meta, los puritanos también fundaron otra colonia; Providence Island; en la actualidad la Isla de Providencia, Colombia, pero ésta solo duró diez años (1631-1641) antes de ser destruida por los españoles.

Bueno. Aquí no se abordará el tema de la expansión, liderada por los ingleses y luego angloamericanos, de la parte septentrional de América del Norte, pues es muy, muy complejo y más allá del alcance de este libro (pero La otra cara del águila: el Lado oscuro de los Estados Unidos de América Volumen I definitivamente le dará la mejor explicación de todo ese brutal y trágico proceso), así que en esta sección solo se proveerá una sinopsis muy, muy básica de lo que transcurrió desde la fundación del primer asentamiento permanente inglés en lo que se convertiría en Virginia en 1607 hasta la penúltima década del siglo XIX. He aquí lo que ocurrió: los europeos y euroamericanos fueron expandiéndose gradual y violentamente hasta llegar a la costa oeste del continente, asistidos principalmente por dos factores: los gérmenes patógenos o enfermedades traídos por los europeos del hemisferio oriental o "Viejo Mundo" y el simultaneao crecimiento de la población europea, particularmente de Europa noroccidental, tras el catastrófico azote de la peste bubónica en el siglo XIV. Por si las dudas, la ventaja tecnológica también fue un factor contributivo, pero no fue tan importante como los dos factores mencionados previamente, especialmente en la futura EE.UU., esto porque muchas de las tribus y confederaciones tribales de dicha región eran muy diestras en la guerra de guerrillas, algo que los europeos nunca dominaron con igual pericia. Como resultado, para el siglo XX la población indígena de EE.UU. quedaría prácticamente extinta consistentemente manteniéndose por debajo del 2% de la población total de ese país.

Otro aspecto relacionado, y definitivamente mucho más relevante para este capítulo, es el de las relaciones entre los euro-descendientes y los afrodescendientes, o blancos y negros, en EE.UU. las cuales, como ya sabemos, siempre han sido muy problemáticas. De hecho, todo parece indicar que en la actualidad, después de la histórica elección dos veces consecutivas de Barack Obama como presidente, las tensiones raciales en esa nación están aumentando a unos niveles muy alarmantes, incluso provocando la anulación de algunos de los avances —que, dicho sea de paso, nunca fueron tan grandes como se ha reportado— logrados principalmente durante la década de los sesenta mediante el movimiento de los derechos civiles.

Hoy en día todo el mundo sabe que los africanos fueron traídos a las colonias de todas las potencias imperiales europeas para realizar trabajos forzados. Sin embargo, mucho menos sabido es el hecho de que en las colonias inglesas inicialmente se utilizó a siervos blancos para trabajar la tierra, especialmente los cultivos de tabaco, y que muchos de ellos trabajaban junto a los esclavos africanos y, en algunos casos inusuales, sirvientes indígenas. Aunque la interacción entre todas estas razas no siempre fue muy harmoniosa que digamos, por lo general todos los miembros de los estratos o clases sociales más bajas se trataban con cierto grado de igualdad, tanto así que para la primavera de 1676 la colonia de Virginia vería una pequeña guerra civil dirigida por un inmigrante pudiente inglés llamado Nathaniel Bacon. Resulta que Bacon quedó muy perturbado por lo que percibía como la indisposición de las autoridades coloniales para resolver lo que él y todos los demás invasores del territorio indígena veían como el problema de los "indios". Es decir, que a Bacon y sus connacionales les molestaba el hecho de que los indígenas no se iban pacíficamente de sus propias tierras. Arrogante, ¿verdad? Luego de casi siete meses de saqueos y escaramuzas y tras haber devastado y causado el desplazamiento de varias tribus de la región de Virginia, la rebelión de Bacon se disipó repentinamente cuando el rebelde anti-indígena murió de disentería. Pero la rebelión de Bacon alertó a la oligarquía terrateniente de una amenaza muy real para sus intereses: la creación de un frente popular multi-clase —aunque predominantemente pobre— y multirracial, en su contra. Y es que la pequeña insurgencia de Bacon logró unir a blancos y negros —libertos, pero bajo peonaje— en contra del sistema semi-feudal que los explotaba, algo que les infundía el terror a las clases dominantes.

Determinados a mantener su posición privilegiada, la oligarquía terrateniente comenzó a tomar una serie de medidas maquiavélicas cuyo fin era verdaderamente despreciable: fomentar la división racial, sobre todo entre blancos y negros. Esto se hizo mediante la creación de privilegios, tanto económicos como de diversas otras formas, para inculcar el concepto de la supremacía blanca. Trágicamente, su macabro experimento social fue todo un éxito, pues gracias a él dentro de poco la posibilidad de una unión entre blancos y negros no solo en el ámbito laboral, sino también en las relaciones sociales en general, quedó totalmente eliminada llegando a convertirse en un verdadero tabú dentro de lo que sería un sistema de castas tan vil e inflexible como el de la India — aunque, en fuerte contraste con el sistema de EE.UU., el de esa nación asiática no es puramente racial o étnico. Antes de continuar, es imperativo aclarar que dicho sistema tuvo un alcance nacional o a través de toda la parte continental de EE.UU., aunque éste fue particularmente virulento en el sur y también en los estados colindantes con dicha región de la nación. Este asunto se discutirá más adelante en otra sección de este capítulo.

Para mediados del siglo XIX, EE.UU. ya había resuelto el "problema indígena" al este del río Misisipi con ese triste e infame episodio conocido como la Remoción Indígena, un programa de limpieza étnica/racial que vio la expulsión, bajo coerción legal y militar, de decenas de miles de miembros de las tribus o naciones indígenas de la región que más adelante sería conocida como el Deep South o "Sur profundo"; Alabama, Misisipi, Tennessee y Georgia; y también de la Florida. Dichas naciones fueron los choctos, chicazas, cheroquis, muscoguis y seminoles. Cabe señalar que, no obstante sus grandes avances en la organización social y su adaptación al sistema económico y al modo de vida de los europeos —lo que les había ganado el título de "las cinco tribus civilizadas"— pocos euroamericanos lamentaron las expulsiones y el gran número de muertes que dicha campaña causó: alrededor de 5,000. Asimismo, a ellos tampoco les importó el hecho de que la mayoría de esos pueblos habían estado en paz, e incluso habían sido aliados de EE.UU. Pero, mientras acababan de sacar a los amerindios del medio los estadounidenses se toparon con otra situación que no les agradaría nada: las limitaciones fronterizas con sus vecinos México y la gigantesca colonia británica de Canadá. Resulta que las fronteras porosas de México, que en aquel entonces era una nación mucho más grande de lo que es en la actualidad, y también de Canadá, la cual reclamaba el territorio de Oregón, le estaban bloqueando la salida al océano Pacífico a los colonos estadounidenses. Esto era un gran irritante para la nación estadounidense cuya creciente población desesperadamente buscaba de tierras para ocupar debido al constante encarecimiento de las tierras en el este. Como una respuesta táctica a este problema, las elites en Washington estimularon la colonización del oeste del continente visualizando tal misión como una perfecta válvula de escape para evitar la agitación de sus connacionales. Así, en 1845 surge una nueva doctrina imperialista que pasaría a llamarse el Destino manifiesto.

El primero en formular adecuadamente esta idea fue el periodista John L. O'Sullivan quien escribió lo siguiente en un artículo titulado "Anexión" publicado en la revista Democratic Review (edición julio-agosto, 1845):

El cumplimiento de nuestro destino manifiesto es extendernos por todo el continente que nos ha sido asignado por la Providencia, para el desarrollo del gran experimento de libertad y autogobierno. Es un derecho como el que tiene un árbol de obtener el aire y la tierra necesarios para el desarrollo pleno de sus capacidades y el crecimiento que tiene como destino.

¡Hoy en día, ni Donald Trump se atreve a hablar con la misma franqueza! Fíjese cómo O'Sullivan se refiere a la conquista de territorios ajenos como un "derecho" o algo natural e imprescindible, concedido nada menos que por Dios, para asegurar "el desarrollo pleno" de la nación. Claramente, esta declaración es una de las panegíricas más claras, sino la más clara de todas, del imperialismo estadounidense. Sin embargo, antes de continuar es imperativo aclarar que esta no fue la primera vez que EE.UU. demostraba una tendencia expansionista, pues resulta que la nación ya había llevado a cabo dos anexiones, la de la Florida Occidental y la Florida Oriental, en 1810 y 1819, respectivamente. De todos modos, el mensaje de O'Sullivan estaba refiriéndose específicamente a su vecino occidental, al cual las fuerzas de su país invadirían, y desmembrarían, el año siguiente durante la Intervención estadounidense en México/Guerra entre Estados Unidos y México. Las tensiones entre ambos países tuvieron su inicio 8 años antes cuando EE.UU. instigó y apoyó la creación, por parte de emigrantes estadounidenses, de un estado renegado dentro del costado nororiental de México. Cabe señalar que esta fue precisamente la misma táctica empleada para anexar las Floridas, ya que en esos casos Washington fomentó la insurrección en ambas colonias e incluso organizó y envió un "Ejército Patriota" para invadir a la Florida Oriental. Volviendo al asunto en cuestión, la provincia renegada se independizó en 1836, convirtiéndose en la república de Texas. Así es. Los tatarabuelos de aquellos que tanto se quejan de las hordas de inmigrantes mejicanos y del supuesto daño que le hacen a su país fueron los que de veras le hicieron un grandísimo daño a la nación anfitriona, ya que México les había abierto sus puertas para que poblaran el norte de su territorio. ¿Será por eso que los estadounidenses del siglo XXI se muestran tan preocupados por la inmigración de latinoamericanos?

Volviendo al tema de las tensiones entre EE.UU. y México, el detonante de la guerra fue la anexión formal de esa entidad rebelde por parte de EE.UU. en 1845. En resumidas cuentas, luego de dos años de lucha México sufrió una devastadora derrota que le costó la pérdida de poco más de la mitad de su territorio. ¿Y cuáles fueron los factores que contribuyeron a tal desenlace? Pues, primeramente, que la población de México era menos de la mitad de la de su vecino hostil: la población entera de todo el norte del país, o lo que hoy son los estados de California, Nevada, Utah, Nuevo México, Texas, partes de Arizona, Colorado, Nuevo México, Wyoming, Kansas y Oklahoma, no llegaba ni a los 100,000 habitantes. Y, en segundo lugar, que México se encontraba muy debilitada por la larga guerra de independencia (1810-1821) y divisiones internas pues, además de Texas, hubo otros estados que se separaron, aunque efímeramente, de la unión. Aunque mediante el Tratado de Guadalupe Hidalgo o, como se le conoce oficialmente, Tratado de Paz, Amistad, Límites y Arreglo Definitivo entre los Estados Unidos Mexicanos y los Estados Unidos de América (1848), Washington se comprometió a pagarle una compensación de $15 millones, "3 millones de dólares de inmediato y el resto en pagos anuales a un interés del 6 % anual", lo cierto es que Washington nunca pagó la totalidad de ese dinero. Así fue como EE.UU. aseguró su destino como el imperio dominante de la segunda mitad del siglo XX y principios del siglo XXI, ya que la conquista de la mitad de su vecino latinoamericano le proveyó dos elementos cruciales para su descomunal crecimiento económico: un mejor acceso al océano Pacífico (junto al Territorio de Oregón, anexado de Gran Bretaña mediante el tratado de Oregón, poco después del inicio de la guerra) y, por ende, a los lucrativos mercados de Asia, y una vasta región repleta de recursos minerales e hidrocarburos (petróleo y gas natural). Sépase que los dos estados más ricos de la nación norteamericana son California y Texas con un producto interno bruto (PIB) de $2,602,672,000,000 y $1,616,801,000,000, respectivamente. Más aún, si se sumaran los PIB de todos los estados que le fueron arrebatados a México —para ser más exactos, como $6\frac{7}{8}$ si unimos todos los fragmentos de Arizona, Colorado, Nuevo México, Wyoming, Kansas y Oklahoma que le pertenecían a esa nación antes de 1848— se obtendría un total cercano a los $4,900,000,000,000 o poco más del 25% del PIB de esa nación en el 2016 (bea.gov | Gross domestic product (GDP) by state). Para ponerlo en perspectiva, si dichos estados conformasen un solo país, su posición mundial en 2016 hubiese quedado prácticamente empatada con la de Japón ($4.9 trillones) el cual, desde el 2010, ha ocupado la tercera posición.

La expansión hacia el Pacífico

Las cuatro décadas subsecuentes a la invasión de México verían a los estadounidenses culminando la conquista y cuasi-genocidio los pueblos indígenas. Su objetivo se lograría para el 1890, año que vería la masacre de alrededor de 300 lakotas —hombres, mujeres y niños— en la reserva indígena de Pine Ridge en Dakota del Sur. Este trágico evento, conocido hoy en día como la masacre de Wounded Knee ("Wunded Ni"), fue un gran hito para el expansionismo estadounidense, ya que éste representó el fin de lo que los euroamericanos consideraban como el "problema indio", ciertamente el obstáculo más grande que esa nación jamás ha enfrentado. A los europeos y a sus descendientes norteamericanos les tomó nada menos que unos 300 años, y la perdida de decenas de miles de vidas y de grandes cantidades de dinero, para expulsarlos o "pacificarlos" y con ellos fuera del paso Washington no tardó mucho en clavar su mirada sobre territorios más allá de sus fronteras, e incluso en otro continente. Y su primer blanco sería el reino de Hawái, esto porque ese pequeño archipiélago estaba dotado de una cualidad excepcional; su ubicación prácticamente en el centro del océano Pacífico; lo que lo hacía ideal para la proyección de poder sobre ese vasto cuerpo de agua y, por consiguiente, sobre Asia oriental. Cabe señalar que EE.UU. había establecido relaciones con el reino desde los 1820, primero mediante el envío de misioneros predominantemente protestantes y, décadas más tarde, mediante la llegada al archipiélago de ambiciosos especuladores y hombres de negocios.

En una triste repetición de los eventos que devastaron a las poblaciones indígenas de las Américas, la población hawaiana terminó siendo diezmada por las enfermedades epidémicas importadas por los extranjeros, aunque en este caso, si bien los terratenientes y comerciantes provenían principalmente de EE.UU. y Europa, la mayoría eran obreros de China. Para finales de los 1880, ya las élites estadounidenses habían acumulado tanto poder como para apoderarse de la economía y del Estado hawaiano en general orquestando un tipo de golpe suave contra el rey Kalakāua. Esto se hizo con la imposición, mediante el uso de la intimidación por parte de milicias armadas, de la constitución de 1887 documento que despojó a la monarquía hawaiana de prácticamente todo su poder para transferírselo casi exclusivamente a los terratenientes estadounidenses y europeos. Por la injusta naturaleza del proceso, los hawaianos, al igual que varios detractores estadounidenses, la apodarían despectivamente como la "Constitución de la Bayoneta". Bajo este nuevo arreglo el rey Kalakāua se convirtió en una marioneta de EE.UU.

Pero el rey Kalakāua no duró mucho tiempo después de la nueva constitución, pues éste murió en 1891 y, tan solo dos años más tarde, los de facto gobernantes euro-estadounidenses lanzaron un golpe de Estado contra la sucesora de Kalakāua, la reina Liliuokalani, luego de que ella anunciara planes para la creación de una nueva constitución que restaurase el poder de la monarquía hawaiana. El objetivo principal de los golpistas era la eventual anexión a los Estados Unidos. Ansioso por obtener a Hawái a como dé lugar, el ministro de gobierno de EE.UU., John L. Stevens, asistió a los conspiradores con el envió de una compañía de 164 marines al archipiélago. Así, el 4 de julio del año siguiente, el nuevo régimen proclamó la fundación de la llamada República de Hawái la cual prontamente fue declarada un protectorado (lea colonia) de EE.UU. Determinados a defender su soberanía, Liliuokalani y sus seguidores lanzaron una rebelión a principios de 1895, pero ésta fue suprimida rápidamente. Liliuokalani fue arrestada y sentenciada a cinco años de trabajos forzados. No obstante, su sentencia y la de sus seguidores fueron conmutadas luego de que, tras una intensa presión sicológica, ella abdicara su trono.

En 1897, el presidente William McKinley firmó el tratado de anexión de la República de Hawái, pero éste no fue aprobado por el Senado debido a la intensa resistencia de los soberanistas hawaianos. Sin embargo, y lamentablemente, su victoria sería muy efímera, pues, el año siguiente el gobierno estadounidense anexó a su patria comoquiera, esto para poder utilizarla como base para atacar las colonias españolas del Pacífico; Filipinas, Guam y diversas islas de Oceanía; esto porque Washington ya había puesto en marcha un maquiavélico plan para asestarle un golpe demoledor a ese imperio, un golpe que la historia clasificaría como la guerra hispano-estadounidense.

La guerra hispano-estadounidense (1898) estalla cuando Washington finalmente decide unirse al club de potencias imperiales —el cual hasta ese momento había estado compuesto casi exclusivamente de naciones europeas— para convertirse en el único imperio colonial, o con territorios de ultramar, del hemisferio occidental. Resulta que en la década anterior se había culminado la Conferencia de Berlín (1884-1885), una cumbre en la cual las potencias europeas acordaron repartirse entre sí todo el continente africano menos el imperio etíope (esto porque esa fue la única nación africana que pudo derrotar a un imperio europeo; Italia; en aquel entonces) y los Estados Unidos, el cual no se benefició del reparto de África, estaba determinado a obtener, como dirían en ese país, "su pedazo del pastel", a como diera lugar. Aunque hasta ese momento EE.UU. nunca se había atrevido a enfrentar a una potencia marítima tan lejos de sus aguas costeras, la nación seguramente se vio envalentonada por dos factores: la experiencia que adquirió a principios de siglo cuando el almirante Matthew C. Perry exitosamente empleó una flota de cañoneras para forzar a Japón a abrir sus mercados a los productores de EE.UU. y, más importante aún, el hecho de que el imperio español se encontraba seriamente debilitado por divisiones internas más el surgimiento de dos fuertes movimientos independentistas en Cuba y Filipinas. Washington olió sangre.

Definitivamente, las élites de ese país debieron de haber concluido que una intervención ya no podía esperar más, pues Washington llevaba más de un siglo contemplando su expansión hacia la región del Caribe, particularmente sobre Cuba. Y, afortunadamente para ellos, su plan funcionaría a la perfección, ya que la conquista de dichos territorios terminaría siendo una tarea fácil. En cuestión de meses la armada estadounidense destruyó la dilapidada y obsoleta armada española capturando así puntos estratégicos esenciales para la dominación del Caribe y para asegurarse un acceso a la China. Sin embargo, en el caso de Filipinas, la lucha contra los españoles sería solo la primera, y definitivamente la más simple fase de la campaña militar estadounidense puesto que allí se desataría una intensa guerra de guerrillas que se prolongaría durante otros tres años y medio y requeriría sobre 120,000 soldados norteamericanos, unos 4,000 de los cuales morirían en combate, para sofocarla.

Trágicamente, la guerra se tornó tan sanguinaria como para catalogarla como una verdadera una campaña genocida contra los diversos pueblos que componían la nación filipina: según algunos estimados hasta 250,000 filipinos fueron abatidos por los invasores estadounidenses y más de 1 millón más murieron a causa de la política estadounidense de "tierra arrasada" y de "reconcentración". Como el nombre implica, tierra arrasada se basa en la destrucción mediante incendio de todo aquello que pueda serle útil al enemigo como, por ejemplo, las casas y los sembradíos, esto para desmoralizarlo y debilitarlo físicamente. La reconcentración fue algo casi igual de siniestro: la remoción de comunidades rurales hacia zonas controladas por las fuerzas estadounidenses, algo así como campos de concentración, pero mucho menos fortificados. Cabe señalar que, no obstante las afirmaciones de algunos historiadores de que el campo de concentración fue establecido por primera vez en Cuba por el general español Valeriano Weyler quien implantó un calamitoso sistema de control poblacional en esa isla a partir de 1897, lo cierto es que dicho concepto fue inventado por los estadounidenses como parte esencial de su campaña de "pacificación" de los pueblos indígenas. No obstante las medidas draconianas e inhumanas de los estadounidenses, los miembros de la nación mora, o los musulmanes del sur de Filipinas, se rebelarían, desatando otro conflicto, aunque de menor intensidad, que duraría 11 años más o hasta 1913.

Fig. 1. Mapa de la expansión territorial de EE.UU. la cual se desarrolló del este a oeste de Norteamérica y se extendió hasta las regiones centrales del Pacífico y las Antillas. En su apogeo, el imperio colonial llegaría a incluir colonias administradas directamente como Puerto Rico, Filipinas, Guam y otras islas del Pacífico como Palau y Samoa, más protectorados (colonias indirectamente controladas) como Panamá y, durante unos años, Cuba, Haití, República Dominicana, Honduras y Nicaragua.

Con su nuevo imperio colonial y los imperios europeos, con la notable excepción de Francia en Guayana, relegados a un puñado de islas principalmente en las Antillas Menores, las ambiciones de Washington solo aumentaron llegando inclusive a rivalizar las de sus contrapartes del llamado Viejo Mundo. Por ejemplo, durante todo el siglo XX, el imperio norteamericano lanzaría decenas de intervenciones en la región a la cual se refería abiertamente —y despectivamente— como su "patio trasero", es decir, Latinoamérica y el Caribe. Por motivos de espacio, aquí no se abordarán todas las invasiones, golpes de Estado o, como dirían los medios estadounidenses, "intervenciones", lo único que se dirá al respecto es que ninguno de los países latinoamericanos/hispanos, con la posible excepción de Costa Rica, se escaparía de las manos largas del Tío Sam.

La segregación racial

Como se señaló previamente, desde mucho antes de la fundación de los Estados Unidos de América, la cultura angloamericana se ha caracterizado por su rígido y represivo orden social el cual dividía a todos los seres humanos a base de su estatus económico, pero, sobre todo, sus características genéticas, principalmente su pigmentación de piel y sus facciones. O sea, un sistema de castas raciales en el que los europeos/euroamericanos o "blancos", ocupan la posición dominante. Ahora bien, antes de continuar es imperativo enfatizar que, debido a su gran complejidad, aquí solo se proveerá una explicación relativamente sencilla de dicho sistema y sus repercusiones (pero —y perdone el atrevimiento— si desea saber todo acerca de este tema, puede referirse a mi otro libro: *Hipocresía Excepcional*).

A partir del último cuarto del siglo XIX (1876), poco más de una década después de sufrir una devastadora guerra civil (1861-1865) ocasionada principalmente por factores económicos, pero atizada también por motivos raciales, EE.UU. vio un recrudecimiento de la hostilidad hacia los grupos étnicos no blancos, pero principalmente contra los afrodescendientes o negros cuya población en el sur de ese país era, y continúa siendo, considerable. Tal xenofobia se manifestaría en todos los aspectos de la vida cotidiana, esto gracias a la aprobación de una serie de leyes discriminatorias, principalmente estatales y locales, que los estadounidenses denominarían informalmente como las leyes de Jim Crow. Aunque éstas variaban considerablemente de estado a estado, y de municipalidad a municipalidad, todas perseguían el mismo fin: privarle a la población de color de toda participación política e imponer la segregación racial en las instalaciones públicas. Y aunque la ley federal, o del gobierno central en Washington D.C., estipulaba que el tratamiento y las facilidades fueran "separados, pero iguales", en realidad éstas siempre fueron inferiores al tratamiento y las facilidades asegurados para los blancos, sistematizando así un número de desventajas sociales y económicas.

¿Cómo se manifestaba tal segregación? Pues mediante la creación de lugares públicos —baños, bebederos, lugares de espera (en estaciones de trenes, tranvías o autobuses), etc.— separados, y de inferior calidad, para acomodar a personas de tez oscura. Por ejemplo, tres baños en lugar de dos; uno para damas, otro para caballeros y uno para aquellos "de color" (*colored*); o dos bebederos en lugar de uno: uno para "blancos" y uno para los "de color". En el caso de transporte colectivo como tranvías, trenes o autobuses, los pasajeros de tez oscura debían viajar en la parte trasera de cada vagón o del vehículo y, en la eventualidad de que el área asignada a los blancos se llenase, ellos estaban obligados, por ley, a cederle su asiento a la persona blanca. Cabe señalar que, contrario a la creencia popular, la segregación *de iure* (por ley) no se aplicó solamente en el sur de los Estados Unidos, sino también en varios estados del norte, como Maryland en el noreste y; el más draconiano de todos; Oregón en el noroeste. En el caso de este último estado, el racismo fue tal que su misma constitución prohibía la residencia a cualquier "negro, o mulato, que no resid(ía) en (el) estado al momento de (su) adopción". Así es. ¡El estado entero le prohibía la residencia a personas de color!

Sin embargo, cualquier análisis del sistema racista estadounidense simplemente estaría incompleto si no se toma en cuenta que las leyes discriminatorias iban acompañadas por una serie de medidas informales —o, más bien, extralegales— cuyo efecto era mucho más pernicioso. Se trata pues de lo que se conoce colectivamente como la ética de Jim Crow: un tipo de código de comportamiento entre las razas. He aquí una pequeña muestra de sus normas (http://www.africanamerica.org/topic/jim-crow-etiquette):

- Un hombre negro no podía darle la mano a un hombre blanco, esto porque dicho acto implicaba igualdad social. Obviamente, un hombre negro jamás podía ofrecer su mano, o cualquier otra parte de su cuerpo, a una mujer blanca, porque se corría el riesgo de ser acusado de violación.

- En ninguna circunstancia era permitido que un hombre negro le encendiera un cigarrillo a una mujer blanca — ese gesto implicaba intimidad.

- Los negros debían ser presentados a los blancos, nunca los blancos a los negros. Por ejemplo: "el Señor Peters (el blanco), este es Charlie (el negro) del que le hablé."

- Los blancos no podían usar títulos de respeto como, por ejemplo, Señor, Señora o Señorita, para referirse a los negros. Éstos solo podían ser llamados por sus nombres de pila. Los negros tenían que utilizar los títulos de cortesía al referirse a los blancos, y nunca se les permitía llamarlos por sus nombres de pila.

- Los automovilistas blancos tenían el derecho de paso en todas las intersecciones. Lo mismo aplicaba en el caso de los peatones cuando caminaban por las aceras: al encontrarse con una persona blanca, los negros debían moverse a la zanja o la calle.

Ahora usted debe estarse preguntando ¿Cómo es posible que las víctimas de dichas leyes y costumbres hayan aceptado tales humillaciones sin ofrecer ningún tipo de resistencia? Y además ¿Por qué diablos los blancos sentían tal aversión y odio hacia la gente de color? Bueno. Para contestar la primera pregunta, las autoridades blancas, quienes recordemos contaban con el apoyo de la gran mayoría de la población, la cual era blanca, tenían un arma muy, muy efectiva para mantener a sus ciudadanos de segunda en "su lugar": tácticas de presión que abarcaban desde medidas legales como las multas y el arresto, hasta medidas semi-legales y extralegales como las palizas y, el más espantoso y temido de todos: el linchamiento. ¿Y qué exactamente es un linchamiento? Pues un acto de extrema violencia u homicidio cometido por una muchedumbre contra una o un puñado de personas acusadas de cometer un acto considerado criminal, inmoral o ignominioso. Y, en el caso de EE.UU. durante la época de segregación racial o Jim Crow, dicho fenómeno se convertiría en el mecanismo perfecto para aterrorizar a las poblaciones de color (mestizos, indígenas, hispanos, etc.) para así disuadirlas de la idea de cruzar los límites impuestos sobre ellas. Aunque en la mayoría de los casos las víctimas eran asesinadas por pequeños grupos de vigilantes blancos a altas horas de la noche, en ocasiones los linchamientos se convir- tieron en espectáculos populares con un ambiente verdaderamente circense, con niños y todo, como si se tratase de un macabro y mórbido modo de celebrar la supremacía blanca… y para intimidar a los no blancos. De hecho, no era nada inusual que los periódicos publicasen anuncios *con anticipación* de linchamientos, pues la prensa llegó a desempeñar un rol muy importante en la diseminación de estos mensajes de terror. Tan increíble como parezca, ¡muchas de las fotografías de los cuerpos —incluyendo a los de un puñado de mujeres— ahorcados, calcinados y desmembrados (Figura 2) terminaron vendiéndose como postales y carteles!, una aborrecible práctica imitada por los alemanes en los 1940 (con fotos principalmente de judíos, por supuesto). Ahora estamos entendiendo por qué, a diferencia de todos los demás países de las Américas, con la notable excepción de Canadá, la población de EE.UU. se ha mantenido tan blanca y por qué muchos afro-estadounidenses optan por ondear o lucir la bandera panafricana; un tricolor de franjas horizontales roja, negra y verde; en lugar de las barras y estrellas rojo, blanco y azul de EE.UU.

Respecto a la pregunta de por qué tanto desprecio y aversión hacia las personas de color, la respuesta es que la creencia anglosajona sostenía que la mezcla racial, o, como la llamaban en inglés, *miscegenation*, provocaría la degradación o involución (*mongrelization*)

Fig. 2. Macabros suvenires: una postal y un cartel de linchamientos. A) El de Laura y Lawrence Nelson (quien no aparece en la foto) en Oklahoma, el 25 de mayo de 1911, y **B)** el de dos hombres negros no identificados. Note cómo el cartel orgullosamente anuncia el estado de Misisipi, una clara amenaza para la gente de color puesto que este fue distribuido durante los años sesenta durante el segundo movimiento por los derechos civiles. Crédito: Dominio público.

de la raza blanca en general y, por ende, era imperativo impedir o limitar, lo más que fuera posible, la interacción con las personas de color, incluyendo los amerindios, e incluso los asiáticos. Por supuesto, dicha teoría es totalmente falsa siendo nada más que una vil calumnia diseñada para justificar la inhumana explotación y subyugación de todo ese segmento de la humanidad —la mayor parte, de hecho— que no era de descendencia europea. Esto quedó evidenciado por las obras de un genio estadounidense de descendencia africana llamado Benjamin Banneker (1731-1806) quien terminó convirtiéndose en un excepcional astrónomo, matemático, compilador de almanaques e inventor, esto a pesar de que nunca recibió una educación universitaria.

Pero las humillaciones enumeradas en la lista anterior eran tan solo ejemplos de lo que ocurría cuando las razas se encontraban, pues, desconcertantemente, la perniciosa influencia del racismo iba muchísimo más lejos de lo que las mentes de la actualidad pudieran imaginarse. Así es. Aún más lejos que los linchamientos, pues éstos solo se aplicaban en los casos más extremos. Lo cierto es que en el Estados Unidos de las postrimerías del siglo XIX y albores del siglo XX el racismo no era una mera aberración o mala costumbre limitada a las zonas rurales más aisladas o atrasadas del país. Todo lo contrario. Allí el racismo permeaba absolutamente todos los ámbitos de la sociedad, tanto el económico como el cultural, haciéndose sentir en las grandes urbes del país como Nueva York o Chicago. Allí el racismo era el elemento esencial de la cultura misma. Todo desde los juegos de niños, las películas, la literatura y el teatro, los medios de comunicación (por ejemplo, las noticias y los comerciales de la radio y la prensa), e inclusive la iglesia y las instituciones "educativas" y "científicas", quedaron manchadas o corrompidas por esa patología social, esto porque a principios de siglo la nación norteamericana se vio seducida por el racismo científico, una distorsión de las teorías del darwinismo y la eugenesia que, como podrá imaginarse, preconizaba la supremacía blanca, en específico la de la llamada raza nórdica o los descendientes de los grupos étnicos de Escandinavia. Dicha seudociencia —la cual no se originó en EE.UU., sino en su madre patria, Gran Bretaña— cobró auge a partir de 1915 tras el estreno de *El nacimiento de una nación* (*The Birth of a Nation*), una innovadora película muda producida por David Wark Griffith, y con la publicación, el año siguiente, del libro *El deceso de la gran raza: o, la base racial de la historia europea* (*The Passing of the Great Race: Or, The Racial Basis of European History*), de Madison Grant. Respecto a *El nacimiento de una nación*, cabe señalar que la película de tres horas de duración —la cual fue un gran éxito, tanto taquillero como cinematográfico— es una verdadera panegírica de la supremacía blanca, ya que ésta muestra a los negros —cuyos roles fueron hechos por blancos pintados— como unos salvajes subhumanos que merecen ser subyugados, a la vez que promueve abiertamente al Ku Klux Klan, organización que muestra como heroica y patriótica.

Por si las dudas, el Ku Klux Klan tan glorificado en la película era un grupo terrorista notorio por cometer crímenes que van desde la agresión e incendio provocado, hasta la tortura y el asesinato de alrededor de mil personas, en su mayoría de color, pero también de un puñado de judíos, e incluso blancos izquierdistas o de movimientos comunistas o sindicalistas. Si alguna vez ha visto una fotografía o video mostrando unos hombres con trajes y capirotes blancos haciendo el saludo nazi (originalmente romano) y gritando "*White power!*" o "¡Poder blanco!" frente a una cruz prendida en fuego (o, como ellos dicen, iluminada), entonces usted ha visto al Ku Klux Klan en acción. Evidenciando el intenso racismo de la época, en 1915 el largometraje fue exhibido nada menos que en la Casa Blanca (La primera película exihibida allí.) para el deleite del presidente Woodrow Wilson quien, dicho sea de paso, era sureño, y quien quedó tan impresionado con la obra de Griffith que él declaró que su ofensivo mensaje era "verdad" y que además fue "como escribir la historia con un rayo". ¡Y esto de una película que muestra a los negros como violadores y hasta muestra el linchamiento de un hombre! ¡Increíblemente, hasta el día de hoy la historia estadounidense describe a Wilson como un presidente "progresivo"! ¿Acaso se les ha olvidado que el Ku Klux Klan solía ahorcar y volar en cantos a sus víctimas? Bueno. Por lo menos cien años después los presidentes estadounidenses finalmente han aprendido a repudiar el terrorismo en vez de elogiarlo... bueno, al menos públicamente.

Respecto al libro de Madison Grant, éste también fue bien recibido, aunque no tanto como la película de Griffith, esto a pesar de que su tesis estaba plagada de errores, como, por ejemplo, su valoración de la raza en lugar del medio ambiente como el factor más decisivo de los procesos históricos. Entre las propuestas de Grant —quien, dicho de paso, también fue un acérrimo defensor de la eugenesia— se encontraba la esterilización de aquellos que él catalogaba como "indeseables" o "debiluchos" y "tal vez en última instancia a tipos de raza inútiles". Escalofriante ¿no? Ciertamente, si los nombres de los proponentes de estas detestables obras e ideas no estuviesen disponibles uno pensaría que todas ellas se originaron en Alemania. Eso sí, de todos los países del mundo, solo la Alemania nazi (1933-1945) adoptaría tal seudociencia con mayor fervor que EE.UU.

La lucha por los derechos civiles

Bueno. Como ya sabemos los detalles más básicos de las relaciones raciales en EE.UU., ahora brincaremos los años treinta y cuarenta para enfocar nuestra atención sobre la segunda mitad del siglo XX, pues resulta que de los años cincuenta en adelante la nación estadounidense experimentaría una ola de cambios y turbulencias sociales de una magnitud que no se había visto desde los años sesenta y setenta del siglo anterior tras la guerra civil o durante el periodo de la reconstrucción. El segundo movimiento por los derechos civiles comenzaba a florecer, un movimiento cuyos miembros terminarían lanzando lo que hasta el sol de hoy ha sido la más coordinada y decidida campaña de resistencia contra la segregación institucionalizada en la historia de Estados Unidos.

En 1954, dicha campaña se vería estimulada por el resultado del caso *Brown contra el Consejo de Educación de Topeka* en el cual la Corte Suprema de los Estados Unidos ilegalizó la segregación racial en todas las instituciones educativas del país. Cabe señalar que para aquel entonces poco más de un tercio de los 48 estados de la nación (Alaska y Hawái todavía no eran estados) prohibían explícitamente esa vil práctica, pero, al mismo tiempo, cinco de los estados segregacionistas se encontraban en el norte y todos los cuatro estados donde la segregación era opcional, o permisible a nivel municipal o local, se encontraban en el oeste.

Encabezado principalmente por el reverendo Martin Luther King Jr. —quien, a su vez, derivó su inspiración del líder hindú Mahatma Gandhi— y la organización sobre la cual él presidió, la Conferencia Sureña de Liderazgo Cristiano (SCLC por sus siglas en inglés), pero también asistido por la Asociación Nacional para el Avance de la Gente de Color (NAACP), el Congreso de Igualdad Racial (CORE) y el Comité Coordinador Estudiantil No Violento (Student Nonviolent Coordinating Committee o SNCC) (pronunciado "snick"), dicho movimiento, el cual era predominantemente cristiano, se basó en el uso de métodos pacíficos o de resistencia pasiva para lograr la desegregación o el acceso igualitario a todos los servicios e instituciones públicas del país. Sus tácticas favoritas fueron los boicots, las "sentadas" (*sit-ins*) y los llamados viajes de la libertad (*freedom rides*). Como la palabra implica, una "sentada" (*sit-in*) era el acto de sentarse y esperar ser atendidos en áreas reservadas exclusivamente para blancos como, por ejemplo, en las cafeterías, restaurantes, etc., mientras que los viajes de la libertad eran viajes en autobuses interestatales hacia los estados segregacionistas para desafiar la segregación *de facto* que éstos practicaban en flagrante desafío a la Corte Suprema la cual también había determinado, aunque en otros casos no relacionados a *Brown contra el Consejo de Educación*, que los sistemas de transportación interestatales no podían segregarse por raza. Sin duda la figura más famosa con respecto a esta fase de la lucha fue Rosa Parks, una valiente señora que en 1955 fue enviada a la cárcel y acusada de perturbación a la paz por haberse negado a ceder el asiento a un blanco y moverse a la parte trasera de un autobús en Montgomery, Alabama.

Naturalmente, las marchas y sentadas usualmente no terminaban sin violencia, hecho ilustrado perfectamente por la marcha de Selma a Montgomery en marzo de 1965, sin duda uno de los eventos más importantes de la historia del movimiento por los derechos civiles en EE.UU. La Liga de Votantes del Condado de Dallas (Alabama) y el SNCC habían estado intentando durante un año registrar a los negros para votar. El foco de la lucha fue el tribunal del condado ubicado en la ciudad de Selma donde el sheriff local, un racista abusivo llamado Jim Clark, les impedía la entrada al edificio a los manifestantes. Sabiendo esto, el SCLC decidió centrar sus esfuerzos en Selma con el fin de atraer la atención nacional y, a su vez, presionar al presidente Lyndon B. Johnson y al Congreso para que promulgaran nuevas leyes nacionales de derecho al voto. El 16 de febrero, uno de los líderes del movimiento, Cordy Tindell Vivian, tuvo un altercado físico con Clark en los terrenos del juzgado. Dos días después, un manifestante llamado Jimmie Lee Jackson recibió un tiro de un policía estatal durante una marcha nocturna en Marion, una ciudad en el vecino condado de Perry. Jackson murió unos días después, incitando a la SCLC a organizar otra manifestación pasiva. Aunque originalmente debía tomar solo un día (el 7 de marzo), debido a la obstrucción y la represión de las autoridades estatales de Alabama, la manifestación terminó convirtiéndose en tres marchas. La primera marcha, la cual estuvo compuesta de alrededor de 600 manifestantes, iba de acuerdo con el plan hasta que los manifestantes cruzaron el puente Edmund Pettus donde se encontraron con un muro compuesto por policías estatales y un *posse* ("posi"), o banda armada semi-oficial, esperándoles al otro lado. El comandante de la policía estatal, John Cloud, les ordenó que viraran y, cuando los manifestantes se rehusaron a hacerlo, los policías estatales comenzaron a empujarlos, a aporrearlos con cachiporras y a lanzarles gas lacrimógeno. Seguidamente, la policía montada se lanzó sobre ellos, arrinconándolos y atacándolos brutalmente. Cincuenta manifestantes resultaron heridos, con diecisiete de ellos hospitalizados, incluyendo una de los organizadores de la marcha, Amelia Boynton, la cual recibió unos golpes tan fuertes que quedó inconsciente.

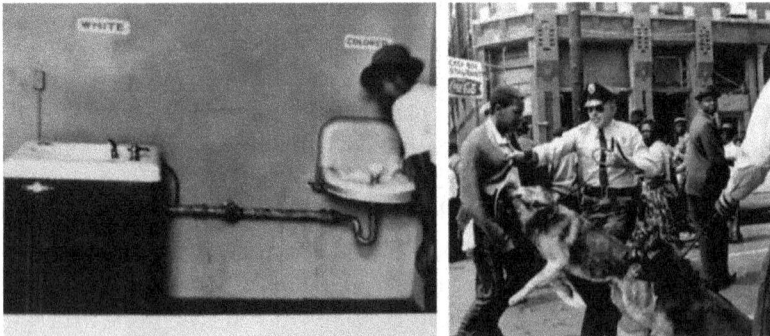

Fig. 3. Imagen típica de la segregación racial practicada en varios estados de EE.UU. —todos los del sur más algunos del norte— hasta la segunda mitad del siglo XX. En este caso se pueden apreciar los comunes e infames rótulos de "BLANCO" (izq.) y "DE COLOR" (der.) fijados sobre dos bebederos públicos. (B) Manifestante atacado por un policía durante el Domingo Sangriento, como se le ha llamado al asalto por parte de fuerzas policiales y soldados de Alabama, contra 600 manifestantes mientras intentaban marchar de Selma a Montgomery el 7 de marzo de 1965. Crédito: Elliot Erwitt/Magnum Photos, Paul Townsend/AP.

Traumatizados, pero no derrotados, los manifestantes hicieron un segundo intento el 9 de marzo, esta vez con 2,500 manifestantes, pero ellos solo llegaron hasta el otro extremo del puente, realizando una breve sesión de oración antes de virar. Ese mismo día, una turba de miembros del KKK asesinó a James Reeb, un ministro de Boston que había llegado a Selma para participar en la marcha. Finalmente, del 21 al 25 de marzo, tras recibir apoyo de los tribunales y otras fuerzas federales, un total aproximándose a las 25,000 personas marchó una distancia de 86 kilómetros desde Selma hasta los escalones del Edificio del Capitolio Estatal en Montgomery. El día 25, King pronunció su famoso discurso *Cuánto tiempo, no mucho tiempo* en el cual dijo que:

> Nunca hubo un momento en la historia de Estados Unidos más honorable y más inspirador que la peregrinación de clérigos y laicos de todas las razas y religiones que acudieron a Selma para enfrentar el peligro al lado de sus negros asediados.

Trágicamente, esa noche Viola Liuzzo, una madre blanca de cinco niños de Detroit, que había llegado a Alabama para apoyar el derecho al voto para los negros, fue asesinada por miembros del KKK mientras estaba transportando a los manifestantes de vuelta a Selma. No obstante, los primeros dos reveses, el primero siendo denominado popularmente como el Domingo Sangriento, los eventos de marzo de 1965 terminaron convirtiéndose en una gran victoria para los defensores de los derechos civiles, pues las imágenes de la excesiva violencia policial contra hombres, y también mujeres pacíficos recorrieron todo el mundo induciendo el repudio de la mayoría de los estadounidenses, incluso de algunos de los partidarios de la segregación racial.

Reenfocando nuestra atención sobre Martin Luther King, él indudablemente fue la voz más influyente de todas, severamente criticando no solo el racismo institucional, sino también la Guerra de Indochina y la pobreza en general. Por sus esfuerzos contra la segregación y la discriminación racial, los cuales emprendió desde muy joven, en 1964 él fue galardonado con el Premio Nobel de la Paz, convirtiéndose así en la persona más joven que lo haya recibido (35 años). El año anterior King ya había asegurado su prominente posición histórica cuando lideró la Marcha sobre Washington por el trabajo y la libertad, a finales de agosto, evento que culminó con el pronunciamiento, desde las escalinatas del Monumento a Lincoln, de su discurso más memorable: *I have a dream* o "Yo tengo un sueño". Por su elocuencia, dicho discurso ha sido considerado como uno de los mejores de la historia, pues éste crearía conciencia sobre las inmensas dificultades y obstáculos que enfrentaban las personas de color en los Estados Unidos.

Ahora bien, cabe señalar que hubo otra organización que también desempeñó un rol, aunque a una escala menor y mucho más controversial, contra la desigualdad racial estadounidense: la Nación del Islam (NOI). Sin embargo, y en fuerte contraste con la estrategia de la no-violencia de la facción mayoritaria cristiana del movimiento, la facción musulmana adoptaría una postura decididamente agresiva e intolerante llegando inclusive a preconizar el concepto de la supremacía negra y la segregación racial contra los blancos.

Sin duda su portavoz más influyente fue el carismático Malcolm X cuyo lema de "por cualquier medio que sea necesario" dejaba muy claro su inclinación a la violencia para resistir la opresión racista. Asimismo, hubo otros líderes y organizaciones además de los miembros de la Nación del Islam (de la división FOI o Fruto del Islam) que practicaron y auspiciaron el uso de armas de fuego para defenderse de los persistentes y usualmente salvajes ataques de sus opositores blancos. Quizás los más famosos de ellos fueron las Panteras Negras, una organización paramilitar revolucionaria que auspiciaba el derrocamiento del gobierno estadounidense, y, del lado más pacifista, Robert F. Williams de la división de Carolina del Norte de la NAACP.

Naturalmente, la idea de que los negros, los cuales siempre habían sido marginados y humillados por la sociedad estadounidense, de repente se atrevieran a exigir la plena igualdad con los blancos generó gran indignación e ira en la población blanca, especialmente la del sur de la nación donde la negrofobia era aún más intensa.

Determinados a proteger su privilegio social, al cual convenientemente veían como un modo de vida totalmente natural, e incluso ordenado por Dios, los blancos más fanáticos establecieron una serie de organizaciones, todas ellas legales, pero que usualmente operaban fuera de la ley, para frenar los avances del movimiento por los derechos civiles. De todas ellas las más importantes fueron el Consejo de Ciudadanos (Citizen's Council) y, el más violento e infame de todos, el Ku Klux Klan. Sin duda el peor acto cometido por ese grupo terrorista durante esa época fue el bombazo de la Iglesia Bautista de la Calle 16 en Birmingham, Alabama en 1963. El bombazo causó la muerte de cuatro niñas, todas menores de 15 años, e hirió a 22 personas más. Entre los heridos había una niña de 12 años que quedó ciega de un ojo. Inhumanamente, los miembros del Klan y muchos de sus simpatizantes celebraron la atrocidad porque, según ellos, el mundo tenía "cuatro negros menos" ("four niggers less"). Cabe señalar que en inglés *nigger* es un epíteto despectivo considerado muy ofensivo por lo que NUNCA debe considerarse como el equivalente de la palabra "negro" en otros idiomas. En el ámbito gubernamental, la Comisión de Soberanía del Estado de Misisipi o "Sov-Com" fue un organismo estatal dirigido por el gobernador de Misisipi. El objetivo declarado de la comisión era "proteger la soberanía del estado de Misisipi, y sus estados hermanos" de "la invasión… del gobierno federal". Entre sus actividades principales se encontraban la coordinación de actividades para mostrar la segregación racial como algo positivo, la recopilación de datos y el rastreo de toda persona asociada con el movimiento por los derechos civiles y, por supuesto, también los comunistas u otros izquierdistas. Como fue señalado previamente, por lo general la reacción de las autoridades de estados del llamado "sur profundo" (*Deep South*), especialmente Misisipi y Alabama, fue verdaderamente brutal. Durante sus 21 años de existencia (1956-1977), la Sov-Com fichó o vigiló a más de 87,000 personas, tanto blancos como negros o mestizos, y hasta llegó a ser cómplice en el asesinato de trabajadores de derechos civiles, razón por la cual el periodista Bill Minor la apodó como "la KGB de los terrenos del algodón".

Además de la Sov-Com, Misisipi siempre podía contar con sus agencias tradicionales de ejecución de la ley para mantener su muy celado orden racista. Por ejemplo, tan tarde como en 1970, las fuerzas policiales estatales y de la ciudad de Jackson abrieron fuego injustificado contra un grupo de estudiantes negros, matando a dos de ellos e hiriendo a varios otros. Resulta que el 14 de mayo, como a eso de las 9:30 p.m., alrededor de 100 estudiantes dentro de los predios de la Universidad Estatal de Jackson comenzaron a prender fuegos, a lanzar rocas contra automovilistas, y a volcar vehículos después de escuchar un falso rumor asegurando que el activista, y hermano menor del famoso defensor de los derechos civiles Medgar Evers, Charles Evers, había sido asesinado. Cuando los bomberos enviados a la escena solicitaron apoyo de la policía la respuesta fue rápida y contundente: al menos 75 unidades de la policía de la ciudad de Jackson y de la Patrulla de Carreteras de Misisipi se presentaron en la escena. Después de que los bomberos abandonaron la escena, poco antes de la medianoche, la policía comenzó a dispersar a la multitud que se había congregado frente al dormitorio femenino Alexander Hall cuando de repente comenzaron a dispararles a los jóvenes, matando a dos e hiriendo a doce. Los cinco pisos del dormitorio quedaron agujereados por más de 460 tiros que rompieron todas las ventanas que daban a la calle. A pesar de que algunos de los heridos corrían el riesgo de desangrarse en el suelo, las ambulancias no fueron llamadas hasta después de que los oficiales recogieron todos los casquillos de bala que pudieron obligando a los infortunados jóvenes a esperar casi 20 minutos para ser transportados al hospital de la Universidad.

Pero eso no es todo, pues resulta que, contrario a la creencia popular, el gobierno central también fue cómplice de la persecución, el hostigamiento... y otras violaciones a los derechos de los líderes del movimiento antirracista. En un episodio que solo puede describirse como ignominioso, el FBI (Oficina Federal de Investigaciones), bajo la dirección del paranoico y autoritario J. Edgar Hoover, lanzó una operación de espionaje sobre King, un ex miembro del Partido Comunista llamado Stanley Levison, y otros de sus confidentes y figuras influyentes dentro del movimiento, con el fin de encontrar sus supuestos vínculos con organizaciones comunistas o antiestadounidenses. Dicha operación fue parte del programa de Contrainteligencia de la agencia, mejor conocido como COINTELPRO. King fue identificado como una posible amenaza porque el FBI temía que él podría terminar convirtiéndose en un "mesías" que podría unificar a los nacionalistas negros y, por consiguiente, poner en peligro, o al menos desestabilizar, el sistema socioeconómico estadounidense. Las actividades de monitoreo se intensificaron en el otoño de 1963, justo después de la marcha sobre Washington, cuando el FBI plantó escuchas telefónicas en la residencia de King, en sus oficinas, e incluso en las habitaciones de hotel donde pernoctaba. Mediante la plantación de estos micrófonos el FBI pudo descubrir que King tenía un lado oscuro; una proclividad a la infidelidad matrimonial; lo cual, naturalmente, la agencia no tardó en explotar. Así, el FBI se dio a la tarea de iniciar una guerra sicológica contra el hombre que la agencia había denominado "el líder negro más peligroso y efectivo en el país".

El primer paso fue la filtración a la prensa de información acerca de las relaciones sexuales extramaritales de King. Cuando la gran mayoría de los medios se rehusó a publicar dicha información, un iracundo Hoover fue aún más lejos, llegando a ordenar la redacción y enviándole a King una carta simulando ser de un activista decepcionado que amenazaba con sacar a luz pública todos los detalles más humillantes de sus aventuras sexuales. "Solo hay una salida para usted, bestia. Mejor que la tome antes de que su fraudulenta, asquerosa, anormal (vida) quede al descubierto ante la nación", advertía la misiva aparentemente instándolo a cometer suicidio. Ni King, ni sus confidentes tardaron en deducir que la carta había sido obra del FBI. Como si fuera poco, King también recibió amenazas telefónicas perturbadoras. Cuando ninguno de estos métodos funcionó, Hoover volvió a hacer de las suyas, esta vez convocando una conferencia de prensa, tan solo días antes de que King viajara a Oslo para recibir el premio Nobel de la paz, para atacar personalmente al reverendo al cual llamó "el mentiroso más notorio del país". Cabe señalar que King también era fuertemente vigilado por la Agencia de Seguridad Nacional (NSA por sus siglas en inglés), la cual hacía seguimiento de sus llamadas telefónicas y telegramas... ¡y que la orden de plantar escuchas fue autorizada por el presidente John F. Kennedy y firmada por su hermano, y procurador general, Robert F. Kennedy!

Hablando del presidente Kennedy, he aquí lo que el presidente Kennedy dijo en una de sus conversaciones secretas acerca de King:

> El problema con King es que todo el mundo piensa que él es nuestro nene (*boy*) (¡!) comoquiera. Así que (en cuanto a) todo lo que él hace, todo el mundo dice que lo estamos poniendo allí. Así que debemos tenerlo bien rodeado. (...) Creo que deberíamos tener (vigilados) a muchos otros. King está tan caliente estos días que es como si (Karl) Marx llegara a la Casa Blanca, yo debo tener el (...) me gustaría tener al menos algunos gobernadores o alcaldes o empresarios del sur primero.

Claramente, el presidente Kennedy no estaba nada de contento con King. ¡¿Y qué es eso de referirse a King como un "nene", un término ofensivo para referirse a un hombre negro, y de querer recibir a oficiales o empresarios del sur antes que a un ganador del premio Nobel de la paz?! Lo cierto es que Kennedy, al igual que Woodrow Wilson, no merece ser catalogado como progresivo.

Y, ya que estamos hablando del sur, un aspecto notable de la época fue las tensiones muy serias entre los estados del sur y el gobierno central, tanto así que en dos ocasiones ambos bandos midieron fuerzas con sus soldados de por medio. Por ejemplo, en septiembre de 1957, en el estado de Arkansas surgió una crisis cuando el gobernador Orval Faubus movilizó a la Guardia Nacional de Arkansas para evitar que nueve estudiantes negros que habían demandado al estado por el derecho a estudiar en una escuela integrada pudieran asistir a la escuela superior del centro de Little Rock. Reluctantemente, el presidente Dwight D. Eisenhower desplegó elementos de la 101ª División Aerotransportada del Ejército para escoltar a los "Nueve de Little Rock" a clases. Afortunadamente, las tropas de Arkansas no opusieron resistencia, aunque el primer día de clases los estudiantes tuvieron que pasar por una multitud de blancos insultándolos y escupiéndoles y además tuvieron que soportar el hostigamiento continuo de sus compañeros el resto del año. El 30 de septiembre de 1962, otra crisis estalló cuando un joven negro llamado James Meredith radicó y ganó una demanda contra la Universidad de Misisipi para que se le permitiera estudiar allí. Airado, el gobernador Ross R. Barnett bloqueó su admisión a la universidad proclamando que "ninguna escuela será integrada en Misisipi mientras yo sea gobernador." Así, él y su lugarteniente, Paul B. Johnson Jr., ignorando una sentencia de la corte federal de apelaciones del quinto circuito declarándolos en desacato e imponiéndoles hasta $10,000 de multa a cada uno, se negaron a permitir que Meredith se inscribiera en la universidad.

Nuevamente, el ejército, esta vez los mariscales o U.S. Marshals, esta vez bajo órdenes del presidente John F. Kennedy, tuvieron que ser enviados a una institución educativa para asegurar la asistencia de un alumno de color. Sin embargo, esa misma noche la situación se tornó extremadamente violenta cuando una turba de estudiantes blancos y otros blancos del exterior comenzaron a atacar a los mariscales que estaban escoltando a Meredith en el Lyceum Hall. Primero les arrojaron piedras y luego les dispararon, matando dos personas, entre ellos un periodista francés. Pero lo más alarmante de todo fue el total de heridos de los mariscales: 188, 28 de ellos por impacto de bala. Tras recibir asistencia de la policía de carreteras de Misisipi, Kennedy envió al ejército regular para suprimir el levantamiento segregacionista. Meredith pudo iniciar sus clases al día siguiente gracias a una fuerte presencia militar.

Afortunadamente, los esfuerzos por sabotear o detener el movimiento por los derechos civiles no fue tan exitoso como los supremacistas blancos hubiesen deseado puesto que la mayor parte de los derechos reclamados por el movimiento se harían realidad con la aprobación de la Ley de derechos civiles de 1964 y la Ley de derecho de voto de 1965.

Los magnicidios y las sublevaciones urbanas

Si hay algo que distingue a los años sesenta de cualquier otro periodo de la historia estadounidense es el auge de los magnicidios, o asesinatos de líderes políticos, sociales y religiosos, que se registró durante esa década. Y es que, aunque los asesinatos de esa índole definitivamente no eran nada nuevo para los estadounidenses de aquel entonces, lo cierto es que para la gran mayoría de la población esa sería la primera vez que verían tales eventos y con tal frecuencia. Así es. El magnicidio dejó una huella imborrable violentamente silenciando algunas de las voces más inspiradoras —aunque en uno de los casos la voz fue verdaderamente aborrecible y problemática— que EE.UU. jamás ha visto.

Lamentablemente, en estas páginas no se entrará en mucho detalle respecto a las vidas de cada víctima, ni mucho menos de los asesinos o sospechosos de magnicidio, esto porque dicho análisis de por sí llenaría un capítulo entero. Aquí solo se abordarán los temas de los magnicidios de John F. Kennedy, Malcolm X y Martin Luther King dado que en estos casos, pero sobre todo el de Kennedy, la evidencia claramente demuestra que las conclusiones o versiones dadas por Washington respecto a las circunstancias en torno a sus asesinatos son verdaderamente insostenibles. Respecto a los demás magnicidios, para nuestros propósitos solo bastará con saber los datos básicos tales como la fecha y los lugares de los magnicidios, acompañado por los nombres de los líderes asesinados y sus actividades políticas, sociales y religiosas, y el nombre de sus asesinos.

Medgar W. Evers   John F. Kennedy   Malcolm X | Malik el-Shabazz   Martin Luther King Jr.   Robert F. Kennedy   Fred Hampton

He aquí la lista de magnicidios en EE.UU. en orden cronológico:

- 12 de junio, 1963: Medgar Evers, secretario de la NAACP, fue asesinado por Byron de la Beckwith, un miembro del Ku Klux Klan, en Jackson, Misisipi.
- 22 de noviembre, 1963: John F. Kennedy es asesinado mientras viajaba en una caravana de vehículos a través de Dealey Plaza en Dallas, Texas. Cabe señalar que, aunque Washington siempre ha insistido en que el autor del crimen fue Lee Harvey Oswald solamente, la evidencia claramente demuestra que dicha tesis es insostenible.
- 21 de febrero, 1965: Malcolm X es asesinado por miembros de la Nación del Islam en la Ciudad de Nueva York.
- 25 de agosto, 1967: George Lincoln Rockwell, líder del Partido Nazi Estadounidense, es asesinado por John Patler en Arlington, Virginia.
- 4 de abril, 1968: Martin Luther King, Jr. es asesinado en Memphis, Tennessee. Cabe señalar que, aunque Washington siempre ha insistido en que el autor del crimen

541

fue Charles Lee Ray solamente, la evidencia claramente demuestra que dicha tesis es insostenible.
- 5 de junio, 1968: Robert F. Kennedy, senador para el estado de Nueva York, es asesinado por Sirjan Bishara Sirjan en Los Ángeles, después de la toma de California en las elecciones presidenciales nacionales primarias. (Nota: Este caso también ha generado una serie de especulaciones de una posible conspiración, aunque dicho asunto no se discutirá aquí.)
- 4 de diciembre, 1969: Fred Hampton, uno de los líderes más influyentes y carismáticos del Partido Pantera Negra (BPP), es acribillado por oficiales de la policía de Chicago mientras dormía en un apartamento alquilado en la calle West Monroe.

Como ya sabemos, John F. Kennedy fue el que le anunció al mundo la extravagante e irreal meta de poner un ser humano en la Luna y regresarlo seguramente a la Tierra, irónicamente en Texas, el mismo estado, y a menos de 400 km, del lugar donde encontraría su muerte: la ciudad de Dallas. Enfocándonos exclusivamente en su muerte, ésta contiene una serie de detalles tan extraños y contradictorios con la versión oficial como para poner en duda la noción entera de que Lee Harvey Oswald fue el único responsable del crimen. Más importante aún, este caso en particular nos provee un perfecto ejemplo del *modus operandi* de las agencias gubernamentales estadounidenses respecto al control y diseminación de información en momentos de crisis. Según Javier García Sánchez, autor del autoritativo libro *Teoría de la conspiración. Desconstruyendo un magnicidio: Dallas 22/11/63*, lo que la entidad supuestamente encargada de resolver el crimen; la Comisión Warren; pasó como un veredicto producto de una investigación completa y minuciosa en realidad no es digno ni del reconocimiento que ha recibido, ya que "ni siquiera fue una mentira sofisticada, sino burda y ampliada". Y definitivamente Sánchez no está siendo dramático, pues resulta que, al igual que la fábula del programa Apolo, la versión oficial de lo que ocurrió en Dallas ese noviembre de 1963 está tan repleta de agujeros que a nadie debe sorprenderle el hecho de que la mayoría de los estadounidenses nunca se la haya tragado.

Como se dijo previamente, este tema es de tal complejidad como para imposibilitar un análisis plenamente satisfactorio en el espacio tan limitado que nos queda (Para que tenga una idea del reto que dicha tarea representa, sepa que el libro de Sánchez contiene 600 páginas.), así que aquí solo se llevará a cabo un resumen muy, muy básico de ese trágico evento. He aquí los puntos más problemáticos para la versión de Washington:

- NUNCA HUBO JUICIO, esto porque Oswald fue asesinado (por un hombre con vínculos con la mafia llamado Jack Ruby) MIENTRAS ESTABA BAJO CUSTODIA DE LA POLICÍA. Reveladoramente, poco antes de morir Oswald le dijo a la prensa: "Yo solo soy un señuelo (*patsy*)".

- A pesar de que la Comisión Warren determinó que Oswald fue el único responsable del asesinato, más de una década después el Comité Selecto sobre Asesinatos de la Cámara de Representantes (HSCA), cuyo presunto objetivo era investigar los asesinatos de John F. Kennedy y Martin Luther King Jr., concluyó que Kennedy *"probablemente fue asesinado como resultado de una conspiración".* Más precisamente, su determinación fue que un asesino desconocido disparó un tercer tiro (y falló) desde cerca de la esquina de una valla de piquete que estaba en el montículo de hierba FRENTE y por encima del presidente Kennedy. (¡!) (Énfasis añadido.)

- Según un informe publicado en el 2014, nada menos que del jefe historiador de la CIA, David Robarge, la CIA fue culpable de lo que él describió extrañamente como un "encubrimiento benigno" (¡!), siendo "cómplice" de retener información vital para la investigación de la Comisión

Warren. Dicha información detallaba los vínculos de la agencia con la mafia para llevar a cabo operaciones sucias que incluían hasta asesinatos, el más notorio (pero definitivamente no el único) de estos casos siendo el de los atentados y conspiraciones para matar a Fidel Castro. ("DCI John McCone and the Assassination of President John F. Kennedy" (PDF). Studies in Intelligence. CIA. 57 (3): 7–13, 20. C06185413.)

- El historial y perfil de Oswald definitivamente no correspondía con el de un francotirador experto o consumado. Todas las fuentes han confirmado que Oswald —quien, dicho sea de paso, fue miembro del Cuerpo de Marines de los Estados Unidos (USMC)— era un pésimo tirador, apenas obteniendo el mínimo para la calificación como un tirador, e incluso cayendo a la designación inferior de apuntador en 1959. Asimismo, Oswald demostró ser negligente en el uso manejo de armas de fuego llegando a dispararse accidentalmente en el codo con una pistola no autorizada —torpeza por la que fue juzgado en corte marcial— y más tarde fue castigado por disparar su fusil injustificadamente mientras servía en las Filipinas.

- Increíblemente, a pesar de que Oswald desertó a la Unión Soviética, permaneciendo allí de 1959 a 1962, y de que se casó nada menos que con la hija de un coronel de la KGB (Marina Prusakova quien le daría una hija en 1961.), ni la CIA, la NSA, ni ninguna de las demás agencias de inteligencia estadounidenses, aparentemente mostraron la más mínima señal de preocupación tras su regreso a la nación. De hecho, la tranquilidad de Oswald fue tal que casi un año después de arribar él llevó a cabo un atentado de asesinato contra el ultraderechista y racista ex general Edwin Anderson Walker... dependiendo de autobuses públicos para ir a y escapar de la escena del crimen. Más asombroso aún, tras el atentado Oswald se sintió lo suficientemente seguro como para establecer una nueva sede en Nueva Orleans del Comité para el Trato Justo a Cuba (Fair Play for Cuba Committee o FPCC), un grupo a favor de la revolución cubana, y luego cruzar a México para tratar de obtener un visado para la Unión Soviética en la embajada de Cuba. Y, para rematar, ¡tan solo un mes antes de la visita del presidente Kennedy a Dallas, el hiperactivo disidente solicita, y se le da, un puesto de trabajo en el depósito de libros escolares de Texas!

- Ni la viuda del presidente, Jackie Kennedy, ni su secretaria personal, Evelyn Maurine Norton Lincoln, aceptaron la determinación de la Comisión Warren de que Oswald fue el asesino de Kennedy.

- Luego del asesinato de Oswald, OTRAS 50 PERSONAS RELACIONADAS, DE ALGUNA MANERA U OTRA, CON EL CASO FUERON ASESINADAS.

Curioso ¿no? ¡Y estos son meramente algunos de los detalles más básicos del caso, datos que uno puede obtener fácilmente de *Wikipedia* o la *Enciclopedia Británica*! Disculpen, pero a este servidor le parece que tras ver todo esto solo un verdadero imbécil sería incapaz de determinar que aquí hay algo muy, muy mal.

Ahora tocaremos el tema del magnicidio de Martin Luther King el cual (Adivine adivinador.) también está plagado de anomalías y detalles extraños. He aquí una breve lista de los aspectos más problemáticos:

- El presunto asesino, Charles Lee Ray, JAMÁS FUE A JUICIO declarándose culpable tras una vista de solo tres horas. Ray se auto-incriminó a cambio de una reducción de su sentencia de pena de 99 años. Él se retractó de su confesión tres días después. Este hecho siempre fue denunciado por Coretta Scott King, la viuda del reverendo, quien llegó a declarar que:

"América (Estados Unidos) nunca tendrá el beneficio de un juicio para el Sr. Ray, el cual hubiese producido nuevas revelaciones sobre el asesinato de Martin Luther King Jr., así como establecer los hechos relativos a la inocencia del Sr. Ray".

- Las pruebas de balística realizadas por el FBI y un comité del congreso en la década de 1970 no probaron más allá de toda duda científica que el rifle incautado durante la investigación fue el arma del crimen. Más aún, otras pruebas llevadas a cabo en 1997 resultaron inconclusas.

- El sargento de la policía de Memphis (MPD), Jerry Williams, ha declarado abiertamente que, aunque a él siempre se le había asignado la protección de King durante sus visitas a la ciudad, el día del magnicidio no se le dio dicha tarea. Sus palabras exactas fueron: "Yo sólo sé que me presenté a trabajar en la mañana del asesinato del Dr. King, y mi inspector me dijo que no tendríamos esa tarea. Así que me dispuse a hacer mis deberes como oficial de homicidios en la oficina, y más tarde, alrededor de las 5:00 de la tarde, nos enteramos de que el Dr. King fue asesinado" (https://www.democracynow.org/2007/1/15/retired_memphis_policeman_no_ black_officers). Lo mismo ocurrió con el detective Ed Redditt quien, extrañamente, fue removido de dicha tarea TAN SOLO UNA HORA ANTES DEL ASESINATO DE KING. ¡Tanto Williams como Redditt ERAN NEGROS! Curiosamente, lo mismo ocurrió con los bomberos negros; Floyd Newsum y Norvell Wallace; de la Estación de bomberos #2, la más cercana al motel Lorraine donde se hospedaba King. ¡Ambos fueron TRASLADADOS A OTROS PUESTOS poco antes del día del magnicidio!

- Violando todo el protocolo de investigaciones criminales, la mañana después del asesinato el inspector Sam Evans de la MPD personalmente le ordenó al departamento de obras públicas que destruyera unos arbustos adyacentes a la pensión (Casa alquilada a huéspedes.) desde la cual Ray presuntamente le disparó a King.

- Otro dato muy extraño es que, al igual que en el caso de Oswald, Ray presuntamente dejó su rifle justo en un lugar facilísimo de encontrar (en una entrada) … y con sus huellas dactilares por toda su superficie también.

O sea, que en ninguno de los dos magnicidios más importantes de la historia estadounidense del siglo XX se vio un juicio que pudiera sacar a la luz todos los detalles pertinentes de los crímenes, pero, por otro lado, en ambos las presuntas armas del crimen fueron dejadas en una posición idónea para cualquier investigador. Más aún, la mayoría de los documentos primarios de la "investigación" del Comité Selecto sobre Asesinatos de la Cámara de Representantes (HSCA) fueron sellados durante 50 años, lo que significa que dichos documentos serán revelados al público (o, al menos, eso se espera) en el 2028. Pregunta: ¿Por qué esconder esos datos tan importantes durante tanto tiempo si el propósito de dicho comité era esclarecer ambos casos? ¿Para asegurarle la impunidad a los perpetradores? ¿O quizás para evitar una insurrección por parte de un pueblo indignado?

Otro detalle que no podemos olvidar es que, en el caso de King, el asesinato fue precedido por una vil campaña de guerra sicológica dirigida por el mismo J. Edgar Hoover quien, como fue señalado anteriormente, estaba determinado a hacer todo lo posible por evitar el surgimiento de un "mesías negro". De hecho, ¡el año antes de su asesinato, Hoover calificó a la SCLC, la cual recordemos era una organización ecuménica, integracionista y pacifista, como un "grupo nacionalista negro de odio"! En un memorando respecto a la organización, el FBI les aconseja a sus agentes, con un tono verdaderamente maquiavélico, que:

> No deben dejar pasar ninguna oportunidad para explotar, a través de las técnicas de contrainteligencia, los conflictos organizacionales y personales de los líderes de los grupos (...) para (así) asegurar que el grupo bajo la mira (*targeted group*) sea interrumpido, ridiculizado, o desacreditado.

¡Qué bonito opera USA! Indudablemente, estas han sido las razones principales por las que un número considerable de estadounidenses siempre ha sospechado que su gobierno ha estado detrás de dichos asesinatos. Y lo mismo puede decirse de algunos de los otros magnicidios de la época, particularmente el del militante islámico Malcolm X cuyo caso muestra una serie de elementos indicativos de una conspiración involucrando a entidades gubernamentales estadounidenses. Antes de enumerar algunos de estos detalles, hagamos un análisis básico de quién era ese importante líder de la comunidad negra de EE.UU. (Nota: este servidor considera que, para aquellos que estén interesados en aprender más acerca de Malcolm X, pero que no tienen el tiempo, o sencillamente no desean leerse un libro entero acerca del tema, es imperativo ver la película Malcolm X (1992) del célebre director Spike Lee la cual muestra una versión muy realista y fascinante de su tumultuosa, pero también memorable vida.)

Originalmente llamado Malcolm Little, Malcolm X tuvo una vida muy dura que lo vería mudándose de un hogar de crianza a otro, y que eventualmente lo llevaría a la cárcel (a los 20 años) por hurto y escalamiento de morada. Mientras cumplía su sentencia, él ingresó a la Nación del Islam, movimiento en el cual rápidamente ascendería hasta convertirse en el portavoz de la polémica organización. No obstante, en 1964, luego de una docena de años en la Nación, Malcolm terminaría renunciando a ella, e incluso convirtiéndose en uno de sus críticos más vociferantes esto tras descubrir que su líder y fundador, Elijah Muhammad, estaba teniendo relaciones extramaritales con las secretarias jóvenes — una grave violación de las enseñanzas de la Nación. Así las cosas, Malcolm, ahora bajo el nombre de El-Hajj Malik el-Shabazz, rechazó la Nación del Islam (NOI) y su ideología racista, fundando Muslim Mosque, Inc. (Mezquita Islámica, Inc.) y la Organización de la Unidad Afroamericana (OAAU por sus siglas en inglés), una entidad creada para defender los derechos humanos de los afro-estadounidenses y promover la cooperación entre los africanos y las personas de ascendencia africana en las Américas. Naturalmente, este cisma y sus críticas públicas suscitaron la ira de la Nación cuyos miembros tomaron las acciones de su otrora estrella como una vil traición. El-Shabazz comenzó a recibir amenazas telefónicas. Más tarde, su casa fue incendiada. Peor aún, la Nación ya había puesto en marcha un plan para asesinarlo. El magnicidio se llevó a cabo el 21 de febrero de 1965 cuando tres miembros de la Nación del Islam se le acercaron y lo acribillaron durante una conferencia en el salón de bailes Audubon en la ciudad de Nueva York.

Ahora veamos las anomalías más sobresalientes del asesinato de Malcolm X/el-Shabazz.

- Es casi seguro que John Ali, el secretario nacional de la Nación del Islam, era un agente encubierto del FBI. En una ocasión Malcolm le comentó a un reportero que Ali había exacerbado las tensiones entre él y Elijah Muhammad, y que él considera Ali su "archienemigo" dentro de la Nación. Más aún, ¡Ali tuvo una reunión con Talmadge Hayer, uno de los hombres declarados culpables de la muerte de Malcolm, la noche antes del asesinato!

- Poco antes de su muerte, Malcolm X/el-Shabazz había sido ENVENENADO en un restaurante del Cairo, Egipto mientras se encontraba en su tercera gira por África, una de varias giras al hemisferio oriental que él llevó a cabo durante su vida. Malcolm, quien apenas fue salvado por un bombeo de estómago, dijo que cuando él sintió el veneno en su comida él se percató de que el camarero era idéntico a alguien que había visto en Nueva York. Asimismo, Malcolm reportó que durante la gira (su tercera, de hecho) agentes de la CIA trataron de intimidarlo haciendo obvia su presencia. ¿Y cuál fue el propósito de estas giras, sobre todo las de África, que tanto preocuparon a Washington? Pues presentar, ante las Naciones Unidas, una demanda contra EE.UU. por su maltrato a sus ciudadanos de color. Aún más importante —o desde el punto de vista de Washington, alarmante— fue el hecho de que durante su tercera gira el líder islámico se estuvo reuniendo con prácticamente la totalidad de los líderes izquierdistas de África, completando así la lista de temores más grandes de Washington, pues ahora su "mesías negro" más radical pretendía unirse a los otros mesías africanos, visionarios revolucionarios y nacionalistas como Kwame Nkrumah de Ghana, Gamal Abdel Nasser de Egipto y Ahmed Ben Bela de Argelia. Todos ellos eran vistos como una gran amenaza para el orden "occidental" (lea blanco y capitalista) por lo que solo Nasser permanecería en el poder.

- Al igual que en el caso de Martin Luther King, el salón Audubon no contaba con protección policial el día en que El Shabazz debía dar su presentación.

- Tan sólo días después del magnicidio, Leon 4X Ameer ("Líon 4X Amir"), uno de los confidentes más cercanos de Malcolm/el Shabazz, fue hallado muerto en su apartamento. Antes de su muerte, Ameer había anunciado que haría públicos unos documentos y cintas de audio que, según él, demostraban que el gobierno era el responsable del asesinato de el Shabazz. Sospechosamente, ¡tales cintas y documentos JAMÁS HAN APARECIDO y la prensa CAMBIÓ SU VERSIÓN respecto a su muerte! Inicialmente, la prensa reportó que se trataba de un suicidio mediante una sobredosis de drogas, pero finalmente aseveró que se trató de una muerte por causas naturales, algo poco creíble dado que Ameer tenía 32 años y, según los testimonios de los que lo conocían, disfrutaba de buena salud.

Inmediatamente después del asesinato de Martin Luther King, Estados Unidos se vería azotado por una ola de violencia que terminaría dejando otra mancha en la historia de esa nación. Se trata pues de los "motines" o, mejor dicho, sublevaciones o disturbios urbanos, que se desataron en la mayoría de las urbes estadounidenses. Ahora bien, es imperativo aclarar que, si bien dicho fenómeno no era nada nuevo para los estadounidenses —pues los disturbios urbanos se habían visto prácticamente desde la fundación de la república— lo cierto es que durante la década del 1960 estos eventos violentos verían unos cambios muy, muy profundos en relación con los disturbios de las décadas anteriores. Primeramente, que en esta ocasión los disturbios serían llevados a cabo casi exclusivamente por negros/gente de color y, de igual importancia, que su frecuencia e intensidad aumentaría exponencialmente durante la segunda mitad de la década, incluso desde antes del asesinato de King, llegando a tal extremo que una parte considerable de la población, y, por supuesto, de las autoridades gubernamentales de EE.UU. —locales, estatales, e incluso federales— genuinamente llegaron a contemplar lo imposible: la posibilidad de una revolución "negra" o "comunista" dentro de su propio país. La práctica de la prensa de usar titulares incendiarios como "guerras a tiros (¿?) en las calles", "insurrección" o, en el caso de los disturbios de Detroit, "revuelta negra" (Figura 5) para referirse a los disturbios, solo agravó dichos temores. Y, por más ridículo que parezca, al ver las imágenes de bloques enteros en llamas y de filas de policías y soldados fuertemente armados, e incluso tanques, patrullando las calles, y registrando y deteniendo a varios hombres negros, en ciudades como Chicago, Newark y Los Ángeles (Figura 6), uno no puede más que deducir que dichos temores no estaban infundados.

Al igual que en el caso de los magnicidios, el número de disturbios urbanos se disparó a niveles sin precedentes: más de 100 ciudades a lo largo y ancho del país se verían afectadas y, según algunas fuentes, el número de disturbios pudo haber rozado los mil.

Pero, definitivamente, cuando los medios hablaban de una insurrección éstos no estaban mintiendo, pues resulta que hubo muchos casos, principalmente los de los disturbios de Newark, Nueva Jersey, el de Detroit, Michigan y los de Watts en Los Ángeles, California de 1965, 1967 y 1968, especialmente el de 1965, en los que las analogías con la guerra estuvieron justificadas. Las portadas de la icónica revista LIFE lo dicen todo, aunque con un tono dramático y alarmista: "Guerra a tiros en las calles. NEWARK: LA INSURRECCIÓN PREDECIBLE" (28 de julio de 1967) o (edición del 4 de agosto) "Revuelta negra: Las llamas se riegan."

Los primeros disturbios de Watts, los cuales precedieron a la muerte de King por casi tres años, comenzaron el 11 de agosto tras desatarse un altercado entre el motorista negro Marquette Frye y su familia contra oficiales de la policía de Los Ángeles (LAPD). Aunque en esa ocasión las acciones de los policías estuvieron justificadas, los habituales abusos y roces de la LAPD contra los lugareños ya habían elevado las tenciones raciales a un nivel verdaderamente peligroso por lo que, al regarse el rumor de que la policía había maltratado a una mujer embarazada, el área estalló. Inicialmente, los lugareños les lanzaron piedras, botellas y otros objetos a los policías que se presentaban en el área, luego hubo saqueos generalizados que se extenderían durante unos 6 días. La destrucción de propiedades oscilaría entre los $40 y $50 millones.

El día 13, el gobernador Edmund G. "Pat" Brown ordenó el envío de 4,000 miembros de la Guardia Nacional de California a la zona de conflicto. Sin embargo, en lugar de calmar la situación, la presencia militar solo aumentó la tensión y la animosidad de los residentes de Watts esto porque los soldados, los cuales eran casi exclusivamente blancos que apenas habían tratado con personas de color en sus vidas, se comportaron como un ejército ocupando una tierra foránea. Por ejemplo, tanto el gobernador Brown como el superintendente de la LAPD, William H. Parker, equipararon la situación dentro de su propio país con la guerra en Indochina, refiriéndose a los disturbios como "un enfrentamiento de guerrillas, pero contra pandilleros", o algo "muy parecido a una lucha contra el Viet Cong". Esta actitud tan hostil llevaría a ambos oficiales a organizar lo que Brown describiría orgullosamente como su "fuerza de combate" de 16,000 hombres, la gran mayoría de ellos miembros de la LAPD y la Patrulla de Caminos de California (California Highway Patrol o CHP). Las fuerzas policiales y militares rápidamente levantaron bloqueos con rótulos amenazantes, como, por ejemplo, uno que les advertía a los lugareños "Vire a la izquierda o se le disparará". Al suprimirse la insurrección, las fuerzas del estado habían abatido a 31 de las 34 personas que murieron durante el incidente. Uno de ellos fue Fenbroy Morrison George quien fue acribillado por dos oficiales de la LAPD mientras intentaba rescatar algunas pertenencias de su familia mientras su casa se incendiaba. Además, hubo un total de 1,032 heridos y hasta 4,000 arrestos. Como ya sabemos, los otros disturbios más violentos se desatarían a partir de 1967, con el de Newark siendo el segundo más letal con un saldo de 26 muertos y 727 heridos, seguido por el de Detroit el cual dejó 23 muertos y 696 heridos.

Pero esos fueron tan solo los más destructivos, pues recordemos que la década vio cientos de disturbios en varias regiones de Estados Unidos. He aquí una lista de los disturbios/rebeliones más prominentes que estallaron tras el asesinato de Martin Luther King:

- Washington D.C. 4 al 8 de abril: el presidente Lyndon B. Johnson se vio forzado a desplegar 13,600 tropas federales a la ciudad capital para restaurar el orden luego de disturbios que destruyeron el centro económico de Washington. Los manifestantes llegaron a dos cuadras de la Casa Blanca, pero se retiraron cuando vieron ametralladoras pesadas en la zona. Ésta fue la mayor ocupación militar de una ciudad estadounidense desde la Guerra Civil. Mil doscientos edificios fueron quemados y destruidos, 12 personas murieron, más de 1,000 resultaron heridas, y hubo sobre 6,000 detenidos.

- Chicago, Illinois. 5 al 7 de abril: Aproximadamente 10,500 policías, y más de 6,700 tropas de la Guardia Nacional de Illinois, fueron activados por el gobernador Richard J. Daley, más 5,000 tropas federales enviadas por el presidente Johnson, para suprimir una ola de saqueos y fuegos intencionados en el lado oeste de la ciudad. Once personas murieron, 500 resultaron heridos, y 2,150 fueron arrestados. Más de 200 edificios fueron dañados o destruidos generando pérdidas de hasta $10 millones.

- Baltimore, Maryland. 6 al 14 de abril: Aproximadamente 1,600 policías estatales y locales, más 6,000 tropas de la Guardia Nacional de Maryland fueron activados por el gobernador Spiro T. Agnew quien luego solicitó la asistencia de tropas federales por lo que el presidente Johnson, quien posiblemente debió de haber estado "sudando la gota gorda" en esos momentos, envió una fuerza de 3,000 tropas para suprimir una ola de saqueos y fuegos intencionados en el lado este de la ciudad. Seis personas murieron, más de 700 resultaron heridos y 5,500 fueron arrestados. Asimismo, más de 1,000 negocios fueron saqueados o destruidos, ocasionando pérdidas de $12 millones.

- Ciudad de Kansas, Missouri. 9 de abril. Aunque no tan grave como los disturbios anteriores —pues este evento duró un solo día y no requirió de la presencia militar para controlar la situación— los disturbios de Kansas, sí vieron una intensa violencia que cobró la vida de 5 personas y dejó 20 heridos.

Ahora bien, si el lector se ha llevado la impresión de que la población negra de las ciudades sublevadas cedió pacíficamente ante la represión racista, de veras estaría muy equivocado, ya que hubo varios ejemplos de resistencia contra las ocupaciones militares. He aquí un resumen de lo que ocurrió en Los Ángeles durante la sublevación de Watts de 1965 (*From the War on Poverty to the War on Crime*, o "De la guerra contra la pobreza a la guerra contra el crimen", Elizabeth Hinton | Págs. 69-70.):

> El sábado, el Sur Central (South Central) se convirtió en una verdadera zona de guerra. Los residentes usaron toda y cualquier materia prima en su lucha contra la policía y la Guardia Nacional. Ellos rompieron las aceras para obtener cemento. Ellos desmantelaron fábricas abandonadas y usaron los ladrillos para romper vehículos de las fuerzas de la ley. Ellos apilaron basura y piedras de las vías de ferrocarril para lanzárselas a los oficiales. Y ellos usaron materiales caseros y residuos para construir bombas, llenando botellas de vidrio con gasolina para hacer cocteles de Molotov.

O sea, que además de las guerras en el exterior como, por ejemplo, la guerra de Vietnam (la cual se discutirá próximamente), EE.UU. se vio envuelto en lo que solo puede describirse como una pequeña guerra civil o conflicto bélico dentro de sus propias fronteras. Como fue señalado previamente, la situación alcanzó su punto más crítico entre 1967 con el llamado "Verano largo y caliente" y sus sublevaciones raciales en 159 ciudades a lo largo y ancho del país, y en 1968 con las "Sublevaciones del asesinato de King" o el "Levantamiento de la semana santa" con disturbios que sacudieron a otras 110 ciudades nacionales, incluyendo la capital. Durante este periodo, hubo numerosos ejemplos de abusos de derechos humanos y de coartación de las libertades civiles —las cuales de por sí ya eran muy limitadas— de las comunidades afro-estadounidenses las cuales fueron forzadas a vivir momentáneamente bajo una de facto ocupación militar, con miles de tropas fuertemente armadas y apuntándoles con fusiles con bayonetas, e incluso con ametralladoras .50 BMG montadas en carros de combate y tanques en sus calles.

Fig. 5. Carro blindado y tanque junto apatrulla de policía en las calles de Detroit. Nota: Varias insurrecciones ocurrieron el año ANTERIOR al asesinato de Martin Luther King. Crédito:Alamy, Shorpy Historic Picture Archive.

En otras palabras, Washington estaba haciendo precisamente aquello que siempre había condenado, y que todavía sigue condenando, de esos países que siempre ha catalogado despectivamente como "repúblicas bananeras", o países no democráticos… y lo estaba haciendo con ahínco. Por ejemplo, durante los disturbios de Watts de 1965, las calles de ese distrito de Los Ángeles vieron una presencia policial-militar de alrededor de 16,000 hombres, una fuerza superior a la que se movilizó ese mismo año contra la República Dominicana (lo cual también se discutirá más adelante) y, aunque, por lo general las intervenciones militares solo duraban unos días, hubo un caso, el de Wilmington, Delaware, cuyo alcalde, a pesar de haber presenciado solo un breve brote de violencia colectiva, o nada más que dos días de saqueos sin ninguna muerte, terminaría manteniendo una ocupación militar durante más de 9 meses.

El levantamiento contra el imperialismo

Además de la crisis en las relaciones raciales, otro enorme problema doméstico con el que el EE.UU. de los años sesenta y setenta tendría que lidiar era uno que nunca se había visto antes, ni que tampoco se ha repetido desde entonces: el del descontento por parte de la población nacional con la política imperial dirigida por Washington. El detonante fue la guerra contra Indochina cuyo principal teatro de operaciones fue Vietnam. Y la desilusión estaba bien justificada: para finales de 1967, el número de tropas estadounidenses en Vietnam se aproximaba al medio millón y las bajas estadounidenses habían superado los 15,000 muertos y los 100,000 heridos. En el ámbito económico, la guerra representó un fuerte golpe costándole a los contribuyentes unos $25 mil millones al año. El número de caídos aumentaba cada día lo que llevó a los comandantes a exigir más y más tropas. Bajo el sistema de reclutamiento, hasta 40,000 jóvenes fueron llamados al servicio cada mes, atizando las llamas del movimiento contra la guerra.

Estas presiones engendraron un movimiento social que terminaría atrayendo a millones de estadounidenses: el movimiento antibélico. Sin embargo, y en fuerte contraste con el movimiento antirracista, la gran mayoría de sus filas estaban compuestas de jóvenes blancos. Cabe señalar que, aunque los integrantes y simpatizantes del movimiento antibélico por lo general no tuvieron que enfrentarse a los agentes de la Sov-Com o del Ku Klux Klan y los diversos otros grupos terroristas racistas, eso no significa que su tarea fue cosa fácil, pues ellos sí tuvieron que enfrentarse a unas fuerzas que, aunque no tan brutales ni desmedidas como los susodichos grupos, eran aún más poderosas: las agencias policiales y de inteligencia nacionales, principalmente, aunque no exclusivamente, el FBI y la CIA. Y hubo ocasiones en las que sus tácticas se asemejaron mucho a las de la Sov-Com de Misisipi. Irónicamente, muchos de los activistas antibélicos terminarían siendo maltratados y aporreados por miembros de la misma fuerza que tan noblemente ayudó a integrar las escuelas y universidades del sur: los mariscales o U.S. Marshals. Numerosos documentos robados por activistas al FBI durante la década de 1970 y otros desclasificados más tarde demuestran que el FBI y otras agencias espiaron, acosaron y desestabilizaron a varias organizaciones antibélicas, desde sus líderes, hasta sus simpatizantes, al igual que las organizaciones a favor de los derechos civiles y otras organizaciones y personas consideradas disidentes o comunistas.

Entre las actividades más comunes del movimiento antibélico se encontraban la quema de las tarjetas de reclutamiento (*draft cards*) —un delito federal— y, por supuesto, las marchas, por lo general pacíficas, para expresar su rechazo a la guerra en general. Las marchas más grandes del movimiento se llevaron a cabo el 15 de abril de 1967 y el 24 de abril de 1971 cuando 400,000 y sobre 500,000 personas marcharon en Nueva York y Washington D.C., respectivamente. Notablemente, Martin Luther King dio un discurso en la primera marcha. Pero no todas las protestas terminarían sin violencia extrema: el 4 de mayo de 1970, una protesta en la Universidad Estatal de Kent, en Ohio, terminó convirtiéndose en una tragedia cuando cuatro estudiantes fueron acribillados y otros nueve resultaron heridos (y uno de ellos sufrió parálisis permanente) luego de que efectivos de la Guardia Nacional dispararan contra ellos. Los estudiantes tiroteados se encontraban en una protesta contra la recién anunciada invasión estadounidense a Camboya.

¿Pero qué, exactamente, era lo que estaba ocurriendo en Indochina? Pues nada menos que la invasión, ocupación y destrucción de tres de los países más pobres del mundo en aquel entonces; Vietnam, pero también Camboya y Laos; en lo que fue la Segunda Guerra de Indochina, pero que es conocida popularmente, e imprecisamente, como la Guerra de Vietnam. ¿Y por qué fueron atacados? Pues porque la mayoría de sus habitantes habían mostrado una clara inclinación al comunismo y eso era totalmente inaceptable para Washington el cual estaba decidido a impedir la "caída" de Indochina. La justificación de su agresión fue la llamada teoría del dominó la cual, como el nombre implica, sostenía que, si un país entra en un determinado sistema político, en este caso el socialismo/comunismo, éste arrastraría consigo a otros de su área hacia esa misma ideología. Es decir, que los demás países no podían exponerse a un "mal ejemplo" o a un sistema opuesto, o sencillamente diferente al sistema capitalista e imperialista de Norteamérica y Europa occidental, eso podía ser contagioso. En este caso el "mal ejemplo" era Vietnam del Norte el cual acababa de expulsar a sus otrora amos coloniales, los franceses, tras una larga y sangrienta guerra de independencia, un conflicto que se prolongó y cobró muchas más vidas de lo que debía gracias al apoyo financiero y material de Washington a su aliado más fiable.

Como todo Estado que acaba de ganar su soberanía, Vietnam del Norte estaba deseoso de unificar su territorio bajo un solo sistema por lo que su liderato optó por asistir a las facciones pro-unificación de Vietnam del Sur las cuales pronto se fusionarían para convertirse en el Frente Nacional de Liberación de Vietnam (FNLV), mejor conocido como Viet Cong (nombre derivado de una contracción de Việt Nam Cộng Sản, o "Comunista Vietnamita"). Dicha tarea no sería muy difícil esto porque la popularidad del FNLV fue creciendo progresivamente siendo impulsada por el intenso resentimiento de los survietnamitas hacia su corrupto y tiránico presidente impuesto por Washington: Ngô Đình Diệm.

Aunque la intervención estadounidense comenzó tan temprano como en 1955, lo cierto es que dicha campaña se agudizaría a partir de agosto de 1964 luego del episodio conocido como el "Incidente del golfo de Tonkín", una operación de falsa bandera organizada por los servicios secretos estadounidenses para usarla como pretexto para atacar a la pequeña nación comunista. Esta operación simuló un ataque de fuerzas de Vietnam del Norte contra barcos de la Armada de Estados Unidos que habían penetrado en aguas que Washington reclamaba como internacionales, pero que en realidad pertenecían a Vietnam. Así es. El gobierno de EE.UU., bajo la admisión de sus propios historiadores, entró en una guerra usando un pretexto totalmente falso. ¡Y todavía hay quienes se niegan a creer que el Tío Sam pudo haberlos engañado con sus cuentos de viajes tripulados a la Luna!

Fig. 6: Icónica fotografía de Mary Ann Vecchio, una joven de 14 años, de rodillas al lado del cuerpo de Jeffrey Miller segundos después de que él muriera tras recibir un disparo de la Guardia Nacional de Ohio. B) Una típica imagen de las protestas antibélicas de finales de los años sesenta y principios de los setenta, en este caso en Filadelfia, PA. El cartel dice "NO LUCHAREMOS EN OTRA GUERRA DE LOS RICOS". Eventualmente, la presión de las masas logró la abolición del servicio militar obligatorio. Crédito: John Paul Filo, Julia Ryan.

En resumidas cuentas, la Segunda Guerra de Indochina fue un devastador conflicto en el que las fuerzas estadounidenses cometieron grandes atrocidades como, por ejemplo, llevar en helicópteros y lanzar desde una gran altura a aquellos que sospechaban de ser enemigos, ametrallar a campesinos simplemente por huir de sus helicópteros y hasta matanzas de poblaciones enteras. He aquí un conservador estimado de lo que "rara vez se discute en los pasillos del poder o los medios de comunicación" estadounidenses, proveído por el historiador y periodista investigativo Nick Turse:

> Dejando a un lado aquellos que perecieron por causa de la enfermedad, el hambre, o la falta de atención médica, al menos 3.8 millones de vietnamitas murieron violentamente, según investigadores de la Escuela Médica de Harvard y la Universidad de Washington. La mejor estimación que tenemos es que 2 millones de ellos eran civiles. Usando una extrapolación muy conservadora, esto sugiere que 5.3 millones de civiles fueron heridos durante la guerra, para un total de 7.3 millones de víctimas civiles vietnamitas en general. A estas cifras se le puede añadir un estimado de 11.7

millones de vietnamitas que abandonaron sus hogares y se convirtieron en refugiados, hasta 4.8 millones de rociados con herbicidas tóxicos como el Agente Naranja, un estimado de 800,000 a 1.3 millones de huérfanos de la guerra, y 1 millón de viudas de la guerra.

Pero, tan impactante como los estimados de Turse puedan parecernos, éstos están incompletos, pues aquí falta un estimado muy, muy importante: la cantidad total de explosivos lanzados sobre la pequeña nación asiática de 1965-1973: ocho millones de toneladas, ¡más de tres veces la cantidad usada durante la Segunda guerra mundial del siglo XX! ¡Y esos son tan solo los estimados de las bombas usadas en contra y las bajas sufridas por los vietnamitas! Si añadimos las muertes de camboyanos y laocianos, sobre cuyos países los estadounidenses lanzaron millones de bombas, la cifra de muertes puede alcanzar los 2.3 millones. Y esto tampoco incluye las innumerables violaciones de mujeres y los casos de tortura cuyo sadismo fue comparable al de las tropas imperiales japonesas, pues recuerde que los estadounidenses venían de un país donde tan solo ver a un negro sentado junto a blancos podía culminar en una tragedia y, por ende, detestaban a los asiáticos. Pero quizás lo más impactante de todo es la gran injusticia perpetrada no solo por la prensa estadounidense, sino también por la de Occidente en general, al ellos resaltar únicamente las muertes (no el total de heridos y contaminados con agentes químicos) estadounidenses: 58,220, omitiendo por completo las espantosas bajas y el gran sufrimiento del pueblo vietnamés. ¡Vaya prensa "libre"!

Sin duda uno de los peores crímenes contra la humanidad cometidos por las tropas estadounidenses en Vietnam, fue la masacre cometida en la aldea de Sơn Mỹ, específicamente en el sector de Mỹ Lai. Por su descomunal sadismo y la magnitud de la matanza y destrucción perpetrados por los hombres del teniente William Laws Calley ("Calei"), la masacre de Sơn Mỹ (Mỹ Lai para los estadounidenses) conmocionó al mundo entero, abriéndole los ojos respecto a la gran injusticia y barbarie que representó esa invasión. El 16 de marzo de 1968, el teniente Calley y sus hombres llegaron a Mỹ Lai y, durante cuatro horas, se precipitaron en una orgía de violencia en la que violaron a las mujeres y las niñas, mataron el ganado y prendieron fuego a las pequeñas casas de paja y palos del poblado hasta dejarlo completamente arrasado. Debido a la obstrucción de las autoridades militares estadounidenses, la cifra exacta de asesinados nunca ha podido determinarse con exactitud, pero se estima que debió rondar entre 347 y 504 aldeanos. Es decir, de 86 a 126 personas por hora, o de 1.43 a 2.1 asesinatos por minuto... ¡y sin bombardeo aéreo! Inicialmente, el Ejército de Estados Unidos reportó que sólo hubo unos 120 muertos, de los cuales 90 eran "Vietcong", una vil mentira, ya que en toda la operación se incautaron sólo tres armas del Vietcong. Para rematar, cuando varios congresistas, incluyendo el presidente del Comité de Servicios Armados de la Cámara, Mendel Ríos, se enteraron de que tres soldados estadounidenses habían tratado de detener la masacre y de rescatar los aldeanos, ellos los reprendieron duramente, incluso catalogándolos como traidores. Tuvieron que pasar más de treinta años para que los heroicos hombres recibieran el debido reconocimiento por sus acciones. Tristemente, uno de ellos jamás vio ese día, muriendo con el estigma de haber sido catalogado como un traidor de su nación. Más trágico aún fue el hecho, reconocido por los mismos estadounidenses, de que esta fue tan solo la más notoria de todas las atrocidades cometidas por sus soldados.

Como ya se dijo, además de las periódicas masacres, razias y bombardeos con armas convencionales, otra amenaza que los desdichados indochinos tuvieron que enfrentar fueron las armas químicas como el agente naranja, y el menos conocido agente azul, al igual que sustancias como el napalm, un gel que se obtenía al mezclar jabón de aluminio con gasolina. El napalm es altamente inflamable y arde lentamente por lo que sus efectos sobre el cuerpo humano son devastadores. "El napalm es el dolor más terrible que puedas imaginar", dijo Phan Thị Kim Phúc (Figura 7B) quien sobrevivió —a la tierna edad de nueve años— un bombardeo de napalm que la dejó con quemaduras de tercer grado en partes de su cuerpo. ¿Y cuánto dolor tuvo que soportar la niña? Pues, como la misma Kim Phúc ha señalado, "el agua hierve a 100 grados Celsius, el napalm genera temperaturas de 800 a 1,200 grados centígrados." Para recuperarse, Kim Phúc fue hospitalizada durante 14 meses, y posteriormente fue sometida a nada menos que 17 operaciones de injertos de piel.

Fig. 7. Algunas de las víctimas de la masacre de Sơn Mỹ, una atrocidad en la que tropas estadounidenses violaron a las mujeres y niñas, mataron el ganado, prendieron fuego a las pequeñas casas de paja y palos y asesinaron entre 347 y 504 aldeanos. Phan Thị Kim Phúc (9 años) corriendo desnuda por una carretera tras sufrir graves quemaduras en su espalda por un ataque de napalm por fuerzas aliadas a EE.UU. Crédito: Dominio público, AP/Nick Ut.

El caso de Kim Phúc, quien, dicho sea de paso, fue víctima de un bombardeo llevado a cabo por las fuerzas de Vietnam del Sur, fue emblemático del trágico y durísimo proceso de recuperación, y también reconciliación (con sus hermanos anticomunistas del sur) de la nación vietnamita. Más de cuarenta años después del cese de hostilidades (1975), alrededor de 40,000 vietnamitas han muerto a causa de las miles y miles de bombas que no detonaron durante su uso inicial y alrededor de un millón más han sufrido daños permanentes, incluyendo varios tipos de cáncer y grotescas malformaciones congénitas (aproximadamente 150,000), causados por la exposición de sus padres al agente naranja. Naturalmente, lo mismo aplica a decenas de miles de habitantes de Camboya y Laos.

Otro evento que ocurrió al mismo tiempo que la guerra de Indochina, pero que fue prácticamente ignorado por la prensa estadounidense, e incluso por los activistas antibélicos, fue la otra operación bélica que Washington lanzó justo en su "patio trasero" menos de un año después de atacar a Vietnam: la invasión y ocupación —por segunda vez— de República Dominicana. ¿Y cuál fue la justificación detrás de esta agresión a otro país pequeño y pobre? Pues, nuevamente, la supuesta amenaza del comunismo, pues el presidente Lyndon Johnson expresó abiertamente que temía que su vecino caribeño terminara convirtiéndose en "una segunda Cuba". Según algunos estimados, la invasión cobró la vida de más de 6,000 dominicanos, la mayoría de ellos civiles. Pero eso no es todo. Pues resulta que los conflictos anteriores fueron tan solo guerras clásicas o, para explicarlo mejor, las hostilidades militares de conocimiento público en las que los contrincantes están claramente definidos. Sin embargo, a partir de mediados de los sesenta, pero especialmente en los años setenta, Washington, mediante una serie de campañas perturbadoramente similares a COINTELPRO, intensificaría su habitual injerencia en toda Latinoamérica, empleando una amplia gama de tácticas de guerra encubierta (algunos la llamarían guerra sucia) que abarcarían desde campañas de sabotaje y presión económica, hasta golpes de Estado.

Durante esta nueva arremetida imperial, el primero en sucumbir fue Brasil tras el derrocamiento, en 1964, del presidente izquierdista João Goulart. ¿Y qué fue lo que hizo Goulart para irritar a Washington? Pues (¡Sorpresa!) adoptar medidas socialistas como, por ejemplo, promover la intervención del Estado en la economía e impulsar políticas de apoyo a la clase obrera que incluían el aumento de salarios y obras públicas y una campaña de alfabetización. Parece que Washington prefería ver a los latinoamericanos empobrecidos y brutos. El golpe facilitado por Washington abriría paso a una dictadura militar que gobernaría al coloso suramericano durante 20 años de severas violaciones a los derechos humanos.

Luego de Brasil, el próximo en la mira del Tío Sam fue Chile, al cual poco después le seguirían los otros dos países del Cono Sur: Argentina y Uruguay. Allí el presidente socialista, Salvador Allende, vería a su pueblo sumido en una crisis económica orquestada desde EE.UU. cuyo Departamento de Estado impondría un boicot que se manifestaría mediante la negación de créditos externos y un embargo al cobre chileno, mineral esencial para la economía de la nación suramericana. Y si duda de todo esto, tan solo tenga en mente que el mismo secretario de Estado en aquel entonces, Henry Kissinger, declaró franca y fríamente que él y sus colegas en Washington deseaban "hacer chillar a la economía" chilena. Asimismo, la CIA lanzaría, entre otras cosas, una campaña de guerra informativa/sicológica contra Allende y sus seguidores, insertando artículos difamatorios en periódicos chilenos como *El Mercurio*. (¿No le parece similar al caso del país hermano donde nació Simón Bolívar?) Finalmente, tras el asesinato del comandante en jefe del Ejército, el general René Schneider, y más de dos años de lucha con el ultraderechista y obstruccionista Congreso Nacional, Allende sería derrocado en un violento golpe militar dirigido por el fascista Augusto Pinochet. El golpe fue llevado a cabo de forma dramática con tanques, e incluso cazas armados con misiles, los cuales llegarían a bombardear el Palacio de La Moneda. La fecha del ataque fue el 11 de septiembre de 1973. La dictadura gobernaría con mano dura durante 16 años y medio. Al leer todo esto una cosa se hace muy obvia: que a los estadounidenses hace tiempo que se les olvidó ese noble concepto por el cual sus antepasados lucharon durante su guerra de independencia en el siglo XVIII: la soberanía o la libertad de una nación para escoger su propio sistema de gobierno.

El auge de la subversión

Viendo la volatilidad que les rodeaba, tanto las fuerzas reaccionarias blancas, como las revolucionarias de color (pues también habría grupos revolucionarios indígenas e hispanos), y también comunistas, terminarían lanzando sus propios ataques, en el caso de los primeros, para impedir el cambio del orden racial imperante y, en el caso de los grupos revolucionarios, para acelerar dicho cambio y, de ser posible, derrocar el *sistema* de gobierno en general. Por ello, los años sesenta y setenta verían el mayor auge de grupos u organizaciones izquierdistas/revolucionarias de toda la historia estadounidense con alrededor de una decena de grupos sociales, políticos y paramilitares representando a prácticamente todos los grupos étnicos y raciales marginados y oprimidos por la sociedad estadounidense, pues, además de grupos afro-céntricos, también surgirían grupos defendiendo los derechos de los chicanos (aquellos de descendencia mexicana), los puertorriqueños, los indígenas, e incluso los asiáticos. Aunque, indudablemente, el más famoso de dichos grupos lo fue el Partido Pantera Negra (BPP), una organización nacionalista negra, socialista y revolucionaria, también hubo otros grupos como el precursor del BPP, el Movimiento de Acción Revolucionaria (RAM), la Organización Jóvenes Señores (Young Lords) de los inmigrantes y la comunidad de descendencia puertorriqueños, el Movimiento Indígena Estadounidense (AIM) y los Boinas Cafés (Brown Berrets), un movimiento paramilitar pro-chicano.

Aunque cada uno de los antedichos grupos desempeñó un rol dentro de la contracultura estadounidense, aquí sólo enfocaremos nuestra atención sobre el Partido Pantera Negra, esto porque ninguno de los otros grupos *etno-izquierdistas* de EE.UU. jamás ha obtenido una influencia similar a la que obtuvo este partido.

Fundada por Bobby Seale y el carismático, pero muy temperamental, Huey P. Newton ("Giui Niuton") en Oakland California en 1966, la organización rápidamente ganó notoriedad gracias a sus patrullas armadas para vigilar el comportamiento de los agentes de policía. Al igual que casi todas las municipalidades del país en aquel entonces, la policía de Oakland (OPD) estaba compuesta casi exclusivamente de oficiales blancos. La idea de monitoreo de la policía o, como lo llamaban informalmente, "Patrolling the Pigs" o "patrullar a los cerdos", fue concebida por Huey Newton, el presidente del grupo.

Aunque parezca increíble, lo cierto es que, a diferencia de la mayoría de los estados de la unión, la ley de California permitía que los ciudadanos portasen armas, inclusive armas largas, en público siempre y cuando dicha arma estuviese visible y, por supuesto, su poseedor no tuviese historial criminal. Esto era típicamente lo que ocurría durante una de estas patrullas: al ver una intervención policial con un conciudadano negro, los militantes, quienes vestían chaquetas de cuero y boinas negras, se detenían y se bajaban de su carro llevando sus armas, casi exclusivamente escopetas y rifles, abierta o claramente visibles siempre manteniendo una distancia razonable, pero observando atentamente el comportamiento de los policías. Por lo general, nada ocurría hasta que uno de los oficiales cargaba la recámara de su arma, lo que provocaba que las "panteras" respondieran de la misma manera o cargando la recámara de sus armas lo que desataba una secuencia de "choc chocs" o los ruidos que se producen cuando uno hala para atrás y luego deja ir el cerrojo con el cartucho adentro. Antes de juzgar negativamente a Newton y a sus seguidores, sépase que sus acciones, por más paranoicas y provocadoras que parezcan, estuvieron bien fundadas, pues resulta que la OPD siempre ha sido notoria por su habitual violación de los derechos humanos: por ejemplo, en 1991 el departamento pagó un acuerdo de $42,000 al controversial rapero Tupac Shakur después de golpearlo brutalmente sencillamente por cruzar la calle indebidamente (*jaywalking*). Cabe señalar que Tupac Shakur era notorio por sus duras, y usualmente vulgares líricas criticando las fuerzas policiales estadounidenses. Y este definitivamente no fue un caso aislado: en 2001 el departamento fue obligado a pagar sobre $10 millones a 119 personas por haber violado sus derechos.

Como puede imaginarse, las autoridades y la comunidad blanca, los cuales siempre habían visto la libre y visible portación de armas como un derecho inalienable, de repente comenzaron a cuestionar la sensatez de la ley de armas, quejándose de lo intimidante que era ver hombres negros armadas abiertamente retando a las autoridades. Así, ellos pusieron en marcha un plan para restringir el derecho a portar armas a nivel estatal, pero las panteras no lo dejarían pasar tan fácilmente y cuando la legislatura de California comenzó a debatir la aprobación de una ley para ilegalizar la portación abierta a principios de mayo de 1967, Eldridge Cleaver ("Cliver") y Newton enviaron a un grupo de 26 hombres armados al Capitolio estatal en Sacramento para protestar contra el proyecto de ley. En una escena que debió de atemorizar a los blancos allí presentes, el grupo entero irrumpió en la asamblea portando sus armas y exigiendo ser escuchados. El incidente, el cual fue ampliamente difundido por la prensa, provocó la rápida y masiva movilización de la policía de Sacramento la cual arrestó al líder de la operación, Bobby Seale, y a otros cinco hombres poco después de que salieran del Capitolio. El grupo se declaró culpable de interrumpir la sesión legislativa, un delito menos grave.

La osada movida, descrita por algunos noticiarios como una "invasión" de la Asamblea Estatal, catapultó al BPP a la fama, ganándole el respeto y la simpatía no solo de la comunidad negra en general, sino también de otros grupos militantes, e incluso de muchos blancos, en su mayoría estudiantes universitarios. De hecho, la notoriedad recibida fue tal que algunos de esos estudiantes blancos comenzaron a lucir botones que decían "*Honkeys for Huey*" ("jonqui" siendo un epíteto despectivo para referirse a los blancos), o algo así como "gringos con Huey". Yendo aún más lejos, algunos de ellos realizaron marchas, tanto en EE.UU. como en Europa, a favor de la liberación de sus miembros encarcelados. Por ejemplo, cuando Newton fue acusado y enjuiciado por la muerte de un policía de Oakland en 1967, activistas de izquierda en Noruega y Finlandia organizaron una visita para Bobby Seale y Masai Hewitt los cuales fueron cordialmente recibidos en cada uno de los destinos a lo largo de la gira para la liberar a Huey. ¡La peor pesadilla de las autoridades estadounidenses parecía estar haciéndose realidad!

Reconociendo que el "malévolo" comunismo estaba adquiriendo más y más popularidad, especialmente tras la instauración de programas comunitarios como los desayunos gratuitos para niños y las clínicas de salud locales, J. Edgar Hoover declaró al partido como "la mayor amenaza para la seguridad interna de los Estados Unidos" por lo que él y sus subordinados hicieron todo lo posible, incluyendo actos ilegales de toda clase, para socavar la imagen y liderazgo del partido, desacreditar y hostigar a sus militantes, e incluso criminalizar al partido. De las 295 acciones documentadas tomadas por COINTELPRO contra los grupos afro-céntricos, 233, o sea, un 75%, fueron dirigidas contra el Partido Pantera Negra.

Fig. 8. Los dos fundadores del partido Pantera Negra (BPP) — el presidente nacional Bobby Seale (izq.) portando un Colt .45 y el ministro de defensa Huey Newton con una escopeta y canana de cartuchos calibre 12 frente a la sede del partido en Oakland, California. B) Marcha del BPP en Boston, Massachusetts, 1970. Note que la gran mayoría de la multitud es de raza blanca, demostrando que la popularidad del partido trascendió las comunidades afro-estadounidenses. Crédito: AP, Getty Images/ Boston Globe.

Irónicamente, la persecución gubernamental, al menos inicialmente, solo propició el crecimiento del partido, ya que los asesinatos y detenciones de sus miembros solo cimentaron su reputación como una legítima y poderosa fuerza contra la opresión racial y el imperialismo estadounidense, ganándole aún más seguidores. El partido alcanzó su apogeo en 1970 cuando su presencia se extendería a 68 ciudades y su membresía superó los dos mil militantes. De hecho, el partido incluso llegaría a abrir oficinas en Reino Unido y Argelia. Sin embargo, eventualmente la persistente campaña de desprestigio e infiltración del FBI y varios departamentos policiales como el de Oakland y el de Chicago, más las fallas y divisiones dentro de su propio liderato, terminarían desgastando al BPP. Siguiendo el ejemplo de Washington, la prensa estadounidense ignoró las genuinas reclamaciones de la comunidad negra para vilificar constantemente a Newton y a los demás líderes y miembros del partido en general, asociándolos con la criminalidad y el terrorismo. Lamentablemente, el hecho de que algunos miembros del partido sí se involucraron en actos criminales, como, por ejemplo, narcotráfico y extorsión a comerciantes de Oakland, solo hundió al movimiento y su aprobación bajó vertiginosamente. Peor aún, la labor de los infiltrados y saboteadores fue tan efectiva que la paranoia se apoderó de los miembros del partido, provocando numerosas expulsiones que diezmaron la militancia y, para rematar, la detestable operación del FBI de enviar cartas con mensajes amenazantes ficticios que fingían provenir de otro grupo militante o criminal puso a las panteras en la mira de la Organización Nosotros (US Organization), otro colectivo afro-céntrico revolucionario y la "Nación Negra P. Piedra" o Black P. Stone Nation (BPSN), una poderosa pandilla con sede en Chicago, entre otras.

La rivalidad con US alcanzó su punto más peligroso en 1969 cuando miembros de esa organización mataron a cuatro panteras, dos de los cuales eran altos oficiales de su rama paramilitar. A esto se sumaría la ruptura entre Cleaver, una de las figuras más influyentes y también más controversiales del partido, y Huey Newton. Cleaver fungió como ministro de información antes de huir a Cuba, y poco después a Argelia, tras dirigir una fallida emboscada contra unos policías de Oakland en 1968. Uno de sus hombres, Robert James "Lil' Bobby" Hutton de 17 años, murió en el atentado. Durante su exilio en Argelia, Cleaver fungió como jefe de la sección internacional de las panteras, posición que uso para ganar el apoyo de los gobiernos de Vietnam del Norte y Corea del Norte (RPDC). La ruptura vino a causa de la radicalización de Cleaver tras sus giras a la RPDC en 1969 y 1970 debido a que, tras reunirse con la cúpula de ese país, él abogó por la escalada de la resistencia armada mediante la guerra de guerrillas urbana, justo lo opuesto de lo que planteaba Newton quien favorecía la dejación de las armas para centrarse más en actividades pragmáticas como el cabildeo por el aumento de la asistencia social para la comunidad negra y para asegurar la aprobación de leyes contra la discriminación. Indignado por lo que veía como un acto de entreguismo y traición, Cleaver acusó a Newton de ser un Tío Tom, un epíteto despectivo para referirse a alguien que es muy servil a los blancos. Newton respondió expulsándolo del partido en 1971.

En lo que solo puede describirse como un acto de terrorismo de Estado, en 1969 el FBI orquestó el asesinato del miembro más prometedor del BPP: Fred Hampton. Al igual que Malcolm X, Hampton, quien tan solo tenía 21 años, demostró un impresionante carisma que lo llevó a subir rápidamente dentro de su organización y, tal y como hizo Malcolm/el Shabazz durante su último año de vida, Hampton también desarrolló una visión incluyente para unir a todas las comunidades posibles para hacerle frente al sistema capitalista y racista que los gobernaba. En 1968, él estuvo a punto de formar una alianza entre el BPP y la "Nación Negra P. Piedra" o Black P. Stone Nation la cual hubiese duplicado el tamaño del partido a nivel nacional. Como si fuera poco, Hampton también estaba formando alianzas con diversos grupos izquierdistas como los Jóvenes Patriotas (Young Patriots Organization), una organización dedicada principalmente a la protección de los derechos de los blancos de los montes Apalaches, una de las regiones más pobres de EE.UU. Gracias a la iniciativa de Hampton, José "Cha-Cha" Jiménez de los Jóvenes Señores, y Katiri LaRouge del Comité de Vivienda de los Nativos Americanos, los Jóvenes Patriotas eventualmente ayudarían a formar la Coalición Arcoíris (Rainbow Coalition) cuyo fin era reducir o eliminar los conflictos entre pandillas y grupos étnicos y raciales mediante tratados. Con esta paz se esperaba que las clases más marginadas, incluyendo los blancos pobres, consolidaran su poder para eventualmente derrocar al sistema capitalista. Obviamente, tal posibilidad era totalmente inaceptable para Hoover y las élites estadounidenses los cuales estaban acostumbrados, y muy cómodos de hecho, con el orden hiper-jerárquico y excluyente que aún impera en EE.UU. y, lamentablemente, en el mundo entero. Así las cosas, en la madrugada del 4 de diciembre de 1969, un equipo fuertemente armado de la policía de Chicago rodeó un edificio en el que Hampton, su novia, la cual estaba embarazada, y otros miembros del BPP estaban pernoctando y, como a eso de las 5:00 a.m., irrumpió en el apartamento mientras ellos dormían, disparando indiscriminadamente contra los ocupantes y matando a Hampton junto con un colega que vigilaba la puerta. Hampton jamás se percató de lo que había pasado, ya que él estaba muy profundamente dormido junto a su novia la cual, afortunadamente salió ilesa. Hampton había sido drogado por un informante de la policía que se encontraba con ellos en el apartamento. Con Hampton fuera del camino, y con los demás líderes enfrascados en intensas disputas internas y contra otras organizaciones que debían ser fraternales, el BPP fue perdiendo su prestigio lo cual, a su vez, llevó a muchos de sus seguidores a perder el entusiasmo y finalmente a desertar, pero su colapso tomaría más de una década para completarse. Irónicamente, aunque COINTELPRO terminaría siendo un rotundo éxito, Hoover nunca vio los frutos de su plan para destruir a las Panteras Negras porque el partido resistiría, aunque con menos de una cincuentena de miembros activos, hasta la década de los ochenta, varios años después de su muerte en 1972.

El escándalo Watergate y la crisis del petróleo

A principios de la década del 1970 la sociedad estadounidense se vería estremecida por el escándalo político más grande la historia de Estados Unidos: el escándalo Watergate. ¿Y qué fue lo que ocurrió?

Pues que el presidente Richard M. Nixon —quien recordemos había estado en la presidencia durante todos los seudo-alunizajes tripulados— y varios altos cargos del partido republicano y de su administración, habían abusado del poder y conspirado en contra de todo aquel que consideraban como un rival, incluso llegando a cometer graves violaciones de la ley. Irónicamente, si había un político que no tenía necesidad de rebajarse a ese nivel era Nixon, esto porque él disfrutaba de una amplia ventaja sobre todos sus rivales políticos, tanto así que él recibió una de las victorias electorales más aplastantes de la historia estadounidense: 60.67% del voto popular.

Cuando la conspiración se destapó y el Congreso inició una investigación, Nixon no solo se rehusó a colaborar, sino que incluso intentó encubrir el crimen. Y Nixon y sus secuaces tuvieron unas buenísimas razones para impedir que el pueblo estadounidense se enterara de lo que habían hecho, ya que ellos planificaron u ordenaron unos "trucos sucios" verdaderamente dignos de un dictador... o de J. Edgar Hoover. Por ejemplo, ellos utilizaron el FBI, el Servicio de Rentas Internas (IRS) y hasta la CIA para plantar escuchas en las oficinas de políticos y grupos opositores y, en la movida más infame de todas, también ordenaron, durante las elecciones del 1972, el escalamiento y robo de documentos de la sede del Comité Nacional del partido demócrata (DNC) en las oficinas Watergate en Washington D.C. La investigación congresal llevó a la radicación de cargos contra 69 personas, más de la mitad de los cuales; 48; fueron declarados culpables. Por su rol como conspirador y para evitarle un mayor desprestigio a la nación —pues ya se estaba preparando un proceso de destitución o *impeachment*— en agosto de 1974, Nixon renunció a la presidencia, convirtiéndose así en el primer, y hasta ahora único, presidente estadounidense en renunciar a su cargo.

Mientras los estadounidenses estaban inmersos en la saga de Watergate, la situación nacional se agravó aún más por causa de otro fuerte golpe, esta vez económico, propiciado por la Organización de Países Exportadores de Petróleo (OPEP). Se trata pues de la crisis del petróleo de 1973, un embargo que el cartel petrolífero impuso sobre EE.UU. y varias naciones europeas por su

Fig. 9. Richard Nixon saludando desde un helicóptero militar mientras abandona los terrenos de la Casa Blanca después de su renuncia como presidente (9 de agosto de 1974). Crédito: AP.

incondicional y muy generoso apoyo a Israel durante la guerra de octubre, también conocida como la guerra de Yom Kipur por los israelíes y sus aliados occidentales. Por su patrocinio del régimen sionista, al cual le había estado proveyendo cientos de millones de dólares y otros tipos de asistencia, especialmente de índole militar, y también por su cultura dependiente del automóvil y de los hidrocarburos en general, EE.UU. terminó siendo el más perjudicado. El embargo causó escasez y el racionamiento de gasolina lo cual, a su vez, le causó grandes inconvenientes a los estadounidenses quienes percibieron un notable aumento en la inflación —la cual de por sí ya era suficientemente onerosa— y además tuvieron que hacer largas colas en las gasolineras.

En su punto más crítico, el precio del combustible subió hasta un 300% o de $3 a $12 por barril. Aunque hoy en día (2017) $12 no suena como una cantidad considerable de dinero, lo cierto es que, al ajustarlo a la inflación, esto equivale a $66.36 por barril lo cual, como todos los que hemos tenido que manejar lejos para ir a trabajar sabemos, es un precio muy doloroso para el consumidor. Tal descomunal aumento obligó a la sociedad estadounidense a tomar una serie de medidas drásticas para poder seguir funcionando. Por ejemplo, el sector manufacturero tuvo que reducir la producción y despedir trabajadores, mientras que algunos municipios cerraron oficinas, e inclusive escuelas enteras, para ahorrar combustible. Ciertamente, para la gran mayoría de los llamados "baby boomers", o aquellos que nacieron durante la explosión demográfica anglosajona (1946- 1964), tal situación representó un fuerte golpe psicológico puesto que hasta ese momento ellos prácticamente no sabían lo que era la escasez.

El auge de los grupos terroristas

Magnicidios, subversión, sublevación, crisis por corrupción política y volatilidad en el mercado de hidrocarburos y riesgos de insurgencia, e incluso de secesión. Tras ver esta perturbadora secuencia de amenazas a la estabilidad social en realidad no puede culparse al lector si éste llegase a la conclusión de que la lista de retos agobiando a EE.UU. en las décadas de los sesenta y setenta no podía complicarse aún más. Pero la lista no está terminada, pues todavía le falta un reto adicional, uno que el lector nacido después de la década de los setenta probablemente considera como un mal casi exclusivo del siglo XXI: el terrorismo. Y es que, de 1960 a 1980, los Estados Unidos sufrió su mayor ola de ataques terroristas, tanto así que la década del setenta ha sido catalogada por algunos expertos como la "época dorada" del terrorismo no solo en EE.UU., sino a nivel mundial. En los años setenta el terrorismo terminaría cobrando la vida de 184 personas e hiriendo sobre 600 más dentro del coloso norteamericano. Ahora bien, es imperativo aclarar que, aunque este saldo apenas supera el 20% del saldo de muertes de los ataques terroristas del 11 de septiembre de 2001 (2,996 muertos y unos 6,000 heridos), tal descomunal saldo de muertes fue una verdadera aberración esto porque, si se excluye dicho atentado, rápidamente vemos que en lo que va del siglo XXI (2018) la cifra de víctimas del terrorismo en EE.UU. no alcanza ni las doscientas víctimas.

Volviendo al siglo XX, en las décadas mencionadas previamente, pero sobre todo la del setenta, los secuestros de aeronaves se hicieron tan comunes que incluso personas con fines criminales, en lugar de políticos o ideológicos, se involucraron en dicha actividad. La táctica, ideada y empleada por primera vez por un canadiense llamado Paul Joseph Cini, pero implementada exitosamente por un hombre apodado por la prensa como D. B. Cooper (Northwest Orient Airlines, vuelo 305) pero quien en 2018 fue positivamente identificado como Robert Rackstraw, consistía en amenazar con matar rehenes o con hacer explotar, e incluso estrellar el avión, si no se recibía una cuantiosa suma de dinero. Una vez recibido, o, mejor dicho, si se recibía el botín, el siguiente paso era lanzarse en paracaídas sobre una región remota, aunque en la mayoría de los casos dicho paso consistía en ordenar un cambio de ruta hacia países con regímenes antiimperialistas como, por ejemplo, Cuba o Argelia, para así evadir la captura por parte del FBI o la posterior extradición a EE.UU. Desde el secuestro perpetrado por Robert Rackstraw en 1971 hasta el 1980, se llevaron a cabo más de 15 secuestros de esta índole. Y si cree que el primer secuestro aéreo en el que se amenazó o planificó chocar el avión contra una estructura fue el del vuelo 8969 de la Air France (1994) en el cual cuatro secuestradores del grupo terrorista argelino GIA (Groupe Islamique Armé) habían planificado chocar la aeronave contra la Torre Eiffel, usted está equivocado, pues el primero de estos secuestros suicidas —en este caso potencialmente suicida— ocurrió en noviembre de 1972 cuando tres hombres secuestran el vuelo 49 de la Southern Airways, volándolo desde Birmingham, Alabama hacia varios puntos en los Estados Unidos y a Toronto, Canadá antes de aterrizar por última vez en Cuba. Durante el viaje los secuestradores amenazaron con estrellar el avión contra los laboratorios nucleares de Oak Ridge en Tennessee. Los tres secuestradores fueron capturados y sentenciados a varios años de cárcel por las autoridades cubanas.

Además de los secuestros de vuelos comerciales, otro tipo de terrorismo muy común en esa época era el clásico de todos los grupos terroristas: los bombazos en áreas públicas. Dichos actos fueron perpetrados por varios grupos de diferentes inclinaciones ideológicas, aunque principalmente de izquierda. De éstos los más notorios fueron Los Weatherman (The Weather Underground), el Ejército Simbionés de Liberación (Symbionese Liberation Army o SLA), las Fuerzas Armadas de Liberación Nacional o FALN y el Frente Unido de Liberación (United Freedom Front o UFF). Con la notable excepción de las FALN, todas estas organizaciones eran multiétnicas y multirraciales y operaban exclusivamente en la parte continental de EE.UU.

Los Weatherman (literalmente "Hombres del tiempo") surgieron en 1969 como una facción radicalizada de Estudiantes por una Sociedad Democrática (Students for a Democratic Society o SDS), un movimiento derivado de la Liga Estudiantil por la Democracia Industrial (Student League for Industrial Democracy o SLID), la cual, a su vez, fue una rama no oficial del Partido Socialista de América (SPA por sus siglas en inglés). Aunque sus miembros colocaron varias bombas en edificios federales, sus acciones nunca causaron muertes, esto debido a su política de alertar a los ocupantes de los edificios antes de detonar los explosivos. Entre sus ataques más espectaculares se encuentran los bombazos al Capitolio de Estados Unidos en Washington D.C., al Pentágono y al edificio Harry S. Truman del Departamento de Estado estadounidense. Además, realizaron varios asaltos a bancos, atacaron comisarías de policía y edificios judiciales. Uno de sus blancos más prominentes fue John M. Murtagh, el juez que presidía las audiencias preliminares del caso de las "Panteras 21", como el nombre implica, 21 miembros del BPP acusados de planificar una serie de bombazos contra monumentos y tiendas por departamento de Nueva York. La residencia de Murtagh fue bombardeada con cocteles de Molotov los cuales solo causaron daños leves a la estructura, mientras que en la acera escribieron con pintura roja "Liberen a las Panteras 21" y "El Viet Cong ha ganado". El grupo comenzó a desintegrarse después de que EE.UU. concluyera un acuerdo de paz con la República Socialista de Vietnam en 1973.

El SLA fue un pequeño grupo de guerrilla urbana formado por alrededor de una docena de estudiantes bajo el liderazgo de un convicto llamado Donald DeFreeze en San Francisco, California en 1973. El grupo creía en el liderazgo del Tercer Mundo y en el desatamiento de un eventual proceso revolucionario socialista a nivel planetario. Sus acciones más sonadas fueron: el asesinato del director de las Escuelas de Oakland, Markus Foster; el atraco al Banco de Hibernia y al Banco Nacional Crocker, operación en la cual matarían, aunque accidentalmente, a una señora de 42 años. Pero, indudablemente, la más famosa/infame de todas fue el secuestro de la nieta del magnate William Randolph Hearst, Patty Hearst, esto por haber sido un clásico caso del síndrome de Estocolmo o situación en la que la persona secuestrada termina comprendiendo las razones, e inclusive identificándose con sus captores. El SLA se desmoronó en 1975, menos de dos años después de haber sido fundado y poco más de un año después de un intenso tiroteo con la policía de Los Ángeles que culminó con la muerte de la mayoría de sus miembros, incluyendo DeFreeze.

Las FALN basaron su estrategia casi enteramente en campañas de atentados con bombas y robos armados, anunciando su responsabilidad en los mismos mediante notas de prensa las cuales también usaron para denunciar el "monopolio yanqui imperialista", y para exigir, entre otras cosas, la excarcelación de independentistas puertorriqueños capturados en Estados Unidos como Oscar Collazo (el único sobreviviente del atentado contra Harry S. Truman), y los cuatro que asaltaron el capitolio: Lolita Lebrón, Rafael Cancel Miranda, Andrés Figueroa e Irving Flores. A lo largo de su existencia, las FALN perpetraron alrededor de 120 atentados con explosivos a objetivos en Chicago, la ciudad de Nueva York y Washington D.C., convirtiéndolo en el grupo terrorista más activo de la historia estadounidense después del Ku Klux Klan. En 1976 el grupo engendraría el Ejército Popular Boricua, mejor conocido como Los Macheteros.

El Frente Unido de Liberación (UFF) fue una pequeña organización marxista que llevó a cabo alrededor de una veintena de bombazos y nueve atracos a bancos en el noreste de EE.UU. entre 1975 y 1984. Al igual que los Weathermen, sus blancos principales fueron edificios corporativos, tribunales, e instalaciones militares y la UFF también emitía advertencias antes de antes de cada bombazo para evitar víctimas. Lamentablemente, aún con todas estas precauciones 22 personas resultaron heridas, incluyendo un empleado que perdió una pierna, en un atentado en 1976 al tribunal del condado de Suffolk en Boston. Pero, en fuerte contraste con los Weathermen y el Ejército Simbionés de Liberación, el UFF fue más activo en la década de los 80 y, más importante aún, sus miembros vivieron de incógnito dentro de la clase media, inclusive en residencias suburbanas.

Conclusión

Y ahí lo tiene. Todo este asunto de los seudo-alunizajes del programa Apolo se trató esencialmente de un gran *psy-op* u operación psicológica cuyo propósito era no solo desviar la atención de los graves problemas domésticos y geopolíticos que enfrentaba el imperio estadounidense, sino también de reparar o reforzar la imagen de EE.UU. como líder mundial o la "nación indispensable". Y es que, contrario a la creencia popular, la época de los sesenta y principios de los setenta no se trató solamente de los Beatles y los Rolling Stones o del "amor libre" y la marihuana, sino que fue un periodo de gran turbulencia e inestabilidad social y geopolítica a nivel mundial, pero sobre todo para EE.UU.

Como acabamos de ver en la sección anterior, para el coloso norteamericano esta fue una época de intensas divisiones raciales, regionales, políticas y, para rematar, de crisis institucionales y bruscos cambios culturales, pues, por ejemplo y aunque no se mencionó anteriormente, además de la eliminación de las más flagrantes barreras legales contra las minorías raciales y étnicas encabezada por la rama legislativa, la rama judicial le asestó un fuerte golpe al patriarcado al efectivamente legalizar el aborto en 1972 (*Roe vs. Wade*) estremeciendo aún más a la ya muy alterada y polarizada sociedad estadounidense. Y no olvidemos el trauma nacional causado por la guerra de Indochina, sangriento conflicto que año tras año seguía minando el sentido de invulnerabilidad de los estadounidenses.

Ciertamente, todo esto tuvo que haber sido muy desconcertante para la mayoría de los estadounidenses, pues nada menos que su modo de vida estaba siendo amenazado. Ahora bien, es imperativo aclarar que, aunque la cultura anglosajona en general siempre ha sido muy intolerante de la mezcla racial, especialmente contra personas de tez oscura, eso no significa que siempre hubo un consenso entre todos los blancos estadounidenses respecto al trato que debía dársele a las personas de color. Y es que, a partir de los años sesenta comenzó a verse una marcada diferencia en las actitudes de los blancos norteños, y también del oeste, respecto a la interacción entre las razas, y la posición de los afrodescendientes en la sociedad con los blancos norteños inclinándose a favor de un sistema con un racismo menos visible y un poco menos intolerante (pues recordemos que ellos apoyaban la segregación residencial y comunitaria), versus los blancos sureños los cuales apoyaban desvergonzadamente la *hipersegregación* o la separación de las razas en todo ámbito social o público, llegando incluso a *definirse* por esa vil costumbre. Tales diferencias pusieron a EE.UU. en un verdadero riesgo de sufrir una segunda guerra civil algo evidenciado por los roces entre las tropas estatales de Arkansas y Misisipi y las fuerzas federales aún antes de las insurrecciones de los años sesenta. Por supuesto, las autoridades y las élites del país estuvieron siguiendo de cerca todos estos acontecimientos y, por consiguiente, debieron de haber apreciado muy bien la gravedad de los problemas que les esperaban si no actuaban a tiempo, pues el descontento social ya no se limitaba exclusivamente a lo que los anglosajones llaman "los sospechosos habituales" (*the usual suspects*), los negros y otras minorías raciales que siempre habían oprimido, sino que estaba empezando a regarse hacia la mayoría blanca y generalmente conservadora (lea derechista) del país. Una cosa era el descontento de apenas el 17% de la población, y otra era el levantamiento de una parte considerable del ochenta y tanto por ciento restante cuyo apoyo siempre habían tomado por sentado. Hasta ese momento, el primero se había podido controlar o suprimir con relativa facilidad —algo comprobado por el descaradamente injusto e inhumano sistema de segregación racial/Jim Crow— pero si el último también se levantaba en su contra, sus días de seguro estarían contados y la "América" que conocían dejaría de existir. A veces solo hace falta una chispa para desatar una gran explosión y en el Estados Unidos de los sesenta ya habían varias.

Para recalcar, el sistema socioeconómico estadounidense estaba a punto de ser minado por sus propias contradicciones y patologías, principalmente la de pregonar la libertad y la igualdad por un lado mientras que por el otro mantiene una política de injusticia y discrimen racial/étnico/por género, etc., y la de pregonar las virtudes de la soberanía y la independencia al mismo tiempo que sus corporaciones, servicios de inteligencia y poderosas fuerzas armadas trabajaban incansablemente para desestabilizar, e incluso invadir u ocupar, a todo Estado culpable de seguir un curso independiente o, peor aún, de adherirse a un sistema antagónico al capitalismo como el comunismo o el islamismo político de Irán.

Indudablemente, esa fue la razón principal por la cual las élites estadounidenses y sus leales subordinados dentro de la llamada "comunidad de inteligencia" se dieron a la tarea de orquestar lo que por sí solo puede catalogarse como el fraude más grande de la historia: para unir a una nación cada vez más fragmentada y desmoralizada que se hundía más y más ante el mundo. ¡¿Y qué mejor modo de calmar a la población, y a su vez evitar un funesto desenlace que dándoles un nuevo mito nacional en el que heroicos exploradores estadounidenses llegan "a donde ningún hombre había ido antes" en nobles misiones científicas dedicadas a "toda la humanidad"?! Eso de seguro los llenaría de esos dos elementos que le faltaban: el patriotismo y la fe en su gobierno. Después de todo, y como ya sabemos, la cultura estadounidense, quizás más que cualquier otra, quedó verdaderamente cautivada por la ciencia-ficción.

Una vez más, los llamados viajes tripulados lunares nunca se hicieron con fines científicos o humanistas, su verdadero objetivo fue puramente político y *geoestratégico*, una movida más para "ganar los corazones y mentes" de su desilusionada y agitada población, y del mundo también. Washington tenía que verse como el vencedor de la carrera espacial, pues ¿se imagina lo humillante que hubiese sido tener que admitir ante el mundo entero que la ambiciosa meta que el difunto presidente Kennedy anunció con tanta fanfarria de enviar seres humanos a la Luna y regresarlos seguros a la Tierra antes de la década del setenta simplemente no podía lograrse? Peor aún, ¿se imagina a Washington admitiéndole al mundo entero que los "peones comunistas" de la URSS dejaron atrás a las potencias occidentales en el importantísimo ámbito de la tecnología de exploración espacial? Ciertamente, eso hubiese sido desmoralizador, y durante los tumultuosos finales de los sesenta y principios de los setenta, devastador para el pueblo estadounidense el cual, recordemos, también estaba perdiendo miles y miles de jóvenes en sus cuasi-genocidas guerras contra Indochina. Por ello se creó esta historieta o, en las palabras de Popov, epopeya lunar: para asegurar que "USA" fuese "number one".

Ahora bien, es imperativo aclarar que de ninguna manera este servidor está diciendo que la cúpula de poder en Washington vio el mega-montaje del programa Apolo como una panacea o solución mágica a todos sus problemas. Definitivamente ese no fue el caso. La realidad es que la susodicha operación psicológica, denominada por Bill Kaysing como el "Proyecto de simulación Apolo" (ASP por sus siglas en inglés), fue tan solo un elemento de un complejo, y muy siniestro, plan maestro de control social el cual abarcaba una amplia gama de métodos para enfrentar y contrarrestar el auge de la disidencia y de las tendencias populistas, separatistas y revolucionarias, algo en lo cual las agencias de inteligencia estadounidenses venían puliéndose desde finales de la década del 1940, no solo en EE.UU., sino también en otras partes del planeta.

Tal y como el capítulo 11 ha demostrado, dicho plan reaccionario se basó tanto en la persuasión como en la violencia o "la zanahoria y el garrote" para mantener a la ciudadanía bajo control. Sin duda el mejor ejemplo del garrote en acción fue la respuesta de las autoridades cuando un segmento de la población se salía de los límites impuestos por el orden establecido: éstos rápidamente desplegaron a las fuerzas armadas en varias ciudades estadounidenses durante la década del 1960 y luego las movilizaron contra estudiantes causando la masacre de la Universidad estatal de Kent en 1970. Otro aspecto del garrote fue la eliminación de líderes sociales, e incluso de un presidente y un candidato a presidente de la república, para evitar una genuina transformación política, aunque, como el capítulo 9 ha demostrado, tal táctica también fue empleada contra personas simplemente consideradas como problemáticas o como potenciales filtradores de algún elemento del plan maestro.

Y si el lector, aún después de haber visto todos estos ejemplos, todavía alberga dudas o tiene problemas aceptando todo esto, tenga en mente que, por más irracional y hasta ridículo que parezca, este planteamiento es uno bastante sólido basado en hechos verificables. Y es que Washington, pero especialmente la CIA, tienen un largo historial de fraguar o maquinar planes que en algunos casos son totalmente indistinguibles de un cuento de ciencia ficción o una novela de espionaje. Como la periodista y autora Belén Fernández dijo una vez: "¿Quién necesita *conspiracionistas* cuando tienes al gobierno de EE.UU.?" ¿Y qué pudo haber motivado a Fernández a decir tal cosa? Pues algo como este programa ultrasecreto, uno de varios, llevados a cabo por la CIA durante la Guerra Fría: el proyecto MK Ultra. Una verdadera monstruosidad digna del propio Frankenstein.

Conocido también como el programa de control mental de la CIA, MK Ultra fue un programa secreto y clandestino de experimentación sobre seres humanos destinado a identificar y desarrollar nuevas sustancias y procedimientos para facilitar los interrogatorios y torturas, esto con el fin de debilitar al individuo y forzarlo a confesar a partir de técnicas de control mental. Fue organizado por la División de Inteligencia Científica de la CIA en coordinación con el Cuerpo Químico de la Dirección de Operaciones Especiales del Ejército de Estados Unidos. El programa comenzó en 1953 y fue descontinuado en 1973.

Guardando una espantosa semejanza con los experimentos nazis de la década de los treinta y cuarenta (porque varios "ex-nazis" cooperaron en el proyecto), el programa sometió, sin su conocimiento o consentimiento, a cientos de ciudadanos estadounidenses y canadienses a numerosas y crueles pruebas como, entre otras cosas, la alteración de sus funciones cerebrales mediante la administración de drogas como el LSD y otros productos químicos, la hipnosis, la privación sensorial, el aislamiento, diversas formas de tortura, y abusos verbales, y hasta sexuales. Siendo una criatura del gobierno más poderoso del mundo, el alcance de MK Ultra fue amplio, empleando un total de 80 instituciones, incluyendo 44 institutos y universidades, así como hospitales, cárceles y compañías farmacéuticas. Los operarios de la CIA utilizaban estas instituciones como fachada, aunque usualmente los altos cargos de estos lugares estaban conscientes, e incluso eran cómplices de las actividades que la agencia realizaba en sus predios. A pesar de que dicho programa fue investigado en 1975 por el Comité Church del Congreso y la Comisión Gerald Ford, la gran mayoría de los crímenes cometidos por la CIA y sus cómplices del sector privado nunca lograron salir a la luz pública, esto gracias a los esfuerzos del director de la agencia, Richard Helms, quien ordenó la destrucción de todos los documentos sobre MK Ultra.

Igual de excéntrico y desconcertante fue la Operación Northwoods, un plan del Ejército estadounidense de 1962. Concebido como un elemento de la más amplia Operación Mangosta (Operation

Mongoose), dicho plan pretendía conseguir el apoyo del pueblo estadounidense para una agresión militar contra Cuba mediante actos de terrorismo de Estado *real y simulados*, como, por ejemplo, secuestros de aviones, en territorio estadounidense y cubano seguido por la introducción de evidencia falsa que implicaría al gobierno cubano. Según el mismo documento apropiadamente titulado *Justificación para una intervención militar en Cuba (Justification for US Military Intervention in Cuba* | Pág. 2):

> El resultado deseado de la ejecución de este plan sería colocar a los Estados Unidos en la posición aparente de sufrir agravios de un gobierno temerario e irresponsable de Cuba y (así) desarrollar una imagen internacional de una amenaza cubana a la paz en el Hemisferio Occidental.

Varias otras propuestas se incluyeron dentro de la Operación Northwoods entre ellas acciones reales o simuladas contra varios objetivos militares y civiles de EE.UU. El memorándum de marzo de 1962 recomendó "desarrollar una campaña de terror comunista cubana en el área de Miami, en otras ciudades de Florida e incluso en Washington" y, en una sugerencia que claramente cruza la línea hacia la categoría de crimen de lesa humanidad, el documento también sugiere que:

> La campaña de terror podría apuntar a los refugiados cubanos que buscan refugio en Estados Unidos. Podríamos hundir un barco lleno de cubanos en ruta a Florida [reales o simulados].

El memorándum también describe la Operación Bingo, un plan para fingir un ataque contra la base estadounidense en la Bahía de Guantánamo en Cuba, para proporcionar un pretexto para lanzar un devastador ataque contra La Habana. Interesantemente, el plan también incluyó la Operación Truco Sucio (Dirty Trick), un complot para culpar a Castro si el vuelo espacial que transportaba a John Glenn se estrellaba. Aunque parezca una versión más oscura de James Bond, este maquiavélico plan fue propuesto nada menos que por altos cargos del Departamento de Defensa estadounidense (DoD), entre ellos el presidente de la Junta de jefes del Estado, el comandante Lyman Louis Lemnitzer. Afortunadamente, el plan nunca fue llevado a cabo.

Fig. 1. Cartel propagandístico soviético de Viktor Koretsky (1968) denunciando que "¡El imperialismo americano es guerra, esclavitud y racismo!" Sin duda la mejor muestra de cuán manchada estaba la reputación de EE.UU. a nivel mundial.

¡Con razón hay muchos que nunca han creído la versión oficial de los atentados terroristas de 11/9/2001!O sea, que durante veinte años (o posiblemente más) el gobierno de EE.UU. llevó a cabo un macabro plan usando la hipnosis, la privación sensorial, el aislamiento, etc., para perfeccionar el "lavado de cerebro" de seres humanos. Tras leer esto solo queda preguntarnos ¿Si Washington ha sido capaz de hacer tal cosa, entonces cómo diablos podemos descartar la posibilidad de que ese mismo gobierno pudo haber falseado las misiones del programa Apolo? Recuerde que antes de MK Ultra la sociedad estadounidense auspició entusiasmadamente el racismo científico lo que comprueba más allá de toda duda que el coloso norteamericano tiene un historial de usar, o, mejor dicho, abusar de la ciencia para imponer sus ideales y lograr sus objetivos. Además, y lamentablemente, esto no es un fenómeno nuevo ni exclusivo de EE.UU., pues a través de la historia el ser humano SIEMPRE ha distorsionado o manipulado todo aquello considerado como sagrado o imparcial para servir sus propios intereses llegando incluso a torturar y a liquidar a todo aquel que se atreviera a desmentir o sencillamente cuestionar sus dogmas. Sépase además que en el pasado el Vaticano con frecuencia tergiversaba la biblia y que la llamada "Santa Sede" nunca titubeó mucho a la hora de recurrir a la violencia, movilizando ejércitos enteros y lanzando una serie de purgas verdaderamente sádicas conocidas como la Inquisición, para mantener su poderío... en el nombre de Dios y la santísima Virgen, por supuesto. Algo similar ocurrió en la URSS durante la larga y brutal dictadura de Iosif Stalin quien, además de lanzar varias purgas que le costaron la vida a millones de ciudadanos soviéticos, también inició el uso de la psiquiatría como un arma contra los disidentes lo que llevó a la reclusión forzada y la tortura, principalmente con fármacos, de miles y miles de prisioneros psiquiátricos. ¿Por qué esperar algo diferente del Tío Sam?

Todo esto se hace muy obvio al observar de cerca el ritual del saludo a la bandera, un acto de sumisión y reverencia que demuestra que la verdadera intención detrás de estos espectáculos era 1) reforzar un sentido de lealtad a la patria y al sistema que representa y 2) crear un falso sentido de triunfo y, a su vez, superioridad sobre los demás miembros de la comunidad internacional lo cual refuerza perfectamente el concepto que en la actualidad pasa eufemísticamente bajo la etiqueta de "*excepcionalismo* americano".

Como ya se dijo, estos dos elementos; el nacionalismo y la lealtad incuestionable; son esenciales para asegurar la cohesión social y, por consiguiente, la estabilidad de cualquier Estado. Ahora bien, es imperativo aclarar que en este caso no sería justo decir que lo que Washington promovía verdaderamente era el nacionalismo, eso sería un insulto a ese concepto. Para ser más preciso, aquí de lo que se está hablando es de chovinismo, o, mejor dicho, hiper-nacionalismo o la creencia en la *superioridad* de la nación a la cual uno pertenece. No obstante, aquí también debe aclararse (y esta es solo la opinión del autor) que el término hiper-nacionalismo en realidad puede describirse como un modo menos ofensivo para referirse al imperialismo, pues, por razones obvias, desde la segunda mitad del siglo XX las potencias imperiales han optado por ocultarle al mundo, y, por supuesto, a sus ciudadanos o gobernados también, sus proclividades y ambiciones expansionistas e intervencionistas.

O sea, que lo que es hiper-nacionalismo para uno es imperialismo para el otro, del mismo modo en que el orgullo de uno puede ser soberbia o arrogancia para otro. Nuevamente recordemos que EE.UU. es un imperio, y el más poderoso de la historia nada menos. De todos modos, ésa es la razón por la cual cada una de las supuestas 6 misiones lunares incluyeron dicho ritual: para justificar el imperialismo estadounidense. De no ser así, entonces ¿por qué no plantaron o saludaron una bandera de la Naciones Unidas cuando esa hubiese sido la acción más lógica si de veras estaban realizando sus misiones en el nombre de "toda la humanidad"? El mensaje era bien claro: todo el mundo, literalmente, tenía que postrarse ante USA. Y si aún lo duda, solo vea este resumen de una controversia que se desató el verano del 2018 alrededor del cuadragésimo noveno aniversario de Apolo 11. Sin duda el ejemplo perfecto de lo que se está discutiendo aquí.

Resulta que en el mes de julio 'First Man' (Primer hombre), la película pseudo-biográfica de Neil Armstrong y la supuesta llegada de Apolo 11 a la Luna, fue presentada por primera vez en el Festival de Venecia, pero, en lugar de recibir una eufórica aceptación, la película "despertó la ira de varios referentes estadounidenses" (https://mundo.sputniknews.com /sociedad/201809011081662097 -neil-armstrong-apollo- 11-luna/).

¿Por qué la indignación? Pues porque el filme deja afuera a la bandera estadounidense, un pecado mortal para la ultraderecha del país. Entre los primeros en ser ofendidos se encontraba el senador para el estado de la Florida Marco Rubio, un fanático imperialista notorio por sus implacables y agresivos ataques contra los gobiernos independientes o de izquierda de Latinoamérica. Siguiendo el ejemplo de su presidente Donald Trump, el impulsivo anglófilo tuvo un arrebato de cólera que lo llevó a escribir lo siguiente en su cuenta de Twitter:

> Esto es una locura total. Un perjuicio en un momento en que nuestra gente necesita recordatorios de lo que podemos lograr cuando trabajamos juntos. El pueblo estadounidense pagó esa misión, con cohetes fabricados por estadounidenses, con tecnología estadounidense y astronautas estadounidenses. *No fue una misión de la ONU.* (Énfasis añadido.)

¡Qué barbaridad! ¡Como dirían en Puerto Rico: Más claro no canta un gallo!

En resumidas cuentas, y como Marco Rubio bien ha ilustrado, el despliegue de las barras y estrellas, en lugar del globo blanco sobre un fondo azul claro en la "Luna", le comunicó al mundo entero un mensaje indiscutiblemente excluyente, y verdaderamente siniestro: que su destino dependía exclusivamente de su subordinación a los Estados Unidos y a su beligerante y predatorio sistema capitalista, no del esfuerzo colectivo y la cooperación entre todos los seres humanos.

Una vez más, el programa Apolo no se trató meramente de una patética y risible artimaña para ganar la admiración mundial, sino de algo mucho más ignominioso. Así es, ni el proyecto de simulación Apolo, ni tampoco los otros seudo-programas espaciales estadounidenses (Mercurio, Géminis y Skylab), pueden descartarse, y mucho menos justificarse, como un extraño episodio de la Guerra Fría. No señor. Esto transciende todo eso. Las impulsivas e inescrupulosas movidas perpetradas bajo el lema de la NASA representaron uno de los actos más bajos que Washington, y ciertamente cualquier gobierno jamás haya cometido, demostrando una proclividad a recurrir al engaño, y también al fraude y la malversación de fondos públicos, en fin, una gran falta de respeto a la humanidad entera, meramente para lograr unas metas miopes y francamente destructivas.

Sin embargo, y como era de esperarse, todo esto ha afectado adversamente a la población estadounidense, ya que, al saturar sus cerebros con tanta fantasía supremacista y seudocientífica, Washington ha creado un monstruo. Así es, del mismo modo en que los padres bienintencionados, pero bastante ingenuos, dañan a un niño engriéndolo y contándole mentirillas para no incomodarlo con las conplejidades e injusticias de la vida, Washington, con la enérgica cooperación de sus serviles apéndices de propaganda; Hollywood, la prensa y también la corporación Disney; le ha inculcado al ciudadano promedio estadounidense con este único sentido de invulnerabilidad que los ha llevado a desconectarse por completo de la realidad. Yendo aún más lejos que sus predecesores de los años sesenta y setenta, los estadounidenses del siglo XXI han llegado a atribuirle a su gobierno e industria nacional unos poderes y facultades que solo pueden describirse como sobrenaturales. Y, lamentablemente, esto no tiene nada de inofensivo.

Por ejemplo, la gran mayoría de los estadounidenses de veras cree que la NASA enviará seres humanos a Marte durante los próximos 20 años esto gracias a las proyecciones super-optimistas de esa agencia asegurando que lograrán tal hazaña ¡antes del 2040! Para que tenga una idea de cuán absurdo es todo esto, tenga en mente que el planeta rojo se encuentra, y prepárese para esto, ¡de 56 hasta 384 *millones* de kilómetros de la Tierra! La enorme variación se debe al hecho de que Marte, al igual que la Tierra y todos los demás planetas de nuestro sistema solar, siguen órbitas elípticas alrededor del Sol lo cual puede terminar posicionándolos en lados opuestos uno del otro.

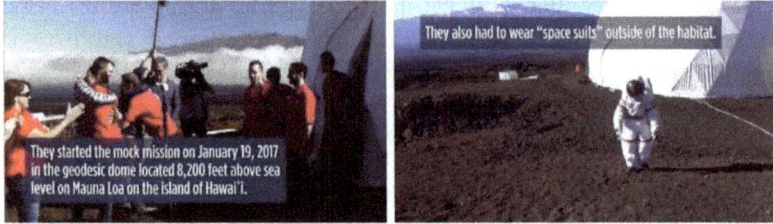

Fig. 2. Momento en que el equipo del experimento "MARS MISSION" llevado a cabo en Hawái concluye su periodo de reclusión (18/9/2017). En la noticia reportada por CBSN, Don Dahler informó que la NASA tiene planeado "enviar humanos a un asteroide para el 2025, Y A MARTE EN ALGÚN PUNTO DE LOS 2030 (¡!)". ¡Pobrecitos estadounidenses que de veras se tragan toda esta propaganda! Crédito: University of Hawaii.

Disculpe, pero el autor genuinamente duda que un amartizaje tripulado sea posible durante nuestras vidas (y el autor apenas ha pasado de los cuarenta) esto porque, como ya se demostró en los capítulos 4, 7 y 8, la tecnología de naves y equipo de exploración espacial —no solo de EE.UU., sino de China y Rusia también— todavía sigue dejando mucho que desear. Además, ¿si todavía no se ha podido poner un ser humano en la Luna que está tan relativamente cerca de nosotros, entonces cómo diablos la NASA va a poder enviar un ser humano a un cuerpo celeste que se encuentra muchísimo más lejos?

Ciertamente, esto no augura un final feliz (usted sabe, como el que se vio en las peliculitas del programa Apolo), ya que, aunque el gobierno optare nuevamente por tomarle el pelo al planeta entero con un montaje marciano —lo cual, bajo las condiciones actuales, sería mucho mejor que verdaderamente intentar un vuelo tripulado al planeta rojo— esto significaría el despilfarro de miles de millones de dólares más para quién sabe qué, pues en realidad solo un pequeño porcentaje de los fondos asignados se necesitarían para filmar dicha película. ¿Qué cree usted: Se atreverá la NASA? ¿O debo decir la CIA?

Las fantasías de Star Wars

Ahora toquemos otro asunto relacionado, el de esa otra fantasía de los estadounidenses que ha tomado auge desde principios de los 2000: la del llamado "escudo antimisiles". Esta quimera tuvo sus orígenes en 1983 cuando el presidente Ronald Reagan lanzó la Iniciativa de Defensa Estratégica (SDI), un sistema que debía consistir en sistemas (valga la redundancia) basados en tierra y en el espacio con el fin de defender a EE.UU. de un ataque con misiles balísticos intercontinentales. Sin duda este ha sido el segundo más ambicioso concepto después del programa Apolo, siendo igual de impracticable (sino ridículo) que el primero. En este caso, los *imaginieros* estadounidenses contemplaron todo desde cañones láser hasta cañones de riel, razón por la cual la prensa estadounidense apodó la iniciativa como "Star Wars" o "Guerra de las galaxias". Como podrá imaginarse, todo esto solo funciona bien en teoría, ya que, durante su fase terminal, o cuando reentra en la atmósfera y se dirige a toda velocidad hacia su objetivo, un misil balístico intercontinental puede viajar a velocidades de hasta 24,000 kph.

O sea, que interceptar una ojiva u ojivas luego de la reentrada es como, para usar la ya muy trillada analogía, "darle a una bala con otra bala" razón por la cual la Agencia de Defensa de Misiles (MDA) y la prensa estadounidense, en una movida muy, pero muy similar a la de la NASA durante los últimos años, ha ido delatando sutilmente su incapacidad de cumplir con sus ambiciosas metas. Por ejemplo, casi tres años después de la llamada primera guerra del Golfo Pérsico, en noviembre de 1993, el periódico *The New York Times* publicó un artículo titulado *El éxito de los misiles Patriot es un mito, dicen los colaboradores israelíes (Patriot Missile's Success a Myth, Israeli Aides Say* | https://www.nytimes.com/1993/11/21/ world/patriot-missile-s-success-a-myth-israeli-aides-say.html) el cual, como el nombre implica, demolió enteramente la reputación del misil "antibalístico" Patriot, un arma presentada al mundo entero como una protección casi infalible. De hecho, el autor recuerda muy bien unos reportajes televisados de la época supuestamente mostrando los momentos exactos en que los Patriots interceptaban y pulverizaban los misiles balísticos iraquíes (*Scuds*). Más aun, y como lo señaló el autor del artículo, Tim Weiner, nada menos que el presidente H.W. Bush "dijo una vez que el récord de los Patriots era casi perfecto." Pero ciertamente no lo era dado que Weiner comienza su reportaje con la siguiente declaración:

> Las autoridades israelíes dicen que los misiles Patriot desplegados para defender a Israel de los ataques de los misiles Scud iraquíes en la guerra del Golfo Pérsico no interceptaron a casi ninguno de los Scuds.

El artículo continúa señalando que "en un documental programado para ser emitido… en la televisión de Israel", el jefe de estado mayor de la Fuerza de Defensa de Israel al momento de la operación Tormenta del desierto, Dan Shomron "describió los relatos del éxito del Patriot como 'un mito'", mientras que Haim Asa, uno de los miembros de un equipo técnico israelí que trabajó con el sistema de misiles Patriot durante la guerra, "los llamó 'una broma'". Para rematar, casi un cuarto de siglo después, cuando se suponía que esa tecnología debía estar optimizada, la NBC News escribió otro artículo titulado: *El sistema de defensa antimisiles estadounidense podría no funcionar, dicen los expertos* (*U.S. Missile Defense System May Not Work, Say Experts* | https://www.nbcnews.com/news/us-news/u-s-may-not-be-able-shoot-down-north-korean-n748046) en el cual Ken Dilanian dice que:

> Los principales generales han insistido durante años en que, si Corea del Norte lanzara un misil hacia Estados Unidos, el ejército estadounidense sería capaz de derribarlo.
> Pero eso es una afirmación altamente cuestionable, según científicos independientes e investigadores del gobierno.
> Al hacer esto, los generales no están reconociendo las grandes incertidumbres sobre la efectividad del sistema de defensa antimisiles de $40,000 millones en que dependen

para detener un posible misil balístico nuclear (…) disparado por Corea del Norte o Irán, según una serie de exámenes externos.

"Ellos están llevando a los líderes políticos a creer que poseen una capacidad militar que de hecho no tienen", dice el físico David Wright, que ha estudiado el programa durante años como codirector del Programa de Seguridad Global en la Unión de científicos interesados (Union of Concerned Scientists).

O sea, que el llamado escudo antimisiles está tan cercano a la realidad como la infame Estrella de la muerte de *La Guerra de las Galaxias*. Poco después de este reportaje, en junio de 2017, la MDA, seguramente reconociendo que sencillamente no podría cumplir con las onerosas exigencias de la Iniciativa de Defensa Estratégica, anunció su deseo de diseñar drones, o aviones no tripulados, equipados con armas láser para que sobrevuelen todo el día el territorio de la RPDC (Corea del Norte) para poder derribar los misiles de esa nación que George W. Bush había catalogado despectivamente, y también de modo alarmista y maniqueísta, como parte de un supuesto "Eje del mal" que amenaza nada menos que a toda la humanidad. (Por si las dudas, los otros dos países nombrados por Bush fueron Irán e Irak.) Bueno. Debido a la gravedad de esta acusación, este servidor ha hecho una breve lista de tendencias destructivas, junto con los datos pertinentes, para ver cuál de las siguientes tres naciones; EE.UU., Irán y la RPDC (Obviamente Irak ya no cuenta por la invasión del 2003.); cumple, o se acerca más, a la definición de "malvado" (Nota: los datos son hasta el 2018):

1. El número de pruebas nucleares llevadas a cabo desde el 1945:

   - Irán: 0
   - RPDC: 6
   - EE.UU.: >1,000 La mayoría de ellas ambientales.

2. Las operaciones en tiempo de guerra en que se han usado armas nucleares:

- Irán: 0
- RPDC: 0
- EE.UU.: 2 en agosto (6 y 9) de 1945 (Hiroshima y Nagasaki)

3. El número de invasiones e intervenciones militares a países soberanos perpetradas desde el 1898:

- Irán: < 4
- RPDC: 1 si se cuenta la República de Corea (Corea del Sur)
- EE.UU.: > 40

Volviendo al asunto de la fantasiosa mentalidad de los estadounidenses, el punto es que todas estas exageraciones y flagrantes mentiras son verdaderamente nocivas, esto porque la experiencia nos dice que todo aquel que se cree invencible inevitablemente tiende a abusar de su poder, o, en este caso, presunto poder. Y, aunque en la cultura anglosajona hay un excelente refrán que dice; "El orgullo precede a la caída" (*Pride cometh before the fall*), lo cierto es que el delirio de grandeza de los estadounidenses es tal que ellos simplemente no se han percatado del peligrosísimo camino por el que van. Resulta que, al igual que esos generales que "no están reconociendo las grandes incertidumbres" en torno al equipo con el cual están contando para su protección (¿o quizás para lanzar un ataque sorpresa a la expectativa de que el contraataque de su rival terminaría siendo neutralizado?), la población estadounidense en general está marchando sonámbula hacia una devastadora guerra mundial algo que puede confirmarse fácilmente al analizar las secciones de comentarios publicados en los videos acerca de la tensa riña entre el presidente Donald J. Trump y el líder norcoreano Kim Yong-un. El autor le garantiza que si lo hace terminará riéndose a carcajadas, pues entre sus recomendaciones se encuentran justo los mismos sistemas fallidos que acabamos de analizar. Ahora abordemos la interrogante más grande de la historia:

¿Por qué la URSS siguió el sórdido juego de Washington?

Aunque usted no lo crea, este libro por poco se va a publicación sin aclarar este enigma que, de hecho, es el más grande de la historia, ya que va de la mano del fraude más grande de la historia. ¡Y qué clase de novatada hubiese sido no haberlo incluido! Digo esto porque, si hay una razón para dudar de cualquier cuestionamiento del programa Apolo es el hecho de que el Kremlin nunca cuestionó públicamente los seudo-alunizajes tripulados. De hecho, yo mismo llegué a referirme al silencio de los líderes soviéticos para defender la supuesta veracidad de los alunizajes tripulados. Como hubiese dicho el gobernador puertorriqueño, Luis Muñoz Marín, eso fue "un error de juventud".

Ahora procederé a dar lo que considero como la explicación más cercana a la verdad, ya que atreverme a decir que yo sé con absoluta certeza lo que de veras ocurrió tras bastidores durante el programa Apolo sería una vil mentira. De hecho, lo cierto es que nadie, excepto el pequeñísimo número de miembros de las esferas más altas de los gobiernos de EE.UU. y la URSS durante aquella época, ha sabido con exactitud lo que llevó al Kremlin a aceptar tal descarada artimaña.

No obstante, eso de ninguna manera significa que es imposible obtener una respuesta razonable de lo que pudo haber ocurrido. Existen varias claves que ciertamente pueden considerarse como evidencia circunstancial de algún tipo de arreglo ultrasecreto entre los Estados Unidos y la Unión Soviética. Así es. Los dos enemigos acérrimos de la Guerra Fría llegaron a un acuerdo para encubrir el fraude más grande de la historia.

Permítame explicar. Resulta que durante la década de los 1970 hubo una serie de acontecimientos, particularmente en el ámbito geopolítico, que verdaderamente no encajan o no tienen ninguna lógica dentro del contexto de la Guerra Fría y la tensa rivalidad entre "Este y Oeste" que existía en aquel entonces. Es aquí donde entramos en el tema número uno en la relación entre Moscú y Europa occidental: el de la energía. Y es que en la década de 1970, cuando la productividad de la posguerra soviética se redujo, Moscú casi repentinamente recibió un gran impulso gracias a la expansión del comercio con el Occidente.

Todo comenzó a finales de los años 60, cuando, a pesar de estar en el apogeo de la Guerra Fría, la URSS y naciones de Europa occidental como Italia y la República Federal de Alemania o Alemania Occidental comenzaron a discutir la posibilidad de establecer una red de abastecimiento de gas natural a Europa occidental desde Siberia. De hecho, cuando el ministro de Asuntos Exteriores soviético, Andrei Gromiko, propuso inesperadamente este proyecto en la feria comercial de Hannover, los funcionarios de Bonn descartaron la propuesta como simplemente otro farol o engaño de los soviéticos. ¡Eso fue en 1969!

Y mire lo que ocurrió poco después:

1. El 10 de diciembre de 1969, Italia y la URSS concretaron un acuerdo sobre entregas de gas natural soviético a Italia a cambio de tuberías y equipos italianos para la industria del gas de la URSS y, el 15 de enero de 1970, concretaron otro acuerdo sobre el comercio a largo plazo.

2. El 1° de febrero de 1970, en la ciudad de Essen en el oeste de Alemania se firmó un acuerdo comercial de proporciones hasta el momento inauditas sobre la entrega de gas natural desde la Unión Soviética a la RFA. Entre otras cosas, el acuerdo de mil millones de dólares le aseguró a la RFA 20 años de gas a cambio de 1,984 km de tubería de 132 cm.

La ratificación del acuerdo gasífero con la RFA es verdaderamente significante porque el gigante energético Esso consideraba el gas soviético como rival de sus propias actividades en Alemania por lo que la empresa presionó intensamente a Washington para que bloqueara el acuerdo, pero sus esfuerzos fueron en vano. Más aun, el gobierno alemán le preguntó a la embajada de EE.UU. si objetaría, pero, para su asombro, recibió luz verde de la administración Nixon.

Pero eso no es todo. Según la CIA (*The Soviet Gas Pipeline in Perspective* | CIA-RDP83M00914R002700060022-7), el comercio Este-Oeste fue tan beneficial para la URSS como para llevarlos a temer por la seguridad de su imperio porque, como señala la sección C (Pág. 11/13 PDF):

Las importaciones de Occidente han contribuido de varias maneras importantes a las capacidades económicas soviéticas:

- En la década de 1970, el equipo químico importado, que representa aproximadamente un tercio de toda la maquinaria occidental comprada por los soviéticos, fue en gran parte responsable de duplicar la producción de amoniaco, fertilizantes nitrogenados y plásticos y triplicar la producción de fibra sintética.

- Los soviéticos nunca podrían haber logrado su ambicioso programa de 15 años de modernización y expansión de la industria automovilística sin la ayuda occidental. Por ejemplo, la planta de (la compañía) VAZ equipada por la FIAT produjo la mitad de todos los automóviles de pasajeros soviéticos cuando entró en funcionamiento en 1975; y la planta de camiones del río Kama, que se basa exclusivamente en equipos y tecnología occidentales, ahora suministra casi el 50 por ciento de la producción soviética de camiones pesados.

- Las importaciones de grano han promediado alrededor de 25 millones de toneladas por año desde 1975. Sin grano occidental, el consumo soviético de carne habría aumentado menos a principios de los años setenta, y la caída del consumo per cápita de carne a fines de la década de 1970 habría sido mucho peor.

Todo esto llevó a la CIA a denunciar que (Pág. 3/6 PDF):

> La URSS ha utilizado importaciones de Occidente para mejorar sus capacidades militares:
>
> - Obteniendo bienes y tecnología, legal e ilegalmente, que contribuyen directamente a la producción y la sofisticación técnica de los sistemas de armas.

Abundando en el asunto de las ventas de grano, cabe señalar que este generó una gran controversia en los Estados Unidos, y por una muy buena razón. Resulta que, en 1972 el coloso norteamericano concretó "el trato de trigo con los rusos" ("the Russian wheat deal") un acontecimiento que el analista económico Richard E. Mooney de *The New York Times* describió como "histórico en sí mismo" (https://www.nytimes.com /1975/07/20/archives/the-economic-scene-wheat-dealswith-difference.html) puesto que representó una nueva era de comercio de alimentos entre las dos superpotencias. En el artículo de 1975 mencionado arriba, Mooney señala algo muy extraño: que, a pesar de recibir informes de pérdidas de cosechas en la Unión Soviética y por todo el planeta, el gobierno central estadounidense mantuvo vigente un subsidio sobre la venta de granos, beneficiando grandemente a la URSS. Esto provocó un aumento exponencial en el precio del trigo llevándolo de alrededor de $1.50 por fanega antes de las grandes compras soviéticas (temprano en 1972) a poco más de $2.50 para finales de 1972 y finalmente un máximo de $6.00 en 1973.

Tal frustrante situación instó a Mooney a preguntar, por supuesto insinuando que su país era la víctima:

> (...) ¿por qué dejamos que nos lo hagan? ¿Por qué deberían los Estados Unidos u otros productores de granos occidentales dejar que la Unión Soviética tenga una gran

parte de un recurso vital (si) el efecto es un precio más alto para los consumidores nacionales?

A lo cual él mismo responde ingenuamente, pero predeciblemente (Después de todo, estamos hablando del notoriamente imperialista NYT.) que todo fue... pues (¡Sorpresa!)... la culpa de los agresivos y maquiavélicos rusos:

> Los negociadores de Moscú trabajaron tan caprichosamente que los comerciantes de granos que competían aquí — los Cooks, Cargills y otros aparentemente no sabían que había varias negociaciones en curso simultáneamente y, por tanto, desconocían las dimensiones generales de lo que estaba sucediendo. Además, Washington, también en la oscuridad, descubrió tardíamente y para su turbación que los subsidios federales contribuirían a la negociación que los rusos pudieron concluir.

A juzgar por las afirmaciones de Mooney, uno pensaría que las empresas y el gobierno de EE.UU. están dirigidos por un montón de ineptos y tontos. ¡Pero nosotros sabemos que no es así! Y es que, contrario a lo que la calumnia sutilmente disfrazada del *New York Times* nos quiere hacer creer, lo cierto es que al imperio más poderoso de la historia no le tomaron el pelo a la hora de hacer lo que ellos históricamente sí han sabido hacer: negocios. Después de todo, ellos son capitalistas. De acuerdo con un informe realizado en 1973 por John A. Schnittker (https://www.brookings.edu/bpea-articles/the-1972-73-food-price-spiral/):

> El efecto principal de la política de subsidios (...) fue desperdiciar unos $300 millones en fondos públicos y la pérdida de la misma cantidad de ingresos de exportación muy necesitados.

O sea, ¿que las corporaciones estadounidenses perdieron alrededor de $600 millones por ineptitud? ¿Y que Washington, un notorio sirviente de las corporaciones transnacionales, se atrevió a cometer el pecado mortal del capitalismo de obstruir la expansión de uno de los campeones nacionales como la Esso... para favorecer a un Estado socialista? ¡Por favor! Uno no le rebaja millones (mediante ventas subsidiadas), ni mucho menos le permite ganar miles de millones (mediante ventas de gas o petróleo) al rival número uno meramente por capricho, especialmente cuando estamos hablando de Washington/EE.UU. ¡Y mucho menos cuando ese enemigo acérrimo está apoyando con dinero y armamentos a otro enemigo (Vietnam del Norte) para desangrarte en una prolonganda guerra de guerrillas! No señor. Como decimos en Puerto Rico, los estadounidenses "dan del ala para comer de la pechuga" por lo que podemos concluir con seguridad que todos estas jugosísimas concesiones fueron parte de un irresistible paquete de recompensas para comprar el silencio del Kremlin. Sinceramente, creo que pensar que todo esto fue producto de una repentina efusión de buena fe justo después de supuestamente haber humillado rotundamente a la URSS, es decir, cuando ellos tenían la absoluta ventaja en todos los ámbitos, es totalmente absurdo.

Reflexión final

Aunque inicialmente, y de hecho durante medio siglo, la osada maroma seudocientífica de EE.UU. ha funcionado prácticamente a la perfección, lo cierto es que, a fin de cuentas, ellos cometieron un gravísimo error, ya que, con esta flagrante demostración de su desdén por la ética y la ciencia, la nación solo minó su reputación... y todo ello para saciar un compulsivo e irracional afán de dominio mundial. Ésa es la razón por la cual Washington se ha estado burlando no solo de sus propios ciudadanos, sino de la humanidad entera, durante estos últimos cincuenta años. Ciertamente, este no es un comportamiento digno de una nación que se jacta *ad nauseam* de ser el "líder del mundo libre", pero, conociendo su historia, eso ya no debe sorprender a nadie.

Y la influencia que esta operación psicológica ha tenido sobre la población estadounidense ha sido verdaderamente impresionante hecho evidenciado por las declaraciones de uno de los mismos *apoloescépticos*: Jet Wintzer. Y aunque este servidor respeta el trabajo investigativo de este documentalista estadounidense, lo cierto es que su caso amerita que lo analicemos más a fondo, pues es muy aleccionador. Por ejemplo, en su documental *Moon Hoax Now* o "Farsa lunar ahora", Wintzer, en una movida que seguramente iba dirigida al controversial Bart Sibrel por haber confrontado a varios miembros del programa Apolo, elogia a los "astronautas" de ese programa "espacial" porque, según él:

> Montarse en estos cohetes, en (medio de) la Guerra fría, en una misión para tratar de cambiar el mundo. Para tratar de inspirar al mundo y para tratar de evitar una verdadera guerra... Esto fue un intento de proyectar supremacía tecnológica y si podía lograrse sin disparar un tiro, grandioso. Mejor para ellos. (...) Estos hombres estaban operando en una cadena de mando durante la guerra fría y ellos merecen nuestro respeto y gratitud.

¡Fíjese cómo hasta uno de los mismos investigadores de los seudo-alunizajes tripulados todavía siente total "respeto y gratitud" por los perpetradores de tal descarado fraude!

Bueno. Ignorando la parte obviamente errónea de que los "astronautas" se montaron en cohetes para tratar de "inspirar al mundo", a esto responderé con toda sinceridad que no Wintzer, ninguno de los llamados caminantes lunares merece nuestro respeto o gratitud porque ¿cómo podemos elogiar a alguien por ser cómplice de una gran deshonestidad? ¿Acaso no es eso lo mismo que venerar la mentira y el engaño? Eso es precisamente lo que este servidor desea criticar aquí: la mentalidad sumisa y esclava que sigue llevando a las personas, incluso personas inteligentes e inquisitivas, a pasar todas sus vidas creyendo y defendiendo un fraude o, en este caso, defendiendo a los perpetradores del fraude aún después de revelarlo.

Contrario a la equívoca declaración de Wintzer, *todo* ser humano tiene la obligación de librarse de la mentira patrocinada por el Estado, no de condonarla o justificarla. El Estado debe existir para servir a sus ciudadanos, no para engañarlos, para eso se le paga impuestos y se les da el voto. Por supuesto, lo mismo aplica a la ciencia. ¿Cómo argumentar lo contrario? ¿Cómo es posible que gente educada argumente indirectamente que el Estado debe engañar tan flagrantemente a sus propios contribuyentes... perdón, al mundo entero? La mentira es la mejor herramienta para manipular y así abusar del prójimo y, por ende, debe ser condenada.

Y, respecto al tema de las personas dignas de nuestro respeto y gratitud, tal honor solo le corresponde a los cosmonautas, astronautas y taikonautas (de China) verdaderos, sobre todo a aquellos que de veras fueron a donde nadie había ido jamás o, en el caso del equipo de Apolo 1, que se atrevieron a ir contra la corriente para exponer las condiciones inseguras en las que debían desempeñar su misión.

Otro daño causado por el gran fraude lunar fue la gran injusticia de haber relegado a la oscuridad a aquellos que pagaron el precio más alto de la exploración espacial. Me refiero a los mártires o, para ser más específico, aquellos que murieron mientras se encontraban verdaderamente en el espacio, héroes como Vladímir Mijáilovich Komarov y los tripulantes de Soyuz 11: Vladislav Vólkov, Gueorgui Dobrovolski y Víctor Patsáyev. Al ignorarlos para sustituirlos por unos farsantes simulando situaciones verdaderamente ridículas en la "Luna" como, por ejemplo, Alan Shepard jugando golf, John Young haciendo el "Grand Prix" en el todoterreno lunar o, el peor de todos, el infame episodio de las "Olimpiadas lunares", también cortesía de John Young y su colega Charles Duke, el sistema académico occidental ciertamente no está impulsando el avance científico, sino que lo está retrasando y distorcionando. Ciertamente, la aceptación de esta tonta seudociencia ha representado una mancha para el progreso humano. Honestamente, si esto continúa así el futuro de la exploración espacial tripulada permanecerá estancado en la órbita baja terrestre, tal y como lo ha estado durante los casi sesenta años desde el vuelo de Vladímir Serguéyevich Iliushin (recuerde que no fue Yuri Gagarin).

De todos modos, el descomunal atrevimiento estadounidense tendrá serias consecuencias porque, como ya hemos visto, la cantidad de errores plagando su vanagloriada epopeya lunar es verdaderamente impresionante. ¿Y cómo no iba a ser así si el programa Apolo pretendía mostrar algo que aún en el siglo XXI no es bien conocido por la ciencia? Además, y afortunadamente, siempre ha habido un puñado de escépticos que se atreven a cuestionar cualquier tipo de fraude, por más grande que sea. Y todo parece indicar que el número de *apoloescépticos* solo seguirá creciendo, especialmente durante las próximas décadas cuando finalmente veamos a un pequeño grupo de seres humanos dando esos primeros pasos en nuestro satélite natural, o quizás hasta en un asteroide. Y, como van las cosas, es casi seguro que todos los miembros de ese equipo de caminantes lunares serán chinos, o rusos o, más probable aún, una combinación de ambos, esto debido a la cooperación entre los programas espaciales de esas naciones.

Sí. Definitivamente, la NASA y las élites en Washington deben estar preocupadas por la llegada de ese día, el día en que el mito del programa Apolo recibirá su tiro de gracia para luego ser enterrado de una vez por todas. Es sólo cuestión de tiempo.

Bibliografía

Bennett, Mary y Percy, David S. *Dark Moon: Apollo and the Whistle-blowers* ("Luna oscura: Apolo y los soplones") Adventures Unlimited Press; 3ª edición, 2001.

Kaysing, William Charles. *We Never Went to the Moon. America's Thirty Billion Dollar Swindle* ("Nunca fuimos a la Luna. La estafa de treinta mil millones de dólares de Estados Unidos") Mokelumne Hill, 1976.

Popov, Alexander. *Американцы на Луне: великий прорыв или космическая афера?* ("Americanos en la Luna: ¿una gran hazaña o una farsa cósmica?") Veche, 2009. (En ruso solamente.)

René, Ralph. *NASA Mooned America!* o "¡NASA le Enseñó el Trasero a Estados Unidos!" Independiente: 1992.

Wisnewski, Gerhard. *One Small Step? The Great Moon Hoax and the Race to Dominate Earth from Space* ("¿Un Pequeño Paso? — La gran farsa lunar y la carrera para dominar a la Tierra desde el espacio") Clairview Books, 2008.

Glosario

EL GRAN FRAUDE LUNAR

Challenger, (transbordador)......123, 142, 242, 278, 308

Chang 'e 3.........38, 62, 229-230

Charlie Brown..............176-177

Chelómei, Vladimir.......244, 246

CIA (Agencia Central de Inteligencia)......................393, 452, 543-544, 549-550, 557, 573-574, 584-585, 599-600

clavius.org.................48, 117, 119, 336-337, 361, 421

Cleaver, Eldridge......595, 570-571

Clinton, Jefferson William.......12

CNSA (Administración Espacial Nacional China)......................229

COINTELPRO....................538, 564, 570, 573

Collins, Michael.....................5, 7, 9, 10, 22, 64-67, 96-97, 108, 205, 219, 311-312, 322-323, 440, 490, 493

Columbia...........5-7, 9, 22, 50-51, 67

Columbia, transbordador...........242, 276, 278, 309

Comisión Warren...................425, 542-545

Comité Church del Congreso.....585

Conrad, Charles "Pete"..............78, 88-89, 205, 445, 446-451, 464, 466, 480, 504

Consejo de Ciudadanos.........535

Constelación, programa...........207, 211, 315

Cooper, D. B...........................576

CORE (Congreso de Igualdad Racial)...............................530-531

COSPAR (Comité para la Investigación del Espacio)........324

Creel, Ron........................227-229

Cronkite, Walter.................14-16

Daddario, Emilio Q...........411, 417

DC-X/DC-XA, *Delta Clipper*......188-189

Deiterich, Charles "Chuck".......288-289

Demple, Bruce........................349

Destino manifiesto..................515

Dobrovolski, Gueorgui............275-276, 604

Domingo Sangriento.......532-533

Dornberger, Walter............126

Dream Chaser............240-242

Duke, Charles..............44-45, 47, 56, 58, 79-81, 89-90, 98, 117-121, 469-471, 484, 604

Eagle (Águila)............6-7, 18, 29, 34, 50, 73, 83, 103, 184-185, 187, 190, 267, 307, 378-379

Eisenhower, Dwight D....8, 130, 539

ESA (Agencia Espacial Europea) 356

www.ingramcontent.com/pod-product-compliance
Lightning Source LLC
Chambersburg PA
CBHW071139270326
41929CB00012B/1807